외대 역사문화 연구총서 14
당송시대의 신앙과 사회

김상범 지음

지은이 김상범

- 국립대만사범대학교 역사연구소 졸업(문학박사).
- 현재 한국외국어대학교 인문대학 사학과 교수. 글로벌캠퍼스 도서관장.
- 중국고중세사학회 회장 역임.

- 주요저서
  『당대 국가권력과 민간신앙』(신서원, 2005)
  『바다의 실크로드』[공저](청아출판사, 2003)
  『동북아 중세의 한족과 북방민족』[공저](동북아역사재단, 2010)
  『송사 외국전 역주』 1~3[공역](동북아역사재단, 2011~2013)
  『중국사회 속의 종교』[공역](글을읽다, 2011)
  이 밖에 민간신앙, 국가의례, 도시사 관련 다수의 논저가 있음.

외대 역사문화 연구총서 14
당송시대의 신앙과 사회

2019년 8월 16일 초판 1쇄 인쇄
2019년 8월 19일 초판 1쇄 발행

지은이 ■ 김상범
펴낸이 ■ 정용국
펴낸곳 ■ (주)신서원
주소 : 서울시 서대문구 냉천동 260 동부센트레빌 아파트 상가동 202호
전화 : (02)739-0222 · 3 팩스 : (02)739-0224
신서원 블로그 : http://blog.naver.com/sinseowon
등록 : 제300-2011-123호(2011.7.4)
ISBN 978-89-7940-556-9 93910
값 35,000원

신서원은 부모의 서가에서 자녀의 책꽂이로
'대물림'할 수 있기를 바라며 책을 만들고 있습니다.
잘못된 책이 있으면 연락주세요.

역사문화 연구총서 14

당송시대의
신앙과
사회

김상범 지음

■ 책머리에

　이 책의 내용은 연구자의 길로 접어든 이후 내 삶의 궤적을 일정 정도 반영하고 있다. 내게 학문적 정체성이라는 게 존재한다면, 이 책의 내용 속에 상당 부분 포함되어 있을 것이다. 석사과정에 입학했을 무렵, 나는 사료 강독을 중심으로 진행되던 강의를 제대로 따라가지 못해서 힘든 나날을 보냈었다. 온 종일 사전을 뒤적거려도 진도조차 맞출 수 없었던 고문 해독능력의 한계와 지루한 강의 방식 때문에 적지 않은 스트레스와 회의감을 느꼈었다. 그나마 이 무렵에 수강했던 '중국중세사회사'와 '서양사학연구'는 잠시 사료의 압박으로부터 벗어나 자유롭게 생각할 틈을 제공해주었다. 매주 발제하는 것이 부담스럽긴 해도, 막스 베버와 에밀 뒤르켐, 마르크 블로크, 루시앙 페브르, 페르낭 브로델 그리고 아날학파 3세대의 저작들은 역사학에 대한 나의 애정과 관심을 소환해 주었다. 결국 강독수업을 통해 힘겹게 파악할 수 있었던 사료와 새롭게 접했던 사회과학, 역사학이론 그리고 나의 고민과 사색이 만나던 접점에서 석사논문을 거우 완성할 수 있었다. 나는 당대(唐代) 전기 황제 권력의 정당성과 국가의례의 관계를 다룬 논문을 제출하고 졸업할 수 있었다.

신앙과 사회의 문제에 대해서 본격적으로 관심을 갖기 시작한 것은 박사과정에 진학한 이후였다. 이 기간 동안 지도교수이신 치우톈성[邱添生] 선생님과 대만대학에 게시던 가오밍스[高明士] 선생님으로부터 다방면에서 많은 도움을 받았다. 박사과정 내내 가오밍스 선생님이 주도하시던 '당률연독회(唐律研讀會)'에도 참가했는데, 가오 선생님은 당대법제사 뿐 아니라 전통시대 예제사(禮制史)에 대해서도 틈틈이 수준 높은 강의를 들려주셨다. 또한 천쥔창[陳俊強]·천덩우[陳登武]·라이량쥔[賴亮郡]·간화이전[甘懷眞]·뤄퉁화[羅彤華]·류싱쥔[劉馨珺]·장원창[張文昌] 등 여러 친구들과 교류하면서, 적지 않은 것을 배울 수 있었다. 특히 타이완 학계를 풍미했던 질병과 의료·일상생활 그리고 민간신앙을 포함하는 사회문화사에 관한 연구 열풍은 내게도 커다란 자극이 되었다. 이러한 과정을 통해서 '종교·신앙과 사회'의 문제에 대해서도 본격적인 관심을 갖게 되었다. 나는 예제와 민간신앙의 관계를 분석한 논문을 제출하고 박사학위를 취득하였다.

귀국한 후에는 연구 범위를 확장하여, '사상'·'의례'·'신앙'·'도시' 등의 주제에 관심을 갖고 연구를 진행해 왔다. 초기에 주로 국가권력과 민간신앙의 관계를 중심으로 논문을 발표했다면, 2000년대 중반기부터는 신앙과 사회의 문제에 대해서 좀 더 많은 고민을 할애하게 되었다. 한나 아렌트는 공간과 생각을 공유하는 사람들의 모임을 '공동체'라고 일컬은 바 있다. 이 시기부터 지역사회에서 신앙과 의례를 공유하는 기층공동체의 집단적인 사회문화사에 대해서 본격적으로 관심을 기울이게 되었다. 국가제사의 의례공간이 정치적·기념비적 특징이 강하다면, '사묘(祠廟)' 혹은 '신묘(神廟)'·'신사(神祠)' 등으로 일컬어지는 민간신앙의 의례공간은 사회적 공간으로서의 성격이 강하다. 물론 두 공간 모두 의례의 참가자들에게는 거룩하고 성스러운 공간이었지만, 그 차이는 분명했다. 국가의례가 거행되는 '단묘(壇廟)'가 폐쇄성과 배타성을 통해서 종교적 성스러움을 권력의 정당성 강화에 이용하는 정치적 상징성으로 충만한 장소였다면, 민간사회의 '사묘'는 향촌이든 도시든 주민 누구에게나 개방된 생활의 역동성으로 가득 찬 공간이었다. 무엇보다도 지역 주민들에게 정서적으로 가장 익숙한 공간이었다.

당대 후기 이래로 사회적 유동성이 증가하면서, 일부 민간신앙은 현(縣)과 주(州)의 경계를 넘어서 지역신앙·전국신앙으로 발전해갔다. 지방 세력과 지역유력자들의 개입과 활동이 빈번해지면서 기층사회에 있어서 사묘의 영향력도 증대되었다. 이에 따라 사묘에 대한 지방관과 중앙정부의 관심이 고조되었고, 정부의 사묘정책에도 커다란 변화가 발생하였다. 불법사묘를 '음사(淫祠)'라는 명목으로 단속하여 훼철하는 방법 외에, '묘액'이나 '봉호'를 하사하는 방식으로 통치이념에 배치되지 않는 사묘들을 공인해주고 후원하는 새로운 정책을 병행하였다. 이에 따라 민간신앙의 제사장소인 '사묘' 역시 점차 국가의 공인을 통해서 '지역성'과 함께 '공공성'을 갖춘 기층사회의 중핵으로 성장해 갔다. 이 책은 그동안 충분히 주목받지 못한 기층공동체의 신앙과 사회문화의 역사를 포착하기 위해서 나름대로 다양한 접근 방법을 통해서 시도해 본 결실이라고 할 수 있다. 그럼에도 표면상으로 드러나는 현상차원의 신앙과 사회의 관계를 파악하는데 급급하다보니, 심층적인 분석이 여전히 부족하다. 게으르고 불민한 탓이다. 학계의 질정에 귀를 기울인다.

지난 졸저에서도 언급했지만 나는 인복이 참 많은 사람이다. 당송시대의 신앙과 사회문제를 연구하는 동안 적지 않은 분들의 도움을 받았다. 타이완에서 공부하던 시절 학문적으로나 인간적으로 큰 도움을 주셨던 치우톈성·가오밍스 두 분 교수님과 나의 동학(同學)들 그리고 이화승 교수님께 감사의 인사를 올린다. 양승윤 교수님께서는 학부시절부터 항상 따뜻하게 격려해주셨고 여러모로 은혜를 베풀어주셨다. 이은순·박성래·최갑순·임영상·이영학·반병률·노명환·이근명·여호규 등 외대 사학과의 좋은 전통을 만들어 주시고 후배교수를 위해 격려를 아끼지 않으신 학과 교수님들께도 감사를 드린다. 동양사학회·중국고중세사학회 그리고 송원사학회의 선생님들께도 적지 않은 신세를 졌다. 여기에 실린 글 대부분이 먼저 학회에서 발표를 하고 수정과 보완을 거쳐서 완성한 것들이다. 거의 매일같이 점심과 저녁을 함께 먹을 수 있는 식구 같은 연구자들이 옆에 있다는 것은 행복한 일이다. 바로 옆 연구실에서 부지런히 연구하며 귀감이 되어주신 이해윤·남지순·송재목 교수님께 존경과 감사의 뜻을 전한다. 연구실을 닫고 나오는 늦은 시간에도 가끔씩 통화를 하는 지우들이 있다. 지난 40여 년간 별 내용도 없고 의미는 더욱 없는 지리한 이야기에 귀를 기울여준 나의 오랜 친구 이인재·박선균 교수께 고맙다는 인사를 전한다.

이 책을 구성하고 있는 개별 연구가 진행되는 동안, 한국외국어대학교와 한국연구재단의 지원을 받았다. 지면을 빌어 감사의 뜻을 표한다. 이 책은 한국외국어대학교 역사문화연구소 연구총서로 출간되었다. 신서원 측과 이미 몇 년 전에 약속을 했지만 바쁘다는 핑계로 미루고 미루다가 이제야 겨우 출간을 하게 되었다. 그럼에도 불구하고 최대한 나의 일정에 맞추어 배려해주시고 꼼꼼하게 편집해 준 정용국 대표와 정서주 편집자에게도 심심한 사의를 표한다. 교정과정 중에 중국 칭화대학과 중산대학 박사과정에 유학중인 김은정·김상일 그리고 외대 사학과 석사과정에 재학 중인 김희원·우소연 군의 도움을 받았다. 청어람을 기대하며 감사의 인사를 전한다. 물론 이 책에서 발견되는 모든 오류는 저자 자신의 책임임을 밝혀둔다.

낯선 학문의 길로 처음 들어설 때부터 지금까지, 부모님께서는 언제나 나의 결정을 존중해주셨고 항상 든든한 후원자가 되어주셨다. 책이 그나마 이정도의 모양새를 갖추게 된 것은 바로 두 분의 사랑과 헌신 덕분이다. 존경과 감사의 마음을 담아 이 책을 부모님께 바친다. 변변치 못한 사위에게 항상 따뜻한 사랑을 베풀어주신 병석에 계신 장인어른과 장모님께도 감사의 인사를 올린다. 때로는 동료연구자로, 때로는 든든한 친구로 나를 믿고 응원해 준 아내 차미경 교수와 사랑스러운 나의 딸 서현에게 고마운 마음을 전한다.

2019년 가을, 모현 묵연재에서

차 례

책머리에 _ 5

들어가는 글 _ 19

제1부 국가권력·의례·종교신앙

제1장 신령세계에 대한 봉호 하사와 황제권력 …… 31
_ 무측천·현종 시기를 중심으로

1. 머리말 ··· 31
2. 봉호 하사의 정치적 배경과 제도화 ··················· 37
   1) 무측천의 숭산봉선과 봉호 하사 ····················· 37
   2) 현종 시기 봉호 하사 정책의 추진과 그 의의 ····· 42
3. 황제와 신령세계와의 관계 재설정 ······················ 49
   _ 축문과 의례절차를 중심으로
4. 도교의 국가제사 침투 ·· 61
5. 맺음말 ··· 76

제2장 오대산 문수성지의 형성과 국가권력 …… 81

1. 머리말 ··· 81
2. 문수성지의 탄생과 국가권력의 개입 ················· 85
3. 무측천의 오대산 문수성지 후원 ························ 94
   1) 1차 칙사순례사절단의 영적검증과 참례활동 ···· 94
   2) 2차 칙사순례단의 파견과 무주혁명 ············· 100
4. 대종과 불공 _ 오대산 문수신앙의 전국화 ········ 106
5. 맺음말 ··· 112

제3장 당말·오대 시기 구주역일과 지방의례　　　117

1. 머리말 …………………………………………………………… 117
2. 당대 후기 역일의 변화와 예제 …………………………………… 120
    1) 구주역일의 연원과 당대 후기의 새로운 변화 ………………… 120
    2) 구주역일의 주요 내용과 예제관련 기사 분석 ………………… 125
3. 돈황 구주역일과 지방제사 ……………………………………… 133
    1) 구주역일과 지방의례 …………………………………………… 133
    2) 돈황 구주역일과 사주지역 지방제사의 시행정황 분석 ……… 136
4. 맺음말 …………………………………………………………… 147

제4장 토우례의 법제화 과정과 의례변화　　　151
_ 천성령과 당령의 비교를 중심으로

1. 머리말 …………………………………………………………… 151
2. 토우례 관련 조문의 법제화 과정 ………………………………… 154
    1) '출토우' 의례의 연원과 현천치『월령조조』………………… 154
    2) 농경 의례적 성격의 강화 ……………………………………… 159
3. 당령과 천성령의 비교를 통해 본 토우례의 성격 변화와
    그 의의 …………………………………………………………… 164
    1) 농경의례에서 절일축제로 ……………………………………… 164
    2) 의례공간의 일원화 ……………………………………………… 170
    3) 의례절차의 표준화와 의례관리 ………………………………… 173
4. 맺음말 …………………………………………………………… 177

제2부 민간신앙의 전개와 사회적 기능

제1장 관우신앙의 초기전개와 도·불과의 만남　　　　　183

1. 머리말 …………………………………………………… 183
2. 관우신앙의 초기전개 _ 여귀에서 지역의 수호신으로 ………… 187
   1) 여귀 관우의 출현 ……………………………………… 187
   2) 여귀의 신격화와 제사권의 확장 ……………………… 196
3. 불교·도교와의 결합 …………………………………… 202
   1) 불교의 관우신 수용 …………………………………… 202
   2) 관우신앙과 도교의 결합 ……………………………… 206
4. 맺음말 …………………………………………………… 215

제2장 전신의 탄생　　　　　217
_ 당말·오대 시기 진과인 신앙의 전개와 그 특징

1. 머리말 …………………………………………………… 217
2. 기억의 형성과 전승 …………………………………… 220
3. 전신의 탄생과 지지세력 ……………………………… 233
4. 강남 지방정권의 경쟁과 진과인 신앙의 국가제사화 ……… 240
5. 맺음말 …………………………………………………… 243

차례　13

제3장 당대 자연재해와 민간신앙　247

1. 머리말 ……………………………………………………………… 247
2. 당대 국가제사 내 자연재해 관련 제사의 운영실태 ………… 250
　1) 자연재해 관련 국가제사실태 ……………………………………… 250
　2) 자연재해 관련 지방제사의 운영정황 …………………………… 258
3. 자연재해와 민간신앙 ………………………………………… 264
　1) 자연재해 발생 시 지방관의 고뇌와 선택 ……………………… 264
　2) 자연재해의 퇴치와 민간신앙에 대한 사후조치 ……………… 272
4. 맺음말 ……………………………………………………………… 277

제4장 의술과 주술　281
　_ 당대 후기 의료지식의 전파와 금무조치

1. 머리말 ……………………………………………………………… 281
2. 당대 무자의 사회적 영향력과 의료행위 …………………… 284
　1) 당대 무자의 사회 활동과 그 위상 ……………………………… 284
　2) 당대 무자의 의료행위 실태 ……………………………………… 293
3. 당대 후기 의료 환경의 개선과 금무조치 …………………… 298
　1) 국가 의료체계의 확립과 의료 환경의 변화 …………………… 298
　2) 금무조치와 주술적 의료행위에 대한 비판 …………………… 305
4. 의술에 대한 인식 변화와 의방의 보급 ……………………… 309
5. 맺음말 ……………………………………………………………… 314

제5장 선화5년 국신사 일행의 해상조난과 해신신앙　　　　　　319
　　　_ 고려·북송 해상외교의 또 다른 면모

1. 머리말 …………………………………………………………… 319
2. 선화5년 국신사 파견의 배경 ………………………………… 321
3. 국신사 일행의 해신제사와 해상조난 ……………………… 325
　　1) 항해를 위한 준비 ………………………………………… 325
　　2) 항해일정과 해신제사 …………………………………… 327
　　3) 해상조난과 기적의 출현 ………………………………… 334
4. 공인과 확산 _ 해신에 대한 봉호와 묘액의 하사 ………… 337
　　1) 송대 사묘정책의 변화와 봉호·묘액의 운영 ………… 337
　　2) 선화5년 봉호·묘액의 사여 대상과 그 배경 ………… 343
　　3) 봉호·묘액의 하사 절차와 주도세력 ………………… 350
　　4) 선화5년의 영험신화와 해신신앙 ……………………… 353
5. 맺음말 …………………………………………………………… 356

제3부 민간신앙과 지역사회

제1장 당말·오대 절서지역의 민간 사묘신앙과 지역사회 361

1. 머리말 ··· 361
2. 당말·오대 절서지역 사묘신앙의 발전추이와 그 배경 ········ 364
3. 절서 지역신의 부상과 신앙권의 중층화 ······················ 375
4. 사묘와 절서지역사회 ··· 388
   1) 사묘와 지방관·강남정권 ··· 388
   2) 사묘와 지방유력자·종족 ··· 394
   3) 사묘와 상인 ·· 400
5. 맺음말 ·· 405

제2장 송대 복주 사묘의 신앙권과 지역민의 일상생활 409

1. 머리말 ··· 409
2. 복주 사묘신앙의 전개와 음사철폐조치 ······················ 413
3. 복주 사묘에 대한 봉호·묘액의 하사와 그 특징 ············ 421
4. 광역적 사묘신앙의 복주 진입과 그 의의 ······················ 434
   1) 성황신 숭배 ·· 436
   2) 태산신 숭배 ·· 442
   3) 오통신·장왕신 숭배 ·· 447
5. 지역적 사묘신앙의 성립과 확산 ·································· 449
   1) 민월왕 숭배 ·· 450
   2) 마조신앙 ··· 455
6. 복주의 사묘 네트워크와 지역민의 일상생활 ················ 459
   1) 복주 사묘 네트워크의 계층성 ·································· 460
   2) 사묘 네트워크의 가동 – 축제와 결사 ······················ 468
7. 맺음말 ·· 471

제3장 북송시기 동경 개봉의 민간사묘신앙과 도성사회　　　　477

　1. 머리말 …………………………………………………………… 477
　2. 성수사건과 신사철폐 ………………………………………… 479
　　　1) 사묘의 팽창과 성수사건 ………………………………… 479
　　　2) 신사철폐 …………………………………………………… 484
　3. 도성사묘의 공간적 기능 ……………………………………… 492
　　　1) 개인의 신앙 공간 ………………………………………… 492
　　　2) 사묘의 공공성 제고 ……………………………………… 498
　　　3) 사묘신앙과 도성 주민의 일상생활 …………………… 505
　4. 맺음말 …………………………………………………………… 514

제4장 남송 도성 임안과 민간신앙_ 도시사적 접근　　　　517

　1. 머리말 …………………………………………………………… 517
　2. 임안의 토착신앙과 남송 정부의 후원 ……………………… 521
　3. 이주와 지역신앙의 임안 유입 ………………………………… 532
　　　1) 양송교체기 북남이주와 동경 사묘의 유입 …………… 532
　　　2) 남송 시기의 내지이주와 외군사묘의 유입 …………… 541
　4. 임안의 의례공간과 민간사묘의 공간분포 ………………… 552
　　　1) 중축선의 왜곡과 의례공간의 비정형화 ……………… 552
　　　2) 지역신앙의 도성 내 공간분포와 확산추이 …………… 561
　5. 맺음말 …………………………………………………………… 570

참고문헌 _ 575
찾아보기 _ 610
중문목차 및 요약(中文目錄及簡要) _ 625
외대 역사문화 연구총서를 간행하며 _ 630

표 차례 _ 〈표 1〉 무측천·현종 시기 신령세계에 대한 봉호 하사와 관련 사건 ·············· 48
〈표 2〉 『어간정예기월령』과 돈황 구주역일의 물후 관련 기록 비교 ·············· 131
〈표 3〉 당말·오대 시기 돈황구주역일에 수록된 절일과 지방의례 ·············· 137
〈표 4〉 『예기·월령』과 『어간정예기월령』의 토우례 관련 기사 비교 ·············· 161
〈표 5〉 당령과 천성령의 토우례 관련 규정 비교 ·············· 164
〈표 6〉 송원지방지에 수록된 진과인신 관련 내용 및 근거자료 ·············· 223
〈표 7〉 당대 진과인신 관련 비문자료 ·············· 227
〈표 8〉 『대당개원례』 수록 방재·기풍제사 ·············· 250
〈표 9〉 당대 금무조치와 음사철폐 사건 ·············· 316
〈표 10〉 선화5년 봉호 및 묘액 하사 일람 ·············· 344
〈표 11〉 복주 사묘에 대한 봉호 및 묘액의 하사 정황 ·············· 426
〈표 12〉 고례와 기보례에 편입된 도성사묘 ·············· 500

그림 차례 _ 〈그림 1〉 개원 봉선(封禪) 선례(禪禮) 옥책과 탁본 ·············· 44
〈그림 2〉 무측천의 투룡의식에 사용된 금간(金簡) ·············· 64
〈그림 3〉 적금주룡상(赤金走龍像) ·············· 65
〈그림 4〉 오대산 문수성지와 대화엄사(大華嚴寺) 선당 ·············· 92
〈그림 5〉 돈황문서 S.621 『어간정예기월령(御刊定禮記月令)』 ·············· 129
〈그림 6〉 낙양 관림묘(關林廟) ·············· 195
〈그림 7〉 해주 관제묘(關帝廟)와 동묘(東廟) ·············· 207
〈그림 8〉 보타산 관음성지 ·············· 330
〈그림 9〉 절서(浙西)지역의 거점도시 ·············· 361
〈그림 10〉 송대 복건의 복주(福州)지역 ·············· 410
〈그림 11〉 북송 동경 개봉의 주요 의례공간과 이왕묘(二王廟) ·············· 510
〈그림 12〉 사천성(四川省) 도강언(都江堰) 소재 이왕묘 본묘와 희대(戲臺) ·············· 512
〈그림 13〉 『함순임안지(咸淳臨安志)』의 사묘(祠廟) 분류 ·············· 518
〈그림 14〉 남송수도 임안의 지형과 태묘, 사직, 경령궁의 위치 ·············· 557
〈그림 15〉 임안 피장묘(皮場廟)의 확산 ·············· 565

▌들어가는 글

　지금까지 중국사 연구는 국가와 사회의 총체적인 구조와 운용실태를 객관적으로 규명해보겠다는 원대한 목표 아래 진행되어 왔다. 이에 따라 '유교이데올로기'와 함께 말단의 행정단위에 이르기까지 주밀하게 운영되어 온 '관료행정체계'가 장시간에 걸쳐 중화제국을 안정적으로 유지해온 주요 동력 가운데 하나임이 다방면에 걸친 연구를 통해 밝혀졌다. 그러나 이러한 목표는 정부와 민간, 중앙과 지방, 상층과 하층, 정통과 비정통에 대한 시각을 자연스레 전자 쪽으로 집중시켰다. 주로 이 방면에 편중되어 있는 전통사료 역시 이러한 연구동향을 더욱 심화시켰다. 공적인 권위[formal-power]의 외연에서, 지방의 유력자들과 기층의 민중들이 비공식적인 사회관계를 기반으로 지역사회를 이끌어 온 전통의 일면은 자연스레 경시되었다. 오랫동안 누적되어 온 민간적이고 지역적인 사회문화적 심성을 바탕으로, 상층부에서 전달되는 제도와 이념을 수용하고 때로는 이에 변용을 일으키기도 했던 부분이 분명 역사의 중요한 일부를 차지하고 있었음에도 불구하고 주목을 받지 못한 것이다.
　이러한 연구풍조는 사상·의례·신앙 등을 주제로 삼는 정신문명사의 영역에 있어서도 동일하게 적용되었다. 특히 서세동점(西勢東漸)의 시기에 서구과학문명 앞에서 무기력하게 주저앉은 중화제국의 말로를 목도했던 근대 중국의 지식인들은 전통문화를 반성하고 새로운 길을 모색하는 과정 중에 서구의 합리주의를 자성의 근거로 받아들였다. 이러한 사회문화의 조류 속에서 기층사회에서 폭넓게 숭배되던 '민간신앙'은 근대화의 장애물이자 근대적 지식인의 적(敵)으로서 비난과 청산의 대상이 되었다.[1]

향후 종교와 신앙에 관한 연구는 역시 정통으로 간주되던 유(儒)·불(佛)·도(道) 삼교 문제를 중심으로 진척되었다. 연구 성과도 엘리트 승려들의 사상과 활동, 교파의 형성과 전개, 교리와 경의(經義)의 고증 부분에 집중되었다. 또한 제도종교[institutionalized-religion]를 위주로 한 연구는 심각한 오해를 불러일으켰는데, 마치 전통중국의 지식인들은 충실한 유가(儒家)나 무신론자로 묘사되었고, 다수의 민중들도 독실한 불교도나 도교 신자로 인식되었다.[2] 상고 이래 누적되어온 민간의 종교적 전통과 신앙적 환경은 거의 고려되지 않았고, 기존 종교들이 전개과정에 있어서 기층사회의 정신적 토양이나 지역적 요인에 의해 변용되고 융합된 측면 역시 철저하게 무시되어 왔다.

필자는 이러한 문제의식에서 출발하여 중국사회에 있어 불사(佛寺)·도관(道觀)과 함께 신앙행위의 중요한 거점이 되어온 '사묘(祠廟)'를 중심으로 기층사회의 종교와 신앙 문제를 조명하는 작업을 진행해 왔다. 사묘신앙이 팽창하기 시작하는 당대(唐代)를 중심으로 사묘의 유형과 전개과정을 추적해보았고, 국가권력과 사묘신앙의 관계에 대해서 검토해보았다. 중화제국의 통치이념이라 할 수 있는 유교 교육과 국가제사의 보급 그리고 예제

---

1   楊慶堃, 「儒家思想與中國宗教之間的功能關係」, 中國思想研究會 編·段昌國 等譯, 『中國思想與制度論集』, 臺北: 聯經出版事業公司, 321~323쪽.
2   김상범, 「唐代民間祠廟信仰 연구의 回顧와 展望」, 『中國史研究』 14, 중국사학회, 2001, 210~211쪽.

의 규제적인 측면이 민간신앙의 전개에 미친 영향에 대해서도 고찰해보았 다.[3]

연구가 진척되면서 보다 심층적인 접근을 위해서는, '시기'와 '주제' 두 방면에 있어서 돌파와 확장이 필요하다는 생각을 했다. 첫 번째로 '시기'의 설정과 관련해서, 당·송 양대는 '당송변혁기'로 지칭되는 새로운 변화의 시기이면서도 연속적인 면모 또한 상당히 강한 시기이다. 단대사(斷代史)적 시각으로 연구대상을 당대로 제한하는 것은 민간사회와 종교·신앙의 상호관계 뿐 아니라 사묘신앙의 전개양상을 파악하는 데에도 한계 요인으로 작용했다. 사실 사묘신앙의 전개에 있어 송대는 매우 중요한 시기로서, 당말·오대 이래의 변화를 계승하면서도 질적·양적 차원의 새로운 변화가 발생하는 '전환기'라 할 수 있다. 적지 않은 학자들이 송대를 중국사묘신앙의 원형(原型)이 완성되는 시기로 주장하는 것도 바로 이런 연유 때문이다. 일본과 구미학계에서도 이 시기에 '사묘'가 종교 신앙 뿐 아니라 지역민들의 사회적 관계와 일상생활의 주요한 거점으로 부상하는 현상을 주목해왔다.

지금까지 당송시대를 대상으로 진행된 관련 연구를 주제별로 개괄해보면,[4] 우선 개별 사묘신앙의 기원과 전개에 대한 연구를 들 수 있다. 이 부분에서 연구가 가장 집중되고 있는 대상은 성황신(城隍神)·동악신(東嶽神)·천비(天妃)·장왕신(張王神)·재동신(梓潼神) 등이다.[5] 두 번째로 주목할 만한 연

---

[3] 김상범,「唐代祠廟信仰의 類型과 展開樣相」,『中國學報』44, 중국학회, 2001.

[4] 송대 사묘신앙의 연구사에 관해서는 蔣竹山,「宋至淸代的國家與祠神信仰硏究的回顧與討論」,『新史學』8-2, 1997.6과 松本浩一,「中國村落における祠廟とその變遷-中國の祠廟に關する硏究動向問題點」,『社會文化史學』31, 1993; 水越知,「宋代社會と祠廟信仰の展開-地域核としての祠廟の出現」,『東洋史硏究』60-4, 2002.3을 참조.

[5] 小島毅,「城隍制度の確立」,『思想』792, 1990; 濱島敦俊,「明初城隍考」,『榎博士頌壽紀念·東洋史論叢』, 汲古書院, 1988; 濱島敦俊,「明淸江南城隍考」, 唐史硏究會 編,『中國都市の歷史的硏究』, 刀水書房, 1988; 정순모,「唐後半期城隍神信仰과 江南開發」,『中國史硏究』第31輯, 2004; 楊俊峰,「唐代城隍神與官府的立祀—兼論其官僚化神格的形成」,『新

구는 '국가권력과 사묘와의 관계'에 관한 연구이다. 정부가 사묘를 통제하기 위해 진행한 음사철폐(淫祠撤廢) 사건과 이에 대한 대안으로 추진된 학교와 지방제사의 보급 그리고 당대 이래로 새롭게 활용하기 시작한 봉호(封號)와 묘액(廟額)의 하사 정책에 관한 연구가 진행되었다.[6]

    신앙의 원류와 전개양상에서 출발한 연구는 점차 지역사회의 거점으로서 사묘의 사회적 역할에 대한 조명으로 확대되어 왔다. 스키너가 중국의 시장 망과 사회구조에 관한 논문에서 상위시장권의 사묘가 하위시장의 사묘를 통괄한다는 내용을 언급한 이래로 지역사회와 사묘의 관계에 대한 연구가 학자들의 주목을 받아왔다. 나카무라 지헤에(中村治兵衛)는 송대 들어 사묘가 수십 촌에 이를 정도로 광범위한 제사권(祭祀圈)으로 확대된 것이 시장권과 교차하는 가운데 성립된 것임을 밝힌 바 있다. 시바 요시노부[斯波義信]도 남송시기 사묘신앙의 확장을 상업발전과 연관 지어 심층적으로 논의한 바 있다. 발레리 핸슨(Valerie Hansen)은 시바의 견해를 계승하여 남송대에 사액(賜額)과 사호(賜號)의 증가와 함께 사묘의 분포지가 확대되는 현상이 지방관과 지역엘리트들의 유착 그리고 무엇보다도 상인들의 활동

史學』 23-3, 2012.9; 森田憲司, 「文昌帝君の成立-地方神から科擧神へ」, 梅原郁 編, 『中國近世の都市と文化』, 京都大學人文科學硏究所, 1984; 金井德幸, 「南宋の市鎭と東嶽廟」, 『立正史學』 61, 1987; 水越知, 「宋元時代の東嶽廟」, 『史林』 86-5, 2003.9; 김한신, 「宋代 民間 祠廟의 牛肉 犧牲-廣德軍 桐山 張大帝 祠廟祭祀의 사례를 중심으로」, 『史叢』 84, 2015.1; 김한신, 「張王信仰의 발전과정-唐末・兩宋代민간신앙 발전과정에 대한 새로운 모색」, 『中國史硏究』 89, 2014.4.

[6] 小島毅, 「正祠と淫祠-福建地方志における記述と論理」, 『東洋文化硏究所紀要』 114, 1991; 김상범, 「國家禮制와 民間信仰의 충돌-唐初 狄仁傑의 淫祠撤廢 조치를 중심으로」, 『中國史硏究』 17, 2002; 김상범, 「地方祭祀體系와 民間信仰의 關係-唐代를 중심으로」, 『中國史硏究』 19, 2002; 松本浩一, 「宋代の賜額・賜號について―主として『宋會要輯稿』にみえる史料から」, 野口鐵郞 編, 『中國史における中央政治と地方政治』, 昭和六十年度科硏費報告, 1986; 金井德幸, 「南宋の祠廟と賜額について- 釋文向と劉克莊の視點」, 宋代史硏究會 編, 『宋代の知識人- 思想・制度・地域社會』, 東京: 汲古書院, 1992; 須江隆, 「唐宋期における祠廟の廟額・封號の下賜について」, 『中國・社會と文化』 9, 中國社會文化學會, 1994; 김상범, 「神界에 대한 새로운 통제와 그 의의-唐 前期 祠廟에 대한 封號下賜조치를 중심으로」, 『역사학보』 194, 2007.6.

범위가 확대되면서 발생한 것임을 규명하였다. 특히 상인의 활동에 따라서 수로에 연하여 사묘가 확대되었음을 밝히고 묘신(廟神)의 관할지역과 관련된 지역민들의 인식의 변화에 대해서도 주목한 바 있다.[7]

카나이 노리유키[金井德幸]는 남송대에는 토호가 원칙상 촌락의 구성원 전원이 참가하는 사(社)를 주관함으로써 촌락을 지배했다고 주장한 바 있다. 연장선상에서 마츠모토 코이치[松本浩一]와 수에 다카시[須江隆]는 유교이념을 지역통치에 구체화하는 데 있어 일익을 담당했던 지역 사인들이 해당지역 사묘신의 사액과 사호에도 깊게 관여했고, 사묘신의 영험을 주도적으로 어필함으로써 지역사회에 있어서 지위를 유지하는데 이용했다는 점을 규명하여 지방엘리트와 사묘신앙과의 관계를 밝힌 바 있다.[8] 시기를 앞당겨서 당말 지방 세력과 오대시기 십국정권이 지역사회의 지지를 얻기 위해서 지역신앙을 어떻게 활용했는지에 관한 연구도 밀도 있게 진행되었다.[9]

최근 민간사묘신앙 연구에 있어서 중요한 변화는 중국학계가 질적·양적 측면에서 크게 성장하고 있다는 점이다. 관련 연구는 1990년대 중반부

---

7   Skinner, G. William, "Marketing and Social Structure in Rural China" Parts III, *Journal of Asian Studies*, 24-3, May 1965; 中村治兵衛, 『中國シャーマニズムの研究』, 東京: 刀水書房, 1992.6; 斯波義信, 『宋代江南經濟史の研究』, 東京大學東洋文化研究所, 汲古書院, 1988; Hansen, Valerie, *Changing Gods in Medieval China, 1127-1276*, New Jersey Princeton: Princeton University Press, 1990; 김상범, 「唐代 自然災害와 民間信仰」, 『東洋史學研究』106, 2009.3.

8   水越知, 「宋代社會と祠廟信仰の展開-地域核としての祠廟の出現」, 『東洋史研究』60-4, 2002.3; 金井德幸, 「宋代の村社と社神」, 『東洋史研究』38-2, 1979.9; 「宋代の村社と宗族—休寧縣と白水縣における二例」, 『歷史における民衆と文化—酒井忠夫先生古稀祝賀記念論文』, 東京: 國史刊行會, 1982.9; 金井德幸, 「宋代浙西の村社と土神-宋代鄕村社會の宗敎構造」, 『宋代史硏究會硏究報告』第二集. 東京: 汲古書院, 1986.10; 松本浩一, 「宋代の賜額·賜號について—主として'宋會要輯稿'にみえる史料から」, 野口鐵郎 編, 『中國史における中央政治と地方政治』, 昭和六十年度科硏費報告, 1986.

9   김상범, 「唐末·五代 浙西地域의 祠廟信仰과 地域社會」, 『東洋史學硏究』101, 2007.12; 楊俊峰, 「五代南方王國的封神運動」, 『漢學硏究』28-2, 2010.6; 김한신, 「지역정권과 민간신앙-唐末·五代時期 江南地域 藩鎭割據勢力들의 民間信仰에 대한 후원」, 『中國古中世史硏究』30, 2013.8.

터 본격화되었다. 옌야오중[嚴耀中]과 선쭝셴[沈宗憲] 등에 의해서 당대 강남지역의 사묘신앙과 불교의 관계, 송 정부의 사묘정책 등을 다룬 논문이 발표되었고, 2000년대에 들어서면서 당송시대의 민간신앙을 함께 아우르는 연구서도 출간되었다.[10] 그 후 당대와 송대를 대표하는 수준 높은 연구서가 잇따라 발행되었다. 당대 국가제사의 종교성에 관한 논의로부터 시작해서 도교와 불교의 국가제사에 대한 영향, 국가제사와 지방 사묘제사와의 관계 등을 분석한 레이원[雷聞]과 사회사적인 시각으로 송대 민중사묘신앙을 종합적으로 검토한 피칭성[皮慶生]의 저작은 지금까지 중국학계의 관련 연구를 대표한다고 볼 수 있다.[11] 이밖에 참위・술수와 중고정치의 관계를 심층적으로 검토한 순잉강[孫英剛][12]과 당송시기 돈황지역을 중심으로 사묘신앙과 택길・출행 등에 나타나는 금기의식 그리고 주술적인 사유 등을 폭넓게 다룬 위신[余欣] 역시 수준 높은 연구서를 출간하였다.[13] 매년 북경대에서 출판되는 『당연구(唐研究)』 제18권이 이십여 명의 연구자들에 의해서 〈중세 중국의 신앙과 사회연구 특집호〉로 꾸려진 것을 보면, 이미 상당수준의 연구자들이 다양한 분야로 연구를 확장시키고 있음을 알 수 있다.[14]

이처럼 민간신앙의 근거지인 사묘와 지역사회의 긴밀한 관계는 당말・오대를 거쳐 송대에 이르기까지 발생한 다양한 사회적 변화와 맞물리면서 새로운 전환기로 접어들었다. 상고시기부터 숙성된 기층사회와의 긴밀한

---

10   賈二强, 『唐宋民間信仰』, 福州: 福建人民出版社, 2002.
11   雷聞, 『郊廟之外-隋唐國家祭祀與宗教』, 北京: 生活・讀書・新知 三聯書店, 2009; 皮慶生, 『宋代民衆祠神信仰硏究』, 上海古籍出版社, 2008.
12   孫英剛, 『神文時代: 讖緯, 術數與中古政治硏究』, 上海古籍出版社, 2015.
13   余欣, 『神道人心: 唐宋之際敦煌民生宗教社會史硏究』, 北京: 中華書局, 2006; 余欣, 『中古異相: 寫本時代的學術信仰與社會』, 上海古籍出版社, 2015.
14   榮新江 主編, 『唐硏究』 18 〈中古中國的信仰與社會硏究專號〉, 北京大學出版社, 2012. 余欣 역시 국제학술대회의 결과물을 같은 해에 출간했는데, 종교신앙과 사상, 의례 등에 대한 중국학계의 관심을 대변한다고 할 수 있다[余欣 主編, 『中古時代的禮儀・宗教與制度』, 上海古籍出版社, 2012].

관계가 이 시기의 '사회적 변화', '유동성 증대' 등과 맞물리면서 새로운 팽창기에 접어든 것이다. 그런 만큼 필자는 당과 오대시기 그리고 송대를 아우르는 장기적인 시각의 연구가 반드시 필요하다고 생각한 것이다.

두 번째로 주제의 확장과 관련해서는 다양한 접근을 시도함과 동시에 보다 구체적인 사례를 통해서 각 주제 간의 연계성을 파악하고, 이를 통해서 사묘신앙의 역동성을 검증할 수 있는 연구가 필요하다고 생각했다. 필자는 이러한 고려 하에, 대략 세 분야의 대주제로 나누어 연구를 기획하고 진행해 왔는데, 그 내용을 이 책에서는 다음과 같은 순서로 반영하였다.

제1부 〈국가권력·의례·종교신앙〉에서는, 먼저 무측천·현종 시기에 전개되는 신령세계에 대한 봉호와 묘액의 하사정책이 '무주혁명'과 '당실중흥'이라는 정치현안과 어떤 관련을 갖고 있는지 검토해보았다. 이로 인해서 천자와 신령들 사이의 관계가 어떻게 재설정되는지, 전반적인 종교정책의 변화와 도교세력의 권력 밀착이 어떤 관련을 갖고 있는지 등에 대해서 살펴보았다. 다음으로 중국 불교의 현지화 추세를 '역내 성지의 출현'이라는 측면에서 접근해보았고, 오대산 문수성지의 형성과정에 나타나는 황제권력과 불교세력의 결탁에 대해서도 고찰해보았다.

기층사회와의 접촉면이 넓은 정부 지방의례를 중심으로, 당송시기 국가의례의 전파경로와 세속화 추세에 대해서도 살펴보았다. 먼저 이 시기에 정보전달의 중요한 매체로 등장하는 '구주역일(具注曆日)'에 대한 분석을 통해서, 지방제사의 거행과 관련된 정보가 어떻게 기층사회에 전달되었는지 살펴보았다. 이런 과정 속에서 지역신앙과 문화가 지방관이 주도하는 정부의 지방의례에는 어떤 변화를 야기했으며 그 의미가 무엇인지에 대해서도 숙고해보았다. 또한 당령(唐令)과 천성령(天聖令)에 보이는 '토우례(土牛禮)' 관련 조목에 대한 비교분석과 의례내용과 공간의 변화에 대한 고찰을 통해서, 국가주도 지방의례의 성격변화와 그 의미에 대해서 생각해보았다.

전체적으로 당대 후기 이후 널리 적용되기 시작하는 민간신앙에 대한 새로운 정책과 정부 주관 지방제사의 변화를 상호관계 속에서 심층적으로 논의해보았다.

제2부 〈민간신앙의 전개와 사회적 기능〉에서는 먼저 제도종교로 일컬어지는 기존 종교와 민간신앙의 관계를 규명해보기 위해서, '관우신앙'을 사례로 당송시기 불교와 도교가 민간신앙의 전개에 미친 영향을 분석해보았다. 시대적 환경 변화와 민간신앙의 관계에 대해서도 살펴보았다. 전란의 시기인 당말·오대시기에 번진세력과 십국정권으로부터 폭넓게 숭봉되었던 전신(戰神) 진과인(陳果仁) 신앙의 형성과 변화의 궤적을 추적해보았다. 다음으로는 민간신앙이 개인적·사회적 위기상황 속에서 어떤 역할을 수행하는지 검토해보았다. 자연재해·전쟁·질병·해상조난 등 인간이 봉착할 수 있는 절체절명의 위기 상황 속에서 민간신앙의 종교 본연적 기능이 어떻게 발휘되었는지, 지방관이나 사인들이 민간신앙에 대해서 어떤 태도를 취했는지 살펴보았다. 비상상황 속에서 국가권력과 기층공동체를 어느 정도 대변한다고 볼 수 있는 유교 관료와 지역유력자와의 접촉과 협조, 사태 종료 후 정부의 사묘정책에 미친 영향 등을 분석해보았다. 이를 통해서 민간사묘가 정부의 공인과 후원을 획득하고, '지역성'과 더불어 '공공성'을 갖춘 신앙의 공간으로 변화해가는 양상과 의의에 대해서도 검토해보았다.

마지막으로 제3부 〈민간신앙과 지역사회〉에서는 당말·오대시기에 경제중심지로 성장하는 강남의 핵심구역인 절서지역과 북송대의 완만한 발전을 거쳐 남송시기에 행재 임안의 배후지로 급부상하는 복건로 복주지역을 사례로, '신앙권(信仰圈)'이라는 개념을 통해서 사묘신앙의 변화 양상을 검토해보았다. 당말에서 송대에 이르는 시기에는 계층질서의 재편, 사회적 개방성의 증대, 상업과 도시의 발전, 교역량의 증가 등으로 어느 때보다 사회적 유동성이 커지는 시기이다. 지역사회의 민간사묘신앙도 '향토적 사묘'·'지역적 사묘'·'광역적[전국적] 사묘' 등으로 분화되어 발전하면서 중층적으로 전개되는 양상을 보인다. 오랫동안 상층으로부터 다양한 경로로 강요되어온 유교적 통치이념 외에, 지역사회 내부에서 분출된 신앙 환경의 변화는 주민들의 지역의식과 정체성에 어떤 영향을 미쳤는지에 대해서 논의해보았다. 정부의 사묘정책이 주·현급 지역사회에서는 어떻게 관철되었고, 이 시기를 전후로 발생하는 계층질서의 변화와 지역유력자의 사묘 개입 그리고 사묘를 중심으로 형성된 인적네트워크의 작동방식 등에 대해서도 지역 사례를 통해서 구체적으로 검토해보았다. 송정부의 포용적이고 절충적인 사묘정책과 함께 사회경제적인 유동성의 증대는 인구·자원의 이동과 함께 지역신앙의 도성(都城) 유입을 촉진했다. 이러한 변화를 감안해서 북송 도성 동경과 남송 행재 임안을 중심으로 도시사적인 시각을 통해서, 외부사묘의 도성유입, 사묘의 분포와 도성사회의 관계, 사묘 행사가 도성 주민의 일상생활에 미친 영향 등에 대해서도 고찰해보았다.

유교 지식인들은 '사묘'에 대해서, 영신행사를 핑계로 생업인 농사까지 팽개치고 남녀가 모여 먹고 마시는 '음란한 공간'으로, 때로는 몽매한 백성들이 여전히 의술 대신에 주술에 의존해서 가산까지 탕진하는 '위험한 장소'로 묘사해 왔다. 하지만 민간사묘신앙 관련 문헌기록과 영험설화 그리고 비문에 남아있는 단편적인 사료들은 우리에게 이 시기 기층민들의 가장 일반적인 사회적 관계와 일상생활의 단면을 제공해주고 있다. 이 책은 다양한 접근 방법을 통해서, 종교와 신앙의 영역에서 '민간'·'지방'·'기층' 그리고 '비정통'을 상징해왔던 '사묘신앙'을 중심으로 당송시기의 역동적인 사회문화사의 일면을 복원해보고자 한다.

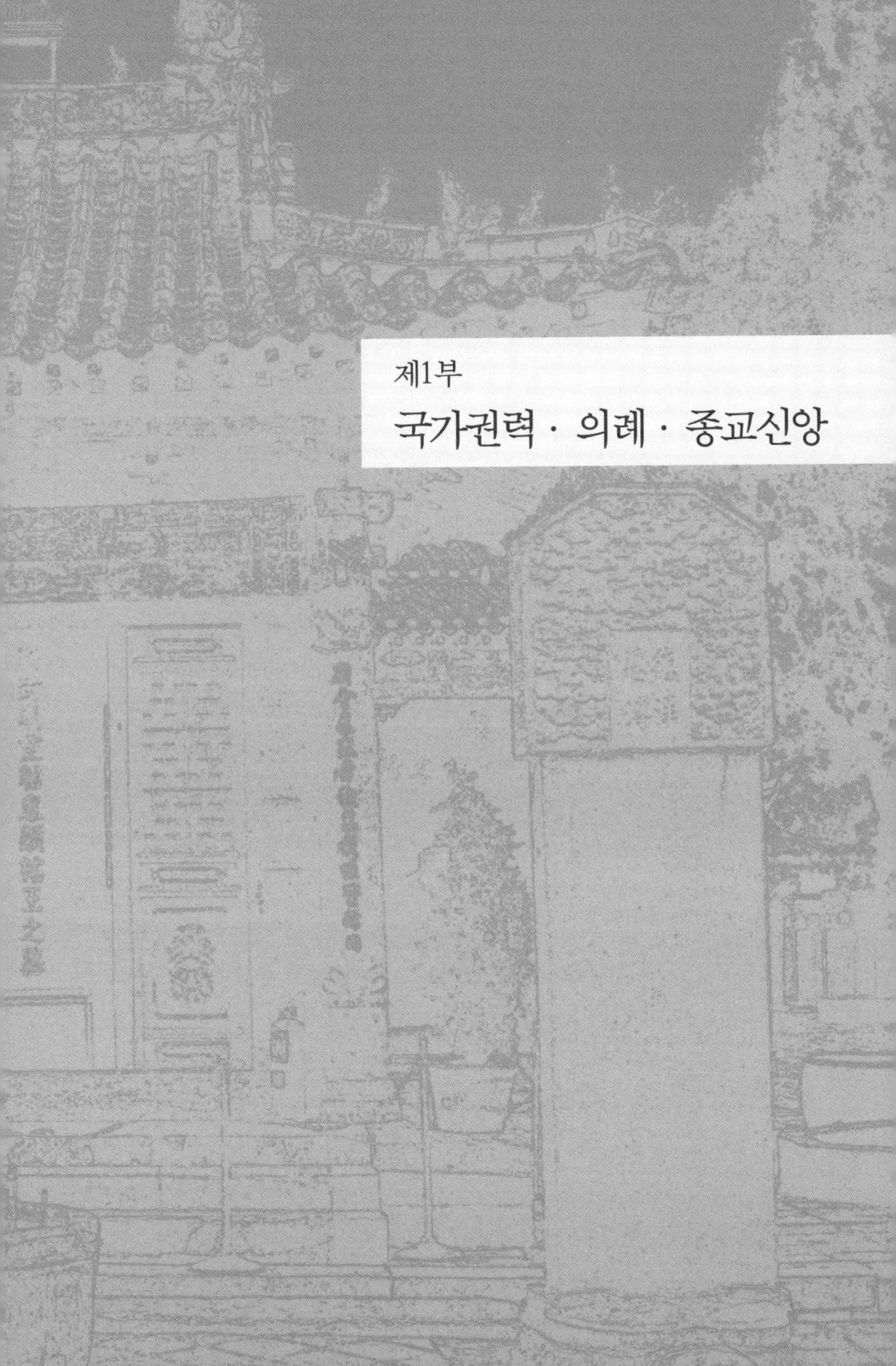

제1부
국가권력 · 의례 · 종교신앙

제1장

신령세계에 대한 봉호 하사와 황제권력

무측천 · 현종 시기를 중심으로

1. 머리말

　중국의 도시나 촌락에 널리 산재하는 사묘(祠廟)는 신앙의 공간일 뿐 아니라 사회적 공간으로서 학계의 주목을 받아왔다. 어느 정도 인지도와 규모를 갖춘 사묘는 보통 주신(主神)을 모시는 정전(正殿)에 제법 화려한 장식을 갖춘 한 개 혹은 수 개의 편액을 걸고 있다. 사묘의 명칭을 새긴 이러한 편액은 '××왕사(王祠)'나 '××공묘(公廟)'처럼 제왕이 수여한 작위의 명칭 즉 봉호(封號)로 기록된 것이 적지 않은데, 보통 하단에는 편액을 사여한 황제의 연호를 통해서 하사 연도를 표기하였다. 일반적으로 종교건축물의 현판이 숭배하는 신이나 신앙의 가치 등을 표현하는 신전의 이름과 소속교단 · 설립연도 등을 병기한다는 점을 감안할 때, 사묘의 편액에는 국가와 사회적 관계를 포함하는 중국 종교문화의 특색이 반영되어 있다고 할 수 있다.
　사실 정치와 종교와의 관계는 워낙 다양하고 복잡해서 몇 가지 유형으로 개괄하는 것이 쉽지 않다. 다만 사회의 발전과 분화에 따라 정권과 교권이 분리되고 일정기간의 길항을 거쳐 독자적인 영역을 인정하면서 상호간의 직접적인 간섭이 줄어드는 형태로 발전해 가는 것이 일반적인 모델일 것이다. 이에 비해 중국황제들은 세속의 통치자적 면모 외에 신속(神俗)간의 최상레벨로 설계된 '천인관계'의 유일한 매개자 '천자(天子)'의 지위를 계승하여, 모든 정교관계에 있어서도 최상의 관리자이자 조정자로서 우월한 지위를 유지해 왔다.[1] 왕조마다 약간의 차이는 있지만, 점차 종교권력이 세속의 황제권력에 굴복하여 예속되는 추세를 보인다. 당대(唐代)에 예부(禮部) 산하의 사부(祠部)가 종교에 대해서 총괄권을 쥐고 있었던 것처럼,[2] 결국 종교는 관료기구에 종속되어 통제를 받는 양상을 지니게 된 것이다.

황제권력의 종교에 대한 통제는 도교와 불교를 위시한 제도적 종교에만 국한된 것이 아니었다. 기층사회의 저변에 폭넓은 제사권(祭祀圈)을 형성하고 영향력을 발휘했던 민간신앙에 대해서도 엄격하게 이루어졌다. 더구나 민간의 일부 사묘는 제사의 대상이나 의례 절차와 방식에 있어서 국가제사와 공유하는 면이 넓고 상충되는 영역까지 존재한다.[3] 이런 까닭에 정부는 공식적으로 인정하는 제사 혹은 제사가 거행되는 장소를 '정사(正祀)' 혹은 '정사(正祠)'라 지칭하고, 사전(祀典)에 등록되지 않은 신앙행위는 '음사(淫祀)' 혹은 '음사(淫祠)'로 분류하여 철폐의 대상으로 간주했다.[4] 당 정부 역시 유교적 교화를 내세우면서 수차례에 걸쳐 대대적인 음사 철폐를 단행한 바

---

[1] 중국 황제권력의 성격에 대해서는 西嶋定生,「皇帝支配の成立」(『中國古代國家と東アジア』, 東京: 東京大學出版會, 1983); 李成珪,「中國 古代 皇帝權의 性格」(東洋史學會 編,『東亞史上의 王權』, 한울아카데미, 1993), 14~19쪽 참조.

[2] 『唐六典』(北京: 中華書局 點校本, 1992), 尙書禮部 卷4,「祠部郎中」, 120~127쪽: "**祠部** 郎中・員外郎掌祠祀享祭, 天文漏刻, 國忌廟諱, 卜筮醫藥, 道佛之事."

[3] Terry F. Kleeman, 李豊楙・朱榮貴主 編,「由祭祀看中國宗教的分類」,『儀式・廟會與社區-道教・民間信仰與民間文化』, 南港: 中央研究院中國文哲研究所籌備處, 1996, 547쪽.

[4] 正祠와 淫祠의 구분과 의미도 시기별로 약간의 차이를 보인다. 이에 대해서는 金相範,「國家禮制와 民間信仰의 衝突-唐初 狄仁傑의 淫祠撤廢措置를 중심으로」(『中國史研究』第17輯, 2002.2), 70~78쪽과 小島毅,「正祠と淫祠-福建の地方志における記述と論理」(『東洋文化研究所紀要』第114册, 1991) 등을 참조.

있다.5 정부는 음사를 대체하는 방안으로 사(社)나 석전(釋奠)과 같은 유교 지방제사를 보급하는 방법 등을 통해서 중앙에서 지방까지 이념과 정서의 일원화를 기도하였다.6

그런데 송대 관련 문헌에는 민간신앙을 대처하는 방법에 있어서 종전과는 확연하게 달라진 기록이 출현한다. 『명공서판청명집(名公書判淸明集)』에서는 "칙액(敕額)이 없으면 분훼(焚毁)해야 한다. 제사로 받드는 것이 어떤 귀신인지 물을 필요도 없이 즉각 땅바닥에 내리쳐야 한다"는 내용이 보인다.7 남송 대유(大儒) 주희(朱熹) 역시 지방관으로 초임하는 제자에게 "사대부가 주(州)·군(郡)의 지방관을 맡게 되면 마땅히 음사를 철거해야겠지만, 칙액을 걸고 있을 시에는 함부로 제거해서는 안 된다."8면서 주의를 당부한 바 있다. 정부에서 하사한 칙액의 소유여부가 사묘의 존폐를 결정짓는 준거로 확립되었음을 여실히 반영해 주는 것이다.

뒤에서 상세히 설명하겠지만 송대에는 몇 차례의 조정을 거쳐서 봉호와 칙액을 통해서 민간사묘를 통제하는 절차가 제도화되었다. 먼저 신주의 공덕을 검증해서 묘액(廟額)을 내리고, 향후 다시 묘신(廟神)의 위상과 신력(神力) 즉 영험(靈驗)을 판별하여 후(侯)·공(公)·왕(王)의 순서로 작위를 하사한다는 원칙이 확립되었다.9 봉호가 새겨진 칙액이 하사되었다는 것은 사묘의 합법성을 공인한 것이기 때문에, 칙액사묘는 이를 관리하는 정부문서인 '사전'에 등록되고 아울러 제사의 거행과 묘우의 관리에 있어서도 정부

---

5 唐代 祠廟信仰의 전개와 淫祠 철폐활동에 대해서는 金相範, 『唐代國家權力과 民間信仰』(신서원, 2005.9), 제2·3·4장 참조.
6 金相範, 「地方祭祀體系와 民間信仰의 關係-唐代를 중심으로」, 『中國史研究』 19, 2002 참조.
7 『名公書判淸明集』 卷十四, 「非敕額者並仰焚毁」, 541쪽: "……應非敕額, 並仰焚毁, 不問所祀是何鬼神. 仍榜地頭."
8 『朱子語類』 권3, 第79條: "人做州郡, 須去淫祠. 若繫敕額者, 則未可輕去"
9 『宋史』 卷105, 禮八 「諸祠廟」, 2561쪽; 『宋會要輯稿』 第19冊, 禮20之六.

로부터 상응하는 후원을 받게 된다. 이로서 송조는 대·중·소 삼사(三祀)로 제한되어 있던 국가제사체계의 하부에, 봉호 하사를 매개로 기층 민간사회의 무수한 사묘들을 포함하는 개방적이고 방대한 제사체계를 갖추게 된 것이다.[10]

'봉호'와 '칙액'의 문제는 전통중국왕조의 종교정책[11]과 국가와 지역사회와의 관계 등을 새로운 시각으로 살펴볼 수 있기 때문에 사묘신앙연구의 중요한 주제로서 적지 않은 학자들의 주목을 받아왔다. 그들은 때로는 국가권력의 입장에서 때로는 봉호 하사를 신청하는 민간사회와 지역엘리트의 입장에서 다양한 연구를 수행해왔다. 대체로 북송을 거쳐 남송에 이르는 시기에, 이러한 사묘관리 정책이 제도화된다는 것이 공통된 입장이고 연구도 자연스레 이 시기에 집중되어 왔다.[12]

사실 신령세계에 대한 봉호 사여는 삼국시대에 손오(孫吳)정권이 장자문신에게 중도후(中都侯)라는 작위를 하사하는 사례에서 그 단서가 발견된다. 위진남북조 시기에도 남조정권을 중심으로 신령들에 대한 봉호 사여가 단속적으로 시행되었다.[13] 당대에는 무측천(武則天)시기에 신도(神都) 낙양의

---

[10] 金相範, 「宋代 福州의 祠廟信仰과 地域社會-祠廟政策의 變化와 施行狀況을 중심으로」, 『中國史研究』 제38집, 2005.10, 111~112쪽.

[11] 李成珪는 이미 도교신과 황제의 대응관계를 종합적으로 검토해보는 과정 중에, 역대 왕조가 추진한 神들에 대한 봉호 사여를 황제에 대한 신들의 종속을 공개적으로 선언한 것이라고 지적한 바 있다[李成珪, 歷史學會編, 「道敎의 御用化 論理와 그 形式-神·敎團과 皇帝의 관계를 중심으로」, 『歷史上의 國家權力과 宗敎』, 일조각, 2003.3, 87~88쪽].

[12] 이에 대한 주요 연구로는 松本浩一, 野口鐵郎編, 「宋代の賜額·賜號について—主として『宋會要輯稿』にみえる史料から」, 『中國史における中央政治と地方政治』, 昭和六十年度科研費報告, 1986; Hansen, Valerie, *Changing Gods in Medieval China, 1127-1276*, New Jersey Princeton: Princeton University Press, 1990; 金井德幸, 宋代史研究會 編, 「南宋の祠廟と賜額について-釋文珦と劉克莊の視點」, 『宋代の知識人-思想·制度·地域社會』, 東京: 汲古書院, 1992; 水越知, 「宋代社會と祠廟信仰の展開-地域核としての祠廟の出現」, 『東洋史研究』 60-4, 2002.3 등을 들 수 있다.

[13] 神界에 처음으로 봉호를 하사한 것은 孫吳정권으로서 蔣子文神에게 '中都侯'의 작호를 사여한 바 있다. 東晉대에는 淝水전투 직전의 위기상황 속에서 蔣神에게 '相國'의 봉호

낙수신(洛水神)과 숭산신(嵩山神)에게 처음으로 봉호가 하사되더니, 현종 천보연간[742~755]을 거치며 그 대상과 횟수가 확연히 증가하는 추세를 보인다. 당말·오대에는 과거 국가제사 내에 포함되었던 사묘 뿐 아니라 민간의 다양한 사묘에까지도 광범위하게 봉호가 하사되었다. 봉호 사여가 국가종교정책의 일환으로 자리잡아가고, 봉호의 유무여부가 해당 사묘의 정통성을 식별하는 중요한 기준으로 작용할 수 있는 신앙적 환경이 서서히 조성되고 있었던 것이다. 하지만 송대와 비교할 때 관련 연구는 상당히 미진한 편이다.

이런 가운데에도 최근 발표되고 있는 레이원(雷聞)의 연구는 눈길을 끄는데, 그는 한대(漢代) 이래로 국가제사가 점차 유가화·예제화되지만 여전히 신사적(神祠的) 특성도 남아있어서 당대에 이르면 산천신(山川神)과 풍백(風伯)·우사(雨師), 심지어는 공묘(孔廟) 제사에 있어서도 우상화·인격신화되는 현상이 재출현한다고 지적하였다.[14] 산천신에 대한 봉호 하사를 국가제사 내부의 인격신화 추세와 관련지어 파악하고, 유교 국가제사의 세속화 경향과 민간사회에 있어서의 기반 확대가 당대 예제의 주요한 특징 가운데 하나라고 주장했다.[15] 직접적으로 사묘에 대한 봉호와 묘액의 하사 문제에

    를 하사하여 陰助를 요청했는데, 前秦에 비해 수적으로 열세에 있던 東晉兵의 사기를 고양하려던 기도로 볼 수 있을 것이다[『晉書』卷114, 2918쪽].
    劉宋의 明帝(465-471)는 雞籠山에 대규모 사묘를 세워 群神들을 제사한 바 있는데, 蔣子文神에게는 鍾山王의 왕호를 하사했다[『宋書』卷17, 488쪽]. 이러한 추세는 南齊와 陳에 그대로 계승되었고, 齊의 東昏侯는 蔣帝라고 帝號까지 추존했다[『陳書』卷2, 33쪽;『南齊書』卷7, 105쪽]. 劉宋대에는 장자문신 외에 蘇侯神에게 驃騎大將軍의 봉호를 하사했고 기타 四方의 諸神들에게도 爵秩을 더해주었다는 기록도 나타난다. 그러나 전반적으로 볼 때 위진남북조 시대에 출현하는 신계에 대한 작호하사는 대부분 蔣子文神 一身에 집중되고 있다. 이에 대해 일부학자들은 남북의 적대적인 대치상황 속에서, 蔣神에 대한 광범위한 숭배를 구심점으로 장기적으로 형성된 강남 지역민들의 신앙적 심성을 국가에 대한 지지로 이끌기 위한 시도로 해석하였다.

14 이 부분에 대해서는 필자도 이미 지적한 바 있다. 金相範,「唐代祠廟信仰의 類型과 展開樣相」,『中國學報』44, 2001.12, 225쪽 참조.
15 雷聞,「論隋唐國家祭祀의 神祠色彩」,『漢學硏究』21-2, 2003.12, 116~137쪽.

천착한 연구는 앞서 소개한 바와 같이 일본학계가 주도해왔다. 그 가운데 수에 다카시[須江隆]는 구체적인 사례를 통해 당·송시기 봉호 하사의 절차와 신청자들의 입장을 비교분석하고 이를 통해서 국가와 지역사회 유력자들의 의도를 검토한 바 있다. 그는 당대까지만 해도 사묘에 대한 묘액과 봉호의 하사가 주로 대·중·소 삼사로 분류되는 국가제사의 신령이나 이와 동격으로 간주되는 신들에 집중되기 때문에, 이 시기 사묘에 대한 봉호 하사는 지역사회보다는 국가권력의 입장을 관철하기 위한 것으로 간주할 수 있다고 주장했다.[16] 그러나 논문의 중점이 역시 송대에 치우치다 보니 당대에 관한 기술은 지나치게 개괄적이라는 한계를 보인다.

봉호와 칙액의 운영이 전반적으로 사묘신앙을 통제할 수 있는 제도로 확립되는 시기가 송대라는 사실은 부정할 수 없다. 하지만 신령세계에 대한 책봉의 근원적 의미를 밝히기 위해서는 제도 도입기에 대해서도 좀 더 면밀한 검토가 절실하다. 이에 본문은 우선 사묘에 대한 봉호 사여가 본격적으로 시작되는 무측천·현종 시기를 중심으로, 그 정치적 배경을 집중적으로 조명해보겠다. 두 번째로는 제사의 의례절차와 축문 내용에 대한 분석을 통해서 황제와 신령 간의 위상 조정에 대한 이론적인 배경과 의미에 대해서 검토해보겠다. 세 번째로는 당대 국가제사 전개에 지대한 영향을 미치게 되는 도교의 국가제사 개입과 침투과정을 주목해 봄으로서, 도교가 신령세계에 대한 봉호 하사의 제도화과정에 미친 영향에 대해 살펴보겠다. 이를 통해서 천자가 '봉건제후'에게 내리던 작호를 '신령세계'에까지 확대 적용하게 된 시대적 배경과 의의에 대해 다각적으로 규명해보겠다. 이러한 시도가 '봉호와 묘액'이라는 새로운 종교정책의 출현 배경뿐 아니라 당해시기 권력구조의 최상위에 위치했던 황권의 변화과정에 대한 이념적 근

---

16 須江隆, 「唐宋期における祠廟の廟額·封號の下賜について」, 『中國-社會と文化』 9, 中國社會文化學會, 1994.

거와 중국적 정교관계의 실상을 해명하는 데에도 도움이 될 수 있기를 기대해 본다.

2. 봉호 하사의 정치적 배경과 제도화

1) 무측천의 숭산봉선과 봉호 하사

당대에 들어 신령세계에 대한 봉호 하사는 무측천 때 시작되어 현종 시기를 거치며 확대된다. 이 시기 봉호 하사의 전반적인 특징은 '무주혁명(武周革命)'이나 '당실중흥(唐室中興)' 같은 정치 현안과 긴밀하게 연관되어 있다는 점이다.

무측천 시기의 첫 번째 봉호 하사는 수공(垂拱)4년[688]의 '상서(祥瑞)'출현 사건과 관련이 있다. 그해 4월 당동태(唐同泰)는 무승사(武承嗣)의 사주를 받아 "성모(聖母)께서 세인들에게 임하셔서 영원히 제업(帝業)을 창성케 하실 것"이라고 새겨진 서석(瑞石)이 낙수에서 떠올랐다[17]며 제위등극을 위한 분위기를 조성했다. 무측천은 권력장악을 정당화하기 위해서 상서로운 전조와 의례를 적극 활용하였다. 그녀는 하늘이 이미 보도(寶圖)를 통해서 그 뜻을 예시했으니 지상신 호천상제(昊天上帝)께 마땅히 감사의 보사(報祀)를 올려야 한다면서, 즉위전임에도 불구하고 황제특권제사인 남교(南郊)의 교사(郊祀)를 주재하였다.[18] 신령세계에 대한 당대 최초의 봉호 하사는 바로 이

---

17 『舊唐書』卷6, 119쪽: "聖母臨人, 永昌帝業". 『舊唐書』卷24, 「禮儀四」, 925쪽; 『資治通鑑』卷204, 則天后 垂拱四年, 6450쪽.

18 당대 황제제사는 大·中·小 三祀로 분류되는데 이 가운데 중사이상은 원칙적으로 황제가 친히 주재하게 되어있다. 물론 향후에 정기제사는 주로 有司攝祀의 빈도가 늘어나고 중요한 경우에만 황제가 親祭하게 되지만, 유사섭사도 기본적으로 황권의 명의로 주재되는 것이기 때문에, 당시까지 제위에 오르지 않았던 무측천은 기본적으로 제천의례를 거행할 자격이 없다고 볼 수 있다. 당대 황제제사의 진행방식과 '親祭'와 '有

러한 상황 속에서 이루어졌다. 같은 해 7월 서석이 발견된 낙수에 '영창낙수(永昌洛水)'라는 가명(嘉名)이 부여되었고, 낙수신에게는 '현성후(顯聖侯)'라는 봉호가 사여되었다. 낙수와 함께 낙양의 상징적 지표라 할 수 있는 중악 숭산에도 '신악(神嶽)'이라는 성스러운 이름과 더불어 '천중왕(天中王)'의 왕호가 하사되었다. 낙수와 숭산 현지에 이들의 신상을 모신 새로운 사묘도 축조해주었다.[19] 이처럼 낙양의 랜드마크에 해당하는 곳마다 새로운 이름과 봉호를 하사한 것은 낙양이 측천정권의 근거지라는 사실과도 관련이 있다. 무측천은 이러한 조치를 통해 낙양이 상제께서 예정한 신도임을 부각시켰고, 자신이 호천상제에 의해서 모든 신들에게 봉호를 수여할 수 있는 권력의 실체로 점지된 '진명천자(眞命天子)'임을 과시하였다. 낙양 인근의 여러 신령들에 대한 최초의 봉호 하사는 이처럼 무주정권 성립과정의 일환으로 진행되었던 것이다.[20]

무측천시기 신계에 대한 두 번째 봉호 하사는 만세등봉(萬歲登封)원년[696]에 숭산에서 봉선례(封禪禮)를 마친 후에 이루어졌다. 그녀는 수명 군주만이 거행할 수 있다는 봉선대전에 각별한 애착을 보였다. 건봉(乾封)원년[666] 남편 고종이 당대최초로 거행한 태산 봉선에서, 황지기(皇地祇)에게 드리는 선례(禪禮) 의식 때 아헌관(亞獻官)으로 참례함으로써 황후가 헌관으로 제천의례에 참여한 전대미문의 선례를 남긴바 있다.[21] 황제로 등극한 후에는 근거지 숭산에서의 봉선의례를 기획했다. 이번에는 당연히 의례의 진정한 주인공인 초헌관(初獻官)으로서 숭산 정상에서 거행하는 등봉례(登封禮)를

    司攝事'의 차이에 대해서는 金子修一, 「唐代皇帝祭祀の親祭と有司攝事」, 『東洋史研究』 47-2, 京都大學東洋史研究會, 1988.9, 285~298쪽 참조.
19 『舊唐書』卷24, 「禮儀四」, 925쪽.
20 妹尾達彦, 中國唐代學會主編, 「河東鹽池的池神廟與鹽專賣制度」, 『第二屆國際唐代學術會議論文集』, 台北: 文津出版社, 1993.6, 1282쪽.
21 金相範, 「唐 前期 封禪儀禮의 展開와 그 意義」, 『역사문화연구』 제17집, 한국외대 역사문화연구소, 2002.12, 46~47쪽.

포함하여 주요 의례를 주도하였다. 의례가 끝난 후에는 호천상제를 대행하여 천도(天道)를 구현하는 거룩하고 자애로운 군주의 모습으로 1년간 세금을 거두지 않겠다는 면세조치와 9일간의 연회를 공포했다.[22] 그리고는 봉선의 순조로운 진행에 신들의 도움이 컸다고 치하하면서 봉호를 승격해 주었다. 우선 숭산신 천중왕의 봉호를 '천중황제(天中皇帝)'로 격상시켰고, 그의 부인 영비(靈妃)[23]는 천중황후(天中皇后)로 추존했다.

앞서 잠시 언급했지만 수에 다카시는 당대 신계에 대한 봉호 하사가 주로 국가제사에 속하는 신들을 중심으로 이루어졌다고 주장한 바 있다. 하지만, 보다 면밀하게 검토해보면 책봉이 상당히 폭넓게 진행되었음을 발견할 수 있는데, 숭산과 관련이 있던 거의 모든 신령들에게 봉호가 사여되었다. 하계(夏啟)에게는 제성황제(齊聖皇帝)라는 제호(帝號)가, 계의 모신(母神)에게는 옥경태후(玉京太后) 그리고 소실아이신(少室阿姨神)에게도 금궐부인(金闕夫人)이 하사되었다.

무측천은 숭산의 여러 신들 가운데 신선 왕자진(王子晉)에게 각별한 관심을 표명해 왔는데, '승선태자(昇仙太子)'라는 봉호를 수여하고 사묘를 건립해주었다.[24] 3년 후인 성력(聖歷)2년[699]에는 묘우를 배알하고 직접 비문을 작

---

[22] 『資治通鑑』卷205, 則天后 天冊萬歲元年(695), 6503쪽: "臘月, 甲戌, 太后發神都. 甲申, 封神嶽, 赦天下, 改元萬歲登封, 天下百姓無出今年租稅, 大酺九日."

[23] 국가나 민간에서 설립한 여러 사묘에는 종종 主神외에 그의 부모·부부·형제 등 가족 신상이 함께 배치된 것을 쉽게 발견할 수 있다. 중국의 가족주의적 특성이 종교 신앙에도 반영된 것으로 볼 수 있다. 이러한 사례는 당대에 이미 빈번하게 출현하는데, 위에서 언급한 啟母廟외에도 堯母廟·舜二妃廟·尙胥廟(伍子胥와 그의 형 伍尙을 함께 모시는 사묘) 등이 있다. 이 부분에 대해서는 金相範 책의 [唐代祠廟復原表] 참조.

[24] 『舊唐書』卷23, 「禮儀三」〈封禪〉, 891쪽: "則天證聖元年, 將有事於嵩山, 先遣使到祭以祈福助, 下制, 號嵩山爲神嶽, 尊嵩山神爲天中王, 夫人爲靈妃. 嵩山舊有夏啟及啟母·少室阿姨神廟, 咸令預祈祭. 至天冊萬歲二年臘月甲申, 親行登封之禮. 禮畢, 便大赦, 改元萬歲登封, 改嵩陽縣爲登封縣, 陽成縣爲告成縣. 粵三日丁亥, 禪于少室山. 又二日己丑, 御朝覲壇朝羣臣, 咸如乾封之儀. 則天以封禪日爲嵩嶽神祇所祐, 遂尊神嶽天中王爲神嶽天中皇帝, 靈妃爲天中皇后, 夏后啟爲齊聖皇帝; 封啟母神爲玉京太后, 少室阿姨神爲金闕夫人; 王子晉爲昇仙太子, 別爲立廟. 登封壇南有槲樹, 大赦日於其杪置金雞樹. 則天自制昇中述志碑, 樹於壇之丙地."

성하여 석비까지 세워주었다.²⁵ 이에 대해서 말년에 불로장생을 탐하던 무측천이 신선술에 심취했던 것으로 보는 견해도 있다. 하지만, 그녀의 조상이 희성(姬姓)에서 연원한 것처럼 분식되어 온 사실과 왕자진이 오랫동안 주가(周家)의 승선자(昇仙者)로 일컬어진 점을 함께 감안하면 신선 왕자진에 대한 특별한 예우 역시 정치적인 의도가 내포되었을 가능성이 높다.²⁶ 주지하다시피 무측천은 원대한 천자의 꿈을 품은 이래로 불교²⁷뿐 아니라 봉선·후토·명당²⁸ 등 종교와 의례를 포함하는 가능한 모든 수단을 총동원해서 선천적으로 결여된 정권의 정당성을 보강하기 위해 노력해왔다. 이런 점을 감안할 때 신선 왕자진에게 봉호를 사여하면서 특별하게 대접한 것은, 당조가 노자(老子)를 조상으로 떠받든 것처럼 저명한 신선과의 긴밀한 족적 관계를 강조함으로써 도교라는 또 다른 통로를 통해서 무주혁명의 정당성을 강조하려 했던 것으로 볼 수 있다.²⁹ 이러한 의도는 어제(御製)『승

---

25 『全唐文』(北京: 中華書局, 1983), 卷98, 「昇仙太子碑幷序」, 1007~1009쪽.
26 王昶, 『金石萃編』(北京: 中國書店, 1985), 卷63: "武氏之仙出自姬姓……周家之昇仙者有子晉, 因而崇奉之". 饒宗頤, 「從石刻論武后之宗敎信仰」, 『歷史語言硏究所集刊』 45-3, 1974.
27 武則天은 제위등극의 정당성을 선전하기 위해 불교를 적극적으로 이용하였다. 天授元年(690) 7月, 東魏國寺 僧인 法明 등은 大雲經에 "太后는 彌勒佛이 下生하신것으로써, 마땅히 唐에 대신해 閻浮提主가 되어야 한다"는 내용이 보인다며 경문을 위조해 바쳤고 武則天은 이를 全國에 유포한 바 있다[『資治通鑑』卷203, 「唐紀19」, 6466쪽]. 大雲經의 위조사실은『舊唐書』薛懷義傳에도 보이는데 원문내용은 다음과 같다. "懷義與法明等造大雲經, 陳符命, 言則天是彌勒下生, 作閻浮提主, 唐氏合微. 故則天革命稱周, 懷義與法明等九人幷封縣公, 賜物有差, 皆賜紫袈裟, 銀龜袋."[『舊唐書』권133, 「薛懷義傳」, 4742쪽]. 관련 저작으로는 Antonio Forte, *Political Propaganda and Ideology in China at the End of the Seventh Century. Inquiry into the Nature, Authors and Function of the Tunhuang Document S.6502, Followed by an Annotated Translation*, Napoli, 1976과 R.W.L. Guisso, *Wu Tse-tine and the Politics of Legitimation in T'ang China*, Bellingham, Washington: Western Washington Univ. 1978 등이 있다.
28 무측천이 통치정당성을 강화하기 위해 봉선, 명당, 후토제사 등 각종 국가의례를 적극적으로 이용한 부분에 대해서는 金相範, 「唐 前期 封禪儀禮의 展開와 그 意義」, 『역사문화연구』 第17輯, 2002.12; 金子修一, 「則天武后의 明堂について-その政治的性格の檢討」, 『律令制-中國朝鮮의 法과 國家』, 東京:汲古書院, 1986.2; 廖咸惠, 「唐宋時期南方后土信仰的演變-以揚州后土崇拜爲例」, 『漢學硏究』 14-2, 1996.12, 113~118쪽 등을 참조.

선태자비』에도 분명하게 드러나는데, "산속에서 전설의 바다 새가 울며 수명의 길상을 현창하더니, 낙수에서는 도서(圖書)까지 출현하여 왕조 홍기의 운을 예시해 주었다"면서 무주 정권 성립을 정당화하기 위해서 조작했던 도참들을 재차 언급하며 수명의 정당성을 강조하였다.[30]

증성(證聖)원년[695]에 무측천이 숭산에서 봉선례를 거행하기 위해 산신의 도움을 청하는 예비 제사를 준비하면서 하계와 계모묘, 소실아이묘의 묘축들에게 제사에 동참할 것을 명령했던 점도 주목된다.[31] 무측천은 성력2년[699] 잠시 건강에 이상이 생겼을 때도 사신을 보내 소실산 산신께 기도를 올린 적이 있었다.[32] 이러한 사실들은 무측천이 숭산에 위치했던 중요한 사묘들과 사전에 이미 긴밀한 관계를 형성하고 있었을 가능성을 암시해준다. 이러한 사실들을 감안한다면 만세등봉원년[696]에 이루어진 봉호 사여 조치는 봉선대전을 함께 준비하고 성공을 기원해 준 숭산의 여러 사묘에 대한 감사와 배려의 표시라고 할 수 있다. 물론 무측천의 입장에서는 신령세계에까지 책봉을 행할 수 있는 더욱 격상된 황권의 위상을 천하에 공포할 수 있다는 점에서 정치적으로 중요한 의미를 갖는다.

무측천의 신령세계에 대한 봉호 사여에 대해서 예학대사(禮學大師)로 칭해지는 진혜전(秦蕙田)은 "산천의 신께 인작(人爵) 봉호를 수여함이 여기에서 기원하는바 비례(非禮)의 시말을 연 자가 바로 무측천이다"[33] 라면서 혹

---

29 王永平,『道敎與唐代社會』, 北京: 首都師範大學出版社, 2002, 53~54쪽.
30 陳垣 編纂, 陳智超, 曾慶瑛 校補,『道敎金石畧』(北京: 文物出版社, 1988), 87~88쪽에 보이는「昇仙太子碑幷書」원문 내용은 다음과 같다: "我國家先天纂業, 辟地裁基, 正八柱于乾綱, 紐四維于坤載, 山鳴鷟鷟, 爰彰受命之祥, 洛出圖書, 式兆興王之運, 廓提封于百億, 聲敎洽于無根, 被正朔于三千, 文軌同于有截."
31 『舊唐書』卷23,「禮儀三」, 891쪽: "嵩山舊有夏啓及啓母, 少室阿姨神廟, 咸令預祈祭"
32 『資治通鑑』卷206, 則天后 聖曆二年, 6539쪽.
33 秦蕙田,『五禮通考』卷47, 吉禮47「四望山川」(味經窩初刻試印本, 臺北: 聖環圖書公司, 1994): "山川之神, 加以人爵封號, 蓋始於此. 非禮之端, 肇之者則天也.……古者, 四望山川之祭, 壇而不屋, 易以廟號, 非古也."

독한 비난을 퍼부은 바 있다. 전성기로 향하던 당조 정권을 탈취한 비정통의 여성 군주가 전통 예제에는 존재하지 않았던 신령세계에 대한 책봉 조치까지 동원해 권력을 정당화하려 했음을 통렬히 비판한 것이다.

그러나 예제라는 것도 결코 고정된 것은 아니고 부단히 변화해 온 것이다. 그 내용이 시대성에 부합하면 결국 지속적인 생명력을 갖게 되는 것인데, 신계에 대한 봉호 하사 정책 역시 향후 계승의 차원을 넘어 확대 실시된다는 점에서 전반적인 시대적 조류를 반영한 조치로 볼 수 있다. 즉위 후 측천정권하에 축조된 상징적 조형물들과 무씨 조선묘(祖先廟)를 훼멸하고 그녀가 중시했던 명당 제사까지 폐지하며 무측천의 음영을 제거하기 위해서 전력을 기울이던[34] 현종 역시 당조 최초로 낙수신에게 봉호를 하사하며 세워준 현성후묘까지는 철폐했지만,[35] 신계에 대한 봉호 하사 정책만큼은 그대로 이어받았다. 이는 당초 이래로 신장되어 온 황제권력이 점차 예제에 반영되던 전반적인 추세를 시사해주는 것이기도 하다. 어쨌든 정책의 지속성이라는 측면에서 볼 때 무측천의 관련 조치는 신들과의 직접적인 위상비교를 통해서 황제권력의 우월성을 현창하고, 황권에 대한 대다수 신령들의 신속(臣屬)을 분명히 했다는 점에서 예제이론과 사묘신앙의 전개에 있어서 중요한 의의를 지닌다.

2) 현종 시기 봉호 하사 정책의 추진과 그 의의

집권 초기 현종의 사묘에 대한 책봉도 측천정권과 비슷한 배경 하에 진행되었다. 즉위 초 불안정했던 황권을 강화하기 위해 시도한 정치적 사건

34　개원2년(714)에는 武則天이 제조한 天樞를 녹여 鐵錢으로 만들었고, 韋后가 자신의 공덕을 기록해 朱雀街에 세워놓았던 石臺도 함께 파괴했다[『資治通鑑』卷211, 6699쪽]. 개원5년(717)에는 明堂이 古制에 맞지 않을뿐더러 너무 사치스럽게 지어졌다는 상주를 받아들여 명당을 乾元殿으로 개명하고, 그 제사는 圜丘壇으로 옮겨 거행했다[『資治通鑑』卷210, 6728쪽].
35　『舊唐書』卷24,「禮儀四」, 925쪽.

들과 긴밀한 관련이 있다. 주지하다시피 현종은 선천(先天)원년[712] 8월에 처음 즉위했을 때만 해도 태평공주(太平公主) 일당의 견제로 정국을 제대로 주도할 수 없었다. 재상 7인중 5인은 태평공주 수하에서 나온다는 말이 공공연히 나돌 정도로 공주는 태상황 예종(睿宗)의 후원을 업고 막강한 권력을 휘둘렀다.[36] 심지어 현종을 독살하거나 폐위시키기 위한 음모가 끊이질 않았다.[37] 결국 현종은 다음 해[713] 7월에 형제들과 곽원진(郭元振), 고력사(高力士) 등을 동원하여 태평공주세력을 완전히 혁파하고 나서야 정권을 장악할 수 있었다.[38]

주목되는 점은 공주를 제거한 다음 달에 현종조 최초의 봉호 하사가 이루어진다는 것이다. 화악묘의 악신(嶽神)에게 '금천왕(金天王)'이라는 봉호를 하사하였다. 즉위 초의 현종은 과단한 정책결정과 적절한 인사기용으로 당실중흥을 이끌어 냈다는 점에서 카리스마가 넘치면서도 합리적인 성격의 소유자로 평가된다. 그렇지만 현종이 동시대인들의 통념으로부터 자유로울 수는 없었는데, 특히 음양오행상 동일한 명에 속한다는 화산신에 대해서는 자신의 수호신으로 각별한 애착을 보인 바 있다. 개원(開元)10년[722] 동도(東都)로 순행할 때에는 화악묘 앞에 높이가 10여 척에 이르는 기념비를 세운바 있다. 천보(天寶)9재[749]에도 비록 화악묘의 전소로 갑작스럽게 취소되긴 했지만, 험로를 개척하고 제단을 세우는 등 태산에 이어서 봉선의례를 거행하기 위한 계획을 수립하기도 했다.[39] 이런 점들을 종합적

---

36 『資治通鑑』卷210, 開元元年 6月, 6681~6682쪽.
37 太平公主의 독살과 폐위음모는 『資治通鑑』卷210, 開元元年 6月, 6682쪽에 잘 나타남.
38 태평공주는 결국 先天2년(713) 7월 尙書左僕射 竇懷貞, 中書令 蕭至忠, 崔湜, 左羽林大將軍 常元楷 등과 羽林軍을 동원한 역모를 꾸미다 발각되었다[『舊唐書』卷8, 169쪽; 『資治通鑑』卷210, 開元元年 6月, 6683~6684쪽].
39 玄宗은 乙酉年(垂拱元年, 685) 8月 생으로 陰陽五行상 西嶽 華山과 마찬가지로 金運에 속한다고 한다[『舊唐書』卷23, 904쪽].

으로 고려할 때, 현종이 태평공주세력을 제거하는 시기에 화악신을 금천왕에 책봉한 것은 정권을 장악하기까지 자신을 지켜준 화악신에 대한 보은의 표시이자 안정감을 회복한 대당황제의 강력한 황권을 정계에 각인시키려는 조치로 파악할 수 있다.

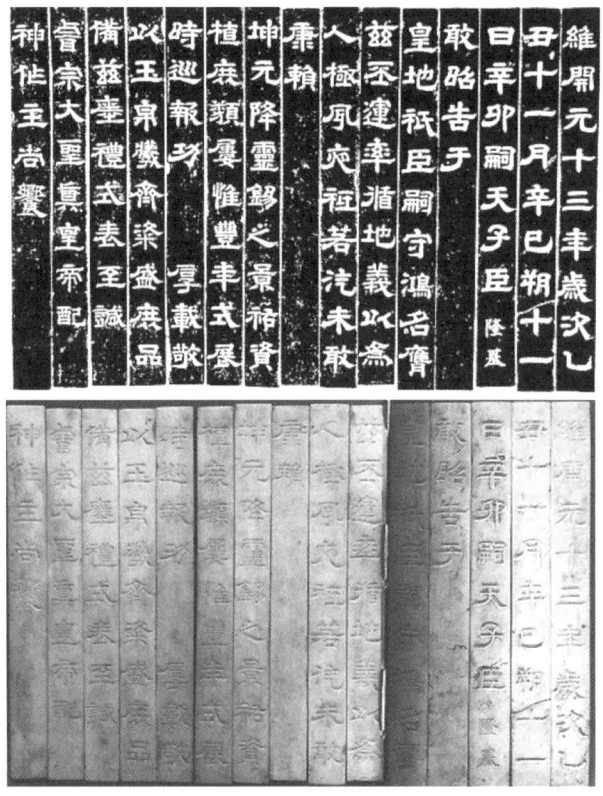

〈그림 1〉 개원 봉선(封禪) 선례(禪禮) 옥책과 탁본
당 현종은 태산 정상에서 '봉례(封禮)'를 거행한 후, 근처사수산(社首山)에서 '선례'를 실시하였다. 이때 사용한 옥책이 현재 타이완 고궁박물원(故宮博物院)에 소장되어 있다. 출처: 『故宮文物月刊』 106, 臺北: 國立故宮博物院, 1992年 1月 參照.

현종시대의 두 번째 봉호는 동악신[泰山神]에게 사여되었다. 무측천이 전무후무한 여성 황제로 등극하기 위해서 지난한 정쟁을 겪어온 것처럼 현종 역시 무주정권으로부터 '당실중흥'을 이끌어내기 위해서 험난한 투쟁의 길을 걸어왔다. 그런 만큼 권력을 공고히 하기 위해서 다양한 상징적인 조치를 동원했는데, 권력을 정당화하기 위한 수단 가운데 역대왕조에 의해 지속적으로 활용된 것이 바로 국가의례이다. 현종 역시 교사나 종묘·사직·친경(親耕)과 같은 정기적인 의례뿐 아니라 권력을 극적으로 현창할 수 있는 특별한 의례에 관심을 보였는데, 그의 마음을 사로잡은 것은 역시 선택된 군주만이 행할 수 있다는 광세대전(曠世大典) 봉선이었다. 현종은 개원13년[725] 당조 역사상 태산에서 두 번째로 거행한 봉선의례를 마치고 동악신을 천제왕(天齊王)에 책봉했다. 봉선은 수명 군주가 태산 정상에서 천지 신께 천명을 내려주신데 대해 감사를 표현하는 의례로서, 현종은 당조중흥의 대업과 태평성세의 도래를 대대적으로 선전하기 위해서 면밀하게 의례를 준비했다.[40] 개원13년[725] 11월 11일 현종은 마침내 태산 정상에 마련된 원구단 형식의 등봉단에서 호천상제께 봉례를 거행하였고, 다음 날 사수산 태절단(泰折壇)에서 황지기께 선례를 올린 뒤 최고의 천지신에 대한 의례를 마무리했다. 태산신에 대한 봉호 하사는 천자에게 조공과 배알을 통해서 신속을 확인하는 조근례(朝覲禮)의 일환으로 이루어졌다.

봉례와 선례를 마친 다음날인 11월 13일, 조근을 행할 수 있게 마련한 장전(帳殿)에서 공자의 후예를 위시한 문무백관과 유생, 문사 들이 황제께 축하를 올렸다. 돌궐의 아사덕힐리발(阿史德頡利發)을 위시해 대식(大食)·오천십성(五天十姓)·곤륜(崑崙)·일본·신라·말갈·거란[契丹]·해(奚)·일남(日南)·서축(西竺)·착치(鑿齒)·조제(雕題)·장가(牂柯)·오호(烏滸) 등 각국에서

---

[40] 金相範, 「唐 前期 封禪儀禮의 展開와 그 意義」, 『역사문화연구』 제17집, 한국외국어대학교 역사문화연구소, 2002.12. 그러나 朝覲禮 후에 반포된 推恩 조치는 매끄럽게 진행된 것만은 아닌 것 같다. 작위하사가 백관들에게 공정하게 이루어지지 않아 張九齡이 張說에게 시정을 권유했지만 받아들여지지 않았고, 시종 사졸들에게도 勳級만 더하고 실물은 하사치 않아 中外의 원성을 샀다는 기록이 자치통감에 보인다[『資治通鑑』卷212, 「唐紀28」, 6766~6767쪽].

왕림한 영수와 사절들도 봉선의례의 성공적인 완성을 송축하였다. 현종의 개원봉선은 당실중흥을 선포하는 의례였을 뿐 아니라, 세계제국 당의 위세를 과시하는 제전으로 준비된 것이었다.⁴¹ 봉호 하사는 바로 이러한 상황 하에 선포되었는데 현종은 각국 사신들 면전에서 태산신에게도 '천제왕'이라는 왕호를 하사해주었다. 아울러 태산신의 사묘인 동악묘를 중수해주었고 인근 20호를 지정하여 묘우의 관리와 제사를 전담하게 했으며, 주변 10리 이내 성역에서는 벌목을 엄금한다는 명령도 하달하였다.⁴²

물론 태산신에 대한 봉호 하사는 명목상으로는 황제와 천지신과의 교류행위가 원만하게 진행될 수 있도록 태산을 관장하는 동악신도 일조를 했다는 포상 차원의 추은조치로 볼 수 있다. 하지만 각국 영수와 사신들 앞에서 발표된 제문(制文) 내용에는 '봉선'이라는 이상적인 의례를 주재할 수 있는 황제권력의 의미를 시사해주는 중요한 내용이 담겨져 있다. 『구당서(舊唐書)·예의지(禮儀志)』에 보이는 관련 내용을 예시하면 아래와 같다.

> 백신(百神) 군망(郡望) 가운데 품에 안기지 않은 것이 없고, 사방(四方) 제후(諸侯) 중에 와서 경하하지 않은 자들도 없도다. 이것이 바로 천하의 큰 복이며 제후들의 광영인 것이다.⁴³

상문 내용은 주변 여러 나라의 귀속 뿐 아니라 여러 신령들의 신속까지 명시하였다. 황제는 천하 사방의 제후들 뿐 아니라 신령세계의 백신들까지도 회유하고 굴복시키는 권력을 갖고 있다는 것이다. 즉 황제의 권력이 각국의 제후를 포함하는 천하 백성들 뿐 아니라 호천상제 예하의 백신들에

---

41 『舊唐書』卷23, 「禮儀三」, 899~901쪽; 『册府元龜』卷36, 「帝王部·封禪二」, 400~403쪽; 『資治通鑑』卷212, 「唐紀28」, 6766~6768쪽.
42 『舊唐書』卷23, 「禮儀三」, 901쪽.
43 『舊唐書』卷23, 「禮儀三」, 900~901쪽: "百神郡望, 莫不懷柔, 四方諸侯, 莫不來慶, 斯是天下之介福, 邦家之耿光也."

대해서도 통어할 수 있는 무소불위의 초월적인 것임을 선언한 것이다. 태산신에 대한 봉호 하사는 이처럼 가정된 위상에 근거하여 황권의 초월성과 제신들의 신속을 분명히 밝히고 있는 것이다.

지금까지 살펴본 바에 따르면, 무측천 시기와 현종 초기에 수차례에 걸쳐 신령세계에 봉호를 하사했던 조치들은 '무주혁명'과 '당실중흥'이라는 당 전기의 정치현안과 긴밀한 관련을 맺고 있음을 알 수 있다. 당시 무측천과 현종을 지지하며 치열한 정쟁을 전개했던 막후세력들은 새로운 정권의 성립을 좀 더 극적으로 현창하기 위해서 당대인들의 집단적 심리에 부합하는 상징적인 조치나 전통적인 의례를 총동원했다. 천으로부터의 합법적인 수명을 강조함으로써 통치의 정당성을 현창하곤 했다. 진한 이래로 중국 황제들은 국가에 대경사가 있으면 이에 수반해 사면(赦免)·사작(賜爵)·면세(免稅)·대포(大酺) 등을 공포함으로서 피통치자들에게 황제의 은덕을 체감하게 했다.[44] 일련의 은상조치를 통해서 초월적이고 신성한 군주의 자애로운 면모를 과시해 온 것이다. 그런데 진한 대에는 사작의 대상이 일반 민에게까지 확대되었을 뿐이었지만, 앞서 살펴본 무측천과 현종 대에는 그 범위가 신령세계에까지 미치게 되었다는 점이 주목된다. 의례를 통해 더욱 부각된 황제의 초월적 지위를 기존의 전통적인 은상조치와 함께 신령세계에 대한 봉호 하사를 통해서 강조한 것이다.[45]

이처럼 무측천과 현종 초기에 단행된 신령세계들에 대한 봉호 사여는 의례나 상징적인 조치에 수반되어 진행된지라 기념비적이고 정치이벤트적인 특징이 강했다. 그런데 현종 재위 후반기에 이르면 봉호 하사의 대상이 확대되면서 종교 신앙을 관리하는 하나의 제도로 정착되는 경향을 보인

---

44 西嶋定生, 『中國古代帝國の形成と構造』, 東京: 東京大學出版會, 1961.
45 당시 악독신을 위시한 이들 지역신들은 국가제사의 대상일 뿐 아니라 민간차원에 있어서도 현지지역민에게도 폭 넓게 숭배되고 있었다. 雷聞, 「論隋唐國家祭祀的神祠色彩」, 『漢學研究』 21-2, 2003.12, 122쪽.

다. 물론 앞서도 부분적으로 언급했지만 이는 황권과 신령세계의 위상에 대한 인식의 변화를 전제로 발생했을 가능성을 암시하고 있다. 다음 장에서는 국가제사를 거행할 때 신께 고하는 축문(祝文) 내용과 의례절차에 대한 분석을 중심으로 해당시기 신계에 대한 인식변화와 봉호 하사와의 관계를 규명해보도록 하겠다. 이에 앞서 당 전기 사묘에 대한 봉호 하사 사례와 관련 사건을 표를 통해 개괄적으로 정리해보면 다음과 같다.

〈표 1〉 무측천·현종 시기 신령세계에 대한 봉호 하사와 관련 사건

시간	주요내용	근거자료
垂拱4年 [688]	△ 4월 洛水에서 武則天의 등극을 예언하는 瑞石 발견. 7월 1일 洛水神을 顯聖侯에, 嵩山神은 神嶽 天中王에 책봉.	舊禮 24-925.
天授2年 [691]	△ 2월 勅을 내려 金台觀主 馬元貞으로 하여금 大周革命을 기념해 五嶽四瀆에서 投龍을 통해 공덕을 빌 것을 명함. 東嶽에서 章醮와 投龍을 시행. 4월엔 淮瀆에서, 天授3년[692] 1월에는 濟瀆廟에서 章醮와 投龍을 시행.	岱嶽觀碑(三) 『道家金石略』 79·80 金台觀主 馬元貞投龍記
證聖元年 [695]	△ 嵩山에서 封禪을 행할 것을 결정하고 사신을 파견해 山神의 도움을 구하는 致祭를 올림. 嵩山을 神嶽으로 개명하고, 嵩山神은 天中王에 夫人은 靈妃에 책봉.	舊禮 23-891.
萬歲登封元年 [696]	△ 天冊萬歲2년 登封禮를 거행하고 萬歲登封으로 개원. △ 嵩山神을 神嶽天中皇帝에 靈妃는 天中皇后에 추존하고, 夏后啟는 齊聖皇帝에, 啟母신은 玉京太后에, 少室 阿姨神은 金闕夫人에, 王子晉은 昇仙太子에 책봉.	舊禮 23-891. 會要 47-976.
神龍元年 [705]	△ 2월, 嵩山神을 다시 天中王으로 책봉.	會要 47-976.
先天2年 [713]	△ 8월, 西嶽 華山神을 金天王에 책봉.	舊紀 10·187·224. 舊禮 904·934.
開元13年 [725]	△ 11월 泰山에서 封禪儀禮를 거행. 東嶽 泰山神을 天齊王에 분봉.	舊紀 188. 舊禮 934. 通典 46-1283. 會要 47-977. 册府 33-359.

天寶5載 [746]	△ 正月 東嶽과 華嶽에 의거해서 南嶽 衡山神은 司天王에, 北嶽 恆山神은 安天王에 中嶽 嵩山神은 中天王에 책봉.	舊禮 934. 舊紀 219. 會要 47-977. 册府33-363.
天寶6載 [747]	△ 正月 南郊를 親祀. 四瀆五嶽이 서열은 다르나 만물을 이롭게 함은 마찬가지라며 四瀆에 公號를 하사. 東瀆 淮瀆神은 長源公에, 南瀆江瀆神은 廣源公에, 西瀆河瀆神은 靈源公에, 北瀆濟瀆神은 清源公에 책봉.	舊紀 221. 會要 47-977 新志, 965·1010·1031·1079. 册府33-364.
天寶7載 [748]	△ 12월 玄元皇帝가 朝元閣에 현신하여 降聖閣으로 개명. △ 12월 9일 會昌山(驪山)을 昭應山으로 개명하고 昭應山神에게 玄德公을 하사.	舊禮 24-927. 會要 47-977.
天寶8載 [749]	△ 大同殿에서 玉芝 출현. 太白山 金星洞에 仙人이 나타나서 '聖上長生久視'라 새겨진 옥판을 알려주었다는 보고가 있어서 王鉷을 파견하여 확인함. △ 閏 6월 太白山神에게 神應公을 하사. △ 天寶9載 王鉷이 太白山 寶山洞에 현원황제가 현신했다는 보고를 상주.	舊禮 24-927. 會要 47-977.
天寶10載 [751]	△ 正月23일 東海神은 廣德王에, 南海神은 廣利王에, 西海神은 廣潤王에, 北海神은 廣澤王에 책봉. △ 東鎮沂山神은 東宏公에, 南鎮會稽山神은 永興公에, 西鎮吳山神은 成德公에, 北鎮醫巫閭山神은 廣寧公에, 西北鎮霍山神은 應聖公에 책봉.	會要 47-977. 舊禮 934. 唐會 495. 册府33-365.

* 근거자료에서 인용한 舊禮는 『舊唐書』 『禮儀志』를, 舊紀는 『舊唐書』 『本紀』를, 册府는 『册府元龜』를, 會要는 『唐會要』를 간략히 줄여서 사용한 것임.

3. 황제와 신령세계와의 관계 재설정
- 축문과 의례절차를 중심으로

앞에서 살펴본 바와 같이 무측천·현종 초기 신정권의 정당성을 선전하기 위한 상징적·의례적 행위의 일환으로 모색한 제 신령들에 대한 봉호 하사 조치는 해당시기의 정치적인 목적을 달성하기 위해 한시적이고 기념비적으로 설계된 특징을 지닌다. 정치사건사적 특징이 농후하다. 그러나 현종 재위 후기에 이르면 악진해독과 여타 산천신을 포함하는 여러 사묘에 대한 봉호 사여가 이어지면서, 하나의 제도로서 안착되어가는 추세를 보여준다. 본 절에서는 축문과 의례절차를 중심으로 이러한 추세의 이념적 배경을 살펴보겠다. 또한 신령세계에 대한 분봉의 범위가 확대되며 격상된 황제의 초월적 권력이 어떠한 경로를 통해서 현실사회로 전파되어 인식되었는지에 대해서도 함께 검토해보도록 하겠다.

우선 천보연간 신계에 대한 봉호 하사의 제도화 추세를 연대별로 살펴보면 다음과 같다. 천보5재[746]에 현종은 중악 숭산신을 중천왕에, 남악 형산신을 사천왕(司天王)에 그리고 북악 항산신을 안천왕(安天王)에 책봉했다. 서악 화산과 동악 태산의 신에게는 즉위 초에 이미 봉호를 사여했기 때문에, 음양오행설에 따라 지역거점으로 설정된 기타 악신에 대해서도 봉호를 하사함으로서 오악신 전체에 대한 분봉을 완결한 것이다. 무측천이 신악 천중왕에 임명했다가 천중황제라는 제호까지 추존하며 신성시했던 숭산신에 대해서는 중악 중천왕으로 개봉(改封)함으로서 오악신의 작질(爵秩)을 왕호(王號)로 통일했다.[46]

다음 해인 천보6재[747]에는 국가의 동맥에 해당하는 대하천인 황하(黃河)·제수(濟水)·장강(長江)·회하(淮河)의 신인 사독신(四瀆神)에 대한 봉호 사여가 이루어졌다. 하독을 영원공(靈源公)에, 제독을 청원공(清源公)에, 강독을 광원공(廣源公)에, 회독을 장원공(長源公)에 책봉하였다. 또한 몇몇 명산에 대해서도 봉호가 하사되었는데 회계산신(會稽山神)은 영흥공(永興公)에, 오산신(吳山神)은 성덕공(成德公)에, 곽산신(霍山神)은 응성공(應聖公)에 그리고

---

[46] 『册府元龜』(北京: 中華書局, 1994), 卷33, 「帝王部·崇祀二」, 363쪽: "五載, 正月乙亥, 詔曰: '五方定位, 嶽鎭總其靈, ……岱宗, 西華先己封崇, 其中嶽等三方, 典禮所闕, 未齊名秩, 永言光被, 用叶虞心, 其中嶽神宜封爲中天王, 南嶽神爲司天王, 北嶽神爲安天王, 應須告祭, 仍令所司擇日聞奏.'"

의무려산(醫巫閭山)의 산신에게는 광녕공(廣寧公)의 봉호가 하사되었다. 천보7재[748]에는 회창산(會昌山)의 이름을 소응산(昭應山)으로 개명하고 산신에게 현덕공(玄德公)의 봉호를 하사했고 새로운 사묘도 건립해주었다.[47] 천보8재[749]에는 태백산(太白山)에 신응공(神應公)의 봉호를 하사했다.[48] 오악 외에 역대 이래로 대지역의 지표로 숭배된 천하 9주의 진산(鎭山)에 대해서도 공호를 내리고 사묘를 세워줄 것을 명령했다.[49] 마지막으로 천보10재[751]에는 사해(四海)의 신에 대한 분봉이 이루어졌다. 동해신은 광덕왕(廣德王)에, 남해신은 광리왕(廣利王)에, 서해신은 광윤왕(廣潤王)에, 북해신은 광택왕(廣澤王)에 각각 책봉되었다.

이로써 천보5재[746]에 시작되어 무려 6년간에 걸쳐 진행된 악진해독과 일부 명산을 포함한 자연신들에 대한 봉호 하사와 사묘 건립이 마무리 되었다. 천보10재[751]에 현종은 오왕(吳王) 기(祇)를 위시한 황족과 고관을 전국각지의 악진해독묘로 파견하여 제사를 올리게 하였고, 수년간의 봉호 사여를 정식으로 종결하는 책봉의례를 거행하였다.[50]

이처럼 봉호를 하사하고 현지에 산천신묘가 건립되면서, 사묘에 관리를 파견하여 제사를 거행하는 방식이 근처의 치소[州治]에서 망제(望祭) 형식으로 올리던 제사를 대체하게 되었다. 이 시기에는 정부의 주도하에 역대 제왕과 충신·의사·효부·열녀 등 성현신 사묘도 설립되었고, 정기적인 제

---

47 『舊唐書』卷9,「玄宗本紀(下)」, 222쪽.
48 『舊唐書』卷24,「禮儀四」, 934쪽;『通典』(北京: 中華書局, 1992), 卷46「禮六·沿革六·吉禮五」, 1282~1283쪽.
49 『册府元龜』卷33,「帝王部·崇祀二」, 364쪽.
50 천보10재(751)에 吳王祇 등을 파견해 악진해독묘에 대한 책봉례를 거행하고 제사를 받들게 한 것은 그간 진행해 온 악진해독에 대한 분봉과 置廟가 일단락되었기 때문이다. 그러나『舊唐書』玄宗本紀의 기사내용을 검토해보면 직전에 발생한 運船의 대화재사건도 종실일원을 특사로 파견하는데 적지 않은 영향력을 발휘했을 것으로 추정되는데 이로 인해 200척의 米船이 소실되었고, 500여 명의 사상자가 발생했다. 어쨌든 이를 전후로 국가제사에 있어서도 현지의 사묘에서 진행하는 제사의식이 점차 常制로 자리 잡게 되었다(『舊唐書』,「玄宗本紀」, 224~225쪽).

사 의례도 확정되었다.[51] 하지만 사봉(賜封) 조치는 악진해독을 위시한 저명한 자연신으로 제한되었다. 당대 사령(祠令)을 세밀하게 분석해보면 국가제사체계 내에서 같은 중사(中祀)에 속한다고 해도, 악진해독의 위상이 성왕·현신에 비해 높게 평가되는데 이러한 관념이 봉호의 하사에도 영향을 미쳤을 것으로 추정된다.[52] 어쨌든 종전의 정치적, 의례적 성격이 강했던 사묘에 대한 봉호 하사가 수년간에 걸쳐 지속적으로 확대되면서 제도화되었다는 것은 기본적으로 황제와 제신(諸神) 간의 위상변화가 예제에 수용된 것을 의미한다. 인간세계의 정치적 질서를 형식화 한 작제의 범주가 신령세계에까지 확대 적용되었다는 것은, 예제 상에 황제와 신의 관계가 재설정되었다는 것을 의미하며 그 방향은 당연히 사작자(賜爵者)인 황권의 위상제고와 신격의 추락으로 나타났다. 예제를 전문적으로 담당하는 관료들은 봉호 하사의 주요한 대상이 된 악진해독을 위시한 자연신과 황제의 위상을 직접 비교 검토했으며, 이를 예전(禮典)의 의례절차에 반영하고자 했던 것이다.

무측천이 당조사상 처음으로 숭산신과 낙수신을 천중왕과 현성후에 책봉한지 7년째 되던 증성원년[695]에 예관들은 마침내 악독례를 거행할 때

---

[51] 천보6재에는 전설상의 성군인 三皇五帝와 三皇以前帝王의 사묘를 도성 장안에 건립하여 정기적으로 제사드릴 것이 결정되었고 다음해에는 역대 창업제왕이 흥기한 곳 가운데 아직 입묘되지 않은 곳에는 사묘를 세우고 제사할 것을 명령하였다. 천보7재에는 총 45명에 이르는 역대 忠臣·義士·孝婦·烈女의 명단을 공포하고 묘우의 건립과 제사의례를 확정하였다. 이 부분에 대한 상세한 내용은 金相範, 「唐代祠廟信仰의 類型과 展開樣相」, 『中國學報』 第44輯, 228~230쪽 참조.

[52] 황제의 車駕가 인근 지역신의 제사소를 지날 때 지방관들로 하여금 올리게 하는 임시제사도 名山大川의 제사는 이미 永徽연간에 확정된데 반해 성왕·名臣·將相의 陵墓와 祠廟제사는 開元7년에 이르러서야 확정된다. 이런 점들을 감안하면 국가제사체계에 있어서 동일한 中祀에 속한다고 해도 악진해독을 포함한 자연신들이 성왕, 현신에 비해 높게 평가되었고 이러한 관념이 봉호의 하사에도 영향을 미친 것으로 추정해 볼 수 있다. 영휘연간에 반포된 祠令의 관련 내용: "車駕巡倖, 所過名山大川, 則遣有司祭之. 其牲, 嶽鎮海瀆用大牢, 中山川用少牢, 小山川用特牲."[『唐令拾遺補訂』, 498쪽]. 개원7년에 반포된 사령의 관련 내용: "車駕巡倖, 路次名山大川·古昔聖帝明王·名臣·將相陵墓及廟, 應致祭者, 名山大川三十里內, 聖帝明王二十里內, 名臣將相十里內, 並令本州祭之."[『唐令拾遺補訂』, 498쪽].

황제가 배례를 올리는 규정에 대한 수정을 요구했다. 창업군주인 고조는 당을 건국한 바로 다음해인 무덕2년[619] 10월에 서악 화산을 친제(親祭)한 바 있는데,[53] 관례대로 축판에 친서(親署)한 뒤 배례를 취한 바 있다. 바로 이 부분에 대해서 예관들이 개정을 촉구한 것인데 원문내용을 살펴보면 다음과 같다.

> 구의(舊儀)에 따르면 악독이하에 대해서도 황제가 축판에 서명을 마치면 북쪽을 향해 다시 절을 올렸다. 증성원년[695]에 유사(有司)가 상언해 가로되: "공손히 엎드려 아뢰니, 천자는 천을 부친으로 삼고 지를 모친으로 삼으며 일월을 형제로 삼으니, 의례에 있어서도 (이에 대해) 공경을 표함이 마땅하여 재배(再拜)를 올리는 의식을 갖습니다. (그러나) 신중히 따져보면 오악은 삼공으로 볼 수 있고, 사독은 제후로 볼 수 있습니다. 천자가 공후에게 절을 올리는 예는 존재하지 않는 것이니, 신의 어리석은 생각으로는 존비의 질서에 따라 일월 이상에 대해서만 구의에 따르시고, 오악 이하에 대해서는 서명만 하고 절을 올리지 말아야 합니다." 재가해 주었고 이를 따랐다.[54]

상문에 의거하면 천자가 천(天)의 대리자로서 황권을 행사하게 되는 방식은 기본적으로 중국적 가족주의에 의거하고 있다. 즉 신계의 최고신인 천지신을 부모로, 일월신을 형제로 설정함으로써, 천자가 초자연적인 최고권력을 승계하는 것에 대해서 당위성을 부여한 것이다. 천자는 당연히 신계의 일원이자 상제에 준하는 최상의 위상을 갖기 때문에, 공후 서열에 해당되는 오악과 사독의 자연신에 대해서 절을 올리는 것은 오히려 예적 질

---

53 『舊唐書』卷1,「高祖本紀」, 10쪽; 『冊府元龜』卷33, 356쪽: "二年十月, 幸華陰, 甲子, 親祠華山"

54 『舊唐書』卷24,「禮儀四」, 914쪽: "舊儀, 嶽瀆以下, 祝版御署訖, 北面再拜. 證聖元年, 有司上言曰:'伏以天子父天而母地, 兄日而姊月, 於禮應敬, 故有再拜之儀, 謹按五嶽視三公, 四瀆視諸侯, 天子無拜公侯之禮, 臣愚以爲師尊卑之序. 其日月已下, 請依舊儀. 五嶽已下, 署而不拜.'制可, 從之."

서를 위배하는 것이다. 그러므로 천신류에 속하지 않는 오악신 이하의 신에 대해서는 축판에 서명만 하고 배례를 표해서는 안 된다는 것이다.

이처럼 황제를 중심으로 신계의 위상을 재정비하고 의례의 대상과 방식을 명확히 한 것은 대략 세 가지 측면에서 그 배경을 찾을 수 있다. 첫 번째는 당초 이래로 호천상제와의 긴밀한 연계를 강조함으로써, 현실뿐 아니라 예제이론에 있어서도 점진적으로 격상되어 온 황권이 반영되기 시작했다는 점이 주목된다. 예관의 입장에서는 이러한 이론적 진전을 의례의 거행을 통해서 실현하는 것이 중요하다.[55] 두 번째로는 증성원년[695]이라는 시점과 관련이 있는데, 당시 무측천은 무주혁명을 천에 고하기 위해 봉선대전을 기획했고 숭산신과 그 부인을 천중왕과 영비에 책봉하며 의례의 성공을 기원한 바 있다. 봉선은 산신에 대한 의례가 아니라 호천상제, 황지기 등 국가제사에 편입되어 있는 여러 신께 성공을 고하는 의례이다. 이점에서 봉선의례의 주재자인 황제가 취해야 하는 의례절차를 확립하기 위해서는 우선적으로 그 대상이 되는 신령세계의 위상과 상호관계를 분명하게 정립할 필요가 있다.

세 번째로는 오악신을 위시한 자연신제사 자체의 성격변화가 주목된다. 유교 국가제사는 서한 후기 이래로 '기화우주관(氣化宇宙觀)'의 신기에 대한 이해방식에 의거하고 있다. 천·일·월·성신 뿐 아니라 악진해독을 위시한 자연신들도 교사체계 내에 포함시켜 인격신적 관념보다는 초자연적 신격을 강조했으며, 이에 영향을 미칠 역사성이나 신화전설 등은 강력히 부정하고 제거했다. 당대 초기의 교사제도는 주로 왕숙(王肅)의 예학에 의거하고 있는데, 정현(鄭玄)의 학설과 비교할 때 기화우주관을 더욱 강조하였

55　天神論에 있어서도 貞觀禮까지는 여전히 鄭玄의 六天說을 중시했지만, 顯慶禮 이후에는 皇權至上의 개념을 실천하는데 더욱 유리하다고 볼 수 있는 王肅의 一天說이 부상하게 된다. 鄭玄과 王肅의 天神論을 둘러싼 논쟁은 甘懷眞, 「鄭玄王肅天神觀的探討」, 『史原』 15期, 臺灣大學歷史學研究所, 1986 참조.

기 때문에,[56] 당초까지만 해도 악진해독 제사 역시 추상성을 강조하는 교사 제도의 일원으로 편제되어 있었다. 그러나 진혜전이 지적한 바와 같이 제사 형식이 제단에서 올리는 망제에서 사묘제사로 바뀌었다는 것은 악진해독 제사가 교사의 천지신 계열에서 이탈하여 독립된 인격신적 제사로 취급되고 있음을 반영해주는 것이다. 악진해독의 제사가 신격의 추락과 더불어 신성(神性) 역시 사작(賜爵)이 가능한 형태로 변했음을 의미하는 것이다.

오악신 이하의 신령들에 대해서는 의례의 진행에 있어서 황권의 우월성을 분명히 반영해야 한다는 요구는 현종대에 이르면 더욱 구체화되는 경향을 보인다. 개원원년[713]에 예관들은 오악사독이하의 신에 대해서는 의례절차뿐 아니라 축판상의 황제칭호 자체도 개정하여 상호간의 위상과 제사의 주체를 분명히 해야 한다고 주장했는데, 내용은 다음과 같다.

> (지금까지는) 당례[顯慶禮]에 근거해 오악사독에 올리는 제사는 전부 '사천자(嗣天子)'를 칭하고 축판은 모두 진서(進署)했습니다. 「순전(舜典)」에는 "오악은 삼공으로 보고, 사독은 제후로 간주했습니다." '사천자'를 칭하면서 축문에 친서(親署)하는 것은 합당치 못한 것입니다. '황제'를 칭하여, "삼가 모을(某乙)을 파견해 모(某) 악독의 신께 경건히 제사를 드립니다."의 형식으로 바꾸어 주시길 청합니다.[57]

'천자'와 '황제'라는 칭호가 각기 상이한 기능을 가지고 있음은 주지하는 사실이다. 제사에 있어서는 보통 천지제사의 경우에는 축문 상에 '사천자(嗣天子)'라 일컫게 되는데, 이는 통치자와 천신·지기와의 긴밀한 연계를 부각시킴으로서 수명의 정당성을 강조하기 위해서이다. 종묘제사에 대해

---

[56] 甘懷眞, 「『大唐開元禮』 中的天神觀」, 『皇權·禮儀與經典詮釋-中國古代政治史硏究』, 臺北: 臺灣大學出版中心, 2004.6, 205쪽.

[57] 『通典』 卷46, 「禮六·沿革六·吉禮五」, 中華書局, 1988, 1283쪽: "開元元年, 太常奏: 伏准唐禮, 諸五嶽四瀆皆稱嗣天子, 祝板皆進署. 竊以舜典 '五嶽視三公, 四瀆視諸侯', 則不合稱嗣天子及親署其祝文. 伏請稱皇帝謹遣某乙, 敬祭於某嶽瀆之神. 從之."

서는 육신의 조상에 대한 제사이기에 지상세계 통치자의 면모 그대로 '황제'를 칭한다.[58] 물론 성현 제사도 조령(祖靈) 류에 속하기 때문에 당연히 '황제'를 일컫게 된다.

그러나 산천제사는 애매한 측면이 있다. 앞에서 언급한 바처럼 당초까지는 교사체계의 일부로 보아 지기류의 연장선상에 있는 것으로 간주해 왔지만, 무측천 이래로 사묘를 건립해 신령을 모시고 의례에 있어서도 인격신적 특징을 인정하면서 더 이상 '사천자'를 칭할 수 없게 된 것이다. 물론 더욱 직접적인 것은 현종 시기의 상주자(上奏者)들이 이들 신격에 대한 황권의 우월성을 공히 인식하고 이를 예제 상에 분명하게 반영하려고 했다는 점이다. 그들은 "오악은 삼공, 사독은 제후 급에 해당 된다"는 고전승(古傳承)을 재차 인용하여 상하 군신관계를 강조하였다.[59] 또한 한걸음 더 나아가 축문에 친서하는 것 자체가 제사를 주재한다는 의미를 내포할 수 있기 때문에, 문구 형식도 '사천자'에서 '황제'로 바꾸고 현실권력 차원에서 관리를 파견하여 제사하는 방식으로 개선해야 한다고 주장하였다. 이것은 황제에 대한 오악신 이하 신들의 신속(臣屬)을 명확히 한 것일 뿐 아니라 이들에 대한 의례자체도 신례(臣禮)로 격하시켜야 한다고 주장한 것이다.

의례절차와 축문의 양식 뿐 아니라 신격에 맞추어 군례와 신례로 구분해야 한다는 논리는 당대 이래 예제이론의 전개와도 일정한 관련을 가지고

---

58 西嶋定生,「漢代における卽位儀禮―とくに帝位繼承のばあいについて」,『榎博士還曆記念·東洋史論叢』, 東京: 山川出版社, 1975; 尾形勇,『中國古代の家と國家―皇帝支配下の秩序構造』, 東京: 岩波書店, 1979, 280~289쪽.

59 이는 예관들의 논의에만 그친 것이 아니라 실제로 칙문을 통해 현실에 반영된다. 개원 11년에 霍山神 묘우의 건립과 관리를 명령하는 칙문을 참조해보면, 곽산신을 上帝의 신하인 天吏로 파악하고 있으며, 곽산신을 현실권력과 비교하여 諸侯급으로 인식하고 있다. 『册府元龜』卷33, 〈帝王部〉, 中華書局, 1960, 358쪽: "四月, 庚寅, 勅曰: '河東冀方, 其鎭惟霍神爲天吏. 山有嶽靈, 在昔, 皇業初興, 肇蒙嘉祉. 今者省方旋軫, 重獲休徵, 同受三神之貺, 獨忘百邑之禮. 其霍山宜崇飾祠廟, 秩視諸侯, 鐲山下十戶, 以爲灑掃, 晋州刺史, 春秋致祠.'"

있다. 당초 이래로 황제의 제천의식에 있어서 점차 호천상제 제사가 증가해 가는데, 특히 현경례 이후에는 대사의 의례대상이 모두 호천상제 일신으로 고정되기 시작했다.⁶⁰ 수당제국은 건국 이래 문벌귀족의 역량을 약화시키고 황권을 절대화시키기 위해 다양한 노력을 경주해 왔다. 천론(天論)에 있어서도 지상신 호천상제와의 긴밀한 연계를 통해서 황권의 절대성을 더욱 부각시키기 위하여 정현의 육천설 대신에 왕숙의 일천설을 중시하였다. 이에 따라 황제의례는 점차 호천상제와 황지기 등 최상급 천지제사 위주로 귀결되었고, 황제의 직접적인 의례대상에서 벗어난 신기들은 점차 신례로 강등될 개연성을 갖게 되었다.

이러한 가능성은 결국 현실로 실현되었는데, 개원봉선 때 현종은 호천상제는 군위(君位)에 해당하기에 삼헌관(三獻官)이 산상에서 제사를 올리고, 오방제와 여타 제신은 신위(臣位)에 속하기 때문에 군신(群臣)들이 산하에서 의례를 거행하도록 했다.⁶¹ 종전과는 달리 산상에서 드리는 등봉단례(登封

---

60 당대의 郊祀禮에 있어 昊天上帝와 皇地祇가 五方上帝와 神州地祇의 지위를 능가하여 儀禮를 독점해 가는 상황을, 金子修一이 唐代의 國家禮典에 출현하는 기록을 중심으로 표로 작성한 바 있는데 이해를 돕기 위해 여기 다시 인용해보면 다음과 같다.

	武德令	貞觀禮	顯慶禮	開元禮
冬至圜丘	昊天上帝	昊天上帝	昊天上帝	昊天上帝
五月祈穀	感帝	感帝(南郊)	昊天上帝(圜丘)	昊天上帝(圜丘)
孟夏雩祀	昊天上帝	五方上帝	昊天上帝(圜丘)	昊天上帝(圜丘)
季秋明堂	五方上帝	五方上帝	昊天上帝	昊天上帝
夏至方丘	皇地祇	皇地祇	皇地祇	皇地祇
孟冬地祭	神州(北郊)	神州(北郊)	皇地祇	皇地祇

金子修一,「魏晉より隋唐に至る郊祀・宗廟の制度について」, 東京:『史學雜誌』, 8-10, 1979, 47쪽 참조.

61 원래 현종은 정상의 제단에서는 初獻만을 행하고, 亞獻과 終獻은 山下壇에서 실시하려고 했다. 이에 賀知章 等이 "禮는 初・亞・終 三獻이 한곳에서 이루어지는 것"이라고 반대하여, 결국 호천상제는 군위에 해당되기에 三獻이 산상에서 제사를 올리고, 오방제와 諸神은 신위에 해당되기 때문에 군신들이 산하에서 제사하는 방식으로 타협하게 되었다. 당시 황제 심리 속의 천인관계를 극명하게 보여주는 것으로 현종은 호천상제 의례에서 심지어 아헌관과 종헌관까지 배제하고 자신만이 독점하려 했던 것이다.『舊

壇禮)와 산 아래에서 올리는 봉사단례(封祀壇禮)를 완전히 분리해, 전자를 군례, 후자를 신례로 구분한 것이다. 결국 천제(天帝)에 속하던 오방상제조차도 신례로 추락하게 된 것인데, 덕종(德宗) 정원(貞元)원년[782]에 이르면 축문에도 오방상제에 대해 칭신할 필요가 없다는 조문이 정식으로 하달되었다.[62] 신격에 맞추어 제사 주재자의 격도 조정해야 한다는 것은 현실권력과 신계와의 대응관계를 분명히 한 것으로서, 이러한 이념적 구도 하에서 황제가 신들에게 봉호를 하사하는 것은 당연한 것이다.

이렇게 천신 이하의 제신에 대한 황제의 우월한 지위는 축문 내용이나 의례절차로부터 반영되기 시작했지만, 점차 다양한 경로를 통해서 전파되면서 사회적 통념으로 자리 잡게 된다. 당시 광범위한 독자층을 가지고 있었던 필기소설 역시 이러한 이념의 확산에 중요한 매개체 역할을 했다. 정계(鄭綮)의 『개천전신기(開天傳信記)』[63]에는 봉선제사를 올리기 위해서 태산을 향해 출발한 현종 황제가 서악 화산을 지나다가 화산신에게 왕호를 수여하는 설화가 전하는데 그 내용을 적시하면 다음과 같다.

> 당현종이 태산 봉선을 위해 행차하던 중 화음에 이르렀을 때, [화]악신이 몇 리 나 떨어진 곳에서 영접하러 온 것을 발견했다. 현종이 좌우 사람들에게 물었지만 모두 보질 못했다. 그래서 여러 무당들을 불러내어 신이 어디에 있느냐고 물어보았다. 오직 늙은 무당 아마파(阿馬婆)만이 이렇게 아뢰었다. "길 왼쪽에 있습니다. 붉은 머리에 자줏빛 옷을 입고서 폐하를 알현하기 위해서 기다리고 있습니다." 황제께서 바라보고 웃으시면서 아마파에게 칙을 내려 악신에게 먼저 돌아가도록 했다. 황제께서 화악묘에 도착했을 때 (화악)신이 활집을 차고 정전 앞뜰 동남쪽의 커다란 측백나무 앞에 꿇어 엎드려 있는 것을 발견했다. 다시 아마파를 불러서 확인

　　　『唐書』 卷23, 「禮儀三」, 898쪽.
62　『舊唐書』 卷21, 「禮儀一」, 844쪽.
63　『新唐書』 卷58, 「藝文志」 雜史類에는 저자가 鄭棨로 기록 되어있는데, 鄭綮를 오기한 것으로 판단된다.

해보았더니 황제가 본 것과 맞았다. 황제께서 예로써 공경을 표하면서 아마파에게 그 뜻을 전해줄 것을 명했다. 그리고는 먼저 조서를 내려 악신을 금천왕(金天王)에 분봉했다. 황제께서는 직접 비문을 작성하여 특별한 총애도 표시했다. 그 비석의 높이는 50여척이고 너비는 1장 남짓이며, 두께는 4~5척에 달하니 천하의 비석 가운데 이 보다 큰 것은 없었다. 비음에는 황제의 행차를 뒤따랐던 태자와 왕공이하의 관명이 새겨졌다. 장려하고 정교하게 다듬어져서 비교할 만한 것이 없었다.[64]

사실 태산 봉선은 개원13년에[725] 거행되지만 화악신에게 금천왕의 왕호가 처음 하사되는 것은 선천2년[713]의 일이다. 설화 내용 가운데 허구적 요소가 적지 않음을 그대로 시사해준다. 하지만 민간세계의 종교적 정서를 반영한 필기소설의 내용을 통해서 당말 사람들의 통념 속에 간직된 황제와 자연신에 대한 인식의 일면을 들여다 볼 수 있다는 점에서 의미가 있다. 우선 황제를 일반인과는 달리 직접 신과 소통할 수 있는 특별한 영적능력을 갖춘 존재로 파악하고 있는 점이 주목된다. 또한 황제와 제신(諸神)의 관계에 대해서도, 화악신이 멀리까지 마중을 나와 영접을 하고 무릎을 꿇어 최상의 예우를 표하는 장면에서 보이듯이 자연신에 대해서 우월한 위상을 가진 존재로 인식하고 있음을 확인할 수 있다. 또한 화악신을 인격신일 뿐 아니라 황제가 최상에 위치한 관료 질서체계의 일원으로 파악하고 있는 군신관계적 시각 그리고 무당을 여전히 신과 인간세계를 연결시켜주는 중재자로 인식하고 있는 점도 두드러진다. 자연신에 대한 봉호사여는 바로 이러한 종교적 정서를 바탕으로 이루어진 것이었다.

---

[64] 『太平廣記』(北京: 中華書局, 1994) 卷第283, 「巫」阿馬婆, 2257~2258쪽(출처는 『開天傳信記』): "唐玄宗東封, 次華陰, 見嶽神數里迎謁. 帝問左右, 左右莫見. 遂召諸巫, 問神安在. 獨老巫阿馬婆奏云: '在路左, 朱鬚紫衣, 迎候陛下. 帝顧笑之, 仍敕阿馬婆, 敕神先歸. 帝至廟, 見神櫜鞬, 俯伏殿庭東南大柏之下. 又召阿馬婆問之, 對如帝所見. 帝加禮敬, 命阿馬婆致意而旋. 尋詔先諸嶽封爲金天王, 帝自書制碑文, 以寵異之. 其碑高五十餘尺, 闊丈餘, 厚四五尺, 天下碑莫大也. 其陰刻扈從太子王公已下官名. 制作高麗, 鐫琢精巧, 無比倫." 이하 『태평광기』 수록 관련 원문의 번역은 김장환 등 역, 『태평광기』, 학고방, 2001~2005를 참조했음을 밝혀둔다.

지금까지 무측천시기 이래로 악진해독의 신격에 대한 황권의 우월성이 의례절차나 축문에 반영되던 변화를 확인해보면서 당해시기 신령세계에 봉호가 하사된 배경과 당위성을 검토해보았다. 당초 이래 다양한 형태로 황권강화가 모색되었지만, 이시기에는 여성신분으로 제위를 찬탈해 신정권을 창출해내고, 무씨정권의 잔당들로부터 권력을 되찾아 당실중흥을 도모하는 비상시국이 중첩되면서, 황권을 극적으로 현창할 수 있는 다양한 형태의 의례가 시도되었다. 이러한 과정을 통해 황권은 최상급의 천지신을 제외한 모든 신령과의 관계에 있어서 우월성을 확보하게 되었으며, 황권이 미치는 통치 범위 역시 자연스레 신령세계에까지 확장되었다.

남송 초에 정강중[鄭剛中, 1088~1154]은 "천자의 명령은 현세뿐 아니라 저승까지 통용되고, 조정의 인사는 백관(百官)뿐 아니라 백신(百神)에게도 관직을 부여 한다"[65]고 밝힌 바 있다. 인간세계와 신령세계를 넘나들며 통치권을 행사하는 황제의 절대 권력과 이에 대한 제신(諸神)들의 신속(臣屬)을 분명하게 표현한 것이다. 정강중이 관련 이론과 의례 업무를 전담하는 태상박사와 예부시랑 등 주요 예관 직을 역임했다는 사실을 감안할 때, 송대 엘리트 지식인의 천자관을 반영한 것이라 할 수 있을 것이다. 송대 이후 황제전제권의 강화가 기본적으로 천인관계의 이론적인 위상조정을 기반으로 이루어졌을 가능성을 시사해주는 것이다. 당대에 무측천, 현종 시기 이후 축문과 의례에 발생하는 신인관계의 재조정은 이러한 천자인식의 시단을 반영하는 것으로, 신령세계에 대한 봉호 하사 역시 이를 배경으로 전개되었음을 확인할 수 있다. 다음 절에서는 이 시기에 조정의 정치와 국가제사에 깊숙이 개입하며 교단의 외연을 확장하려 시도했던 도교 도사들의 활동을 중심으로 신계에 대한 봉호 하사의 확산문제를 검토해보겠다.

---

65 鄭剛中, 『北山文集』(上海:商務印書館, 1935) 卷14, 「宣諭祭江文」: "天子之命, 非但行於明也, 亦行於幽. 朝廷之事, 非但百官受職也, 百神亦受其職."

4. 도교의 국가제사 침투

국가제사는 황제권력의 직접적 원천이자 권력의 정당성을 주기적으로 선양하는 주요한 수단 가운데 하나이다. 그렇지만 유교식 국가제사에서는 황제 개인을 위한 기복행위는 암묵적으로 금기시되었기 때문에, 국가제사를 황제 개인의 종교·신앙으로 볼 수는 없다. 황제는 도교나 불교 혹은 여타 주술적 행위를 통해서 개인의 신앙적 욕구를 해결해 왔다.[66] 상대적으로 도교나 불교 등 종교계의 입장에서 국가제사의 존재는 특별한 의미를 갖는다. 국가제사체계가 황제권력의 배경으로 이론화되어 모든 종교·신앙에 대해 우월한 위상을 가질 뿐 아니라, 정부주도하에 국가제도의 일환으로 운영되었기 때문이다. 그러므로 종교계의 입장에서 절대적인 황제권력과 긴밀한 관계를 형성하고 더 나아가서 공식적으로 국가제사체계의 일부로 인정받는 것은 해당 종교의 교세를 안정적으로 유지할 수 있는 유력한 방법이 될 수 있었다.

무측천·현종 시기에 도교 세력들은 황권과의 긴밀한 관계를 활용하여 국가제사에 대한 개입을 시도하였는데, 이는 신계에 대한 봉호 하사의 확산에도 일정한 영향을 미쳤다. 물론 처음부터 봉호 하사에 직접 관여한 것은 아니었지만 국가의례의 거행에 개입하고 일부 국가제사를 도교식 의례로 대체하려고 시도하면서 봉호 하사를 함께 주청하였다. 주지하다시피 당은 건국 전부터 노자와 당실과의 인척관계를 강조하며 여론의 폭넓은 지지를 유도했고 향후에도 도교우대정책을 지속적으로 표방해 왔다.[67] 일부 황제들은 특히 개인적으로도 도교를 편애했는데, 이러한 정황은 도사들에

66　甘懷眞, 앞의 글, 205쪽.
67　隋末唐初 이래 道敎 圖讖의 유행과 唐初의 도교정책에 대해서는 丁煌, 「唐高祖·太宗 對符瑞的運用及其對道敎的態度」, 『成功大學歷史系歷史學報』 第2號, 1975.7과 王永平, 『道敎與唐代社會』, 北京: 首都師範大學出版社, 2002, 10~29쪽 참조.

게 국가의례와 접촉할 기회를 제공하였다.

숭도정책을 견지하던 시기에 황제와 도사들의 관계에 있어서 첫 번째로 주목되는 인물은 상청파 도사 반사정(潘師正)이었다. 그는 고종이 태산 봉선에 이어 숭산에서 두 번째 봉선을 준비하는 과정 중에 일정한 영향력을 미쳤던 것으로 추정된다. 『금석췌편(金石萃篇)』 「반존사갈(藩尊師碣)」에는 조로(調露)원년[679] 7월에 고종이 숭산에서 대전(大典)을 거행하겠다고 공포하고는 측천무후를 대동해 숭양관(崇陽觀)에서 반사정을 회견했다는 기록이 남아있다. 고종은 향후 숭산을 방문할 때마다 소요곡(逍遙谷)에 칩거하던 반도사의 모옥(茅屋)을 예방했는데, 양자 간의 친밀한 관계를 반영해주는 것이다.[68] 고종은 후에 반도사에게 융당관(隆唐觀)이라는 도관까지 건립해 주었다. 영순(永淳)2년[683]에는 곧 승거(昇去)할 것 같다는 소식을 듣고, 반도사 생존 시에 숭산 봉선을 완성해야 된다는 생각으로 즉각 봉천궁[崇陽觀]으로 행행(行幸)하기도 했다.[69] 결국 고종 자신의 건강악화와 반사정의 죽음으로 철회되었지만 일정과 의례세칙이 반도사와의 긴밀한 교류를 통해서 계획되었음을 반영해준다. 사실 후한 광무제 이래로 봉선은 신비로운 의례적 특징에서 벗어나서 수명천자가 천지 신께 공업(功業)을 보고하는 정치의례로서의 성격이 강화된다.[70] 하지만 태산 봉선에서 옥첩(玉牒)과 옥책

---

68 陳子昻이 쓴 비문 「唐中嶽體玄先生潘尊師碑頌」에서도 "高宗이 매번 수레에서 내려 친히 초막을 방문했다(高宗每降輿輦, 親詣精廬)"고 기록하고 있는데, 반도사에 대한 고종의 존경심을 알 수 있다(『嵩嶽文獻叢刊(第一冊)』, 中州古籍出版社, 2003, 88쪽].

69 王適 撰, 『金石萃篇』 卷62, 司馬承禎 「藩尊師碣」.

70 일반적으로 光武帝 이후 봉선의례가 개인적·주술적 성격에서 정치적 의례로서의 성격이 강화되는 것으로 보고 있다. 이러한 특징은 당대에 이르러 더욱 명확해지는데, 심지어 당현종은 前代의 제왕들이 봉선의례를 완성한 후 玉冊을 비밀리에 묻은 것을 힐난하며, 자신의 봉선은 오로지 백성들의 복을 비는 것이기에 감출 필요가 없다며 내용을 공개한 바 있다. 당대 황제들은 봉선을 天과의 연계를 통해 황권을 더욱 격상시키고, 백성들의 복을 빈다는 명분으로 태평성세를 이룩한 治者의 모습과 자애로운 도덕군주의 모습을 동시에 부각시키는 정치적인 의례로서 인식하였다. 金子修一, 「國家と祭祀: 中國-郊祀と宗廟と明堂及び封禪」, 『東アジア世界における日本古代史講座』, 東京: 學生社, 1982, 202~220쪽; Howard J. Wechsler, *Offerings of Jade and Silk: Ritual*

(玉冊)의 내용을 공포하지 않고 밀봉하여 땅에 묻었던 고종의 행동에 드러 나듯이, 황제들이 '불사등선(不死登仙)'의 유혹으로부터 완전히 자유롭지는 못했던 것 같다. 더군다나 병약한 고종에게는 이러한 기원이 더욱 절실했을 것이다. 그에게 있어 반사정은 봉선을 통해 죽음에서 초월할 수 있도록 인도해주는 존재였다. 어쨌든 고종, 무측천과의 긴밀한 교감은 반사정 자신 뿐 아니라 상청파 교단의 지위를 제고하는데 있어서도 상당한 기여를 했고,[71] 향후 무측천이 제위에 등극하여 숭산 봉선을 완성하는데 있어서도 영향을 미쳤다.

일반적으로 무측천은 즉위과정에서 위경(僞經)인 대운경(大雲經) 등을 이론적 근거로 활용하면서 '숭불억도(崇佛抑道)' 정책을 적극 추진했던 것으로 평가되고 있다. 그렇지만 고종이 사망하는 683년 이전까지 무측천은 여전히 남편의 숭도정책을 충실하게 지지해 왔다. 무주혁명 전후로 불교를 후원하면서 일정기간 도교를 억압하기도 했지만, 697년 이후에는 다시 도교와 불교를 모두 존중하는 균형적인 종교정책으로 회귀하였다.[72] 현실적인 필요성을 감안하여 실용적인 종교정책을 구사했던 것이다. 무주혁명의 기간에도 공개적으로 불교우대정책을 표방하긴 했지만, 불교에 몰입하여 도교를 일방적으로 탄압했던 것은 아니다. 특히 제위 등극의 과정에는 활용 가능한 국가의례와 종교신앙 등을 전방위적으로 이용하였다. 이 시기 무측천의 최측근으로 활동한 종교인사 가운데 한 명이 바로 상청파 출신의 도사인 마원정(馬遠貞)이다. 국가제사 가운데 중사에 속하는 악진해독 제사의 변화에 대해서, 천보연간을 전후로 교사(郊祀) 망제(望祭)의 형식이 현지

---

    and Simbol in the Legitimation of the Tang Dynasty, Yale Univ. Press. p.175; 金相範, 「唐前期 封禪儀禮의 展開와 그 意義」, 『역사문화연구』 제17집, 한국외대 역사문화연구소, 2002.12, 68쪽.
71   神塚淑子, 「則天武后の道敎」, 吉川忠夫 編, 『唐代の宗敎』, 京都:朋友書店, 2000.7, 257~258쪽.
72   王永平, 앞의 책, 47쪽.

에 관리를 파견해 제사를 거행하는 묘제(廟祭)의 형식으로 전환된 것으로 보고 있다. 하지만 악진해독의 소재지 사묘에서 제사를 올리는 방식은 고종, 무측천 시기부터 이미 시작되었다. 특히 무측천은 황제로 등극해 국호를 주(周)로 바꾼 뒤 관리들로 하여금 도사를 대동해 악독묘에서 제사를 올리게 했다. 당시 가장 활발한 활동을 보여준 도사가 마원정이다. 그는 천수(天授)2년[691]부터 환관과 제자들을 거느리고 오악사독(五嶽四瀆)의 제사를 주재하였다.[73] 주목되는 것은 마원정이 이미 도교의 보은(報恩) 의례로 정착된 '투룡의식(投龍儀式)'을 통해서 전통국가제사의 신령인 악독신께 무주혁명의 성공에 감사하는 의례를 거행했다는 점이다. 반사정이 봉선 의례절차에 미친 영향이 구체적으로 드러나지 않는데 반해서, 마원정의 활동은 전통적인 국가제사의 의례 형식을 도교식으로 대체하려고 했다는 점에서 중요한 의미를 갖는다.

〈그림 2〉 무측천의 투룡의식에 사용된 금간(金簡)
구시(久視) 원년(700)에 무측천은 황제 등극과정에서 범한 자신의 죄를 씻기 위해서 숭산에 태감을 파견하여 투룡의식을 거행하였다. 당시 사용했던 금간에는 63자의 명문이 새겨져 있으며 현재 낙양박물관에 소장되어 있다.

물론 일련의 악독제사가 거행된 시간을 살펴보면 당시 마원정이 오악사독에서 주재했던 제사는 종교적 의례였을 뿐 아니라 무주정권의 정당성을 찬양하기 위한 정치적 집회였음을 알 수 있다. 각지에서의 의례가 상당한 규모로 진행되었는데, 회독묘에는 89인이, 제독묘에는 수백 명이 참석하여

---

73   雷聞,「道教徒馬元貞與武周革命」,『中國史研究』2004年 第1期(總第101期), 77쪽.

성황을 이루었다고 한다. 회독묘를 사례로 참석자들의 면면을 살펴보면, 당주(唐州) 동백현(桐柏縣) 주현 정부의 지방관과 회하의 조운을 책임지는 회조령(淮漕令) 등 주요 지방 관료들이 참가했으며, 이정(里正)과 노인(老人), 회독묘 묘축[祝史] 등 민간사회를 대표하는 유력자들도 대거 참여했다. 레이원은 이정·노인·축사 가운데 번(樊)씨 성의 비율이 두드러진 것에 주목하여 이들을 현지 향망층(鄕望層)으로 보고 무주정권에 대한 기층사회의 지지를 상징적으로 시사해주는 것으로 보았다.[74] 어쨌든 마원정을 위시한 상청파 도교세력은 무주혁명을 적극적으로 지지하며 이를 선양하는 과정 속에서 그 입지를 단단히 굳힐 수 있었을 것이다.

〈그림 3〉 적금주룡상(赤金走龍像)
도교 투룡의식에서 사용되었을 것으로 추정되는 순금 주룡상으로 장안성 흥화방(興化坊) 하가촌(何家村) 유지에서 출토되었다. 현재 섬서역사박물관에 소장되어 있다.

도교세력의 국가제사에 대한 개입과 침투가 본격화되는 것은 개원연간이다. 당시 현종이 도교에 심취하는데 있어서 결정적인 역할을 한 사람이 도사가 사마승정(司馬承禎)이다. 개원9년[721]에는 현종이 사마승정으로부터 법록(法籙)까지 받게 된다.[75] 현종의 총애를 받던 사마승정은 개원15년[727]에 마침내 오악제사의 부당함을 주장하는 상주를 올렸다. 전통적인 국가제사체계의 중요한 일원이었던 '산악제사'를 비판하고 도교식 의례로 완전히 대체해야 한다고 주장했다는 점에서 매우 주목되는데, 그 내용을 살펴보면 다음과 같다.

---

74 雷聞, 앞의 글, 77~78쪽.
75 『舊唐書』卷192, 「隱逸 司馬承禎傳」, 5128쪽.

현재 오악신사(五嶽神祠)는 모두 '산림의 신'을 모시는데, '참다운 신[正眞之神]'이라 할 수 없습니다. 오악마다 모두 동부(洞府)가 있고 상청진인(上淸眞人)이 강림해 그 직무를 맡고 있으니, 산천의 풍우와 음양의 기서(氣序)는 모두 그들에 의해 조절되는 것입니다.76

인용문의 주요 내용은 오랫동안 유교식 국가제사체계를 구성했던 '산림신'의 정통성을 부정하고, 오악동부의 상청진인(上淸眞人)을 모시는 도교제사로 교체해야 한다는 내용이다. 이처럼 상청파 도사들이 조정에서 자신의 입지를 이용해 진행한 국가제사에 대한 개입은,77 도교의 중요한 기도도량이자 무측천시기 이래 수차에 걸쳐 초제(醮祭)를 주관하며 관여해왔던 악독제사를 중심으로 진행되었다.

더욱 주목되는 것은 도교세력의 노력이 상층부에서만 제한적으로 이루어졌던 것이 아니라는 점이다. 그들 역시 필기소설 같은 대중적인 매체를 활용하여 고급지식인 뿐 아니라 다양한 식자층을 겨냥해 국가제사에 대한 도교의 우월성을 선전하였다. 신격과 이념 등 다양한 주제를 통해 도교신

---

76 『舊唐書』卷192,「隱逸 司馬承禎傳」, 5128쪽: "今五嶽神祠, 皆是山林之神, 非正眞之神也. 五嶽皆有洞府, 各有上淸眞人降任其職, 山川風雨, 陰陽氣序, 是所理焉. 冠冕章服, 佐從神仙, 皆有名數. 請別立祭祀之所." 이 내용은 張君房 纂輯『雲笈七籤』卷5, 經敎相承部「王屋山貞一司馬先生」(北京: 華夏出版社, 1996), 27쪽에도 보임.

77 현종 시기는 당대 도교발전에 있어서 가장 주목할 만한 시기로서, 일부도사들은 현종과의 개인적 친분을 이용해 정치에까지 직간접적인 영향력을 행사하였다. 葉法善은 중종말년에 현종을 비호해주었을 뿐 아니라 다양한 방법으로 황위계승의 정당성을 입증해줌으로서 정치적 위기를 극복하고 황제에 즉위하는데 지대한 공헌을 했다. 후에 현종은 그를 鴻臚卿에 임명하고 越國公에 책봉한 바 있다. 또한 현종은 당시 도교 뿐 아니라 기타 학문적인 면에서도 박학하기로 유명했던 도사 尹愔을 총애하여 諫議大夫, 集賢學士 兼 知史館事에 임명하고 令修國史의 책무까지 맡기기도 했다. 위에서 언급한 사마승정 외에 이함광도 직접 현종에게 法籙을 수여했던 도사로서,『全唐文』에 둘 사이에 오고간 詔勅과 批答만 22건이나 남아 있을 정도로 친밀한 관계를 유지하였다. 현종이 '理化'에 대해 질문하자 '道德'을 군주의 스승처럼 받들고, 옛날 漢文帝가 행했던 黃老의 정치를 본받아야 한다고 건의하기도 했다. 이밖에 吳筠, 王虛眞 등 수많은 도사들이 정치무대의 배후에서 크고 작은 영향력을 행사했다. 이 부분에 대해서는 王永平,『道敎與唐代社會』, 北京: 首都師範大學出版社, 2002, 67~75쪽 참조.

이 국가제사의 오악신보다 위상도 높을뿐더러 진실로 백성을 위하는 자애로운 신이라고 선전했다. 이러한 설화들은 교단차원에서 모든 자원을 동원해 유포되었을 것인데, 지덕(至德)연간[756~757]의 진사 대부(戴孚)가 찬수한 『광이기(廣異記)』의 구가복(仇嘉福) 이야기를 일부 살펴보도록 하겠다.

  당(唐)의 구가복은 경조(京兆) 부평(富平)사람으로 집은 부대촌(簿臺村)에 있었다. 그는 과거를 보러 낙양에 들어가기 위해 경조를 떠나던 중, 길에서 한 젊은이를 만났는데, 모습이 왕공과 같았으며 복장과 거마(車馬)와 시종의 행렬이 매우 성대하였다. ……며칠 뒤 화악묘에 도착했을 때 젊은이[貴]시가 구가복에게 말했다. "나는 보통 사람이 아니오. 천제께서 천하의 귀신을 심문하라고 하셨기에 지금 사묘에 들어가 국문(鞫問)을 해야 하오.……이윽고 귀인이 산신을 불러오라는 전교를 내리자 산신이 당도하여 땅에 엎드렸다. ……장막 밖에서 고통에 신음하는 소리가 들려 보았더니, 자신(仇嘉福)의 부인이 정원의 나무에 목이 매달려 있었다. (구가복이 귀인에게 알리자) 마침내 산신을 불러오라는 전교를 내렸다. ……산신을 돌아보며 즉시 그녀를 풀어주라고 했으며……잠시 후 마침내 부인이 살아나자 온 집안이 기뻐하며 축하했다. 마을의 장노(長老)들도 술을 갖고 와서 축하를 나눴는데 수 일간 끊일 줄을 몰랐다.……그 후 1년 남짓 지나 구가복은 다시 과거에 응시하러 도성으로 갔다. 도중에 화악묘 아래서 등주(鄧州) 최사법(崔司法)을 만났는데, 아내가 급사하여 애달프게 통곡하고 있었다. ……귀인은 묻고 나서 말했다. "이것은 산신이 한 짓이니 해결할 수 있도다. 200만 민(緡)을 벌게 해줄 터이니, 먼저 (최사법에게)돈을 요구한 다음에 손을 쓰도록 하시오. 그리고는 부적 9개를 써주며 말했다.……다시 나머지 부적을 살랐더니 얼마 후 마침내 살아났다. 최사법이 아내에게 (영문을) 물었더니 대답했다. "(금천)왕이 저를 보고 기뻐하며 즐거움을 맛보려할 때, 갑자기 세 사람이 찾아와서 태을신(太乙神)께서 어찌 산 사람의 아내를 빼앗는지 따져 물으셨다고 했습니다.…… 왕은 결국 저를 돌려보내주었습니다." 구가복은 그제야 비로소 귀인이 태을신 임을 알게 되었다.[78]

---

[78] 『太平廣記』卷第301, 「神11」仇嘉福, 2390~2392쪽(출처는 『廣異記』).

위의 내용은 화악신이 도교신인 태을신[79] 앞에서 무릎 꿇는 장면에 묘사되듯이, 도교신이 오악신보다 높은 위상을 갖고 있음을 강조하고 있다. 또한 구가복과 최사법의 아내 납치사건을 통해서 수명을 전담하는 악신이 종종 전권을 남용해서 인간에게 해를 끼치는 존재로 묘사되고 있다. 이에 반해 도교의 신은 친근하고 자애로운 신격으로 다른 신들을 물리쳐 인간을 돕는 긍정적인 이미지로 설정하였다. 오악의 신사(神祠)에서 모시는 산림의 신이 진정한 신이 아니라는 사마승정의 주장이 누구나 받아들이기 쉬운 비유적 고사의 형태로 대중화된 것이다. 사마승정의 문제제기가 개인적인 의견이 아니라 교단 내에서 공론화 과정을 거쳤을 가능성과 이를 토대로 좀 더 세속화된 형태로 제작, 유포하여 폭넓게 여론을 형성하려고 기도했을 개연성을 보여주는 것이다.

결국 현종은 사마승정의 말을 받아들여 오악마다 진군사(眞君祠)를 세울 것을 명했고, 사묘의 건축형식과 운영 등은 사마승정에게 일임하여 도경(道經)에 따라 창안토록 했다. 또한 개원19년[731]에는 오악의 도교신들에게 진군의 봉호가 내려졌고 정식으로 사묘도 건립되었다. 무측천, 현종 이래 도사들이 황제의 의례를 보좌하고 특히 악진해독의 제사에 직접 참여하며 영향력을 확대해 온 것이 마침내 국가제사체계 내에 도교의 신을 모시는 진군사를 성립시키며 결실을 맺게 된 것이다.

지금까지 살펴본 것은 악독제사 부분에 집중되어있지만 이 시기에 있어서 도교의 국가제사 침투는 다방면에서 진행되었다. 무엇보다도 국가제사에 있어서 최상 등급이라 할 수 있는 '대사(大祀)'에 노자를 모시는 '태청궁(太淸宮)' 제사가 편입된다는 사실이 가장 주목된다.[80] 노자 숭배의 광풍은

---

79 太乙神은 보통 太一神으로 칭해지는 天神이다. 戰國時代 문헌부터 이미 출현하기 시작했고 『史記』, 「封禪書」에도 "天神貴者太一"이라는 말이 언급된다. 이에 대해 사마정은 『史記索隱』에서 太一, 天一 등은 北極神의 별칭이라고 정의한 바 있다.
80 丁煌, 「唐代道教太淸宮制度考」(上, 下), 『成功大學歷史學系歷史學報』 第6·7號, 1979-7

개원10년[722]경부터 본격화되는데, 그 해에 장안과 낙양을 비롯한 모든 주(州)의 주치마다 현원황제(玄元皇帝)의 묘우를 건립하라는 조령이 공포되었다. 천보원년[742]에는 진왕부(陳王府)의 참군인 전동수(田同秀)가 대명궁의 정문인 단봉문(丹鳳門) 앞길에서 노자께서 현신하신 모습을 발견했다는 보고가 접수되어, 근처 대녕방(大寧坊)에 현원황제의 신묘(新廟)를 건립하라는 명령이 하달되었다. 묘우가 완성되자 현종은 친히 현원황제의 제사를 주재하였고 이를 이어 선왕들을 모시는 종묘를 친향했으며, 마지막으로 남교에서 지상신 호천상제를 위시한 천지신께 제사를 올렸다. 다음해[743]에는 장안의 현원황제묘를 태청궁으로, 낙양의 사묘는 태미궁(太微宮)으로, 각 군의 사묘는 자극궁(紫極宮)으로 개명하라는 명령이 내려졌고, 태청궁-종묘-남교로 이어지는 일련의 새로운 대제사체계가 정례화되었다.[81] 노자에게 바치는 도교식 제사가 마침내 최상급 국가제사인 대사의 한자리를 차지하게 된 것이다. 당대 후기 국가제사체계의 가장 큰 변화가 '당실중흥'이라는 현종시기의 정치적 대사건과 도교 세력의 국가제사 개입이 맞물리면서 발생한 것이다.[82]

이처럼 도교의례가 국가제사의 일부로 수용되고, 전통적 국가제사의 거행에 있어서도 도교식 의례형식이 영향을 미치기 시작하면서 이제 도교세력은 국가제사에 있어 유교적 가치가 강조될 때에는 직접적으로 불만을 표

· 1980-8.

[81] 太淸宮-宗廟-南郊로 이어지는 제사를 金子修一은 '일련의 제사(大祀)'라고 지칭했다. 이러한 대제사의 성립과정과 의의에 대해서는 그의 논문 「唐後半期の郊廟親祭について-唐代における皇帝の郊廟親祭その(3)」(『東洋史研究』 55-2, 1996)을 참조할 수 있다.

[82] 도교제사가 대사에 편입되었다는 점 외에, 太淸宮-宗廟-南郊를 거치며 장안을 일주하며 거행되는 제사활동이 설계된 것은, 황제의 권력을 장안시민들에게 직접 체감할 수 있게 함으로서 의례의 선전효과를 극대화한다는 점에서, 의례와 도시 공간과의 관계를 고려한 조치로 보기도 한다. 이렇게 도시를 관통하며 의례를 진행하는 방식은 향후 점차 상례화되는 데 이 부분에 대해서는 妹尾達彦, 「唐長安城の儀禮空間-皇帝儀禮の舞台を中心に」(『東洋文化』 第72號, 1992)를 참조할 수 있다.

시하기도 했다. 유교적 색채가 짙게 드러나는 성왕현신류 제사의 도입에 대한 도교 측의 반발은 특히 주목할 만하다. 천보7재[747]에 정부는 개국군주(開國君主) 12인, 역대충신(歷代忠臣) 16인, 의사(義士) 8인, 효부(孝婦) 7인, 열녀(烈女) 14인 등 공식적으로 후원할 67명의 제사명단을 공포하고 입묘지점과 의례규정을 발표했다.[83] 도교 측의 지속적인 노력에도 불구하고 국가는 여전히 유교적 도덕기준을 중시했고 이에 근거해 국가제사의 범주를 확대한 것이다. 물론 그들의 반응이 정통사서류에 보이는 것은 아니지만 필기소설에는 장안(張安)이라는 사람의 혼령이 등장하여 유교와 도교의 가치를 서로 비교하며 우월을 논하는 내용이 출현한다. 전반적인 국가제사의 전개향방에 시비를 품평할 정도의 당시 도교의 입지를 반영하고 있다는 점에서 중요한 의미를 지닌다. 『소상록(瀟湘錄)』에 보이는 관련 기사는 다음과 같다.

현종 때 전국에 있는 공신, 열사, 정녀, 효부를 위해 사묘를 세워 제사를 지내라는 조령이 내려졌다. 강주(江州)에 장안이라는 사람이 있었는데, 성격이 대범하고 예의에 구속받지 않았다. ……후에 장안이 질병도 없이 급사하여 가족들이 장례를 치러주었다. 밤만 되면 장안의 혼령이 강주자사를 찾아와 사묘를 세워 달라고 요구했는데,……장안의 혼령이 (이렇게) 말했다. "대저 모든 사람의 영혼은 더할 수 없이 고귀합니다. 사물의 요괴는 비록 남몰래 영성을 지니고 있다 해도 뜬구름이나 진흙덩이에 불과합니다. 사람은 천지의 조화로운 기운을 부여받아야만 형체를 이룰 수 있습니다. 그래서 사람의 얼굴엔 오악과 사독의 형상이 들어있으며 머리는 하늘의 둥근 모양을 닮았고 발은 땅의 네모난 형상과 비슷한 겁니다.……만약 사묘의 젯밥이 자사에게서 나온다면 나 부생자(浮生子)는 죽어서도 살아있을 때보다 귀하게 될 것이며, 또한 인간들에게 생을 탐하고 죽음을 싫어하는 것이 잘못되었음을 보이기에 충분할 것입니다." 강주자사가 말했다. "천자께서 전대의 공신·

---

[83] 『唐會要』(臺北: 世界書局, 1974), 卷22「前代帝王」, 429~433쪽. 이 부분에 대한 설명은 金相範, 「唐代祠廟信仰의 類型과 展開樣相」, 『中國學報』 44, 2001.12, 227~229쪽 참조.

열사 · 효녀 · 정부의 사묘를 세우게 함은, 권계(勸戒)를 보여서 후세사람들로 하여금 본받게 하고자 하심이다. 그런데 만약 그대를 위해 사묘를 세운다면 그대의 어떤 점을 후세사람들로 하여금 본받게 한단 말인고? 장안의 혼령이 말했다. "저 부생자는 기록할만한 공적이나 효성이나 정절은 없습니다. 하지만 자사께서는 달인(達人)의 도가 공적, 충렬, 효성, 정절보다 고상하다는 사실을 모르고 계십니다."[84]

위의 내용에서 장안은 예의에 구속되지 않는 대범한 사람이자 유교정치에서 가장 중시하는 공적, 충렬, 효성, 정절 등의 가치마저 부정하고 죽음이라는 한계마저 초월한 '달인'으로 묘사되었다. 사회적 예절, 윤리, 육신의 한계에서 해방된 달인의 도를 강조하는 장면이 장자의 '좌망(坐忘)'을 연상케 하는데, 사마승정이 『좌망론』[85]을 남겼다는 점을 감안하면 이글 역시 상청파 계통에서 작성했을 것이라 상정해 볼 수 있다. 이는 당시 도교식 국가제사를 건설하기 위해서 교단 차원에서 조직적이고 다양한 노력을 기울였음을 반영해주는 것이다. 국가제사는 국가가 지향하는 모든 정신적, 물질적 가치를 기탁하는 대상을 공적으로 숭배하는 의식이다. 이러한 사실을 감안할 때, 도교 측에서 유교 국가제사에 대한 비판수위를 점진적으로 높여가는 동시에 도교적 가치를 확산시키기 위해서 다방면에 걸친 노력을 기울였다는 점은 종국적으로 도교국가의 건립을 희망하고 있었음을 반영해주는 것이다.

마지막으로 도교의 국가제사 침투가 점차 가시화되는 상황 하에서, 과연 도교측이 봉호 하사에 어떻게 직접 관여했는가에 대해 살펴보겠다. 앞의 〈표 1〉에 보이다시피, 천보5재[746]부터 대략 6년간에 걸쳐 악진해독에

---

84 『太平廣記』 卷第301, 「神11」 張安, 2389~2390쪽(출처는 『瀟湘錄』).

85 司馬承禎, 『坐忘論』은 장자의 坐忘을 기반으로 불교의 坐禪思想을 흡수해 형성된 心의 수양에 관한 이론으로 內丹論의 형성에 중요한 영향을 미친 것으로 평가된다. 이 부분에 대해서는 今枝二郎, 秋月觀映 編, 「司馬承禎について」, 『道教宗教文化』, 東京: 平河出版社, 1987; 神塚淑子, 「司馬承禎『坐忘論』について-唐代道教における修養論」, 『東洋文化』 62號, 1982 참조.

대한 봉호 하사가 급증하게 된다. 그 가운데 주목되는 것은 천보7재[748]의 여산신(驪山神)에 대한 봉호 하사이다. 여산은 황제의 온탕인 화청궁(華淸宮)이 있어서 현종과 양귀비가 즐겨 찾던 곳이다. 그해 10월 현종은 양귀비 자매들을 대동하고 온탕으로 행차하여 두 달여의 휴가를 보내고 있었다. 그런데 황제가 머물고 있던 화청궁의 조원각(調元閣)에 현원황제께서 현신하셨다는 상주가 올라왔다. 이에 현종은 조원각을 성인이 강림했다는 의미로 강성각(降聖閣)으로 개명하도록 했다. 이어 회창현(會昌縣)은 소응현(昭應縣), 회창산은 소응산으로 바꾸었으며, 산신에게는 사묘를 세워주고 현덕공(玄德公)에 책봉했다.[86] 당시 화청궁 내부에서 무슨 일이 발생했고, 누가 상주를 올렸는지 구체적으로 언급하고 있지는 않다. 하지만 현원황제가 단봉문 근처에 처음으로 현신했다는 상언이 접수되던 천보원년[742]에 현종은 온천궁에 행차하고 여산을 이미 회창산으로 개명한 바 있다.[87] 이러한 사실을 감안하면 황제별궁이 있는 여산도 도교세력의 근거지였으며 이들이 황제 측근의 도사들과 연계하여 봉호 하사를 주청했을 가능성을 상정해 볼 수 있을 것이다.

도교 측에서 봉호 하사를 직접적으로 요청하는 사례는 천보8재[749]에 태백산신에게 신응공(神應公)이 하사되는 과정에서 더욱 명료하게 드러난다. 앞에서 언급했다시피 천보연간 들어 도교세력의 궁내 활동이 더욱 활발해지는데 이는 장생술에 심취하여 도교를 맹신하던 현종 본인과 관련이 있다. 당시 대동전(大同殿)에 진선상(眞仙像)을 세우고 한밤중에도 어김없이 일어나서 친히 고개 숙여 분향할 정도로 열성적이었다.[88] 이에 따라 황제의

---

86 『舊唐書』卷9, 「玄宗(下)」, 221쪽.
87 玄元皇帝가 丹鳳門 근처에 現身했다는 상언이 접수되던 天寶元年(742)에 현종은 장안과 낙양의 玄元廟를 太上玄元皇帝宮으로 바꾸고 바로 溫泉宮으로 행차한 바 있는데, 이때 驪山을 회창산으로 개명하였다. 온탕으로 가기전의 전후사정과 '會昌'이라는 명칭을 감안하면 당시 여산에는 이미 도교세력이 상당한 영향력을 미치고 있었음을 가정해 볼 수 있을 것이다[『舊唐書』卷9, 「玄宗(下)」, 214~216쪽].

환심을 사기위해 각양각색의 부서(符瑞)들이 조작되었다. 천보8재 6월에는 대동전에서 옥지(玉芝)가 발견되었다는 보고가 있었고,[89] 저명한 도사인 이함광(李含光)도 상청파 도교의 성지인 모산(茅山)에 영지가 피어올랐다는 주청을 올렸다. 이에 현종은 요원한 곳에까지 상서로운 옥지가 동시에 출현해 감응하는 것은 진선(眞仙)께서 보우하시기 때문이라면서 모산에서 투사의례(投謝儀禮)를 통해서 보사(報祀)를 올리라는 칙문을 하달했다.[90]

이 사건이 벌어지기 직전에는 태백산인을 자처하는 이혼(李渾)이라는 사람이 태백산 금성동(金星洞)에 신선이 나타나서 자신에게 "성상께서 불로장생하실 것[聖上長生久視]"이라고 새겨진 옥판이 있다고 일러주셨다는 상주가 접수되었다. 태백산은 당시 도교세력의 중요한 도량이었을 뿐 아니라 옥석산지로도 유명한 곳이다. 태청궁이 완성되었을 때에는 공인(工人)들에게 이곳에서 채굴된 옥석[白石]으로 현원황제와 현종의 '성용(聖容)'을 제작케하여 현원황제상의 우편에 현종을 모시기도 했다. 현종은 결국 왕홍(王鉷)을 보내 옥판을 찾아냈고, 자신의 불로장생을 예견하는 옥판의 출현을 축하하며, 금성동은 가상동(嘉祥洞)으로, 화양현은 진부현(眞符縣)으로 개명하고, 태백산신에게는 신응공의 공호를 하사하였다.[91] 태백산을 둘러싼 도교측의 행동은 다음 해까지 이어졌다. 이번에는 왕홍이 태백산인 왕현익(王玄翼)이라는 자가 보산동(寶山洞)에서 현원황제를 목격했다며 상주를 올렸다. 수순을 밟듯 현종은 다시 상주자인 왕홍을 위시해 장균(張均), 위제(韋濟), 왕익(王翼) 등을 파견했고, 보산동에서 옥석함을 찾아냈다. 이번에는 상청

---

88 『舊唐書』卷24,「禮儀四」, 934쪽: "玄宗御極多年, 尚長生輕舉之術. 於大同殿立眞仙之像, 每中夜夙興, 焚香頂禮.".
89 『舊唐書』卷9,「玄宗(下)」, 223쪽;『舊唐書』卷24,「禮儀四」, 927쪽.
90 『全唐文』(上海古籍出版社, 1990) 卷36,「命李含光投謝茅山勅」, 169~170쪽: "……玉芝遙爲合應, 斯仙眞上祐……".
91 『舊唐書』卷9,「玄宗(下)」, 223쪽;『舊唐書』卷24,「禮儀四」, 927쪽;『唐會要』卷47,「封諸嶽瀆」, 834쪽.

파 도교가 국가를 수호하는 국교라는 것을 입증하려는 듯, 옥석함에서 '상청호국경(上淸護國經)'과 '보권(寶卷)', '기록(紀錄)' 등이 출현했다는 소식이 상달되었다.[92]

현종은 연이은 상서의 출현과 현원황제의 현신에 부응해 자신의 존호를 '개원천보성문신무응도황제(開元天寶聖文神武應道皇帝)'라고 고쳐 도교군주로서의 모습을 강조하기도 했다. 종묘의 체협(禘祫) 제사 때는 태청궁의 성조(聖祖) 현원황제 앞에 소목(昭穆)을 순서대로 배열하게 하였다. 주지하는 바처럼 체협제사는 시조묘 앞에서 선왕들의 위패를 배열해 놓고 드리는 종묘의 대제사이다. 모든 위패를 태청궁의 현원황제 앞에 배열했다는 것은, 전통 종묘제사와 태청궁 제사가 현원황제를 중심으로 자연스럽게 하나로 통합되는 의미를 갖는다. 장안과 낙양 그리고 전국 십도마다 한 개의 대군(大郡)에는 부서와 옥지의 출현에 보응하는 차원에서 진부옥지관(眞符玉芝觀)을 건립하게 했다.[93] 태청궁을 중심으로 중앙에서 지방까지 하나로 연결되는 도교식 국가제사 체계가 진면목을 드러낸 것이다.

그러나 도교 산악신에 봉호까지 요청하며 외연을 확대하여 도교식의 국가제사체계를 건설하려던 시도가 순조롭게 전통국가제사를 대체한 것은 물론 아니다. 천보원년에 진시황에 의해 살해된 조난유자(遭難儒者)들의 사묘가 건립되었고, 천보7재에는 유교의 표상이라 할 수 있는 충신·의사·효부·열녀의 묘우가 세워지는 등 국가제사 내에서 전통적 유교제사도 도교와 경쟁을 하듯 외연을 확대해 갔다.[94] 앞에서 이미 검토한 바와 같이, 천보5재[746]에 악신(嶽神)을 시작으로 전개된 전통 자연신에 대한 봉호 하사도, 〈표 1〉에 보이듯이 6재[747]에는 독(瀆)으로, 그리고 태백산신에 봉호가

---

92 『舊唐書』卷24, 「禮儀四」, 927쪽; 『唐會要』卷47, 「封諸嶽瀆」, 834쪽.
93 『舊唐書』卷24, 「禮儀四」, 927쪽.
94 金相範, 『唐代國家權力과 民間信仰』, 신서원, 2005.9, 227~228쪽.

하사되는 8재[749]에는 구주진산(九州鎭山)으로, 10재[751]에는 사해신(四海神)에 대한 분봉으로 이어졌다. 봉호의 명칭 역시 '덕(德)'·'이(利)'·'윤(潤)'·'택(澤)'·'혜(惠)'처럼 백성에 대한 공덕을 강조하고 유교적 가치를 압축적으로 강조하는 자구로 작명되었다. 유교와 도교 간의 경쟁을 시사해주는 구체적인 언급은 발견하기 힘들지만, 조정 내 유교관료들이 전통 국가제사체계의 존속을 위해 비호했을 가능성을 보여주는 대목이다.

지금까지 살펴본 바와 같이 태청궁 제사를 대사에 진입시키고, 수도와 지방 거점 도시마다 도관을 건립하는 등 도교식 국가제사를 확립하기 위해 노력해 온 도교세력은 무측천 시기 이래 지속적으로 공을 들여온 악독제사에 있어서도 오악에 진군사를 성립시키는 개가를 올리게 된다.[95] 그러나 국가제사 체계 내의 유교제사 역시 해당시기를 거치며 지속적으로 팽창을 거듭한다. 도교제사와 전통제사가 이처럼 상호 경쟁하는 상황 속에서, 도교세력의 상주에 의해 봉호가 하사된 것인데, 결국 봉호를 통해 국가제사 내에서의 입지를 재확인하고 공고히 하려했던 시도로 볼 수 있을 것이다. 도교세력은 이미 인가를 받은 오악을 위시한 기존의 도교 제장(祭場)뿐 아니라 인근의 여산이나 태백산 등지에서도 황제의 선정을 상징적으로 표출하는 영적을 상신하였다. 이는 이들 산신에 대한 봉호 하사를 통해서 오악을 넘어 기타 산악제사로 세력을 확대해 가려던 도교 측의 기획된 의도로 간주할 수 있을 것이다. 당초 이래 예제이론과 의례절차에 있어서 점차 제신들에 대한 황권의 우월성이 강화되던 시점에, 도교세력들이 도교신의 위상을 확립하기 위해 전통적인 유교신들에 대해 부단히 비토를 전개함과 동시에 봉호 하사를 주청했다는 점은, 분명 국가제사에 속해있던 악진해독을 위시한 전통적인 제신들의 위상을 추락시켰고, 봉호가 하나의 제도로 확립

---

95 실제로는 五嶽 외에 靑城山의 丈人祠와 廬山의 九天使者廟도 중요한 도교 산악제사로서 오악에 상응하는 대우를 받았다. 이 부분에 대해서는 雷聞, 榮新江 主編,「五嶽眞君祠與唐代國家祭祀」,『唐代宗敎信仰與社會』, 上海辭書出版社, 2003, 47~50쪽을 참조.

되는 계기가 되었을 것이다.

여기서 봉호가 종전처럼 중앙에서 일방적으로 하사된 것이 아니라 수요자의 주청을 받아들여 수여되기 시작했다는 점도 주목된다. 사묘에 하사되는 봉호는 국가의 공인과 후원을 보장하는 것이기 때문에 자연스레 수요자 층을 증가시킬 수 있는 제도적 장치로서 중요한 의미를 갖는다. 천보연간 도교세력에 의한 봉호 신청과 정부의 윤허는 결국 이러한 절차의 제도화와 확산의 가능성을 시사하고 있다는 점에서 중요한 의의를 지닌다.[96] 물론 민간의 신앙행위가 국가권력이 추구하는 가치와 제도적 요구에 부합하려는 경향을 야기하면서 결국 종교와 신앙의 국가권력에 대한 종속이 심화되고, 신앙체계 자체가 어느 정도 관료기구의 속성을 반영하는 결과를 가져오기도 한다.

5. 맺음말

정권과 교권의 관계는 상당히 복잡한 문제지만, 한 사회의 종교신앙적 특성을 반영하는 중요한 단서 가운데 하나이다. 전통시대 중국에 있어서는 기본적으로 국가권력이 종교와 신앙을 통제하고 관리하는 권한을 행사해 왔다. 도교나 불교와 같은 제도종교 뿐 아니라 기층의 사묘를 중심으로 이루어지는 다신 숭배적 민간신앙에 대해서도 마찬가지였다. 심지어는 황제[天子]의 명의로 신령세계에까지 봉건적 신분질서의 상징인 작위 즉 '봉호'를 하사함으로써, 국가권력의 우월성을 분명히 했다. 이글은 황제를 중심으로 한 국가권력과 종교 신앙과의 관계를 심층적으로 검토하기 위해서

---

[96] 『舊唐書』卷24,「禮儀四」, 934쪽;『通典』卷46,「禮六・沿革六・吉禮五」山川・先蠶, 1282~1283쪽.

신령세계에 대한 봉호 하사가 본격화되는 무측천·현종 시기를 주목해보았다.

검토 과정을 통해서, 우선 무측천 시기와 현종 초기에 단행된 신계에 대한 봉호 하사 조치가 '무주혁명'과 '당실중흥'이라는 당대 전기의 정치현안과 긴밀한 관련을 맺고 있음을 알 수 있었다. 수공4년[688], 무측천은 수명(受命)을 상징하는 도참이 낙수에서 출현했다는 상주가 올라오자, 이 지역을 주재하는 낙수신과 중악 숭산신에 대해서 당대 최초로 봉호를 하사하였다. 개원원년[713], 정적인 태평공주 일당을 완전히 혁파한 현종도 음양오행 상 자신과 동일한 명을 갖고 있다는 서악 화산신에게 봉호를 하사했다. 그들은 지난한 정쟁을 통해 권력을 쟁취한 만큼, 다양한 방법을 동원하여 제위 등극의 정당성을 강화했다. 이들 신령에 대한 봉호 하사는 상제의 대리자로서 신령세계에까지 지배력을 행사할 수 있는 천자의 권위를 극적으로 현창하게 해주었다.

정권의 정당성은 일회적으로 확보되는 것이 아니라 부단한 후속조치가 필요하다. 무측천과 현종은 황위에 오른 후에도 전통적인 의례를 적극 활용하였다. 물론 의례가 종료되면 지역민들에게 사면·면세·대포(大酺) 등 은상을 베풀었고, 지역 신들에게 봉호를 하사하는 사례도 점증했다. 이러한 조치는 실질적인 보상을 통해서 백성들의 광범위한 지지를 이끌어내는 전통적인 수단이자, 신령세계에까지 작위를 하사할 수 있는 지고무상한 천자의 위상을 각인시키려는 정치적 기획이기도 했다.

이렇듯 악·진·해·독을 위시한 자연신 사묘에 대한 봉호 하사 조치는 무측천·현종시기의 정치적 사건과 긴밀한 관련을 맺고 있지만, 장기적인 시각으로 본다면 당초 이래로 황권의 지속적인 신장을 반영하고 있다. 이러한 변화는 이미 의례이론에도 그대로 반영되어 왔다. 특히 고종시기에 간행된 『현경례』에서는 황제 제천의례의 대상을 지상신 호천상제(昊天上

帝)로만 고정하는 왕숙(王肅)의 일천설이 정현(鄭玄)의 육천설을 대신하여 공식적으로 채택되었다. 예제 상의 이론적 변화는 점차 여타 신들에 대한 의례에도 영향을 미쳤다. 무측천 시기의 의례전문가들은 자연신 가운데 최고의 위상을 가진 악진해독의 신에 대해서 황제가 더 이상 배례를 올리지 말고 축판에 서명만 할 것을 요청했다. 현종 개원원년[713]에는 '사천자(嗣天子)를' 칭하며 서명하는 행위 자체가 제사를 주재한다는 의미를 내포하기 때문에, 황제의 명령으로 관리를 파견하여 제사를 거행하게 하는 방식으로 대체할 것을 요구해왔다. 오악신 이하 신들에 대해서 황권의 우월성을 분명히 하고 그들에 대한 의례 역시 '신례(臣禮)'로 격하시켜야 한다는 의미이다. 덕종 정원원년[782]에는 천신 가운데 오방상제(五方上帝)에 대해서도 황제가 칭신할 필요가 없다는 내용이 추가되었다. 날로 신장하는 황제권력과 신계와의 대응관계를 분명하게 반영한 것인데, 이제 황제는 천명의 원천인 최고신 호천상제를 제외한 그 밖의 모든 신들에 대해서 우월한 위상을 확립하게 된 것이다. 예제이론에 있어서 이러한 이념적 구도가 확고해지면서, 제신(諸神)에 대한 교류와 관리 권한 역시 황제의 현실권력 소관임이 더욱 분명해 졌다. 황제가 신령세계에 봉호를 하사하는 것도 권력행사의 일부분이라는 점이 이론적으로 정립된 것이다.

신령세계에 대한 봉호 하사를 더욱 활성화시킨 것은 도교세력이었다. 그들은 당 황실의 도교 우대정책과 황제와의 사적관계를 적극 활용하며 국가의례에 접근하였다. 실마리를 제공한 것은 상청파 도사 마원정이었는데, 그는 도교식 투룡의례를 통해서 악독신(嶽瀆神)께 무주혁명의 성공에 감사하는 제사를 주재한 바 있다. 도교의 국가제사에 대한 침투가 본격화되는 것은 개원연간이다. 현종의 총애를 한 몸에 받던 사마승정은 개원 15년[727]에 오악제사의 정통성을 부정하면서 이를 오악 동부(洞府)의 상청진인(上淸眞人)에 대한 도교제사로 교체해야 한다고 주장하였다. 상청파 도사들의 개입은 중앙 정계에서의 공개적인 활동에만 국한된 것이 아니었다. 도교세력들은 전통국가제사에 대한 도교의 우월성을 주장하는 다양한 이야기를 당시 유행하던 필기소설의 형태로 제작 유포함으로써 지식계와 기층민들의 광범위한 지지를 유도하기도 했다.

 태청궁 제사를 대사(大祀)에 편입시키고, 수도와 지방 거점도시마다 도관을 설립하는 등 도교식 국가제사체계를 확립하기 위해서 노력해 온 도교세력은 결국 악진해독 제사에 있어서도 오악에 진군사(眞君祠)를 성립시키는 개가를 올린다. 또한 향후 이러한 범위를 수도 근방의 명산으로까지 확대해 갔다. 도교세력은 황제의 선정을 현창하는 다양한 영적을 조작하여 상신하는 방법 등을 동원하여 국가의 공인과 후원을 담보하는 봉호의 하사를 주청하였다. 마침내 천보7재와 8재(749)에는 여산과 태백산의 도교 신묘에도 현덕공(玄德公)과 신응공(神應公)의 봉호가 하사되었다. 신계에 대한 황권의 우월성이 예제이론에 반영되던 시점에, 도교세력들은 오랫동안 국가제사로 받들어지던 일부 신령들의 정통성을 시비 삼으면서, 그 대안으로 도교신에 대한 봉호 하사를 신청했던 것이다. 이러한 도교 교단의 집단적 행위는 전통신의 신격 추락과 세속화를 부추긴 측면이 있으며, 한편으로는 신계에 대한 봉호 하사가 수요자의 주청에 의해서 이루어지는 계기를 제공하기도 했다. 이처럼 무측천과 현종 시기에 황권 정당화의 수단으로 빈번하게 활용되었던 신계에 대한 봉호 하사 조치는 당 전기 이래 황권의 신장을 반영한 예제 이론의 변화와 안정적인 정통 국가제사로 진입하기 위한 도교세력의 적극적인 호응이 맞물리면서 점차 신령세계를 관리하고 통제하는 제도적 장치로서의 면모를 갖추게 되었다. 사묘에 대한 봉호 하사 조치는 당말·오대 시기를 거치면서 지역사회의 순수한 민간사묘에까지 확대 실시된다. '봉호 하사'가 정부의 새로운 종교·신앙정책으로 확립된 것인데, 이 부분에 대해서는 후반부에서 보다 심층적으로 논의하도록 하겠다.

제2장

오대산 문수성지의 형성과 국가권력

1. 머리말

중국황제는 단순히 한 국가 또는 정부의 최고지도자가 아니라 '천명'을 수임 받아 '천하'를 일원적으로 지배하는 유일한 주권자를 의미한다.[1] 역대 중화제국은 황권 지상주의적인 관념 아래 종교와 신앙에 대하여 엄격한 통제권을 행사해왔다. 불교에 대해서도 시기별로 정도의 차이는 있지만 다양한 통제정책을 시행하였다. 전통시대 말기에는 승려의 활동범위를 제한하는 조치까지 구체화 되는데, 승려와 민간인의 혼거를 불허하고,[2] 속세와 격리된 수련을 강권하는 조령(詔令)[3]까지 발표되었다. 이로써 점차 산사에

---

[1] 이성규, 「中國 古代 皇帝權의 性格」, 동양사학회 편, 『東亞史上의 王權』, 한울아카데미, 1993, 7쪽.

[2] 승려들의 行禁이 제도화되는 것은 明代인데, 明 太祖는 洪武24년(1391) 불교를 겨냥하여 승려들이 민간인과 섞여 거처하는 것을 불허한다는 조령을 발포했다["僧人不許民間雜處"]. 幻輪, 『釋鑑稽古略續集』[『大正新脩大藏經』 第49卷(第2038經)), 臺北: 新文豐出版公司, 1992], 936c쪽.

[3] 洪武24년(1391)에는 "佛陀께서 세상을 뜨신 후 많은 祖師들이 부처의 뜻을 이어받아 고요한 곳에 머무르며 문 밖엘 나서질 않았다(自佛去世之後, 諸祖踵佛之道, 所在靜處不出戶牖.)"며 속세와 격리된 수련을 강조하였다. 幻輪, 앞의 책, 938b쪽.

서 용맹 정진하는 수노승 상(像)이 중국 승려의 이상적 이미지로 자리 잡게 되었다. 승려에 대한 국가의 행금(行禁)조치가 결국 사회적 통념으로 받아들여진 것이다.

하지만 불교는 선정(禪定)과 함께 유행(遊行)[4]을 중시하는 종교이다. 인도는 우기가 있어서 하절기에는 안거(安居)하게 되는데, 이때 주로 선정훈련을 하면서 인간세상을 유행할 에너지를 축적하고 안거가 끝나면 다시 유행에 나선다. 안거와 유행은 승려집단의 생활주기에 있어서 두 축 이었던 것이다. 석가는 제자들을 모아놓고 마음수련을 통해 발견한 진리는 '유행'을 통해서 중생들에게 알려주어야 한다며, 중생교화의 중요성을 강조하였다.[5] 『아함경(阿含經)』에서는 '인간유행(人間遊行)'을 출가인이 세속과 관계를 맺는 생활방식이라고 언급하였다.[6] 이러한 승려들의 생활전통은 중국을 방문한 포교승의 활동과 역경사업을 통해서 그대로 전파되었다. 유행은 승려생활의 일부분이자, 불교가 '선교형 종교'로 교세를 넓힐 수 있었던 요인 가운데 하나로 작용하였다.[7] 사실 토지와 인민의 결착을 통해 사회의 안정을 강구했던 시대적 특징을 감안할 때, 중국불교의 황금기로 일컬어지

---

[4] 의미상 약간의 차이는 있지만, 遊行과 비슷한 용어로 行脚과 遊方 등이 주로 사용된다.

[5] 闍那崛多 譯, 『佛本行集經』(『大正新脩大藏經』第39卷, 臺北: 新文豊出版公司, 1992), 836c쪽: "衆等調伏諸根訖, 遊行敎化彼衆生."

[6] 『佛說長阿含經』, (『大正新脩大藏經』第1卷, 臺北: 新文豊出版公司, 1992), 010a쪽: "佛告諸比丘, 今此城內, 比丘衆多. 宜各分布, 遊行敎化."

[7] 蔣義斌, 「中國僧侶流方傳統的建立及其改變」; 田曉菲, 「失樂園與復樂園-法顯的天竺之行與早期中古時代天堂/地獄的文化敍事結構」. 두 편의 논문 모두 劉苑如 主編, 『遊觀-作爲身體技藝的中古文學與宗教』, 臺北:中央研究院文哲研究所, 2009에 실려 있다. 최근 우리학계에서도 역사 속 공간의 중요성을 환기하며 실태로서의 여행에 주목한 논문집이 발행되었다.(김유철 외 지음, 『동아시아 역사속의 여행 I-경계, 정보, 교류』, 산처럼, 2008). 이 가운데 김유철, 「동아시아에서의 경계넘기와 정보·교류」; 김선민, 「현장의 구법여행과 당대정치」; 김종섭, 「당대문인여행의 의미와 경계인식」 등의 논문과 鄭炳俊, 「唐·新羅 交流史에서 본 新羅求法僧」, 『中國史硏究』 제75집, 2011.12 등도 참조할 가치가 있다.

는 당대에 있어서 성지순례(聖地巡禮)를 포함하는 '유행'의 실현은 주목할 만한 사회적 의의를 갖는다고 할 수 있다.

유행은 현대어로 '불자들의 신앙여행' 쯤으로 정의할 수 있을 텐데, 포교와 교화를 목적으로 삼는 '유화(遊化)'와 교리학습과 영성체험을 중시하는 '유학(遊學)'으로 세분할 수 있다. 한대 이래 인도승과 서역승이 포교를 위해서 중국을 방문한 것이 '유화'라면, 순례와 구법을 위한 동아시아 승려들의 인도행은 '유학'이라 표현할 수 있을 것이다. 하지만 당대 중기를 지나면서 인도승의 포교여행이나 중국승의 구법·순례여행 모두 뚜렷이 감소하는 추세를 보인다. 관련 연구에 의하면, 3세기부터 11세기까지 인도를 방문했던 동아시아의 순례자 가운데 문헌상으로 확인이 가능한 인원은 860명 정도이다. 시기적으로 보면 3세기에 24명, 4세기에 15명, 5세기에 117명으로 증가하다가, 7세기에 이르면 124명으로 최고조에 달하고, 8세기에는 84명, 9세기에는 2명으로 급감한다.[8] 전통적으로 승려의 삶의 일부를 차지했던 '유행'을 통해 연결되던 인도-중국 간의 불교교류가 8, 9세기 이후 현저하게 감소하기 시작한 것이다.

이에 따라 다양한 영역에서 불교의 현지화·토착화가 진행되었다. 그 일환으로 함께 주목되는 것이 중국 역내에도 새로운 불교성지가 탄생한다는 점이다. 이제 동아시아 각지에서 불교를 배우려는 구법승들이 당으로 몰려들었고, 새롭게 탄생한 중국 내 성지를 찾는 순례자들도 지속적으로 늘어났다. 오대산은 이러한 변화의 시기에 역내에 새롭게 조성된 불교성지

---

[8] 10세기에는 순례 객이 도리어 465명으로 증가하는 현상이 나타나는데, 확인되는 개인 순례자는 9명뿐이고, 繼業의 동행자로 300명, 行勤의 동행자로 156명이 언급된다. 동행자의 숫자를 그대로 신뢰할 수 있는지, 갑자기 동행자가 급증한 원인은 무엇인지 아직 확실하게 규명되지 않고 있다. 어쨌든 인도구법여행도 일순간에 단절되기 보다는 송대까지 꾸준히 지속되다가 서서히 끊어졌던 것으로 판단된다. 이주형, 「인도로 간 구법승(1부)」, 『동아시아 구법승과 인도의 불교유적-인도로 떠난 순례자들의 발자취를 따라서』, 사회평론, 2009.2, 13~16쪽.

가운데 하나이다. 지금까지도 가장 각광받는 성지인 만큼 관련 연구도 활발하게 진행되어 왔다. 오대산 문수성지의 형성과 전개에 대한 개괄적인 연구[9]로부터, 행기(行記)를 위시한 자료에 관한 심층 분석,[10] 교통노선·순례자숙소와 여행허가에 대한 연구,[11] 돈황 오대산도(五臺山圖)의 도상분석과 그 의미에 관한 검토[12] 등 다양한 주제로 연구가 진행되고 있다. 이 글은 역내 불교성지의 탄생에 있어서 중국적인 사회문화의 토양이 어떻게 작용했는지를 검토해보기 위해서 작성하였다. '국가권력과 신앙의 관계'를 살펴보는 지속적인 작업의 일환이라고도 할 수 있다. 오대산 문수신앙이 급속한 성장세를 보여주는 '무측천(武則天)'과 '대종(代宗)'시기를 중심으로, 성지형성에 국가권력이 어떻게 개입하고 어떤 역할을 했는지, 그 특징과 의의는 무엇인지 살펴보도록 하겠다.

---

9 井上以智爲,「唐代に於ける五臺山の佛敎(上, 中, 下)」,『歷史地理』22~24卷, 1929; 姚雅欣,「唐代五臺山的佛敎與佛寺」,『五臺山硏究』1999年 第2期; 馮巧英,「五臺山文殊道場的形成和發展」,『太原大學學報』第3卷 第1期, 2002.3; 李海波,「唐代文殊信仰興盛的政治背景」,『西北大學學報』第34卷 第1期, 2004.1.

10 佐伯有淸,『圓仁』, 吉川弘文館, 1986; 佐伯有淸,「入唐求法巡禮行記にみえる日本國使について」,『日本古代の政治と社會』, 吉川弘文館, 1986; 森克己,「參天台五臺山記について」,『驪澤史學』第5號, 1956; 塚本善隆,「成尋の入宋旅行記に見る日本佛敎の消長-天台山の卷」,『塚本善隆著作集』(卷六), 大東出版社, 1974; 曺家齊 外,「略探『參天台五臺山記』的史料價値」,『中韓宋遼夏金元史學術硏討會論文集』, 2005.7; 杜斗城,「敦煌石窟中的五臺山史料」,『忻州師範學院學報』第20卷 第6期, 2004.12.

11 程喜霖,『唐代過所硏究』, 中華書局, 2000; 黃淸連,「圓仁與唐代巡檢」,『中央硏究院歷史語言硏究所集刊』68-4, 1997; 彭文峰,「唐代五臺山進香道補釋」,『中國歷史地理論叢』19-4, 2004.12.

12 日比野丈夫,「敦煌の五臺山圖について」,『中國歷史地理硏究』, 東洋史硏究叢刊之三十), 同朋社, 1977; 張惠明,「敦煌『五臺山化現圖』早期底本的圖像及其來源」,『敦煌硏究』總第66期, 2000年 第4期; 党燕尼,「五臺山文殊信仰及其在敦煌的流傳」,『敦煌學輯刊』總第45期, 2004年 第1期; 趙曉星,「吐蕃通治時期傳入敦煌的中土圖像-以五臺山圖爲例」,『文藝硏究』2010年 第5期.

2. 문수성지의 탄생과 국가권력의 개입

오대산은 태원(太原)에서 동북쪽으로 240km 정도 떨어진 태항산맥(太行山脈) 북단에 위치하며, 행정구역상으로는 산서성(山西省) 흔주시(忻州市) 오대현(五臺縣)과 번치현(繁峙縣)에 걸쳐있다. 불교신자들에게 오대산은 문수보살[Bodhisattva Mañjuśrī]의 성지로 숭배되며, 보타(普陀)·아미(峨眉)·구화산(九華山)과 더불어 중국 4대 불교성지 가운데 하나로 손꼽힌다. 당대 초기의 율승(律僧) 도선[道宣, 596~667]은 『집신주삼보감통록(集神州三寶感通錄)』에서 오대산 문수성지의 기원을 동한(東漢)시기로 제시한 바 있다. 도선은 명제(明帝)시기에 인도승 섭마등[攝摩騰, Kāśyapa Mātaṅga]이 오대산을 방문했다가 아쇼카왕 탑을 발견하고 황제께 건의하여 그 자리에 대부영취사(大孚靈鷲寺)를 축조했다고 기록하였다.[13] 오대산의 산세가 석가모니가 설법한 영취산과 비슷하여 대부영취사로 명명했다면서, 새로운 성지의 탄생을 인도불교성지의 자연스런 이식과정인 것으로 묘사하였다. 하지만 섭마등의 생몰연대 자체가 불분명할 뿐 아니라, 부처님의 불골을 모신 8만 4천 아쇼카탑이 상징적 의미가 강하고, 이 시기에는 연대불명의 건축물에 인도성지를 부회하는 것이 보편화 된다는 점 그리고 산서지역 불교 전입시기를 지나치게 앞당기고 있다는 점 때문에 공명을 얻지 못하고 있다.[14]

도선과 비슷한 시기에 활동한 혜상(慧祥)은 영륭원년[永隆元年, 680]경에 오대산 관련 첫 번째 산지(山誌)인 『고청량전(古淸凉傳)』을 찬수한 바 있다. 그는 내용 가운데 『수경주(水經注)』와 『선경(仙經)』을 인용하여 안문(雁門)사람들이 '영가(永嘉)의 난'을 피해 처음으로 오대산에 입산했다는 사실과 오

---

13 (唐)道宣 撰,『集神州三寶感通錄(3卷)』(『大正新脩大藏經』第51卷, 臺北: 新文豊出版公司, 1992), 408a~422c쪽: "十二代州城東古塔. 俗云, 阿育王寺, 考北朔雁門.……從臺東面而下三十里許, 有古大孚靈鷲寺. 見有東西二道場, 佛事備焉. 古老傳云: 漢明帝所造".
14 馮巧英,「五臺山文殊道場的形成和發展」,『太原大學學報』第3卷 第1期, 2002.3, 8쪽.

대산이 당시에는 '선자지도(仙者之都)'나 '자부(紫府)'로 불렸다는 점을 분명하게 기록해 놓았다.[15] 위진시기까지 오대산은 오히려 영기가 서린 신선들의 거처로 회자되었던 것이다. 오대산이 '불교 성산'으로 변모하기 시작하는 것은 남북조시대이다. 석륵(石勒) 이래로 호족 군주들이 불교를 개인의 신앙이자 국가의 통치이념으로 적극 수용하면서, 불교는 빠른 속도로 화북 전역으로 확산되었다. 초월적 존재를 맹신하는 신앙전통을 가진 유목군주들은 서역과 인도에서 온 신이승(神異僧)들의 카리스마에 매료되었고, 종족과 문화를 초월하는 불교의 보편적 윤리관과 종교적 포용력이 사회통합과 안정에도 도움이 될 것이라고 확신했다.[16] 4세기말 불도징[佛圖澄, 232~348]의 고족(高足) 도안(道安)이 오대산 북쪽 항산에 절을 세웠다는 기록이나, 도안의 제자이자 중국 정토종의 초조(初祖)인 혜원(慧遠)이 오대산 근처 원평(原平)에 사원을 설립하고 포교했다는 기록은 바로 이 시기를 전후로 오대산에 본격적으로 불교가 유입되었을 가능성을 시사해준다.

오대산에 불교사원이 현저히 증가하는 것은 북위시대이다. 북위는 천흥(天興)원년[398]에 현재 대동분지에 위치한 평성(平城)으로 천도하는데, 도무제(道武帝)는 성락(盛樂)·산동(山東)·막북(漠北) 지역의 인구를 도성 지역으로 대거 이주시키면서 안북(雁北)지역 개발에 박차를 가했다.[17] 오대산 인

---

15 (唐)釋慧祥 撰, 『古淸涼傳』(『大正新脩大藏經』, 第51冊 第2098經, 臺北: 新文豐出版公司, 1992), 卷上, 「立名標化」, 1093a쪽: "一名五臺山, 其中, 五山高聳, 頂上並不生林木, 事同積土, 故謂之臺也. 酈元『水經』云: 其山, 五巒巍然, 迴出群山之上, 故謂五峰. 晉永嘉三年, 雁門郡人縣百餘家, 避亂入此山. 見山人爲之, 步驅而不返, 遂寧居巖野. 往還之士, 時有望其居者. 至詣尋訪, 莫知所在, 故人以是山爲, 仙者之都矣. 『仙經』云, 五臺山, 名爲紫府, 常有紫氣, 仙人居之." 『古淸涼傳』은 阮元 輯, 臺灣商務印書館編審委員會 重輯, 宛委別藏本, 臺北: 臺灣商務印書館, 1981이 있으나 본고에서는 『大正新脩大藏經』, 第51冊 第2098經, 臺北: 新文豐出版公司, 1992에 수록된 내용을 이용함. 葛洪 역시 『抱朴子內篇』, 「祛惑」에서 이곳을 仙人들이 거하는 貴處로 묘사한바 있다(葛洪, 『抱朴子內篇』 卷20 「祛惑」, 北京: 中華書局, 1988, 350쪽).
16 아서라이트 지음, 양필승 옮김, 『중국사와 佛敎』, 신서원, 1992, 82~83쪽[원서는 Arthur Wright, *Buddhism in Chinese History*, Stanford California: Stanford University Press, 1959].

근에 위치한 평성이 이때부터 태화18년[494]까지 거의 백 년 동안 북위왕국의 정치중심지가 되면서 황실과 오대산 불교세력 간의 관계도 자연스레 긴밀해졌다. 이러한 관계가 더욱 구체화되는 것은 독실한 불교도였던 문명태후(文明太后)와 효문제(孝文帝) 시기이다. 이 기간 동안 황실 후원 하에 전국적으로 많은 사찰이 건립되었고, 운강(雲岡)·용문(龍門) 등 저명한 석굴도 축조되었다.[18]『고청량전』은 영취사(靈鷲寺)·청량사(淸凉寺)·불광사(佛光寺) 등 오대산의 주요 사찰들 역시 효문제시기에 건립되었다는 사실과 함께 '효문석굴고상(孝文石窟故像)'·'교응대(敎鷹臺)'·'타구장(打毬場)' 등 관련 설화를 채록해 놓았다.[19] 또한 「고금승적(古今勝迹)」편에서는 정사(精舍)와 부도, 석비 등 중대(中臺)에 남아있던 유적들이 북위 체주자사(棣州刺史) 최진(崔震)이 설립한 것이라고 명기하였다. 이러한 기록들은 북위시기에 오대산 불교가 이미 황실과 지방관의 후원 하에 괄목할 만한 성장을 이룩하였음을 반영해주는 것이다.

북위황실의 후원과 더불어 문수신앙과 관련된 불교이론의 전개과정도 중요하다. 특히 비로자나불과 문수·보현을 삼성(三聖)으로 숭봉하는 화엄학의 동태가 주목된다. 전설상의 문수보살 거처를 처음으로 중국과 연계시킨 것은 월지 출신의 호승 축법호[竺法護, Dharmaraksa, 231~308]였다. 불교 초전시기 최고의 역경가 가운데 한 명으로 손꼽히는 축법호는 승우(僧祐)가 경법이 중국에 안착할 수 있었던 것이 그의 덕택이라며 격찬했던 인물이다. 축법호는『불설문수사리보살현보장다라니경(佛說文殊師利菩薩現寶藏陀羅尼經)』의 번역본에서 동북쪽의 '대진나(大振那)'를 거명하면서, 문수사리께서는 그곳의 '오정(五頂)'이라는 산에 거하시면서 중생들을 위해 설법하신

---

17 李憑,『北魏平城時代』, 北京: 社會科學文獻出版社, 2000, 346~355쪽.
18 아서라이트, 앞의 책, 82~84쪽.
19 崔正森,『五臺山佛敎史』, 太原: 山西人民出版社, 2000, 50쪽.

다고 언급하였다.[20] 고대 인도에서는 중국을 '진나'로 칭했는데, '오정'이 5개의 주봉을 가진 오대산을 연상시킨다는 점에서 문수사리의 거처를 '오대산'으로 비정할 수 있는 가능성이 제기된 것이다. 이러한 가능성은 동진(東晉) 원희(元熙)2년[420] 불타발타라[佛陀跋陀羅, Buddhabhadra, 359~429]가 최초로 번역한 60권본 『화엄경』에서 재차 확인된다. 『화엄경』권27 「보살주처품(菩薩住處品)」에서는 문수보살의 거처가 동북방의 '청량산'이라면서 현재도 일만 보살권속을 거느리고 설법하신다고 기록하였다.[21] 오대산이 문수성지로 등장할 수 있는 유력한 이론적 근거가 마련되었다는 측면에서 『화엄경』의 유통과 이에 근거한 화엄학의 전개는 중요하다.

사실 화엄학은 초기에는 불타발타라와 그 제자들이 주로 활동한 건업(建業)과 형주(荊州), 광주(廣州) 등 남중국지역을 중심으로 전파되었다. 하지만 북위 이래로 정부의 적극적인 관심 하에 북방에서도 화엄학이 새로운 발전을 보여준다. 영평연간[永平年間, 508~512]에는 『화엄경』 십지품의 내용을 유식사상의 대가인 바수반두가 재해석한 『십지경론(十地經論)』이 보리유지[菩提流支, Bodhiruci]와 늑나마제[勒那摩提, Ratnamati]에 의해서 번역되었다. 늑나마제는 향후 활발한 강연활동을 통해서 화엄학 이론의 확산에 이바지했다. 그는 좌중을 일순간에 깨닫게 하는 능력으로 유명했는데, 효문제에 이어 즉위한 선무제[宣武帝, 499~515]가 직접 칙(勅)을 하사해서 예찬할 정도였다고 한다. 이렇듯 화엄학이 황실과의 긴밀한 관계를 통해서 그 위상을 확립해가고, 보리유지의 문하에서 혜광(慧光), 승범(僧範), 혜순(彗順), 담연(曇衍), 법상(法上)과 같은 제자들이 배출되면서 화북지역에서도 화엄학 연

---

[20] 『佛說文殊師利菩薩現寶藏陀羅尼經』(『大正新脩大藏經』 第20册, 臺北: 新文豐出版公司, 1992), 791c쪽: "於此贍部州東北方, 有國名大振那, 其國中有山號曰五頂, 文殊師利童子遊行居住, 爲諸衆生於中說法"

[21] 『華嚴經』(『大正新脩大藏經』第9册, 臺北: 新文豐出版公司, 1992), 卷27 「菩薩住處品」, 590a쪽: "東北方有菩薩住處, 名淸涼山, 過去諸菩薩常於中住. 彼現有菩薩, 名文殊師利, 有一萬菩薩眷屬, 常爲說法."

구자들이 늘어났다.[22] 후에 법장(法藏)은 『화엄경전기(華嚴經傳記)』에서, 희평원년[熙平元年, 516]에 현옹산(懸瓮山) 승려 영변(靈辯)이 화엄경을 가지고 오대산에 입산하여 4년 후인 신귀(神龜)3년[520]에 『화엄경소(華嚴經疏)』100권을 완성했다고 기록한바 있다. 북위 말에 화엄사상의 확산에 동반하여 문수신앙이 오대산에 전파되었을 가능성을 예시해 준다. 이처럼 국가권력의 후원 하에 오대산에서의 불사활동이 성행하고, 화엄학과 문수신앙이 전파되면서 상주하는 승려와 순례자들의 관련 기록도 뚜렷이 증가한다.[23] 점차 문수성지의 모습을 갖추기 시작했다고 할 수 있다.

오대산 불교는 북제(北齊)시기에 이르러 한 층 더 발전을 보인다. 북제시대에는 전국에 4만 불사와 200만 승려 그리고 도성 업도(鄴都)에만 4천 불사와 8만 승려가 있었다고 기록될 정도로 정권의 옹호 하에 불교가 전성기를 구가한다.[24] 오대산에도 200개가 넘는 가람이 세워졌다고 하는데, 전국 8주에서 거둔 세수의 일부가 산사의 살림에 공여되었다는 기록이 특히 주목된다.[25] 『고청량전』에는 황실의 셋째 왕자가 문수보살께 기도를 올리다가 끝내 뜻을 이루지 못하자 소신(燒身) 공양했다는 사실과 왕자를 모시던 엄관(閹官) 유겸지(劉謙之)가 『화엄론』 600권을 저술했다는 내용도 출현한다.[26] 여타 자료를 통해서 사실 여부를 확증하기는 힘들지만, 이들 단편적

22　湯用彤, 『隋唐佛敎史稿』, 武漢: 武漢大學出版社, 2008, 150~152쪽.
23　杜斗城, 「往五臺山僧人錄」, 『敦煌五臺山文獻校錄硏究』, 太原: 山西人民出版社, 1991.
24　『續高僧傳』(『大正新脩大藏經』 第50冊, 臺北: 新文豐出版公司, 1992), 卷8 「法上傳」; 卷10 「靖嵩傳」, 485b쪽; 501b쪽.
25　(唐)釋慧祥 撰, 『古淸涼傳』(『大正新脩大藏經』, 第51冊 第2098經, 臺北: 新文豐出版公司, 1992), 卷上 「古今勝蹟」, 1094a쪽: "爰及北齊高氏, 深弘像教, 宇內塔寺, 將四十千, 此中伽藍, 數過二百. 又割八州之稅, 以供山衆衣藥之資焉."
26　(唐)釋慧祥 撰, 『古淸涼傳』(『大正新脩大藏經』, 第51冊 第2098經, 臺北: 新文豐出版公司, 1992), 卷上, 「立名標化」, 1094c쪽: "大孚寺北四里, 有王子燒身寺. 其處, 先有育王古塔. 至北齊初年, 第三王子, 於此求文殊師利, 竟不得見, 乃於塔前, 燒身供養. 因此置寺焉. 其王子有閹豎劉謙之, 自慨刑餘, 又感王子燒身之事, 遂奏託入山修道, 敕許之. 乃於此處, 轉誦華嚴經, 三七行道, 祈見文殊師利. 遂獲冥應, 還復根形, 因便悟解, 乃著華嚴論六百卷, 論綜終始. 還以奏聞, 高祖敬信, 由此更增. 常日講華嚴一篇, 于時最盛." 隋代 侯

인 기록들은 이 시기 오대산의 문수성지화와 화엄학의 발전 역시 국가와 황실의 후원 속에 진행되었을 가능성을 시사해 준다.

이처럼 북조시대를 거치면서 오대산은 국가권력의 전폭적 후원 하에 화북불교의 중심지이자 문수도량으로 성장하였다. 하지만 '불교성지'로서의 독보적인 위상을 확립했다고 보기에는 여전히 미흡한 측면이 있다. 효문제 승명원년[承明元年, 476]에 태어나서 정토종의 기초를 세운 담란(曇鸞)은 어린 시절에 오대산 인근 안문에서 "영험하면서도 기괴한 여러 신들의 이야기를 들으면서 자랐다"고 회상한 바 있다. 『고청량전』에서도 동위(東魏) 무정연간[武定年間, 543~550]에 오대산에 은거하며 양생술과 신선술에 몰입했던 왕극(王劇) 같은 도사들의 설화를 전하고 있다.[27] 당 정관(貞觀)16년[641]에 완성된 『괄지지(括地志)』에서는 오대산을 '서선지사(棲禪之士)'와 '사현지류(思玄之流)' 즉 선승과 도사들이 여전히 함께 수도하는 기도도량으로 묘사하였다.[28] 이러한 사실들은 북조시대의 오대산이 '문수'라는 새로운 신앙대상과 긴밀한 관계를 형성해가면서 불교성지로 성장하고 있었지만 여전히 다양한 성향의 수도자들이 출입하는 혼합적인 기도도량 이었음을 시사해준다. 물론 고난의 시기도 있었다. 건덕(建德)3년[574]에 북주(北周) 무제(武帝)가 관중을 중심으로 폐불을 단행하였는데 그 여파가 4년 뒤에는 오대산에까지 미치게 된다. 무제는 북제를 멸망시킨 후 다시 황하 남북의 사찰들까지 대대적으로 훼철(毁撤)하였는데 오대산 기도도량들도 이를 모면할 수 없었다.[29]

白의 필기소설 『旌異記』에서는 이 사실이 북위 太和(477~499)초년에 발생한 것으로 기록하고 있다.

27　(唐)釋慧祥 撰, 『古淸涼傳』(『大正新脩大藏經』, 第51冊 第2098經, 臺北: 新文豊出版公司, 1992), 卷下 「支流雜術」, 1100b쪽: "齊隱士王劇, 居此山, 而好養生之術. 武定年, 文襄在幷州……."

28　(唐)釋慧祥 撰, 『古淸涼傳』(『大正新脩大藏經』, 第51冊 第2098經, 臺北: 新文豊出版公司, 1992), 卷上 「立名標化」, 1093a쪽: "『括地志』云: 其山, 層盤秀峙, 曲徑縈紆. 靈嶽神谿, 非薄俗可棲. 止者, 悉是棲禪之士, 思玄之流."

오대산의 불교사원들이 중건되는 것은 수문제 시기이다. 어릴 적 지선(智仙)이라는 비구니의 도움으로 자라나 일찍부터 불심이 독실했던[30] 양견(楊堅)은 북주 조정의 실권을 장악하자 즉각 불교부흥을 알리는 조서(詔書)를 반포하였다.[31] 그의 친불교 정책은 수 개국 이래로 더욱 가속화된다. 황제본인이 직접 수계(受戒)를 받았으며, 대대적으로 출가를 허용하였고 45개 주(州)에 대흥국사(大興國寺)를 세우는 등 열정적으로 불교를 후원하였다.[32] 그는 출정식에서 자신은 전륜성왕(轉輪聖王)의 군사적 권능을 받아 광명의 사상을 전파할 것이고, 현세가 곧 영원한 부처의 세계가 되게 할 것이라고 선언하였다.[33] 그런 만큼 아쇼카왕의 이미지를 모방하기 위해 고심했는데 전국에 111좌의 사리탑을 건립하기도 했다.[34] 불경 번역과 유통에도 신경을 기울였다. 장안 대흥선사와 낙양 상림원(上林園)에서 역경사업을 진행하게 했고,[35] 훼손된 불경의 수보와 전파에도 관심을 기울였다. 그 결과 민간사회에서 불경의 유통이 유교경전을 능가할 정도로 활성화되었다.[36] 오대산 역시 급속도로 성지의 면모를 회복했다. 『고청량전(古淸凉傳)』은 "대수(大隋)가 개운(開運)하면서, 정교(正敎)가 중흥하고 가람이 중수되었다"고 기록하였다.[37]

---

29 (唐)釋慧祥 撰, 『古淸凉傳』(『大正新脩大藏經』, 第51册 第2098經, 臺北: 新文豐出版公司, 1992), 卷上「古今勝迹三」, 1094a쪽에는 당시 오대산의 佛寺의 피해에 대해 "遭周武滅法, 釋典凌遲. 芳徽盛軌, 湮淪殆盡"이라고 기록하고 있다.

30 『金石續編』卷三,「棲岩道場舍利塔碑」;『廣弘明集』卷17,「王劭舍利感應記」;『法苑珠林』卷四에 이 사실이 보인다(『法苑珠林』은 『大正藏』, 第53卷 本을 참조).

31 北周靜帝 大象二年(580)에 공포된 "復興佛道二敎" 관련 조칙이 실제로는 楊堅에 의해 주도된 사실은 『資治通鑑』卷147과 『佛祖通紀』卷38 등에 보인다.

32 『廣弘明集』卷17,「王劭舍利感應記」;『續高僧傳』卷26,「道密傳」(道宣의 『廣弘明集』은 『大正藏』第52卷 本을, 『續高僧傳』30卷은 『大正藏』第50卷 本을 참조).

33 『大正藏』第49卷,『歷代三寶記』, 107c쪽.

34 孫英剛,『七寶莊嚴-轉輪王小傳』, 北京: 商務印書館, 2015, 172쪽.

35 湯用彤,『隋唐佛敎史稿』, 武漢大學出版社, 2008, 1~7쪽.

36 『隋書』卷35,「經籍志」四(北京: 中華書局, 1993, 1099쪽): "開皇元年, 高祖普詔天下, 任聽出家, …… 天下之人, 從風而靡, 競相景慕, 民間佛經, 多於六經數十百倍"

〈그림 4〉 오대산 문수성지와 대화엄사(大華嚴寺) 선당
대화엄사는 후한대에 건립된 오대산의 중심 사찰로 당 태종 때 중건되었으며, 청대 이후에는 현통사(顯通寺)로 불린다.

당 건국 이후 고조와 태종은 기본적으로 '도선불후(道先佛後)'의 정책기조를 유지한다. 하지만 당 고조 역시 개인적으로는 일찍부터 불교를 신봉해

---

37 (唐)釋慧祥 撰,『古淸涼傳』(『大正新脩大藏經』, 第51冊 第2098經, 臺北: 新文豊出版公司, 1992), 卷上「古今勝迹」, 1095c쪽: "昔有大隋開運, 正教重興, 是伽藍并任復修."

왔다. 이세민(李世民)이 9살 되던 해에 중병에 걸리자 당시 열성적인 불교후원자들처럼 불상을 조영하여 쾌유를 빌었다.[38] 처음 군사를 일으킬 때에도 먼저 태원의 불교사원을 찾아서 부처님의 비호를 간구한 바 있다. 훗날 진왕 이세민이 왕세충(王世充) 세력과 접전을 벌일 때에 숭산 소림사 승병들의 도움을 받은 것은 잘 알려진 사실이다.[39] 고조는 건국과 더불어 감사의 법회를 열었으며, 경사(京師)에 회창(會昌)·자비(慈悲)·증과(證果) 등 사찰을 건립하였고, 옛집도 흥성사(興盛寺)에 희사한 바 있다.[40] 또한 보공(保恭), 혜인(慧因), 해장(海藏) 등을 장안(長安)의 십대덕(十大德)으로 삼아 승려들을 총괄하게 했다.[41]

이와 더불어 주목되는 것은 당조 흥기의 발원지이자 군사적 기반이라 할 수 있는 태원(太原)과 병주(幷州)에 태원사(太原寺)와 의흥사(義興寺)라는 기념비적인 사찰을 건립한 사실이다. 이는 처음 군사를 일으킬 때 성공을 빌어준 현지의 불교세력에 대한 감사와 배려의 표시이자, 의군(義軍)이 흥기한 제국의 고향에 불교의 힘을 빌려 성스러운 도시의 이미지를 덧씌우려 한 시도로 파악할 수 있다. 이처럼 황실과 불교와의 긴밀한 관계 속에서 창업의 고향인 '태원' 일대가 주목을 받기 시작하면서, 자연스레 당황실과 근처 문수도량 오대산과의 관계도 재정립되었다. 당태종은 "오대산은 문수의 거처일 뿐 아니라 많은 성인들의 안식처이고, 태원 경내에 속해있으니 또한 조종(祖宗)께서 공덕의 뿌리를 내리신 곳이므로 마땅히 경외해야 한다"면서 오대산과 '용흥지지(龍興之地)' 태원의 긴밀한 관계를 강조하였다.[42] 이

---

[38] 『金石萃編』卷40,「大海寺唐高祖造像記」;『舊唐書』卷17,「張仲方傳」.
[39] 『金石萃編』卷41,「秦王告少林寺主教碑」.
[40] 釋道世 撰, 周叔迦 等 校注,『法苑珠林校注』, 북경: 中華書局, 2011, 2894쪽: "大唐高祖太武皇帝, 纂堯居晉, 契武基周, 雲起龍騰.……又於京內造會昌, 勝業, 慈悲, 證果, 習仙尼寺. 又捨舊居爲興聖寺."
[41] 『續高僧傳』卷11,「保恭傳」; 卷13,「慧因傳」; 卷21,「海藏傳」.
[42] 『淸凉山志』: "五臺山者, 文殊宅, 萬聖幽棲, 境系太原, 實我祖宗, 植德之所, 切宜祇畏."

는 오대산 '문수성지'의 신성한 위상을 명시하면서 당조가 바로 이러한 성스러운 장소를 근거지로 발원했다는 사실을 국가권력의 입장에서 공포한 것이다. 이로써 문수성지와 왕조 발원지와의 특별한 관계가 확정되었다. 이는 성지에 대한 권력의 공식적인 후원 가능성을 표방한 것으로 불교성지로서의 위상을 공고히 하는데 있어서도 결정적인 영향을 미치게 된다. 정관10년[636] 선덕여왕의 칙서를 갖고 당나라를 방문한 신라승 자장(慈藏)은 구법여행의 첫 번째 방문지로 청량산을 선택하였다. 도성 장안으로 들어가서 태종을 알현하기 전에 우선 오대산 문수성지를 방문한 것이다.[43] 전설의 문수거처를 중국에 부회하며 성립한 새로운 불교성지가 주변국의 순례자를 끌어들일 정도로 동아시아 역내성지로 매력을 갖추기 시작했음을 반영해주는 것이다.

3. 무측천의 오대산 문수성지 후원

1) 1차 칙사순례사절단의 영적검증과 참례활동

태종이 당조의 발원지인 태원과 문수성지 오대산과의 지리적 인접성을 이용해 당정부와 오대산 성지와의 공식적인 관계를 설정했다면, 국가권력의 입장에서 '성지(聖地)'에 실제적으로 개입하고 후원을 실천하면서, 정부와 오대산 성지와의 관계를 긴밀하게 연계시킨 것은 고종과 무측천이다. 이런 점에서 고종·무측천 시기는 오대산의 성지화와 오대산 순례사의 전개에 있어서 새로운 변화가 발생하는 시기라 할 수 있다. 이 시기 오대산에서 전개된 정부의 관련활동 가운데 특히 주목되는 것은 용삭(龍朔)2년[662]

---

43 『三國遺事』第4卷, 義解 第5 「慈藏定律」.

과 장안(長安)2년[702] 두 차례에 걸쳐서 황제의 칙명을 받은 '순례사절단'이 파견된다는 사실이다. 도대체 그들을 오대산에 파견한 목적은 무엇이고, 그곳에서 어떤 활동을 했으며 그 의미는 무엇일까?

먼저 용삭2년[662] 첫 번째 칙사파견의 목적을 살피기에 앞서, 오대산에 칙사를 파견한 실질적인 주체가 누구인지 검토해 볼 필요가 있다. 일반적으로 태종 이후에 즉위한 고종, 중종, 예종은 친 불교적 성향의 황제로 평가된다. 고종도 공식적으로는 즉위 초부터 부친의 도선불후 정책을 계승하는 입장을 확고히 천명했지만, 개인적으로는 여러 방면에서 친불교적인 성향을 보였다. 태자시절이던 정관22년[648] 모친 문덕황후를 추념하기 위해서 장안 진창방(晉昌坊)에 자은사를 건립한 바 있다. 현장(玄奘)의 공적을 기리는 『술성기(術聖記)』를 짓기도 했는데, 영휘4년[653]에는 이를 저수량(褚遂良)의 글씨로 새긴 『대당황제술삼장성교기(大唐皇帝述三藏聖教記)』 비각을 자은사 대안탑(大雁塔) 내에 비치하였다.[44] 현경원년[顯慶元年, 656]에는 무후(武后)가 황자(皇子) 현(顯)을 출산하자 불광왕(佛光王)이라는 칙호를 내리고 현장을 모셔서 수계(受戒)를 청했으며, 옥화궁(玉華宮)을 개조하여 현장이 『대반야경(大般若經)』을 번역할 수 있도록 지원해 주었다. 이 시기 고종의 친불교적인 행보는 대부분 현장과 긴밀한 관련을 맺고 있어서, 개인적인 존경의 표현으로 간주할 수도 있다.

하지만 향후 대규모 불교행사가 공공연하게 황실 주도하에 거행되는 경향을 보이는데, 특히 무측천의 배후 역할이 주목된다. 현경4년[659]과 5년에는 봉상(鳳翔) 법문사(法門寺)의 '호국진신석가불지골(護國眞身釋迦佛指骨)'을 낙양(洛陽) 대내(大內)로 영접하는 대규모 공봉의례가 황실주도로 거행되었다. 이때 무측천은 아홉 겹으로 정교하게 제작된 '금관은곽사리함(金棺銀槨舍利函)'을 희사했으며,[45] 의례가 종료된 후에는 법문사에 '회창사(會昌寺)'라

---

44   湯用彤, 앞의 책, 20쪽.

는 편액 하사를 주청하였다. 3년 후인 용삭2년[662]에 무측천은 마침내 회창사의 승려인 회색(會賾)과 내시 장행홍(張行弘) 등을 칙사로 선발하여 순례사절단을 오대산 문수성지로 파견하였다. 두 사건이 3년 사이에 연속적으로 진행된 점과 법문사 즉 회창사 승려가 오대산 사절단의 칙사로 임명된다는 사실은 시사하는 바가 크다. 부처님의 불지 사리를 보관하는 도성 근교의 불교성지이자 칙액사찰인 법문사의 불지영송의례와 태원 근처 오대산 문수성지로 칙사사절순례단을 파견한 정부의 결정이 긴밀한 관련 속에서 진행되었을 가능성을 암시해준다. 물론 전후 맥락을 살펴볼 때 이번 성지순례가 불골영송의례와 마찬가지로 무측천에 의해 주도적으로 기획되었을 가능성은 매우 높다.

순례사절단을 파견한 목적에 대해서는 『고청량전(古清凉傳)』에 '검행성적(檢行聖迹)' 즉 성스러운 영적을 검증하기 위한 것이라고 분명하게 밝히고 있다. 이와 더불어 대부사(大孚寺) 문수상을 수보했다는 내용이 언급되는 것으로 보아 '성지의 주신(主神)'인 문수보살의 신상을 수리하는 것도 방문 목적 가운데 하나라고 할 수 있는데, 성지의 관리를 조정에서 후원했다는 점에서 중요한 의미를 갖는다.

그렇다면 영적을 검증하는 이유는 무엇일까? 특사일행의 활동사항을 주목할 필요가 있는데, 『고청량전』은 다음과 같이 기록하였다.

> 당 용삭연간에 서경 회창사의 사문 회색(會賾)과 내시 장선(掌扇) 장행홍(張行弘) 등에게 급히 칙을 내려 청량산에 가서 성스러운 영적을 검증하게 하였다. 회색 등은 바로 명철한 조칙을 받들어 별처럼 빠르게 달려가서 오대산 정상을 알현했으며, 오대현령(五臺縣令) 어현람(呂玄覽)에게 화사(畫師) 장영(張榮)등 10여 명을 이끌고 함께 중대(中臺)의 정상으로 향하게 했다.……(회)색등은 국명(國命)을 받

---

45 이 내용은 『舊唐書』에는 보이지 않지만, 『佛祖統紀』 권39, 41, 53 등에 관련 사실이 기록되어 있다(志磐의 『佛祖統紀』, 『大正藏』 第49卷 本을 참조).

들어 가상(佳祥)을 목도할 때마다, 이 모든 것을 들은 대로 주달하니 성상의 뜻에 부합하였다. 이로서 청량산의 성스러운 영적(靈蹟)들이 경기(京畿)일원까지 상세히 알려졌고, 문수보살의 보배로운 교화도 길마다 훤히 알려졌다. ……어리석게 미혹에 빠진 자들에게, 대방(大方)의 깊은 뜻을 각성하게 하니 국군(國君)의 힘이도다. ……천년 후에는 성후(聖后)의 뜻을 알지라. 회색은 이 산의 지도를 소장(小帳)으로 제작하고 약전(略傳) 한 권을 저술하였으니, 삼보(三輔)에 널리 퍼졌다고 한다.[46]

상문에 의하면 회색을 위시한 특사 일행은 명령을 받들어 우선 지리에 익숙한 현지 승려의 안내로 영적(靈迹)이 출현했던 장소를 중심으로 검증을 진행하였다. 『고청량전』 관련 내용에 의하면 연륜이 있는 노승들을 방문하여 그들이 경험한 영적도 채록하였다. 소과사(昭果寺)에 장거하면서 법화경과 화엄경을 독송했다는 106세의 석명요(釋明曜) 스님과 목과사(木瓜寺), 불광사(佛光寺)를 거쳐 대부사에서 수도하던 석조은(釋昭隱) 스님 등 고승들을 차례로 방문하였다.[47] 영적을 검증하는 과정 중에 칙사사절단이 현장에

---

[46] (唐)釋慧祥 撰, 『古淸凉傳』(『大正新脩大藏經』, 第51册 第2098經, 臺北: 新文豐出版公司, 1992), 卷下 「游禮感通」, 1098b쪽: "唐龍朔年中, 頻勅西京會昌寺沙門會賾共內侍掌扇張行弘等, 往淸凉山, 檢行聖迹. 賾等, 祗奉明詔, 星馳頂謁, 并將五臺縣呂玄覽畫師張公榮等十餘人, 共往中臺之上. 未至臺百步, 遙見佛像, 宛若眞容, 揮動手足, 循還顧盼. 漸漸至近, 展轉分明, 去餘五步, 忽然冥滅. 近登至頂, 未及周旋, 兩處聞香, 芬列逾盛. 又於塔前, 遣榮粧修故佛, 點眼纔畢, 並聞洪鐘之響. 後écho向西臺, 遙見西北, 一僧著黑衣, 乘白馬奔就皆共立待相去五十步間, 忽然不見. 賾慶所稀逢彌增欷泣. 又往大孚寺東堂, 修文殊故像, 焚燎傍草, 飛飈之遠, 燒熱花園, 煙焰將盛. 其園, 去水四十五步, 遣人往汲. 未及至間, 堂後立起黑雲舉高五丈, 尋便雨下, 驟滅無餘. 雲亦當處消散, 莫知其由. 便行至於飯仙山, 內侍張行弘, 復聞異香之氣. 從南向北, 凡是古跡, 悉追尋存亡名德, 皆親頂禮. 賾等, 既承國命, 目睹佳祥, 具已奏聞, 深稱聖旨. 於是, 淸凉聖跡, 益聽京畿. 文殊寶化, 昭揚道路, 使悠悠溺喪, 識妙物之冥泓, 蠢蠢迷津, 悟大方之幽致者, 國君之力也. 非夫道契玄極, 影響神交, 何能降未常之巨唱, 顯難思之勝軌. 千載之後, 知聖后之所志焉. 賾, 又以此山圖爲小帳, 述傳一卷, 廣行三輔云."
[47] 『古淸凉傳』 卷下, 「游禮感通」에는 여러 노승들이 체험한 영적들이 채록되어 있다. 그 중 釋曇韻은 출가 후 恒嶽 근처의 蒲吾山에서 수도하다가 오대산 문수도량의 명성을 듣고 찾았다가 눌러 앉게 되는데, 大孚寺에 長居하며 다양한 영적을 체험하게 된다. [(唐)釋慧祥 撰, 『古淸凉傳』(『大正新脩大藏經』, 第51册 第2098經, 臺北: 新文豐出版公司, 1992), 卷下 「游禮感通」, 1098a쪽: "釋曇韻唐沙門釋曇韻, 未詳其姓族, 高陽人也. 宿悟泡幻, 辭親出家, 退靜幽間, 彰乎韶齓, 年十九. 投恒嶽之側蒲吾山, 精修念慧. 後聞五

서 직접 체험했던 영험 역시 상세하게 기록하여 보고되었다. 이러한 영적인 경험은 오대산 문수성지의 현재성과 신비성을 증폭시켰을 것이다.[48] 칙사사절단은 기록 작업이 일단락 될 때마다 관련 내용을 조정에 상주하였다. 오대현의 현령으로 하여금 장공영(張公榮) 등 화원 10여 명을 대동하게 했다는 인용문 기사와 장안2년[702]의 관련 사료에서도 도화(圖畵)를 작성해 상주했다[乃圖畵聞奏]는 내용이 언급되는 것을 감안할 때 영적은 '문자'와 '도상'으로 함께 보고되었음을 알 수 있다.

종교 성지의 지위를 유지하기 위해서는 '성소(聖所)' 혹은 '성물(聖物)'과 관련된 거룩하고 신비한 영험설화를 지속적으로 재생산하고 이를 보존할 필요가 있다. 보통 구전으로 시작되는 이러한 영험설화는 현지 종교인이나 민간작가들의 적당한 가공을 거쳐서 기록된다. 이점에서 정부에서 파견한 칙사 일행이 영적을 일일이 검증하고 기록하여 조정에 보고하는 절차와 행위는 선뜻 이해하기 힘들다. 하지만 이러한 과정을 천인상응(天人相應)의 정치적 전통과 연관 지어 생각하면, 상서(祥瑞) 출현 시에 이를 변별하여 보고하는 체계와 매우 유사하다는 점을 발견할 수 있다.

당대에는 '의제령(儀制令)'에 의거해서 상서로운 전조를 각각 대서(大瑞) 64종, 상서(上瑞) 38종, 중서(中瑞) 32종, 하서(下瑞) 14종 등 4단계로 구분하

臺山文殊所居, 古來諸僧多人祈請, 遂超然杖錫, 來詣淸涼. 適至於山下, 聞殊香之氣, 及到大字寺, 見花園盛發, 又聞鐘磬之音. 忻暢本懷, 彌增戀仰, 於是住木瓜寺, 二十餘年.……"] 〈釋昭隱〉條에는 龍朔연간 회색이 五臺山에 오르던 날 昭隱은 이미 기력이 쇠했지만 지팡이를 잡고 大字寺로 인도되었다고 언급하고 있으며, 〈釋明曜〉條에는 회색이 친히 방문하여 받들어 예를 취했다는 등의 내용이 언급된다.

[48] (唐)釋慧祥 撰, 『古淸涼傳』(『大正新脩大藏經』, 第51冊 第2098經, 臺北: 新文豊出版公司, 1992), 卷下 「游禮感通」, 1098b쪽: "畫師張公榮等十餘人. 共往中臺之上. 未至臺百步. 遙見佛像. 宛若眞容. 揮動手足. 循還顧盻. 漸漸至近. 展轉分明. 去餘五步. 忽然冥滅. 近登至頂. 未及周旋. 兩處聞香. 芬列逾盛. 又於塔前. 遣榮粧修故佛. 點眼纔畢. 並聞洪鐘之響. 後欲向西臺. 遙見西北. 一僧著黑衣. 乘白馬奔就皆共立待相去五十步間. 忽然不見. 賾慶所稀逢彌增款詣. 又往大字寺東堂. 修文殊故像. 焚燎傍草. ……內侍張行弘. 復聞異香之氣. 從南向北. 凡是古跡. 悉追尋存亡名德. 皆親頂禮. 賾等. 既承國命. 目睹佳祥. 具已奏聞. 深稱聖旨."

여 운용하였다. 무릇 천자의 선정(善政)에 감응하여 상서가 출현하면 이에 의거해서 그 종류와 등급을 변별하였는데, 직접 가져올 수 없는 경우에는 소재지 관청에서 허위여부를 검증한 뒤 '도화'를 갖추어 헌상하게 했다[具圖畵上].[49] 비록 그 대상이 불교의 전조 즉 문수보살의 영적이라는 차이는 있겠지만, 오대산에 파견된 칙사사절단이 오대현 지방관과 함께 영적을 검증하고 보고하는 형식은 기본적으로 이러한 정치적 전통을 그대로 계승하고 있는 것이다. 특사가 기록하여 보고한 오대산 성지의 성적(聖蹟)은 다시 공식적인 경로를 통해서 하달되어 기층의 신도들도 공유하게 되었다. 이런 맥락에서 보면, 만백성이 문수보살의 교화를 입게 된 것은 종국적으로 국군(國君) 그리고 그 배후에서 모든 과정을 주관한 '성후(聖后)'의 덕분이라는 등식이 성립하는 것이다.

이렇게 정부에서 파견한 칙사들은 영적에 대한 보고와 문수상의 수보를 성공리에 마쳤다. 그렇다면 칙사들의 상주를 받은 후 정부는 어떻게 대응했을까? 그 속에서 성지 관리에 대한 정부의 기본적인 입장과 태도가 드러날 수 있을 것이다. 무측천은 영적에 대한 처리가 끝나고, 2년 후인 인덕원년[麟德元年, 664]에 회색 등을 다시 오대산으로 파견하였다. 그들은 검증이 끝난 오대산 제대(諸臺)의 영적지마다 순례를 하며 직접 공양을 올렸다. 정부에서 파견한 칙사승이 검증이 완료된 성자 문수의 영적을 확인하고 공식적인 참례를 올린 것이다. 다음으로는 승려들에게 가사(袈裟)를 봉송해주었다. 이렇게 정부의 시주 형태로 이루어진 후원은 향후 제도화되어 무종의 폐불이 단행되기 직전까지 지속되었다. 개성(開成)5년[840] 5월17일 엔닌도 오대산 보살당의 노승으로부터 서조(瑞兆)를 기록하여 상주하면 천자께서 칙을 내려 가사를 시주해 주시는데, 해마다 가사 100벌과 향화(香花)·보개

---

[49] 仁井田陞,『唐令拾遺』, 東京大學出版會, 1964, 483~484쪽;『大唐開元禮』, 卷三序例下雜制;『唐六典』卷第四,「尚書禮部」, 中華書局, 1992;『唐會要』卷28, 祥瑞(上), 531~532쪽.

(寶蓋)·진주(眞珠)·패옥(佩玉)·칠보보관(七寶寶冠)·금루향로(金縷香爐) 등 진귀한 물건을 하사해주신다는 말씀을 들은 바 있다.[50] 그해 6월 6일에는 직접 칙사가 오는 것을 목격하였다. 그는 칙사가 오면 모든 승려가 나가서 마중했으며, 칙사는 의복, 바리, 향화 등을 12개의 칙액 대사찰에 베풀었으며 꼼꼼하게 목록을 작성해 확인하면서 배포하였다고 기록하였다. 당시 칙사는 12개의 대사찰을 돌면서 공양을 베풀고 재를 올렸다.[51] 성지에서 문수보살의 영적이 출현한 것을 경하하기 위해서 정부는 매년 시주를 실천한 것이다. 당 정부의 후원은 성지를 유지시키는 중요한 경제적 기반이 되었고, 문수성지에서 보고되는 기적의 고사들은 공식적인 경로를 통해서 각지로 유포되었다. 물론 반복되는 후원 속에서 '문수성지'의 거주자들과 외부에서 온 순례자들은, 관리자이자 후원자인 황권의 존재감을 주기적으로 체험하게 된다.

2) 2차 칙사순례단의 파견과 무주혁명

무측천 시기 두 번째 칙사 파견은 40년 후인 장안2년[702] 5월에 병주(幷州) 장사(長史)를 맡고 있던 건안왕(建安王) 무유의(武攸宜)[52]가 청량사(清凉寺)의 중수를 요청하는 상주를 올리면서 시작되었다. 첫 번째 칙사파견이 황후 무측천의 정치적 입지가 매우 불안하던 시기에 이루어진데 반해, 이번 칙사순례단의 파견은 무측천이 황제에 등극하면서 권력이 정점에 달했던 시기에 추진되었다는 점에서 큰 차이를 보인다. 칙사파견을 요청한 건안

---

50 엔닌 지음, 김문경 옮김, 『엔닌의 입당구법순례행기』, 중심, 2001, 314쪽.
51 엔닌 지음, 김문경 옮김, 『엔닌의 입당구법순례행기』, 333쪽.
52 建安王은 千乘王 武維良의 아들인 武攸宜로 추정된다. 『資治通鑑』 卷204, 205에 의하면 武攸宜는 武則天이 東都로 갈 때 長安留守를 역임했으며 거란 토벌에도 참여하다. 『資治通鑑』 卷204: "(萬歲通天元年)夏四月, 壬寅朔, 日有食之. 癸卯, 制以釋敎, 開革命之階, 升於道敎之上. 命建安王攸宜, 留守長安." 『資治通鑑』 卷205: "……以同州刺史建安王武攸宜爲右武威衛大將軍, 充淸邊道行軍大總管, 以討契丹."

왕은 만세통천원년[萬歲通天元年, 696]에 무측천이 숭산 봉선을 준비할 때 장안유수(長安留守)를 역임한 바 있는 측근 세력 가운데 한 명이다. 무측천을 누구보다도 잘 이해하는 무씨 최측근세력이 그것도 불교의 지지를 통한 '무주혁명'에 성공한 연후에 재차 오대산 문수성지에 대한 후원을 요청했다는 점에서 '청량사 중수'라는 표면적인 동기 외에 또 다른 정치적 목적을 내포하고 있을 것으로 추정된다. 어쨌든 무측천은 무유의의 상주를 받아들여 승려 덕감(德感)을 칙사에 임명하고 성지로 파견했다. 덕감의 활동에 대해서『광청량전(廣淸凉傳)』은 다음과 같이 기록하였다.

> 7월 20일 (덕감이) 오대산 정상에 올랐을 때 승속(僧俗) 1,000여 명과 함께 오색 구름사이로 부처님 손이 나타나는 것을 보았다. 하얀 여우와 사슴이 그 앞에서 조용하게 뛰어놀고 있었고, 불경소리는 바람 따라 울려 퍼졌다. 시냇물은 계곡을 따라 빛났고, 귀한 향내가 퍼져나가 원근의 사람들에게 이르렀다. 몸이 자금색 빛깔인 대승(大僧)이 나타났다가 또 다시 보살께서 출현하셨는데 옥구슬 목걸이를 몸에 두르고 서봉(西峰)에서 출현하셨다. 이에 (덕감)법사께서 도화(圖畵)를 작성하여 상주하니, 황제께서 크게 기뻐하시며, 법사(法師)를 창평현(昌平縣) 개국공(開國公)에 봉하시고, 식읍(食邑) 1000호를 내렸으며, 청선사(淸禪寺)에 거하며, 경국(京國)의 승니(僧尼)관계일을 총괄하게 하셨다. 또한 좌서자(左庶子) 후지일(侯知一), 어사대부(御史大夫) 위원충(魏元忠)에게 명하여 공인(工人)들로 하여금 옥으로 어용(御容)을 조각하게 하여, 오대산(五臺山)으로 반입해서 (문수)보살을 예배하려 했다. 장안(長安) 3년[703], 오대산[淸凉山]에 안치하기 위해 보내려 할 때 전국 승려들이 상주하여 봉송을 따르겠다고 상주했는데, 황제께서는 허락하지 않으셨다. 안문(雁門)은 지역적으로 오랑캐 땅에 인접하여 결국 어용(御容)은 태원(太原) 숭복사(崇福寺) 대전(大殿)에 모시고 중간에서 공양하였다. 오대산에는 탑비(塔碑)를 건립하고, 법회를 열어 공양하게 함으로써 보살께서 거처하는 진경(眞境)임을 알게 했다. 제왕께서 날마다 만기(萬機)의 업무가 쌓여있는데도, 옥신(玉身)까지 만들어 대성(大聖)을 예배하였는데, 하물며 나머지 무릇 서인(庶人)들이야 어찌 풍속을 따라서 정토를 순유하려하지 않겠는가?[53]

상문에서 우선 승속(僧俗) 1,000여 명이 함께 영적을 체험했다는 내용이 주목된다. 특사순례단의 활동이 승려들과 함께 속인들이 대규모로 참여하는 가운데 진행된 것이다. 무측천이 황제에 등극한 직후인 천수(天授)2년 [691]부터 마원정(馬元貞)이 오악사독의 소재지에서 황제등극을 현창하기 위해 연속해서 거행했던 도교의례를 연상하게 한다. 참례활동과 영적체험은 첫 번째 특사파견과 마찬가지로 상서로운 징조를 보고하는 형식으로 도화를 갖추어 상주되었다. 다음으로 옥(玉)으로 어용(御容)을 조각하게 하여, '대성(大聖)' 문수보살의 성지 오대산으로 보내 보살을 예배하려 했다는 점도 주목된다. 낙수 서석의 출현부터 봉선, 명당, 『대운경소(大雲經疏)』에 이르기까지 다양한 의례적인 행위를 동원하여 통치의 정당성을 강화해 온 무측천의 집권 과정을 감안할 때, 이러한 행동 역시 분명한 정치적 목적 하에 기획되었을 개연성이 높다.

문수보살과의 긴밀한 연계를 기획한 무측천의 의도를 보다 면밀하게 파악하기 위해서는 당해시기의 불교사적인 변화를 예의 주시할 필요가 있다. 주지하는 바와 같이, 이 시기는 천수(天授)원년[690]에 회의(懷義)와 법명(法明) 등이 『대운경소』를 이용하여 무후(武后)가 미륵하생이라는 무주혁명의 이론적 근거를 제시함으로써, 불교가 전성기를 구가하던 때이다. 성공적으

---

53 (宋)釋延一 編, 『廣淸凉傳』(『大正新脩大藏經』, 第51冊 第2099經, 臺北: 新文豊出版公司, 1992), 卷上 「釋五臺諸寺方所七」: "淸凉寺, 依山立名, 托居岩側, 前通澗壑. 上接雲霓, 長安二年五月十五日, 建安王仕並州長史, 奏重修葺. 敕大德感法師, 親謁五台山, 以七月二十日, 登台之頂. 僧俗一千餘人, 同見五色雲中, 現佛手相. 白狐白鹿, 馴狎於前. 梵響隨風, 流亮山谷. 異香芬馥, 遠近襲人. 又見大僧, 身紫金色, 面前而立. 複見菩薩, 身帶瓔珞, 西峰出現. 法師, 乃圖畫聞奏. 帝大悅, 遂封法師昌平縣開國公, 食邑一千戶, 請充淸禪寺, 主掌京國僧尼事. 仍敕左康子侯知一, 御史大夫魏元忠, 命工琢玉御容, 入五台山, 禮拜菩薩. 至長安三載, 送向淸凉山安置. 於是傾國僧尼, 奏乞送之, 帝不許, 以雁門地連獫狁, 但留禦容於太原崇福寺大殿, 中間供養. 於五台山, 造塔建碑, 設齋供養, 是知眞境菩薩所居. 帝王日萬機之務, 猶造玉身, 來禮大聖. 矧餘凡庶, 豈不從風一遊淨域. 累劫殃消, 暫陟靈峰, 多生障滅者矣."(『廣淸凉傳』은 阮元 輯, 臺灣商務印書館編審委員會重輯, 宛委別藏本, 臺北: 臺灣商務印書館, 1981도 있음)

로 황제에 등극한 무측천은 양경과 전국 각 주마다 대운사(大雲寺)의 건립을 지시했고, 다음해에는 석교(釋敎)가 도법(道法)보다, 승니(僧尼)가 도사(道士)·여관(女冠)보다 상위에 위치한다는 불교우위정책을 선포한다. 대규모 불사가 지속적으로 이어지지만, 특히 불교사상사적인 변화 그 가운데 에서도 재차 활기를 띠는 역경사업이 주목된다.

증성원년[695], 실차난타(實叉難陀)는 궁내의 대편공사(大遍空寺)에서 보리유지, 의정(義淨), 법장(法藏) 등과 함께 마침내 80권 본『화엄경』을 완역하였다. 법장은 화엄경의 내용을 황실과 지식계에 전파하는데 크게 공헌하는데, 동도(東都) 불수기사(佛授記寺)에서 무측천과 조신들 앞에서 신역 화엄경을 강해하였다. 법장은 다양한 비유를 통한 강연으로 신망을 한 몸에 받게 되는데, 강연한 내용을『화엄금사자장(華嚴金獅子章)』으로 엮어 전국에 배포하여, 화엄종이 하나의 불교종파로 성장하는데 크게 기여하였다. 주목되는 것은 화엄경속에서 문수보살은 화엄 삼신(三神) 중에서도 보살의 우두머리이자 부처를 모시는 위엄있는 신으로 숭앙된다는 점이다. 법장도『화엄경전기(華嚴經傳記)』의 서두에서 "이 경전은 문수보살에 의해 결실을 맺는다"며 문수보살의 중요한 위상을 강조하고, 그 연장선상에서 전설속의 청량산이 바로 오대산이라는 사실을 재차 확인하기도 했다.

법장과 함께 무측천에게 직접적인 영향을 미친 인물은 화엄경의 또 한 명의 역자인 남인도 출신의 보리유지이다. 보리유지는 장수(長壽)2년[693]에『보우경(寶雨經)』을 번역한 바 있는데, 서문 끝머리에 "일월광(日月光) 천자가 중국에서 보살로 태어나, 여인의 몸으로 자재주(自在主)가 된다"고 경문을 날조한 바 있으며, "보살살해부모(菩薩殺害父母)" 등의 고사를 통해 무측천의 당종실 제거를 합리화했다. 무측천이『화엄경』서문(序文)에서 "미륵하생의 뜻을『대운경소』가 게송(偈頌)으로 밝혔다면, 아름다운 통치의 서상(瑞祥)은『보우경』을 통해 밝혀진다"[54]고 예찬했을 정도로 무측천의 황제

등극에 공헌한 인물이다. 80권본 화엄경의 번역이 '무주혁명'이라는 정치적 사건에 협조하고 정당화하는 과정 속에 완성되었을 가능성을 보여주는 것이다.

이 시기에는 '문수류(文殊類) 밀교경전'들도 번역되었는데, 이들 경전은 공통적으로 문수신앙의 '호국근왕적(護國勤王的)' 기능을 강조하고 있다. 『보우경』을 번역하여 무측천의 이당종실(李唐宗室) 제거를 정당화했던 보리유지도 『불설문수사리법보장경(佛說文殊師利法寶藏經)』을 번역하였다. 이 책에는 군주가 '문수밀법'을 학습하고 독송하면 불가사의한 공덕을 얻을 수 있는데, 특히 밀종에서 규정한 십선(十善)을 행하면 개인적인 장수와 복덕 뿐 아니라 국가의 평화와 발전을 이룩할 수 있다는 내용이 실려 있다. 물론 기도의 대상은 문수사리이고, 그의 거처인 성지 오대산이 '법보(法寶)'라는 사실을 강조하고 있다. 법장과 보리유지를 통해 화엄경과 밀종을 체계적으로 학습하고 있던 무측천이 황제에 등극했을 때 어떤 종교적인 심성을 갖고 있었는지, 문수보살과 성지 오대산을 어떻게 생각하고 있었는지 추측해 볼 수 있는 부분이다. 신역 화엄경 서문에서 대주(大周) 천책금륜성신황제(天冊金輪聖神皇帝)를 자처했던 대로 무측천은 화엄경속에 묘사된 웅장한 '화장세계(華藏世界)'를 불교왕국 '대주'로 상정하고 전륜성왕을 꿈꿨던 것이다. 무씨 최측근 세력 가운데 한 명인 무유의는 누구보다도 무측천의 이러한 심리를 잘 이해하고 있었다. 그러므로 오대산 인근에 위치한 무측천의 고향 병주의 지방관을 맡게 되자 바로 성지의 상징적인 고찰인 청량사의 보수를 요청하였다. 『고청량전』에 의하면 청량사는 북위 효문제시기에 창건되었는데, 훗날 엔닌 역시 오대산의 원래 이름이 청량산이므로 산중에 최초로 세워진 절을 '청량사'로 명명했다고 기록한 바 있다.[55] 당시 정치사의 전개,

---

54　實叉難陀 譯, 『大方廣佛華嚴經』八十卷, 卷第1「大周新譯大方廣佛華嚴經序」: "朕曩劫植因, 叩承佛記. 金仙降旨, 『大雲』之偈先彰; 玉辰披祥, 『寶雨』之文後及." (이 내용은 『全唐文』卷97에도 수록되어 있음)

불교와 국가권력과의 관계, 관련 인물들의 이력 등을 종합적으로 고려할 때 2차 칙사순례단의 파견배경은 다음과 같이 정리할 수 있다. 즉 태생적으로 결핍된 정당성 강화를 위해서 골몰하던 황제권력과 정치적 입지를 강화하기 위하여 온갖 수단을 강구하던 무씨 측근세력 그리고 통치이념으로서의 위상을 확고히 하면서 종파로 발전해가던 화엄종 세력의 목적이 교차하는 시점에 오대산 문수성지로의 두 번째 특사파견이 성사되었던 것이다.

특사 덕감(德感)이 문수의 서상(瑞相)을 도화로 작성하여 상주하자 무측천은 감격하였다. 무측천은 옥으로 자신의 신상(身像)을 제조하여 오대산으로 보내 문수사리를 예배한다는 명목으로 청량사 문수전 옆에 안치하려고 했다. 이를 통해서 무측천은 현실세계에서 문수를 대행하는 전륜성왕의 모습을 상징적으로 체현하려고 했던 것이다. 하지만 변경의 군사적인 문제가 제기되면서 무측천의 어용을 성지 오대산으로 봉송하려는 계획은 무산되었고 결국 태원 숭복사에 안치되었다. 표면적으로 그 이유가 분명하게 드러나지는 않지만 조정 내 유교 관료들의 완강한 반대에 봉착했을 가능성을 상정해 볼 수 있을 것이다.

결국 오대산에는 탑과 비문이 설치되는데, 성지와 관련된 대규모 조형물과 기념비 역시 대다수가 국가의 주도하에 세워지고 있는 것이다. 엔닌이 중대(中臺)-서대(西臺)-동대(東臺)-북대(北臺)의 정상까지 차례로 순례하면서 무측천 시기에 세워진 탑들을 차례대로 언급하고 있는 점과 청량전류의 서적에서 무측천 시기에 세워진 탑 밑에서 수도하는 승려들을 기록하고 있는 것을 볼 때, 성지 형성에 대한 국가의 개입이 미친 영향도 미루어 가늠할 수 있을 것이다. 성지의 영적에 대한 조사와 보고, 성지의 유지와 기념물의 축조에 이르기까지 적지 않은 부분이 '국군지력(國君之力)' 즉 국가의 후원 속에 이루어지고 있었다.

55　엔닌 지음, 김문경 옮김, 『엔닌의 입당구법순례행기』, 340쪽.

물론 "만기(萬機)의 업무 속에 제왕도 옥신까지 제작해 순례하려는데 하물며 서인들이야"라는 원문내용이 시사하듯이, 황제지배체제하에서 특사단의 성지파견과 국가의 후원은 특별한 의미를 갖는다. 오대산 문수성지의 공인과 위상제고에 크게 기여했을 뿐 만 아니라, 회색이 집록한 오대산도(五臺山圖) 소장(小帳)과 약전(略傳)이 수도 일대에서 널리 유행했다는 말에서도 확인되지만, 성지와 순례의 영험고사가 각지로 전파되면서 문수신앙의 확산에도 직접적인 영향을 미쳤다. 이에 따라 순례객의 수도 날로 증가해갔다. 개원연간에 대주도독(代州都督)이 오대산의 객승(客僧)이 날로 늘어나 요망스러운 일이 발생할까 골머리를 앓다가 이들을 축출하자 다수는 골짜기로 숨어들어갔다는 『광이기(廣異記)』의 기사는 당시 오대산 문수성지와 순례자들의 실상을 단편적이나마 반영해준다.[56]

4. 대종과 불공
　　— 오대산 문수신앙의 전국화

　덕종 정원5년[789] 출가 전에 차봉조(車奉朝)라는 이름을 가졌던 오공(悟空)이 귀국했다. 천보9년[751]에 환관 장도광(張韜光)이 이끄는 서역사절의 일원으로 차출되었는데 간다라 국에서 병을 얻어 일행과 함께 돌아오지 못

---

[56] 『太平廣記』卷第62,「女仙七」秦時婦人, 389~390쪽(출처는 『廣異記』): "唐開元中, 代州都督以五台多客僧, 恐妖僞事起, 非有住持者, 悉逐之. 客僧懼逐, 多權竄山谷. 有法朗者, 深入雁門山. 幽澗之中有石洞, 容人出入. 朗多賷乾糧, 欲住此山, 遂尋洞入. 數百步漸闊, 至平地, 涉流水, 渡一岸, 日月甚明. 更行二里, 至草屋中, 有婦人, 並衣草葉, 容色端麗. 見僧懼愕, 問云: '汝乃何人?' 僧曰: '我人也.' 婦人笑云: '寧有人形骸如此?' 僧曰: '我事佛. 佛須擯落形骸, 故爾'. 因問: '佛是何者?' 僧具之. 相顧笑曰: '語甚有理.' 復問: '宗旨如何?' 僧爲講『金剛經』. 稱善數四. 僧因問: '此處是何世界?' 婦人云: '我自秦人, 隨蒙恬築長城. 恬多使婦人, 我等不勝其弊, 逃竄至此. 初食草根, 得以不死. 此來亦不知年歲, 不復至人間', 遂留僧, 以草根哺之, 澀不可食. 僧住此四十餘日, 暫辭, 出人間求食. 及至代州, 備糧更去, 則迷不知其所矣."

했었다. 후에 현지에서 출가한 뒤 인도 순례를 떠났다가 38년만에 귀환한 것이다. 오공을 혹자는 당대 최후의 서역순례자라고도 일컫는다.[57] 안사의 난을 전후로 서역순례가 급격히 줄어든다. 안사의 난 이후 토번(吐蕃)의 서역점령으로 인도순례 길이 단절된 것이 가장 직접적인 원인이다. 전쟁으로 국가재정이 악화되고 민력이 피폐화된 것도 요인 가운데 하나로 지목할 수 있다. 이와 더불어 당대 전기를 거치면서 국가주도 하에 대대적인 역경사업이 완료되고 새로운 한어경전을 기반으로 다양한 종파가 형성되면서 중국불교가 점차 토착화되는 경향도 주요한 내적요인으로 제기된다.

중국 불교의 토착화 경향은 당연히 역내 불교성지의 발전에도 적지 않은 영향을 미치게 된다. 오대산 문수성지는 안사의 난 이후 특히 대종시기를 거치면서 그 위상이 정점에 달하게 된다. 당대 후기 문수신앙과 오대산 성지순례의 발전은 불교사적으로는 밀종의 전개와 긴밀한 관련을 갖는데, 핵심적인 역할을 하는 인물이 바로 불공[不空, Amogavajra, 705~774]이다. 앞서 언급한 바처럼 무측천 이래 문수신앙은 화엄종뿐 아니라 밀종계통의 승려들에 의해서 강조되어 왔다. 밀종의 발전은 개원4년[716]과 8년에 인도 출신의 밀교 고승 선무외[善無畏, Subhakarasimha, 637~735]와 금강지[金剛智, Vajrabodih, 669~741]가 도래한 이후 본격화된다. 현종은 이들 고승들이 밀종경전을 번역할 수 있도록 적극적으로 후원하였다.[58] 불공은 이들을 계승하여 밀종의 전성기를 확립하였다. 개원삼대사(開元三大士)로 일컬어지는 이들 밀종 고승들은 우주 만물이 서로 원융(圓融)하여 무한하고 끝없는 조화를 이룬다는 화엄사상 뿐 아니라, 기도와 즉각적인 영험 그리고 다양한 주술적 의례와 의궤를 중시하는 밀종적 특징을 통해 황제권력의 환영을 받게 된다. 안사의 난 이후 장기적으로 내우외환에 시달리게 되는 사회적 배경

---

57   앞의 책, 71~72쪽.
58   張國剛, 『佛學與隋唐社會』, 石家莊: 河北人民出版社, 2002, 131~151쪽.

과 '호국근왕'을 강조하는 현실 지향적 특성도 밀종이 황실과 유착하는 계기가 된다. 영태(永泰)원년[765] 토번이 장안을 압박하는 위기상황 속에서도, 대종은 『인왕호국경(仁王護國經)』을 서명사(西明寺)로 봉송한 뒤 불공삼장에게 백척고좌(百尺高座)에서 강경(講經)의례를 주재하게 하고, 직접 공양에 참석했을 정도로 밀종에 몰입하였다.

밀종에서는 불타의 진리가 문수사리를 통해 전파되는 것으로 믿기 때문에, 문수보살을 전법삼조(傳法三祖)로 숭배하고 문수밀법을 중시한다. 당시 이러한 사회적 분위기에 편승하여 밀종 승려들은 호국적 색채가 농후한 문수류 경전을 대량으로 번역하여 전국에 유통시켰다. 밀종의 핵심인물로 부상한 불공은 당 전기 이래 황실과 문수성지 오대산 간의 긴밀한 유대관계를 잘 알고 있었기 때문에, 오대산을 성지화하고 순례활동을 장려하는 방법을 통해 밀종과 문수신앙의 확산을 도모하였다.

대종시기 문수신앙과 오대산 성지화와 관련해서 조정으로부터 하달된 조령들을 보다 구체적으로 검토해보면 다음과 같은 내용들이 주목된다. 첫 번째로 전국사찰에 문수전을 설립하여 성지 오대산을 중심으로 '문수신전'을 일원적 네트워크로 편제하였고, 밀종의 주신(主神)인 문수보살을 보살신 가운데 최상위의 신격으로 격상시켰다. 대종은 우선 대력원년[766]에 왕진(王縉) 등에게 명하여 오대산에 금각사(金閣寺)를 건립하였다. 금각사는 동으로 주조한 기와에 금을 도금하여 성지의 계곡 구석구석까지 비출 수 있는 화려한 금빛 누각으로 축조되었는데, 금각사의 정전이 바로 문수사리를 모신 문수전이다. 오대산 문수성지의 새로운 심장으로 금각사 문수전이 건립된 것이다. 금각사의 정경에 대해서 약 75년 후인 문종(文宗) 개성(開成)5년[840] 7월에 이곳을 방문했던 엔닌은 다음과 같이 묘사하였다.

……금각을 열고 대성문수보살께 예배하였다. 청색사자를 타고 계시는 성상은

금색 얼굴 모양의 단정함과 근엄함이 비길 데가 없었다.……보살의 두부 위쪽에는 칠보의 산개가 걸려있었다. 이것은 천재[代宗]의 칙에 의하여 희사된 물건이다. 각은 9칸 3층으로, 높이는 100여척이나 되었다. 벽과 처마 그리고 서까래와 기둥에는 그림이 그려져 있지 않은 곳이 없었다. 안팎의 장엄함은 세상의 진기함과 기이함을 다하고 있으며, 각은 크고 장엄하게 삼나무 숲 위로 홀로 우뚝 솟아 있다.……흰 벽의 안쪽 면에는 제존의 만다라를 그려놓았는데 이것 역시 불공삼장이 나라를 위해 그린 것이다.[59]

금각사가 설립된 다음 해에 불공은 오대산의 상징적인 사찰가운데 하나인 청량사에 대성문수전(大聖文殊殿)을 건립했으며, 용흥(龍興)의 땅 태원(太原) 지덕사(至德寺)에도 문수전을 축조하였다. 이 일은 그가 신뢰하는 수석제자 함광(含光)을 파견하여 진행하였다.[60] 당실(唐室)의 고향으로 정치적 상징성이 강한 지역에 문수전을 설립한 다음단계는 문수신전을 전국으로 확산시키는 것이었다. 대력7년[772] 대종은 불공의 건의를 받아들여 각지에 풍수 좋은 곳을 골라 문수전을 설립하게 하고, 문수상을 소조하여 안치시키라는 조서를 내렸다.[61] 마침내 오대산을 중심으로 전국에 유기적으로 일원화된 문수전이 조영된 것이다.

문수보살이 오대산을 중심으로 전국적으로 섬기는 불교신으로 성장한 만큼, 그 위상도 조정되었다. 대력4년[769], 대종은 불공의 상주를 받아들여 전국 각 사찰의 재당(齋堂)에 있는 빈두로상(賓頭盧像)의 상좌에 특별히 제조한 문수상(文殊像)을 안치시키라는 명령을 내렸다. 부처님의 제자로서 열반

---

59 엔닌 지음, 김문경 옮김, 『엔닌의 입당구법순례행기』, 337~338쪽.
60 인도출신으로 추정되는 不空의 제자이다. 不空은 유언에서 자신의 6명의 제자를 언급했는데, 金閣含光, 新羅慧超, 靑龍惠果, 崇福慧朗, 保壽原皎, 覺超 등이며, 첫 번째 제자로 함광을 지목하였다[『不空表制集』, 『宋高僧傳』 卷27].
61 『代宗朝贈司空大辨正廣智三藏和上表制集』(『大正新脩大藏經』, 第52冊, 臺北: 新文豐出版公司, 1992), 卷第一, 841c쪽: "中書門下, 牒不空三藏, 牒奉, 敕京城及天下僧尼寺內. 各簡一勝處, 置大聖文殊師利菩薩院. 仍各委本州府長官卽句當修葺."

에 들지 않고 말세의 중생들을 제도하기 위해서 '구제(救濟)의 신'으로 존재해 온 빈두로 존자의 상좌에 문수보살이 위치하게 된 것이다. 이와 동시에 관음(觀音)과 보현(普賢)보살과의 관계도 재정리되는데, 이들이 문수의 시자(侍子)로 규정됨으로서 문수는 불교 보살신 체계에 있어서 최상의 신격을 갖게 되었다.[62] 다음 해인 대력5년, 불공은 대종의 명을 받들어 직접 오대산 성지를 방문하였다. 대종이 작성한 친필조서에는 "멀리서 영산을 방문하여, 몸소 신께 구하니, 지극한 영험으로 반드시 응답해주소서"라는 내용이 담겼다.[63] 불교 보살신들의 위상이 종국적으로 황제의 명령에 의해 재조정된다는 점이, 황제질서 체제하에서 종교체계운영의 특징을 반영해준다는 점이 주목된다. 물론 대종 역시 더욱 격상된 위상을 갖게 된 '성소(聖所)의 주신(主神)'에게 최상의 예우를 취하고 있음이 축문(祝文)에 반영되어 있다.

두 번째로 전국에 설립된 문수신전에서 통일된 문수경전을 전독(轉讀)하게 한 점도 주목된다. 대종은 금각사를 건립했을 때, 이미 성지 오대산의 칙액사찰마다 정기적으로 『인왕호국경』을 봉독하게 한 바 있다. 이제 전국에 문수전을 확산시킨 만큼 종교적 지향성을 분명하게 통일할 필요가 있는데, 다음해인 대력8년[773]에는 다시 불공의 건의대로 『대성문수사리보살불찰공덕장엄경(大聖文殊師利菩薩佛刹功德莊嚴經)』을 전국사찰에서 봉독하게 했다. 이 경전은 문수보살이 호국 5대보살 가운데 하나인 '서방금강리보살(西方金剛利菩薩)'로 현신한다는 내용으로, 핵심키워드는 역시 '문수신앙'과 '호국의식'의 결합이라 할 수 있다. 대종 자신도 전국에 경전을 배포

---

62 『代宗朝贈司空大辨正廣智三藏和上表制集』, 卷第一, 837b쪽: "……令天下食堂中, 於賓頭盧上特置文殊師利形像以爲上座. ……普賢, 觀音猶執拂而爲侍. ……牒祠部, 牒奉. 敕大聖文殊師利, 菩薩法王之子, 威德特尊爲諸佛之導師."

63 『代宗朝贈司空大辨正廣智三藏和上表制集』, 卷第一, 837c쪽: "同年七月十三日, 與三藏手詔一首敕. 大廣智三藏和上, 久修定慧, 早契瑜伽. 遠訪靈山, 躬祈聖道, 至靈必應, 玄感遂通."

하면서 "의로운 호국의 뜻이 실로 이 경전 속에 담겨있다[懿夫護國, 實在玆經]"고 강조한 바 있다. 대종은 같은 해 2월, 대흥선사의 번경원(翻經院)에 '문수각'을 건립할 것을 명령하여, 자신이 거처하는 경사(京師)에도 전국문수전과 연계되는 센터를 설립하게 했다. 완공된 후에는 직접 쓴 '대성문수진국지각(大聖文殊鎭國之閣)'의 8자 금색글자로 된 편액을 하사하였다. 문수가 최고의 신이며 그 주요기능이 국가의 안정 즉 '진국(鎭國)'임을 분명하게 밝힌 것이다.[64] 물론 전국 문수전을 도성의 문수각과 재차 연결한 것은 대성(大聖)을 배후로 존재하는 전륜성왕 대종의 모습을 부각시키려는 의도가 담겨 있는 것이다.

대력5년[770], 오대산 성지에 새로 축조된 금각사를 방문하고 문수사리를 참례하려던 불공은 순례 길에 태원을 방문하였다. 불공은 먼저 고조와 태종이 기의한 이곳 상건사(上件寺)에서 법회를 주재한 뒤 "실로 국가의 황업이 흥기한 발원지"라며 황제께 표(表)를 올려서 그 감격을 표현하였다. 그 해에 불공은 다시 고조, 태종 등 칠성(七聖)의 기일마다 전국적으로 재회를 열 것을 간청하여 허락을 얻었다.[65]

이상에서 살펴본 바와 같이 대종시기를 거치며 불공을 위시한 밀종계 승려들의 다양한 노력 하에 문수사리와 성지 오대산의 위상은 더욱 공고해졌고, 이에 따라 순례객도 지속적으로 늘어나게 된다. 불공은 문수신앙과 오대산 성지의 지위를 유지하기 위해서는 국가권력과의 관계가 중요하다는 사실을 누구보다 잘 알고 있었다. 그런 만큼 오대산과 '조종(祖宗)', 문수신앙과 '호국(護國)'과의 이념적 연계를 지속시키기 위해서 부단한 노력을

---

64 『代宗朝贈司空大辨正廣智三藏和上表制集』, 卷第一, 842b쪽: "二月十五日, 有敕於大興善寺翻經院起首, 修造大聖文殊鎭國之閣"

65 『代宗朝贈司空大辨正廣智三藏和上表制集』(『大正新脩大藏經』, 第52冊, 臺北: 新文豊出版公司, 1992), 卷第一, 837c~838a쪽: "右特進試鴻臚卿三藏沙門大廣智不空奏. 先奉恩命往五臺山, 修功德至太原, 巡禮上件寺. 因得瞻睹, 高祖太宗起義聖跡, 並在此寺. 實爲國家皇業所興之源, 固不合同諸寺例."

기울였다. 문수보살의 전설적인 거처 청량산을 태원 경내의 오대산으로 비정한 '역내성지'의 출현은 중국 불교 토착화의 또 다른 표현 방식이다. 불교성지의 현지화는 이처럼 황권 지상주의적 정치전통 하에서, 국가권력과의 긴밀한 관계를 통해서 조정의 공인과 후원을 이끌어내기 위한 불교 화엄종과 밀종의 적극적인 노력 하에 이루어진 것이다.

5. 맺음말

이 글은 동아시아 불교의 현지화와 토착화 과정의 일환으로 역내 불교 성지의 탄생과 전개과정을 주목해보았다. 지혜의 보살 '문수'의 낙토(樂土)로서 지금까지도 내외 순례자들이 줄을 잇는 오대산 성지의 형성 과정에 있어서, 중국의 종교문화적 토양이 어떻게 작용했는지를 '국가권력'과의 관계를 중심으로 검토해보았다.

위진시대까지 주로 신선들의 거처로 회자되던 오대산에 불사(佛寺)가 증가하게 되는 것은 호족정권의 출현과 긴밀한 관련을 맺고 있다. 호족군주들은 인도와 서역출신 신이승(神異僧)들의 영적능력과 더불어 종족, 문화를 초월하는 불교의 보편적 가치에 매료되었고, 화북 사회를 안정시키기 위한 정신적 수단의 하나로 불교를 선택한다. 이에 따라 불교는 급속도로 화북 전역으로 확산되는데, 특히 인근 평성(平城)을 도읍으로 삼았던 북위 도무제(道武帝)・명원제(明元帝)・문성제(文成帝)・헌무제(獻武帝) 시기를 거치며 오대산은 불교중심지 가운데 하나로 부상한다. 이러한 추세는 낙양 천도 후에도 지속되는데, 『고청량전』의 여러 곳에서 효문제 시기의 관련 설화를 수록하고 있다. 문수신앙을 중시하는 화엄학의 대가들이 북위황실과 긴밀한 관계를 유지하였으며, 그 가운데 일부가 오대산에 입산했다는 기록은 국가의 후원 하에 오대산이 점차 문수신앙의 거점으로 성장했음을 반영해 주는 것이다. 이러한 기조는 북제와 수에 의해 계승 발전된다.

당조는 건국 이래 '도선불후' 정책을 표방해 왔지만, 오대산은 문수의 거처이자 조종께서 뿌리를 내린 곳이라는 태종의 말처럼, 당대 초기부터 불교성지일 뿐 아니라 '용흥지지'로서 특별한 지위가 부여된다. 당대에 있어서 정부와 오대산 간의 관계가 더욱 긴밀해지는 것은 무측천에 의해서이다. 무측천은 법문사(法門寺)의 진신사리를 봉송행사를 거쳐 대내에서 영접하는 대규모 법회를 거행한 뒤, 용삭2년[662]에 법문사 승려 회색(會賾)을 오대산에 파견하였다. 칙사일행은 대부사(大孚寺)의 문수상을 보수해 주었고, 문수보살이 현신했다는 영적지를 조사한 뒤 '문자(文字)'와 '도상(圖像)'으로 조정에 보고하였다. 영적에 대한 검증이 완료된 후 무측천은 다시 순례단을 파견했는데, 이들은 영적이 발생한 지점마다 공양을 올렸고 오대산의 대 사찰마다 승려들에게 가사(袈裟)와 진귀한 예물을 전해주었다.

무측천시기 오대산에 대한 두 번째 칙사 파견은 '무주혁명'에 성공한 뒤에 무유의(武攸宜)의 상주로 이루어진다. 주목되는 점은 직전인 증성원년[695]에 실차난타, 보리유지, 법장 등 측근 승려들에 의해 문수신앙과 관련된 80권 본『화엄경』이 완역된다는 점이다. 당시 법장은 신역『화엄경』의 내용을 강해하였고 그 내용을『화엄금사자장(華嚴金獅子章)』으로 엮어 전국에 배포했다.『보우경』을 번역하여 무측천의 당 종실 제거를 정당화했던 보리유지도『불설문수사리법보장경(佛說文殊師利法寶藏經)』을 번역하여 군주가 '문수밀법'을 학습하고 십선을 행하면 국가의 안녕과 발전을 보장할 수 있다는 법문을 유포시켰다. 이처럼 무주혁명에 협력하면서 화엄과 밀교이론에 의해 문수신앙이 한층 고양되던 시점에 정부의 순례단이 다시 오대산에 파견된 것이다.

무측천은 승려 덕감(德感)을 칙사로 삼아 다시 성지의 영적을 조사하게 했으며, 도화를 덧붙여 영적을 상주하게 했다. 또한 무측천은 옥으로 자신의 어용을 조각하게 한 뒤 청량사 문수전 옆에 안치하게 했다. 무측천의 오대산 칙사파견 활동을 종합해 볼 때, 국가의례에서 주신(主神)을 배사하듯이 문수보살의 옆에 옥기 어용을 제작해 안치하여 문수를 대행하는 전륜성왕의 모습을 상징적으로 표현한 점, 문수보살의 현신 영적을 조사하는 과정 속에서 상서(祥瑞) 출현 시의 천인상응적 검증방식을 그대로 계승하고 있는 점 등은 불교에 대한 국가권력의 개입이 전통적 정치문화에 의거하여 진행되었음을 보여준다. 어쨌든 영적의 조사와 유포로부터 대규모 조형물과 기념비의 축조 그리고 사찰과 승려에 대한 후원에 이르기까지 정부가 깊숙이 관여하고 있는 점은 불교성지의 탄생과 전개에 미친 당대 국가권력의 영향을 그대로 반영해주는 것이다.

당대 후기 오대산 문수신앙의 전개는 대종시기에 정점에 달한다. 당시 오대산 성지의 위상확립에 있어서 결정적인 역할을 한 인물은 불공이었다. 그는 안사의 난 이후 내우외환에 직면한 시대 상황을 활용하여, 기도와 주술을 통한 즉각적인 영험을 중시하는 밀종 사상을 '호국근왕'의 이념으로 치환하여 권력에 접근하였다. 대종은 영태원년[765] 토번이 장안을 압박하는 상황 속에서도 불공이 주도한 『인왕호국경』의 강경 의례에 참여할 정도로 밀종에 대해서 깊은 관심을 표했다. 밀종에서는 문수사리를 불타의 진리를 전파하는 전법삼조로 숭배하였기 때문에, 오대산의 성지화와 순례활동 역시 자연스럽게 장려되었다. 이 시기에는 오대산을 중심으로 문수신앙이 전국적으로 일원화된다는 점이 주목된다. 대종은 대력원년[766]에 오대산 금각사에 문수전을 설립하여 이곳이 문수성지의 센터임을 공포하였고, 대력7년[772]에는 문수전을 전국각지에 건립하였다. 전국 문수신전의 일원적 네트워크가 구비된 후에는 『대성문수사리보살불찰공덕장엄경(大聖文殊師利菩薩佛刹功德莊嚴經)』을 전국사찰에서 정기적으로 봉독하게 했다. 이

경전은 문수보살이 호국 보살인 '서방금강리보살(西方金剛利菩薩)'로 현신하여 국가의 안전을 보호해준다는 내용을 담고 있다. 국가차원의 칙사와 순례단도 다시 파견되었는데, 대력5년[770]에는 불공이 직접 금각사를 방문하여 문수사리를 예배했다. 불공은 순례 길에 태원을 방문하여 법회를 주재함으로써, 이곳이 제국이 흥기한 황업의 발원지임을 재차 강조하였다. 그리고는 고조, 태종 등 제국을 창업하고 수성한 조종의 기일마다 전국적인 불교식 재회를 개최한다고 공포하였다. 오대산 성지의 형성 그리고 순례 활동과 관련해서 전개되는 다양한 역사적 현상들 역시 이처럼 전통 중국사회에 있어서 종교 신앙과 국가권력의 긴밀한 관계를 상징적으로 반영해 준다.

제3장

당말·오대 시기 구주역일과 지방의례

1. 머리말

　예제(禮制)의 전개과정에 있어서, 당대 후기에 나타나는 주목할 만한 변화는 예의 적용범위가 서인(庶人)에게까지 확대된다는 점이다. 예가 지배층 위주의 제한된 규범에서 백성들의 사회규범으로 적용범위가 확대되면서, 바야흐로 "예불하서인(禮不下庶人)"의 시대에서 "예하서인(禮下庶人)"의 시대로 전환되기 시작한 것이다. 당초 봉건귀족과 긴밀하게 연계되어 있던 예제는 육조시대에 들어서면서 신분유지를 위한 차별화된 교양으로 다시금 문벌귀족의 지대한 관심을 받았지만,[1] 당대 이후 문벌귀족이 쇠락하면서 변통을 거쳐 그 적용범위가 서민들에게까지 확대되기 시작하였다.
　이러한 예제의 확산과정에 대한 고찰은 기본적으로 두 방면에서 접근이

1　陳寅恪, 『隋唐制度淵源略論考』(『金明館叢稿(二編)』에 수록되었다가 후에 『陳寅恪先生文集(二)』에 編入됨), 臺北: 里仁書局, 5쪽. 陳寅恪는 六朝時代 사대부들의 禮學에 대한 관심과 사회적 위상을 고려할 때, 중세사회에 있어서 禮制의 기능을 결코 무시할 수 없다면서, "三代 이래로 禮樂은 虛名"이었다며 禮의 사회적 역할을 무시한 歐陽脩를 비판한 바 있다.

가능할 것이다. 첫 번째는 예전(禮典) 자체의 변화 즉 국가에서 편찬한 예전의 적용규정에 나타나는 변화를 고찰해 볼 수 있다. 두 번째는 많은 독자들을 대상으로 예제에 대해 좀 더 쉽고 실용적으로 접근한 새로운 '기록물'을 검토해 볼 수 있다. 흔히 당대 초기를 '예제적 질서의 완성기'로 칭하지만, 이 시기에 출현하는 정관례(貞觀禮)·현경례(顯慶禮)·개원례(開元禮) 등 예전의 내용은 조정의 의례규범과 군신의 예의규범에 집중되어 있었다. 예전의 전범(典範)으로 불리는 『대당개원례』 역시 일부 서인 관련 내용이 출현하지만 독립적인 명목으로 존재한 것은 아니다. 여전히 황제·황실 구성원·3품 이상·4품과 5품·6품 이하의 다섯 단계로 나누어 운영하는 군주와 종친 그리고 관료를 대상으로 삼는 예전이었다. 6품 이하 서인까지 적용하는 일부 규정도 실제로는 '6품 이하의 관'을 주요대상으로 설계한 신분 제한적 예전이었던 것이다.[2]

그러나 정원(貞元)17년[801]경에 완성된 두우(杜佑)의 『통전(通典)』에 변화가 나타나기 시작하는데, 두우는 150권의 『개원례』를 축소 편집한 『개원례찬류(開元禮纂類)』에서 예문(例文) 명목에 별도로 '서인'에 대한 규정을 예시하였다. 또한 원화(元和)13년[818]에 『원화곡태신례(元和曲台新禮)』를 수찬했던 왕언위(王彦威)는 장경(長慶)연간[821~824]에 당시 사서(士庶)의 생활예의라 할 수 있는 혼제상장(婚祭喪葬)과 관련된 의례규정[3]을 묶어서 『속곡태례(續曲台禮)』 30권을 집성했는데, 조정에서 공인한 예전 가운데는 처음으로 별도의 서인 규정을 확립했다.[4]

---

2   任爽은 『開元禮』는 분명히 朝廷儀禮를 중심으로 하는 重上輕下의 폐단을 가지고 있었다고 언급한 바 있고[『唐代禮制硏究』, 長春: 東北師範大學出版社, 1999, 207쪽], 楊志剛은 서인은 『開元禮』 대상이 아니고 등급 간의 차이와 구별이 필요한 경우에 출현하는 것이라고 더욱 분명하게 강조하였다[『唐代禮制硏究』, 華東師範大學出版社, 2001, 195쪽, 204쪽].
3   『新唐書』 卷11, 禮樂一, 309쪽: "采元和以來, 王公士民昏祭喪葬之禮"
4   王美華, 「官方禮制的庶民化傾向與唐宋禮制下移」, 『濟南大學學報』 16-1, 2006; 吳羽, 「論中晚唐國家禮書編撰的新動向對宋代的影響-以『元和曲台新禮』『中興禮書』爲中心」, 『學術

이와 같이 당대 후기 이후 국가가 주도하거나 국가에 의해 공인된 예전이 서인을 예의 적용대상으로 포함시키고 관련 규정을 마련함에 따라서, 이 시기 예전의 변화와 연관된 연구가 예제세속화의 측면에서 주목을 받게 되었다.[5] 또한 국가의례와 더불어 예의 일축을 형성하는 민간의 길흉예의(吉凶禮儀) 역시 당대 후기 이후 새로운 변화를 보이는데, 서의(書儀)를 위시한 의주류(儀注類) 서적들의 증가추세에 주목하여 '예의 생활화'라는 측면에서 이를 분석하는 연구도 활발하게 진행되고 있다.[6]

본 글에서는 당대 후기를 지나면서 독자들이 일상적으로 확인하고 생활에 활용하는 새로운 차원의 기록물인 구주역일(具注曆日)에 기록된 예제 관련 내용을 분석대상으로 삼고자 한다. 먼저 당대 역일의 구성요소와 주요 내용을 검토해보고, 예제와의 관련성을 심층적으로 분석해보겠다. 다음으로 당말·오대시기 돈황(敦煌)지역에서 주로 사용되던 30여 편의 구주역일을 중심으로 국가제사, 그 가운데에서도 지방의례 관련 기록과 그 특징을 분석해보고, 당대 국가예전의 규정과 변동사항이 역일에 어떻게 반영되는지 살펴보겠다. 예제의 현재적 변화와 더불어 전통적 요인과 지역적 특징이 역일에 어떻게 영향을 미치고 있는지에 대해서도 함께 주목해보겠다.

研究』 2008-6.

[5] 姜伯勤, 黃約瑟·劉健明主 編,「唐貞元·元和間禮的變遷—兼論唐禮的變遷與敦煌元和書儀研究」,『隋唐史論集』, 香港大學亞洲研究中心, 1993; 黃正建,『中晚唐社會與政治研究』, 第二章 禮制變革與中晚唐社會政治, 北京: 中國社會科學出版社, 2006.

[6] 周一良·趙和平,『唐五代書儀研究』, 北京: 中國社會科學出版社, 1995; 趙和平,『敦煌書儀研究』, 上海古籍出版社, 2011; 姜伯勤,「唐ր與敦煌發現的書儀」,『敦煌藝術宗教與禮樂文明』, 北京: 中國社會科學出版社, 1996.

2. 당대 후기 역일의 변화와 예제

1) 구주역일의 연원과 당대 후기의 새로운 변화

역일은 역법 지식에 물후(物候)·의례(儀禮)·길흉의기(吉凶宜忌) 등 다양한 생활정보를 부주(附注)형태로 더해 놓은 후대의 민력(民曆)과 유사한 기록물이다.[7] 늦어도 진한시기에는 이미 역일이 출현하는데,[8] 산동 임기(臨沂) 은작산(銀雀山) 한묘(漢墓)에서 출토된 전한 원광원년[元光元年, BC 134] 역보(曆譜) 32호는 날짜를 기록한 간지 아래에 삼복(三伏)·납(臘)·동지(冬至)·하지(夏至) 등 절일과 고대 술수에서 금기에 해당하는 건제12신(建除十二神), '반(反)'자[反支] 등을 표기해 놓았다. 한간(漢簡)의 내용을 시기별로 검토해보면 역보에 점진적으로 다양한 내용들이 부가되는 추세를 확인할 수 있는데, 후한 영원(永元)6년[94]의 목간 역보 주문(注文)에는 건제십이신·반지(反支)·혈기(血忌)·팔괴(八魁) 등의 내용이 출현한다. 이는 당시 유행하던 참위설의 영향 하에 역보가 음양술수의 영향을 받고 있음을 반영하는 것이다.[9]

당대에 제작된 역일은 문헌자료에 일부내용이 남아있지만, 완전한 현물의 양태는 출토자료를 통해 확인할 수 있다. 1973년 투루판[吐魯番] 아스타

---

7   鄧文寬은 曆日과 韓鄂의 『四時纂要』를 비교하는 방법을 통해서, 吉凶宜忌와 관련된 상당부분이 唐代 중원에서 유행하던 術數의 영향을 받았음을 밝혀냈다[鄧文寬, 「敦煌具注曆日與『四時纂要』的比較研究」, 『敦煌研究』 2004-1(總第83期)].

8   秦과 漢初의 曆法에 대해서는 張培瑜, 「根據新出曆日簡牘試論秦和漢初的曆法」, 『中原文物』 2007-5. 崔振黙, 「漢代의 改曆科程과 曆譜의 성격」, 『대구사학』87, 2007.5. 참조.

9   干支 아래 부분에 이처럼 注記를 달아놓았다는 점에서 元光元年(BC134) 曆譜 32號를 최초의 구주역일로 일컫기도 하지만[劉永明, 「唐宋之際曆日發展考論」, 『甘肅社會科學』 2003-1, 143쪽], 鄧文寬은 역일과 구주역일을 구분하여 建除·反支 등 曆注 외에, 吉凶宜忌를 표시한 것을 具注曆日로 파악하였으며[鄧文寬, 「從'曆日'到'具注曆日'的轉變」, 『敦煌吐魯番天文曆法研究』, 蘭州: 甘肅教育出版社, 2002, 134~144쪽], 曆譜로 일컫는 秦漢簡牘 상의 曆書는 모두 '曆日'로 통일하여 지칭해야 한다고 강조했다[鄧文寬, 「出土秦漢簡牘曆日正名」, 『文物』 2003-4, 44~51쪽, 57쪽].

나 고분에서 출토된 일부 역서와 2005년에 투루판 문물국에서 집록한 대장탑문서(臺藏塔文書) 가운데 역서가 포함되어 있다.[10] 아스타나 고분에서 출토된 당력(唐曆)은 현경3년[658]·의봉4년[679]·개원8년[720] 등 세 건인데, 현경3년 역일은 훼손이 심한 나머지 두 건에 비해 상태가 비교적 좋은 편이다. 류용밍(劉永明)은 내용에 대한 분석을 통해서, 이들 역일이 구주역일의 기본 격식을 구비하기 시작한 것으로 평가하였다.[11] 덩원콴[鄧文寬] 역시 현경3년[658]과 의봉4년[679] 역일이 종전 역일과 비교할 때 ①서언에서 각월(各月)의 대소(大小)를 명기한 점, ②축일일기(逐日日期)·간지(干支)·육십갑자납음(六十甲子納音)을 기록한 점, ③ 현망(弦望), ④삼복천(三伏天), ⑤축일길흉주(逐日吉凶注)를 부기한 점 등이 새롭게 추가되어 주목할 가치가 있다고 지적하였다.[12] 대장탑문서에서 발견된 역일의 잔편(殘片) 가운데 2005TST1은 상단에 "영순3년[永淳三年, 684] 역일"이라고 명기하고 있는데, 어떤 기관에서 제작한 것인지 구체적인 내원까지는 불분명하지만 문서에 주인(朱印)의 흔적이 뚜렷하게 남아있는 것으로 보아 관청에서 배포한 공적인 역일로 판단하고 있다. 〈영순3년[684] 역일〉은 덩원콴이 지적한 위의 항목가운데 ②, ③, ⑤항의 내용을 포함하고 있고, ①과 ④항은 훼손되어 확인되지 않지만, 서언에 앞의 두 역일에 없는 '연신(年神)의 방위(方位)'가 기록되어 있다.[13]

이처럼 출토 당력을 살펴보면 당대 역일이 기본적으로 진한시기의 역보를 계승하면서도 체례(體例)와 내용에 있어서 새로운 정보가 추가되고 있음을 발견할 수 있다. 그 지속적인 변화상을 구체적으로 확인할 수 있는 것이 바로 돈황구주역일(敦煌具注曆日)이다. 장경동(藏經洞)에서 발견된 돈황구주

---

10 臺藏塔文書의 초보적인 정리와 연구결과는 陳昊, 『吐魯番臺藏塔新出唐代曆日文書研究』, 蘭州: 甘肅教育出版社, 2002.
11 劉永明, 「唐宋之際曆日發展考論」, 『甘肅社會科學』 2003-1, 143쪽.
12 鄧文寬, 「拔吐魯番文書中的兩件唐曆」, 『文物』 1986-12, 58~62쪽.
13 陳昊, 「曆日'還是'具注曆日'」, 『歷史研究』 2007-2, 62쪽.

역일은 덩원콴의 고증을 거쳐 대다수가 『돈황천문역법문헌집교(敦煌天文曆法文獻輯校)』에 수록되었다. 수록된 총 38편의 역일 가운데 태평진군(太平眞君)11년[450]・12년[451]의 북위 역일이 1편, 원화3년[808]에서 천복(天復)5년[905]까지 당대 후기의 역일이 20편, 오대시기의 역일이 11편, 송대 초기 역일이 6편 있다.[14] 이 가운데 대부분은 토번점령기[781~848]와 귀의군시기[歸義軍時期, 848~1002]에 작성된 것이다. 이 시기 역일의 증가추세에 대해서 학계의 일반적인 견해는 토번이 돈황 일대를 점령한 후 토번식기년법(紀年法)을 사용하게 됨에 따라 한인들의 생활에 불편을 초래했고, 이로 인해 지방역일의 편찬이 늘어난 것으로 이해한다.[15] 토번점령기와 귀의군시기를 거치면서 당과 오대 정부의 영향이 현저히 줄어들어 이 지역에서 민간역일의 편찬이 자연스럽게 확대되었다는 것이다.

이에 따라 돈황 역일에는 현지의 지역적인 역법지식도 반영되었다. 덩원콴에 의해 수록된 30여 편의 돈황 역일과 삭윤표(朔閏表)에 반영된 중원력(中原曆)을 비교해보면, 삭일(朔日)과 윤월(閏月)의 설정 그리고 월의 대소(大小) 등에 있어서 일부 차이가 나타나는데, 이를 다시 돈황문서에 분산되어 있는 기타 역법 관련 자료와 함께 검토해보면 상당 부분 일치하는 것을 발견할 수 있다. 뿐만 아니라 현전하는 최초의 당대 돈황 지방역일로 공인된 〈원화3년[808] 무자세 구주역일(元和三年戊子歲具注曆日)〉 이전에 이미 돈황의 지방역일이 존재했다는 자료도 발견되었다. 토번점령기 이전부터 돈황 내부에 역법을 연구하고 지방 역일을 제작하던 전통이 있었는데, 토번점령으로 중원역일의 영향력이 줄어들고 지방역일의 편찬이 보편화면서 자연스레 지방역법의 특징도 계수하게 된 것이다.[16] 하지만 앞에서 언급한

---

14 鄧文寬, 『敦煌天文曆法文獻輯校』, 江蘇古籍出版社, 1996.
15 鄧文寬, 앞의 책, 前言, 3쪽.
16 劉永明, 「敦煌曆日探源」, 『甘肅社會科學』 2002-3, 115~117쪽.

투루판 출토 당력이나 문헌사료에 남아있는 당대 후기 역법관련 기사들을 참조해보면 돈황역일은 여전히 중원역일의 기본적인 격식과 변화양상을 그대로 반영하고 있어서, 당대 후반기 이후 역일의 발전과정을 이해하는데 있어서 가장 중요한 자료로 평가된다. 그런 점에서 돈황역일은 역일의 전개에 있어 전환기로 일컬어지는 당말·오대시기의 변화양상을 검토하는데 있어서 가장 중요한 대상이라 할 수 있다.

당대 후기 이후 역일의 변화양상을 살펴보자면, 첫 번째로 주목되는 것은 역일의 제작이 정부에 의해 독점되다가 점차 민간제작 역일이 늘어난다는 점이다. 당대 전반기까지 역일은 정부의 천문부서에서 작성하여 유포했는데, 『대당육전』은 태사령의 직무 가운데 하나로 "매년 다음 해의 역을 만들어 천하에 반포하는 것"이라고 기록하였다.[17] 태사국에서는 수도 장안에서 편벽한 향촌에 이르기까지 신력(新曆)을 사용할 수 있도록 10월 상순까지 역일을 제작하여 황제의 인가를 얻었으며, 10월 중순부터는 반포할 신력을 초사(抄寫)했다.[18] 이러한 원칙은 송 초까지도 그대로 계승되었는데, 사천감(司天監)에서 다음 해의 역일을 제작한 뒤 추밀원(樞密院)을 통해서 연내에 삼경(三京)과 제주(諸州)에 전달되도록 했다는 기록이 『천성령(天聖令)』에 전한다.[19]

이처럼 정부기구에 의해 제작되던 역일은 당대 후기 이래 수요가 급증하면서 민간사회에서 폭넓게 유통되는 기록물로 부상한다. 백거이(白居易)가 61세 되던 문종 태화6년[832]에 최현량(崔玄亮)에게 보낸 편지에서 한 해

---

17 『大唐六典』卷10, 秘書省 太史局令: "每年預造來歲曆, 頒於天下". 『唐令拾遺補』雜令第33, 1470쪽에는 이를 開元7年令으로 기록하고 있다.
18 中村裕一, 『中國古代の年中行事-第四冊 冬』, 東京: 汲古書院, 2011.8, 372~373쪽.
19 『天聖令』雜令 卷第30에는 다음과 같은 내용이 보인다. "諸每年司天監預造來年曆日, 三京·諸州各給一本, 量程遠近, 節級送. 樞密院散頒, 並令年前至所在."[天一閣博物館, 中國社會科學院歷史研究所天聖令整理課題組 校證, 『天一閣藏明抄本天聖令校證-附唐令復原研究』, 北京: 中華書局, 2006, 368쪽].

가 저무는 아쉬움을 "책상머리의 역일이 아직 끝나지는 않았지만, 이제 겨우 6, 7행만 남았네"[20]라고 표현한데 보이듯이, 역일은 머리맡에 두고 수시로 확인하는 생활용품으로 자리 잡는다.

당시 사회 곳곳으로 확산되던 역일은 민간에서 제작한 것이 적지 않았고 인쇄술의 보급은 역일의 확산에 불을 지폈다.[21] 정부에서 공식적으로 역일을 반포하기도 전에 민간에서 먼저 찍어 유통시키는 일도 비일비재했다. 당 문종 태화9년[835]에 동천절도사(東川節度使) 풍숙(馮宿)은 검남(劍南)·양천(兩川)일대와 회남도(淮南道) 등지에서 매년 사천대(司天臺)에서 신력을 공포하기도 전에 역일을 인쇄해서 시장에 내다 팔기 때문에 사제 역일이 천하에 횡행한다면서, 판매금지를 요청하는 상주를 올린바 있다.[22] 문종은 그해 12월 전국 도·부에 사사로이 역일을 조판하는 것을 엄금하라는 금령을 반포했지만,[23] 제대로 효력을 발휘하지는 못한 것 같다. 당나라를 방문했던 일본 승려 엔닌도 중국에 도착한 해인 개성(開成)3년[838] 12월 20일에 양주(揚州)에서 바로 새해 달력을 구입한 바 있다.[24] 장안·성도(成都)·양주 등 대도시에는 역일을 찍어내는 민간인쇄상까지 등장했다. 돈황에서 발견된 역일의 잔권인 〈당 중화2년[882] 검남서천성도부 번상가인본 역일[唐中和二年劍南西川成都府樊賞家印本曆日(S.p.10)]〉에는 사천 성도의 '번상가'라는 인쇄상을 그대로 언급하고 있으며, 장안 동시의 '대조가(大刁家)' 역시 도성의 대표적인 역일 인쇄상으로 사료에 등장한다.[25] 희종(僖宗)이 성도로 피난했을

---

20 "案頭曆日雖未盡, 向後唯殘六七行……"[白居易 著·朱金城箋校, 『白居易集箋校』, 上海古籍出版社, 1988, 2099쪽].

21 李致忠, 「唐代版印實錄與文獻記錄」, 『文獻季刊』 第4期, 2006. 10, 5쪽.

22 『全唐文』, 卷624: "准勅禁斷印曆日版. 劍南兩川及淮南道, 皆以版印曆日鬻於市. 每歲司天臺未奏頒下新曆, 其印曆已滿天下, 有乖敬授之道."

23 『舊唐書』文宗紀(下): "十二月……丁丑, 勅諸道府不得私置曆日板."

24 "廿日買新曆, 夜頭下雪"[엔닌 지음, 김문경 역주, 『엔닌의 입당구법순례행기』, 중심, 89쪽].

25 역서의 유행과 인쇄술의 관계에 대해서는 江曉原, 「曆書起源考」, 『中國文化』 第六期,

때에는 상인들이 자신이 판매하는 역일이 정확하다며 언쟁을 벌이다가 송사(訟事)가 발생하기도 한다.[26] 정부의 금지령에도 불구하고 이 시기에 역일이 빠른 속도로 민간사회로 확산되었음을 단적으로 반영해주는 사례이다. 물론 성도에서 유입된 역일 등 일부를 제외한 돈황역일의 절대 다수가 필사본이라는 점은 인쇄술과 역일의 확산시기에 대해서 좀 더 신중할 필요가 있음을 일깨워주지만, 현전 최고(最古)의 인쇄품으로 평가되는 x02880 문서가 문종 태화8년[834] 역일의 잔편이라는 점은 돈황에서도 역일이 인쇄술의 보급과 함께 더욱 확산되었을 가능성을 보여준다.[27]

2) 구주역일의 주요 내용과 예제관련 기사 분석

그렇다면 많은 독자를 확보하면서 민간의 일상생활에 지대한 영향을 미치는 새로운 차원의 기록물로 부상하게 된 역일은 전통시대에 법과 더불어 질서기제로 작동했던 예제와는 어떤 관련을 가지는 것일까? 이 의문을 해결하기 위해서는 역일의 내용을 좀 더 구체적으로 분석해 볼 필요가 있다. 당대 후기 역일의 전개양상에 있어서 두 번째로 주목되는 것이 바로 역일의 역주(曆注) 내용이 더욱 확충된다는 사실이다.

당대 후기 역일의 면모를 개략적으로 확인해보기 위해서 〈당 대중12년 무인세[858] 구주역일[唐大中十二年戊寅歲具注曆日]〉 가운데 2월 1일부터 2월 10일까지 열흘간의 원문내용을 그대로 예시해보면 다음과 같다.[28]

1992.8, 157~158쪽 참조.

[26] "僖宗入蜀, 太史曆本不及江東, 而市有印貨者, 每差互朔晦, 貨者各徵節候, 因爭執, 里人拘而送公, 執政曰: '爾非爭月之大小盡乎? 同行經紀一日半日, 遙是小事'. 遙叱去"[王讜撰・周勛初校證,『唐語林校證』, 北京: 中華書局, 1997, 671쪽].

[27] 『俄藏敦煌文獻』(第10冊), 上海古籍出版社, 1998, 109쪽. 역일문서의 年代는 鄧文寬이 고증하였다. 돈황인쇄술에 대해서는 胡發强, 「唐五代敦煌雕版印刷品研究」, 『內蒙古農業大學學報』 2008-4(總第40期), 307쪽 참조.

[28] 大中十二年 戊寅歲(858) 具注曆日(S.1439背)은 현재 정월1일부터 5월 29일까지 잔편

日	注記1	注記2
一日 癸巳 水 滿	春分二月節(中) 玄鳥至	太歲位, 拜官, 加冠, 移徙吉.
二日 甲午 金 平	蜜	大會歲前, 入財治病.
三日 乙未 金 定		大會歲前, 血忌.
四日 丙申 火 執		歲對, 了戾.
五日 丁酉 火 破	奠	歲對, 壓.
六日 戊戌 木 危	社・雷乃發聲	歲對, [月]煞.
七日 己亥 木 成		大會歲前, 母倉, 移徙, 修宅, 謝宅吉.
八日 更子 土 開		大會歲前, 母倉, 公侯以上移徙.
九日 辛丑 土 開	蜜 上弦	歲後, 九焦, 九坎.
十日 壬寅 金 閉		歲位, 歸忌.

* 분석의 편의를 위해서 점선을 긋고 상단의 아래 부분 기록은 굵은 글씨로 표시함

이 남아 있다. 원문내용은 鄧文寬, 『敦煌天文曆法文獻輯校』, 江蘇古籍出版社, 1996, 165~166쪽 참조.

위 역일의 구조를 살펴보면 기본적으로 상·하 양 단으로 구성되어 있음을 알 수 있는데 대략 상단 부는 역서에, 하단 부는 역주에 해당된다. 돈황 구주역일의 내용과 구조에 대해서는 황이농[黃一農]이 자세하게 분석한 바 있는데,[29] 그의 견해를 참조하여 위의 역일을 검토해보면 다음과 같다. 우선 상단부의 윗부분에는 일자(日字)와 간지·오행이 표기되어 있는데 간지와 오행간의 배합원칙은 납음오행법(納音五行法)을 따른다.[30] 오행의 아래에는 건(建)·제(除)·만(滿)·평(平)·정(定)·집(執)·파(破)·위(危)·성(成)·수(收)·개(開)·폐(閉)순으로 건제12신명(建除十二神名)이 기록되어 있음을 알수 있다.[31]

하단부 역주 앞부분에는 태세위(太歲位), 대회세전(大會歲前)…… 등이 기록되어 있다. 이것은 '음양대소회(陰陽大小會)'의 명칭으로, 천자는 세위일(歲位日)에 황후와 태자, 제후(諸侯)는 세전일(歲前日)에, 경·대부는 세대일(歲對日)에, 그리고 사(士)와 서(庶)는 세후일(歲後日)을 선택해야 한다. 역일의 택일 관련 기록에도 계층의식이 잔존해 있었음을 알 수 있는데, 건부(乾符)4년[877] 이후의 당대 후기 역일기록에는 '음양대소회' 관련 기록이 사라지고 바로 길흉의기를 언급하는 경향이 있어 주목된다.[32] 다음으로 2월 7,

---

29 黃一農,「敦煌本具注曆日新探」,『新史學』三卷四期, 1992.12, 19~22쪽.
30 何丙旭,『從理氣數觀點談子平推命法』, 香港: 香港大學出版社, 1988, 23~30쪽.
31 각신의 명칭과 길흉관계는 이미 雲夢秦簡의 日書에 나타난다고 한다. 董作賓,「漢簡永光六年曆譜考」,『董作賓先生全集』甲編 第一册, 臺北: 藝文印書館, 1977, 329~334쪽.
32 唐 乾符四年丁酉歲(877) 具注曆日 S.p.6(2월 10일부터 12월 30일까지)曆日은 구조에 있어서 전대와 차이를 보이는데 표의 형식으로 크게 5줄로 획분하고 있는데, 상단부의 3줄에는 月大小, 月建干支, 月九宮圖, 蜜日注, 日氣 등이 기록되어있고, 하단부 2줄에는 物候와 節氣·節日, 時宜 注가 적혀있다. 본 역일에 대해 적지 않은 학자들이 중원왕조의 曆書이자 중국최초의 인쇄본 역서로 평가하고 있으나, 鄧文寬은 제1권 말미의 題記에 "都頭守州學博士兼御史中丞翟寫本"이라고 기록되어 있는 사실과 매월 月序의 체례가 제대로 통일되어 있지 않다는 점을 들어 翟氏 姓을 가진 州學博士가 中原曆에 근거하여 개조한 것으로 추정하고 있다[鄧文寬,『敦煌天文曆法文獻輯校』, 江蘇古籍出版社, 1996, 226쪽]. 당시 귀의군 장씨 정권이 중원왕조와 빈번하게 왕래했기 때문에 수월하게 중원역서를 획득하여 참조했을 것이다. 어찌되었든 본 역일은 기본적

8, 9, 10일 음양대소회 아래 부분을 보면 모창(母倉), 구초(九焦)·구감(九坎), 귀기(歸忌) 등 신살명[神殺名(本日神煞)]과 길흉의기 등이 기록되어 있다. 먼저 모창은 가축을 기르고 식물을 재배하기에 적당한 날짜라는 의미이고, 구감은 승선(乘船)·도수(度水)·제방(堤防) 및 성벽축조 등이 금지된 날짜이다. 귀기도 원행(遠行)·귀가(歸嫁)·이사(移徙)·취부(聚婦) 등이 금지되는 날이다. 이 밖에 2월 1일, 2일 기록에 보이는 것처럼 신살을 기록하지 않고 곧바로 배관(拜官), 가관(加官), 이사길(移徙吉), 입재치병(入財治病)처럼 길흉의기를 기록해 놓기도 한다. 당시 유행했던 음양술수의 영향 하에 역일에 관혼상제와 입학·치병·이사 등 일상의 중대사에 대한 길흉의기가 표시되었음을 알 수 있다. 이처럼 서민들을 끌어들일 수 있는 생활정보와 길흉의기까지 포함하면서, 역일은 바야흐로 일상생활의 지침서로 부상하게 된 것이다.[33]

 마지막으로 필자가 주목하는 부분은 역일 내용을 상, 하단으로 나눌 때 상단의 아래 부분 내용이다. 간지와 오행을 결합하여 표시한 날짜 바로 아래 위치하고 있어서 시각적으로 쉽게 눈에 띄는 곳으로 공적인 행사정보가 표기된 곳이다. 〈당 대중12년 무인세[858] 구주역일〉에는, 2월 1일에 춘분2월절[春分二月節(中)]과 현조지(玄鳥至), 2월 2일에 밀(蜜), 2월 5일에 전(奠), 2월 6일에 사(社)와 뇌내발성(雷乃發聲), 2월 9일에는 밀(蜜)과 상현(上弦)이라는 기록이 표기되어 있다. 이 부분의 내용을 대략 네 부분으로 나누어 설명할 수 있는데, 우선 2월 2일과 2월 9일에 '밀'이라고 표기되어 있는 부분이 주목된다. 밀은 7일 만에 반복되는 주기에 보이듯이 주일(週日)을 의미하며, 칠요성술(七曜星術)의 영향을 받아 기록된 것이다. 함통5년[864] 구주역

으로 蜜日 위주로 7일씩 구분하고 있는데, 2월26일 戊辰日에는 蜜日을 표시하는 줄에 '社'를 표시해 두었다. 하지만 春社는 기록하고 있으나 秋社는 표기하지 않았다.

[33] 劉永明, 「唐宋之際曆日發展考論」, 『甘肅社會科學』 2003-1, 146쪽. 鄧文寬, 「敦煌具注曆日與,『四時纂要』的比較研究」, 『敦煌研究』 2004-1(總第83期).

일부터는 밀일을 표기하는 방법에 변화가 발생한다. 1일(一日), 2일 등 날짜 표시의 최상단에 아예 '蜜' 혹은 '[蜜]'을 표시함으로써 칠요일제의 특징을 좀 더 시각적으로 부각시켰다.

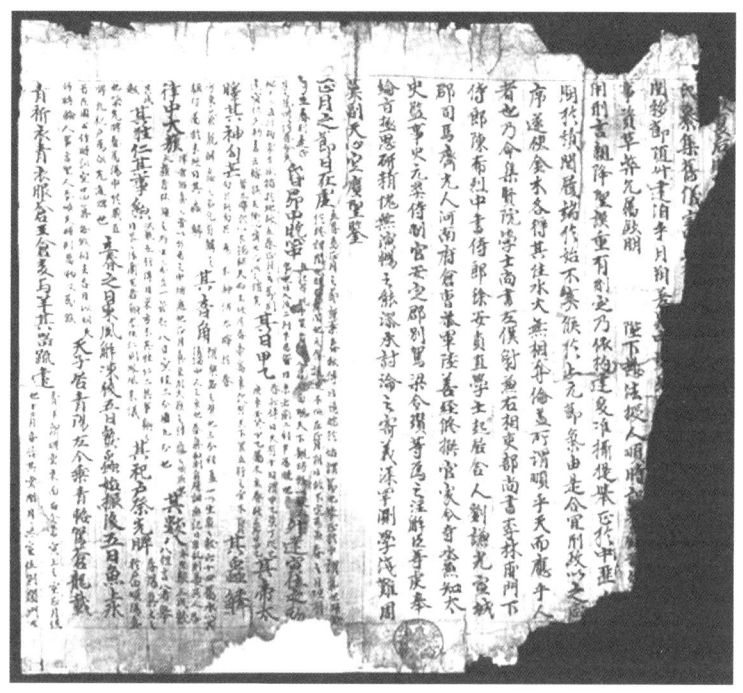

〈그림 5〉 돈황문서 S.621 『어간정예기월령(御刊定禮記月令)』
원본 사진의 출처는 국제돈황프로젝트 British Library
(International Dunhuang Project, British Library).
http://idp.bl.uk/database/oo_scroll_h.a4d?uid=3237911337;recnum=621;index=

두 번째로 2월 9일에 보이는 상현(上弦)은 말 그대로 월상을 표시한 것이다. 세 번째 부분은 "현조지", "뇌내발성" 등의 기사인데, 계절의 순환을 자연계의 징후를 통해 표현한 72물후를 기록한 것이다. 한 가지 주목되는 사실은 역일의 물후가 『예기·월령』편이 아닌 당 현종 『어간정예기월령(御刊定禮記月令)』의 물후를 계승하고 있다는 점이다. 현종은 당시 천문학의 새로운 기술적 진전을 반영하여 정확한 날짜에 의례를 거행하기 위해서 역대 '불간지서(不刊之書)'로 일컬어지던 『예기·월령』편의 개수를 주도했는데, 원래 제5권[六篇]에 위치했던 월령을 '시령(時令)'으로 개명한 뒤 수권(首卷)에 배치한 바 있다.[34] 『어간정예기월령』은 간삭(刊削)의 주체로 직접 황제를 언급하고 있는 만큼, 완성된 후 전국 각지에 배포했을 가능성이 높은데, 돈황문서 S.621호에 그 잔편이 전하고 있다. 매달을 절기(節氣)와 중기(中氣)로 나누어 24절기와 72물후를 보다 더 체계적으로 기록한[35] 『어간정예기월령』의 영향은 역일에도 그대로 반영되었다. 『어간정예기월령』이 『예기』와 다르게 2월의 물후를 "……春分之日, 玄鳥至. 後五日, 雷乃發聲. 後五日, 始電是月也"라고 기록한 것처럼, 〈당 대중12년 무인세[858] 구주역일〉에서도 2월 1일 춘분 '현조지'를 시작으로, 5일 단위로 2월 6일 '뇌내발성', 2월 11일 '시전'을 그대로 기록하고 있는 것이다. 역일이 『어간정예기월령』의 출현으로 발생한 예전의 변동사항을 어떻게 반영하고 있었는지를 좀 더 구체적으로 살펴보기 위해서, 태화8년 갑인세[甲寅歲, 834]·대중12년 무인세[戊寅歲, 858]·동광4년 병술세[丙戌歲, 926] 등 세 건의 구주역일 물후 관련 기록을 비교해보면 아래와 같다.

---

34 『舊唐書』卷5,「玄宗本紀(下)」, 219쪽. 『唐會要』卷75,「明經」, 1374쪽.
35 『禮記』에서는 仲春月 부분에서 玄鳥至, <u>日夜分</u>, 雷乃發聲, 始電, <u>蟄蟲咸動</u>, <u>啓戶始出</u> 등 위의 세 가지 물후에 밑줄 친 물후를 더 기록하고 있으며, 각각 5일 후에 차례로 물후가 출현한다는 언급도 없다[孫希旦, 『禮記集解』卷15,「月令」第6之1, 425~426쪽]. 『御刊定禮記月令』의 본문은 개성연간(836~840)에 石經에 새겨져 보존되었다[『景刊開成石經』第2冊, 北京: 中華書局, 1989을 참조]. 일부 본문과 李林甫, 陳希烈, 徐安貞 등 집현원의 학사들이 附注한 注解는 『太平御覽』 등에 남아 있었는데, 淸代에 茆泮林이 본문과 주해를 함께 모아서 『唐月令注』로 집록했다. 이 책은 후에 『叢書集成初編』(上海: 商務印書館, 1937)에 수록된다. 당대 『御刊定禮記月令』의 출현과 그 의의에 대해서는 金正植의 「唐 玄宗朝〈禮記〉月令의 改定과 그 性格」(성균관대학교 대학원 사학과 석사논문, 2003) 참조.

〈표 2〉『어간정예기월령』과 돈황 구주역일의 물후 관련 기록 비교

	24氣	御刊定月令 [743]	大和8年甲寅歲 [834]	大中12年戊寅歲 [858]	同光4年丙戌歲 [926]
春 正月	節 立春	東風解凍 蟄蟲始振 魚上冰		14 東風解凍 19 蟄鳥(蟲)始震(振) 24 魚上冰	15 東[風]解凍 20 蟄蟲始振 26 魚上冰
	中 雨水	獺祭魚 鴻雁來 草木萌動	5 獺祭魚 10 鴻雁來 15 草木萌動	28 獺祭魚 4 鴻雁來 9 草木萌動	2 獺祭魚 7 鴻雁來 12 草木萌動
二月	節 驚蟄	桃始華 倉庚鳴 鷹化爲鳩	20 桃始華 25 鶬鶊鳴開口 30 鷹化爲鳩	15 [桃始華] 20 鶬鶊鳴 25 鷹化爲鳩	17 桃始花(華) 22 鶬鶊鳴 27 鷹化爲鳩
	中 春分	元鳥至 雷乃發聲 始電	5 玄鳥至 10 雷乃發聲 15 始電	1 玄鳥至 6 雷乃發聲 11 始電	3 玄鳥至 8 雷乃發聲 13 始電
三月	節 淸明	桐始華 田鼠化爲鴽 虹始見	21 桐始華 26 田鼠花(化)爲鴽 1 虹始見	17 桐始花(華) 21 田鼠化爲鴽 26 虹始見	18 桐始華 23 田鼠化爲鴽 28 虹始見
	中 穀雨	萍始生 鳴鳩拂其羽 戴勝降於桑	6 萍始生 11 鳴鳩佛(拂)其羽 16 戴勝降於桑	2 萍始生 7 鳴鳩拂(其)羽 12 戴勝降於桑	3 萍始生 9 鳴鳩拂習(其)羽 14 戴勝除(降於)桑

위의 내용에서 '원조지(元鳥至)'와 '현조지(玄鳥至)'에 보이듯이 피휘(避諱) 등으로 인한 일부의 차이를 제외하고는, 8세기 중반기에 『예기』 「월령」편에 발생한 변동사항이 9세기부터 10세기까지 찬수되는 당말 오대 시기의 역일에 거의 일치할 정도로 충실하게 반영되어 있음을 알 수 있다. 심지어 오대 십국 시기의 마지막 역일인 〈후주 현덕3년[956] 병진세 구주역일(後周顯德三年丙辰歲具注曆日)〉도 원래 『예기』 「월령」편이 아닌 『어간정예기월령』 즉 『당월령』의 내용을 계승하고 있다. 예전의 변화사항이 지방사회 그것도 돈황지역에서 찬수된 역일에 그대로 반영되고 있다는 점에서, 역일이

일정 정도 중앙 정치사회의 이념과 그 변화를 지역과 기층으로 확산시키는 현재적 기록물로 기능하였음을 알 수 있다.

네 번째 부분은 2월 1일 '춘분 2월절', 2월 5일에 '전(奠)', 2월 6일에 '사(社)'에 관한 부분이다. 춘분은 『대당육전』 권4 '상서예부(尙書禮部)·사부낭중원외랑(祠部郎中員外郞)' 조목에서 "春分之日, 朝日於東郊"에 보이듯이 중앙에서 '조일례(朝日禮)'를 거행하는 날이자, 같은 책 권2 '상서이부·이부낭중(尙書吏部·吏部郎中)'의 가녕지절(假寧之節) 관련 내용과 돈황 〈사부신식(祠部新式)〉 제4에 보이는 바처럼 하루 동안 휴가를 즐길 수 있는 절일이다. '전'과 '사'는 길례(吉禮) 가운데 지방에서 거행하는 주현제사(州縣祭祀)의 핵심인 석전(釋奠)과 춘사(春社) 의례이다.

주기적으로 반복되는 절일과 당월령 속의 물후, 지방관이 주도하는 지방차원의 국가제사 등이 기록되어 있다는 사실을 종합적으로 고려할 때, 역일 상단의 아래 부분은 기본적으로 예제와 관계된 내용을 기록한 것이라고 볼 수 있다. 돈황역일이 지방역일의 전통을 계수하고 있지만 기본적으로는 역법 상에 보이는 일부 차이를 제외하고는 중원력과 동일하다는 것이 학계의 공통된 견해인데, S.1429 배면(背面)에 보이는 〈대중12년 무인세(858) 구주역일〉의 상단부 아래 부분의 예제 관련 내용도 이러한 특징을 반영하고 있다. 유교문명의 작동 기제라 할 수 있는 예제가 일상생활의 지침서로 부상하고 있는 역일에도 영향을 미치고 있는 것이다. 다음 절에서는 지방의례를 중심으로 돈황역일에 예제가 어떻게 구체적으로 기재되고 운영되었는지를 검토해보고, 예제의 새로운 변화와 지역적 특징이 어떻게 반영되었는지에 대해서도 살펴보도록 하겠다.

3. 돈황 구주역일과 지방제사

1) 구주역일과 지방의례

중국역법의 기원에 관해서 일부학자들은 농업상의 필요도 있지만 더욱 중요한 것은 통치자가 규정된 날짜에 정확하게 의례행사를 거행하기 위한 것이었다고 주장한다. 역법은 애초부터 국가의례를 목적으로 설계된 것으로 의례를 통해서 하늘과 지상세계의 매개자인 천자의 '우주적 존재성'을 주기적으로 확인하는 것이 가장 중요한 기능이라는 의미이다.[36] 지방제사는 바로 이러한 천자의 존재성과 국가와 사회가 지향하는 가치를 기층행정단위에서 주기적으로 공포하고 확인하는 의례이다.

『당육전』예부 사부낭중 사부원외랑 조목에서는 제사의 명칭을 대상의 신성(神性)에 따라서 천신(天神)은 '사(祀)', 지기(地祇)는 '제(祭)', 인귀(人鬼)는 '향(享)', 선성선사(先聖先師)는 '석전(釋奠)'으로 지칭하고, 신들의 위상과 제국(帝國)의 정치적 권위를 연계시켜 국가제사를 중요도에 따라서 대(大)·중(中)·소(小) 삼사(三祀)로 분류하였다.[37] 호천상제(昊天上帝)·오방제(五方帝)·

---

[36] 역법의 공포 자체도 의례적 행사로서 강력한 정치적 행위였다. 그것은 천자가 하늘과 특별한 관계를 가지고 있다는 하나의 증거였다[하워드 J. 웨슬러 지음, 임대희 옮김, 『비단같고 주옥같은 정치』, 고즈윈, 2005. 446~447쪽].

[37] 이밖에 唐代의 國家祭祀에 관한 기록은 永徽年間과 開元年間에 반포된 祠令(永徽祠令은 仁井田陞著·池田溫編輯代表. 『唐令拾遺補』,「祠令」第八, 東京: 東京大學出版會, 1997年 初版, 488쪽에 보이고, 開元祠令은 仁井田陞著『唐令拾遺』,「祠令」第八, 東京: 東京大學出版會, 1964年, 159쪽에 보임)과 『大唐開元禮』, 『大唐郊祀錄』 등에도 보이는데, 永徽·開元祠令과 『唐六典』·『大唐開元禮』의 관련 내용은 비록 세세한 방면에 있어서는 약간의 차이를 보이지만 대체적으로 그 내용이 일치하는데 반해, 禮官 王涇이 貞元9년(793)에 修撰한 『大唐郊祀錄』은 天寶年間 이후에 달라진 禮의 내용을 포함하고 있어서 몇 가지 현저한 차이점을 보여준다. 우선 국가제사의 大祀가운데 道敎的 성격이 강한 九宮貴神과 太淸宮 제사가 편입되었고, 『唐六典』, 『大唐開元禮』에서 中祀로 첨가된 孔宣父, 齊太公의 호칭이 文宣王과 武成王으로 더욱 격상되었다. 또한 중앙차원의 靈星·風師·雨師 제사가 中祀로 격상되었고, 雷神에 관한 제사도 諸神의 하나로 첨가되었다. 이 부분에 관한 상세한 토론은 高明士의 「唐代敦煌官方의 祭祀禮儀」, 『1994年敦煌學國際硏討會論文集-紀念敦煌硏究院成立50周年』, 蘭州: 甘肅民族出版社,

황지기(皇地祇)·신주(神州)·종묘(宗廟)를 대사, 일·월·성·신·사직·선대제왕(先代帝王)·악(嶽)·진(鎭)·해(海)·독(瀆)·제사(帝社)·선잠(先蠶)·공선부(孔宣父)·제태공(齊太公)·제태자묘(諸太子廟)를 중사, 사중(司中)·사명(司命)·풍사(風師)·우사(雨師)·중성(衆星)·산림(山林)·천택(川澤)·오룡사(五龍祠)와 주(州), 현(縣)의 사직·석전제사를 소사로 규정했다.[38] 이 조목에 의하면, 국가차원에서 정기적으로 거행하는 지방제사에는 악진해독, 산림천택 등의 자연신 제사와 주·현의 사직과 석전제사가 포함됨을 알 수 있다. 여기에 영휘 사령(祠令)과 『대당개원례』에서 주현사직·석전과 제신사(諸神祠)를 동일하게 소사로 간주한다는 내용[39]을 참조하면, 우사·풍백[40]에 대한 제신제사 역시 지방제사의 일부임을 알 수 있다. 이 밖에 현종 개원·천보연간을 거치면서 제사의 대상과 제장(祭場)이 크게 확대되는 성현 제사[41] 역시 일정 정도 지방제사의 특성을 갖고 있다고 할 수 있다.[42] 다만 악진해독과 산림천택 등 자연신 제사는 각각의 소재지로, 성현제사는 성현들의

2000.6, 36~38쪽 참조.
38 (唐)李林甫等 撰, 陳仲夫點校, 『唐六典』, 尙書禮部 卷四, 北京: 中華書局, 1992, 120쪽.
39 '永徽祠令'에서는 "令州縣社稷·釋奠及諸神祠, 亦准爲小祀"라 했고, 『大唐開元禮』에서는 "州縣社稷·釋奠及諸神祠, 並同小祀"라고 언급하고 있다.
40 唐代의 諸神祭祀에는 원래는 風師와 雨師만이 포함되어 있었으나, 『大唐郊祀錄』에 의하면, 天寶5載(746)에 雷神제사가 첨가되었다.
41 開元七年에 반포된 祠令에서는 황제의 車駕가 巡倖중인 장소로부터 20리 이내에 聖王의 陵墓와 祠廟가 있거나, 10리 이내에 名臣·將相의 陵墓와 祠廟가 있을 시에는 현지 州장관에게 제사를 드리게 한다고 규정하고 있다[車駕巡倖, 路次名山大川·古昔聖帝明王·名臣·將相陵墓及廟, 應致祭者, 名山大川三十里內, 聖帝明王二十里內, 名臣將相十里內, 竝令本州祭之, 『唐令拾遺補訂』, 498쪽]. 사실 永徽年間에 頒佈된 皇帝巡狩와 관련된 祠令만해도 名山大川의 祭祀만을 규정해 놓았을 뿐, 聖王·名臣·將相의 廟에 관해서는 전혀 언급한 바가 없다. 이러한 조짐은 天寶年間에 더욱 확대되는데 天寶元年(742)에 玄宗은 이미 秦始皇이 많은 儒家들을 파묻었다고 전해지는 장소에 祠廟를 세우고 遭難諸儒들의 영령을 위로했다. 사실 현종 이전까지 唐朝의 聖賢祭祀는 前代帝王에만 국한 되었을 뿐 名臣은 기껏해야 配祀의 지위를 넘어선 적이 없었다.
42 『舊唐書·玄宗本紀』, 222쪽; 『唐會要』 卷22, 429~432쪽 참조. 당시 국가제사, 특히 聖賢廟의 전개에 관해서는 김상범, 「唐代祠廟信仰의 類型과 展開樣相」, 『中國學報』 第44輯, 2001.12, 226~232쪽 참조.

전설·행적과 관련된 장소로 그 제사의 범위가 한정된다. 결국 매년 전국의 주·현에서 거국적으로 동시에 거행되는 지방제사는 사직과 석전 그리고 우사·풍백·뇌신 등 제신제사로 한정된다고 할 수 있다.

사직·석전·제신제사를 축으로 하는 지방제사의 관련 규정은 『대당개원례』에 상세하게 남아있는데, 「제주제사직(諸州祭社稷)」, 「제주석전어공선부(諸州釋奠於孔宣夫)」, 「제주기사직, 도제신, 영성문(諸州祈社稷, 禱諸神, 禜城門)」, 「제현제리제사직(諸縣諸里祭社稷)」, 「제현석전어공선부(諸縣釋奠於孔宣父)」, 「제현기사직급제신(諸縣祈社稷及諸神)」 등의 조목이 이에 해당한다.[43] 주·현 뿐 아니라 이(里)단위까지 관련 규정이 정비되었고,[44] 매년 주기적으로 진행하는 정기제사와 비상시에 거행하는 임시제사의 시행세칙도 마련되었다.[45] 이처럼 국가예전상에 보이는 지방제사에 관한 규정은 말단 행정단위에 이르기까지 구비되었지만, 그 운영 실태에 관한 기록은 의외로 제한적이어서

---

[43] 『通典』(中華書局, 1992) 卷第106, 『開元禮纂類一』, 「序例(上)」, 2762쪽.

[44] 基層의 行政單位인 里에서 행해지는 社稷祭祀에 관해서도, 하루 전 社正과 社人들의 목욕재계(淸齋)를 시작으로, 神樹를 중심으로 한 祭場의 준비, 犧牲과 祭品의 배열, 祝文의 내용과 儀式의 구체적인 진행과정 등이 "諸里諸社稷"條에 세세하게 기록되어 있다. 『通典』 卷 第121, 『開元禮纂類一』, 「吉禮十三」, 3082~3083쪽: "前一日, 社正及諸社人應祭者各淸齋一日於家正寢. 應設饌之家先修治神樹之下. 又爲瘞坎於神樹之北, 方深取足容物. 掌事者設社正位於稷座西北十步所, 東面; 諸社人位於其後, 東面南上.⋯⋯ 祭日未明, 烹牲於廚. 夙興, 掌饌者實祭器. 掌事者以席入, 社神之席設於神樹下, 稷神之席設於神樹西, 俱北向. 質明, 社正以下服其服.⋯⋯贊引者引社正詣社神座前, 跪奠爵於饌右, 興, 少退, 南向立. 祝持版進社神座東, 西面跪讀祝文曰: "維某年歲次月朋日, 子某坊(村者云某村, 以下准此.) 社正姓名合社若干人等, 敢昭告於社神: 唯神載育黎元, 長玆庶物, 時屬仲春(中秋), 日惟吉戊, 謹率常禮, 恭用特牲淸酌, 粢盛庶品, 祇薦於社神, 尙饗. 祝興, 社正以下及社人等俱再拜. ⋯⋯訖, 祝以血置於坎, 坎東西各一人實土. 半坎, 贊禮者少前, 白: 「禮畢」. 遂引社正等出. 祝與執樽者復當社神位再拜. 訖, 出其餘饌, 社人等俱於此餕, 如常會之儀. 其祝版燔於祭所."

[45] 『大唐開元禮』의 지방제사 관련 조목 중에 「諸州祈社稷, 禱諸神, 禜城門」, 「諸縣祈社稷及諸神」 등 '祈'자를 언급하는 제사는 「時旱祈太廟」, 「時旱祈太社」, 「時旱祈嶽鎭以下於北郊」, 「時旱就祈嶽鎭海瀆」, 「久雨禜祭國門」條와 함께 분류되어 있다는 점과 祭祀前에 행하는 齋戒 관련 규정에 있어서 刺史나 縣令이 "散齋二日, 致齋一日"의 齊戒儀式을 갖는 일반적인 규정과 달리, 祀官 祭場에서 하루 동안만 淸齋한다"는 규정을 볼 때 임시제사로 간주할 수 있다[『通典』 卷 第106, 『開元禮纂類一』, 「序例(上)」, 2762쪽].

「사일촌거(社日村居)」,⁴⁶ 「사일시(社日詩)」,⁴⁷ 「한재풍백인회이십일사인(旱祭風伯因懷李十一舍人)」⁴⁸과 같이 당시에 묘사된 시인의 소회와 의례전후의 상황이 인용되곤 한다. 심지어 덕종시기에 반포된 〈명거선인습개원례조(明擧選人習開元禮詔)〉는 개원례가 8세기 말부터 이미 서고(書庫)에 사장된 채 국가의례에 제대로 활용되지 못하는 것을 개탄하는 내용을 담고 있어서, 국가 예전의 시행에 대해 회의마저 들게 한다.⁴⁹

2) 돈황 구주역일과 사주지역 지방제사의 시행정황 분석

하지만 쟝보친(姜伯勤)의 지적처럼, 제문·제물·제장 등과 관련된 다양한 돈황 사회문서의 존재는 당시 사주지역에 있어서 지방제사의 시행에 대해 어느 정도 확신을 갖게 한다.⁵⁰ 그 가운데에서 구주역일은 당시 돈황에 거주하는 다양한 계층의 주민들에게 지방의례 시행 관련 정보를 전달해주는 매체이자 전파경로로서 중요한 의미를 갖는다. 당시 사주지역 지방의례의 종류와 특징을 심층적으로 검토하기 위해서, 당말·오대시기 31편의 구주역일 원문 상단에 기재된 24절기와 지방의례 관련 기록을 표로 정리해보면 다음과 같다.

---

46 "鵝湖山下稻梁肥, 豚阱雞對掩扉. 桑柘影斜春社散, 家家扶得醉人歸." 詩의 세 번째 구절에서는 분명히 春社를 언급하고 있지만 前段의 내용은 풍성한 가을을 연상케 한다. 저자 張演의 生卒年은 잘 알려져 있지 않지만, 咸通十三년(872)에 進士에 及第한 것으로 보아 대략 이 시기 전후에 활동했던 것으로 사료된다. 이 詩는『全唐詩』卷600, 北京: 中華書局, 6938쪽에 남아있다.
47 『全唐詩』卷231, 2536쪽.
48 詩文의 내용은 다음과 같다: "遠郡雖褊陋, 時祀奉朝經. 夙興祭風伯, 天氣曉暝冥. 導騎與從吏, 引我出東坰. 水霧重如雨, 山火高於星. ……"朱金城箋注『白居易集箋校』卷第11, 595쪽].
49 『全唐文』卷52, 德宗, 上海古籍出版社, 1990, 243쪽.
50 姜伯勤,『敦煌社會文書道論』, 台北: 新文豐出版社, 1992, 8쪽 참조.
51 이전 역일과 달리 표의 형태로 작성되어 있다. 社와 初伏을 최상단 蜜日을 표시하는

〈표 3〉 당말·오대 시기 돈황구주역일에 수록된 절일과 지방의례

	曆日名稱 및 發行日	殘存日子	曆日에 기재된 節日 및 地方儀禮 관련 내용
1	元和3年戊子歲[808]	4월 13일 ~ 5월 1일	
2	元和4年己丑歲[809]	4월 11일 ~ 6월 6일	立夏四月初(節)·祭雨師·小滿四月中·芒種五月初(節)·夏至五月中·小暑六月初(節)·初伏·大暑六月中·中伏
3	元和14年己亥歲[819]	5월 18일 ~ 6월 9일	
4	長慶元年辛丑歲[821]	2월 28일 ~ 4월 1일	穀雨三月中·立夏四月節
5	大和3年己酉歲[829]	11월 22일 ~ 12월 5일	
6	大和8年甲寅歲[834]	1월 1일 ~ 4월 14일	祭風伯·雨水正月中·始耕·驚蟄二月節·春分二月中·奠(釋奠)·社·靑(淸)明三月節·穀雨三月中·祭雨師·立夏四月節·小滿(月)中
7	大中12年戊寅歲[858]	1월 1일 ~ 5월 29일	立春正月節·祭風伯·雨水正月中·藉田·驚蟄二月節·啓原祭·春分二月節·奠·社·淸明二月節·穀雨三月中·立夏四月節·小滿四月中·芒種五月節·夏至五月中·小暑六月節
8	咸通5年甲申歲[864]	1월 1일 ~ 5월 21일	[祭]風伯·雨水正月中·藉田·啓原祭·驚蟄二月節·春分二月中·奠·社·淸明三月節·穀雨二(三)月甲(中)·立夏四月節·小滿四月中·[芒種]五月節·夏平(至)五月中
9	乾符4年丁酉歲[877]	2월 10일 ~ 12월 30일	驚蟄二月節·社·春分二月中·淸明三月節·穀雨三月中·立夏四月節·小滿四月·芒種五月節·夏至五月中·小暑六月節·初伏·大暑六月中·中伏·立秋七月節·後伏·處暑七月中·白露八月節·秋分八月中·寒露九月節·霜降九月中·立冬十月節·小雪十月中·大雪十一月節·冬至十一月中·小寒十二月節·大寒十二月中·立春正月節[51]
10	中和2年[882]劍南西川成都府樊賞家印本曆日		
11	光啓4年戊申歲[888]	9월 7일 ~ 11월 29일	霜降九月中·立冬十月節·小雪十月中·大雪十一月節·冬至十一月中·小雪十二月節
12	大順元年庚戌歲[890]	?	
13	大順2年辛亥歲[891]	4월 2일 ~ 5월 21일	夏至五月中

14	大順3年壬子歲[892]	11월 29일 ~ 12월 30일	小寒十二月節・大寒十二月中
15	景福2年癸丑歲[892]	4월 17일 ~ 12월 29일	小滿四月中・芒種五月節・夏至五月中・小暑六月節・大暑六月中・立秋七月節・處暑七月中・白露八月節・秋分八月中・寒露九月節・霜降九月中・立冬十月節・小雪十月中・大雪十一月節・冬至十一月節(中)・小寒十二月節・大寒十二月中・立春正月節
16	乾寧2年乙卯歲[895]	3월 4일 ~ 10월 11일 (4월4일~4월30일, 6월1일~11일까지 2단 내용이 결락됨)	清明三月節・穀雨三月中・夏至五月中・初伏・大暑六月中・中伏・立秋七月節・後伏・處暑七月中・白露八月節・奠・社・秋分八月中・寒露九月節・立冬十月節 (※三伏과 奠・社는 朱書로 기록함)
17	乾寧4年丁巳歲[897]	1월 1일 ~ 4월 30일	[驚蟄]二月節・春分二月中・□社・清明三月節・穀雨三月[中]・立夏四月節・祭雨師・小滿四月中・芒重(種)五月節
18	乾寧4年丁巳歲[897]	3월 6일 ~ 7월 14일 8월 1일 ~ 8월 14일	穀雨十(三)月中・立夏四月節・小滿四月中・芒種五月節・夏至五月中・小暑六月節・初伏・大暑六月中・中伏・立秋七月節・後伏・白露八月節 (※蜜日과 三伏 모두 朱書로 기록함)
19	光化3年庚申歲[900]	4월 22일 ~ 6월 18일	芒種五月節・夏至五月中・小暑六月節・初伏・大暑六月中
20	天復5年乙丑歲[905]	1월 1일 ~ 2월 18일	藉田・[驚蟄]二月節・春分二月中・
21	(後梁) 貞明8年壬午歲[922]	1월 1일 ~ 6월 26일 (결락된 부분이 많음)	立春正月節・雨水正月中・藉田・清明三月節・穀雨三月中・祭川原・立夏四月節・芒重(種)五月節 (※藉田을 朱書로 기록함)
22	貞明9年癸未歲[923]	10월 1일 ~ 12월 30일	大雪十一月節・小寒十一(二)月節・大寒十二月中・立春正月節
23	(後唐) 同光2年甲申歲[923]	1월 1일 ~ 1월 4일	祭風伯
24	同光4年丙戌歲[926]	1월 1일 ~ 12월 30일	立春正月節・藉田・啓源祭・祭風伯・雨水正[月]中・驚蟄二月節・奠・社・春分二月中・清明三日[月]節・穀雨三月節中・祭川源(原)・[立夏]四月節・祭雨師・小滿四月中・芒種五月節・夏至五月中・小暑六月節・初伏・大暑六月中・中伏・立秋七月節・末伏・處暑七月中・[白露]八月節・奠・社・秋分八月中・寒露九月節・霜降九月中・立冬十月節

			・小雪十月中・大雪十一月節・冬至十一月中・小寒十二月節・臘・大寒十二月中・立春正月節 (※臘을 朱書로 기록함)[52]
25	天成3年戊子歲[928]	본문내용 無	大曆序: "…・(前殘)先申日也. [祭]川原, 穀雨前後吉日也. 啓源(原)[祭], 獺祭魚前後開." 三伏: 夏至後第三庚, 初; 大暑後一庚, 中; 立秋後一庚, 後也. 臘近大寒前後辰, 亦日冬至後三辰.
26	長興4年癸巳歲[933]	3월 10일 ~ 7월 13일	穀雨三月中・立夏・四月節(連書하지 않고 立夏는 3월 28일에, 四月節은 4월 5일에 기록함)・小滿四月中・芒種五月節・夏至五月中・小暑六月節・大暑六月中・立秋七月節・ (※蜜日注는 朱書로 표시)
27	(後晉) 天福4年己亥歲[939]	1월 27일 ~ 2월 23일	驚蟄二月節[53]
28	天福9年甲辰歲[944]	4월 12일 ~ 6월 2일	立夏四月節・祭雨師・小滿四月中・芒種五月節・夏至五月中
29	天福10年乙巳歲[945]	1월 1일 ~ 2월 12일	雨水正月中・藉田・啓源祭・人日・驚蟄二月節・奠・社・春分二月中
30	(後周) 顯德3年丙辰歲[956]	1월 1일 ~ 12월 30일	雨水正月中・驚蟄二月節・春分三(二?)月中・清明三月節・穀雨三月中・立夏四月節・小滿四月中・芒種五月節・夏至五月中・小暑六月節・大暑六月中・立秋七月節・末伏・處暑七月中・白露八月節・奠・社・秋分八月中・寒露九月節・霜降九月節(中)・立冬十月節・小雪十月中・大雪十一月節・冬至十一月中・小寒十二月節・大寒十二月中・立春正月節・歲末[54]
31	顯德6年己未歲[959]	1월 1일 ~ 1월 3일	

일단 위의 표에 모아 놓은 돈황 구주역일 대부분이 잔편(殘片)이고, 한 해

란에 함께 기록하였고, 中伏과 後伏은 종전과 같이 표기하였다.
52 〈同光4年丙戌歲(926)具注曆日〉에서는 物候의 '虎始交'를 '武始交'로 避諱하였다. 唐에 대한 계승의식이 반영된 것으로 추정된다.
53 殘曆은 唐 李丙의 丙을 避諱하여 '景'으로 표기하였다. 이 부분에 대해 黃一農은 晉의 石氏정권에 대한 불만과 唐, 後唐에 대한 계승의식을 표시한 것으로 해석하였다.
54 (後周)顯德3年丙辰歲(956) 물후에서 虎始交 虎를 李虎와 연계해 避諱하지 않고 그대로 표기하였다.

의 지방의례 전체를 제대로 포함한 자료는 후량 〈동광4년 병술세[926] 구주 역일[同光四年丙戌歲具注曆日]〉 한 편 뿐이기 때문에, 자료가 제한적이라는 점은 충분히 감안해야 한다. 원래 역일원문 상단부에 기록된 표의 내용은 24절기와 지방의례로 구성된다. 이들 지방의례는 일정 정도 정부의 공식적 의례라는 특징을 가지고 있지만, 세분하면 적전(藉田)·삼복(三伏)·납(臘)과 같은 전통의례, 사·석전·우사·풍백과 같이 당대 예전에 국가제사로 명기되어 있는 국가의례 그리고 계원제(啓原祭)와 제천원(祭川源) 같은 돈황 고유의 지방의례로 분류할 수 있다.

먼저 전통의례를 살펴보면, 표에는 적전이 7회[태화8년 갑인세 시경(始耕) 1회 포함] 기록되어 있으며, 삼복 가운데 초복(初伏)이 7회, 중복(中伏)·말복[後혹은 末伏]이 각각 6회, 납이 2회 기록되어 있다. 이 가운데 적전은 당대 예전에 '지방제사'로 분류된 것은 아니지만, 농업의 개시를 알리는 기능성 때문에 일곱 차례나 출현한 것으로 판단된다. 이 점은 다음 장에서 상술할 입춘 전후로 토우(土牛)와 경인상(耕人像)을 조영하여 농기의 도래를 알렸던 토우례와 같은 맥락에서 이해할 수 있다.[55] 돈황역일 중 가장 오래된 것은 북위 태평진군(太平眞君)11년[450]과 태평진군12년 역일로서 현전하는 유일한 북조시대의 역서이기도 하다. 두 해의 역일 모두 일별로 표시된 것이 아니라, 월의 대소·삭일의 간지·윤월의 위치·절일 및 절기만을 표시한 간단한 형식으로 구성되어 있다. 주목되는 것은 간략한 내용임에도 불구하고, 사와 적전[始耕]을 표시해 놓았다는 점이다. 태평진군11년[450] 역일에는 "二月大……廿七日社", "八月大一日戊午收社", 태평진군12년 역일에는 "正月二日始耕", "二月大……四日社", "八月小……十六日社月食"[56]으로 기록

---

55 金相範, 「土牛儀禮의 法制化過程과 儀禮變化에 나타나는 時代的 含意」, 『歷史敎育』 第112輯, 2009.12.

56 太平眞君 11년(450), 太平眞君 12년 曆日은 1950년에 蘇瑩輝가, 1992년에는 劉操南이 각각 鈔本을 공포한 바 있지만, 원본은 전하지 않고 있다.

하고 있어서, 춘추 이사(二社) 외에 시경 즉 적전57을 명기하였다. 돈황역일이 기능적 속성상 농업 관련 의례를 중시하는 전통을 계승한 것으로 보인다.

복일과 납일은 한대에는 가장 중요한 절일 가운데 하나였다. 국가의 적극적인 개입과 지원으로 지방 곳곳에서 성대한 의례와 축제가 거행되었으며, 역보에도 기록되어 있었다.58 하지만 당대에 이르면 복일은 더위를 피해 하루 쉬는 절일로서, 납일은 납팔절(臘八節)이라는 불교행사에 의해 의례적 기능이 상쇄되면서 연말연초 행사의 일부로서 그 의미가 크게 축소되었다. 의례적 기능보다는,59 가녕령(假寧令)에 기록된 공식적인 절일로서60 역일에 기록되어 그 전통성이 전승되고 있음을 확인할 수 있다.

표에 기록된 지방의례 가운데 가장 주목되는 것은 역시 국가예전에서 '지방제사'로 명시한 지방차원의 국가제사이다. 출현 횟수를 계산해보면, 사가 전체 의례 가운데 10회로 가장 많고, 석전이 8회, 제우사(祭雨師)가 6회, 제풍백(祭風伯)이 5회 기록되어 있다. 앞에서도 언급했지만 사와 석전은 국가차원의 지방의례 가운데 양 축이라고 부를 수 있을 정도로 핵심적인 제사인데, 가장 많이 출현하는 것으로 보아 그 중요성이 역일에 그대로 반영되었음을 알 수 있다. P.2005호 문서에는61 사주(沙州) 주(州)・현학(縣學)

57　鄧文寬,「敦煌古曆叢識」,『敦煌學輯刊』1989-1.
58　金秉駿,「漢代의 節日과 地方統治-伏日과 臘日을 중심으로」,『東洋史學研究』第69輯, 2000.10.
59　唐代 節日의 다양한 의례행사와 그 특징에 관해서는 張澤咸의 논문을 참조할 수 있는데, 張澤咸도 伏日과 臘日은 언급하지 않고 있다[張澤咸,「唐代的節日」,『文史』第37輯, 1993.2].
60　假寧令第29 開元7년 令의 내용은 다음과 같다: "諸元日・冬至並給假七日(節前三日・節後三日), 寒食通淸明給假四日, 八月十五日・夏至及臘給三日(節前一日・節後一日), 正月七日・十五日・晦日・春秋二社・二月八日・三月三日・四月八日・五月五日・三伏・七月七日・十五日・九月九日・十月一日・立春・春分・立秋・秋分・立夏・立冬及毎月旬, 並給休假一日. 內外官五月給田假, 九月給授衣假, 分爲兩番, 各十五日. 田假, 若風土異宜, 種收不等, 通隨給之[『唐令拾遺』, 732~733쪽].
61　池田 溫의 考證에 의하면 이 문서는「沙州都督府圖經卷第三」부분에 해당된다.『沙

과 주·현 관할의 사직단 그리고 토지신(土地神)·풍백신·우사신·천신(祇神) 등 네 종류 제신묘(諸神廟)의 소재지가 명확하게 기재되어 있다.[62] 사주와 돈황현의 지방제사 제장(祭場) 외에도, 『사주도경(沙洲圖經)』 권5[P.5034]에는 "(□一)所社稷壇, 週回各卄四步. 右在縣西南一里州步. 唐乾封二年[667]奉□"이라는 내용이 보이는데, 이것은 당시 수창현(壽昌縣)에 위치했던 사직단에 관한 기록으로 추정된다. 이처럼 『사주도경』은 당시 사주주성과 돈황현, 수창현 등에 설치되었던 제장의 위치와 크기 등에 대해 자세히 묘사하고 있다. 사주 사직단 가운데 성 남쪽에 위치했던 사단(社壇)은 이미 유실되었지만, 서쪽에 위치했던 직단(稷壇)은 현재까지도 사주고성 서북 1km 지점에 남아있어서,[63] 변경인 이곳에서도 사직제사가 거행되었음을 증명해주고 있다.

사직제사의 시행을 증명하는 또 다른 자료로, P.2942에 보이는 〈사주제사광파용판(沙州祭社廣破用判)〉 판문(判文) 내용이 자주 인용된다. 사주 관청이 사직제사 활동에 쓸데없이 많은 낭비를 했음을 엄중히 힐책하고 해결방안을 강구하는 내용이다.[64] 내용 가운데 '소값[牛値]'에 관한 언급은 원칙적으로 소를 희생물로 삼는 태뢰례(太牢禮)가 대사나 중사에서만 적용된다는 점에서 주목된다. 주현의 사제(社祭)에서 소를 희생물로 바쳤다는 것은, 중

州都督府圖經』은 唐 永泰年間(765)에 編纂된 『沙洲圖經』을 기초로 增補하여 완성한 것이다. 「沙洲都督府圖經卷第三」에 관해서는 池田溫의 「沙洲圖經考略」, 『榎博士還曆記念東洋史論叢』, 東京: 山川出版社, 1975, 36쪽과 李正宇의 『古本敦煌鄕土志八種箋證』, 台北: 新文豊出版公司, 1997, 11쪽 참조.

[62] 唐耕耦·陸宏基 編, 『敦煌社會經濟文獻眞蹟釋錄』(第一輯), 北京: 書目文獻出版社, 1990, 12~13쪽. 李正宇, 『古本敦煌鄕土志八種箋證』, 台北: 新文豊出版社, 1997, 11쪽.

[63] 李正宇, 『敦煌鄕土志八鍾箋證』, 台北: 新文豊出版社, 1998, 86쪽.

[64] "艱虞已來, 庶事減省. 沙州祭社, 何獨豊濃? 稅錢各有區分, 祭社不合破用........酒肉菓脯, 已費不追, 布絹資身, 事須却納. 更責州狀, 將何塡陪(賠)牛直(値)? 將元案通" P.2942에 보이는 [沙州祭社廣破用判]의 判文內容은 寧可·郝春文 輯校, 『敦煌社邑文書輯較』, 742~743쪽 참조.

앙차원의 사직제사가 '대사'로 승격됨에 따라 이에 편승하여 지방의 사직제사도 '중사' 혹은 중사에 준하는 지위로 승격되었거나, 아니면 판문의 견책처럼 도에 지나치게 낭비하여 월례(越禮)한 것으로 추정할 수 있다.[65] 어찌되었든 판문 내용은 적어도 안사의 난이 막 끝나고 토번의 하서점령이 코앞에 닥친 위기상황 속에서도,[66] 지방제사가 관청의 주재로 거행되었음을 시사해 준다는데 의의가 있다.

우사와 풍백은 사직·석전의례와 더불어 역일에 나타나는 중요한 지방제사로서, 각각 6회와 5회 출현한다. 돈황문서 S.5747에는 귀의군절도사 장승봉(張承奉)의 〈천복5년 귀의군절도사 남양장공 제풍백문(天復五年歸義軍節度使南陽張公祭風伯文)〉[67]이 전하는데, 내용 중에 "[天]復五年歲[次乙]丑正月壬[戌]朔四日[乙]丑"을 언급하고 있어서 〈천복5년 을축세[905] 구주역일〉과 시기적으로 부합함을 알 수 있다. 정월 14일에 '적전'을 기록하고 있고, 동일한 날짜에 거행된 장승봉 '제풍백문'까지 전하고 있는 것으로 보아서 "4일 을축 금폐(四日乙丑金閉)" 하단부에 '제풍백(祭風伯)'이 기록되어 있어야 하는데, 원문에 정월 1일부터 5일까지 상단의 아래 부분에 기록되는 절일·물후 관련 기록과 하단의 길흉주(吉凶注)까지 판독이 불가능한 것[68]으로 미루어 볼 때, '제풍백'도 누락 혹은 소실되었을 가능성이 크다. 이 내용이 역일원문에 기록되었을 가능성을 상정한다면, '구주역일'이 지방제사의 시행일정을 지역민들에게 알려주는 정보매체로 기능한 사실을 증명해주는 직

---

65 이 부분에 대해서는 高明士, 앞의 글, 50쪽과 譚蟬雪,『敦煌歲時文化導論』, 臺北: 新文豊出版公司, 1998, 104~106쪽 참조.
66 판문집에 周逸과 僕固懷恩의 글이 보이는 것으로 보아, 年代는 대략 安史의 난이 끝날 무렵에서 吐蕃이 河西를 점령하기 이전의 기간으로 추정된다. 寧可·郝春文 輯校,『敦煌社邑文書輯較』, 743쪽 참조.
67 〈天復五年歸義軍節度使南陽張公祭風伯文〉은 姜伯勤,『敦煌社會文書導論』, 臺北: 新文豊出版公司, 1992, 7쪽 참조.
68 鄧文寬,『敦煌天文曆法文獻輯校』, 江蘇古籍出版社, 1996, 342쪽, 〈校紀〉注1.

접적인 자료라고 할 수 있을 것이다.

역일에서 확인되는 우사와 풍백제사의 시행은 돈황문서에 보이는 제문(祭文)을 통해서도 확인된다. S.1725호 문서에는 「석전문(釋奠文)」·「제사문(祭社文)」·「제우사문(祭雨師文)」·「제풍백문(祭風伯文)」 등 직접적으로 지방제사와 관련된 제문들이 수록되어 있다. 『대당개원례』 권70 길례에서는, 사직과 석전을 제외한 기타 제신(諸神)에 관한 부분에 대해서는 「諸州祈諸神」條, "축문내용이 사와 동일하다(祝文與祈社同)"는 말만 언급하고 있는데, S.1725호 문서는 우사·뇌신·풍사의 제문내용을 각각 별 건으로 전하고 있다. 뇌신(雷神)이 제신제사에 포함된 것이 천보연간 이후의 일이기 때문에, 본 문서에 뇌신의 제문이 포함된 사실은 천보연간 이후 예제의 변동을 반영하고 있는 것으로 간주할 수 있다.[69]

제문과 더불어 주의를 끄는 것은 이 문서의 배면에서 사주 제관(祭官)의 첩문(牒文)이 발견되었다는 점이다. 이것은 전술한 제사활동에 필요한 인력과 물자를 기록하여 보고한 관문서인데, 앞에 예를 든 「석전문」·「제사문」·「제우사문」·「제풍백문」 등이 실제로 사용되었을 가능성을 제고시켜준다는 측면에서 중요하다.[70] 『대당개원례』에는 지방제사활동에 사용되는 물품이 전혀 언급되지 않기 때문에, 예전을 보완해준다는 측면에서 사료적 가치를 지닌다.[71]

---

[69] S.1725號에 보이는 祭文내용은 다음과 같다: 祭雨師文: 敢昭告於雨師之神, 惟神德含元氣, 道運陰陽, 百穀仰其膏澤, 三農粢以成功. 倉(蒼)生是依, 莫不咸賴, 謹以致幣禮齊, 粢盛庶品, 恒奉舊章, 式陳明薦, 作主侑神. 敢昭告於雷神惟神德煙元氣, 道運陰陽, 將欲雨施雲行, 先發聲而隱隱, 陰凝結, 乃震響以雄雄. 黎元是依, 莫不咸賴, 謹以致幣禮齊, 粢盛庶品, 恒奉舊章, 式陳明薦. 祭風伯文: 敢昭告於風伯神, 惟神德含元氣, 體運陰陽, 百穀仰其結實, 三農粢以成功. 蒼生是依, 莫大咸賴, 謹以致幣禮齊, 粢盛庶品, 恒奉舊章, 式陳明薦, 伏維尚饗.

[70] 姜伯勤氏는 당시 沙洲地區에서 『大唐開元禮』에 게재된 의례규정에 따라 州단위의 지방제사가 확실히 실행되었음을 明證해준 것이 이 문건의 중요한 意義라고 지적한 바 있다. 牒文의 內容과 意義에 관해서는 姜伯勤, 『敦煌社會文書道論』, 台北: 新文豊出版社, 1992, 7~8쪽 참조.

이와 연관지어 역일의 지방의례 관련 기록 가운데 일부가 주서(朱書)로 표기되기 시작하는 점도 주목된다. 일례로 〈건녕2년 을묘세[895] 구주역일[乾寧二年乙卯歲具注曆日]〉내용 중에, "八月卄一日丁未水開 奠", "八月卄二日戊申土閉 社"의 기록에서 '전(奠)'과 '사(社)'는 모두 붉은 글씨로 기록되어 있다. 역서에 붉은 색으로 기록한 것은 가독성을 높이기 위한 조치로 그만큼 중요한 의미를 부여했다는 의미일 것이다. 앞서 언급한 바처럼 정보매체가 결핍되어 있던 시기에 구주역일은 년·월·일·요일 등 단순한 시간적인 정보 외에, 주민들의 생활과 깊은 관련이 있는 일상활동의 길흉 여부 등 다양한 정보를 제공하였다. 특히 주·현 지방제사는 정부에서 추진하는 통치이념을 주기적으로 선포하고, 절일로서 기층민중의 일상생활과 밀접한 관련을 맺고 있었기 때문에, 현재 공휴일이나 국경일이 다른 색깔로 표시되듯이 충분히 시선을 끌 수 있도록 적색으로 표기되었던 것이다.

다음으로 역일의 시의성문제, 즉 당대 후기 이후 국가예전의 변화를 역일이 어떻게 반영하고 있는지에 관해서 논의해보고자 한다. 일반적으로 당대 후기 길례 상의 변화는『대당개원례』와『대당교사록』의 관련 조목을 비교하는 방법 등을 통해 접근하고 있는데, 도교의례의 국가제사에 대한 영향을 위시한 다양한 변화가 제기되고 있지만, 지방제사 차원의 변화는 '뇌사(雷祀)의 신설' 정도이다. 하지만 위에 보이는 역일의 내용에서는 천보 연간에 부가된 뇌사는 찾아볼 수 없었다. 다만 앞의 S.1725호 문서에 뇌신에 대한 제문이 제우사문에 부속문의 형태로 기재되어 있었던 점과 P.2005호 문서에 보이는『사주도독부도경(沙州都督府圖經)』에 뇌신의 독립된 제단을 언급하지 않는 점을 함께 고려한다면, 우사의례를 거행하는 날 같은 제단에서 뇌신제사도 함께 거행했을 가능성을 상정할 수 있다.[72]

---

71 S.1725문서는 寧可·郝春文 輯校,『敦煌社邑文書輯較』, 江蘇古籍出版社, 1997, 695~696쪽과 姜伯勤,『敦煌社會文書導論』, 7~8쪽 참조. 이 밖에 地方祭祀의 祭文과 관련된 기록은 P.3896號 文書에도 보이는데「祭后稷氏文」과「祭雨師文」이 보인다.

그러나 사주지역에서 지방제사가 시행되었음을 증명해주는 다양한 문서가 존재하고, 중앙의 변화가 역일을 위시한 지방문서에 반영되었다고 해서, 사와 석전·우사·풍백 등의 '지방제사'가 국가의 의도대로 통치이념을 지역사회로 주입하고 지방통치의 안정성을 담보하는 정치·사회적 기능을 실현한 것으로 파악할 수는 없다. 그 운영 실태를 좀 더 자세히 검토해보면, 이미 오래 전부터 지방제사 자체가 동요하면서 그 내부에 다양한 변화가 발생했음을 알 수 있다. 후한 이래 이사(里社) 합일이 와해되면서 춘추이사의 의례적 기능이 약화되기 시작했고, 토지나 지역을 상징하던 '사신'의 신격도 '사공(社公)'이나 '사귀(社鬼)'로 추락했으며, 일부 제사의 양식도 단제(壇祭)에서 묘제(廟祭)로 변화가 발생하였다. 사주 지방제사의 운영에 토지신이나 천신(祇神) 같은 새로운 신들이 진입하기도 했다.[73] 중앙권력이 약화되고 분권화되면서 여러 지역에서 다양한 신령들이 지방관들의 제사를 받기도 했는데, 귀의군시기 돈황에서도 다양한 지역신앙들이 수면위로 부상하였다.[74]

이러한 추세를 감안할 때, 역일에 나타나는 의례가운데 계원제(啓原祭)가 5회, 제천원(祭川源)이 3회 출현하는 사실도 주목된다. 계원제와 제천원에 대해서는 기타 문헌자료와 출토자료에서 모두 확인할 수 없었다. 다만〈천성3년 무자세[928] 구주역일[天成三年戊子歲具注曆日]〉의 서문[大曆序]에는 두 의례의 거행일자를 "…[祭]川原, 穀雨前後吉日也. 啓源(原)[祭], 獺祭魚前後開."로 기록하고 있다. 현 단계에서는 돈황지역의 자연신 제사 정도로 추정할 수 있는데, 제국 전역에서 동시에 시행되는 국가의례 외에 돈황 지역

72　高明士는 S.1725V에 보이는 祭祀用品의 세목을 적은 牒文에서 "祭雨師二坐"가 출현하는데 원래 一座인 雨師의 祭地에 二座가 언급된 것은 바로 그 중의 하나가 雷神의 것에 해당되기 때문이라고 설명하였다. 高明士, 앞의 글, 61쪽.

73　金相範, 「地方祭祀體系와 民間信仰의 關係-唐代를 중심으로」, 『中國史研究』 第19輯, 中國史學會, 2002. 8, 92~106쪽.

74　余欣, 「神祇的"碎化:" 唐宋敦煌社祭變遷研究」, 『歷史研究』 2006年 第3期.

의 지방의례가 함께 시행되었음이 구주역일에 반영된 것으로 이해할 수 있다. 구주역일은 지방차원의 '국가제사'와 그 현재적 변화를 반영하면서도, 전통 절일풍속으로 여전히 전승되고 있던 '전통의례'와 새롭게 부상하는 돈황의 '지역의례'가 지역민들의 일상생활 속으로 한 걸음 다가서게 하는데 일정한 기여를 하고 있었던 것이다.

4. 맺음말

이 글은 예제의 적용범위가 서인(庶人)에게까지 확대되면서 예가 지배층 위주의 제한된 규범에서 보편적인 사회규범으로 발전해가는 당말 오대시기에 있어서, 예제와 관련된 정보가 민간에 전달되는 경로와 그 특징을 분석해보자는 취지로 작성하게 되었다. 필자는 예제의 지식이 확산되는 여러 유형의 기록물 가운데 '역일'로 일컬어지던 캘린더를 주목해보았다. 원래 역일은 국가 천문기구에 의해 편찬되었다. 당대 후반기에 접어들면서 민간에서 제작하여 상업적으로 유통시키는 사례가 늘어났으며, 특히 인쇄술의 발달과 맞물리면서 더욱 폭넓게 보급되었다. 이 시기에는 역일의 체례와 내용에도 적지 않은 변화가 발생하였다. 당대 역일은 기본적으로는 진한시기의 역보를 계승하였지만, 취부(聚婦)·착정(鑿井) 등 일서(日書)에 보이는 내용 외에도, 배관(拜官)·이사·치병 등 다종다양한 일상생활에 대해서 길흉의기를 판별하는 내용이 추가되었다. 역일에 이러한 생활정보가 추가되면서 일상생활과 더욱 밀접한 관련을 가지게 된 것인데, 주목되는 것은 많은 독자들이 매일같이 확인하게 된 새로운 차원의 기록물에 국가의례 가운데 지방정부에서 주도하는 지방의례가 구체적으로 기록되었다는 점이다. 이 글에서는 돈황 장경동에서 발견된 구주역일을 분석의 대상으로 삼았는데, 덩워콴의 『돈황천문역법문헌집교』에 수록된 총 38편의 역일 가운데 당말·오대시기의 것이 31편에 달한다. 이들 역일 대다수가 잔편들이어서 전년(全年)의 지방제사를 포함하는 자료는 거의 없지만, 이를 여타 문헌자료, 돈황자료 등과 비교·분석해보면서 다음과 같은 특징을 발견할 수 있었다.

첫 번째로 잔편이어서 한계는 있지만, 구주역일에 나타나는 지방의례의 횟수를 계산해보면, 사와 석전 등이 가장 많이 출현하는데, 사와 석전이 국가예전에 기재된 지방제사의 핵심적인 제사라는 점을 감안하면, 그 중요성이 역일에 그대로 반영되고 있음을 시사해준다. 역일에 자주 출현하는 '우사'와 '풍백' 역시 예전에 '제신사(諸神祠)'로 기재된 지방제사인데, 구주역일의 내용이 기본적으로 예전의 주현제사 관련 규정을 준수하고 있음을 알 수 있다.

두 번째로 적전과 복일 등 전통절일의 의례가 주목된다. 물론 진한대의 의례적 기능이 상당부분 변질되었고 예전에 지방제사로 등록된 것도 아니었지만, 농업의 개시를 알리는 권농의례적 기능성과 전통의례의 지속성이 역일에 반영된 것으로 사료된다.

세 번째로 당대 후기 이래로 중앙권력의 약화와 분권화로 지방제사의 동요가 가속화됨과 동시에 다양한 지역신앙이 부상하는 추세를 보이는데, 귀의군시기의 돈황에서도 이러한 사실이 확인된다. 돈황역일에서 발견되는 지방의례 가운데 계원제와 제천원도 이러한 지역성이 의례상에 반영된 것으로 추정된다.

마지막으로 역일의 현재성 문제를 살펴보고자 한다. 구주역일 상단에는 계절의 순환을 자연의 징후를 통해 표시한 72물후가 기재되어 있는데, 주목되는 사실은 돈황구주역일의 물후가 『예기』가 아닌 당 현종 『어간정예기월령』에 근거하여 기록하고 있다는 점이다. 역일이 『어간정예기월령』

의 출현으로 발생한 예전의 변동사항을 반영하고 있는 것이다. 천보연간 이후 지방제사에는 '뇌사'가 증설되는데, 역일에서는 뇌사는 찾아볼 수 없었다. 다만 S.1725호 문서에 뇌신의 제문이 '제우사문(祭雨師文)'에 종속된 형태로 기재되어 있고, 제사용품의 세목을 적은 S.1725V 문서의 첩문에 "제풍백일좌(祭風伯一坐)"와는 달리 "제우사이좌(祭雨師二坐)"로 기록된 점을 참작하면, 뇌신의 제사는 우사와 동일한 제단에서 거행했다고 추정할 수 있다. 이렇게 가정한다면, 역일의 기록은 당대 후기 이후 예제의 변동사항을 충실히 반영하고 있는 것이다. 역일의 일부 지방제사 관련 기록이 붉은색 글씨로 강조되기 시작한 점도 주목되는데, 가독성을 높이기 위한 것으로 그 만큼 절일로서 중요한 의미를 갖기 때문이다.

이러한 점들을 종합적으로 고려하면 당대 후기 이후 역일은 당대인들의 금기의식을 고려하여 일상의 생활을 인도하는 지침서였을 뿐 아니라, 국가의 통치이념과 권농의식을 주기적으로 환기시키는 의례 안내서로 기능했음을 알 수 있다. 역일을 통해서 국가의례·전통의례·지역의례 등 다양한 특징의 지방의례가 지역민들의 일상생활 속으로 한층 더 다가설 수 있었던 것이다.

제4장

토우례의 법제화 과정과 의례변화

천성령과 당령의 비교를 중심으로

1. 머리말

오랫동안 닝보[寧波] 천일각(天一閣)에 소장되어 있던 명(明) 백면지(白綿紙) 오사란초본(烏絲欄抄本) 관품령(官品令) 1책(冊)이 다이젠궈[戴建國] 등의 고증을 통해 '관품령'이 아니라 실전된『천성령(天聖令)』으로 밝혀지면서 법제사 연구자들의 주목을 받고 있다.[1] 북송 인종 천성7년[1029]에 공포된 천성령의 수찬작업은 '당령(唐令)'을 기초로 이루어져, '당령' 내용을 부록(附錄) 형

---

[1] 『天聖令』이 발견된 이래로 중국, 일본, 대만 등지에서 활발한 연구가 진행되고 있다. 『唐研究』第12卷(北京大學出版部, 2006.12)은 '『天聖令(附唐令)』研究'라는 부제 하에 8편의 관련 논문을 게재한 바 있다. 2008년 12월에 발간된『唐研究』第14卷은 '天聖令과 이에 반영된 唐宋時代의 制度와 社會 특집호(『天聖令』及所反映的唐宋制度與社會研究專號)'로 꾸며졌는데, 劉後濱, 榮新江의 권두언과 중국, 타이완, 일본 학자들의 논문 24편이 게재되었다. 또한 후반부에는 中國社會科學院 歷史研究所 天聖令 整理課題組가 校證한『天一閣藏明抄本天聖令校證-附唐令復原研究』에 대하여 대만학자들이 세목별로 상세히 평가한 서평을 실었다. 2009년 11월 6일과 7일에는 國立臺灣師範大學에서 '新史料·新觀點·新視覺-天聖令國際學術研討會'라는 제목으로 천성령 국제학술대회가 개최되었다. 高明士가 '천성령의 발견과 그 역사적 의의'라는 제목으로 기조강연을 하였고, 대만, 중국, 일본, 한국 학자들이 총23편의 논문을 발표하였다. 일본학계에서는 仁井田陞과 池田溫 등이 중심이 되어 오랫동안 唐令 연구의 성과를 축적해왔는데, 이런 연유로 천성령은 발견될 때부터 중국과 일본학계의 긴밀한 공조아래 校證 작업이 이루어졌다. 최근 들어서는 대만과 한국학자들까지도 본격적인 연구에 참여하면서 천성령은 바야흐로 국제학계의 뜨거운 조명을 받게 되었다.

식으로 남겨 놓았기 때문에 당송법제사를 비교 연구하는데 있어서 빠뜨릴 수 없는 자료로 평가되고 있다. 이를 기초로 지금까지 이루어진 당령에 대한 복원작업도 새롭게 검토되고 있다. 천성령은 원래 총 4책 30권으로 구성되는데, 현재는 1책 10권만 전한다.² 이 가운데 영선령(營繕令)에는 권농을 위해 입춘 직전 성문밖에 토우(土牛)와 경인(耕人) 상을 조영하는 것과 관련된 규정이 보인다. 원문내용을 살펴보면 다음과 같다.

[宋11]立春前, 三京府及諸州縣門外, 幷造土牛耕人, <u>其形色依司天監每歲奏定頒下, 縣在州郭者, 不得別造</u>.³

영선령은 도시계획이나 공공건설사업과 관련된 법령으로서 당대 들어 처음으로 단일 편목(篇目)의 영문(令文)으로 독립된다. 『당육전』 권6 「형부낭중원외랑(刑部郎中員外郞)」 조목에 따르면 늦어도 개원7년[719]에 반포되는 개원전령(開元前令)에 영선령이 출현하는데, 전체 27편으로 이루어진 당령 가운데 제25편에 위치한다.⁴

『당령습유보(唐令拾遺補)』에서는 『개원례』 권3 서례(序例) 하(下) 잡제(雜制)와 『통전(通典)』 「개원례찬류(開元禮纂類)」 3 서례 하 〈잡제〉 그리고 『문원영화(文苑英華)』와 『전당문(全唐文)』에 보이는 관련 판문(判文)을 참조하여 "<u>凡立春前, 兩京及諸州縣門外, 幷造土牛耕人, 各隨方色</u>"으로 복원하였다. 주목되는 것은 주로 『개원례』에 의거하다 보니 『당령습유보』에서는 이 내용을 '사령제8(祠令第八)'로 분류했다는 점이다.⁵ 이에 뉴라이잉[牛來穎]은 『천성

---

2 袁慧, 「天一閣藏明抄本及天其保護經過」; 宋家鈺, 天一閣博物館・中國社會科學院歷史研究所天聖令整理課題組 校證, 「明鈔本北宋天聖令(附唐開元令)의 重要學術價值」, 『天一閣藏明抄本天聖令校證-附唐令復原硏究』, 中華書局, 2006, 1~13쪽.

3 위의 책, 「營繕令」 卷第二十八, 354쪽.

4 李林甫等 撰, 『唐六典』, 「尙書刑部」 卷第六, 中華書局, 1992, 183~184쪽.

5 仁井田陞 著, 池田溫 編輯代表, 『唐令拾遺補訂』, 東京大學出版會, 1997, 509쪽, 祠令第八, 補一七.

령』에서 영선령으로 분류한 것과 구광정(丘光庭)의 『겸명서(兼明書)』 권1 〈토우의(土牛義)〉에서 관련 내용을 영선령으로 언급하고 있는 사실[6] 등을 참조하여, 이 내용을 『당령』 '영선령'으로 확정하였다. 축조의 시점을 가리키는 '입춘전(立春前)' 부분에 대해서도, 『겸명서』 〈토우의〉의 내용과 『문원영화』와 『전당문』에 기재된 판문에서 "춘전이일(春前二日)"로 기록한 사실에 의거하여 "입춘전이일(立春前二日)"로 수정하였다. 『겸명서』 〈토우의〉에서는 '각립(各立)' 부분이 언급되는데, 이에 대해 『천성령』과 『통전』「개원례찬류」 그리고 『대당개원례』에서 모두 '병조(幷造)'로 기록한 사실과, 『문원영화』와 『전당문』에서도 비슷하게 '조(造)'로 기재한 점을 참조하여 '병조(幷造)'로 확정하였다. 뉴라이잉이 『당령』 영선령으로 새롭게 복원한 내용은 다음과 같다.

[復原11]立春前二日, 京城及諸州縣門外, 幷造土牛耕人, 各隨方色.[7]

그렇다면 당초 월령[시령]적인 특징을 갖고 있었던 본 조목은 어떤 경과를 통해 당대에 처음으로 출현한 영선령에 진입하게 되었고 그 주요한 특징은 무엇일까? 당령과 천성령의 관련 조항은 기본적으로 어떠한 차이를 내포하고 있으며 그 의의는 무엇일까? 이 글에서는 본 조문의 법제화 과정을 살펴보고, 당령과 천성령을 면밀하게 비교, 분석해 봄으로써 의례의 시대적 변화와 그 함의에 대해서 검토해보겠다. 또한 시의(時宜), 시금(時禁)의 시간금기 인식이 반영된 법제변화의 궤적을 추적해봄으로써, 시령의 지속성과 영향력 변화에 대해서도 고찰해보겠다.

---

[6] 丘光庭, 『兼明書』 卷一, 「諸書」, 〈土牛義〉(『說郛』 卷六(下), 陶宗儀 撰, 『說郛3種』, 上海古籍出版社影印本, 1988).

[7] 牛來穎, 「天聖營繕令復元唐令硏究」, 『天一閣藏明抄本天聖令校證(附唐令復原硏究)』, 650쪽.

2. 토우례 관련 조문의 법제화 과정

1) '출토우' 의례의 연원과 현천치『월령조조』

전국시대와 진한의 법령 가운데 적지 않은 부분이 주술적인 습관에 길들여진 피지배층을 효율적으로 통제하기 위해서 원시적 타부나 금기(禁忌) 같은 주술적 관습법을 모태로 하고 있다는 점은 주지하는 사실이다.[8] 시의·시금의 시령(時令) 역시 일찍부터 법제화되는데, 운몽수호지(雲夢睡虎地)에서 발견된 진간(秦簡) 〈전률(田律)〉에도 이미 시령과 관련된 금령(禁令)이 포함되어 있다.[9] 한대에 이르면 시령은 천인감응(天人感應)적 우주론과 긴밀하게 결합하였다. 연말이면 정례적으로 '시령'을 논하는 의례를 거행하였고,[10] 재이(災異)가 발생했을 때에는 시령의 준수 여부를 놓고 쟁론을 벌일 정도로 정치적 영향력이 증대되었다. 그럼에도 불구하고 전한 중기까지도 시령은 정치제도에 체계적으로 반영되지는 못했다. 시령 자체의 기원이 워낙 복잡하고 학설도 다양하여 확실한 주류세력을 형성하지 못했다는 점이 주요한 이유로 거론된다.[11] 이런 점을 감안할 때 전한 대에 시행된 시령은 단일 계통의 것이라기보다는 현실적 필요와 '조종고사(祖宗故事)'에 의거해서 다방면에서 취사선택된 후, 개정을 거쳐 형성된 '한가월령(漢家月令)'이라는 주장이 설득력이 있어 보인다.

다양한 시령서 가운데, 『여씨춘추(呂氏春秋)』「12기(十二紀)」와 『예기』「월

8 　李成九,『中國古代의 呪術的 思惟와 帝王統治』, 一潮閣, 1997, 248~268쪽.
9 　이러한 사실 가운데 일부 내용만 인용해보면 다음과 같다. "春二月, 毋敢伐材木山林及雝隄除水. 不夏月, 毋敢夜草爲灰, ……[睡虎地秦墓竹簡整理小組,『睡虎地秦墓竹簡』, 文物出版社, 1978, 26쪽]."
10 　『禮記』,「月令」: "(季冬之月)天子乃與公卿大夫共飭國典, 論時令." 漢代 讀時令禮의 施行에 대해서는「讀月令」,『國立政治大學學報』21期, 1970, 1~14쪽 참조.
11 　李零도 時令의 연원을 가장 간단하게 구분하면 '月令' 계통과 '四時五行時令' 계통으로 양분할 수 있지만, 각 계통의 내부에서 異說이 雜沓하다고 언급하였다. 李零,「『管子』三十時節與二十四節氣」,『管子學刊』1988-2, 18~25쪽.

령」계통의 시령서들이 주류로 부상하는 것은 평제(平帝) 시기를 전후해서 이다.[12] 특히 일정한 선별과정을 통해『예기』「월령」속에 편입된 내용들은, 유교경전의 전범(典範)적인 지위로 인해 향후 지속적인 영향력을 발휘하게 된다.[13] 본문에서 다루고 있는『천성령』과『당령』의 '영선령' 관련 조목도『여씨춘추』「계동기(季冬紀)」나『예기』「월령」에 거의 비슷한 내용이 보여 법령의 연원으로 추정할 수 있는데, 관련 내용을 인용해보면 다음과 같다.

(季冬之月)命有司大儺(難), 旁磔, 出土牛, 以送寒氣.[14]

상문 내용 가운데 '대나(大儺)'에 대해서, 후한 말의 주석가인 고유(高誘)는『여씨춘추』「계동기」관련 내용에 대해서, 음기(陰氣)를 완전히 끝내고 양기(陽氣)를 인도하기 위한 것으로 근자에는 납세일(臘歲日) 하루 전에 북을 두드려 역귀(疫鬼)를 쫓는 축제(逐除) 의식을 병행한다고 설명하였다.[15]『예기』「월령」에서는『여씨춘추』「계동기」의 '儺'를 '難'으로 기록하고 있는데, 정현(鄭玄)은 '難'을 '음기를 막는 것(難陰氣)'이라고 해석하였다. 또한 '방책(旁磔)'에 대해서도 방(旁)이 사방의 문을 가리키고, 책(磔)은 바로 그곳에서 개[犬]나 양[羊] 같은 희생물을 피책(披磔)하여 거행하는 양제(禳祭)를 의미

---

12   邢義田,「月令與前漢政治-從尹灣集簿中的「以春令成戶」說起」,『新史學』九卷一期, 1998.3, 51쪽.
13   『漢書』(이하 正史는 모두 1998년 北京 中華書局 標點本을 이용) 卷九「元帝紀」의 "冬十一月, 詔曰: 乃者已丑, 地動, 中冬雨水, 大霧, 盜賊並起, 吏何不以時禁?"에 대해 顔師古는 "時禁, 爲月令所當禁斷也"라고 주를 달았고『漢書』卷九, 29쪽」, 또한 卷十「成帝紀」의 "二年春, 寒. 詔曰: …… 今公卿大夫或不信陰陽, 薄而小之, 所奏請, 多違時政" 부분에 대해 李奇는 注에서 "時政, 月令也"라고 언급한 바 있다『漢書』卷十, 31쪽」.
14   陳奇猷 校釋,『呂氏春秋校釋』卷第12「季冬紀」, 學林出版社, 1995, 615~618쪽; 孫希旦 撰,『禮記集解』卷17, 月令第6之3「月令」, 中華書局, 1996, 500쪽).
15   陳奇猷校釋,『呂氏春秋校釋』卷12,「季冬紀」, 學林出版社, 1995, 615~618쪽: "大儺, 逐盡陰氣爲陽導也. 今人臘歲前一日, 擊鼓驅疫, 謂之逐除是也."

하는데, 역시 음기를 쫓기 위한 것이라고 주장하였다.

영선령 관련 조항의 직접적인 기원에 해당하는 "出土牛, 以送寒氣"에 대해서는, 일반적으로 출(出)을 만든다는 의미의 작(作)으로, 송(送)을 끝낸다는 필(畢)로 해석한다. 『예기정의』에서는 이 시기 달의 위치[時月]가 건축(建丑) 즉 우(牛)에 해당하고, 오행상승(五行相勝)의 원리에 의하면 '토승수(土勝水)'이기 때문에, 토우를 만들어 토의 기운으로 수의 한기 즉 음기를 끝내는 것이라고 설명하였다.[16] 이임보[李林甫, 683~753]는 이때 개[犬]를 희생물로 사용하는 것에 대해서도, 개[犬]가 금(金)의 기운에 속하기 때문에, 음기인 금기운을 죽임으로써 봄의 기운인 목(木) 기운을 북돋기 위한 것이라고 설명한 바 있다.[17] 이러한 주석 내용을 종합해보면, '대나', '방책', '출토우' 등 세 가지 의례 모두 결국은 새해의 양기를 순조롭게 받아들이기 위해서 지난해의 음기를 끝낸다는 의례적인 목적을 내포하고 있음을 알 수 있다.

그렇다면 본문에서 다루는 위의 시령 관련 조항이 실제로 법제화되는 단서를 보여주는 사례는 없을까? 평제 원시(元始)5년[기원 5년] 5월에 행정문서의 형식으로 반포된 『사자화중소독찰조서사시월령오십조(使者和中所督察詔書四時月令五十條)』[이하 『월령조조(月令詔條)』로 약칭함]는 중요한 가치를 지닌다. 1992년 돈황(敦煌)의 작은 역참이었던 현천치(懸泉置) 유지(遺址)에서 출토된 『월령조조』는 원래 현천치 소재 오보(塢堡) 북측건물 F26 남벽에 쓰여 있던 것을 복원한 것이다.[18] 이 조령은 평제를 대신하여 '태왕태후[大王大后]'의 명의로 반포되었다. 당시 왕망(王莽)이 이미 실권을 장악하였고 벽옹(辟雍)과 명당(明堂)을 재건하는 등 탁고개제(托古改制)를 통한 찬위에 혈안이

16　『禮記正義』卷17(阮元 校勘, 『十三經注疏』, 大化書局, 1982), 155쪽[총 1386쪽]).
17　李林甫는『唐月令注』에서 이 부분에 대해, " …… 犬屬金, 冬盡春興, 春爲木, 故殺金以助木氣"라고 설명하였다.
18　당시의 발굴상황과 懸泉置에서 발굴된 2만 여점에 달하는 簡牘, 帛, 紙文書 등에 대해서는 「甘肅敦煌漢代懸泉置遺址發掘簡報」; 「敦煌懸泉漢簡內容槪述」; 「敦煌懸泉漢簡置釋文選」, 『文物』2000-5 참조.

되었던 만큼, 명당에서 월령을 반포하여 사시(四時)를 바로잡고 교화에 힘썼다는 주공(周公)의 전설을 모방하여 전국에 사시월령을 반포한 것으로 추정된다. 『월령조조』 79, 80, 81행에 보이는 관련 내용을 제시해보면 다음과 같다.

告有司□□旁磔[出土牛]以送寒氣.　　謂天下皆以☑　　　　　　　(79行)
　　　　　　　　　　　　　　　　　歲終其畢以送之, 皆盡其日.　(80行)
右季冬月令一[條].　　　　　　　　　　　　　　　　　　　　　(81行)[19]

당시 왕망은 월령의 내용을 사항별로 축약하여 조조(詔條)의 형태로 총 50조목(條目)을 반포하였다. 동령(冬令) 10조목 가운데 계동령은 위의 한 조목뿐이어서 그 비중을 알 수 있다. 밑줄 친 내용 가운데 □□부분은 대나(大儺)로 추정할 수 있고, [출토우(出土牛)] 부분은 촬영한 원판에 '우(牛)'자가 희미하게 남아있다는 것으로 보아 '출토우(出土牛)'로 확정할 수 있을 것이다. 79행의 전반부 내용은 '명유사(命有司)'를 '고유사(告有司)'로 바꾼 부분을 제외하고는 『예기』「월령」편과 정확히 일치한다. 왕망의 명을 받은 수찬자(修撰者)가 『예기월령』편을 중심으로 핵심내용을 선별한 것으로 추정된다.[20]

이 조문의 문서적 성격을 파악하기 위해서, 연구자들은 '조조(詔條)'라는 문서형식이 일반적으로 법적 구속력을 갖고 있다는 점과 더불어, 『월령조조』의 시행정황을 알려주는 간독(簡牘)자료에 주목해왔다. 특히 거연신간(居延新簡) 가운데, 왕망이 신(新)을 개국한 후 백성들에게 시금의 엄수를 요구하는 조령[21]과 이에 대해 거연 주둔 부대의 이(吏) 7인, 졸(卒) 24인이 '사

19　中國文物研究所·甘肅省文物考古研究所 編, 『敦煌懸泉月令詔條』, 中華書局, 2001, 7쪽.
20　위의 책, 32쪽.
21　甘肅省文物考古研究所 等編, 『居延新簡(秦漢魏晉南北朝出土文獻)』, 文物出版社, 1990, 363쪽. "制詔納言其令百遼屢省所典修厥職務順時氣 ●始= 建國天鳳三年十一月戊寅下

시금(四時禁)'을 준수할 것임을 상부에 보고하는 내용이 확인된다.[22] 비록 왕망이 『월령조조』를 반포한 것은 황위찬탈을 위한 포석으로서 정치적 의도가 농후하지만, 적어도 『월령조조』가 당시 법적 규제력을 갖고 있었고 건국 후에도 이를 지속적으로 시행하려 했음을 시사해주는 것이다. 어쨌든 계동월에 '대나', '방책', '출토우'라는 세 가지 의례를 연속적으로 시행하여, 지난해의 한기[陰氣]를 틀어막고 새해 양기의 도래를 이끈다는 시령에서 연원한 의례적 통념이, 왕망의 『월령조조』에 의해서 규범적 성격의 행정문서로 전환되었다는 점에서 이러한 변화는 중요한 의의를 갖는다. 물론 이 문서의 내용 역시 계동에 시행되는 '출토우' 의례의 핵심이 여전히 '기의 순통(順通)'임을 시사해준다.

후한대에도 시령의 시금조항을 준수할 것을 요구하는 정부의 조서와 관련 지방 문건들이 발견된다. 일례로 건무(建武)4년[28]과 6년에 거연의 갑거후관(甲渠候官)이 "마우를 도살할 수 없다[毋得屠殺馬牛]"[23]와 "수목을 벌목할 수 없다[毋得伐樹木]"[24] 등 시금 관련 조서를 위반한 사람이 한 명도 없다고 상부에 보고하는 내용이 거연신간에서 확인되었다. 조서의 실제적인 법적 효과가 어떠했는지 확실히 판단하기는 어렵겠지만, 적어도 행정명령을 통해 시령을 지방차원까지 확산시키려고 한 중앙정부의 의지와 지방의 호응을 확인할 수 있다는 점에서 의미가 있다.

(「破城子探方」 五九(E.P.T.59:61))."

22 앞의 책, 370쪽. "以書言會月二日●謹案部隊六所吏七人卒廿四人毋犯= 四時禁者謁報敢言之(「破城子探方」 五九(E.P.T.59:161))."

23 앞의 책, 479쪽. "建武四年五月辛巳朔戊子甲渠塞尉放行候事敢言之府= 移使者□ 所詔書曰毋得屠殺馬牛有無四時言●謹案部吏毋屠殺= 馬牛者敢□□ (E.P.F.22:47B)掾譚(「破城子房屋」 二二(E.P.F.22:47A))."

24 앞의 책, 479~480쪽. "建武四年五月辛巳朔戊子甲渠塞尉放行候事敢言之詔= 書曰吏民毋得伐樹木有無四時言●謹案部吏毋伐樹木者敢言之(E.P.F.22:47B)掾譚(「破城子房屋」 二二(E.P.F.22:48A))."

2) 농경 의례적 성격의 강화

후한대에는 '출토우' 의례의 전개에 있어서 중요한 변화가 발생한다. 『후한서』「예의지」에는 매월 삭일(朔日)에 태사(太史)가 올리는 월력에 의거해서 시정(時政)과 관련 의례를 차례로 거행한다는 내용이 수록되어 있다. 주목되는 것은 「예의(상)」에서는 입춘일에 도성을 위시한 군(郡), 국(國), 현(縣) 성문 밖마다 '토우(土牛) 경인(耕人)'을 세워 많은 백성들로 하여금 보게 한다는 내용이 나타난 뒤,[25] 다음 권인 「예의(중)」 계동월 조목에 국도(國都)와 군·현성 밖 축지(丑地)에 토우 여섯 두를 세워 대한(大寒)을 끝낸다는 내용이 재차 출현한다는 점이다.[26]

계동월과 입춘일이 시기적으로 근접해 있기 때문에, 앞과 뒤에서 언급하는 토우가 다른 것일까 하는 의심이 들지만, 본문 내용만으로 단정하기는 쉽지 않다. 다만 계동월 의례에서 여섯 두의 토우가 언급되는데 반해 입춘 일에는 토우가 경인상과 함께 전시되기 시작한다는 점에서 의례 내용에 있어서의 변화를 암시해준다고 할 수 있다. 한기를 끝내고 기의 순통을 조장하기 위하여 전한까지 계동월에 거행되었던 의례는 여섯 마리의 토우를 세워 이전과 같이 '계동의례'로 진행되었고, '토우' 곁에 '경인'을 배치하여 농기(農期)의 도래를 선포하는 '입춘의례'가 추가되었던 것이다. 물론 '입춘의례' 역시 의례의 기본적인 설계에는 음양오행설에 근거하여 기의 흐름과 조화를 중시하고 이에 상응하는 조치들을 반영하고 있다. 의례 역시 봄기운을 상징하는 동문에서 청색 깃발을 세우고 청색 관복과 책건을 쓴 관리들이 주재하였으며, 음의 살기가 만물의 생장을 막을 수 있기 때문에 '무장

---

25 "立春之日, 夜漏未盡五刻, 京都百官, 皆衣靑, 郡國縣道官下至斗食令史皆服靑幘, 立靑幡, 施土牛·耕人於門外, 以示兆民, 至立夏. 唯武官不. (『後漢書』 卷14, 「禮儀志」 第四, 禮儀(上) 〈立春〉)"

26 "(季冬之月), …… 是月也, 立土牛六頭於國都·郡·縣城外丑地, 以送大寒. (『後漢書』 卷15, 「禮儀志」 第五, 禮儀(中) 〈土牛〉)"

(武將)'의 출입을 엄금했다. 의례의 상징적인 절차와 기구들이 여전히 오행의 순환을 중시하고 있음을 반증해준다.

하지만 후한대 토우례 변화의 핵심은 역시 두 의례의 중심점이 점차 계동의례에서 입춘의례로 전이되고 있다는 점이다. '경인'의 등장은 '토우'의 상징성에 현저한 변화를 가져왔는데, 농경의 개시를 알리는 기능이 의례의 주요한 목적으로 부각된 것이다. 후한까지는 '토우'를 매개로 입춘례와 계동례가 동시에 거행되었지만, 상징의 변화는 입춘 권농례로 일원화될 가능성을 예시해주는 것이다. 사실 이 시기 토우례의 변화는 원제(元帝)·평제(平帝)·왕망(王莽) 시기를 거치면서 조정에서의 위상을 확립해가는 유가관료들에 의해서 예악이론이 확립되고 마침내 후한 대에 이르러 유교 국가제사가 제도적 면모를 구비하는 추세와 대체로 맥락을 같이한다.[27] 유교적 국가제사의 중요한 특징이 후한대에 정례화되는 '황제친경(皇帝親耕)'과 '황후친잠(皇后親蠶)'에서 확인되듯이 '농업의례'가 강화된다는 점이다. 토우례의 변화도 기본적으로 유교적 국가의례의 정비와 궤를 같이하고 있는 것이다.

후한시기에 나타나는 토우례의 변화는 위진남북조 시대를 거치며 현실화된다. 북제(北齊) 시기에는 토우의 설치기간이 5일로 단축되었고, 의례 전시품은 경부(耕夫) 외에 농기구인 이구(犁具)가 다시 추가되었다.[28] 토우를 매개로 계동에서 입춘까지 이어지던 의례가 '입춘중심의례'로 전환되었고, 농구에서 확인되듯이 '농업의례'로서의 특징이 더욱 강화된 것이다. 당대 전기에도 기본적으로 이러한 추세가 이어진다. 당대 영선령이 개원연간을 전후로 처음 출현한다는 사실을 염두에 둔다면 전후시기 자료를 검토해보는 과정 중에 당령 관련 조항의 성립배경과 특징을 살필 수 있을 것이다.

---

[27] 유교적 제사의 확립과정에 대해서는 度邊義浩, 『後漢國家の支配と儒教』, 雄山閣出版 刊行, 1995.2, 243~247쪽 참조.

[28] "立春前五日, 於州大門外之東, 造青土牛兩頭, 耕夫犁具. 立春有司迎春東郊, 樹青幡於青牛之旁焉(『隋書』 권7, 「禮儀志」 二, 129~130쪽).”

이 글에서는 여러 자료들 가운데, 우선 현종 천보초년에 간행되는 『어간정예기월령(御刊定禮記月令)』을 주목해보고자 한다. 개원14년[726] 통사사인(通事舍人) 왕암(王嵒)은 『예기』 내용이 현실에 부합치 못한다며 개정을 요구한 바 있다. 처음에는 『예기』의 경전적 위상[29]때문에 개삭에 엄두를 못내어 예전(禮典)을 보완해서 대용하자는 장열(張說)의 건의가 받아들여졌다. 하지만 결국 의례 관련 기사가 수록된 「월령」편을 중심으로 수정작업을 진행하자는 방향으로 의견이 모아지면서, 마침내 천보초년에 『어간정예기월령』으로 출간되었다. 후한부터 당대까지 이어지는 '출토우' 의례의 변화가 새롭게 개수된 월령에는 어떻게 반영되었을까를 살펴보기 위해서, 관련 세목을 비교해보면 다음과 같다.

〈표 4〉『예기·월령』과 『어간정예기월령』의 토우례 관련 기사 비교

『禮記·月令』	『御刊定禮記月令』
季冬之月, 日在婺女, 昏婁中, 旦氐中.	十二月之節, 日在南斗, 昏奎中, 曉沆中. ……命農計, 耦耕, 修耒耜, 具田器. 命有司出土牛, 以示農耕之早晚.
……命有司大儺, 旁磔, 出土牛, 以送寒氣.	……命有司大儺, 旁磔, 以送寒氣.

두 책의 관련 내용을 비교해보면 그 차이가 상당히 크다. 우선 첫 구절부터 당대 이후 천문학 발전의 성과가 『어간정예기월령』에 구체적으로 반영된 점이 주목된다. 두 번째로는 '대나', '방책', '출토우' 가운데, '출토우' 부분만 농경을 준비하는 구체적인 조치와 함께 전면에 별도로 배치하여 농기를 알리는 기능을 강조하고 있는 점이 두드러진다. 음기를 봉쇄하는 전통적인 의례 기능은 '대나'와 '방책'에 한정시키고 있는 것이다. 이러한 사실은 현종 시기에 『예기』 「월령」의 개수 작업에 참여한 학자들이 '출토우'의

---

29 『舊唐書』, 「禮儀志一」, 818~881쪽.

례를 '대나'나 '방책'과는 완전히 다른 '농경의례'로 파악하고 있음을 시사해주는 것이다. 세 번째로는 "示農耕之早晩(시농경지조만)"에 그대로 반영되듯이 '출토우' 의례에 농기의 완급까지 예시해주는 좀 더 구체적인 기능이 부여되었음을 발견할 수 있다.[30]

당시 이러한 관념들은 다수의 학자와 관료들이 공유했을 것으로 추정되는데, 『어간정예기월령』의 개수에 앞서 진행된 『개원례』의 편찬과정에도 의례의 변화가 이미 반영되었다. 『개원례』에는 관련 내용이, "立春前, 兩京及諸州縣門外, 並造土牛耕人, 各隨方色"으로 명문화 되었는데, 이를 앞에서 검토한 북제의 관련 규정과 비교해보면 몇 가지 차이점이 발견된다. 우선 설치시점에 변화가 감지되는데 북제 규정에는 입춘 전 5일로 확정하였지만 개원례에서는 이를 명기하지 않아서 변동되었을 가능성을 시사해준다. 둘째, 북제 규정에는 설치공간이 오행상 봄을 상징하는 '동문' 혹은 대문 밖의 동쪽 공간으로 한정된 데 비해서, 『개원례』에서는 성곽의 모든 문을 예시하고 있다. 이 부분에 대해서는 구광정의 『겸명서』에 수록된 『개원례』「신제편(新制篇)」에서 더욱 구체적으로 확인되는데, 동서남북 각 방향의 문마다 토우를 설치하고 그 색깔은 오방색에 따른다고 분명하게 적시하였다.[31] 당대에는 성문처럼 인파가 몰리는 곳에 흙으로 된 조상(造像) 따위를 만들어 공동의 염원을 갈구하거나 정치 선전에 이용하는 것이 보편화되었다. 영태(永泰)원년[765], 빈녕절도사(邠寧節度使) 마린(馬璘)은 가뭄이면 이항(里巷)마다 토룡을 세워 기우제를 올린다고 언급한 바 있다.[32] 대력8년[773]에 경조윤(京兆尹)을 역임했던 여간(黎幹) 역시 장안 한복판 주작문가에서 토

---

30 『景刊開成石經』(第二冊), 中華書局, 929~931쪽. 李林甫 역시 『唐月令注』에서 寒氣를 봉쇄하는 의례로 '大難', '旁磔'만을 언급하였다.
31 "『開元禮』新制篇云, 其土牛各隨其方. 則是王城四門各出土牛, 悉用五行之色(丘光庭, 『兼明書』卷一, 「諸書」, 〈土牛義〉)."
32 『新唐書』卷138, 列傳 第63, 「馬璘」, 4618쪽.

룡을 세우고 무당을 불러 강우 춤을 추게 한 바 있다.33 '출토우'의례가 농경의례로서의 특징이 분명해지고 더군다나 농기의 완급을 예시하는 구체적인 기능까지 부여된 만큼 여러 장소에 설치해야 할 필요성이 제기된 것이다.

물론 음양오행설이 여전히 영향을 미치고 있었기 때문에, 토우의 색은 사람들이 통행하는 문의 방향 색으로 결정되었는데, 이는 선전효과를 한층 제고시켰을 것이다. 사실 당대에는 국가의례를 거행할 때에도 오행의 방향 색을 적극 활용하였다. 외국사신을 포함하는 많은 관중들 앞에서 강무례(講武禮)를 거행할 때에도, 군(軍)마다 방향별 오행 깃발을 들고 진법(陣法)을 시범보임으로써 위무의 효과를 극대화시키기도 했다.34 권농이라는 의례적 특성에 농기를 정확하게 통보하는 구체적인 기능이 추가됨으로써, 토우와 경인상의 전시 기간은 해당 기간 전후로 짧게 바뀌게 되었을 것이다.

당초 시령의 일부 조항으로 기의 순통에 관계하던 습속이 점진적으로 '농업의례'로 전환되고 당대들어 권농과 함께 농기를 예시하는 기능까지 추가되면서, 토우・경인상을 설치하는 공적인 목적이 더욱 강화된 것이다. 이런 점을 고려할 때 설치작업은 당연히 공부(工部)나 장작감(將作監)의 추

---

33 『新唐書』卷145, 列傳 第70, 「黎幹」, 4721쪽; 王讜, 『唐語林校證』卷3, 「方正」, 中華書局, 1987, 197쪽.

34 唐代에는 제반의례의 진행절차에 있어서 선전기능을 충분히 고려하여 주밀하게 설계하였다. 본문에서 예로 든 講武禮는 軍禮에 속하는데, 처음에는 일반 校閱儀式과 마찬가지로 검열과 훈련이 주요한 목적이었지만, 점차 황제의례로 확립됨으로서 본래의 기능적 측면보다는 '威武'라는 의례적 특성이 더욱 강화되었다. 『大唐開元禮』의 관련 규정에는 의례 시작 전에 이미 謁者와 鴻臚卿이 地方人事와 外國使節 등 참관자들을 관람하기 수월한 위치에 적절하게 배치하는 내용이 보이는데, 바로 이러한 특성을 반영해준다고 할 수 있다. 또한 陣法을 시범보일 때에도 각 軍마다 방향을 상징하는 五行旗를 사용함으로써 의례의 선전효과를 극대화하도록 했다. 오행기의 사용과 관련하여 『大唐開元禮』에 보이는 관련 내용을 잠시 인용해보면 다음과 같다. "東軍은 북이 한번 울리면 靑旗를 높이 들고는 直陣으로 대열하고, 西軍은 또한 북이 울리며 白旗를 처들고 方陣으로 이에 맞서고, 다음으로 南軍은 북이 울리면 赤旗를 올리며 銳陣으로 배열하고, 北軍은 북이 울림과 동시에 黑旗를 들고는 曲陣으로 응한다."(『通典』, 中華書局, 1988, 卷一百三十二, 禮九十二, 開元禮纂類二十七, 軍禮一, 「皇帝講武」, 3394~3398쪽).

인과 감독이 필요했을 것이며, 공식적으로 '영선령'에 포함된 것도 결국 이런 이유 때문이었을 것으로 추정된다. 농기를 정확하게 통보하기 위해서 설치시점은 입춘 전 2일로, 공간은 많은 인파가 드나드는 도성과 주·현성의 방향별 대문으로 확정되면서 "立春前二日, 京城及諸州縣門外, 幷造土牛耕人, 各隨方色"의 규정이 형성된 것이다.[35]

3. 당령과 천성령의 비교를 통해 본 토우례의 성격 변화와 그 의의

1) 농경의례에서 절일축제로

여기서는 당령과 천성령의 관련 조항을 기타 문헌자료와 비교 분석해봄으로써, 당·송간에 발생하는 '토우례'의 변화 양상과 그 의의에 대해 검토해보겠다. 분석의 편의를 위해서, 당령과 천성령 관련 조문의 배열순서는 그대로 두고 구절별로 주제를 설정하여 차이를 분명하게 드러내보았다.[36]

〈표 5〉 당령과 천성령의 토우례 관련 규정 비교

	설치시점, 기간	설치장소	土牛, 耕人의 형상 및 색깔	시행세칙
唐令	立春前二日	京城及諸州縣門外	幷造土牛耕人, 各隨方色.	
天聖令	立春前	三京府及諸州縣門外	幷造土牛耕人, 其形色依司天監每歲奏定頒下.	縣在州郭者, 不得別造.

---

35 주관부서는 工部郞中-將作監, 甄官署로 추정된다. 관련 내용은 『唐六典』 卷第七, 「工部郞中員外郞」, 216쪽; 『唐六典』 卷第二十三, 「將作監」, 597쪽 참조.

36 원문 내용 그대로이다. [天聖令11] 立春前, 三京府及諸州縣門外, 幷造土牛耕人, 其形色依司天監每歲奏定頒下. 縣在州郭者, 不得別造. [唐令, 復原11] 立春前二日, 京城及諸州縣門外, 幷造土牛耕人, 各隨方色.

첫 번째로 살펴볼 문제는 설치 시점 및 전시 기간에 대한 부분이다. 당령과 천성령은 서두에 토우와 경인의 설치 시점을 예시하고 있는데, 당령이 "입춘 전 2일"이라고 명기한데 비해, 천성령은 "입춘전"이라고만 언급할 뿐 구체적인 일자는 제시하지 않았다. 그런데 『동경몽화록(東京夢華錄)』・『몽량록(夢粱錄)』, 『무림구사(武林舊事)』 등 송대 관련 기록들은 모두 "입춘전일(立春前一日)"에 부내(府內)로 춘우(春牛)를 들인다고 기록하였다.[37] 이로 미루어 볼 때, 천성령의 "입춘전"은 "입춘전일" 즉 "입춘 전 1일"로 파악할 수 있을 것이다. 북송시기 토우례의 실제적인 전개양상을 살펴보기 위해서『동경몽화록』에 보이는 입춘 관련 기사를 인용해보면 다음과 같다.

> 입춘 하루 전에, 개봉부에서 춘우(春牛)를 들여보내 금중(禁中)에서 편춘의식(鞭春儀式)을 행한다. 개봉(開封)과 상부(祥符) 두 현에서는 부서(府署) 앞에 춘우를 설치하였다. 당일 이른 아침에 부서의 막료들이 타춘(打春)을 행하는데, 주 자사(知州)의 의례규정도 같다. 개봉부 근처에서는 백성들이 작은 춘우를 만들어 팔았는데, 종종 칸마다 꽃 장식을 하여 백희(百戱)의 인물들을 전시하였으며, 춘번(春幡)과 설류(雪柳)를 서로 선물하기도 한다. 입춘 일에 재집(宰執)・친왕(親王)・백관들에게는 금이나 은으로 된 춘번과 춘승이 하사되었다. 축하연이 끝나면, 각자 머리에 꽂고 집으로 돌아간다.[38]

그렇다면 입춘 하루 전에 설치된 토우는 얼마 동안 전시되는가? 전시 기일에 대해서는 당령이나 천성령 모두 명확한 언급이 없다. 다만 구광정의

---

[37] 孟元老撰 伊永文箋注,『東京夢華錄箋注』卷之六,〈立春〉(中華書局, 534쪽): "立春前一日, 開封府進春牛, ……." 吳自牧,『夢粱錄』卷一〈立春〉, (山東友誼出版社, 2001, 5쪽): "立春前一日, 以鑼鼓鑼吹妓樂, 迎春牛, ……." 周密 撰,『武林舊事』卷二〈立春〉(山東友誼出版社, 2001): "前一日, 臨安府造進大春牛 ……."

[38] 『東京夢華錄』卷之六〈立春〉조의 全文 內容은 다음과 같다: "立春前一日, 開封府進春牛, 入禁中鞭春. 開封・祥符兩縣, 置春牛於府前. 至日絶早, 府僚打春, 如方州儀. 府前左右百姓賣小春牛, 往往花裝欄坐, 上列百戱人物, 春幡雪柳, 各相獻遺. 春日, 宰執・親王・百官, 皆賜金銀幡勝. 入賀訖, 戴歸私第."

『겸명서』에 수록된 〈토우의〉를 통해서 관련 규정을 추정해볼 수 있다. 이 책에서 구광정은 자신이 직접 체험한 사실 뿐 아니라, 당『영선령』과『당월령주』등 다양한 자료를 활용하여 당말 오대시기 '토우례'의 변화양상을 문답형식으로 홍미진진하게 기술하였다. 이런 점에서『겸명서』〈토우의〉는 법제사 뿐 아니라 일상생활사 연구에 있어서도 매우 유용한 자료로 평가된다. 이 책에서 구광정은 토우의 전시 기간이 원래 7일이었는데 근래 들어 춘우를 때리는[打] 풍속이 생겨나면서 그날 바로 철거되었다고 기록하였다.[39] 당령 상의 규정은 입춘 이틀 전에 설치하여 총 7일간 전시하는 것이었는데, 당말 오대에 '타춘례'가 상례화 되면서 입춘 당일에 철거되는 형태로 변질된 것이다.

사실 타춘의식은 최상급 행정단위에서는 그야말로 의례적으로 수차례 회초리를 가하는 방식으로 진행되었을 가능성이 높다. 그러나 토우의 재질상, 용력이 강해지거나 횟수가 늘어나면 자연히 훼손될 수밖에 없는 것이다. 때로는 이러한 의례행위에 잠재된 유희적·주술적 특징이 새로운 문화 행위와 신앙 관습을 생성하기도 했다. '타춘우'할 때 부서진 흙덩이를 주워오면 풍년을 기약할 수 있다거나,[40] 이를 처마에 뿌리면 지네가 생기지 않는다는 등등의 내용이 사료에서 확인된다.[41] 이러다보니 부서진 토우의 파편을 경쟁적으로 줍는 '창춘(搶春)'이라는 풍속도 새롭게 생겨났다. 기층 사회의 새로운 풍속에 대해서 사인들은 곱지 않은 시선으로 '괴상하다[乖]'거나 '망칙하다[妄作]'면서 비판하기도 했다. 이런 점을 미루어 새롭게 변화한 '토우례'는 아직까지는 사인을 포함하는 모든 계층을 망라할 정도로 보

---

39 "又問曰: 幾日而除之? 答曰: 七日而除, 蓋欲農人之偏見也. 今人打後, 便除, 又乖其理焉(丘光庭,『兼明書』卷一,「諸書」〈土牛義〉)."

40 『說郛』(陶宗儀 撰,『說郛3種』, 上海古籍出版社影印本, 1988), 卷69, 635쪽: "旣已碎之, 各持其土, 以祈豐稔, 不亦乖乎."(출처는『李氏刊誤』).

41 『古今圖書集成』卷19, 第3冊,「立春部」, 173쪽: "打春牛時, 拾牛身土泥撒檐下, 不生蚰蜒."(출처는『瑣碎錄』).

편화되지는 못했지만,⁴² 적어도 기층사회를 중심으로 유희성과 공연성이 강화되면서 민중들이 직접 참여하고 즐기는 새로운 양태의 절일문화로 거듭나고 있었다.

그렇다면 7일간에 걸쳐 방향별 성문마다 전시하여 농민들에게 두루 농기를 통보하던 실제적 기능의 의례가 입춘 당일에 '타춘'을 통해 토우를 깨뜨리는 공연적 의례로 전환되었다면 농기를 통보하는 실제적 기능은 어떻게 대체되었을까?『겸명서』〈토우의〉로부터 이와 관련된 실마리를 발견할 수 있다. 구광정 역시 일반 사인들과 마찬가지로 타춘례를 벌이고 입춘 당일에 토우를 부수는 행위에 대해서 농기를 널리 알린다는 본래의 취지에 배치되는 것이라면서 비판을 제기한 바 있다. 그러면서도 왜 계동(季冬)에 설치하던 경인상을 입춘 직전에야 세우냐는 질문에 대해서는, "농사라는 것이 이미 스스로 알 수 있는 것[農已自知]" 아니냐면서, '경인[策牛시]'의 위치로 농기를 알리는 것은 구습에 불과하다고 기록하였다.⁴³ 구광정의 말은 '토우례'가 '타춘(打春)'이나 '창춘(搶春)'과 같은 축제 형태의 의례로 변질되었지만 농기를 통보하는 토우례의 실제기능이 전보다 훨씬 진보된 매체에 의해 대체되어 농업생산에는 전혀 문제가 없다는 뉘앙스를 풍긴다. 구체적으로 언급한 것은 아니지만, 당시 농사의 개시를 알리는 농기를 포함해서 농업지식을 전파하는 매체로 널리 보급되고 있던 것이 바로 앞장에서 다루었던 구주역일(具注曆日)이다. 당말 오대시기에는 농업과 일상생활의

---

42 簡濤는『瑣碎錄』이나『李氏刊誤』의 저자들이 '搶春'을 이해할 수 없는 행위로 비판한 것을 미루어 볼 때, 당말 전후로 '搶春' 습속이 막 형성되었으며 당시까지는 보편화되지 않았다고 주장했다(簡濤, 「略論唐宋時期迎春禮俗的演變」,『唐研究』第3卷, 北京大學出版社, 1997, 199쪽). 丘光庭은『兼明書』,〈土牛義〉에서 '打春과 土牛像을 깨뜨리는 행위'에 대하여 "망령된 행동일 뿐(人之妄作耳)"이라고 혹평한 바 있다.

43 丘光庭,『兼明書』卷一, 「諸書」,〈土牛義〉: "又問曰: 按月令出土牛在十二月, 今立春方出, 何也? 答曰: 季冬之月, 二陽已動, 土脈已興, 故用土作牛, 以彰農事. 今立春方出, 農已自知. 何用策牛之人在前在後也? 斯自漢朝之失, 積習爲常. 按『漢書』, 立春之日, 京都百官青衣立青幡, 施土牛耕人于門外."

정보가 담긴 구주역일이 인쇄술의 발전으로 널리 보급되고 있었다. 태화(太和)8년[834]과 대중(大中)11년[858]에 발간된 구주역일의 일부 내용을 예시해보면 아래와 같다.

唐大(太)和八年 甲寅歲[834] 具注曆日[P.2765]
(正月) 十日　　辛酉木危 鳴雁來·沒 大歲後, 葬吉(十一日 省略).
　　　 十二日　癸亥水收 始耕　　　　大歲後, 母倉, 治井吉.

唐大中十二年 戊寅歲[858] 具注曆日[S.1439背]
(正月) 十四日　丁未水執 立春正月節·東風解凍 大歲後, 不用(十五日 省略).
　　　 十六日　己酉土危望　　　　　　大歲後, 天恩, 移徙□吉.[44]

위의 사례는 각각 태화8년[834]과 대중12년[858] 구주역일의 정월 부분에서 본문과 관련된 내용을 이틀씩만 뽑아본 것이다. 내용을 보면, 우선 날짜와 간지, 오행을 각각 표시하고 있고, 다음으로 '명안래(鳴雁來)', '동풍해동(東風解凍)'과 같은 시령서의 물후표징(物候表徵)을 기록하고 있다. 다음 부분에서는 '시경(始耕)'과 '입춘정월절(立春正月節)'에 보이는 바처럼 농경의 개시를 알리는 농업정보와 절일, 그리고 "장길(葬吉)", "치정길(治井吉)", "이사□길(移徙□吉)"처럼 택길정보까지 상세하게 기록하고 있다. 정확한 농기와 함께 더욱 다양해진 지식정보가 포함된 구주역일이 주현에 배포되어 여러 경로를 통해 기층으로 확산된다면, '토우'와 '경인'을 통해 농기의 완급을 알리는 토우례 본래의 목적은 유명무실해질 수밖에 없지 않을까?

어쨌든 당대 후기 이래로 회초리로 토우를 치며 봄이 오기를 재촉하는 '타춘의식'은 이러한 배경 속에서 점차 보편화되었다. 『동경몽화록』의 관련 기사는 북송 도성과 지방의 관서 앞에서 뿐 아니라, 심지어 금중에서도

---

[44] 鄧文寬, 『敦煌天文曆法文獻輯校』, 江蘇古籍出版社, 1996, 142쪽, 160쪽.

'타춘의식'이 거행되었음을 확인해준다. 당말까지만 해도 이해할 수 없다면서 사인들이 고개를 절레절레 젓던 새로운 풍속이 북송대에는 궁성에서 기층까지 널리 확산되면서 사회적 관습으로 자리 잡기 시작한 것이다. 토우의 파편도 이제는 소고기라는 의미로 '우육(牛肉)'이라고 일컬었다. 우육을 쟁취해서 대문위에 올려놓으면 한해 풍년을 보장할 수 있고,[45] 그해 양잠도 대풍이 들 것이며,[46] 심지어 이를 아이들에게 먹이면 병을 미리 예방할 수 있을 뿐 아니라 병에 걸려도 특별한 효험을 발휘한다는 소문이 퍼져나갔다.[47]

　사회적 변화로 야기된 토우의례는 오락성과 공연성이 강화되면서 기층의 일상생활과 긴밀한 관계를 형성하였고, 농경에서 치병까지 그들의 신앙적 정서에도 적지 않은 영향을 미치게 되었다. 한 발 떨어져 담장처럼 둘러싸고 입춘례를 지켜보던 서민들은 이제 타춘례가 끝나기가 무섭게 토우를 향해 돌진하였다. '우육'을 쟁취하려고 서로 다투다가 부상자가 속출했다.[48] 『동경몽화록』은 약삭빠른 상인들이 작은 토우상을 팔아서 재미를 보기도 했다고 전한다. 권농적 성격의 토우의례는 이제 완전히 새로운 절일문화로 재탄생한 것이었다. 토우를 채찍으로 치다가 결국 이를 깨뜨리는 극적인 의례구조를 통해 농번기를 앞두고 발산을 극대화함으로써, 심리적 압박감을 해소함과 동시에 풍년을 기원하는 기풍축제의 기능도 강화되었다. 그런 만큼 의례도 단기간에 관민이 함께 참여할 수 있는 공개적인 형태로 더욱 압축적으로 진행되었다. 천성령에 간접적으로 표현된 토우 전시 기간의 단축은 이러한 의례기능의 변화를 반영하는 것이다.

45　陳元靚, 『歲時廣記』 卷8 〈買春牛〉, 251쪽.
46　陳元靚, 『歲時廣記』(歷代筆記小說集成, 宋代筆記小說(12冊), 河北敎育出版社), 卷8에서는 『皇朝歲時雜記』에서 이 내용을 인용하고 있다.
47　莊綽, 『鷄肋篇』 卷(上), 〈立春土牛〉, 中華書局, 1997, 23쪽.
48　"取春牛土書門, …… 『歲時雜記』, 立春鞭牛訖, 庶民雜遝如堵, 傾角間, 分裂都盡, 又相攘奪, 以致傷毀身體者, 歲歲有之 …… (兪希魯 編纂, 『至順鎭江志(上)』(江蘇地方文獻叢書), 江蘇古籍出版社, 1999, 73쪽)"

2) 의례공간의 일원화

이번에는 토우·경인상의 설치 지점, 즉 의례가 거행되는 장소에 대해 논해보겠다. 당령에서는 "경성 및 제 주현문 밖[京城及諸州縣門外]", 천성령에서는 "삼경부 및 제 주현문 밖[三京府及諸州縣門外]"이라고 기록하고 있다. 일건 "경성(京城)"과 "삼경부(三京府)"를 제외하곤 별 차이가 없어 보인다. 하지만 당령에서는 "경성 및 제 주현문 밖(京城及諸州縣門外)"에 "각각 방향 색을 따른다(各隨方色)"는 내용이 곧 바로 이어지는 데, 토우의 색도 오방색으로 칠하여 각 방향의 성문 앞마다 모두 토우를 설치하겠다는 의미이다. 『개원례』 신제 편에는, 왕성 사문(四門)마다 오방색을 칠한 토우를 전시하는데, 주·현도 마찬가지라면서 좀 더 명확하게 장소를 제시하고 있다.[49]

당령과 비교할 때 천성령은 두 가지 내용에 있어서 차이를 보인다. 우선 '경성' 대신에 '삼경부'를 언급하는데, 이 부분은 송이 동경(東京) 개봉부 외에 부도(副都)를 운영한 사실을 통해 이해할 수 있다. 주지하다시피 북송 초에는 당제를 계승해서 동경 개봉부와 서경 하남부(河南府)를 경부(京府)로 삼았었다. 그런데 진종(眞宗)은 경덕(景德)3년[1006]에 송주(宋州)가 제업의 기반이 형성된 곳이라며 '응천부(應天府)'로 개명했다가 대중상부(大中祥符)7년[1014]에는 태산 봉선 길에 주필(駐蹕)했던 것을 기념하여 남경(南京)으로 승격시켰다. 서하와 전쟁 중이던 경력(慶曆)2년[1042]에는 요(遼)를 방어하기 위해서 하북의 중진(重鎭)인 대명부(大名府)도 북경으로 격상시켰는데, 이로써 4경 체제가 형성되었다.[50] 천성령이 편찬된 인종 천성연간[1023~1031]에는 동경, 서경, 남경의 삼경이 존재했던 것이다.

---

49 " …… 今按『開元禮新制篇』云, 其土牛各隨其方, 則是王城四門, 各出土牛, 悉用五行之色. 天下州縣, 卽如分土之義 …… (丘光庭,『兼明書』卷一,「諸書」,〈土牛義〉)."
50 이 부분에 대해서는 李昌憲,『中國行政區劃通史-宋西夏卷』, 復旦大學出版社, 2007, 97쪽 참조.

그런데 무엇보다 주의해야 하는 항목은 천성령에 기재된 "삼경부 및 제주현문 밖[府, 州, 縣門外]"이라는 개념이 각 방향의 성문을 가리켰던 당령과는 완전히 달라졌다는 점이다. 앞에서도 언급한 바 있지만, 『동경몽화록』에서는 개봉부 예하 "개봉현과 상부현 두 현은 '춘우'를 개봉부 앞에 설치한다[開封·祥符兩縣, 置春牛於府前]"고 명기하였다. 당시 개봉부는 총 17개현을 총괄했지만,[51] 개봉·상부 두 현은 개봉부 성곽 안에 위치한 속현으로, "현이 주 성곽 안에 있는 경우는 별도로 [토우를] 축조하지 않는다[縣在州郭者, 不得別造]"는 규정에 의거한다면, 개봉부 관아의 대문 앞에만 토우가 설치되는 것은 당연한 것이다. 『동경몽화록』의 관련 인용문에서는 개봉부 앞에서 '타춘례'를 거행할 때 상인들이 바로 앞에서 작은 모양의 토우[小土牛]를 제작하여 팔았다고 언급했는데, 『세시광기(歲時廣記)』의 관련 내용에는 그 가게가 바로 개봉부 남문 밖[府南門外]에 위치한다고 위치까지 정확하게 확인해준다.[52] 천성령은 이제는 개봉부 뿐 아니라 전국의 주·현에서도 '토우상[春牛]'을 당대처럼 각 방향의 성문에 설치하는 것이 아니라, 주현의 관청 남문 앞쪽에 설치해야 한다고 규정한 것이다.[53]

이처럼 토우와 경인의 전시공간이 관아 남문으로 일원화된 것은 관아 전면이 도성과 지역사회의 새로운 의례공간으로 등장했음을 반영해주는 것이며, 관아에서 모든 의례절차를 총괄하겠다는 의지를 표방하는 것이기도 하다.

물론 방향별 성문마다 토우·경인상을 설치했던 종전 방식도 기본적으로 정부의 주도하에 이루어진 것이지만, 상징물을 통해 성문을 통과하는

---

51 李昌憲, 앞의 책, 293쪽.
52 "立春之節, 開封府前左右百姓賣小春牛, 大者如貓許, …… 其市在府南門外, 近西之御街. 貴家多駕安車就看, 買就相增送(陳元靚, 『歲時廣記』卷8〈買春牛〉, 251쪽)."
53 작자 미상의 『新編分門古今類事』卷第十三 「讖兆門」(上) 興國芒兒 편을 보면 "太平興國二年冬, 縣司以春牛呈知府, 就午門外安排, 薦以香燈酒果"라고 해서, 지방에서도 남문에서 打春을 행했음을 시사해준다.

행인들에게 간접적으로 통보한다는 점에서 소극적 방식이라고 할 수 있다. 이제 송대에 들어서는 입춘당일에 황제가 거처하는 궁정부터 부-주-현에 이르기까지, 관아 앞의 의례공간에서 관의 주도 하에 '타춘례'가 전면적으로 시행된 것이다. 정부가 직접 나서서 의례를 거행한다는 점에서 국가의 의례개입이 훨씬 적극적으로 변했다고 할 수 있다. 황제독재체제가 강화되는 송대에는 전반적으로 민간문화에 대한 개입이 더욱 주밀하게 강화된다. 앞에서도 언급했지만, 송 정부는 민간신앙에 대해서도 사전(祀典)을 개방하고 봉호와 묘액을 통해 민간사묘들을 공인하고 포용하는 정책을 시행하였다. 일정한 절차를 거쳐 정부가 주도적으로 기층사회의 신앙과 의례 행위를 기제내부로 수용하여 중앙에서 철저하게 관리하는 정책을 채택한 것이다.[54] 포용과 관리를 통해서 조정(朝廷)에 대한 구심력(求心力)을 강화하는 정책인 것이다. 송 정부는 당대 후기 이래로 민간에서 '토우례'가 변질되며 생성된 '타춘례'에 대해서도, 일방적으로 배척하기보다는 적극적으로 수용한 뒤에 '의례공간의 일원화'와 '의례절차의 표준화'를 통해서 엄격하게 관리하는 방법을 채택한 것이다.

설치공간이 관아 남문으로 제한되었다고 해서 토우례의 상징적인 권농효과가 상쇄된 것은 아니다. 당말 이래로 의례의 대민선전기능은 오히려 중시되었다. 최상 레벨의 국가제사인 대사(大祀)도 종전에는 폐쇄적인 운영을 통해서 황제만이 독점할 수 있다는 의례의 신성성을 강조했지만, 점차 선전성을 감안하여 개방으로 거행하기 시작하였다.[55] 당대 후기 최상층의 국가제사로 등장하는 태청궁(太淸宮)-태묘(太廟)-남교(南郊)로 이어지는 일련

---

54 金相範, 「宋代福州祠廟信仰과 地域社會-祠廟信仰의 變化와 施行情況을 중심으로」, 『中國史研究』 제38집, 2005.11, 123쪽.

55 妹尾達彦, 「唐代長安の盛り場(中)-皇帝儀禮の舞台を中心に」, 『史流』 第三十號, 1989 와 妹尾達彦, 「唐長安城の儀禮空間-皇帝儀禮の舞台を中心に」, 『東洋文化』 第七二號, 1992 참조.

의 대제사 역시 황권의 위엄을 과시하기 위해 장안 성내 가동지역을 일주하는 노선을 선택하여 주민들이 지켜보는 가운데 성대하게 거행하였다.[56]

이러한 기능이 송대에 와서 더욱 강화된다는 점을 고려할 때, '토우·경인상'이 관아 앞으로 운송되는 코스도 선전효과를 충분히 감안하여 시가지를 일주하도록 설계되었을 가능성이 높다. 토우·경인상이 이동하며 퍼레이드가 펼쳐질 때에는 취주악대까지 동원하였는데 시끌벅적한 광경을 연출함으로써 자연스레 주민들의 관심이 집중되었다. 『몽량록』에는 남송시기 항주에서 펼쳐진 '춘우' 영접행사의 화려한 광경이 잘 묘사되어 있다.[57] 송대의 입춘 의례는 이틀이라는 짧은 기간 동안에 거행되었지만, 정부의 적극적이고 개방적인 의례운영으로 관아 앞 광장에 주민들이 운집하여 적극적으로 참여하고 즐길 수 있는 개방된 의례이자 축제의 장이었다.

3) 의례절차의 표준화와 의례관리

마지막으로 검토해볼 문제는 토우와 경인의 형상 및 색깔에 관한 부분이다. 먼저 당령의 기록을 보면 앞서 언급했던 바처럼 소상이 설치된 성문 방향의 오방색을 따른다[各隨方色]고 색깔을 규정하고 있지만, 모양과 설치위치 등에 대한 언급은 전혀 없다. 여기서 앞서 언급했던 『어간정예기월령』에 보이는 "담당 관리에 명하여 토우 상을 세워 농경의 조만을 알린다[命有司, 出土牛, 以示農耕之早晩]"는 구문이 주목된다. 과연 토우를 통해 농기의 완급을 어떻게 알릴 수 있었을까? 구광정은 〈토우의〉에서 이와 비슷한 질문

---

56 金子修一, 『中國古代皇帝祭祀の硏究』, 岩波書局, 2006, 404~405쪽 참조(원 논문은 「唐後半期の郊廟親祭について-唐代における皇帝の郊廟親祭その(3)」, 『東洋史硏究』 55-2, 1996임).

57 북송시기의 정황에 대해서는 金盈之, 『醉翁談錄』 卷三(『適園叢書』本, 1913, 1쪽)의 "立春開封府土牛進入禁中, 開封縣土牛立春前一日鼓樂迎置府南門上" 참조. 남송시기에 더욱 고조되는 축제분위기에 대해서는 吳自牧이 『夢梁錄』 卷一 〈立春〉에서 "立春前一日, 以鑼鼓羅吹妓樂, 迎春牛, 往府衙前迎春館內"라고 표현한 바 있다.

에 답안을 제시한 바 있는데, 잠시 살펴보면 다음과 같다.

> "입춘을 농기(農期)의 기준으로 삼는다. 입춘이 12월 보름쯤에 있으면, 책우인 (策牛人)을 토우의 앞쪽 가까이 놓아, 농사짓기에는 아직 이르다는 것을 표시한다. 입춘이 12월 그믐이나 정월 초하루에 해당하면 책우인을 중간에 놓아 농사짓기에 적당함을 알린다. 입춘이 정월 보름쯤 이면, 책우인을 뒤 쪽 가까이 설치하여 농사 짓기가 늦었음을 알린다.[58]

예문의 내용 가운데 먼저 '경인(耕人)'을 '책우인(策牛人)'으로 지칭하는 점이 눈에 띤다. 당대 토우상이 '경우'의 모습으로 소조되어 성문 위치에 따라 동쪽은 청색, 서쪽은 백색, 남쪽은 적색, 북쪽은 흑색으로 칠해졌다면, 경인상은 '책우인'의 의미처럼 채찍을 들고 토우를 재촉하려는 모습으로 제작되었음을 시사해준다. 토우와 책우인의 배치는 입춘이 빠를 때 소의 앞부분에, 적당할 때 중간부분에, 입춘이 정월보름 이후일 때 소의 엉덩이 부분에 설치했던 것이다. 경인상의 색깔은 당령에서는 토우와 경인을 연칭한 것으로 보아, 역시 배치 방향에 따라 토우와 동일한 색으로 칠해졌을 것이다.

당령 규정과 비교할 때 천성령은 차이를 보이는데, 토우·경인의 형과 색에 대해서, "매년 사천감(司天監)에서 상주하는 대로 정해서 반포한다[其形色依司天監每歲奏定頒下]"고 규정하고 있다. 이처럼 형과 색에 대한 규정이 변하게 된 것은 몇 가지 원인이 있는데, 우선 의례의 장소가 바뀐 부분을 주목할 필요가 있다. 앞서 언급한 대로 송대의 입춘의례는 정부의 주도로 관아의 남문 앞 광장에서 펼쳐졌다. 의례의 공간이 관아 앞의 한곳으로 한정된 까닭에 더 이상 방향 색을 추구할 필요가 없어졌다. 물론 많은 인파가 운

---

[58] "又曰: 何謂示農耕之早晚? 答曰: 以立春爲候也. 立春在十二月望, 卽策牛人近前, 示其農早也. 立春在十二月晦, 及正月朔, 卽策牛人當中, 示其農中也. 立春正月望, 卽策牛人近後, 示其農晚也(丘光庭, 『兼明書』卷一, 「諸書」〈土牛義〉)."

집한 만큼 관중의 시선을 끌 수 있는 화려한 색과 장식은 고려되었을 것이다. 두 번째로는 당대 후기 이래로 당령의 규정이 이미 제대로 준수되지 않은 것도 변화의 원인이 되었을 것이다. 구광정은 〈토우의〉에서 이미 토우의 색깔이 지방마다 제멋대로인 데다가 회초리로 때리기까지 한다면서 농기를 알리는 토우의례의 목적이 무색해지면서 의미를 무시한 채 외양만 중시한다면서, 『개원례신제편』에 의거해 오방색을 준수할 것을 촉구하기도 했다.[59]

그렇다면 천성령의 형과 색에 관한 관련 규정은 구체적으로 어떤 것일까? 이와 관련해서 천성령이 출현한 지 불과 5년 후인 경우(景祐)원년[1034]에 전국 제주(諸州)·군(軍)에 반포한 『토우경(土牛經)』을 주목할 필요가 있다.[60] 향맹(向孟)이 찬수한 『토우경』은 춘우의 색깔과 경인[책우인]의 복식과 위치로부터 소의 굴레에 매는 끈에 이르기까지 관련 규정을 상세하게 기록하였다. 이는 전국적으로 반포되었다는 측면에서 국가권력의 의지가 반영된 입춘의례의 표준화방안이라고도 할 수 있다. 먼저 『토우경』에서는 춘우의 형과 색에 대해서, 머리와 몸은 그해의 간지 색에 따르고, 배의 색깔 [牛腹]은 납음(納音)을 그리고 뿔과 귀·꼬리·목 의 색깔은 각각 그해 입춘일의 간지 색을 따른다고 규정하였다. 두 번째는 책우인에 관한 규정도 상세한데, 의복과 비단허리띠[勒帛]의 색깔은 입춘일 간지 색으로 하고, 속에 입은 옷[襯服]의 색은 납음에 따른다.

춘우와 책우인의 배치는 당대와 반대 경향을 보인다. 입춘이 세전 즉 12월 이전에 있으면 책우인을 토우상의 뒤쪽에 배치시키고, 세후 즉 1월 이후에 있으면 책우인을 춘우 앞쪽에, 중간쯤이면 책우인을 중간에 배치했

---

59 "『禮記月令注』曰: 出土牛, 以示農耕之早晚. 不云其牛別加彩色. 今, 州縣所造春牛, 或赤, 或青, 或黃, 或黑, 又以杖扣之, 而便棄者. 明日: 古人尙質任土所宜, 後代重文更加彩色. 而州縣不知本意, 率意而爲. 今按『開元禮新制篇』云, 其土牛各隨其方, 則是王城四門. 各出土牛, 悉用五行之色(丘光庭, 『兼明書』卷一, 「諸書」〈土牛義〉)."

60 『續資治通鑑長編』卷一百十五, 仁宗 景祐元年.

다. 책우인의 전후 위치에 따라 농기의 조만(早晚)을 직접적으로 표시하는 것이 아니라, 입춘이 빠르면 책우인을 오히려 뒤에 위치시켜서 너무 빠르지 않게 당기고 입춘이 느리면 앞에서 끌어주는 상상을 불러일으킴으로써 농경을 적극 도와주는 모습을 형상화했다. 이처럼 책우인의 위치 변화는 보시(報時)보다는 방조적 성격이 강화된 것이기 때문에, 망신(芒神)이 입춘례의 주인공으로 등장하는 단초로 여기기도 한다.[61]

이밖에 양기의 해(陽歲)에는 책우인을 좌측에, 음기의 해에는 우측에 배치한다는 규정도 확립되었다. 굴레에 매는 끈에 대한 규정도 복잡한데, 맹년(孟年)에는 마실[麻]로, 중년(仲年)에는 풀실[葦]로, 그리고 계년(季年)에는 명주실[絲]로 끈을 맨다고 한다. 끈의 길이는 7척(尺) 2촌으로 72절후를 상징하고, 둥근 코뚜레[環木]의 색깔은 정월(正月) 궁(宮)에 따라 확정하도록 했다.[62] 전반적인 규정을 살펴보면 춘우와 책우인에 대한 장식이 세밀하고 화려해지면서 상징적인 의미도 강화되었음을 알 수 있다. 무엇보다 주목되는 것은 제반규정을 천문과 역법 업무를 전담하는 사천감에서 총괄한다는 점이다. 『남신기문(南燼紀聞)』에는 북송이 멸망해가던 정강(靖康)원년[1126] 입춘절의 모습이 그려져 있는데, "우선 태사국에서 토우를 만들어 영춘전에 진열하고, 때가 되면 태상시에서 환영악(歡迎樂)과 편우례(鞭牛禮)를 준비하며, 이것이 일반적인 의례 규정이다"[63]라고 설명하고 있다. 앞에서도 송대에는 금중(禁中)-경부(京府)-주(州), 현성(縣城)에 이르기까지 관의 주도하에 '편우례'가 성대하게 거행된다고 언급한 바 있는데, 특히 궁궐에서 사용되는 토우는 천성령에서 언급하는 바처럼 사천감[太史局]에서 당해 년

61　簡濤, 앞의 글, 205쪽.
62　向孟,『土牛經』,「說郛」一百卷本, 卷十五, 11~12쪽.
63　"靖康元年正月初六日立春節, 先是太史局造土牛, 陳於迎春殿. 至期太常寺備樂迎和鞭牛, 此常儀也黃冀之,『南燼紀聞』(江蘇廣陵古籍刻印社,『筆記小說大觀(第三册)』, 1995), 86쪽]"

과 당해 입춘일의 간지를 따져 제작했음을 증명해주는 것이다.⁶⁴ 물론 지방에서는 사천감의 지시와 이미 배포된『토우경』의 상세규정에 의거하여 의례를 준비할 것이다.

천성령 관련 규정의 말미에 "현재주곽자, 부득별조(縣在州郭者, 不得別造)"라는 내용이 보인다. 당시 '편우례(鞭牛禮)'를 중심으로 진행된 송대의 입춘의례가 "구경꾼들로 담장처럼 둘러쌌다"든가, "복건[三山] 풍속에 편우례를 봐야만 큰돈을 벌 수 있다"는 지방지의 기록처럼 이미 지역사회까지 널리 확산되어 있었기 때문에, 앞서 거론했던 개봉부의 사례처럼, 부곽 혹은 주곽 내에 두 현이 위치할 때에는 한 곳에서만 의례를 거행한다는 뜻으로 불필요한 의례는 축소한다는 의미이다. 『순희삼산지』에도 당시 민현(閩縣)과 후관현(候官縣)이 복주성[福州(府)城] 내에 위치하기 때문에, 별도로 토우를 만들지 않고 주[府] 관아 앞에서 함께 거행한다는 내용이 확인된다.⁶⁵ 송대에 이르러 토우의례가 관민이 함께 참여하는 개방적인 축제의례로 발전하지만, 송조가 법령에 따라 철저하게 의례를 주도하고 관리했음을 반영해준다.

4. 맺음말

본 연구는『천성령』「영선령」〈立春前, 三京府及諸州縣門外, 並造土牛耕人〉조목의 법제화 과정을 추적해보고, 당령과의 비교를 통해 당송시기

---

64 北宋初에는 司天監으로 불렀는데, 神宗 元豊年間(1078~108) 제도개혁 시에 太史局으로 바꾼다. 南宋代에는 기본적으로 元豊改制 시의 制度를 계승한다. 司天監에서는 천문관찰, 시간측정과 報時, 曆書製作 등 주요업무 외에 祭祀, 擇日, 相宅 등의 업무를 담당하였다『宋史』卷165,「職官志」].

65 "立春. 土牛. 以占農耕之早晚與歲之豊瘠. 是日移置府前, 閩, 候官倚郭縣, 不別造[梁克家 纂修,『淳熙三山志』卷第四十, 土俗類, 歲時(『宋元方志叢刊(八)』, 中華書局, 1990, 8248쪽)]."

관련 의례의 변화와 시대적 의의에 대해 살펴보았다. 더불어 시령에서 연원한 본 조목의 변화과정을 통해 시의·시금 의식의 지속성과 영향력 변화에 대해서도 검토해보았다.

우선 법제화과정에 대해 살펴보면, 이 조목은 시령서의 '출토우'에서 연원하여, '대나', '방책' 의식과 함께 구년의 한기를 끝내고 신년의 양기를 순수한다는 목적으로 설계되었다. 시령의 법제화는 운몽수호지 진간에 이미 나타나지만, 본 조목 자체가 포함되는 법률문서는, 왕망이 벽옹과 명당을 재건하고 탁고개제를 통해서 찬위를 노리며 평제 원시5년에 반포한 『사자화중소독찰조서사시월령오십조』가 처음이라 할 수 있다. 왕망시기와 후한 초기의 거연간 가운데는 시금 준수를 요구하는 정부 측 조령과, 이를 반드시 준수하겠다 혹은 위반한 사람이 없다고 거연에서 상보하는 문서가 확인된다. 행정법규를 통해 시령을 지방까지 확산시키려 한 정부의 의지와 지방의 호응을 확인할 수 있다는 점에서 의의를 갖는다.

그런데 후한 이래로 '출토우' 의례의 성격에 있어서 변화가 발생하는데, 토우를 세워 음기를 끝내는 계동의례와 '토우' 옆에 '경인'을 함께 세워 권농하는 입춘 의례로 분리된다. 북제시기에는 이 의례가 입춘의례로 단일화되는데, 토우·경인에 이구(犁具)까지 추가되면서 '농업의례'로서의 상징성이 더욱 강화된다. 당대에 있어서 개원례와 당령 영선령의 출현 배경을 살피기 위해서, 비슷한 시기의 『어간정례기월령』을 검토해보았다. 내용 중에 음기를 봉쇄하는 기능은 '대나'와 '방책' 의식에 한정시키고, '출토우' 부분은 별도로 분리해 농사 관련 신설 내용과 함께 배치함으로써 '농경의례'의 특징을 강조하고, 경인[책우인]상을 토우의 앞·뒤로 조절하여 농기의 조만을 예시하는 기능까지 부여했음을 발견할 수 있다. 권농적 농업의례의 특징이 강화되고 농기를 예시하는 실제적 기능까지 추가되면서, 이를 정확히 통보하기 위해 설치기간이 단축되고 설치공간은 인파가 운집하는

4대문으로 확장되었다. 설치의 공적인 당위성이 강화되어 공공 건설적 특성을 가지게 됨으로써, 당대에는 마침내 「영선령」 속에 포함된 것이다.

다음으로 당령과 천성령의 비교를 통해 의례 변화와 시대적 의의에 대해 살펴보았다. 첫 번째로 토우의 설치시점과 설치기간에 대해 비교했는데, 당령에서 입춘 2일 전에 설치되어 7일간 설치되던 규정이 천성령에서는 입춘 전일과 당일 이틀간으로 단축되었다. 당대 후기에는 돈황에서 출토된 구주역일에 보이듯이, 절일과 농업정보, 물후표징, 택길 등 다양한 지식정보를 전달하는 매체가 다양화되면서, 토우와 경인의 위치를 통해 농기를 선전하는 의례의 실제적 기능은 상당 정도 허례화되었을 것으로 추정된다. 당대 후기에는 이와 관련해 채찍으로 토우를 때리는 '타춘[편춘]의식'의 도입이 주목되는데, 이후 경쟁적으로 토우의 파편을 주위 풍년이나 치병을 기원하는 등 의례 속에 잠재된 유희적, 신앙적 요소와 결합하면서 새로운 습속과 문화적 심성이 탄생하였다.

토우와 경인의 설치공간도 성곽 4대문에서 관아 앞의 남문으로 일원화되면서, 입춘 당일에 황제가 거처하는 금중에서 부-주-현에 이르기까지, 관아 전면의 새로운 의례공간에서 입춘의례가 동시에 거행되었다. 이처럼 송대에는 정부의 의례개입이 적극화되고 『토우경』의 유포에서 확인되듯이 의례의 표준화가 이루어지는데, 이는 송대 황권의 강화와 더불어 진행된 민간문화에 대한 적극적인 포용과 관리에 대한 의지를 반영하는 것이기도 하다. 하지만 토우의례 자체는 축제로 발전하고 있었다. '토우'와 '경인'이 관아 앞까지 운송되는 노선 자체가 시가지를 빙빙 도는 코스로 설계되었고, 취주악대를 동원하여 시끌벅적한 퍼레이드를 전개하는 등 새로운 농경기를 맞는 주민들의 관심을 집중시켰다. 관아 앞에서 벌어지는 타춘례는 전면적으로 공개되어 주민들의 열렬한 참여 속에 '창춘'의 습속과 이에 기탁하여 소원을 비는 심성 또한 더욱 확대되는데, 상인들은 '소토우'를 만들어 판매하기도 했다. 송대의 입춘의례는 이처럼 압축적이면서도 공개적인 의례로 전환되었으며, 관민이 토우를 채찍질해 깨뜨리는 퍼포먼스를 통해 의례는 엄숙성에서 탈피하여 고된 농경에 앞서 생활의 압박을 벗어던지는 축제로 탈바꿈하고 있었던 것이다. 이런 점에서 시의와 시금의식에서 기원한 시령적 입춘례의 특징은 점차 퇴색하고 있다고 볼 수 있을 것이다.

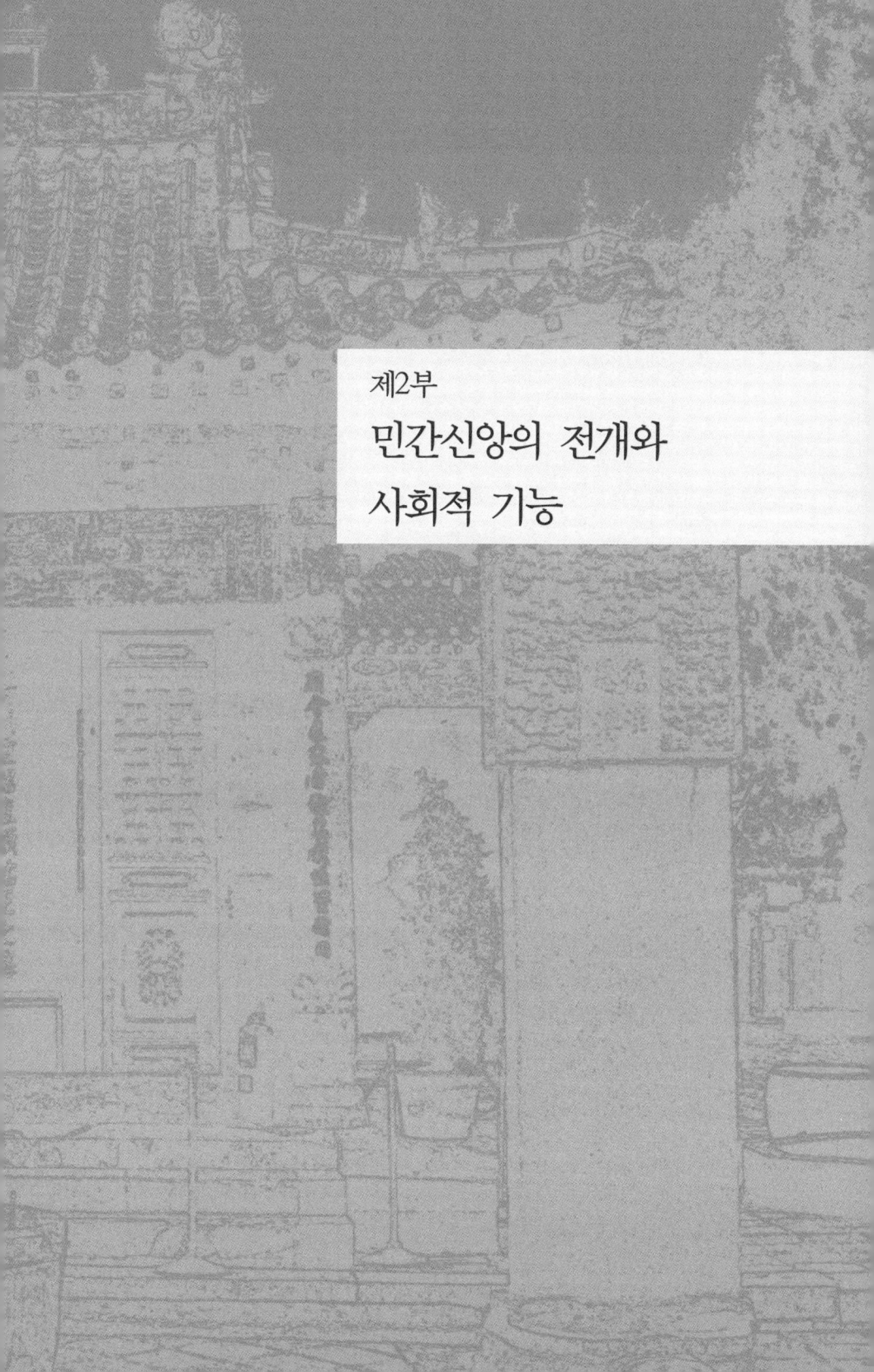

제2부
민간신앙의 전개와 사회적 기능

제1장

관우신앙의 초기전개와
도·불과의 만남

1. 머리말

『삼국지연의(三國志演義)』의 매력은 다양한 형식의 전달매체를 통해서 세대를 넘어 이어져왔다. 역사상의 실제적인 영향력을 놓고 인물을 평한다면, 중원을 장악하고 통일의 기반을 마련한 조조(曹操)나, 향후 새로운 경제 중심지로 부상하는 장강유역을 기반으로 화북 정권에 장기간 대항했던 손권(孫權)에게 후한 점수를 줄 수 있을 것이다. 하지만 『삼국지연의』의 작자 나관중(羅貫中) 뿐 아니라, 이보다 훨씬 전의 유교사학자들, 화본소설과 무대극의 작가들은 적통 승계를 강조하며 촉한(蜀漢)의 인물들에게 깊은 애정을 표시했다.[1] 특히 유비(劉備)의 부장이었던 '관우(關羽)'는 그들에 의해 '충

---

1 중국사에 있어서 正統論에 관해서는 饒宗頤,『中國史學上之正統論』, 上海遠東出版社, 1996 참조. 漢末 三國時代와 관련된 歷史故事는 이미 唐末 이래 민간문학의 중요한 소재로 등장한다. 송대에는 도시의 번화가에 삼국쟁패의 이야기인 "說三分"을 흥미진진하게 들려주는 전문 이야기꾼들이 출현했고, 이러한 고사들은 점차 연극으로 재편되어 민중 속으로 전파되어갔다. 원말 명초에 등장하는 나관중의『三國志演義』는 이러한 문학적 전통을 계승한 것이다. 삼국지 고사의 연변과 판본에 대해서는 러시아학자 李福清(B. Riftin)의『三國演義與民間文學傳統』, 上海古籍出版社, 1997; 김문경,『삼국지의 영광-베스트소설 천년의 역사』, 사계절, 2002; 周兆新,『三國演義考評』, 北京大

용(忠勇)과 의리(義理)'의 화신처럼 묘사되었고, 많은 사람들이 관우의 죽음에 대해서 아쉬움과 깊은 연민을 갖게 되었다. 주목되는 것은, 지극히 다신교적이라는 중국인의 종교적 심성은 관우를 이야기책속의 '영웅'으로 만드는데 그치지 않고 그를 신격화했다는 점이다. 민중들은 관우신을 지역사회를 보호해주는 수호신으로, 사찰을 지켜주는 호법신(護法神)으로, 상인집단의 직업신[行業神]이자 재신으로 그리고 음계(陰界)까지 총괄하는 최고신으로 받들었다.

정부에서도 관우신을 국가제사의 일부로 받아들였다. 안사의 난 이후 번진(藩鎭)의 무장들이 발호하자, 숙종 상원원년[760]에 당조정은 무력을 진작시키겠다는 의도로 공자를 주신으로 받드는 '문선왕묘(文宣王廟)'에 준하여 '무성왕묘(武成王廟)'를 설립했다. 이곳 무묘(武廟)에서는 태공(太公) 여상(呂尙)을 주신으로 모셨는데, 함께 종사(從祀)했던 역대 명장 72인 가운데 관우가 포함되었다. '관우신'이 국가제사에 처음으로 등장한 것이다.[2] 송대이후 정부는 무묘 뿐 아니라 민간의 관우묘에 대해서도 봉호(封號)를 하사하고 '정사(正祠)'로 공인해주었다. 명청시대에는 '관제(關帝)'라는 제호(帝號)까지 추존하였는데, 영험함을 상징하는 길고 현란한 봉호가 첨부되었다. 명대에는 국가가 주관하는 무묘 제사에도 큰 변화가 발생하였다. 홍무(洪武) 20년[1387] 7월, 명태조는 태공에게 내렸던 왕호(王號)를 취소하고 무묘를 폐쇄하였다. 무묘제사는 만력(萬曆) 42년[1614]에 이르러 다시 복원되었는데, 관우를 주신(主神)으로 공포하였다. 관우가 강태공 대신에 무묘의 주신으로 승격되면서,

---

學出版部, 1990; 周兆新, 『三國演義叢考』, 北京大學出版部, 1995를 참조할 수 있다.

[2] 唐朝는 開元19년에 이미 長安과 洛陽 兩京에 太公尙父廟를 설치하고 한의 張良을 배향한 바 있지만, 肅宗 上元元年에 이르면 太公을 武成王에 봉하고, 文廟의 예를 참조하여 역대 良將 10인을 十哲로 삼았으며 아울러 72弟子를 종사케 했다. 이때 관운장도 72인 가운데 한 명으로 포함되었는데, 정식으로 武神으로서 국가차원의 제사를 받게 된다. 『唐會要』卷23, 「武成王廟」, 世界書局, 1989, 436~437쪽; 『舊唐書』卷24, 「禮儀4」, 935쪽. 논문으로는 高明士, 「唐代의 武舉與武廟」, 『第一屆國際唐代學術會議論文集』, 臺北: 文津出版社, 1989를 참조.

적어도 형식상으로는 관우가 문묘의 주인인 공자에 필적하게 되었다.[3]

관우신앙은 이처럼 장기간에 걸쳐 민관 양 방면에서 복잡하게 전개되었으며, 명청대에는 전국 신앙으로 성장하면서 중국인들의 종교적 심성을 사로잡았다. 물론 20세기 초에는 근대화에 지장이 되는 전통사회의 문화요소로 비판되면서 미신으로 몰리기도 했다. 이에 따라 각지의 관우묘는 근대화의 상징인 소학교에 부지를 양도하는 신세가 되기도 했다.[4] 1949년 사회주의 정권이 들어서고 60년대 말부터 중국전체가 문화대혁명의 광기에 휩싸이면서 다수의 관우묘가 훼손되는 위기를 맞기도 했다. 그러나 중국뿐 아니라 타이완이나 홍콩 그리고 동남아 화인들의 거주지에서 관우신은 여전히 가장 중요한 민간신앙의 대상일 뿐 아니라, 불교나 도교 사원에서도 관우상을 쉽게 발견할 수 있다. 관우 신상 앞 향로에는 어김없이 크고 작은 향들이 빽빽하게 꽂혀있다. 많은 중국인들이 지금도 관우신께 영혼을 기탁하고 복록(福祿)을 빌고 있는 것이다.

관련 연구도 관우신앙의 위상만큼이나 상당 수준으로 진척되었다. 특히 민간신앙과 통속문화에 대한 관심이 고조되면서 중국과 일본뿐 아니라 서구학계에서도 다양한 시각으로 조명을 받고 있다. 초기에는 주로 관우신앙의 전개양상[5]과 민간문학에 있어 관우 형상의 변화[6] 등의 주제가 주목을

---

[3] 명태조가 즉위하자 洪武20년(1387) 7월에 太公에게 내렸던 王號를 취소하고 武廟를 폐쇄시켰다. 萬曆42년(1614년) 명조는 다시 姜太公 대신에 關羽를 武廟의 主神으로 삼게 된다[『明太祖實錄』,『明神宗實錄』,『明史·禮志4』 참조]. 淸朝도 관우신 즉 關聖帝君에 대한 제사를 歷代帝王, 文昌帝君과 국가제사 가운데 中祀로 안배하고, 매년 5월 13일에 공식적으로 제사를 올렸다[『淸史稿』卷82, 志57,「禮 一」, 2485쪽]. 또한, 順治9년에는 관우를 忠義神武關聖大帝에 봉했다[『淸史稿』卷82, 志57,「禮 一」, 2541쪽].
[4] 1931년에 이르러서는 국민정부가 寺廟의 廟田을 공공재산으로 등기하여 교육이나 공공사업의 경비로 충당할 수 있게 하는 법령을 통과시킨바 있다[『中華民國法規大典』].
[5] 일본에서는 만주 침략을 위한 사전작업의 일환으로 이 지역에 대한 전반적인 조사를 진행하며 이미 관우신앙의 본격적인 연구를 시작했다. 村田治郞는 만주에 있어서 관제묘의 실례와 건축 상의 특징에 대해『關帝廟の建築史硏究』, 大連: 滿洲日報社印刷所, 1930을 저술했는데 전반부에서 이미 관제신앙의 형성과 변천과정에 대해 고찰한 바 있다. 관우신앙의 전개과정에 대해서는 井上以智爲가 「關羽祠廟の由來並に變遷

받았지만, 점차 상인집단과 재신(財神)으로의 성장7과 관우신앙의 국가제사화(國家祭祀化) 추세8 등 다방면으로 확대되어 왔다.

한국에 있어서의 연구는 관우신앙의 조선이입과 전개과정이 주류를 이룬다.9 주지하다시피 관우신앙은 임란(壬亂)시기에 명조(明朝)의 원군파병(援軍派兵)에 따른 '재조지은(再造之恩)'의 논리에 의해 반강제적으로 이식된 특수한 시대적 배경을 갖고 있다. 당시 명의 파병 장수들이 관왕묘(關王廟)의 건립과 국왕의 친제(親祭)를 강력하게 요구하자, 조선정부는 결국 명조와의 관계를 고려하여 남관왕묘(南關王廟)와 동관왕묘(東關王廟)를 설립하였고 선조(宣祖)가 직접 치제(致祭)하였다. 향후 관제묘는 지방의 행정중심도시에까지 건립되었다. 이밖에 『삼국지연의』에 관한 문헌학적 접근과 관우연극에 대한 연구도 이루어지고 있고,10 일반 독자를 위한 수준 높은 단행본이 출간되어 좋은 반응을 불러일으키기도 했다.11

(一)(二)」, 『史林』 26권(1, 2), 1942에서, 당대를 초창기, 송원시기를 발전기, 명대를 최전성기, 청대를 정돈기로 나누어 수준 높은 토론을 전개한 바 있다.

6   이 부분에 관한 연구는 주1) 참조.
7   관련 연구로는 彼得. J. 戈拉斯, 「淸代前期的行會」, 『中華帝國晩期的城市』, 北京: 中華書局, 2000(원본은 G. William Skinner(Edit), *The City in Late Imperial China*, Stanford Univ. Press, Stanford: Calirornia 1977); 李和承, 「明淸傳統商人과 民間信仰」, 『明淸史硏究』 제15집; 呂微, 『隱喩世界的來訪者-中國民間財神信仰』, 北京: 學苑出版社, 2001이 있다.
8   小島毅, 「國家祭祀における軍神の變質」, 『日中文化硏究』 3, 勉誠社, 1992; Prasenjit Duara "The Myth of Guandi, Chinese God of War", *The Journal of Asian Studies* 47, no.4, 1988.
9   金龍國, 「關王廟建置考」, 『鄕土서울』 25, 서울시사편찬위원회, 1965; 『東廟-동묘자료집』, 1997; 姜奉辰, 「서울 東廟正殿 實測報告」, 『大韓建築學會誌』 13-33, 1969; 李成煥, 「韓國朝鮮中期的關帝信仰」, 『敎學探索』 4, 臺南: 國立成功大學 歷史系, 1991; 中村榮孝, 「朝鮮における關羽の祠廟について」, 『天理大學報』 24-5, 1977과 金榮華의 「漢城關王廟傳說和特色」, 『大陸雜誌』 77-2, 臺北: 大陸雜誌社, 1988을 들 수 있다.
10   李慶善, 「關羽信仰에 관한 考察」, 『한양대 논문집』 8, 한양대, 1974; 『三國志演義의 比較文學的 硏究』, 일지사, 1976; 김필래, 「관우설화 연구」, 『한성어문학』 17, 한성대, 1998; 李廷植, 「關羽의 瞼譜와 그 系譜에 관한 小考」, 『中國學論叢』 7-1, 한국중국문화학회, 1998; 조재송, 「三國志演義 關羽形象에 대한 사상사적 고찰」, 『中國學硏究』 16-1, 중국학연구회, 1999; 姜春愛, 「韓國 關廟와 중국 關羽戲의 연구」, 『샤머니즘연구』 4, 한국샤머니즘학회, 2002

우리학계에 있어 중국사 범주의 일환으로 관우신앙 문제를 직접적으로 검토한 논문은 관우신앙이 사회문화사에서 차지하는 비중을 생각할 때 여전히 미흡하다. 이에 반해 중국이나 일본, 구미학계는 오랜 기간 동안 적지 않은 관련 연구 성과를 이룩해 왔지만 시기적으로 대부분이 명청대에 집중되고 있는 편이다. 물론 명청시대가 관우신앙의 전성기임에는 틀림없지만, 신앙의 전개와 그 특징을 제대로 이해하기 위해서는 먼저 누층적으로 가공된 관우의 이미지를 벗겨내고 신앙의 초기형성과정에 대해 좀 더 면밀하게 접근할 필요가 있다.

본고에서는 송대 이전 민간신앙에 대한 자료가 극히 제한적이기 때문에, 필기소설 등에 수록된 민간 설화를 적극적으로 활용할 것이다. 먼저 해당 시기 일반적인 민간신앙의 전개양상과 비교 분석해 봄으로써, 관우신앙이 언제 어떠한 경로로 성립되었는지, 신앙의 원형을 고찰해 볼 것이다. 다음으로 중국신앙의 혼합종교적 특징에 착목하여, 관우신앙과 불교·도교와의 융합과정을 검토해보겠다. 이를 통해서 소위 제도종교가 관우신앙의 전개에 미친 영향과 의의에 대해서도 살펴보도록 하겠다.

2. 관우신앙의 초기전개
― 여귀에서 지역의 수호신으로

1) 여귀 관우의 출현

관우신앙은 언제, 어떤 정신사적인 배경 하에서 시작되어 확산되었을까? 관우신앙의 전개양상에 대해서 조익(趙翼)은 『해여총고(陔餘叢考)』에서,

---

11 김문경, 『삼국지의 영광』, 사계절, 2002; 이마이즈미 준노스케 저, 이만옥 역, 『관우-삼국지의 영웅에서 의리와 부의 신이 되기까지』, 예담, 2002.

사람이 죽은 뒤 신(神)이 되는 경우 대개 사후 수백 년 내에 혁혁한 영험을 드러내는 게 보통인데, 유독 관우신은 당송대까지도 제대로 제사를 받지 못했다고 기록한 바 있다.[12] 물론 조익은 관우신앙이 남·북 중국에 걸쳐 전국적으로 광범위하게 유전(流轉)되는 것은 명청시대라는 점을 강조하려고 한 것이지만, 신앙의 기원에 관한 그의 주장은 재고의 여지가 있다.

민간이나 지방 사료에는 이미 훨씬 전부터 관우 신앙과 관련된 기사가 출현하기 때문이다. 사실 송대에는 정부가 관우신앙을 공인하고 후원한다는 의미로 관우묘에 봉호를 하사하는 사례도 발견된다. 이러한 사실과 함께 당대 후기에 관우신이 이미 국가제사인 무묘의 종사로 편입되는 사실을 감안하면, 관우신앙이 수당시기에 기원했다고 주장하는 의견도 설득력이 있다.[13] 관우신의 수당기원설을 더욱 보완해주는 것이 '호법옥천설(護法玉泉說)'인데, 중국 천태종의 제4대조[四祖]로 실질적인 창시자로 받들어지는 지의[智顗, 538~597] 선사의 설화와 깊은 관련이 있다. 주요 내용은 관우가 지의 선사에게 자신이 머물던 곳에 가람을 세울 것을 요청했을 뿐 아니라, 옥천사(玉泉寺)를 설립할 때에도 직접 공사를 주도함으로써 후에 불사를 수호하는 호법신(護法神)이 되었다는 것이다. 후반부에서 상술하겠지만, 설화 내용은 옥천사가 축조되기에 앞서 그 자리에 이미 관우묘가 존재했을 가능성을 시사해 주고 있다.

관우신앙의 기원에 관해 논할 때 반드시 유념해야 할 점은 대부분의 독자들이 관우를 '충용'과 '의리'의 화신으로 파악하는 유교적인 가치에 사로잡혀있다는 점이다. 널리 알려진 대로 관우는 조조진영에 있을 때 백마진(白馬津)에서 단신으로 첩첩 적진을 뚫고 들어가 적장 안량(顏良)의 목을 벤

---

[12] 趙翼,『陔餘叢考』卷35,「關壯繆」: "鬼神之享血食, 其盛衰久暫, 亦若有運數而不可意料者. 凡人之歿而為神, 大概初歿之數百年則靈著顯赫, 久則浸替. 獨關壯繆在三國·六朝·唐·宋皆未有禋祀."
[13] 蔡東洲·文廷海,『關羽崇拜研究』, 成都: 巴蜀書社, 2001, 44~51쪽.

바 있다. 훗날 형주군(荊州軍)을 이끌고 북벌할 때에도 방덕(龐德)을 참살하고 원군으로 온 우금(于禁)까지 생포하여 무용을 과시한 바 있다. 또한 조조가 온갖 영화를 보장했지만 선주(先主) 유비(劉備)에 대한 충의를 지키기 위해서 홀연히 낙양을 떠났다. 오군(吳軍)에 생포되어 생명의 위협에 직면했을 때에도 손권의 유혹을 뿌리치고 결연하게 죽음을 택하는 의리를 보여준 바 있다.[14] 그러나 정사에 보이는 관우의 여러 이미지 가운데 '충용'과 '의리'로 상징되는 일부 내용이 소설가나 극작가들에 의해서 의도적으로 선별 수용되어 확대 재생산되어 왔음은 이미 여러 학자들에 의해서 밝혀진 바이다.[15] 관우신앙의 기원을 고찰하는 작업에 있어서도 마찬가지이다. 후대로 가면 더욱 누층적으로 미화되는 관우의 형상이 그를 숭배의 대상으로 떠받들게 된 신앙의 '기인(起因)'인 것처럼 오해하기 쉽다. 관우에 대한 제사가 그의 위대한 인격과 국가와 군주에 대한 공적에서 기인한다고 설파했던 이노우에 이치이[井上以智爲]의 지적 역시 이점에서 재고의 여지가 있다.[16]

이런 점에서 관우신앙과 연관된 초기의 몇몇 설화들은 애초의 숭배행위가 유가적 가치와는 전혀 무관하게 진행되었을 가능성을 시사해 준다는 점에서 주목할 필요가 있다. 당 희종 함통연간[咸通年間, 860~873]에 쓰인 『운계우의(雲溪友議)』에 보이는 관련 기록을 살펴보면 다음과 같다:

> 이전에 촉(蜀)의 장군이었던 관우가 형주(荊州)를 지키고 있을 때, 돼지가 발을 깨무는 꿈을 꾸고는 스스로 상서롭지 못함을 느껴 아들에게 말했다: "내가 늙어 쇠약해졌나 보다. 만약 오나라를 정벌하게 되면 돌아오지 못할 것이다". 과연 오의 장수 여몽의 휘하에게 주살되었고, 촉도 곧 망했다. 형주의 옥천사(玉泉祠)는 천하 4대 절경 가운데 한 곳으로 손꼽힌다. 어떤 사람이 이 사묘(祠廟)는 귀신이 토목을

---

14 『三國志』(正史는 北京: 中華書局 新校本 참조) 卷36, 蜀書6, 「關羽傳」939~942쪽.
15 柳存仁, 「『三國志』與『三國志演義』中歷史成分」, 周兆新 主編, 『三國演義叢考』, 北京大學出版部, 1995; 蔡東洲·文廷海, 앞의 책, 45~51쪽.
16 井上以智爲, 「關羽祠廟の由來並に變遷(一)」, 『史林』26권(1), 1942, 45쪽.

일으킨 공적으로 건립되었다고 했는데, 사묘의 이름이 삼랑신묘이다. 삼랑이 바로 관우[關三郞]다. 신실하게 믿는 사람들은 마치 부처님을 대하듯이 하였다. 이곳에 거주하는 승려와 속인들은 바깥문을 걸어 잠그지 않았는데, 재물이 넘쳐나도 감히 도적질하려고 하지 못했다. 부엌에서 혹자가 먼저 음식을 맛보기라도 하면, 순식간에 얼굴에 커다란 손바닥 흔적이 생겼는데, 열흘쯤 지나면 더욱 선명해졌다. 신을 모독하는 자에게는 큰 뱀과 독을 가진 맹수가 뒤를 쫓았다. 때문에 신을 두려워하는 마음이 살얼음과 깊은 계곡을 걷는 것 같아서, 목욕재계하고 맑고 깨끗이 하지 않으면 머무를 수 없었다.[17]

위에서 묘사된 관우신의 이미지는 '관우'하면 떠오르는 일반적 인식과는 큰 차이를 보여준다. 충성과 의리는 온데간데없고, 어떤 음식이든 먼저 봉양치 않을 시에는 해를 가한다든지, 경건치 못하게 신을 모독할 때에는 장사(長蛇)와 독수(毒獸)를 풀어 보복하는 등 그야말로 괴기스러운 행태가 여귀(厲鬼)의 전형적인 모습을 보여준다.

그렇다면 민중들이 여귀 관우를 신으로 받들기 시작하는 것은 대략 언제부터 일까? 당대 여지고(余知古)가 찬수한 것으로 알려진 『저궁구사(渚宮舊事)』에는 양말(梁末) 후경(侯景)의 난[548~552] 때 육법화(陸法和)가 후경의 부장인 임약(任約)을 공격할 때 강릉(江陵)의 많은 신들이 도와주었다는 내용이 기재되어 있다.[18] 재미있는 것은 이러한 사실이 당대에 동정(董侹)이 쓴 『중수옥천산관묘기(重修玉泉山關廟記)』에서 다시 확인된다는 점이다. 묘기(廟記)에서는 육법화가 관우신으로부터 도움을 받았다고 좀 더 구체적으

---

17 范攄, 『雲溪友議』, 「玉泉祠」(『欽定四庫全書』, 子部, 『雲溪友議』 卷上): "蜀前將軍關羽守荊州, 夢豬齧足, 自知不祥, 語其子曰: '吾衰暮矣! 是若征吳, 必不還爾.' 果爲吳將呂蒙麾下所殪, 蜀遂亡荊州. 玉泉祠, 天下謂四絶之境. 或言此祠鬼興土木之功而樹, 祠曰'三郞神'. 三郞, 卽關三郞也. 允敬者, 則仿佛似覩之. 緇俗居者, 外戶不閉, 財帛縱橫, 莫敢盜者. 廚中或先嘗食者, 頃刻大掌痕出其面, 歷旬愈明. 侮慢者, 則長蛇毒獸隨其後. 所以懼神之靈, 如履冰谷, 非齋戒護淨, 莫得居之."

18 『太平廣記』 卷82, 「異人二·陸法和」(출처는 『渚宮舊事』), 北京: 中華書局, 1964年 初版, 523~524쪽: "江陵多神祠, 人俗常所祈禱, 自法和軍出, 無復一驗, 人以爲諸神皆從行故也. 至赤洲湖, 與任約相對."

로 언급하고 있다. 관우신이 강릉제신의 일원으로 토벌에 기여했다는 것이다. 묘기에 기재된 설화 내용에 근거하면, '관우의 음조(陰助)'를 구실로 당시 지역민들을 동원했을 가능성을 상정해 볼 수 있는데, 이는 기본적으로 관우신앙이 이미 지역민들의 공통된 신앙으로 확립되었을 가능성을 전제한다. 그 시간적 배경을 설화에서는 후경의 난이 발생한 6세기 중엽으로 언급하고 있지만, 적어도 당 덕종 정원18년[802] 이전에 이미 여귀(厲鬼) 관우가 형주지역의 지역신으로 성장했음을 확증할 수 있다. 최대한 보수적으로 추정을 해도, 위의 설화가 기재된 현존 최초의 관우묘 관련 1차 사료인 『중수옥천산관묘기』가 찬수되는 시점에는 관우신이 일정 정도 지역신으로서 그 위상을 확립한 것으로 파악할 수 있을 것이다. 후대에 찬수된 것이기는 하지만 관우가 시해 당한 형주 당양현(當陽縣)의 『당양현지(當陽縣志)』에는 손권이 관우부자를 살해한 후 해마다 지역민들이 묘제를 올렸다는 기록이 보인다. 이러한 사실들을 종합해보면, 관우숭배가 사후 초기에는 그의 원혼을 달래서 재앙을 막는다는 해원소재(解冤消災) 의식에서 출발했지만, 적어도 9세기 초까지는 형주를 위시한 일대에서 널리 숭배되는 지역신으로 성장한 것을 확인할 수 있다. 암암리에 소규모의 개별적인 여귀제사로 시작된 의례가 신앙으로 발전하고 주변 곳곳으로 확산되면서 지역신앙의 위상을 갖게 된 것이다.

그러나 위에서 검토한 자료들이 여전히 단편적이고 설화 내용 역시 해당시기의 양상을 그대로 반영하기 보다는 후대의 정황이 누층적으로 삽입되어 있어서 위진남북조 이래 전반적인 민간신앙의 풍토를 검토해 볼 필요성이 제기된다. 당시 기층촌락에는 여러 종류의 신령을 모시는 다양한 유형의 사묘(祠廟)가 존재해왔다. 비록 입묘의 동기와 주체·관리 등에 있어서는 사묘마다 차이를 보이지만, 일부 사묘들은 적어도 표면적으로는 유교의 제사원칙에 부합하는 특성을 지닌다. 그러나 민간에 존재하는 다수의 사묘들은 이와는 판이한 관념 하에 생성 발전해 왔는데 당시 적지 않은 사묘에서는 여귀를 신주로 받들었다.[19] 주지하다시피 여귀는 후사가 없거나, '무병강사(無病强死)' 즉 자연적인 죽음을 맞지 못하고 비명에 횡사(橫死)한 원통한 귀혼(鬼魂)을 일컫는다.[20] 당시의 기층민들은 이러한 귀혼들이 자신들의 원통함을 풀기위해 살아있는 자들에게 해악을 입힌다는 종교적 관념을 가지고 있었다.

후한말부터 위진에 이르는 시기는 중국 민간신앙사의 전개에 있어서 중대한 변화가 발생하는 시기로 평가된다. 우선 이 시기를 전후로 민중들에게 신봉되는 신귀(神鬼)의 세계가 훨씬 다양해지는데, 당시 본격적으로 편입되는 북방민족과 남방토착민들의 고유한 신령이 중국의 종교신앙에도 일정한 영향을 미치기 시작한다. 또한 한대까지 지역사회의 정신적 구심점이 되었던 사신(社神)에 대한 숭배가 이공동체(里共同體)의 붕괴와 함께 변질되었고, 아울러 중앙의 조정에서 정치적 지위를 상실한 무사(巫師)들이 민간으로 유입되면서 왕성한 활동을 전개하는 것도 바로 이 시기에 해당된다.[21] 신앙 외적인 요인으로도 전쟁이 부단히 이어지고 역병까지 유행하게 됨에 따라, 흉사(兇死)·왕사(枉死)·역사(疫死)·객사(客死) 심지어 가무후사(家無後嗣)하는 상황이 전대와 비교할 수 없이 증대 되었다. 사람들도 마음

---

19 김상범,「唐代祠廟信仰의 類型과 展開樣相」,『中國學報』44집, 2001.12 참조.
20 『禮記·祭法』에 따르면, 王은 七祀를 지내는데 그 중에 泰厲가 있고, 諸侯는 五祀를 드릴 수 있는데 그 중에 公厲라는 것이 있고, 大夫는 三祀를 드리는데 그 중에 族厲가 있다고 한다. 泰厲는 帝王중에, 公厲는 諸侯중에, 族厲는 大夫가운데 각각 後嗣가 없는 자를 지칭하는데, 사후에 이 귀신들은 依歸할 곳이 없어 백성들에게 화를 입히기 때문에, 제사를 올려 미리 위로를 하는 것이다. 이 부분에 대해 孔穎達은 고대에 帝王·諸侯·大夫 등이 後嗣가 없는 것은, 자식을 두지 못했다는 단순한 原因외에도, 敵對者가 살해하는 경우가 적지 않았고, 그밖에 기타 古代文獻을 참조해도 厲가 어떤 때는 "無病强死" 즉 橫死하거나 被殺된 鬼를 일컫기 때문에, 厲라는 것은 개략적으로 後嗣가 없는 자 뿐 아니라 橫死·寃死 등 비정상석인 죽음을 맞이한 鬼를 총칭하는 것으로 해석하였다. 厲鬼의 生成에 관해서는 林富士의『孤魂與鬼雄의 世界』, 臺北: 臺北縣立 文化中心, 1995, 11~19쪽 참조.
21 宮川尙誌,『六朝史硏究(宗敎篇)』, 京都: 平樂寺書店, 1977(第三刷), 16~17쪽.

속으로 당연히 의귀할 곳 없이 사방을 떠도는 여귀들의 숫자가 급증했다고 믿었을 것이다.[22] 이러한 상황 하에서 전대에 동일한 운명으로 여귀가 되었을 저명한 인물들까지 소급하여 공포를 느끼는 심리가 일반 대중들에게 퍼져나갔을 가능성도 제기된다. 육조시대(六朝時代)의 지괴소설(志怪小說)과 정사자료(正史資料)에는 여귀와 관련된 기록이 급증하는 데, 바로 이러한 변화를 반영하는 것이다.

비명에 횡사하거나 비정상적인 사후처리로 여귀가 된 자들에게도 재안장(再安葬)·명혼(冥婚) 등의 해원의식(解冤儀式)을 통해서 정상적인 사후세계로 돌아올 수 있는 또 다른 루트가 설정되어 있었다. 하지만 중국인의 종교적 심리에 있어서 반드시 주목해야 할 사실 가운데 하나가 현실세계에 있어 사회적 분배를 결정짓는 권력·계급·성별 등의 요소가 사후세계에서도 영향을 미쳐왔다는 점이다.[23] 즉 소수의 여귀는 강력한 영력을 갖고 있어서 일반적인 해원의식으로는 해결이 불가능했다. 이들을 방어하고 쫓아내기 위해서는 보다 특별한 의례나 강력한 회유책이 필요했다. 축귀(逐鬼)의식 가운데 가장 대표적인 것이 '나례(儺禮)'인데, 위진남북조 시기에는 이미 상당히 세속화되면서 원래 지니고 있었던 축귀(逐鬼)·송온(送瘟)의 기능은 약화되었다.[24] 연구자들은 이 시기 민간 사묘신앙의 확대에 주목하여, 이러한 상황 속에서 고정적인 사묘를 세워 신령을 모시고 정기적으로 제사를 받드는 방식이 점차 일시적 의례를 보완, 대체한 것으로 보고 있다. 미야카와 히사시(宮川尙志)의 연구에 의하면 위진남북조시대에는 특히 장자문(蔣子文)·항우(項羽)·전풍(田豊)·등애(鄧艾)·오자서(伍子胥)·대부 종(大夫 種)·소

---

22 劉宛如,「六朝志怪中的女性陰神崇拜之正當化策略初探」,『思與言』第35卷 第2期, 1997.6, 108~109쪽.
23 劉苑如, 앞의 글, 131쪽.
24 李豊楙,「鍾馗與儺禮及其遊戲」,『民俗曲藝』三十九, 1986, 69~99쪽;「行瘟與送瘟―道教與民衆 瘟疫官的交流和分歧」,『民間信仰與中國文化國際研討會論文集』, 臺北: 漢學研究中心, 1994.4, 377쪽.

후(蘇侯)·변호(卞壺) 등에 대한 숭배가 광범위하게 유행했다.[25] 물론 이들은 지명도가 높고 제사권(祭祀圈) 또한 넓은 경우이고, 이 밖에 이름 모르게 전사하거나 출가도 못하고 죽은 사람들, 혹은 기타 원한에 사무쳐 억울한 죽음을 맞은 원혼들이 향촌사회 곳곳에서 민중들의 신봉을 받았다.[26]

위진남북조 시기의 종교신앙사적인 전개를 염두에 두고, 그 연장선상에서 『삼국지(三國志)』 배송지(裴松之) 주(注)에 남아있는 『촉기(蜀記)』와 『오력(吳曆)』의 잔편을 통해 관우의 죽음을 살펴보면 다음과 같다.

> 『촉기(蜀記)』에서 가로되: 손권이 장군을 보내 관우군을 공격해서 관우와 그의 아들 관평을 사로잡았다. 손권은 관우를 살려 유비와 조조에 대적하는데 쓰려 했으나 좌우의 신하들이 "늑대는 기를 수 없으니, 후에 반드시 해를 끼칩니다. 조공[曹操]도 즉각 제거하지 않아서, 스스로 커다란 화를 자청하였고 결국은 천도(遷都)까지 운운하게 된 것입니다. 어찌하여 살리려 하십니까!" 라고 했다. 결국 참형(斬刑)에 처했다.

> 『오력(吳曆)』에서 가로되: 손권은 관우의 머리를 조공[曹操]에게 보냈고, 남은 시신의 해골은 제후의 예로써 장사를 지내주었다.[27]

주지하다시피 고대 중국의 사형집행방법은 다양한 방식이 있었지만, 수당 이래로 점차 참형(斬刑)과 교형(絞刑)으로 통일되는데, 참형이 교형보다 중형(重刑)이다. 결과만 놓고 보면 죽는 것은 다 마찬가지겠지만, 교형이 신

25　宮川尙志,「民間の巫祝道と祠廟の信仰」, 宮川尙志의 앞의 책, 196~231쪽.
26　劉苑如는 앞의 글에서, 六朝志怪소설의 기록을 검토하여, 厲鬼가 된 原因에 따라 厲鬼 崇拜를 竹王神·袁雙·苻家神 등 전투에서 慘死하여 厲鬼가 된 경우(敗死將軍類), 孔甲·屈原·義陽公主 처럼 절개를 지키기 위해 자살하여 厲鬼가 된 경우, 孤竹君처럼 오랫동안 제사를 받지 못해 厲鬼가 된 경우, 淸溪小姑·丁姑·紫姑처럼 시집을 못가거나 학대를 견디지 못하고 자살한 女性厲鬼 등으로 분류하였다.
27　『三國志』 卷36,「關羽傳」의 裵松之 注에는 『蜀記』와 『吳歷』을 인용해 위의 사실을 기록함.

체를 온전한 상태로 보전할 수 있는데 비해서 참형은 머리 부위가 몸체로부터 절단되어 분리되기 때문에 더욱 중형으로 인식된 것이다.[28] 그런데 위에서 내용을 보면 관우는 사형 중에도 참형을 당한다. 그것도 『오력(吳曆)』에 보이듯이 참수된 머리를 낙양의 조조에게 보냈기 때문에 결국 장례도 신체가 분리된 채로 거행되었다.

〈그림 6〉 낙양 관림묘(關林廟)
낙양의 관우 사묘인 관림묘와 경내에 위치한 관우 수급(首級)이 매장된 한수정후묘(漢壽亭侯墓)의 모습.

---

[28] 劉俊文, 『唐律疏議箋解』(北京: 中華書局, 1996) 卷第一, 「名例律」, 42~49쪽.

이 부분에 대해서 일부 학자들은 손권이 조조의 명을 받들어 죽이게 된 것처럼 강조함으로써 그 책임을 조조에게 전가하려 한 것이고, 이를 간파한 조조는 제후의 예로 융성하게 제사지내게 된 것이라고 해석했다. 하지만 중요한 것은 북벌을 눈앞에 두고 오의 기습으로 한스럽게 참형을 당한 관우가 사후에도 시체마저 당양과 낙양으로 분리되는 기구한 운명에 처하게 된다는 사실이다. 당시의 여귀의 존재를 당연시하던 신앙적 관습과 생전에 어느 누구에게도 뒤지지 않는 무공을 과시했던 위력을 고려한다면, 원혼의 한풀이에 대해 적지 않은 사람들이 공포와 경계심을 가지고 있었을 것이다. 이와 별도로 이러한 정서를 활용해서 여귀 관우의 무시무시한 괴력을 떠벌리며 원혼을 달래기 위한 제사의 거행을 주도하는 제삼자의 출현은 쉽게 상정할 수 있는 것이다. 이러한 신앙적 환경 속에서『당양현지(當陽縣志)』에 보이는 바처럼 원혼을 달래기 위한 무축과 지역민들의 제사가 점차 확산되었을 것이고 관우를 모시는 사묘들도 하나씩 생겨났을 것이다.

한편『운계우의』에 보이는 바처럼, 신령을 경건하고 정성스럽게 모시지 못하는 경우를 상정하여 '재앙'과 '역병' 따위로 위협하는 설화도 날조되었고 구전을 통해 전파되어갔다. 물론 원혼을 위로하는 제사 의례가 반복되면서, 제사의 대상인 관우신은 점차 고단한 기층민들의 기도를 들어주고 영혼을 안위해주는 초월적인 존재로 바뀌어 갔을 것이다. 그렇다면 이러한 여귀들은 어떠한 과정을 통해서 신으로 격상되고, 숭배의 범위 즉 제사권이 확대되었을까? 이 부분에 대해서는 다음 절에서 검토해보겠다.

2) 여귀의 신격화와 제사권의 확장

위진남북조시대에 있어서 여귀의 신격화를 분명하게 보여주는 예로써 장자문신(蔣子文神)을 들 수 있다. 여귀 장자문은 남경일대의 수호신이 되었다가, 후에 공식적으로 남조정부로부터 제사를 받는 최고권위의 신격으로 격상된다. 간보(干寶)의 『수신기(搜神記)』에는 장신이 여귀에서 신으로 성장해가는 과정이 비유적으로 표현되어 있어서, 관우신앙의 전개과정을 추정하는데 참조할 만하다.29 내용에 의하면 장자문은 한말에 말능위(秣陵尉)라는 벼슬을 지낼 때 적을 추격하다가 현재 남경의 종산(鍾山)에서 반격을 당해 사망한 여귀이다. 류위안루[劉苑如]는 몇 가지 유형으로 여귀를 분류한 바 있는데, 장자문은 관우와 마찬가지로 '전사장군류(戰死將軍類)'에 해당된다. 그런데 사후 몇 년이 지나 장자문은 갑자기 살아 있을 때의 모습 그대로 부하 앞에 현신했다고 한다. 현지의 토지신(土地神)이 되려 하니 사묘를 세워 제사하라고 명하고, 만약에 듣지 않으면 바로 재앙을 내리겠다고 경고도 잊지 않았다. 이 부분 바로 뒤에 "몰래 섬기는 자가 꽤 많았다[頗有竊祠者]"는 내용이 출현하는 것으로 보아, 처음에는 정부의 눈을 피해 세워진 전형적인 음사였던 것 같은데 점차 제사권이 확대되면서 공개화된 것으로 추정해볼 수 있다.

다음 단락에는 자문(子文)이 조정과 직접 거래하는 내용이 보이는데, 음병(陰兵)으로 오를 도왔으니 정부에서 반드시 사묘를 세워 제사를 올리라고 명령하고, 그렇지 않을 시에는 해충을 백성들의 귓속에 넣겠다는 황당한 위협을 가한다. 기사에 의하면 후에 정말로 많은 백성들이 이로 인해 사망

29　干寶의 『搜神記』에 보이는 상기 고사의 원문내용은 다음과 같다:
"蔣子文者, 廣陵人也. 嗜酒好色, 挑達無度. 常自謂己骨淸, 死當爲神. 漢末爲秣陵尉, 逐賊至鍾山下, 賊擊傷額, 因解綬縛之, 有頃遂死. 及吳先主之初, 其故吏見子文於道, 乘白馬, 執白羽, 從如平生. 見者驚走. 文追之, 謂曰: "我當爲此土地神, 以福爾下民. 爾可宣告百姓, 爲我立祠. 不爾有大咎." 是歲夏, 大疫, 百姓竊相恐動, 頗有竊祠之者矣. 文又下巫祝: "吾將大啓祐孫氏, 宜爲我立祠. 不爾, 將使蟲入人耳爲災." 俄而小蟲如塵虻, 入耳皆死, 醫不能治. 百姓愈恐. 孫主未之信也. 又下巫祝: "若不祠我, 將又以大火爲災." 是歲, 火災大發, 一日數十處. 火及公宮. 議者以爲鬼有所歸, 乃不爲厲, 宜有以撫之. 於是使使者封子文爲中都侯, 次弟子緒爲長水校尉, 皆加印綬. 爲立廟堂. 轉號鍾山爲蔣山, 今建康東北蔣山是也. 自是災厲止息, 百姓遂大事之."

했는데 군주가 여전히 믿지 않자, 이번에는 큰불을 지르겠다고 협박한다. 며칠 후부터 실제로 하루 수 십 건의 화재가 발생했고, 심지어 불이 궁성까지 번지자, 조정도 마침내 사자(使者)를 파견해 장자문을 중도후(中都侯)에 봉했고, 사묘를 세워 정식으로 국가차원에서 제사를 올리기 시작했다.[30] 사실 장자문신을 통한 협박이 부단히 계속되었다는 점은 장자문이 여귀에서 지역수호신으로 그리고 공식적으로 인가하는 정사(正祠)의 장신(蔣神)으로 탈변하는 과정이 결코 수월치 않았음을 반영해 주는 것이기도 하다.

위진남북조시대에는 항우신 숭배도 널리 유행하였다. 『송서(宋書)』, 「공계공전(孔季恭傳)」[31]이나, 『남사(南史)』, 「소사화전(蕭思話傳)」[32] 등에는 민간에서 여귀숭배로 자생한 항우신이 변산왕(卞山王), 즉 오흥(吳興)지역의 수호신으로 심지어 군정(郡政)에까지 영향을 미치는 내용이 잘 표현되어 있다.

비록 이러한 고사는 무축이나 혹은 관련 인물들에 의해 날조되어 구전되는 것이겠지만, 제사권의 확대와 더불어 여귀숭배의 공개화 과정이 잘 표현되어 있다. 이런 과정 속에 중앙 혹은 국가권력과 마찰을 일으키기도 하는데, 때로는 철폐당하기도 하지만 때로는 타협을 통해서 인가되어 체제 내로 흡수되기도 한다.[33] 관우신앙 역시 위의 사례에 보이는 신앙사의 전

---

[30] 이렇게 國家에서 公認하는 地域의 수호신이 된 후에, 蔣神은 계속해서 위진남조 통치자들의 尊禮를 받게 되는데, 劉宋時에는 鐘山王에 봉해지고, 齊昏侯 시기에는 蔣帝라는 帝號까지 追尊 받게 된다[『晉書』 卷114, 「苻堅(下)」, 2917~2918쪽; 『宋書』 卷17, 「禮四」, 488쪽; 『南齊書』 卷7, 「齊昏侯」, 105쪽]. 물론 이것은 당시 江南과 北方政府가 대립상태에 놓여있었기 때문인데, 당시 建康지역의 지역수호신적 성격을 지니고 있던 蔣子文신앙은, 南朝勢力에게는 일종의 精神的 지주 같은 역할을 해줄 수 있었는데, 이는 기층민들이 정신적 紐帶를 도모하는 데 도움이 되었다.

[31] 『宋書』, 「孔季恭傳」, 1532쪽: "先是, 吳興頻喪太守, 云項羽神爲卞山王, 居郡聽事, 二千石至, 常避之, 季恭居聽事, 竟無害也."

[32] 『南史』, 「蕭思話傳」, 499쪽에 보이는 원문내용은 다음과 같다: "(宋明帝)泰始(465-471)初, 爲吳興太守, 郡界有卞山, 山下有項羽廟. 相承云羽多居郡聽事, 前後太守不敢上. 惠明謂綱紀曰: '孔季恭嘗爲此郡, 未聞有災.' 遂盛設筵榻接賓, 數日, 見一人長丈餘, 張弓挾矢嚮惠明, 旣而不見. 因發背, 旬日而卒."

[33] 蔣子文神외에 項羽神에 대한 숭배 역시 漢末에서 魏晉南北朝에 이르는 시기에 江南 吳

반적인 추세를 감안하면서 그 변천과정을 고찰해 볼 필요가 있다. 당 무종부터 오대십국시기까지의 역사적 사건들을 기록하여 정사를 보완할 수 있는 자료로 평가되는 손광헌[孫光憲, 901~968]의 『북몽쇄언(北夢瑣言)』에 기록된 관련 내용을 살펴보면 다음과 같다.

> 함통(咸通)의 반란으로부터 벗어난 후, 성내(城內) 골목마다 관우[關三郞]의 귀병(鬼兵)이 입성할 것이라는 헛소문이 돌아, 가가호호 겁을 먹고 잔뜩 움츠려 있었다. 병에 걸린 자들은 고통이 아주 심한 것은 아니었지만 오한과 신열에 떨어야만 했다. 홍농(弘農) 양벽(楊擘)의 가족들은 낙곡로(駱谷路)로부터 양원(洋源)으로 들어왔는데, 진령(秦嶺)에 이르렀을 때 경사(京師)를 돌아보며 이쯤이면 관삼랑(關三郞)이 쫓아오는 것을 면할 수 있겠지 라고 내뱉었다. 말이 끝나기도 전에 두려움에 잠시 다리가 후들후들 떨렸다. 이게 어찌된 일인고? 상란(喪亂)의 기간 중에는 음계(陰界)의 여귀들이 널리 활동하기 때문이다. 마음이 의심하면 사기(邪氣) 또한 뒤따르는 것이다. 관요(關妖)의 이야기도 바로 이 점을 말해주고 있다.[34]

예문의 내용은 당말의 상황을 묘사한 것으로 추정되는데, 장자문신의 경우처럼 설화내용이 상세한 것은 아니지만, 귀병(鬼兵)이 출현하고 전염병이 유행하는 등 설화의 기본적인 구조는 매우 유사하다. 우선적으로 눈길을 끄는 것은, 이 시점에 이르러서도 관우의 형상 속에 여전히 여귀적 이미

興地域을 중심으로 널리 유행하였다. 알려진 바처럼 西楚覇王 항우는 진을 멸망시켰지만 후에 유방에게 밀려 결국은 비분강개하여 烏長亭이라는 곳에서 자결하였다. 이처럼 정치적인 연유로 非命에 죽은 사람들이 사후에 모종의 怪異한 징조를 나타내고, 사람들에게 커다란 재난을 가져올 수 있다는 것은 위에서 언급한 바와 같이 당시 민중들이 보편적으로 공유하고 있던 심리로서, 그의 영혼을 안위하기 위한 祠廟가 곳곳에 세워 졌다. 『魏書 · 地形志』에 기재된 바에 따르면, 睢周 穀陽郡 高昌縣(현 河南省 鹿邑縣)에도 항우묘가 있었다고 하는데, 이것으로 보아 당시 項羽神을 섬기는 풍조는 강남 뿐 아니라 화북 일대에서도 유행했음을 알 수 있다. 다만 대부분의 자료에 보이는 바와 같이 강남 오흥지역이 여전히 항우신 신앙에 있어서 가장 중심이 되는 지역이었다.

34 孫光憲, 『北夢瑣言』 卷11, 「關三郞入關」, 文淵閣欽定四庫全書本.

지가 남아있는 점인데, 심성 속에 간직된 집단적 기억이 상당한 지속력을 가지고 있음을 반영해 준다. 송대 홍매(洪邁)가 지은『이견지(夷堅志)』에서도 당시 사천 동주(潼州) 현지인들이 맹신하던 관운장묘의 신상 가운데 하나에 남아있는 관우 형상을 노기등등한 얼굴에 수염이 덥수룩하고 용모 자체가 매우 무서워 보인다고 묘사한 바 있다.[35] 이마이즈미 준노스케의『관우』에서 저자는 삼국지 등장인물에 대한 현대중국인들의 평가를 취재형식으로 알아본 바 있다. 그는 중국인들은 조자룡을 좋아하는 심리와는 달리 관우에 대해서는 무한한 애정을 가지고 있으면서도 왠지 약간 두려워하는 마음을 공유하고 있다고 기록하고 있다. 강력한 여귀의 보복에 대한 두려움과 의리와 충용의 화신에 대한 무한정한 애정이 오버랩 되면서 장기적으로 형성된 관우신에 대한 신앙심이 여전히 중국인의 심령 깊숙한 곳에 자리 잡고 있는 것은 아닐까 추정해본다.[36]

어쨌든 관우신의 형상 속에는 이처럼 여귀숭배에서 시작된 초기신앙의 흔적이 짙게 드리워져 있다. 하지만, 당대 중후기를 전후로 신앙의 성격과 사회적 역할에 있어서 주목할 만한 변화가 나타난다. 우선 당대 정원연간[785~804]에 쓰인『중수옥천산관묘기』에는 "살아있을 때는 영현(英賢)이더니만 죽어서는 신령(神靈)이 되어 옥천산(玉泉山) 아래에 기거하며, 이 지역의 흥쇠와 곡식의 풍흉을 관장한다"는 기사가 보인다. 이는 관우가 여귀의 성격을 넘어 형주 지역민들의 일상생활을 관장하는 지역수호신으로 성장하고 있음을 반영해주는 것이다.

한 가지 더 유의해야 할 점은 약 100년 후인 함통연간[860~873]을 언급하

---

[35] 洪邁 撰,『夷堅志』(北京:中華書局,2006)「夷堅支甲」卷9〈關王蠂頭〉, 782쪽: "潼州關雲長廟, 在州治西北隅, 土人事之甚謹. 偶像數十軀, 其一黃衣急足, 面怒而多髥, 執令旗, 容狀可畏."

[36] 수泉恂之介 저, 이만옥역,『관우-삼국지의 영웅에서 의리와 부의 신이 되기까지』, 예담, 2002, 336쪽.

는 위의 예문에 있어서 관우의 귀병이 출현하는 장소가 경사(京師)로 설정되어 있다는 점이다. 이것은 첫 번째 예문만 해도 신의 관할 범위가 생전에 주로 활동하다가 죽음을 맞이했던 형주 당양(當陽)지역으로 한정되었던 데 비해, 도성 장안 지역이 새로운 관우신의 활동영역으로 등장했다는 점에서 의의를 지닌다. 사실 위에서 살펴본 바와 같이 관우숭배는 관우 사후 이래로 위진남북조 시기를 거치며 장기적으로 존속해 왔지만, 그 세력이 비슷한 시기에 대대적으로 유행했던, 장자문이나 항우에 대한 숭배에는 크게 미치지 못한다. 하지만 이처럼 당대 후기를 거치면서 제사권이 타 지역까지 확산되는 징후가 나타난다.

이 점은 당시(唐詩)를 통해서도 확인된다. 주지하다시피 수당시기는 문학사적으로 볼 때 '시의 전성기'로서, 때로는 시로부터 적지 않은 역사적 사실을 발견할 수 있다. 천보15재[756]에 급제해 주로 숙종 보응연간[762]부터 관직생활을 한 낭사원(郞士元)의 작품 가운데 『장무묘별우인(壯繆廟別友人)』이라는 시가 주목된다. 이 시의 원제는 『관우사송고원외환형주(關羽祠送高員外還荊州)』인데 제목이 문자 그대로 "관우묘에서 형주로 돌아가는 고원외랑을 송별하다"라는 뜻이다. 유념할 것은 비록 이 시가 언제 어디서 쓰였는지 확실히 알 수는 없지만, "형주로 돌아가는"이라는 구절에 나타나듯이 현재 이별을 하는 관우묘가 적어도 형주의 외곽지역 혹은 타지에 위치할 가능성이 높다. 작자가 8세기 중엽부터 본격적으로 활동한다는 점을 감안하면 이 시기에 이미 관우신앙은 형주의 외연으로 전파되고 있었던 것이다.[37]

이 시기에는 여귀에 대한 숭배행위로 시작된 관우신앙이 불교나 도교와 결합하는 현상도 나타나기 시작한다. 관우신앙이 초기 단계에서 벗어나고 있음을 시사해주는 것인데, 이 부분에 대해서는 다음 절에서 상론하겠다.

---

[37] 『全唐詩』卷248, 〈關羽祠送高員外還荊州〉, 北京: 中華書局, 1960, 2782쪽.

3. 불교·도교와의 결합

1) 불교의 관우신 수용

앞에서 언급했다시피 기록에 남아있는 불교와 관우신앙의 첫 번째 조우는 천태종의 창시자로 불리는 지의선사(智顗禪師)의 옥천사 창건설화와 깊은 관련을 맺고 있다. 이런 까닭에 불교와 관우신앙과의 결합이 지의선사가 생존했던 진말, 수대를 전후로 시작된 것으로 추정하고 있다. 그러나 그의 수석제자라 할 수 있는 관정(灌頂)이 수찬한 『수천태지자대사의별전(隋天台智者大師顗別傳)』이나 수대에 당양현령을 역임한 황보곤(皇甫昆)에 의해 쓰인 『옥천사지자선사비문(玉泉寺智者禪師碑文)』처럼 비교적 공신력 있는 자료에는 관우와 관련된 사실들이 전혀 언급되어 있지 않다. 이렇게 볼 때 관우신앙과 불교의 결합과정을 보여주는 첫 번째 기록은 역시 당 덕종 정원 18년[802]에 동정(董侹)이 작성한 『형남절도사강릉윤배공중수옥천관묘기(荊南節度使江陵尹裴公重修玉泉關廟記)』라고 볼 수 있다. 과거 사실을 기록할 때 현재적 정황과 관점이 상당부분 반영되는 점을 감안하여 불교와 관우신앙의 결합 자체를 묘기가 작성되는 것과 비슷한 당대 중기에 시작된 것으로 지적하기도 한다.[38] 어쨌든 옥천사는 잦은 전란 등으로 오랫동안 방치되어 정원연간[785~795]에 이르면 훼손이 심했다. 결국 덕종 정원18년[802]에 형주절도사 배균(裴均)이 대대적인 중수를 명하게 되는데, 관련 내용은 다음과 같다.

> 옥천사(玉泉寺)는 복주산(覆舟山)동쪽에 위치하며 당양현에서 30리 거리인데, 첩첩 산중에 폭포가 굽이굽이 이어지니 신자들의 청정세계이자 역내의 절경이다. 절 서쪽 300보 지점에 촉 장군 형주도독 관공의 유묘(遺廟)가 남아있다. 장군은 성

---

[38] 蔡東洲, 文廷海, 앞의 책, 56~59쪽.

은 관이고 이름은 우인데, 하동 해량(解梁) 사람으로 선조의 공적은 국사에 상세히 기록되어 있다. 전에 진(陳) 광대연간(567~568)에 지의선사(智顗禪師)께서 천태산에서 오셔서 교목아래에 정좌하고 있을 때, 밤중에 홀연 신을 마주쳤는데, 이곳을 승방으로 희사하길 원한다면서 대사께 잠시 산에서 나가셔서 어떻게 쓰이는지 관망하시라고 말했다. 약속한 날 밤이 되자, 앞 골짜기가 진동하고, 바람과 천둥소리가 무섭게 몰아치더니, 앞의 큰 산이 쪼개지고 아래 맑은 연못이 메워졌으며, 좋은 목재가 그 위를 두르더니, 넓고 아름다운 절집이 생겼는데 그 쓰임새에 전혀 부족함이 없었다. 장군께서는 삼국시대에 만 명의 적을 감당하셨으니, 조조는 그 예봉을 피했고, 공맹은 그의 뛰어남을 절륜(絶倫)으로 칭송했다. 의를 위해서 순국하고 은혜에 감사하니 사생이 일치하고, 안량(顔良)의 목을 베고 우금(于禁)을 생포한 것도 그의 공적이도다. 오호, 살아서는 영현(英賢)이더니 죽어서는 신령이 되었구나.……형주절도사 공부상서 강릉윤 배공이 일컫기를, "정치를 이루려 할 때, 전례를 따르고 예에 순응하는 것을 신도(神道)의 가르침으로 삼아서, 사람을 믿고 행해야 한다. 요망한 혼령[妖昏] 물리치고 우리 백성들의 복을 빌려고 하는데, 사묘는 무너져 훼손되었고 멀리 떨어져 단절되어 있으니, 어찌 군수 목민관의 뜻이겠는고". 바로 현령 장퇴(張僓)에게 명하여 그 일을 시작하게 했다. 이에 옛 터에 법도에 맞춰 새로운 규모로 펼치니, 가름대와 두공은 넓으면서도 경건해보였고, 모습은 단정하면서 엄숙했다.……어찌 글월로 족히 증명할 수 있겠는가, 덧붙이고 새롭게 창안한 제도를 비석에 새기노라. [덕종] 정원18년(802)에 기록하다.[39]

위의 예문에 따르면, 옥천사가 세워지기 전에, 서쪽 삼 백보 지점에 이미

---

39 董誥 等 編,『全唐文』卷684,〈荊南節度使江陵尹裴公重修玉泉觀廟記〉, 上海古籍出版社, 1990, 3102쪽: "玉泉寺, 覆舟山東, 去當陽縣三十里, 疊障回擁, 飛泉迤邐, 信道人之淨界, 域中之絶景也. 寺西三百步, 有蜀將軍都督荊州事關公遺廟存焉. 將軍姓關名羽, 河東解梁人, 公族功績, 詳於國史. 先是, 陳光大中智顗禪師者, 至自天台, 宴坐喬木之下, 夜分忽與神遇, 云願捨此地爲僧坊, 請師出山, 以觀其用. 指期之夕, 前壑震動, 風號雷虩, 前劈巨嶺, 下堙澄潭, 良材叢木, 周匝其上, 輪奐之用, 則無乏焉. 惟將軍當三國之時, 負萬人之敵, 孟德且避其鋒, 孔明謂之絶倫. 其殉義感恩, 死生一致, 斬良擒禁, 此其效也. 嗚呼, 生爲英賢, 歿爲神靈, ……荊州節度使工部尙書江陵尹裴公曰:'政成事時, 典從禮順, 以爲神道之敎, 依人而行, 攘彼妖昏, 祐我蒸庶, 而祠廟墮毁, 歔懸斷絶, 豈守宰牧人之意耶.' 乃令邑令張僓始經其事. 爰從舊址, 式展新規, 欒櫨博敬, 容衛端肅.……文豈足徵, 其增創制度, 則列於碑石. 貞元十八年記."

관우를 모시는 작은 사묘가 존재하고 있었음을 발견할 수 있다. 전술한 바에 의하면 관우신은 남조시대에 점차 지역신으로 성장하여 영력을 과시하기 시작한다. 그런데 진말(陳末) 광대연간(光大年間, 567~568)에 지의선사가 이곳을 방문하자 관우신이 돌연 나타나 자신의 묘우를 폐하고 그곳을 승방으로 삼겠다고 한 것이다. 관우신은 대사에게 저녁까지 잠깐 나가 있으라고 하고는, 신력을 발휘해 순식간에 가람을 완성했다. 고사의 내용이 매우 간단하여 예문만 볼 때는 옥천사의 축조사업과 양자 간의 결합은 관우신의 자원으로 비교적 순탄하게 이루어졌음을 알 수 있다.

그러나 남송대 석지반(釋志磐)이 쓴 『불조통기』에는 정황이 조금 다르게 묘사되어 있다. 개략적인 내용을 보면, 당시 지의대사는 도량을 세울 위치를 정하고 선정(禪定)에 들었는데, 어느 날 요괴가 나타나 10여 장이나 되는 구렁이[巨蟒]로 변해서는 갖은 수단을 동원해 위협을 가했다. 대사는 며칠이 지나도 전혀 두려워하지 않았고 오히려 거망을 단호하게 꾸짖었는데, 이때 요괴가 사라졌다고 한다. 그날 밤 갑자기 관우신이 아들 관평을 대동하고 나타나 자신이 한말에 조조와 손권 때문에 한실부흥을 이루지 못하고 원한을 품고 죽은 관우임을 밝히고 어찌하여 자신의 수하를 해쳤냐고 항변했다. 지의대사가 그저 도량을 세워 생전의 덕에 보답코자 할 뿐이라고 하자 관우는 자신의 행동을 후회했고, 불가사의한 신력을 발휘하여 불사의 건립을 도왔으며, 후에 수계를 받은 뒤 '호법신(護法神)'이 되었다고 한다.[40]

내용을 분석해보면, 우선 전반부의 내용에 관우신이 여러 소신(小神)들을 거느리고 있는 것처럼 묘사되었는데, 이것은 관우신이 당시에 형주 일대에서는 이미 상당한 신력을 지닌 지역신으로 성장했음을 반영해 주는 것이다. 아울러 전편의 인용문과는 달리 요괴가 거망으로 변하여 지의대사를 위협하는 장면이 출현하는데, 후에 관우가 요괴를 자신의 수하라고 밝히고

---

[40] 『佛祖統紀』卷6, 「智者大師傳」, 北京: 中華書局, 中國佛教典籍選刊本.

왜 해쳤냐고 항의 하는 것으로 보아 불교와 관우신앙과의 결합과정은 위에 보이는 바처럼 결코 순탄치 만은 않았을 것이다. 물론 이러한 고사는 분명 불교 측, 혹은 관우신앙 측과 관련 있을 무축들 혹은 이에 가담했을 토착세력과의 마찰이나 충돌 등을 떠오르게 하는데 아쉽게도 방증사료를 찾아낼 수 없다. 어쨌든 향후 옥천사는 관우신앙의 중심지로 굳건히 자리 잡게 되었고, 천태종이 사천을 위시한 기타지역으로 세력을 확장해 가자 관우신앙의 제사권(祭祀圈)도 해당지역으로 점차 확대되었다.

사실 사묘신앙과 불교와의 결합, 혹은 사묘 묘신(廟神)의 불교부속신화(佛敎附屬神化) 현상은 관우신만의 특수한 현상은 아니다. 위진남북조·수당 이래로 기층 민간신앙의 세계에서 광범위하게 발생하는 보편적인 종교현상이다.『섭산기(攝山記)』에는 초나라 명신 굴원(屈原)을 살해한 근상(靳尙)이 하늘로부터 견책을 받아 대망(大蟒)이 되어 주민들이 묘우를 세워 위로해 주었다는 내용이 보인다.[41] 그런데『육조사적편류(六朝事蹟編類)』「보제왕묘(菩提王廟)」에는 음사[42]의 주신인 근상에 대해서 승인(僧人)이 보제계(菩提戒)를 내려 불교 호법신 보제왕(菩提王)으로 삼았고, 그의 사묘도 서하사(棲霞寺) 옆으로 옮겨 보제왕묘로 개칭했다는 내용이 출현한다.[43] 또한『송

---

[41] 『宋高僧傳』,「唐湖州佛川寺慧明傳」에도 慧明이 당시 湖州 佛川寺 근처에 있던 吳王古祠의 廟神에게 戒를 내려 불제자로 삼고 원래의 祠廟 역시 佛寺의 부속으로 변하는 내용이 보인다.
(佛川)泉側有吳王古祠, 風俗淫祀, 濫以犧牲. 於昰(慧)明夜泊廟間, 雷雨薦至, 林摧瓦飛. 頃之, 雨收月在, 見一丈夫容衛甚盛. 明曰: "居士, 生爲賢人, 死爲明神, 奈何使蒼生每被血食, 豈知此事殊爾業耶?" 神曰: "非弟子本意, 人自爲之." 禮懺再三, 因與受菩薩戒. 神欣然曰: "師慈移寺, 弟子願捨此處, 永奉禪宮." 後果移寺於祠側, 獲銅盤之底, 篆文有, 「慧明」二字焉[贊寧著·範祥雍點校,『宋高僧傳』卷二六,「唐湖州佛川寺慧明傳」, 北京: 中華書局, 1987, 664~665쪽].

[42] (宋)張敦頤·張忱石點校,『六朝事蹟編類』卷12, 上海古籍出版社, 1995,「楚靳尙廟」條, 123쪽.

[43] 神卽楚大夫靳尙也, 今在攝山. 按『神錄』, 楚靳尙神居臨沂縣.『舊經』云: "齊永明初, 有法度禪師講經於攝山, 營患山路磋碓, 僧徒疲於往來, 神爲平治之. 法度因爲受菩提戒, 立祠於此, 故世號菩提王. 江總『棲霞寺碑』云: "梁大同元년(535) 二月, 神又見形, 著菩提巾, 披袈裟, 容止甚都, 來入禪堂, 請士衆說法. 廟舊在山前, 今移置棲霞寺門之右.『六朝

고승전』, 「당호주불천사혜명전(唐湖州佛川寺慧明傳)」에도 혜명(慧明)이 당시 호주 불천사 근처에 있던 오왕고사(吳王古祠)의 묘신(廟神)에게 계(戒)를 내려 불제자로 삼았고 원래의 사묘 역시 불사의 부속 건물로 변했다는 내용이 확인된다.[44]

『속고승전』과 『송고승전』에도 이러한 사례가 수 없이 등장한다. 외래종교 불교의 입장에서 보자면, 불교는 이러한 사묘와의 결합을 통해 전통적인 문화의식과 긴밀하게 결합할 수 있고[45] 아울러 기층과의 유대를 강화함으로써 민간사회에 한걸음 더 다가갈 수 있는 계기가 되었을 것이다. 물론 민간의 사묘들은 때로는 불교를 통해 제사권을 확장할 수 있었으며 정부의 음사 철폐가 강화될 때에는 이들 불사의 부속신으로 들어가 생존의 공간을 마련할 수 있었다. 어쨌든 관우신은 불교와의 이러한 습합과정을 거치면서 점차 '가람신'으로서의 지위를 확립했고, 향후에는 불교도의 제도를 도와주는 보살신처럼 성장하여 '관보살'이라는 친숙한 이미지로 민중 곁으로 다가서게 되었다.

2) 관우신앙과 도교의 결합

관우신앙과 도교와의 결합현상은 불교보다는 조금 늦게 전개되는데, 대략 북송시기에 시작된 것으로 추정된다. 도교와 관우신앙의 결합은 불교의 경우와 마찬가지로 도교가 주도권을 행사하며 관우신앙을 흡수하는 형

事蹟編類』卷一二, 「菩提王廟」條, 122쪽.

[44] (佛川)泉側有吳王古祠, 風俗淫祀, 濫以犧牲. 於昰(慧)明夜泊廟間, 雷雨薦至, 林摧瓦飛. 頃之, 雨收月在, 見一丈夫容衛甚盛. 明曰: "居士, 生爲賢人, 死爲明神, 奈何使蒼生每被血食, 豈知此事殃爾業耶?" 神曰: "非弟子本意, 人自爲之." 禮懺再三, 因與受菩薩戒. 神欣然曰: "師慈移寺, 弟子願捨此處, 永奉禪宮." 後果移寺於祠側, 獲銅盤之底, 篆文有「慧明」二字焉[贊寧著・範祥雍點校, 『宋高僧傳』卷二六, 「唐湖州佛川寺慧明傳」, 北京: 中華書局, 1987, 664~665쪽].

[45] 嚴耀中, 「唐代江南的淫祠與佛教」, 『唐研究』第二卷, 北京大學出版社, 1996年, 56~58쪽.

태로 전개된다. 아무래도 제도종교가 권력과의 관계, 재정능력, 조직력 등에서 특별한 네트워크 없이 민간에 산재하던 사묘들보다는 유리한 위치를 차지하고 있었기 때문이다. 일반적으로 북송시기 도교의 관우신앙 수용과정을 설명할 때 가장 많이 인용하는 것이 관우가 해주염지(解州鹽池)를 보호하기 위해 치우(蚩尤)를 격파했다는 설화이다. 설화의 내용을 살피기에 앞서 관우가 해주에 출현하게 된 배경과 북송대 해주염지의 위상에 대해 검토할 필요가 있다.

〈그림 7〉 해주 관제묘(關帝廟)와 동묘(東廟)
관우의 고향인 산서성 운성(運城) 해주(解州)에 있는 관제묘(關帝廟)와 임진왜란 때 서울에 세워진 관우묘 가운데 하나인 동묘의 모습. 정식명칭은 편액에 보이는 바처럼 현령소덕의열무안성제묘이다.

앞에서 언급한 바처럼 수당 이래 민간사회에서는 관우신앙이 점차 활성화되어 제사권이 형주지역을 넘어 확산되기 시작하는데, 특히 염지가 있는 해주는 관우의 출생지라는 점이 주목된다. 이를 반영하듯 수당 이래 해주 서관(西關)에는 이미 관우묘가 존재했다는 기록이 여러 사료에 출현한다. 당대에 설립된 해주 관우묘는 북송대에 이르러서도 지속적으로 발전하는데, 정함(鄭咸)이 찬수한 『해주성서문외관묘작비기(解州城西門外關廟作碑記)』에는 북송 철종 원우(元祐)7년[1092]에 해주의 부로(父老)들이 협력하여 관우묘를 중수했다는 기록도 나타난다.[46] 여귀신앙에서 출발한 관우숭배가 점차 지역수호신의 범주를 넘어 제사권을 확대해감에 따라, 관우의 출생지인해주가 북방에 있어서 관우신앙 전파의 기지로서 역할을 했을 가능성을 보여주는 것이다. 이와 함께 고려해야 할 문제는 해주염지의 위상에 관한 문제인데, 북송시대에 이 염지는 하동과 하북지역에 소금을 공급해주던 중요한 소금생산기지였다. 생산량도 적지 않았지만 특히 도성 동경에 인접한 지리적 우월성으로 인해 북송 정부의 재정에 있어 매우 중요한 역할을 담당했던 것이다.[47]

해주염지 이적고사의 상세한 내용은 원명 이후의 적지 않은 도교문헌에서 확인된다. 위에서 언급한 두 가지 사실을 염두에 두면서 『광견록(廣見錄)』에 보이는 설화를 예시해보면 다음과 같다.

>······해주 염지가 말라서 바닥을 드러내는 사건이 발생했다. 현지 지방관들은 건국 후 정부가 헌원(軒轅)을 조상신으로 삼아 제사를 올렸기 때문에, 치우가 자신의 원수에게 제사를 올리는데 불만을 품고 재앙을 일으키게 된 것이라고 보고했다. 이에 재상 여이간(呂夷簡)과 왕흠약(王欽若)은 30대 천사(天師)인 용호산(龍虎山)의 도사 장계선(張繼先)이 능히 귀신을 퇴치할 것이라고 상주를 올려 청했고, 장천사(張天師)는 옥천산에 가서 치우를 물리쳐 달라는 기도를 올렸다. 이에 관우신은 오악사독, 명산대천 등 음병(陰兵)을 거느리고 해주에서 치우와 대회전을 벌였다. 당시 삼 백리 내에 광풍이 불고 번개와 우뢰가 몰아칠 정도로 격렬한 전투가 벌어졌고, 싸움이 시작된 지 5일 만에 마침내 관우가 요적(妖賊)을 격파했다.[48]

---

[46] 康熙31년(1691)序, 『關聖帝君聖蹟圖志全集』 卷4, 藝文考, 記類, 「宋元祐7年解州知州張柬之重修關帝廟記」에도 元祐7年(1092)년에 중수된 사실이 기록되어 있다. 嘉慶11年序, 『漢關公事蹟彙編』 卷2에는 "수대에 건묘하여 大中祥府년간에 중건했고, 元祐7年에 수축했다."는 기록이 보인다. 명대 李維楨이 지은 『重修關王廟碑』에서도, 陳, 隋 이래 제사를 거행했다는 기사가 보인다. 이 부분에 대해서는 井上以智爲의 앞의 논문과 蔡東洲, 文廷海, 앞의 책, 64~65쪽 참조.

[47] 妹尾達彦, 「河東鹽池의池神廟與鹽專賣制度」, 『第一屆國際唐代學術會議論文集』, 臺北: 文津出版社, 1993.6.

[48] 『廣見錄』 외에 明 沈德符의 『野獲編』 卷14에도 眞宗 大中祥府 7년으로 기록하고 있다. 하지만 『明弘治本三國志義』 卷16, 「玉泉山關公顯聖」 편에는 숭녕연간(1102-1106)에 關公이 崇寧眞君에 봉해지는데, 해주염지에서 신력으로 치우신을 격파했다고 언급하고 있다.

해주염지에서 관우가 치우를 격파하는 전설은 대략 두 가지 계통으로 전해진다. 하나는 전설의 발생시점을 진종 대중상부7년[1014]으로 잡고 있고, 다른 하나는 염지 부근에서 대홍수가 발생하여 소금생산이 전면 중단되었던 역사적 사실을 배경으로 휘종 숭녕연간[1102~1106]으로 파악하고 있다. 하지만 내용은 기본적으로 일치하는데, 핵심적인 내용은 관우가 헌원신(軒轅神)의 편에 서서 치우를 격파한다는 것과 애초 관우신의 초치가 용호산(龍虎山)의 30대 천사(天師) 장계선(張繼先)이 옥천산에 가서 기도를 올림으로써 이루어진다는 점이다.[49]

주지하다시피 북송 초기의 황제들은 도교에 대해 각별한 관심을 드러냈는데, 특히 송 진종은 천서(天書)를 날조한 도사들의 권유로 광세대전이라 불리는 봉선까지 거행할 정도로 도교에 심취했다. 특히 대중상부5년[1012]에는 꿈에서 신인(神人)으로부터 조씨의 선조가 황제(黃帝) 헌원신이라는 것을 전해 듣고 직접 만났다고 하는데, 아울러 당조가 노자를 떠받든 것처럼 제사를 올리라는 명을 받았다고 한다. 진종은 즉각 천지(天地)·종묘(宗廟)·사직(社稷)과 각지에 있는 사묘에 고하게 하고, 제소(祭所)로써 경령궁(景靈宮)을 세웠다. 조씨의 선조인 헌원황제에게는 '성조상영고도구천사명보생천존대제(聖祖上靈高道九天司命保生天尊大帝)'라는 화려한 존호를 헌상했다. 또한 7월 1일을 '선천강성절(先天降聖節)'로 지정했고, 시조가 내려왔다는 10월 24일은 융성절로 삼아 국가의 공식적인 절일(節日)로 공포했다.[50] 천서사건과 마찬가지로 황제의 황당한 꿈이 국가정책에 영향을 미치는 사태가 벌어지고 있음을 발견할 수 있는데, 당시 배후에는 왕중정을 위시한 모산파 도사들이 일부 조정대신들과 짜고 송황실과 결탁해 도교를 국가종교로 격상

---

[49] 吳彰裕, 盧曉衡主編, 『關羽·關公和關聖-中國歷史文化中的關羽學術研討會論文集』, 「關公信仰研究」, 北京: 社會科學文獻出版社, 2002, 110~111쪽 참조.
[50] 『宋史』卷8, 本紀第八「眞宗三」, 152~156쪽.

시키려는 모의가 숨겨져 있었다.[51] 관우가 헌원신의 편에 서서 치우를 격파하게 된 데에는 이렇게 당시 송조 중앙정부로부터 만들어지고 배포되었던 다분히 정치적인 설화가 배경으로 자리 잡고 있는 것이다.

이 뿐 아니라 용호산의 도사 장계선이 출현하여 이미 관우신앙의 성지로 자리 잡았던 옥천산에 가서 관우신을 초치하는 장면도, 당시 황실과 도교계의 움직임과 긴밀한 관련을 맺고 있다. 진종과 도교와의 관계가 밀접해지면서 진종은 스스로 『성조강림기』라는 책을 기술하고 옥황대제와 노자의 제사를 주재했으며 자신의 여식을 입도시키기도 했다. 이로 인해 도교교단의 세력이 팽창하는데, 대중상부7년[1015]에는 용호산 천사도의 천사인 장정수(張正隨)를 불러 '진정선생(眞淨先生)'이라는 존호까지 하사했다. 이 사실은 당시에 모산파와 더불어 천사도가 차차 교단을 통합하며 송황실과 긴밀한 관련을 맺기 시작했음을 시사해주는 것이다.[52] 관우신을 초치하는 위의 설화에 용호산 천사도가 언급되는 것으로 보아, 당시 해주 염지 고사의 성립과 도교에 의한 관우신앙의 수용도 천사도에 의해 주도되었을 가능성이 매우 높다.

그렇다면 도대체 어떤 현실적인 이유로 이러한 설화가 만들어지고 유포되었을까 하는 원인을 규명해보아야 하는데 이와 관련해 주목되는 것이 봉호 하사이다. 송조는 당말, 오대의 정책을 계승하여 민간사묘에 봉호와 묘액을 내려 정사와 음사를 판별하는 표준으로 삼은 바 있다.[53] 특히 신종 희녕연간[熙寧年間, 1068~1077]부터 태상박사 왕고(王古)의 건의를 받아들여 봉호와 묘액의 등급을 상세히 정비했는데, 도교계통의 신에게는 진인(眞人) 혹은 그 보다 위인 진군(眞君)이라는 봉호를 하사했다.[54] 형주 당양현에 위

---

51 窪德忠, 최준식 역, 『道敎史』, 분도출판사, 1990, 270쪽.
52 窪德忠, 앞의 책, 271쪽.
53 송대 봉호와 묘액의 하사에 대해서는 Valerie Hansen, *Chang Gods in Medieval China, 1127-1276*, New Jersey; Princeton University, 1990. pp.79~104 참조.

치한 관우묘에는 철종 소성2년[1095]에 '현열(顯烈)'이라는 묘액이 하사된 바 있다.[55] 또한 휘종 숭녕연간에는 염지에 홍수가 발생했을 때 관우신이 영력을 발휘했다고 하여 해주의 관우묘에도 정부로부터 '숭녕진군(崇寧眞君)'이라는 봉호가 하사되었다. 일단 사묘에 봉호가 하사되면, 사전(祀典)에 등록하여 신앙의 정통성을 공인해 줄뿐 아니라 지방관이 춘추 두 차례에 걸쳐 제사를 집례하게 된다. 중요한 것은 이렇게 되면 제사비용 뿐 아니라 향후 묘우의 유지와 수리비용까지 국가에서 지급하게 된다는 점이다.[56]

뒷부분에서도 상술하겠지만, 남송 정부는 1127년에는 각 주군마다 사전에 기록된 사묘는 관전(官錢)을 지불해 수리를 하게 함으로써 훼손을 방지하라는 조칙을 내린 바 있으며,[57] 1130년에도 관전으로 금군(金軍)에 의해 분훼된 사묘를 수리하라는 명령이 내려진 바 있다.[58] 이처럼 국가에서 봉호가 하사되면 뒤따르는 신앙에 대한 공인과 함께 상당한 경제적인 이익이 뒤따르기 때문에 지방관이나 지방유력자들의 입장에서는 어떻게든 이를 통해서 사묘의 정통성을 인정받는 것이 중요했다. 이렇게 볼 때, 해주염지 관우 전설의 제작과 유포는 지방 세력과 천사도계열의 도사들이 국가재정

---

54 "(太祖) 開寶(968~975), (仁宗) 皇祐(1049~1053) 이래, 무릇 천하에서 地志에 명기되어, 功德이 백성들에게 미치고, 宮官陵廟 와 名山大川 중에 능히 구름을 일으켜 비를 내리게 할 수 있는 자에게는 (廟宇)를 숭고히 장식해주고, 아울러 祀典에 기입한다. 神宗 熙寧年間(1068-1077)에 거듭 詔를 내려 祠廟가 기도에 응해 영험을 드러냈으나, 아직까지 爵號가 없는 것이 있다. 이런 연유로 太常博士 王古가 청하길 "오늘 이래로 爵號가 없는 諸神祠에는 廟額을 내리고, 이미 묘액이 하사된 자에게는 封爵을 가한다. 처음에는 侯에 봉하고, 다음으로 公에 봉하고, 그 다음에 王에 봉하는데, 살아서 작위가 있었던 자들은 본래의 封爵에 따른다. 婦女의 神에게는 夫人을 봉하고, 다음에 妃에 봉한다. 封號는 처음에는 두자이며, 다음에 네 자로 더해진다. 이렇듯, 命을 내려 신을 통어함으로써, 恩禮에 질서가 있게 된다........『宋史』卷105, 禮八「諸祠廟」, 2561쪽.
55 당시 當陽縣의 관우묘 옆에는 關平의 祠宇도 있어서 東廟라고 불렀는데, 역시 昭貺이라는 묘액이 하사되었다.
56 이 부분에 대해서는 Valerie Hansen, 앞의 책, 83~84쪽 참조.
57 『宋會要輯稿』禮二〇之四a.
58 『宋會要輯稿』禮二〇之四a-b.

수입에 있어서 매우 중요한 소금생산기지의 지리적인 특성과 당시 중앙차원에서 전개되던 도교의 국교화 작업을 이용해 이루어진 것으로 추정해 볼 수 있다. 관우신에게 내려지는 '진군'이라는 도교식 봉호도 봉호의 하사과정과 설화의 유포에 도사들이 깊이 개입했을 가능성을 입증해 주는 것이다.

물론 도교 측에서 관우신앙을 선택하여 흡수하려고 시도했던 것은, 무엇보다도 당시 관우신앙이 지역사회에서 널리 신봉되고 있었기 때문이다. 도사들의 중요한 목적 가운데 하나는 역시 관우신앙의 수용을 통한 도교의 세력 확대라고 볼 수 있다. 이런 점에서 관우신앙과 도교의 결합은 비록 도사들에 의해 주도되었지만 원천적인 동인은 관우신앙 즉 민간에서 내원한 것으로도 해석할 수 있을 것이다. 사실 불교 전설이 관우가 옥천사라는 일개 가람의 호법신이 되는 과정에 관한 묘사라면, 해주염지의 고사는 도교를 대표하는 천사의 간청으로 상대방의 사신(邪神)과 결투를 벌이는 내용으로, 관우신이 이미 상당한 위상의 신격으로 존숭 받고 있다. 그만큼 관우신은 향후 도교의 중요한 신 가운데 한명으로 성장해 가는데 이는 관우신앙의 전국화에도 결정적인 영향을 미치게 된다. 이밖에 관우신과 관련된 도교경전이 출현하는 점도 이 시기를 전후로 관우신앙과 도교가 성공적으로 결합하고 있었음을 반영해준다. 송원시기 이후에 출현한 것으로 추정되는 『태상대성랑영상장호국묘경(太上大聖朗靈上將護國妙經)』은 옥황상제의 명을 받아 정의를 구현하고 민중을 보호하는 관우신의 영적을 기록한 도경이다.[59] 관우신과 관련된 독립적인 도교 경전까지 출현한다는 것은 관우신이

---

[59] 일반적으로 『太上大聖朗靈上將護國妙經』으로 칭해지는데, 白雲霽의 『道藏目錄詳注』에는 이 道經의 原題가 『太上大聖朗靈上將護國關王妙經』이라고 밝히고 있다. 『道藏目錄詳注』에서는 내용에 등장하는 관우의 칭호와 북송말년에 관우를 追封하는 사실과 관련지어 이 道經을 북송말 남송초에 출현한 것으로 추정하고 있는데 반해 『關羽崇拜硏究』의 작자들은 경의 내용 가운데 行臺御史,라는 관명이 출현하는데 주의하여 원대에 만들어진 것으로 추정하고 있다. 蔡東洲, 文廷海, 앞의 책, 93~94쪽.

이미 도교신계의 일원으로 중요한 위상을 갖게 되었음을 의미하는 것이다. 또한 영향력 있는 민간 신들을 적극적으로 수용하여 교세 확장에 활용해 온 도교의 포교 전략을 반영하는 것이기도 하다.

이에 따라 도교계통의 관우묘도 점차 증가하고 기층민의 신앙에 있어 중요한 위치를 차지하게 되는데, 이러한 경향은 명대에 이르면 더욱 확고해진다. 특히 홍무(洪武)23년[1390] 북경 정양문(正陽門)의 월성(月城) 우측에는 월성묘가 건립되는데, 관우를 재신(財神)적 성격의 도교신으로 숭배하는 이 묘는 같은 시기 월성 좌측에 세워진 관음대사묘(觀音大師廟)와 더불어 북경 주민의 정신적인 기탁지로서 오랫동안 애호를 받게 된다. 명청제국의 도성인 북경성의 중축선 상에 관음과 마주하여 좌우를 분할하는 위치로 설립되었다는 자체가 도성의 공간배치에 있어서 중요한 의미를 지닌다. 이는 현실의 고액으로부터 구제해주는 자비의 신 관음과 함께 관우신이 재앙을 막고 재복을 시여해주는 최고의 신으로서 그 입지를 확고하게 굳혔음을 시사해 주는 것이다.[60]

명청대 도교계통의 권선서(勸善書)에서도 관우신앙의 중요성이 점증해갔음을 발견할 수 있다. 당시 관우의 행적을 소재로 삼으며 비교적 널리 읽혀진 권선서에는 『관성제군각세진경(關聖帝君覺世眞經)』, 『관제명성경(關帝明聖經)』, 『관제충효충의진경(關帝忠孝忠義眞經)』, 『훈효법어(訓孝法語)』, 『계세자문(戒世子文)』, 『동명기(洞冥記)』 등이 있다. 이 가운데 특히 『관성제군각세진경(關聖帝君覺世眞經)』은 『태상감응편(太上感應篇)』, 『문창제군음즐문(文昌帝君陰騭文)』과 함께 널리 전파되었고, 많은 주석서까지 출현하게 되면서 '선서(善書) 삼성경(三聖經)'으로 칭해졌다. 이러한 권선서가 기층의 도교신자들에게까지 널리 읽혔다는 통속성을 감안한다면, 당시 관우신앙의 홍성과 아울러 도교의 민간화와 세속화를 반영해 준다고 볼 수 있다.[61]

---

60 井上以智爲, 앞의 글, 63~64쪽 참조.

에릭 쥐르허(Erik-Zürher)는 중국종교의 혼합주의적 특성을 설명하면서 불교와 도교의 관계를 동일한 기단 위에 세워진 두 개의 피라미드와 같다고 지적한 바 있다. 최상층의 성직자나 지식인에게 있어서 두 종교는 판이하게 다른 신앙체계이지만, 다수의 기층민을 상징하는 기단부로 내려올수록 교리와 의례 뿐 아니라 심지어는 봉양하는 신들의 영역에 이르기까지 공유하는 면적이 점차 넓어진다는 것이다. 사실 이점은 제도종교에만 국한되는 것이 아니라 민간신앙의 영역에도 동일하게 적용되는데, 장기간에 걸친 도·불과 민간신앙의 결합현상에서 기인한다.[62]

관우신앙의 초기전개에 있어서도 불교·도교와의 결합현상은 주목할 만하다. 사실 민간신앙과 불교, 도교가 결합하는 현상은 앞에서 살펴본 바와 같이 위진 남북조시대 이래 중국 종교신앙의 전개에 있어 보편적인 현상이라고 볼 수 있다. 관우신앙과 도·불의 융합은 개략적으로 두 가지 중요한 의의를 지닌다고 볼 수 있다. 우선 이를 통해 불교와 도교는 기층사회의 구석진 곳까지 진출하여 서민과의 유대관계를 강화하고 전국적인 종교로 발전할 수 있었으며, 관우신앙 역시 세력의 확장과 더불어 국가에서 사묘에 대한 단속이 강화될 때에는 몸을 숨기는 보호의 장소가 되기도 했다. 두 번째로 민간신앙의 가장 큰 약점으로 민중의 정신세계에 어필할 수 있는 가치나 윤리체계 같은 것이 결여되어 있다는 점을 들 수 있는데, 권선서의 사례에서 보았듯이 '교리'라고 할 것까지는 없겠지만 '인과응보'처럼 쉽게 민중에 다가설 수 있는 보편적 이론을 도·불로부터 흡수하는 계기가 되기도

61　王卡·汪桂平, 盧曉衡主編,「從『關聖大帝返性圖』看關帝信仰與道敎之關係」,『關羽·關公和關聖-中國歷史文化中的關羽學術硏討會論文集』, 北京: 社會科學文獻出版社, 2002, 92~93쪽 참조.

62　중국의 민중종교(Popular-religion)에 대해서는 아직 일치된 견해는 없지만, 종전과 같이 儒, 佛, 道 三敎를 분리해서 연구하는 방법에 대해서는 비판적인 견해가 대두되고 있다. Erik-Zurcher의 견해는 "Buddhist influence on Early Taoism", *T'oung Pao* 65.1-3, 1980, p.146에 실려 있음.

했다. 어쨌든 위진에서 송원에 이르는 장시간 동안, 관우신앙은 관우가 당초 한 맺힌 죽음을 당했던 형주지역에서 벗어나 서서히 타 지역으로 제사권역을 확대해갔다. 이러한 신앙권의 확장과정에 있어서 관우신앙과 불교·도교와의 결합은 쌍방에 모두 긍정적인 영향을 미치게 된다.

4. 맺음말

이 글은 관우신앙의 전개와 신앙적 특성에 대한 한 차원 높은 이해를 위해, 누층적으로 가공된 관우의 이미지를 벗겨내고, 신앙의 초기전개과정을 집중적으로 조명해 본 기초연구이다. 연구의 결과 대략 다음과 같은 결론을 도출할 수 있었다.

우선 이제까지 관우는 '충용'과 '의리'를 상징하는 대표적인 인물로 취급되었고, 이러한 유교적인 가치가 관우신앙의 형성과 전개에 관건적인 영향을 미친 것으로 여겨져 왔다. 그러나 이러한 부분들은, 후대에 소설가나 극작가들에 의해 확대 재생산된 경향이 강하다. 실질적으로 관우 숭배는 사후 초기 이래로 그의 원혼을 달래 재앙을 막는다는 여귀숭배의식으로 시작되었는데 이러한 이미지는 사료 곳곳에서 발견된다. 관우신앙의 전개에 있어서 중요한 변화가 일어나는 시기는 당대 중후기인데, 신앙의 성격과 사회적 역할에 있어서 뚜렷한 진전이 이루어진다. 우선 이 시기를 전후로 관우가 죽음을 맞은 당양 지역을 넘어, 각지로 제사권을 확대해 가기 시작한다. 아울러 재앙과 역병을 일으키는 여귀적 성격을 탈피하여 점차 지역민들의 일상생활을 관장하고 고단한 백성들을 안위하는 지역수호신적 성격이 강화된다.

도불과의 융합현상도 관우신앙의 전개에 있어 매우 중요하다. 우선 불교와의 융합을 살펴보면, 옥천사의 호법신으로 등장하는 설화에 나타나듯이 당대 이래로 불교와 결합하거나 불교의 부속신으로 진입하는 사례가 적지 않게 출현한다. 이런 현상은 관우신만의 특수한 현상이 아니고 위진남북조 수당 이래 기층신앙세계에서 광범위하게 발생한 보편적 종교현상이다. 『속고승전』, 『송고승전』에는 이러한 사례가 무수히 등장하는데, 외래종교 불교의 입장에서 보자면 민간 사묘와의 결합을 통해 전통적인 문화의식과 긴밀하게 결합할 수 있고 아울러 기층과의 유대를 강화함으로써 민간사회에 한 걸음 더 다가갈 수 있는 계기가 되었다. 관우신앙도 때로는 불교를 통해 제사권을 확장할 수 있었으며, 정부의 음사 철폐가 강화될 때는 불사의 부속신으로 생존의 공간도 마련할 수 있었다. 관우신은 불교와의 이러한 융합과정을 거치면서 점차 호법신으로서의 지위를 확립했고, 점차 불교도들의 제도를 도와주는 '관보살'이라는 친숙한 이미지로 민중 곁으로 다가가게 되었다.

관우신앙과 도교와의 결합현상은 불교보다는 조금 늦게 전개되는데, 북송 진종 대중상부연간에 해주 염지를 중심으로 시작된다. 도교와의 결합은 불교와 마찬가지로 개략적으로 두 가지 중요한 의의를 지닌다고 볼 수 있는데, 우선 관우신앙을 도교 내부로 흡수함으로써 기층사회의 구석진 곳까지 진출할 수 있었으며, 서민과의 유대관계를 강화해 전국종교로 성장할 수 있는 기초가 형성되었다. 두 번째로 민간신앙의 가장 큰 약점은 민중의 정신세계에 어필할 수 있는 가치나 윤리체계 같은 것이 결여되어 있다는 점인데, 관우의 고사가 주된 소재가 되는 몇몇 도교 권선서에 보이듯이 '교리'라고 할 것 까지는 없겠지만 쉽게 민중에 다가설 수 있는 보편적 이론을 도·불로부터 흡수하는 계기가 되기도 했다. 위진에서 송원에 이르는 장시간 동안 관우신앙은 제사권역을 확대해 가면서 전국적 신앙으로 성장할 기반을 마련하였다.

제2장

전신의 탄생

당말·오대 시기 진과인 신앙의 전개와 그 특징

1. 머리말

송대는 민간사묘신앙 전개의 '전환기'로 주목받아왔으며, 관련 연구도 활발하게 진행되어왔다.[1] 송대 사묘신앙과 관련된 연구는 장기간 동양사학계를 풍미해 온 거대담론인 '당송변혁기론'과 일정 정도 관련을 맺고 전개되었다. 사묘신앙의 확산을 송대 이후의 상업과 교통의 발전과 연계시킨 연구가 활발하게 진행되었으며,[2] 과거의 확대와 새로운 지배층의 출현에 주목하여 지역사회의 거점으로 사묘의 부상과 지방의 엘리트와의 관계에 대한 연구도 전개되었다.[3] 성황신(城隍神)·천후(天后)·문창제군(文昌帝

---

[1] 관련 연구사는 皮慶生, 『宋代民衆祠神信仰硏究』, 上海古籍出版社, 2008; 金相範, 「宋代福州祠廟信仰과 地域社會-祠廟信仰의 變化와 施行情況을 중심으로」, 『中國史硏究』 第38輯, 중국사학회, 2005.11.30; 水越知, 「宋代社會と祠廟信仰の展開-地域核としての祠廟の出現」, 『東洋史硏究』 60-4, 2002.3에 잘 정리되어 있다.

[2] 中村治兵衛는 송대 사묘의 祭祀圈 확대가 市場圈과 교차하는 가운데 성립된 것임을 지적했으며 斯波義信과 田仲一成도 남송기 사묘신앙의 확장을 상업화와 상인의 활약과 관련지어 토론한 바 있다. Valerie Hansen은 이들의 논의를 진전시켜 南宋期 賜額, 賜號의 증가와 사묘의 분포지 확대 현상이 지방관과 지역엘리트들의 유착과 상인들의 활동 범위의 확대에 따른 것임을 밝힌 바 있다[中村治兵衛, 『中國シャーマニズムの研究』, 東京: 刀水書房, 1992.6; Hansen, Valerie, *Changing Gods in Medieval China, 1127-1276*, New Jersey Princeton: Princeton University Press, 1990].

君)・동악신(東嶽神) 등 중국을 대표하는 민간신의 기원과 발전에 대한 개별적인 연구도 '도시의 발전', '상인의 활동', '과거의 확대' 등 사회경제적인 배경을 전제로 전개되었다.[4] 이러한 연구풍토는 종교신앙사적인 현상을 장기간에 걸쳐 충실하게 집적되어온 사회경제사의 연구 성과들과 긴밀하게 연계하여 분석함으로써 연구수준을 빠르게 제고시킬 수 있었다. 물론 전환기적 성격을 지나치게 강조하다보니 당송간의 정신사적인 계승 뿐 아니라 점진적 변화의 흐름마저 소홀히 한 점은 재고할 부분이다. 이런 측면에서, 근자에 사묘신앙 연구 자체를 당대까지 끌어올리며 이를 통해 당대 기층의 사회문화사를 조망해보려는 시도가 전개되고 있음은 고무적이다.[5] 봉호와 편액의 하사를 중심으로 한 사묘신앙에 대한 국가정책의 변화[6]를

---

[3] 金井德幸은 남송대에는 土豪가 社를 지배함으로써 촌락을 지배했다고 주장했으며, 松本浩一과 須江隆은 지방의 엘리트들이 해당지역 사묘신의 賜額과 賜號에 깊게 관여했고, 사묘신의 영험을 어필함으로써 지역사회에 있어서 지위를 유지하는 데 이용했다는 점을 밝힘으로써 지방엘리트와 사묘신앙과의 긴밀한 관계를 밝힌 바 있다. 金井德幸, 「宋代の村社と社神」, 『東洋史研究』 38-2, 1979.9; 「宋代の村社と宗族―休寧縣と白水縣における二例」, 『歷史における民衆と文化―酒井忠夫先生古稀祝賀記念論文』, 東京: 國史刊行會, 1982.9; 「宋代浙西の村社と土神-宋代鄕村社會の宗教構造」, 『宋代史研究會研究報告』 第二集, 東京: 汲古書院, 1986.10; 鈴木陽一, 「浙東の神と地域文化-伍子胥, 防風, 錢鏐 素材をとして」, 『宋代人の認識-相互性と日常空間』, 宋代史研究會 硏究報告 第七輯, 東京: 汲古書院, 2001; 松本浩一, 野口鐵郎 編, 「宋代の賜額・賜號について―主として『宋會要輯稿』にみえる史料から」, 『中國史における中央政治と地方政治』, 昭和六十年度科硏費報告, 1986; 金井德幸, 宋代史研究會編, 「南宋の祠廟と賜額について-釋文向と劉克莊の視點」, 『宋代の知識人- 思想・制度・地域社會』, 東京, 汲古書院, 1992; 須江隆, 「唐宋期における祠廟の廟額・封號の下賜について」, 『中國-社會と文化』 9, 中國社會文化學會, 1994.

[4] 小島毅, 「城隍制度の確立」, 『思想』 792, 1990; 森田憲司, 「文昌帝君の成立-地方神から科擧神へ」, 梅原郁 編, 『中國近世の都市と文化』, 京都大學人文科學研究所, 1984; 金井德幸, 「南宋の市鎭と東嶽廟」, 『立正史學』 61, 1987; 水越知, 「宋元時代の東嶽廟」, 『史林』 第86卷 第5號, 2003.9.

[5] 金相範, 『唐代國家權力과 民間信仰』, 신서원, 2005.9. 최근 들어 중국학계에서도 당대 혹은 당송 양대의 민간사묘신앙을 함께 다룬 연구서들이 연이어 출판되고 있다. 대표적인 연구로는 雷聞, 『郊廟之外-隋唐國家祭祀與宗教』, 北京: 生活・讀書・新知 三聯書店, 2009.5; 余欣, 『神道人心-唐宋之際敦煌民生宗教社會史研究』, 北京: 中華書局, 2006.3; 賈二强, 『唐宋民間信仰』, 福州: 福建人民出版社, 2002가 있다.

[6] 楊俊峰, 「五代南方王國的封神運動」, 『漢學研究』 第28卷 第2期, 2010.6; 金相範, 「唐代 自

시작으로, 사묘와 지역사회·지역정권과의 관계7 등 송대 이후 사묘신앙 연구에 있어서 주목해온 문제를 당대부터 그 시단을 찾아보려는 노력이 이루어지고 있다.

조익(趙翼)은 『해여총고(陔餘叢考)』에서 상주(常州)지역의 충우묘(忠佑廟)의 전개상황에 관한 글을 남긴 바 있다. 그는 충우묘의 묘신(廟神)인 진과인신(陳果仁神)이 당·오대·송을 거치며 수차례 영험한 이적을 드러내는데, 남당[南唐, 937~975]시기에 '무열제(武烈帝)'의 제호(帝號)를 받은 이래로 누차에 걸쳐 봉호를 통해 국가의 공인을 받았기 때문에, 청대에 이르러서도 상주 주민들이 여전히 '제(帝)'로 받들며 숭사(崇祀)한다고 언급한 바 있다.8 진과인 신앙이 당·오대·송을 거치며 그 연속선상에서 점진적으로 성장해왔을 가능성을 예시하고 있다. 이 글은 6세기말 이래 300여 년간 유지되어온 수당통일제국의 완결성이 점차 해체되면서 여러 정치세력으로 분열되던 당대 후기와 오대십국시기를 중심으로, 조익이 언급한 진과인 신앙의 전개과정을 살펴보고자 한다. 전란의 사회적 영향에 대한 연구가 주로 정치·외교·인구·경제 등 외적인 측면에 집중된 경향에서 벗어나, 중국사회내부에 미친 영향 그 가운데에서도 중국인의 신앙적 정서에 미친 영향에 대해서도 고찰해보도록 하겠다.

먼저 진과인과 관련된 정사(正史)와 민간의 기록물들을 후대부터 추적하

然災害와 民間信仰」, 『東洋史學研究』 第106輯, 東洋史學會, 2009.03.31; 須江隆, 「唐宋期における祠廟の廟額·封號の下賜について」, 『中國-社會と文化』 9, 中國社會文化學會, 1994.

7   金相範, 「唐末·五代 浙西地域의 祠廟信仰과 地域社會」, 『東洋史學研究』 第101輯, 東洋史學會, 2007.12.31; 金漢信, 「唐末五代 江南地域의 民間信仰과 地方政權의 후원-淮南節度使高駢, 吳王 楊行密, 吳越王 錢鏐의 사례」, 『2009년 秋季研究發表會論文集』, 東洋史學會, 2009.10.

8   "常州有忠佑廟, 祀隋司徒陳果仁. 相傳南唐封爲武烈帝, 故今俗以帝號稱之. ……然常之人所以崇祀者, 實以自唐及五代, 宋以來歷著靈異, 故累請褒封之帝號. ……"[趙翼, 『陔餘叢考』 卷35, 北京: 中華書局, 1963(第1版)]

여 비교해보면서 진과인신의 신격화가 언제, 어떤 과정을 통해 '집단의 기억'으로 확립되는지 고찰해보겠다. 다음으로는 진과인신의 신격변화를 시대적 정황과 진과인 신앙의 배후에 있는 지지 세력을 중심으로 살펴봄으로써, 신앙의 성장배경과 사회계층간의 관계에 대해 검토해보겠다. 마지막으로 진과인 신앙에 대한 절서(浙西)의 지역정치세력과 지방정권의 입장을 살펴보고, 이를 통해 민간신앙의 변화 속에 투영된 당말 오대의 시대상과 해당 시기 민간신앙의 사회적 역할에 대해 종합적으로 고찰해보고자 한다.

2. 기억의 형성과 전승

진과인은 상주출신의 무인으로 수말·당초의 혼란기에 심법흥(沈法興)의 수하에서 활약했던 실존인물이다. 사후 상주의 일부 주민들에 의해 숭배되다가 신앙권(信仰圈)이 확대되더니 점차 절서를 대표하는 지역신 가운데 하나로 성장한다. 진과인은 어떤 과정을 거쳐 신격화되었고 지역신으로 부상하게 되었을까?

먼저 전통시대 말기에 상주지역민들에게 진과인 신앙이 어떤 존재였는지 개략적인 면모를 파악하기 위해서, 청대의 대표적인 석학이라 할 수 있는 조익[1727~1814]의 『해여총고』의 관련 내용을 살펴보도록 하겠다. 조익은 '진과인 신앙'의 본향이라 할 수 있는 상주에서 성장기를 보내 누구보다도 현지상황에 익숙했는데, 군민(郡民) 유종호(劉宗浩)가 집록했다는 『(무열제)실록』을 인용하여 진과인 신앙의 시말을 다음과 같이 정리하였다.

상주에는 충우묘(忠佑廟)가 있는데 사도(司徒) 진과인을 모시는 곳이다. 전해지

기를 남당(南唐) 때 무열제(武烈帝)에 책봉되었다고 하는데, 예나 지금이나 민간에
서는 '제(帝)'의 칭호로 공을 일컫는다. 군민 유종호가 집록한 실록을 보면, 공은 본
래 (常州) 진릉(晉陵)사람으로서, 수대에 전공을 세워서 사도에 제수되었는데 심법
홍이 그의 장인이다. 대업[605~617] 말년에, 법홍은 상주를 차지하려고 욕심을 냈
는데 공을 두려워하여 엄두를 못 내다가, 거짓으로 병환을 알렸다. 공은 부득이하
게도 병문안을 갔다가 독약을 탄 음료를 마시게 되었고, 돌아와서 죽고 말았다. 후
에 심법홍이 사나운 기세로 세력을 확장해 나갈 때, 공이 홀연 검은 구름위로 현신
하여 화살로 그를 쏴 죽였다. 당대 초엽에 조를 내려 (公의) 사묘를 세웠으며, 건부
연간[874~879]에는 음병(陰兵)을 통해 배거(裵璩)가 왕영(王郢)의 반란군을 토벌
하는 것을 도와 충렬공(忠烈公)에 책봉되었다. 광명(廣明)의 난 때에도 신력을 나
타내어 적들이 절서에 진입하지 못하게 하여 '감응(感應)'이라는 봉호가 더해졌고,
후량 개평연간[907~910]에는 복순왕(福順王)에 분봉되었다. 회남 양씨(楊氏)정권
도 충렬왕(忠烈王)에 봉한 바 있다. 남당 때에는 전류(錢鏐)가 군사를 보내 공격할
때, 공께서 음병으로 흑우(黑牛)를 몰아서 적의 함정(艦艇)을 들이받아 패주시킴으
로써 마침내 무열제에 책봉되셨다. 송대에는 다시 '충우(忠佑)'라는 묘호(廟號)가
하사되었다. 이것이 상주 사도묘의 시말이다.[9]

진과인 신앙은 절서를 넘어 강남 전역과 강서 일대까지 확산되었기 때
문에, 여러 전적(典籍)에 생전의 선행과 각지에서 행한 영험한 기적의 고사
가 전해진다.[10] 건륭원년[乾隆元年, 1736]에 완성된 거질의 지방지인『강남통
지』는『구통지(舊通志)』를 인용하여 진과인이 진대에 감찰어사를 지냈다는
'관록(官祿)', 생모가 돌아가시자 손에 피를 내어 효경을 베껴 쓰고 계모를

---

9 "常州有忠佑廟, 祀司徒陳果仁. 相傳南唐封爲武烈帝, 古今俗以帝號稱之. 而郡人劉宗浩
   輯爲實錄一書, 謂公本晉陵人, 在隋立功, 授司徒, 沈法興其婦翁也. 大業末, 法興慾襲常
   州, 懼公, 不敢動, 乃詐以疾故. 公不得已往問疾, 飮中毒, 歸而卒. 後法興方剽掠, 公現形
   黑雲中, 發神矢斃之. 唐初詔爲立祠, 乾符中以陰兵助裵璩討賊王郢有功, 封忠烈公. 廣明
   之亂, 神力示現, 賊不入浙西, 加封感應, 梁開平中, 封福順王. 淮南楊氏封忠烈王. 南唐
   時, 錢鏐遣將來攻, 公以陰兵驅黑牛觸敵艦敗去, 乃册爲武烈帝. 宋又賜廟號曰忠佑. 此司
   徒祠於常之始末也."[趙翼,『陔餘叢考』卷35].
10 『常州府志』나『江西通志』같은 지방지와『癸巳存稿』卷13 등에도 보인다.

위해서는 자신의 허벅지살을 베어 공양했다는 '효도고사(孝道故事)' 그리고 대업[605~617]·의녕연간[義寧年間, 617~618]에 장백산(長白山)·강녕(江寧)·동양(東陽) 등지의 반란을 연이어 평정했다는 '전공(戰功)' 등 상문에 보이지 않는 생전의 휘황찬란한 이력을 상술하였다.[11] 높은 인품과 탁월한 전공을 올린 무장 진과인이 독살을 당한 뒤 현신하여 원한을 갚고 반란세력으로부터 국가와 사회를 보호해주었다는 영험고사도 누층적으로 조성되었다. 도대체 이러한 기억들은 어느 시기의 어떤 원자료를 근거로 형성되었고, 실제 진과인의 모습과는 어떤 차이를 보일까?

진과인 관련 기록이 급증하는 것은 송원시기이다. 진과인 신앙은 지방지가 대대적으로 편수되는 이 시기에도 당말·오대시기부터 시작된 정부로부터의 봉호 하사가 이어지면서 공인된 '정사(正祠)'로서의 위상을 확립하게 된다. 송원지방지에 수록된 관련 기록의 계수(繼受)관계를 파악하기 위해서 그 내용을 개략적으로 정리해보면 다음과 같다.

---

11 黃之雋·趙弘恩, 『乾隆江南通志』(欽定四庫全書本) 卷200: "『舊通志』, 陳杲仁, 字世威, 晉陵人. 仕陳爲監察御史, 未幾, 挂冠歸養母, 母死, 刺血書孝經. 繼母病, 思牛炙, 適禁屠, 割股以進, 母病愈. 郡上其事旌表至. 大業中, 奉詔平長白山及江寧, 義寧中與沈法興等剪東陽賊二十萬, 擢左司徒. 帝被殺沈法興, 入毘陵, 陽爲起義, 陰欲據之. 懼杲仁不附已, 遂遇害. 按『(舊)唐書』「沈法興傳」, 大業末, 法興爲吳興郡守, 東陽賊略吳興, 煬帝詔太僕丞元祐討之. 義寧二年, 江都亂, 法興與祐將孫士漢·陳杲仁執祐. 名誅宇文化及收兵, 趨江都至毘陵, 通守路道德, 拒之. 法興襲殺道德, 據其城, 遂定江表十餘州, 自署江南道總管, 聞越王侗立, 乃上書稱大司馬, 錄尙書事, 承制置百官, 以陳杲仁爲司徒. 則司徒爲法興所署, 非因剪東陽賊而擢者也. 法興定江表十餘州之後, 然後上書越王署杲仁爲司徒. 則亦非初至毘陵遂遇害者也. 唐書又云, 法興聞侗被殺, 自稱梁王, 意南方諸城, 可跂而平, 專事威戮, 下有細過, 卽誅之. 杲仁之遇害, 或卽在其時, 而史未有明文. 獨其旣死之後, 屢現靈異, 南唐保大三年封武烈帝, 夫人軫氏封武烈后. 明洪武初, 詔去封號, 題木主曰: 司徒之神. 至今, 廟食常州無錫間. 士民事之, 惟謹其名, 史作杲仁, 舊志作呆仁, 則字形相近而訛也."

〈표 6〉 송원지방지에 수록된 진과인신 관련 내용 및 근거자료

사묘명	위치	주요내용	지방지의 주요 인용자료	사료 및 찬수연대
忠佑廟	常州 武進縣	在武進縣東.……隨大業間, 仕至司徒, 娶沈法興女. 法興有異謀, 懼, 帝未發, 潛中以毒, 唐武德三年也.… 後法興中神失, 斃. 郡人以帝忠孝, 文武, 信義, 謀辨八絶, 奏於朝, 卽帝兵仗庫立祠. 垂拱元年, 始創大殿. 乾武宜是符四年, 封忠烈公.	권29「碑碣」, 6개의 관련 비문을 언급. ① 忠佑廟陳司徒告身(大業十一年六月)[615] ② 陳司徒婦人軫氏舍宅造寺疏僞吳明政二年(並唐大中八年唐叔珣立)[620/854, 宣宗] ③ 陳司徒八節碑(唐天寶四載沙門德宣撰)[745] ④ 八節後記(寶歷二年彭城劉祁撰)[826, 敬宗] ⑤ 司徒神廟碑(乾符三年集賢院學士齊光乂撰)[876] ⑥ 銀香爐記(乾符六年沙門韞讓撰)[879]	咸淳毗陵志 [1268] pp.3072, 3073
忠佑廟	常州 武進縣	在東嶽廟後, 卽帝東第. 唐太和七年, 令高榮以禱, 獲驗重建. 一在武進縣奔牛魏墅, 地名陳墓, 舊傳帝祖父葬焉. 或曰, 舊居殿, 後有小藥磨, 指爲故物. 一在武進縣前蕭里. 唐末, 巢賊犯境, 人望靈, 煙中有紅衣巨人, 賊懼, 而遁道士鄧子成爲築祠焉.		
武烈帝廟	常州 無錫縣	隋大將陳果仁也. 其先穎川人, 十七世祖寔爲太丘令, 長家於長城, 遂爲晉陵人. 果仁破賊數有大功, 拜大司徒. 後爲沈法興所害, 屠戮其家. 因舍古宅爲寺, 是具載郡志. 此其別廟云.	관련 사실이 모두 郡志에 기록되어있다고 언급(事具載郡志)	無錫志 [元代?] p.2250
陳果仁廟	潤州 丹徒縣	在縣南一里. 始爲陳府君廟.… 唐乾符四年封忠烈公, 中和四年封感應侯. 淮南大和六年, 冊忠烈王. 江南保大十年, 因與越兵交戰獲陰兵之助, 援蔣子文故事, 冊武烈大帝.	① 顧雲〈武烈公廟碑記〉 ② 〈集古錄〉徐鉉集에 廟碑 내용이 실려 있다고 언급	嘉定鎭江志 [1213] p.2378
隋陳司徒廟	蘇州 嘉興縣	唐咸通五年置, 卽隋陳果仁也. 唐封忠烈公, 僞唐冊武烈帝. 常州亦有是廟, 有碑存焉.	常州에 묘비가 전한다고 언급(常州亦有是廟, 有碑存焉)	至元嘉禾志 [1288] p.4495
南雙廟	蘇州	在盤門裏城之西隅. 二廟, 左英烈王伍員也. 右福順王隋陳果仁也. 果仁又稱武烈帝. 或云: "五	蔡京〈南雙廟記〉	吳郡志

제2부 민간신앙의 전개와 사회적 기능 223

忠烈潁川陳公新廟		代初, 常, 潤尙屬淮南, 仁果[仁]廟在常, 潤間. 錢氏得常, 潤, 遂移廟於蘇.		[1192] p.781
	睦州	至唐乾符二年, 籲海軍叛, 卒王郢緣海爲寇. 節度觀察處置使禱謁有應, 置廟郭南門, 具以事聞, 追封忠烈公.	(隋司徒追封忠烈潁川陳公神廟)碑883, 僖宗가 方臘의 난 때 훼손되어, 陳果仁 관련 事蹟이 史傳에 보이지 않는다고 언급	淳熙嚴州圖經 [1185] p.4327, p.4328
顯佑廟	杭州	在仁和縣百萬新倉西. 神姓陳, 名果仁, 常州晉陵人. 仕隋, 至侍徒, 沈法興謀叛, 忌侍徒威名, 詭召食毒死之. 忠憤赫靈, 竟以神矢斃法興. 唐武德初, 嘉其功, 廟祀焉, 以忠烈公啓封. 後梁封福順武烈王, 至後周加以帝號.	咸淳2年[1266]12月 祝文	咸淳臨安志 [1268] p.4013
武烈帝廟	台州	在州東南二里, 靖越門內. 祀隋司徒陳果仁. 唐乾符二年, 守封彦卿建.……唐咸通末, 金陵兵曹丁爽繪像而至.. 夢於守譚洙曰乾: "吾願祠此." 譚從之., 闢基. 現靈草, 且禱雨隨應. 廟簷成. 乾符四年封忠烈公, 廣明二年, 進忠烈王. 李氏保大十四年加今封.		嘉定赤城志 [1223] p.7517

위에서 언급한 강남지방지의 내용을 주제별로 개괄해보면, 대략 ①생전의 인품과 경력 ②억울한 죽음과 입묘 ③가택의 불사(佛寺) 보시 ④지방관의 제사주재와 묘우(廟宇)중건 ⑤현신(現身)과 영력 발휘 ⑥제사권 확대 ⑦봉호의 하사 및 승격과 정사화(正祠化) 등으로 분류할 수 있다. 비록 청대에 작성된 자료에는 생전의 인품이나 전공(戰功)이 더욱 완벽하게 포장되고, 사후의 영력(靈力) 또한 지역사정이 다양하게 반영되지만, 고사(故事)의 기본 골격은 12, 13세기의 송원지방지[12]에서 이미 구비되었음을 발견할 수 있다. 그렇다면 송원지방지에 보이는 이러한 풍성한 내용들은 어떤 사료를 근거로 작성된 것일까?

---

12 별도의 언급이 없는 송원지방지는 『宋元方志叢刊』, 北京: 中華書局, 1990에서 인용함.

먼저 전통적으로 가장 신뢰할 만한 자료로 평가하는 정사(正史)자료를 살펴볼 필요가 있는데, 양당서(兩唐書)에는 진과인전이 별도로 입전되어있지는 않다. 이 점은 양당서의 작자들이 생각하는 진과인이라는 인물의 역사적 비중을 일정 정도 반영한 것이라고도 볼 수 있다. 진과인의 생전 활동은 양당서 심법홍 열전에서 확인할 수 있는데, 『구당서(舊唐書)』「심법흥전(沈法興傳)」의 관련 내용을 열거해보면 다음과 같다.

 심법흥이 수 대업[大業, 605~617] 말년에 오흥 군수로 있을 때 동양적(東陽賊) 수괴 누세간(樓世幹)이 거병하여 군성(郡城)을 포위하자, 양제는 심법흥과 태복승(太僕丞) 원우(元祐)에게 토벌을 명령했다. 갑자기 강도에서 우문화급(宇文化及)이 양제를 시해한 사건이 발생했는데, 대대로 강남에 기거해온 법흥은 종족(宗族) 수천가가 원근에서 귀복해오자, 원우의 부장 손사한(孫士漢)과 진과인으로 하여금 즉각 원우를 체포하게 하고, 원근에 (우문)화급을 주살하라고 호령했다. 동양에서 출발하여 병사를 모으며 강도로 향했는데 여항군(餘杭郡)을 떠나 오정(烏程)에 이르렀을 때 정예병사가 6만에 달했다. 비릉군(毗陵郡) 통수(通守) 노도덕(路道德)이 군사를 이끌고 막았는데, 법흥은 화맹을 청하는 척하다가 화맹 시에 급습하여 노도덕을 살해했고, 비릉성에 들어가서 거했다. 당시 제군(齊郡)의 도적 수괴인 낙백통(樂伯通)이 단양(丹陽)에 머무르며 (우문)화급을 위해서 수성했는데, 이에 법흥은 진과인을 파견하여 함락시킴으로써 강남 10여 개 군을 차지할 수 있었다. 스스로 강남도총관(江南道總管)을 두었다. 후에 월왕(越王) 동(侗)이 (황제로) 섰다는 말을 듣고, 동에게 표를 올려, 스스로 대사마(大司馬)·녹상서사(錄尙書事)·천문공(天門公)을 칭했다. 제(制)를 받든다며 백관을 설치했는데, 진과인을 사도로, 손사한을 사공으로, 장원초(蔣元超)를 상서좌복야로, ……그리고 이백약(李百藥)을 부연(府掾)으로 삼았다. 법흥은 비릉을 점령한 직후부터 강회이남 전역을 장악했다고 거만해 했으며, 함부로 위형(威刑)을 행하고 장군이나 사병들이 작은 과오만 범해도 즉각 주살하고는 마치 아무 일도 아닌 듯 웃었는데, 이때부터 장수와 사병들이 흩어지기 시작했다. 스스로 양왕(梁王)을 칭했으며 첫 연호는 연강(延康)이라 일컬었는데, 수의 관제를 바꾸어 대부분 진씨(陳氏)의 고사에 의존하였다.[13]

청대『주정여문(鑄鼎餘聞)』의 저자인 요복균(姚福均)은『구당서』에 수록된 진과인의 생애에서는 칭송할만한 내용을 발견하기 힘든데 도대체 왜 신으로 제사를 받드는 것인지 이유를 알 수가 없다는 냉소적인 기록을 남긴 바 있다.[14] 상문 액면에 보이는 내용만 봐서는 상주주민에 대한 특별한 공적은 고사하고 '주민들과의 구체적인 연계'나 '죽음의 형태' 같은 신앙의 연원을 상상해낼 수 있는 단서조차 발견하기 쉽지 않다. 다만『강남통지』의 작자가 위의 내용을 송원지방지에 결부시켜, 심법홍이 남방 제성(諸城)들을 차지한 뒤부터 위형을 행하고 작은 과오에도 부하들을 주살했다는 부분에서, 진과인의 살해가능성을 상정한 부분은 공감이 간다.[15] 조금 더 상상력을 발휘하여, 심법홍의 강남할거에 진과인이 결정적인 역할을 했다는 열전 내용을 상주의 지리적 중요성과 진과인의 출생지라는 사실과 함께 고려한다면, 이 지역 문제로 인해 양자 간에 갈등과 반목이 형성되었을 가능성을 조심스럽게 제기할 수 있을 것이다.

---

13 『舊唐書』(中華書局新校本) 卷56, 列傳第6 沈法興, 2272~2273쪽: "沈法興, 湖州武康人也. 父恪, 陳特進, 廣州刺史. 法興, 隋大業末爲吳興郡守. 東陽賊帥樓世幹舉兵圍郡城, 煬帝令法興與太僕丞元祐討之. 俄而宇文化及弑煬帝於江都, 法興自以代居南土, 宗族數千家, 爲遠近所服, 乃與祐部將孫士漢·陳果仁執祐加坐, 號爲遠近, 以誅化及爲名. 發自東陽, 行收兵, 將趣江都, 下餘杭郡, 比至烏程, 精卒六萬. 毗陵郡通守路道德率兵拒之, 法興請與連和, 因會盟襲殺道德, 進據其城. 時齊郡賊帥樂伯通據丹陽, 爲化及城守, 法興使果仁攻陷之, 於是據有江表十餘郡, 自署江南道總管. 後聞越王侗立, 乃上表于侗, 自稱大司馬·錄尚書事·天門公. 承制置百官, 以陳果仁爲司徒, 孫士漢爲司空, 蔣元超爲尚書左僕射, 殷芊爲尚書左丞, 徐令言爲尚書右丞, 劉子翼爲選部侍郎, 李百藥爲府掾. 法興自剋毗陵後, 謂江淮已南可指撝而定, 專立威刑, 將士有小過, 便卽誅戮, 而言笑自若, 由是將士解體. 稱梁王, 建元曰延康, 改易隋官, 頗依陳氏故事. 是時, 杜伏威據歷陽, 陳稜據江都, 李子通據海陵, 並握强兵, 俱有窺覦江表之志. 法興三面受敵, 軍數挫衄. 陳稜尋被李子通圍於江都, 稜窘急, 送質求救, 法興使其子綸領兵數萬救之. 子通率衆攻綸, 大敗, 乘勝渡江, 陷其京口. 法興使蔣元超拒之於庱亭, 元超戰死. 法興左右數百人投吳郡賊帥聞人遂安. 遣其將葉孝辯迎之. 法興至中路而悔, 欲殺孝辯, 更向會稽. 孝辯覺之, 法興懼, 乃赴江死. 初, 法興以義寧二年起兵, 至武德三年而滅."

14 (淸)姚福均, 『鑄鼎餘聞』卷3, 臺北: 臺灣學生書局, 1989.

15 『江南通志』卷200: "唐書又云, 法興聞侗被廢, 自稱梁王, 意南方諸城, 可跂而平, 專事威戮, 下有細過, 卽誅之. 果仁之遇害或卽在, 其時而史未有明文."

그렇다면 송원지방지의 저자들이 모방하고 진과인 신앙의 형성에 결정적인 영향을 미친 1차 사료는 무엇일까? 무엇보다도 지방지에서 언급하고 있는 신묘비(神廟碑)를 위시한 당대의 비문자료들이 주목된다. 남송 탁종(度宗) 때 사능지(史能之)가 찬수한 『함순비릉지(咸淳毗陵志)』 권29 「비갈(碑碣)」편에는 6개의 관련 비문자료가 수록되어 있다. 이밖에 『가정진강지(嘉定鎭江志)』에는 고운(顧雲)의 〈무열공묘비기(武烈公廟碑記)〉가, 그리고 최치원(崔致遠)이 찬수한 『계원필경집(桂苑筆耕集)』에 〈이절서진사도묘서(移浙西陳司徒廟書)〉가 수록되어 있는데 이들을 시대 순으로 나열해보면 다음과 같다.

〈표 7〉 당대 진과인신 관련 비문자료

	비문명칭	제작연대	찬수자
1	忠佑廟陳司徒告身	大業11年[615] 6月	?
2	隋司徒陳公捨宅造寺碑(陳司徒八節碑)	天寶4載[745]	(沙門)德宣
3	八節後記	寶歷2年[826]	劉祁
4	陳司徒婦人軫氏舍宅造寺疏	大中8年[854]	唐叔珦
5	司徒神廟碑(陳公神廟碑)	乾符3年[876]	齊光乂
6	銀香爐記	乾符6年[879]	(沙門)韞讓
7	移浙西陳司徒廟書	中和[881~884]初年[16]	崔致遠
8	武烈公廟碑記	[?~894]	顧雲

---

16 작성연대가 분명하지 않지만 党殷平 내용 중의 "誓除國難, 齊命舟師, 將泛西江, 卽離北岸."에 의거하여 대략 中和(881~884)初年 정도로 추정하였다[崔致遠 撰, 党殷平 校注, 『桂苑筆耕集校注(下)』, 北京: 中華書局, 2007, 537쪽].

먼저 비문의 작성 연대별로 살펴보면, 진과인의 사망 직후로 추정되는 대업11년(615)에 처음으로 〈충우묘진사도고신(忠佑廟陳司徒告身)〉이 작성되었지만, 그 내용은 전하지 않는다. 그 뒤 약 130년 후인 천보4재(745)에 〈수사도진공사택조사비(隋司徒陳公捨宅造寺碑)〉가 건립되었고, 9세기가 되면 6편에 달하는 비문이 연속적으로 제작되었다. 비문의 연대를 통해서, 개략적이나마 당대 후기에 해당하는 9세기가 진과인 신앙의 발전에 있어서 관건적인 연대임을 파악할 수 있다. 또한 사묘의 명칭 역시 9세기 후반까지는 주로 '진사도묘'로 불리다가 9세기 말 이래로 '봉호명(封號名)'으로 일컬어졌음이 주목된다.

현존하는 비문 가운데 가장 오래된 것은 천보4재(745)에 용흥사 승려였던 덕선(德宣)[17]이 찬수한 〈수사도진공사택조사비〉이다. 〈진사도팔절비(陳司徒八節碑)〉로도 불리는데, 후대에 대한 영향력을 고려할 때 중요한 의미를 갖는다. 그렇다면 덕선은 어떤 경위로 비문을 작성하게 된 것일까? 그 단서를 찬녕(贊寧)의 『송고승전』에서 엿볼 수 있다. 찬녕은 당대 상주 홍녕사(興寧寺)의 의선(義宣)스님을 소개하면서, "비릉(毗陵)에서는 많은 고승이 배출되었는데, 혜선(慧宣)・의선(義宣)・덕선(德宣)이 삼선(三宣)으로 불린다"[18]고 언급한 바 있다. 또한 천보 초에 장안를 중심으로 활동하며 한림학사 유항(柳抗) 등과도 널리 교류했던 천복사(千福寺)의 고승 석비석(釋飛錫)을 소개하면서, 덕선도 그와 밀접한 교류를 가졌다고 밝힌 바 있다.[19] 덕선이 출중한 학승들과 긴밀한 관계를 맺고 있었던 것으로 보아 자신도 상당 수준의 학

17　『全唐文』에서는 德宣을 天寶연간 龍興寺의 沙門이었다고 기록하고 있다.
18　[宋]贊寧 撰, 範祥雍 點校, 『宋高僧傳』 卷15, 〈唐常州興寧寺義宣傳〉, 北京: 中華書局, 1987, 363쪽: "釋義宣者, 晉陵人也. …… 毗陵多出名士僧, 有三宣, 慧, 德, 義是歟."
19　[宋]贊寧 撰, 範祥雍 點校, 『宋高僧傳』 卷3, 〈唐大聖千福寺飛錫傳〉, 48쪽: "系曰: 錫外硏儒・墨, 其筆仍長, 時多請其論撰, 如忠國師, 楚金等碑, 如晉陵德宣, 吳興晝公, 同獵廣原, 不知鹿死何人之手. 然宣錫二公亦有不羈之失, 緣飾過其實. 如晝公合建中之體, 偲事得其倫."

문적 소양을 갖추고 있었을 가능성이 높다. 무엇보다도 덕선의 고향이 진과인 신앙의 중심지인 상주였음을 확인할 수 있다. 당말 상주 고승 덕선이 1000년 후의 조익[1727~1814]과 마찬가지로 어려서부터 진과인 관련 전설을 접촉하면서 성장했을 가능성이 높고, 상당한 지명도가 있었던 만큼 지방관들과도 일정한 관계를 형성했을 개연성을 상정해 볼 수 있다. 물론 진과인 신앙의 전개에 불교도 적지 않은 영향을 미쳤을 텐데 이 부분에 대해서는 아래에서 재론하겠다.

진과인 신화의 형성과 전개에 미친 영향관계를 파악하기 위해서는 비문의 내용을 검토해 볼 필요가 있는데, 장문이어서 개략적으로 주제를 중심으로 개괄해보겠다. 덕선 비문의 서두에서는 주로 가문과 생전의 관력(官歷), 공적 등에 대해서 언급하고 있다. 무엇보다도 진과인의 가문을 후한의 청류사대부들이 '천하의 명사'로 떠받들던 영천(潁川)의 진식(陳寔) 그리고 진무제(陳武帝) 진패선(陳覇先)과 연계시킨 점이 주목된다. 관력에 대해서도 진과인의 능력을 '손굉(孫宏)의 문장'과 '이광(李廣)의 무술'에 비유하며, 황가(皇家)출신에 문무를 겸비한 재능으로 진대에 감찰어사, 강남도순찰대사 등을 역임했다고 기록하였다. 수대에 들어서는 장백산 대동(大洞)의 광구(狂寇), 강녕(江寧)의 낙백통(樂伯通), 동양(東陽)의 누세간(婁世間) 반란을 차례로 평정하여 수양제가 친히 대사도에 임명했다고 기록하였다.

진과인의 인품에 대해서는 진릉(晉陵) 기로(耆老)들이 충(忠)·효(孝)·문(文)·무(武)·신(信)·의(義)·모(謀)·변(辨) 등 팔절(八節)을 갖춘 현자로 존경했다고 묘사하였다. 팔절절목마다 사례를 들어 설명했는데, '효' 부분에서는 도살금령이 선포되었을 때 계모가 병이 나자 자신의 허벅지를 베어 공양했다는 이야기와 작고한 생모를 위해 혈서로 『법화경』을 베끼며 저승의 복을 빌었다는 고사 등을 언급하고 있다.

셋째 단락은 수말에 심법흥과 함께 할거세력을 형성하던 시기에 관한 부분이다. 호주(湖州)에서 기의한 심법흥의 딸과 결혼한 뒤, 진과인의 명성을 듣고 지역민들이 대거 가담하면서 세력이 확대되었고, 진과인의 위세로 인해 이자통(李子通) 등 주변 할거세력들이 강남을 넘볼 수 없었다고 기록하였다.

네 번째는 주로 죽음과 제사, 사후의 영향에 관한 부분이다. 먼저 진과인이 심법흥의 간계에 속아 병문안을 갔다가 독살당하는 죽음의 정황이 묘술되었고, 죽기 직전에 평소 교류를 갖던 늠선사(凜禪師)로부터 보살계를 받았다는 점과 장씨(張氏), 진씨(軫氏) 두 부인이 거처하는 가옥과 병장원(兵仗院) 그리고 별장을 각각 가람으로 보시하여 두업사(杜業寺)와 경성사(景星寺)가 세워졌다는 내용을 언급하였다. 또한 공자와 오태백(吳太伯)에 비유하여 그의 유업을 강조하였고, 사후에도 역병을 막고 풍기(風氣)를 바르게 해서 사민(士民)들의 칭송이 자자하다고 서술하였다. 마지막으로 무덕2년[619]에 72세로 서거한 뒤 탄신일마다 진(晉)의 개자추(介子推)나 초(楚)의 굴원(屈原)처럼 공을 회념하는 제사가 정사(精舍)와 마을에서 그치지 않았다고 기록하였다. 자손들의 신실한 불심과 보시에 대해서도 거론하였다. 말미에서는 공의 이러한 위업이 실록에 기록되지 않음을 개탄하며 비문 제작의 당위성을 강조하였다.

대부분 공덕비는 해당 인물의 생전 공적을 과장하는 것이 일반적이다. 덕선에 의해 작성된 비문 역시 『구당서』「심법흥전」의 내용과 비교해보면 상당 부분이 교묘하게 왜곡되고 과장되어 있음을 알 수 있다. 먼저 그의 가계를 문벌사회에서 최고의 사대부로 손꼽는 진식(陳寔)과 진무제(陳武帝) 진패선(陳霸先)의 황실가문에 연계시키고 있는 점은 누가 보더라도 가문의 우월성을 강조하기 위해 분식된 것임을 알 수 있다. 할거세력의 형성에 있어서도 진과인의 명성이 지역민들을 집결시킨 주요한 요인으로 작용한 것처럼 묘사하였다. 하지만 『구당서』「심법흥전」의 기록에 의하면 심법흥이 호주일대에서 누대에 걸쳐 집거한 토착귀족세력이었다는 점이 오히려 종족을 중심으로 세력을 확대하는 데 결정적인 역할을 했음을 시사해주고 있다. 진과인의 공적과 관록(官祿)에 대해서도 진대에 감찰어사, 강남도순찰대사 등을 역임했다는 점, 수대에 들어 반란을 차례로 평정하여 수양제가 친히 대사도에 임명했다는 점을 열거하고 있지만, 누세간 반란은 오히려 심법흥과 원우(元祐)가 평정한 것이고, 대사도라는 관직 역시 수양제가 임명한 것이 아니라, 심법흥이 임명한 것이다. 비문 내용 상당 부분이 공의 업적을 현창하기 위해서 임의로 과장하여 제작된 것임을 알 수 있다.

흥미로운 것은 이러한 사실을 당대의 지식인들도 이미 인식하고 있었다는 점이다. 선종(宣宗) 대중(大中)8년[855]에 유순(俞珣)은 〈진과인고신병사택조사소(陳果仁告身幷捨宅造寺疏)〉라는 글에서 덕선의 글이 진과인의 공적과 가문, 관작, 시간 등을 과장하고 왜곡했을 뿐 아니라, 독살당한 부분 역시 조작된 혐의가 있다며 비판한 바 있다.[20] 하지만 사료의 신빙성과 영향관계는 별개의 문제이다. 유순이 일일이 사례를 거론하면서 왜곡과 과장을 비판하는 글을 작성한 것도 일정 정도 덕선비문의 영향력이 적지 않았음을 시사해주는 것이기도 하다.

집현원학사(集賢院學士) 제광예(齊光乂)가 희종(僖宗) 건부(乾符)3년[876]에 작

---

[20] 『集古錄』卷9, (唐)俞珣 書,〈陳果仁告身幷捨宅造寺疏〉: "右陳果仁告身幷妻靳靜緣捨宅造寺疏附疏後題云明政二年, 按隋書煬帝本紀, 大業十一年十月, 東海賊帥李子通, 擁衆渡淮, 僭稱楚王, 建元明政. 則明政二年, 乃大業十二年也. 唐高祖實錄, 武德二年四月, 隋禦衛將軍陳稜, 以江都降, 即以稜爲總管. 九月李子通敗稜, 陷江都, 國號吳, 建元明政, 則明政二年是武德三年矣. 二說不同, 如此呂夏卿爲余言, 若以大業十二年爲子通借號之二年, 則江都方亂, 煬帝安得南幸, 而唐實錄陳稜事, 可據則明政二年, 當爲武德三年也, 隋書繆矣. 果仁終始事迹, 不顯略見於隋書云唐初梁太僕元祐將煬帝已遇弑, 沈法興, 果仁共殺祐, 起兵. 據江表, 法興自稱總管, 大司馬, 錄尙書, 事承制署百官, 以果仁爲司徒. 其事止見此爾. 開元中, 僧德宣爲果仁記捨宅造寺, 載其世家頗詳, 而其功閥·官爵·歲月, 多繆. 德宣言, 中毒以死, 而宅疏言見屠戮, 當以宅疏爲是. 德宣文辭不足, 錄獨採其世次事蹟終始著之. 俾覽者覈其眞僞, 而少益於廣聞. 煬帝本紀, 高祖實錄, 皆唐初人所撰, 而不同如此, 何哉右集本."

성한 〈진공신묘비(陳公神廟碑)〉에서도 진과인 관련 사실들은 "법사가 만든 사비(寺碑)에 상세히 전한다"고 기록한 바 있다. 이는 본인이 덕선의 비문을 참조했음을 분명하게 밝힌 것으로, 양자 간의 전승(傳承)관계를 보여주는 것이다.21 9세기 말에 작성된 것으로 추정되는 고운(顧雲)의 〈무열공묘비기(武烈公廟碑記)〉에도 영향관계를 직접 언급한 것은 아니지만, 서사의 내용과 구조가 대체로 덕선의 비문과 궤를 같이하고 있다.22 물론 고운이 작성한 비문에는, 건부(乾符)2년[875]에 왕영(王郢)의 반란을 진압할 때 진과인신이 음조한 내용이 상세하게 추가되었다. 해당 시기 비문을 건립한 주체와 관계된 사건과 새로운 기적의 고사들이 추가되기 시작한 것이다.

이러한 내용들은 앞서 언급한 바처럼 송원지방지에 그대로 전승되면서, '생전의 인품과 경력', '억울한 독살과 입묘', '가택의 불사(佛寺) 보시', '진과인신의 현신(現身)과 영력 발휘' 등 공통된 내용을 갖추게 된 것이다. 물론 동일하게 영향을 받는다 해도 세부내용에 있어서는 필자의 성향에 따라서 약간씩 변화가 발생하기도 한다. 모친과 계모에 대한 효성을 표현한 부분에 있어서 덕선이 『법화경』으로 쓴 것을 후대의 일부 사서에서는 유교경전인 『효경』으로 바꿨다.23 어쨌든 덕선이 진과인 신앙의 고향 상주에서 어려서부터 듣고 자란 기억과 여타 자료들을 정리하여 비문에 기록한 내용이 당대 후기 이래로 지속적인 영향력을 발휘한 것이다. 이 내용을 골격으로 해당 시기에 발생한 사건과 새로운 기적의 고사들이 추가되면서, 진과인의 신화는 이렇게 누층적으로 조성되고 전승된 것이다.

---

21 『全唐文』卷813, 齊光乂, 〈陳公神廟碑〉, 10789쪽: "至於敍官遊歷系業事, 咸不朽跡. 著無方名與日月輪廻, 功隨載籍舒卷, 已詳於宣法師所製寺碑."
22 『全唐文』卷815, 顧雲, 〈武烈公廟碑記〉, 10822쪽.
23 『江南通志』卷200: "舊通志陳果仁, 字世威, 晉陵人. 仕陳爲監察御史未幾挂冠歸養母, 母死, 刺血書孝經. 繼母病, 思牛炙適禁屠刲股以進, 母病愈."

3. 전신의 탄생과 지지세력

그렇다면 진과인 신앙은 어떤 과정을 통해서 지역민들에게 숭배되기 시작했고, 절서 전역으로 확대되어 지역수호신이 된 것일까? 신앙의 성립과정에 대해서 『함순비릉지』에 보이는 '묘기(廟記)'에서는, 사료의 성격을 반영하듯이 뛰어난 인품으로 지역사회의 존경을 한 몸에 받았기 때문에 지역민들이 사묘를 세워주고 제사를 받들었다고 기록하고 있다. 특히 충(忠)·효(孝)·문(文)·무(武)·신(信)·의(義)·모(謀)·변(辨)을 진과인 생전의 팔절(八絶)이라고 거론하며, 이를 기리기 위해 조정에 주청하여 수공원년[685]에 마침내 대전(大殿)이 설립된다고 기록하였다.[24] 하지만 적인걸의 주도하에 강남 전역에서 대규모 음사철폐가 단행된 수공연간[垂拱年間, 685~688] 전후의 시대적 정황[25]과 당시 음사를 판별하는 기준을 감안할 때, 진과인신에게만 국가에서 특별히 사묘를 세워주었다는 내용은 납득하기 어렵다. 입묘의 동기 또한 전형적인 유교 제사의 목적만을 지나치게 강조하고 있어서 신빙성이 의심된다. 오히려 최초 입묘는 정부와 상관없이 민간차원에서 훨씬 더 소형으로 이루어졌을 개연성이 높다.

진과인신앙의 기원문제에 관해서 덕선의 비문에서 주목되는 것은 개자추나 굴원처럼 공을 회념하는 제사가 고향마을과 정사(精舍)에서 그치지 않았다는 언급과 더불어 진과인이 심법홍에게 배반을 당해 독살되었다는 죽음의 정황이다. 앞에서도 언급했지만 중국인의 사후세계관에 의하면 원사(寃死), 분사(憤死) 등 비명횡사(非命橫死)하게 되면 여귀(厲鬼)가 되는 것이 일반적이다.[26] 이들은 보통 해원의식(解寃儀式)이나 재안장(再安葬)·명혼(冥婚)

---

24   "郡人以帝忠孝·文武·信義·謀辨八絶, 奏於朝, 卽帝兵伏庫立祠. 垂拱元年, 始創大殿. 乾武(符)四年, 封忠烈公."『咸淳毗陵志』, 3072쪽.
25   金相範,「國家禮制와 民間信仰의 충돌-唐初 狄仁傑의 淫祠撤廢 조치를 중심으로」,『中國史研究』第17輯, 中國史學會, 2002.2.28.

등을 통해 정상적인 사후세계로 돌아오지만, 강력한 영력을 지니고 있는 소수의 여귀에 대해서는 좀 더 전문적으로 그들의 원혼을 위로하거나 방어할 수 있는 의례 절차가 필요하다.²⁷ 미야카와 히사시(宮川尙志)는 전풍(田豐)·등애(鄧艾)·항우(項羽)·장자문(蔣子文) 등이 위진남북조 이래 부상한 대표적인 여귀신앙이라고 지적한 바 있다.²⁸ 그렇다면 심법홍에게 억울하게 독살당하는 죽음의 형태를 볼 때 사료에 묘사된 진과인 역시 초기에는 유교적 신보다는 여귀로 숭배된 것은 아닐까? 여기서 장자문신앙이 남조와 북조가 경합하는 시기에 국가에서 제사를 주관하는 최고신으로 성장한 점은 주목된다. 장자문신앙도 처음에는 여귀가 질병과 환란을 불러일으킬 수 있다는 민중의 집단적인 심리를 이용해 발전해왔다.²⁹ 당대에 단속적으

---

26 중국인의 초자연세계에 대해서는 Arthur Wolf, "God, Ghost and Ancestors," in Arthur Wolf and Emily Martin eds, *Religion and Ritual in Chinese Society*. Stanford: Stanford University Press 참조.

27 『禮記』祭法篇에는 왕은 7祀를 지내는데 그 대상 가운데 후사 없이 죽은 泰厲가 있고, 제후는 5사 가운데 公厲가 있으며, 대부는 3사 가운데 族厲가 있다는 내용이 보인다. 이들은 각각 후사가 없어 사후에 의귀할 곳이 없기 때문에 도처를 방황하며 화를 입히는 것인데, 이를 미연에 방지하기 위해서는 사전에 제사를 올려 위로를 하는 것이 필요하다고 언급하고 있다[『禮記』卷46,「祭法」(『十三經註疏本』), 801~802쪽]. 孔穎達은 이에 대해 고대에 제왕·제후·대부 등이 후사가 없는 것은 원래부터 자식이 존재하지 않기 보다는 정적에 의해 살해된 경우가 적지 않았기 때문이며, 여귀는 횡사하거나 피살된 冤魂을 포함한다고 해석하였다. 즉 고대인들에게 여귀는 후사가 없는 사람뿐 아니라 橫死·寃死 등 비정상적인 죽음을 맞은 원혼을 통칭한다는 것이다. 厲鬼 생성에 관해서는 林富士,『孤魂與鬼雄的世界』, 臺北: 臺北縣立文化中心, 1995, 11~19쪽 참조.

28 宮川尙志,「民間の巫祝道と祠廟の信仰」, 196~231쪽.

29 干寶『搜神記』의 원문내용은 다음과 같다: "蔣子文者, 廣陵人也. 嗜酒好色, 挑達無度. 常自謂己骨淸, 死當爲神. 漢末爲秣陵尉, 逐賊至鍾山下, 賊擊傷額, 因解綬縛之, 有頃遂死. 及吳先主之初, 其故吏見子文於道, 乘白馬, 執白羽, 從如平生. 見者驚走. 文追之," 謂曰: "我當爲此土地神, 以福爾下民. 爾可宣告百姓, 爲我立祠. 不爾有大咎." 是歲夏, 大疫, 百姓竊相恐動, 頗有竊祠之者矣. 文又下巫祝: "吾將大啓祐孫氏, 宜爲我立祠. 不爾, 將使蟲入人耳爲災." 俄而小蟲如塵虻, 入耳皆死, 醫不能治. 百姓愈恐. 孫主未之信也. 又下巫祝: "若不祠我, 將又以大火爲災." 是歲, 火災大發, 一日數十處. 火及公宮, 議者以爲鬼有所歸, 乃不爲厲, 宜有以撫之. 於是使使者封子文爲中都侯, 次弟子緒爲長水校尉, 皆加印綬. 爲立廟堂. 轉號鍾山爲蔣山, 今建康東北蔣山是也. 自是災厲止息, 百姓遂大事之."

로 진행된 음사철폐를 피하기 위해 끊임없이 부첨되었을 유교적 언사(言辭)들을 제거하고 나면, 진과인 사묘도 이와 비슷한 성장과정을 겪었을 가능성이 높다. 진과인의 고향인 상주 주변의 무축들이 독살 당한 맹장(猛將)의 원혼이 향촌 곳곳을 떠돌며 질병이나 재앙을 퍼뜨릴 수 있다는 우환의식을 자극하여, 원혼을 위로한다는 명목으로 입묘를 주도하고 주민을 끌어들여 점차 기도도량으로 발전시켰을 가능성이 높은 것이다.

진과인 신앙의 성립과정에 있어서 두 번째로 주목되는 것은 〈수사도진공사택조사비〉의 작성 경위에 그대로 드러나는 것처럼 불교와의 관계이다. 덕선의 비문에 의하면 진과인은 심법홍에 속아 독배를 마신 뒤 사망 직전에 지인인 법사로부터 보살계를 받고, 유촉으로 부인들의 거처와 병장고(兵仗庫), 별업(別業) 등을 가람으로 보시했다고 한다. 살아남은 후손들이 신실한 불심으로 '조상(造像)'을 주도해 왔다는 점, 제사가 '정사(精舍)'에서 시작되었다고 언급하는 점 또한 불교와의 긴밀한 관계를 시사해준다. 비슷한 시기에 관우신앙이 여귀숭배에서 옥천사(玉泉寺)의 호법신으로 성장한 궤적30 역시 진과인 신앙이 불교와의 관계 속에서 신앙으로서의 위상을 더욱 공고히 했을 가능성을 보여준다. 당대 중기 이후 비록 불학은 쇠퇴하지만 불교의 세속화 즉 민속불교는 빠르게 성장한다. 기층민중의 입장에서는 불법이나 교리보다는, 숭배하는 대상이 과연 얼마나 영험한가가 중요하기 때문에 불사와 사묘 간에는 상당 정도의 의존관계가 존재해 왔다. 상주의 진과인 신앙 역시 이런 차원에서 불교와의 의존적 발전이 이루어졌을 가능성이 높은 것이다.31

상주지역에서 주요한 민간신앙으로 발전해가면서 진과인은 점차 기적을

---

30 金相範,「關羽信仰의 초기전개와 道, 佛과의 만남」,『역사문화연구』박성래교수 정년기념특집호, 韓國外大 역사문화연구소, 2005.2.28.

31 雷聞,『郊廟之外-隋唐國家祭祀與宗敎』, 北京: 生活·讀書·新知 三聯書店, 2009.5, 285~286쪽.

일으키는 신령한 신으로 대접받기 시작하는데, 신이(神異)가 선현들을 넘어서고, 천하에 역병도 없어졌다는 비문내용에32 보이듯이 상주를 지켜주는 지역수호신으로 성장해 간 것이다. 역병이나 자연재해로부터 보호해준다는 믿음이 확산되면서 새로 부임해오는 지방관도 진과인신에 관심을 갖기 시작한다. 태화(太和)7년[833]에는 무진현령(武進縣令) 고영(高榮)이 진과인의 동제(東第)에 세워졌던 사묘에서 기풍제(祈豊祭)를 주재했는데, 그 해에 풍년이 들자 사묘를 증축해주었다. 진과인신앙은 점차 주변지역으로 제사권역을 확대해 갔는데, 무석현(無錫縣)에 별묘(別廟)가 설립된 후33 여타 절서(浙西)의 대신(大神)들이 이 시기에 빠른 확장추세를 보이는 것처럼 상주 주계(州界)를 월경하여 절서 전역으로 확산된다. 처음에는 북쪽의 윤주(潤州)로 전파된 것으로 추정되는데,34 주치(州治)와 단도현(丹徒縣) 현치(縣治) 부근에서 진과인묘가 확인된다. 고운(顧雲)의 묘기(廟記)에 의하면 진과인신은 이곳에서도 차차 영험을 드러내면서 이 지역의 주요한 민간신앙 가운데 하나로 성장하는데, 자연재해 같은 비상사태에는 지방관이 방재제사(防災祭祀)를 주도할 정도로 지역사회의 신임을 얻게 된다.35 향후 진과인 신앙은 인근의 금릉(金陵)36과 소주(蘇州)를 위시한 태호유역37 그리고 목주지역으로 전파된다.

진과인 신앙이 상주에서 인근 각지로 확산되며 새로운 성장궤적을 보여주는 시점에 주목되는 것은 진과인신이 '전신(戰神)'으로 받들어지기 시작한다는 점이다. 전신으로의 탄생은 기본적으로 제광애(濟光艾)가 "절서는

---

32 『欽定全唐文』卷915, 德宣, 〈隋司徒陳公捨宅造寺碑〉, 12031쪽.
33 『無錫志』, 2250쪽.
34 『吳郡志』卷12, 江蘇古籍出版社, 1999, 167~168쪽.
35 『嘉定鎭江志』, 2378쪽.
36 『嘉定赤城志』卷31, 7517쪽.
37 『至元嘉禾志』卷12, 4495쪽.

다행스럽게 공(公)에 의지해 안전할 수 있었다[余吳之地, 幸賴以安]"³⁸고 말한 것처럼 관련 자료에서 생전에 맹장 출신이었다는 진과인의 신성과 연계시켜 지속적으로 수호신적인 이미지를 강조해온 것과 일정한 관련이 있지만, 보다 근본적으로는 당말 이래 그칠 줄 모르고 발생하던 전란의 국면이 그 배경이 되었다. 전란시기 지역사회는 기층공동체를 지켜줄 수 있는 수호신을 필요로 했다. 절서뿐 아니라 전국 각지에서 이런 현상이 발생했다. 당말 전란기에 또 하나의 중요한 전선이었던 진동(晉東)지역에서는 과거 '송자(送子)의 신'이자 '가정의 신'이었던 낙씨(樂氏) 두자매 '이선(二仙)'을 전신으로 숭배하기 시작하면서 왕선지(王仙芝)세력과 경쟁하던 이극용(李克用)의 막료들이 이선신앙을 적극적으로 활용한 바 있다.³⁹ 고변 역시 기층사회에서 성장한 막료 여용지(呂用之)의 권유로 양주(揚州)의 후토신앙(后土信仰)을 접촉한 뒤 후토신을 자신의 군대를 지켜주는 전신으로 숭배하였다.⁴⁰ 재난으로부터 상주지역사회를 구해주던 진과인신도 이제 반란세력으로부터 절서지역을 안전하게 보호해주는 전신으로 재탄생하게 된 것이다.

이처럼 진과인이 전신으로 성장하며 신앙권이 더욱 확대된 것은, 당시 사회적 영향력을 확장해가던 무장들이 진과인신의 유력한 지지자로 등장한 것과 긴밀한 관련이 있다. 이들은 출장(出場)을 앞두고 음조를 요청하는 제사를 올렸을 뿐 아니라, 감응의 대가로 보사(報祀)를 올리거나 새로운 사묘를 세워주었는데, 이에 따라 진과인 신앙은 더욱 빠르게 확산되었다. 당희종(僖宗)건부(乾符)2년[875] 절서낭산진알사(浙西狼山鎭遏使) 왕영(王郢)이 포상에 불만을 품고 반란을 일으킨 뒤 연해를 따라서 목주를 공격해오자,⁴¹

---

38 『欽定全唐文』卷813, 齊光乂,〈陳公神廟碑〉, 10789쪽.
39 易素梅,「戰爭·性別與地方社會: 九至十四世紀晉東南地區二仙信仰的興起與轉變」,『十至十三世紀中國邊疆和對外關係問題學術硏討會暨嶺南宋史硏究會成立大會論文集』, 廣州, 2010.10, 44~45쪽.
40 廖咸惠,「唐宋時期南方后土信仰的演變-以揚州后土崇拜爲禮」,『漢學硏究』14-2, 1996.12, 118~123쪽.

목주절도관찰처치사(睦州節度觀察處置使) 배거(裵璩)는 진과이신의 도움을 요청하는 제사를 거행했고 반란군을 격파하였다. 대승을 거두자 그는 목주 곽남문(郭南門) 근방에 새로운 사묘를 세워주었다. 배거는 조정에 진과이신에 대한 봉호를 주청하였는데, 무열공(武烈公)이 하사되었다.[42]

황소의 난 때에도 진과이신의 활약상이 두드러지게 나타난다. 『함순비릉지』의 상주 전소리(前蕭里) 소재 진과이 별묘[別廟, 行祠] 관련 사료에는, 희종 건부4년[877]에 황소군이 상주를 들이닥쳤을 때 갑자기 안개 속에서 홍의거인(紅衣巨人) 형상의 진과이신이 출현하자 이를 본 적군이 혼비백산했고, 이를 기리기 위해서 묘우를 중건했다는 기록이 보인다.[43] 건부5년[878] 6월에 진해군절도사(鎭海軍節度使)에 취임한 고변(高騈) 역시 다음해 정월 황소군과의 일전을 앞두고 출발 전일 부하를 파견해 기도를 올렸다. 경내에 새로운 사묘를 건립했으니 제발 음병을 파견하시어 적을 격파하게 해달라는 내용이다. 최치원의 〈이절서진사도묘서(移浙西陳司徒廟書)〉에 보이는 기도문의 내용을 잠시 살펴보자면 다음과 같다.

> 사도(司徒)의 장한 절조와 기특한 공은 외손의 비갈에 갖추어 기재되었고, 신령스러운 은혜와 현저한 영험은 태백(太伯)의 고장에 높이 전해지고 있습니다. …… 지금 국가의 환란을 없애려 맹서하고 주사(舟師)에게 일제히 명하여 서강(西江)에 배를 띄우고서 북안을 떠나려 함에, …… 이제 우리 경내에 사묘를 세우고서 공경히 강림하시는 모습을 맞아 예전의 소원을 풀려고 하오니, …… 장차 열렬한 병위(兵威)를 펼치려 하면서 실로 명명(冥冥)하신 도움을 빌리고자 합니다. 바라건대 팔공

---

41 관련 역사사실은 『資治通鑑』卷252, 唐紀68, 僖宗乾符三年, 8178쪽; 唐紀69, 僖宗乾符4년, 8190쪽 참조.
42 『淳熙嚴州圖經』, 4327쪽; 『咸淳毗陵志』, 3072쪽.
43 당초 진과이이 사망했을 때 부인이 東第를 도관(崇仙觀)에 기부했다는 기록이 전한다. 前蕭里에 위치한 묘우는 황소난 때 신이 음조해 묘우가 중건되는데 다음과 같은 기록이 보인다. "唐末, 巢賊犯境, 人望靈, 煙中有紅衣巨人, 賊懼而遁, 道士鄧子成爲築祠焉." [『咸淳毗陵志』, 3073쪽].

산(八公山) 위에 웅장한 군대를 두루 베풀어주시고, 5리의 안개 속에서도 기이한 술법을 발휘하게 해주소서……⁴⁴

배거와 고변 외에 강·절 일대의 여러 지방 세력과 무장들도 진과인신께 음조를 청하는 기도를 올린 바 있다.⁴⁵ 한때 윤주(潤州)와 목주(睦州)에서 할거했던 주보(周寶)가 손유(孫儒)와 황소군의 침공 때 진과인신께 기도를 올린 뒤 감응하여 순조롭게 방어에 성공할 수 있었다는 비문이 전해진다.⁴⁶ 절서 토호출신인 태수 진성(陳晟) 역시 희종 중화(中和)3년[883]에 청계(淸溪) 토단병(土團兵)들을 이끌고 목주 동관산(銅官山)에 주둔했을 때 진과인신을 모시는 새로운 사묘를 축조한 바 있다.⁴⁷

무장 세력이라 할 수는 없지만 막료 가운데 병조(兵曹)가 진과인묘의 건립에 공헌했던 태주(台州)의 사례도 주목된다. 태주의 진과인묘는 주치 동남 2리 지점에 있는 정월문(靖越門) 내에 위치하였는데, 건부2년[875]에 태수 봉언경(封彦卿)이 건립하였다. 애초에는 의종(懿宗) 함통[咸通, 860~873]말년에 금릉 출신 병조(兵曹) 정상(丁爽)이 진과인의 신상(神像)을 그려 와서 군수인 담수(譚洙)에게 사묘의 축조를 부탁했다고 하는데 병조의 요구에 의해 묘우가 건립이 시작되었다는 점이 시대적 상황에 부합된다. 어쨌든 태주 진과인 묘는 사묘의 터를 닦을 때부터 상서로운 영초(靈草)가 출현했다는 보고가 들어왔고, 경내에 어려움이 발생할 때마다 영력을 발휘하여, 건부4년

---

44 崔致遠撰, 『桂苑筆耕集校注』卷16, 〈移浙西陳司徒廟書〉, 536~537쪽: "滔滔逝水, 幽顯雖殊, 凜凜雄風, 古今何讓. 苟或同心立事, 必能異代論交. 司徒壯節奇功, 備載外孫之碣, 靈恩顯驗, 高傳太伯之鄕. 譚揚而不假再三, 徵引而難窮萬一. 今則冀動玄鑑, 直書素誠, 旣當可擧而行, 固在不言而信. 且此誓除國難, 齊命舟師, 將泛西江, 卽離北岸, 練鋪一水, 指疆界列以雖分, 黛列千山, 望威靈而如在. 今於弊境, 已立嚴祀, 敬迓來儀, 逈酬前願, 幸移玉趾, 無戀石頭.……所冀八公山上, 遍設雄師, 五里霧中, 能呈異術.……"
45 楊俊峰, 앞의 글, 340~341쪽 참조.
46 夏之文, 『全宋文』卷3971, 〈修忠祐廟碑記〉, 180쪽.
47 『淳熙嚴州圖經』, 4328쪽.

[877]에는 충렬공(忠烈公), 광명(廣明)2년[881]에는 충렬왕(忠烈王), 남당 보대(保大)14년[956]에는 '무열제'의 봉호가 하사되었다고 한다.[48]

당말 오대 시기 국가의 사묘정책은 기본적으로 민간의 사묘신앙을 적극적으로 포용하는 방향으로 전환되었다. 강제적인 음사철폐 사례가 확연히 줄어들고 사묘에 대한 공인과 지지를 의미하는 봉호와 묘액을 하사해주는 조치가 증가했다. 당시 사회적 영향력을 증대해가던 무장들도 이러한 정부의 정책에 편승하여 역내에서 계층적 영향력을 확대해갔다. 진과인 신앙 역시 희종건부4년[877]에 봉호와 묘액을 하사받은 이래로 빠른 성장궤도를 보여준다.[49] 그렇다면 진과인 신앙은 무장 세력들이 곳곳에 지방정권을 수립하는 오대십국 시기에 어떤 변화를 보이게 될까?

4. 강남 지방정권의 경쟁과 진과인 신앙의 국가제사화

진과인신이 전신의 성격을 가진 절서 대신(大神)으로 성장하면서, 당조 멸망 후 이곳에 수립되는 십국 지방정권들도 진과인 신앙에 깊은 관심을 표명했다. 더군다나 토호(土豪)와 부상(富商), 향병(鄕兵) 등 토착세력인 항주팔도(杭州八都)를 기반으로 성립한 오월정권은 지역정권이었던 만큼 역내 민간신앙을 중시하였다. 오월정권은 소주 반문(盤門) 서편에 남쌍묘(南雙廟)를 세웠는데, 오자서(伍子胥)와 함께 진과인신을 모시는 사묘이다. 반문이 소주성의 팔문(八門)[50] 가운데 남쪽에 위치하고 두 명의 신주를 모시기

---

48 『嘉定赤城志』, 7517쪽.
49 『咸淳毗陵志』, 3072쪽.
50 白居易가 소주자사로 재직 시에 남긴 시 가운데 당대 소주의 도시정황을 반영해주는 내용이 많이 남아있다. 그 가운데 9월 9일 重陽節에 쓴 시에는 "반쯤취해 난간에 기대 일어나 사방을 바라보니, 七堰 八門 六十坊이 한눈에 들어온다(半酣憑檻起四顧, 七堰八門六十坊)······"는 내용이 보인다. 당시 소주 성안에는 수로가 동서로 3개, 남북으로

때문에 남쌍묘로 불리었다. 천보원년[天寶元年, 908], 무숙왕(武肅王) 전류[錢鏐, 852~932]는 상주와 윤주를 차례로 정복한 뒤, 그곳의 지역신인 진과인신의 신주를 소주로 모셔와 오자서신과 동일한 사묘에서 제사를 올리기 시작했다.[51] 전류는 진과인신이 음병을 보내 오월군을 도왔다면서 감사의 제사를 올렸고, 후량(後梁) 조정에 봉호의 하사를 요청하였다. 주목되는 것은 전류가 모든 주(州)마다 진과인 사묘를 세우고 공식적으로 제사를 받들 것을 명령했다는 점이다.[52] 『십국춘추』와 마씨(馬氏) 『남당서(南唐書)』에는, 2년 후인 후량 개평(開平)4년[910]에 오(吳)가 침공했을 때 진과인신이 또 다시 현신하여 오월군을 음조했다는 기록이 확인된다. 진과인신에 대한 제사가 전국차원의 공식적인 제사로 지정되었고, 진과인신이 오월군을 보호하고 원조해주는 기적의 신화도 지속적으로 양산되고 유포된 것이다. 강남일대에서, 오와 치열하게 대립·경쟁하던 구도 속에서 단속적으로 반포된 오월정권의 이러한 조치들은 지역을 넘어 국가를 수호해주는 진과인신의 전신(戰神)적 이미지와 위상을 더욱 강화해주었을 것이다.

오월 전씨정권의 지역신앙에 대한 적극적인 태도는 진과인신에 그치지 않았다. 절서일대의 중요한 지역신인 오태백신을 모신 태백묘(泰伯廟) 역시 성내로 이전하였고, 계자(季子)를 이에 배식(配食)하게 했다.[53] 후량과 연합

4개가 뻗쳐있어서 8문중에는 육문 뿐 아니라 수문도 포함된다[伊原弘,「江南におけ都市形變の變遷-宋平江圖解析作業」,『宋代の社會と文化』, 宋代史研究會研究報告 第1集, 昭和58年 6月, 東京: 汲古書院, 297~303쪽].

[51] 『吳郡志』 卷12, 167~168쪽: "南雙廟, 在盤門裏城之西隅. 二廟: 左英烈王 伍員也, 右福順王隋陳果仁也. 果仁又稱武烈帝. 或云五代初, 常潤尙屬淮南, 仁果廟在常潤間. 錢氏得常潤, 遂移廟於蘇."

[52] 蔡京의 『南雙廟記』에 보이는 관련 내용은 다음과 같다: "或言故隋將陳果仁, 營以陰兵助錢氏伐淮冠有功, 錢氏崇報之. 請於梁朝封福順王. 又使諸郡皆爲建廟. 則福順之號爲果仁無疑."(『南雙廟記』는 『吳郡志』 卷12, 167~168쪽과 송대 鄭虎臣이 편찬한 『吳都文粹』 등에 전한다). 『十國春秋』의 주석은 『南雙廟記』의 내용을 상당부분 참조했는데 잠시 살펴보면 다음과 같다. "仁果常以陰兵, 助王, 王崇報之, 請封于梁. 且令諸州皆立廟. 蔡京『京南雙廟記』作福順賢德王, 他書又作福順武德王."[『十國春秋』 卷78, 吳越2,「武肅王世家」(下)].

전선을 형성하며 거란(契丹)-오(吳) 세력에 대항하던 오월정권은 당말 이래 지역민들에게 광범위하게 숭배되던 진과인, 오자서, 오태백(吳泰伯), 계찰(季札) 등 절서지역신(浙西地域神)에 대한 숭배행위를 국가제사 차원으로 승격시켜 적극적으로 활용했던 것이다. 남조정권이 남경(南京)의 지역신인 장자문신을 국가 차원에서 받들었던 것과 마찬가지로, 오월정권 역시 지역신앙의 국가제사화를 통해서 주민들의 사기를 진작시키고 단합을 독려했던 것이다.

흥미로운 사실은 오월정권에 의해 전신으로 받들어지던 진과인신이 오대 후기에 접어들면 적대세력인 남당 정권에 의해서 봉호가 하사되고 공식적으로 숭배되기 시작한다는 점이다. 『남당서』에는 대보(保大)13년[952] 오월과 교전 할 때 갑자기 흑우(黑牛)가 출현해 남당군을 도왔다는 영적(靈蹟)이 전해지는데, 그 내용을 살펴보면 다음과 같다.

> 상주에는 수말의 (장군인) 진과인의 사묘가 있다. 과인이 극굉(克宏)의 꿈에 나타나 "내가 음병(陰兵)으로 너를 도와줄 것이다"라고 말했다. 전투가 발발하자, 검은 소 두 마리가 오월의 병사들을 향해 돌진했고, 이를 따라서 극굉이 오월군을 대파하니 전사자와 포로가 줄을 이었다. 극굉이 상주하여 진과인신을 무열대제(武烈大帝)에 봉했다. 물러난 뒤에 적이 밀어닥쳤지만, 극굉이 잘 대처하여, 그 공으로 강주절도사(江州節度使)에 임명되었다.[54]

당시 십국정권은 오월과 남당의 사례에 보이듯이 인근의 정권과 서로 경쟁하는 관계였기 때문에, 정부차원에서 지역성을 부각하고 지역민의 단결을 고취할 필요가 있었다. 지금까지 살펴본 바와 같이 당말 오대에 이르

---

53 『吳郡圖經續紀』, 652쪽; 『吳郡志』 卷12, 167~168쪽.
54 『南唐書』 卷11, 列傳 第六: "常州有隋末陳果仁祠. 果仁見夢於克宏曰: "吾與陰兵助爾. 及戰, 有黑牛二頭, 衝突越兵, 克宏繼之大敗越人, 俘馘甚衆. 克宏奏封果仁爲武烈大帝, 賊走朱業方至克宏善遇之, 以功拜江州節度使."

면, 누차에 걸쳐서 진과인신에 대한 분봉과 사묘의 중수 조치가 이루어진다. 진과인신에 대한 각별한 예우와 후원 정책은 현지의 사묘를 중심으로 형성된 지역유력자와 재지세력의 신앙적 정서를 존중해주고 실제적인 혜택을 통해서 그들의 지지를 이끌어내기 위함이었다. 상주, 윤주 일대의 지역신앙이었던 진과인 신앙은 당말·오대시기의 전란국면 동안 지역의 군벌세력과 지방정권에 의해서 적극적으로 활용되었다. 이들의 지속적인 현창과 후원은 진과인신이 절서 전체를 대표하는 지역신으로 성장하는 주요한 동력이 되었다. 진과인신은 절서지역민들에게는 전란으로부터 공동체를 지켜주는 수호신으로 인식되었고, 지방정권의 입장에서는 경쟁의 국면 속에서 지역민들의 지지를 호소할 수 있는 중요한 매개체가 되었던 것이다.

5. 맺음말

당말 오대 시기 이래로 강남 절서일대에서 널리 숭배된 진과인신은 수대 말기의 지방할거세력인 심법흥의 수하에서 무장으로 활약한 실존인물이다. 『구당서』, 『신당서』에 열전이 별도로 입전되지 않았을 뿐더러, 「심법흥열전」의 관련 기사에도 사후에 숭배될만한 매력적인 요소들을 발견하기 힘들지만, 12~13세기에 작성되는 송원지방지에는 일정한 서사 구조를 갖춘 기적의 신화들이 풍부하게 수록되어 있다. 이러한 설화들은 어떻게 형성되고 기록으로 전승되어 지속적으로 지역민들의 집단 기억에 영향을 미치게 되었을까? 진과인의 고향인 상주출신으로 어려서부터 관련 영웅담을 듣고 자랐을 덕선(德宣)의 〈수사도진공사택조사비〉는 향후에 등장하는 관련 고사들 대부분이 전거(典據)로 삼고 있다는 점에서 중요한 의미를 지닌다. 비문내용을 분석해보면 진과인에 대한 신앙행위는 초기에는 독살당한 원혼을 위로하고 생전의 고매한 인격과 공적을 회념하는 전통적 신앙관에서 비롯되었지만, 수말 혼란기에 반란세력들로부터 절서지역을 보호했다는 수호신적 이미지와 더불어 속세의 영화를 주저 없이 벗어던진 불교적 형상까지 더해지면서 점차 자연재해와 역병으로부터 지역사회를 보호해주는 수호신으로 성장했음을 발견할 수 있다. 진과인신의 지역수호신적 역할은 후세에 기록으로 전승되면서 숭배 대상으로서의 매력이 더욱 강화되는데, 지방관들도 진과인신의 제사의례에 관심을 갖고 직접 참여하기 시작한다. 태화7년[833] 무진현령 고영은 동제에 세워졌던 사묘에서 기풍제를 주재한 뒤, 그 해에 풍년이 들자 사묘를 중건해주었다.

   진과인 신앙이 새로운 성장궤적을 보여주는 시점은 당대 후기인데, 이 시기에 진과인신은 전신으로 재탄생한다. 이러한 신격의 변화는 전란이 그치지 않던 당대 후기의 시대적 특징을 반영한 것이다. 당시 사회적 영향력이 급증하던 무장들이 진과인신의 유력한 지지자로 등장하였다. 왕영의 반란을 진압했던 배거나 황소군을 대파했던 고변처럼, 무장들은 출장을 앞두고 진과인신의 음조를 요청하는 제사를 올렸다. 뿐만 아니라 감응의 대가로 보사(報祀)를 올리고 새로운 사묘를 세웠는데, 이에 따라 진과인 신앙도 절서 전체로 더욱 빠르게 확산되었다. 재앙으로부터 지역사회를 구해주던 진과인신이 이제 반란세력으로부터 지역사회를 보호해주는 전신으로 재탄생한 것이다.

   이처럼 진과인신이 전신의 형상을 가진 절서대신으로 성장하면서 십국 지방정권들도 진과인 신앙에 깊은 관심을 표하게 된다. 더군다나 토호와 부상, 향병 등 지방 인사들이 주축이 되어 건국한 오월정권은 절서 고유의 민간신앙을 디욱 중시하였다. 전씨 정권은 상주와 윤주를 정복한 뒤 의도적으로 진과인신의 신주를 수도 소주로 모셔와 오자서신과 동일한 사묘에서 제사를 받들기도 했다. 전류는 진과인신이 음병(陰兵)을 동원해 오월군을 도왔다면서 보사를 올렸고, 양(梁)에 봉호 하사를 요청함과 더불어 모든 주(州)마다 진과인 사묘를 세울 것을 명령했다. 진과인신이 오자서신과 더불어 오월정권을 대표하는 국가의 신으로 공인되었고 국가제사에 편입되었음을 반영해주는 것이다. 흥미로운 사실은 오월정권에 의해 전신으로 숭배되던 진과인신이 적대세력인 남당정권에 의해서도 숭배된다는 사실이다. 이 시기에 진과인신은 '복순무열왕(福順武烈王)'과 '무열제(武烈帝)'라는 최상급의 봉호도 하사받는데, 이러한 특혜는 오월과 남당이 절서지역을 놓고 부단히 경쟁한 사실과 관련이 있다. 물론 이 점은 당시 지방정권들이 지역적인 민간신앙을 중시했음을 반영해주는 것이고, 동시에 진과인신 등을 모시는 사묘가 당시 역내에서 새롭게 형성되던 사회적 네트워크의 중심이 되었을 가능성을 시사해 주는 것이기도 하다. 당시 지방정권은 사묘를 중심으로 새롭게 형성된 민간정서와 인적 네트워크를 적극 활용하면서 기층사회에 대한 통제력을 강화했던 것이다.

제3장

당대 자연재해와 민간신앙

1. 머리말

편년체 사료를 넘길 때마다 해 마다 출현하는 재해 관련 기사에서 확인되듯이, 당대 내내 자연재해가 그칠 줄을 몰랐다. 물난리는 한 해 걸러 발생하다시피 했고[1] 한발도 적어도 2~3년 주기로 어김없이 찾아왔다. 20~30년에 한 번씩은 대홍수가 발생해 일 년 농사를 완전히 망쳐 놓곤 했다.[2] 지역별 편차가 크겠지만 이렇게 주기적으로 발생하는 자연재해에 대한 대응조치로, 국가는 수리시설의 관리를 법제화하고, 의창(義倉)·상평창(常平倉) 등을 설치하여 비상시의 구황조치를 제도화했다.[3] 민간차원에서도 방재나 대응조치가 강구되었다. 불교사원에서는 '비전양병방(悲田養病坊)'이나 '죽원(粥院)' 같은 상설구제기구를 이용하여 이재민들에게 자선을 베풀기도 했다.[4]

---

1   劉俊文,「唐代水害史論」,『北京大學學報(哲學社會科學版)』, 48쪽.
2   鄧拓,『中國救荒史』, 北京出版社, 1998(초판은 商務印書館, 1937), 22~25쪽.
3   義倉과 常平倉에 대해서는 周一良,「隋唐時期的義倉」,『食貨』第2卷, 25~34쪽; 張弓,『唐朝倉廩制度初探』, 北京: 中華書局, 1986; 船月泰次,「唐代後期的常平義倉硏究」,『唐代兩稅法硏究』, 東京: 汲古書院, 1996 등이 있다.
4   全漢昇,「中古佛敎寺院的慈善事業」,『食貨』第1卷 第4期; 張國剛,「「佛說諸德福田經」

그러나 이러한 조치가 무색할 정도로 자연재해는 지속적으로 농민들을 위협했고, 그 공포는 때로는 상상하기 힘들 정도로 가혹했다. "사람들이 인육까지 먹었다"[5]는 상원(上元)2년[761] 강회(江淮)대기근의 참상에 대해 독고급(獨孤及)은 다음과 같이 묘사한 바 있다.

> 신축년 무서운 한발이 들었다. 삼오(三吳)지역엔 기근이 더욱 심해서 사람들이 서로 인육을 먹기까지 했다. 다음 해에는 돌림병까지 겹쳐서 죽어 넘어가는 자들이 10명 중에 7, 8명에 이르렀다. 성읍은 텅 비어 갔고, 산자들도 먹을 것이 없었으며, 망자들은 관도 없이 발인도 없이 그대로 비통하게 보내질 뿐이었다. 부모와 처자들이라도 그 고기를 뜯어 먹는 일까지 발생했으며, 해골은 전야에 그대로 버려졌다. 이 때문에 도로엔 뼈들이 쌓여갔는데, 서로 맞대어 뒤엉켜 있는 것이 이 천리에 달했다.[6]

그러나 잊힐 만하면 또 다시 엄습해 오고, 때로는 이처럼 참담한 결과를 야기하는 자연재해의 공포를 빈약한 구제제도만으로 해결할 수 있는 것은 아니었다.[7] 이런 점을 감안하여 당 정부는 국가제사체계(國家祭祀體系) 내에

與中古佛敎的慈善事業」, 『史學集刊』 2003年 第2期. 張國剛의 논문은 본인의 『佛學與隋唐社會』 第七章, 「隋唐佛學與社會生活」(石家莊: 河北人民出版社, 2002)부분을 확충한 것임.

5   『資治通鑑』 卷222, 唐紀38 「肅宗上元2年(761)」, 7116쪽: "江·淮大飢, 人相食."

6   獨孤及, 「弔道殣文」, 『毘陵集』 卷19(본문에서는 『全唐文』, 上海古籍出版社, 1990, 1772쪽 참조): "辛丑歲(上元2년, 761), 大旱, 三吳饑甚, 人相食. 明年, 大疫死者十七八. 城郭邑居爲之空虛, 而存者無食, 亡者無棺殯, 悲哀之送大抵. 雖其父母妻子, 亦啖其肉, 而棄其骸於田野. 由是道路, 積骨相撐枕藉者, 彌二千里.……"

7   과거 당대 자연재해에 관한 연구 가운데 가장 집중적으로 진행된 주제는 救濟制度에 관한 부분이다. 唐朝의 救荒정책에 대해서는 王壽南의 「唐代災荒的救濟政策」, 『慶祝朱建民先生七十華誕論文集』, 臺北: 正中書局, 1978과 潘孝偉, 「唐代救荒措施整備特徵」, 『安慶師院學報』 1996年 第3期가 있다. 그밖에 賑恤政策에 대해서는 曾一民, 黃約瑟·林天尉主編, 「唐代之賑恤政策」, 『唐宋史硏究-中古史硏討會論文集之二』, 香港大學亞洲硏究中心, 1987, 55~65쪽을 참조. 최근 출판된 당대자연재해에 관한 전면적인 연구서로는 閻守誠, 『危機與應對-自然災害與唐代社會』, 北京: 人民出版社, 2008을 참조할 수 있다. 한국에서 자연재해 관련 연구가 가장 활발하게 이루어지고 있는 분야는 명청사인데, 김문기는 驅蝗神인 劉猛將信仰의 변화를 중심으로 17세기 강남지역의 자연재해와

방재(防災)와 기풍(祈豊)의 정기제사를 마련하였고, 실제로 재해가 발생할 때에는 일련의 비상제사체계를 가동하여 농심을 위안하려 했다. '국가제사'라 부를 수 있는 예제 길례(吉禮) 부분에 정기적, 비상적 방재제사를 마련하고 있었던 것이다. 그렇다면 위기에 처한 농민들은 국가차원에서 마련한 공식적인 방재제사를 통해 심리적 위안을 얻을 수 있었을까? 지역유력자를 포함하는 기층사회의 신앙적 습관은 국가제사의 보급자이자 주재자라고 할 수 있는 지방관에게는 어떤 영향을 미쳤을까? 비상사태 시 축문(祝文)에 나타나는 신과의 거래는 어떤 의미를 지니고, 재해의 난국을 타개한 후 민간사묘에 제공되는 사후조치들은 민간신앙의 진로에 어떤 영향을 미칠까? 이 글은 이러한 의문에 대한 답변을 준비해보는 가운데, 주기적으로 발생해 온 자연재해가 기층사회에서 널리 숭배되던 민간신앙의 발전향방에 미친 영향을 살펴보도록 하겠다.

이를 위해 우선 공식적인 국가제사에 있어서 자연재해와 관련된 제사들을 개관해보고, 민간신앙과의 활발한 접촉이 발생하는 지방에 있어서의 실제적인 운영정황에 대해서 살펴보겠다. 두 번째로는 자연재해라는 실제상황에 직면한 지방관들에게 있어서 고민은 무엇이고, 국가제사와 지역의 민간신앙 사이에 어떤 선택을 하게 되는지에 대해서 살펴보겠다. 마지막으로 재해가 해결된 후 진행되는 보사(報祀)와 사후조치를 민간신기(民間神祇)들에 대한 중앙차원의 대응과 함께 종합적으로 검토해보고 민간신앙의 변화과정을 추적해봄으로써, 자연재해가 민간신앙의 전개과정에 미친 영향에 대해 분석해보겠다.

민간신앙간의 관계에 대해 검토한 바 있다(「17세기 江南의 災害와 民間信仰-劉猛將信仰의 轉變을 중심으로」, 『歷史學研究』 제29집, 호남사학회, 2007.2).

2. 당대 국가제사 내 자연재해 관련 제사의 운영실태

1) 자연재해 관련 국가제사실태

농업국가인 당에 있어서 1년 농사의 성패에 심각한 영향을 미치는 자연재해는 항시 경계의 대상이어서, 국가제사 내에 이를 방지하기 위한 정기제사와 임시제사가 설정되어 운영되어왔다.『대당개원례(大唐開元禮)』길례 55조목 가운데 18조목을 방재·기풍 의례와 직간접적으로 연관을 가진 제사로 분류할 수 있는데, 관련 제사들을 표로 작성하면 다음과 같다.

〈표 8〉『대당개원례』수록 방재·기풍제사

오례편목	제사구분	제사내용	거행일시	거행장소
2	中央/定期	祈穀於圜丘	正月 上辛日	圜丘壇
3	中央/定期	雩祀於圜丘	孟夏	圜丘壇
13	中央/定期	祀風師 祀雨師 祀靈星 祀司中·司命·司人·司祿	立春後 丑日 立夏後 辛日 立秋後 辰日 立冬後 亥日	國城東北 國城南 國城東南 國城西北
14	中央/定期	祭皇地祇於方丘, 后土同	夏至日	方丘壇
15	中央/定期	祭神州於北郊	立冬後(孟冬)	北郊
16	中央/定期	祭太社·太稷	仲春·仲秋 上戊	太社(社稷壇)
17	地方/定期	祭五嶽·四鎭	五郊迎氣日 各一祭	兗州(東嶽)/沂州(東鎭) 衡州(南嶽)/越州(南鎭) 河南府(中嶽) 華州(西嶽)/隴州(西鎭) 定州(北嶽)/營州(北鎭)

18	地方/定期	祭四海・四瀆	五郊迎氣日 各一祭	東海(萊州)/東瀆(唐州) 南海(廣州)/南瀆(益州) 西海(同州)/西瀆(同州) 北海(河南府)/北瀆(河南府)
24	中央/定期	享先農, 耕籍	孟春 吉亥	先農壇
29	中央/定期	興慶宮祭五龍壇	仲春	興慶宮 五龍壇
39	中央/臨時	時旱祈太廟	재해발생시	太廟
40	中央/臨時	時旱祈太社	재해발생시	太社
41	中央/臨時	時旱祈嶽鎭以下於北郊, 報儀同	재해발생시	北郊
42	中央/臨時	就祈嶽鎭海瀆	재해발생시	嶽鎭海瀆 所在地
43	地方/定期	諸州祭社稷	仲春[・仲秋] 上戊	州 社稷壇
45	地方/臨時	諸州祈社稷・禱諸神・禜城門	재해발생시	州 社稷壇, 諸神壇, 城門
46	地方/定期	諸縣諸里祭社稷	仲春[・仲秋] 上戊	縣・里 社稷壇
48	地方/臨時	諸縣祈社稷及諸神	재해발생시	縣 社稷壇, 諸神壇, 城門

사실 유교적 국가제사는 서한(西漢) 이래로 '기화우주론(氣化宇宙論)'의 영향 하에 인격신적 신성(神性)과 역사성을 부정하고 '초자연적 자연신' 개념을 강조함으로서, 제사에 있어서도 '방재'나 '기복'보다는 천인관계(天人關係)를 포함하는 기(氣)의 조화로운 순환을 중시하게 되었다. 당대에 들어서는 '현경례(顯慶禮)' 이래로 정현(鄭玄)의 이론 대신에 왕숙(王肅)의 천론(天論)이 중시되면서, 이러한 사실은 더욱 강조되었다.[8] 호천상제(昊天上帝)에 대

한 가장 중요한 제사 가운데 하나인 '동지(冬至) 원구단제사'에서도, 동지가 절기가 바뀌는 음기와 양기의 전환점인 만큼, 축문 상에서 기의 순환만을 강조할 뿐 방재와 기복에 대해서는 거의 언급하지 않고 있다.[9] '계추명당대향(季秋明堂大享)'과 일·월신에 대한 감사제적 성격이 강한 '납백신(臘百神)' 의례에 있어서도 내용은 비슷하다. 그러나 국가제사 자체가 국가의 본업이라 할 수 있는 농업생산과 완전히 유리될 수는 없었다. 이런 까닭에 일부 제사는 제사의 시점이나 제신(祭神)의 성격에 따라 재해예방과 풍년을 기구하는 방재·기풍의 성격을 가지고 있다.

자연재해를 방지하는 제사를 정기제사와 임시제사로 나누어 시행정황을 살펴보면, 우선 매년 정일(定日)에 거행되는 정기제사에는 ①기곡(祈穀), ②우사(雩祀), ③제황지기(祭皇地祇), ④제신주(祭神州), ⑤제태사(祭太社)·태직(太稷), ⑥제오악(祭五嶽)·사진(四鎭), 제사해(祭四海)·사독(四瀆), ⑦향선농(享先農)·경적(耕籍), ⑧제풍사(祭風師)·우사(雨師)·영성(靈星)·사중(司中)·사명(司命)·사인(司人)·사록(司祿), ⑨흥경궁제오룡단(興慶宮祭五龍壇), ⑩제주제사직(諸州祭社稷), ⑪제현제리제사직(諸縣·諸里祭社稷) 등이 있다.

이 가운데 기곡과 우사는 호천상제를 주신(主神)으로 삼는 제사이기 때문에 제황지기, 제신주와 더불어 대사에 해당되는 제사이다.[10] 두 제사 모두 원구단(圜丘壇)에서 진행하는 호천상제 의례에 속하지만, '기곡'은 근본적으

---

8 인격신적 특성과 역사성을 배제하게 됨에 따라 昊天上帝를 위시한 신들의 관련 신화와 전설도 존재하지 않게 되었다. 이 부분에 대해서는 甘懷眞, 「『大唐開元禮』中的天神觀」, 『皇權·禮儀與經典詮釋-中國古代政治史硏究, 臺灣大學出版中心, 2004, 199~205쪽.

9 『通典』卷109, 禮69, 開元禮纂類4, 吉禮1, 〈皇帝冬至祀圜丘〉, 北京: 中華書局, 1992, 2834쪽.

10 大祀는 최상급의 제사이기 때문에 禮典의 규정에 따라 皇帝가 初獻을 맡아 親祭를 올리게 되고, 太尉가 亞獻을 光祿卿이 終獻을 맡게 된다. 만약에 皇帝에게 부득이한 事情이 생겨서 제사를 주재할 수 없을 때에는 太尉가 初獻을 太常卿이 亞獻을 그리고 光祿卿이 終獻을 맡아 거행한다『唐六典』尙書禮部 卷4, 北京: 中華書局, 1992, 120~124쪽].

로 풍년을 기원하는 기풍제적 특성이 강하기 때문에 축문 상에도 "운우(雲雨)를 베푸시는데 있어서, 널리 골고루 내려달라"[11]는 기원을 담게 되었고, 우사는 애초에 '모방주술'적인 기우의례로 출발해 예제화된 만큼, 농업생산을 극대화 할 수 있도록 적당한 강우를 기원하는 기우제적 성격이 강하다.[12] 제황지기와 제신주도 제사의 대상이 국토를 상징하는 토지신 계열의 제사인 만큼 자연스레 농업과의 연관성이 강조되었고, 이에 따라 방재적 성격도 가지게 되었다.

  사직제사와 악진해독, 향선농·경적의례는 중사(中祀)에 해당하는 제사이다.[13] 중앙의 사직단에서 거행되는 사직제사는 토지신과 곡물신이라는 농업신적 특성으로 인해서,[14] 소재지 근처에서 망제(望祭)의 형식으로 진행되는 악진해독 제사도 이들 자연신이 구름과 비를 일으킨다는 오랜 믿음 때문에, 역시 기의 순통과 적당한 강우를 통해 풍년과 방재를 기원하는 특성을 갖게 되었다. 중사 가운데 농업신인 선농씨(先農氏)께 제사를 올리고 황제가 직접 밭을 갈며 일 년의 농업을 독려하는 경적례(耕籍禮)도 의례자

---

11   "維某年歲次月朔日, 子嗣天子臣某, 敢昭告於昊天上帝: 雲雨作施, 普博無私. 爰因啓蟄, 式遵農事."[『通典』卷109, 禮69, 開元禮纂類4, 吉禮1, 〈皇帝冬至祀圜丘-正月上辛祈穀·孟夏雩祀及攝事並附〉, 2834쪽].

12   金相範, 「呪術에서 儀禮로: 祈雨祭의 禮制化와 그 文化的 意義」, 『中國學報』 第45輯, 2002.8.

13   원래 사직제사는 中祀로 분류되었으나[『唐六典』, 尙書禮部 卷4, 120쪽], 天寶三載(744) 이후 중앙 차원의 사직제사는 大祀로 격상되었다. 예제 상의 변화에 대해서는 永徽·開元祠令과 『唐六典』·『大唐開元禮』의 기사는 약간의 차이를 보이지만 대체적으로 일치하는데 반해, 貞元9년(793)에 王涇이 수찬한 『大唐郊祀錄』에는 天寶연간 이후에 현격히 달라진 내용이 포함되어 있다. 사직이 大祀로 승격된 점 외에도, 대사에 도교 제사인 九宮貴神과 太淸宮 祭祀가 편입된 점, 『당육전』·『대당개원례』이래 중사로 분류되기 시작한 孔宣父·齊太公의 호칭이 文宣王과 武成王으로 격상된 점에서 커다란 차이를 보인다. 이밖에 중앙차원의 靈星·風師·雨師 역시 중사로 격상되었고, 雷神도 諸神 가운데 하나로 추가되었다. 이 부분은 高明士, 「唐代敦煌官方의 祭祀禮儀」, 『1994年 敦煌學國際硏討會論文集-紀念敦煌研究院成立50周年』, 蘭州: 甘肅民族出版社, 2000.6, 36~38쪽 참조.

14   『通典』卷112, 禮72, 開元禮纂類7, 吉禮4, 〈皇帝夏至祭方丘-后土同孟冬諸神州及攝事附〉, 2889~2896쪽.

체가 갖는 강렬한 상징성 때문에[15] 방재와 기풍의 의미를 내포하게 되었다. 현종이 예부원외랑(禮部員外郞) 왕중구(王仲丘)의 건의를 받아들여, 개원 23년[732] 정월에 거행했던 경적례는 농업에 대한 제왕의 적극적인 관심이 표출된 좋은 사례로 후대에도 회자되었다. 당시 경적례 의주(儀注)에 따르면, 천자가 먼저 쟁기를 세 번 밀고, 다음으로 공경들이 아홉 번을 밀고 나면 나머지 밭갈이는 농부들이 완성하게 된다. 하지만 현종은 신농씨에 대한 제사를 올린 뒤, 쟁기를 직접 50여 보나 밀고 가 밭둑에 이르러서야 멈추었다고 한다. 현종은 개원26년에도 경적례를 거행하다가 마침 상서로운 징조인 서설(瑞雪)이 내려서 백관들의 축하를 받은 바 있다.[16] 이러한 의례는 농업과 백성의 삶에 대한 황제의 깊은 관심과 더불어 근면한 군주상을 현창할 수 있기 때문에, 권력 정당화의 상징적인 수단으로 종종 활용되었다.

제풍사(祭風師)·우사(雨師)·영성(靈星)·사중(司中)·사명(司命)·사인(司人)·사록(司祿)과 흥경궁(興慶宮) 제오룡단(祭五龍壇) 의례는 소사(小祀)에 해당된다. 이 가운데 풍사·우사가 기의 순조로운 운행을 통해 가뭄을 예방하고자 하는 기원을 담고 있다면, 영성에 대한 제사에는 익은 곡식들이 재해를 피해 풍년이 들기를 기원하는 마음이, 사중·사명·사인·사록에 대한 제사에는 백성들의 안녕을 기원하는 의미가 내포되어 있다. 소사는 제사를 담당하는 유사(有司) 1명을 파견해 거행하며 개원례에 상세한 의례규정과

---

15 『通典』卷115, 禮75, 開元禮纂類10, 吉禮7,〈皇帝孟春吉亥享先農-攝事附〉, 2938~2946쪽.

16 『舊唐書』,「禮儀四」, 913쪽: "玄宗開元二十二年冬, 禮部員外郎王仲丘又上疏請行藉田之禮. 二十三年正月, 親祀神農於東郊, 以勾芒配. 禮畢, 躬御耒耜于千畝之甸. 時有司進儀注: "天子三推, 公卿九推, 庶人終畝." 玄宗欲重勸耕藉, 遂進耕五十餘步, 盡壠乃止. 禮畢, 蕫還齋宮, 大赦. 侍耕·執牛官皆等級賜帛. 玄宗開元二十六年, 又親往東郊迎氣, 祀青帝以勾芒配, 歲星及三辰七從祀. 其壇本在春明門外, 玄宗以祀所隘狹, 始移於滻水之東面, 而値望春宮. 其壇一成, 壇上及四面皆青色. 勾芒壇在東南, 歲星已下各爲一小壇, 在青帝壇之北. 親祀之時, 有瑞雪, 壇下侍臣及百僚, 拜賀稱慶."

축문내용이 기재되어 있다.[17] 이밖에 '제주제사직(諸州祭社稷)' '제주·제리제사직(諸縣·諸里祭社稷)' 역시 지방에서 정기적으로 거행하는 기풍과 방재의 국가제사라고 할 수 있는데, 이러한 지방제사는 기본적으로 중앙의 소사에 준해 거행된다.

지금까지 살펴 본 국가의례가 재해를 미연에 방지하겠다는 예방과 기구 차원에서 설정한 정기제사라면, 자연재해가 발생한 실제상황에서 이를 퇴치하기 위해서 설계된 일련의 비상제사 체계도 가동되었다. 『대당개원례』에서는 앞의 표에 보이는 바와 같이, ①시한기태묘(時旱祈太廟) ②시한기태사(時旱祈太社) ③시한기악진이하어북교(時旱祈嶽鎭以下於北郊), 보의동(報儀同) ④취기악진해독(就祈嶽鎭海瀆) ⑤제주기사직(諸州社稷), 도제신(禱諸神), 영성문(靈星門) ⑥제현기사직급제신(諸縣祈社稷及諸神) 등을 비상시의 임시제사로 분류하였다. 임시제사는 대부분 앞에 비상사태로 인한 임시적 즉각적 의미를 내포하는 '시(時)'나 '취(就)'자가 붙거나, '제(祭)'나 '사(祀)' 대신에 '기(祈)'를 사용하고 있음을 알 수 있다.[18]

그러나 임시제사는 단독으로 거행하기 보다는, 위기상황을 조기에 극복하기 위해서 모든 관련 의례를 총동원해서 연속적으로 거행하는 방식으로 설계되었다. 만약 경사(京師) 일대에서 맹하(孟夏) 이후에 한발이 발생하면, 우선 북교(北郊)에서 망제의 형식으로 악·진·해·독과 인근 산천신께 기우제를 올리고, 효과가 없으면 다시 사직단에서, 그 후에는 황실 조령(祖靈)의 영혼이 숨 쉬는 태묘에서 제사를 거행한다. 매번 7일을 주기로 반복하고 효과가 나타나지 않을 때에는, 악독으로부터 다시 반복한다.[19] 자연재

---

[17] 『通典』 卷111, 禮71, 開元禮纂類6, 吉禮3, 〈立春後丑日祀風師, 立夏後申日祀雨師. 立秋後辰日祀靈星, 立冬後亥日祀司中·司命·司人·司祿〉『通典』 卷106, 開元禮纂類六, 2882~2286쪽.

[18] 『通典』 卷120, 禮80, 開元禮纂類15, 吉禮12, 〈時旱祈太廟, 時旱祈太社, 時旱祈嶽鎭以下於北郊報祠同, 時旱祈就祈嶽鎭海瀆, 久雨禜祭國, 諸州祈社稷, 諸州祈諸神縣祈附, 諸州禜城門縣禜附〉, 3053~3067쪽.

해의 빈발로 망제의 형식이 아니라 직접 제관(祭官)을 악진해독이나 산천신 소재지에 파견해 제사를 올리는 경우도 비일비재했다. 개원4년[716]에 심한 가뭄이 들었을 때에는, 온탕(溫湯)이 있는 여산(驪山)에 관리를 파견해서 소뢰(小牢)로 제사를 올리게 했고 일대에 벌목금지령을 공포하기도 했다. 그래도 몇 해 동안 가뭄과 홍수가 그치지 않고 수확이 시원치 않자, 개원8년[720]에는 다시 좌상시(左常侍) 원행충(元行沖)을 파견해 화악(華嶽)과 여산에서 직접 제사를 주관하게 했다.[20]

가뭄이 심할 때는 임시 우사라고 할 수 있는 '대우례(大雩禮)'를 올렸다.[21] 임시로 가설된 제장(祭場)에서 현의(玄依)를 입은 무동(舞童) 64인이 8열로 늘어서서 깃털로 만든 제구(祭具)를 흔들면서 기우를 축원하는 노래를 불렀다. 상주(商周) 시대에는 춤을 추면서 빗소리를 흉내 내는 소리를 질렀는데, 후대에 이르면 모방주술[imitative magic]의 광기서린 모습은 차차 사라졌고 노래도 운한시(雲漢詩)로 대체되었다. 주술적 의례행위의 유교적 예제화 과정을 반영해주는 사례이다.[22] 앞의 벌목금지령과 같은 상징적인 조치도 뒤따랐다. 가축의 도살을 금지하거나 토룡을 제작해 강우를 기원하는 일 따위가 함께 진행되곤 했다.[23] 당대인들은 여전히 천인상응의 우주론으로부터 자유롭지 못했다. 자연재해를 현실정치에 대한 하늘의 꾸짖음 즉 '천견(天譴)'이라고 생각했기 때문에, 원옥(冤獄)을 해결하고 빈민을 진휼하며 버

---

19 『舊唐書』,「禮儀四」, 912쪽.
20 『册府元龜』卷33,「帝王部」, 崇祭祀二, 北京: 中華書局, 1994, 358쪽.
21 『通典』에는 梁 大同五年(539)에 거행된 儀禮節次가 소개되어있다: "大雩禮於壇, 用黃牯牛於一, ……又遍祈社稷·山林·川澤,就故地處大雩. 國南除地爲墠, 舞童六十四人, 皆依玄服, 爲八列, 各執羽翳. 每列歌雲漢詩一章而畢. …… "[『通典』, 卷43, 禮3, 沿革3, 吉禮2, 〈大雩〉, 1203쪽].『淸史稿·禮二』부분[2728~2729쪽]에도 大雩禮가 묘사되어 있는데 규모는 작아진 듯 하지만 의례의 내용은 대략 상통한다. "又行大雩, 用舞童十六人, 衣玄衣, 分八列, 執羽翳, 三獻, 樂止, 乃按舞. 歌御制雲漢八章, 畢, 望燎. 餘同常雩. ……"
22 金相範, 앞의 글,「呪術에서 儀禮로: 祈雨祭의 禮制化와 그 文化的 意義」참조.
23 『通典』卷43, 禮3, 吉禮2, 1203~1204쪽.

러진 해골을 매장하는 등 '선정(善政)'을 상징적으로 표출할 수 있는 여러 정치적인 조치를 취하기도 했다. 『전재(傳載)』에는 안진경(顏眞卿)이 하서농우군복둔교병사(河西隴右軍覆屯交兵使)를 역임할 때, 억울한 옥사를 해결하자 오랜 가뭄을 일거에 해소하는 장대비가 내렸고, 주민들이 이를 '어사우(御史雨)'로 칭했다는 설화가 전해진다. 정치와 자연재해와의 관계에 대한 당대인들의 천인상응적 관념을 반영해주는 사례라고 할 수 있다.[24]

이렇듯 중앙정부와 도성 일대를 중심으로 거행한 임시제사 외에, 『대당개원례』에서는 '소사'에 준하는 지방제사 가운데에 "제주기사직(諸州祈社稷)·도제신(禱諸神)·영성문(禜城門)"과 "제현기사직 및 제신(諸縣祈社稷及諸神)" 역시 임시제사로 분류하였다.[25] 이들 제사는 재계(齋戒) 규정 역시 간단하여 기관(祈官)이 제장(祭場)에서 하루만 '청재(淸齋)'를 치루면 된다. 제사 전에 자사나 현령이 "산재2일, 치재1일(散齋二日, 致齋一日)"의 재계 의식을 거쳐야 하는 일반규정과는 확실한 차이를 보여준다. 당대에는 지방제사에 있어서도 자연재해에 대비해서 비상 상황의 제사규정이 별도로 마련되어 있었던 것이다.[26] 사실 국가제사 차원의 지방제사는 대사나 중사에 비해 신격은 낮지만, 실제로 기층민의 생활과 긴밀하게 연계되어 있다. 무엇보다도 기층의 민간신앙과도 접촉과 비교의 대상이 될 수 있기 때문에 중요한 의미를 갖는다. 다음 절에서는 재해방지를 위해 정부에서 마련한 지방제사의 실제 운영정황과 그 한계, 기층민들의 정서에 있어서 이들 정부제사가 차지하는 비중 등에 대해서 검토해보겠다.

---

24 『太平廣記』卷172,〈顏眞卿〉, 北京: 中華書局, 1994, 1262~1263쪽.
25 『通典』卷106, 禮66, 開元禮纂類1,「序例(上)」, 2762쪽.
26 『通典』卷120, 禮80, 開元禮纂類15, 吉禮12,〈時旱祈太廟, 時旱祈太社, 時旱祈嶽鎭以下於北郊報祠同, 時旱祈就祈嶽鎭海瀆, 久雨禜祭國, 諸州祈社稷, 諸州祈諸神縣祈附, 諸州禜城門縣禜附〉, 3062~3067쪽.

2) 자연재해 관련 지방제사의 운영정황

『대당개원례』는 기층의 '이(里)' 단위에 이르기까지 자연재해와 관련 있는 지방제사의 제반규정을 상세하게 기록하고 있다.[27] 먼저 자연재해 관련 국가제사가 지방에서도 실제로 운영되었는가를 검증하기 위해서, 지방 관아에서 작성한 제문(祭文)과 의례를 거행하는 제장(祭場), 당대인들의 생활주기를 반영하는 구주역일(具注曆日),[28] 판문(判文) 등을 차례로 검토해보겠다.

돈황문서의 일부 잔권들은 『대당개원례』에 보이는 재해 관련 제사체계가 실제로 돈황지역에서 가동되었음을 확인해준다. '제문' 혹은 '축문'으로 일컬어지는 신령께 올리는 축원의 글이 바로 유력한 증거인데, S.1725호 문서에서 「석전문(釋奠文)」, 「제사문(祭社文)」, 「제우사문(祭雨師文)」, 「제풍백문(祭風伯文)」 등이 발견되었다. 이 가운데 「석전문」과 「제사문」의 내용은 『대당개원례』의 내용에 그대로 부합한다. 그런데 『대당개원례』에서는 '제주기제신(諸州祈諸神)'조의 제문을 "축문내용이 사의 제사와 동일하다[祝文與祈社同]"면서 생략하고 있는데 반해서, S.1725호 문서에서는 축문 내용을 전문 그대로 수록하였다.[29] 제관이 제단마다 각기 다른 신께 올리는 축문을 착오 없이 경건하게 낭독해야 하는 의례 현장의 특성을 반영한 것으로 사

---

27   『通典』 卷121, 禮81, 開元禮纂類16, 吉禮13, 3082~3083쪽.
28   국가천문기구에서 편찬한 曆註를 주요 내용으로 한 民曆으로, 唐代의 것은 돈황문서에서 발견되었는데, 대부분 鄧文寬이 採錄하고 校註를 단 『敦煌天文曆法文獻輯校』, 南京: 江蘇古籍出版社, 1996에 수록되어 있다.
29   祭文자체가 커다란 의미를 지니는 것은 아니지만 보충의 의미에서 본 문서에 보이는 「祭雨師文」와 「祭風伯文」의 내용을 기록해보면 다음과 같다. 祭雨師文: "敢昭告於雨師之神, 惟神德含元氣, 道運陰陽, 百穀仰其膏澤, 三農桒以成功. 倉(蒼)生是依, 莫不咸賴, 謹以致幣禮齋, 粢盛庶品, 恒奉舊章, 式陳明薦, 作主侑神. 敢昭告於雷神惟神德煙元氣, 道運陰陽, 將欲雨施雲行, 先發聲而隱隱, 陰凝結, 乃震響以雄雄. 黎元是依, 莫不咸賴, 謹以致幣禮齋, 粢盛庶品, 恒奉舊章, 式陳明薦." 祭風伯文: "敢昭告於風伯神, 惟神德含元氣, 體運陰陽, 百穀仰其結實, 三農桒以成功. 蒼生是依, 莫大咸賴, 謹以致幣禮齋, 粢盛庶品, 恒奉舊章, 式陳明薦, 伏維尚饗."

료된다. 각종 제문의 후반부에 사주(沙州) 제관의 첩문(牒文)이 부첨된 점도 주목된다. 당시 사주 즉 돈황에서『대당개원례』에 게재된 의례규정에 따라서 주단위의 지방제사가 시행되었음을 증명해주는 것이다.[30] 이밖에 P.3896호 문서에서는 '제후직씨문(祭后稷氏文)'과 '제우사문'이, S.5745호 문서에는 천복(天復)5년[905] 귀의군절도사 남양(南陽) 장공(張公)의 「제풍백문」이 발견되었다.[31] 대·중·소 삼사례로 구성된 국가제사체계의 하부제사인 지방제사가 귀의군절도사 시기에도 여전히 돈황지역에서 시행되었음을 반영해주는 것이다.

제사를 거행하는 공간, 즉 '제장'의 존재는 절차대로 의례를 진행하면서 제문을 봉독하던 정황을 입체적으로 상상할 수 있게 해준다는 점에서 의의가 있다. P.2005호 문서[32]는 주·현 단위의 사직단 그리고 토지신(土地神)·풍백신·우사신·천신(祆神) 등 네 종류 제신묘(諸神廟)의 소재지를 정확하게 제시하고 있다.[33] 또한 P.5034 문서에 수록된『사주도경(沙洲圖經)』권5에도 돈황현과 함께 사주의 속현인 수창현(壽昌縣)에 설립되었던 사직단의 위

---

30 牒文의 內容과 意義에 관해서는 姜伯勤,『敦煌社會文書道論』, 台北: 新文豊出版社, 1992, 7~8쪽.

31 S.5745호 문서의 정식명칭은 「天復五年歸義軍節度使南陽張公祭風伯文」으로 S.1725 號의 祭文내용과는 상당한 차이를 보여 一種의 地方化된 祭文으로 평가할 수 있다. 姜伯勤, 앞의 책, 3~6쪽.

32 P.2005호 문서에는『沙州都督府圖經卷第三』이 수록되어 있다. 池田溫의『沙洲圖經考略』에 따르면,『沙州都督府圖經』은 上元3년(676)부터 오랜 시간의 편찬과정을 통해 완성된『沙洲圖經』을 武周 證聖원년(695)에 대폭으로 增補해서 간행한 것이다.『沙州都督府圖經卷第三』에 관해서는 池田溫의「沙洲圖經考略」과 李正宇의『古本敦煌鄕土志八種箋證』, 台北: 新文豊出版公司, 1997, 11쪽을 참조.

33 唐耕耦·陸宏基編,『敦煌社會經濟文獻眞蹟釋錄』(第一輯), 北京: 書目文獻出版社, 1990, 12~13쪽; 李正宇,『古本敦煌鄕土志八種箋證』, 台北: 新文豊出版公司, 1997, 11쪽.『沙洲圖經』卷5(P.5034)에는 당시 壽昌縣에 설치되었던 사직단에 대해서, "□（ ·）所社稷壇, 週回各卄四步. 右在縣西南一里州步. 唐乾封二年(667)奉□"이라고 기록하고 있다. 이처럼『沙洲圖經』은 당시 沙州州城과 敦煌縣, 壽昌縣에 설립되었던 제단의 위치와 크기 등에 대해서 자세히 묘사하고 있다. 沙州 社稷壇 가운데 城南에 위치했던 社壇은 이미 소실되었지만 城西에 위치했던 稷壇은 현재 沙州古城 서북1km 지점에 남아있다 [李正宇,『敦煌鄕土志八鍾箋證』, 台北: 新文豊出版社, 1998, 86쪽].

치가 기록되어 있다. P.2005호 문서 토지신·풍백신·우사신 관련 내용이 "경내에 재해가 닥쳐 불안할 때[境內有災患不安]", "경내에 바람이 순조롭지 못할 때[境內風不調]", "경내에 심한 가뭄이 들었을 때[境內亢旱]" 등 사주 경내에 자연재해가 발생한 실제 상황을 가정하여 작성된 점도 주목된다. 이는 제신(諸神) 제사 자체가 비상상황에 대처하기 위해서 제단이 상설되어 있었음을 보여주는 것으로, 『대당개원례』의 내용과 분명한 상관관계를 지닌다는 점에서 의의가 있다.[34] 하지만 돈황문서의 관련 기록 가운데 개원례와 상이한 부분도 존재하는데, 제신제사에 토지신과 천신이 추가된 점을 들 수 있다. 이는 당 후기 이후 풍백신·우사신 외에 여타 신령들을 제신제사의 범주로 포용하던 지방제사의 확장과 소그드인들이 집거하던 돈황의 지역적 특색을 반영하고 있다는 점에서 중요한 의미를 갖는다.

당대 지방제사가 사주에서 실시된 정황은 당시의 책력이라고 할 수 있는 '구주역일'을 통해서도 확증할 수 있다. 당시 구주역일은 일자와 관련된 기본적인 내용 외에도, 음양오행과 계절의 순환에 따르는 만물의 징후 그리고 농사·장례·결혼·치병·이사·배관(拜官)·집수리 등 중대사의 의기(宜忌) 여부를 포함하는 다양한 정보를 제공해주었다. 사실 국가제사를 지방차원까지 확대 실시한 것은 유교식 제사의 보급을 통해서 백성들의 의식과 정서를 정부가 원하는 방향으로 교화하고 인도하겠다는 목적을 내포하고 있었다. 이 때문에 지방제사도 절일과 마찬가지로 구주역일의 날짜 항목 밑에 표기되기 시작하였다. P.3900 문서의 배면(背面)에는 〈당 원화4년[809] 기축세 구주역일[唐元和四年己丑歲注曆日]〉이 수록되어 있는데, 3월 25일에 우사신께 제사를 올린다["三月二十五日, 壬申, 金平, 祭雨師"]는 기록이 보인다.[35] P.2765는 〈당 태화8년[834] 갑인세 구주역일[唐大和八年甲寅歲具注曆日]〉

---

34 金相範, 앞의 글 「呪術에서 儀禮로: 祈雨祭의 禮制化와 그 文化的 意義」 참조.
35 鄧文寬錄校, 『敦煌天文曆法文獻輯校』, 江蘇古籍出版社, 1996.5, 114~122쪽 참조.

로 추정하고 있는데, 2월 7일에 사신께 그리고 3월 21일에는 우사신께 제사를 올린다["二月七日, 戊子, 火收, 社",……三月二十一日, 壬申, 金平, 祭雨師, 立夏四月節."]는 내용이 확인된다.36 S.1439문서의 배면에는 〈당 대중12년[858] 무인세 구주역일[唐大中十二年戊寅歲具注曆日]〉 가운데 정월부터 5월까지의 잔력(殘曆)이 수록되어 있다. 역시 정월 20일에 풍백신, 2월 6일에 사신, 3월 22일에는 우사신께 제사를 드린다["正月二十日, 癸丑日, 木閉, 祭風伯,……二月六日, 戊戌, 木危, 社, 雷乃發聲,……三月二十二日, 甲申, 水平, 蚯蚓出, 下弦, 祭雨師"]는 기록이 확인된다.37 돈황에서 발견된 구주역일에는 이처럼 사직·우사·풍백 등 자연재해를 예방하고 풍년을 기원하기 위해서 지방관이 주재하는 국가제사의 날짜들이 명확하게 기록되어 있었다.38

이러한 사실은 엔닌[圓仁]의 『입당구법순례행기(入唐求法巡禮行記)』에서도 확인된다. 엔닌은 당 무종 개성(開成)5년[840] 정월 15일에 그해 책력을 구해서 일부 내용을 여행기에 옮겨 적었는데, "2월 소(小)……11일 사(社), 춘분(春分)" "8월 대(大) 15일 사(社)"라는 내용이 발견된다. 백성들이 날마다 이 책력을 본다는 것을 가정하면, 정부가 주도하는 지방제사가 민력을 통해서 개인의 일상 속으로 진입해 있음을 확인할 수 있다.39

국가차원의 방재제사가 지방에서 운영되는 정황에 관한 기록은 정사에서는 찾아보기 힘들지만 이를 보완해주는 자료로 당시(唐詩)를 들 수 있다. 장연(張演)은 「사일촌거(社日村居)」라는 시에서 춘사일(春社日)에 만취한 주민들이 서로 정겹게 부축하며 귀가하는 농촌의 풍경을 사실적으로 묘사한 바 있다.40 두보(杜甫) 역시 「사일시(社日詩)」에서 풍년을 맞아 경건하게 감

---

36 鄧文寬 錄校,『敦煌天文曆法文獻輯校』, 140~154쪽.
37 鄧文寬 錄校,『敦煌天文曆法文獻輯校』, 160~174쪽.
38 金相範,「地方祭祀體系와 民間信仰의 관계-唐代를 중심으로」,『中國史研究』第19輯, 2002.8 을 참조.
39 圓仁 著, 金文經 譯,『入唐求法巡禮行記』, 中心, 1999, 218~219쪽.

사의 제사를 올리는 추사일(秋社日)의 소박한 농촌 정경을 그린바 있다.[41]

장연과 두보의 시가 주로 재난의 예방을 기원하고 풍년에 감사하는 사일의 푸근한 정경을 묘사했지만, 반대의 경우도 있다. 백거이(白居易)는 충주자사(忠州刺史)를 역임했던 원화15년[820]에, 「한재풍백인회이십일사인(旱祭風伯因懷李十一舍人)」이라는 시를 통해서 오랜 가뭄 속에 풍백제사를 올리는 암울한 농촌분위기를 전하면서, "편벽하고 누추한 원군(遠郡)에서도 조정의 예전(禮典)을 받들어 제사를 거행하였다"고 언급한 바 있다.[42] 지방제사가 자연재해의 예방과 풍년을 기원하는 정기의례뿐 아니라, 재난이 발생한 실제상황에서 위기의 극복을 간구하는 비상의례로 활용되었음을 반영해주는 것이다.

이러한 사례는 지방관이 직접 작성했던 축문을 통해서도 확인할 수 있다. 개원5년[717] 형주대도독부(荊州大都督府)의 장사(長史)로 근무하던 장열(張說)은 열흘이 넘도록 비가 그칠 줄을 모르자 〈형주영성문문(荊州禜城門文)〉을 직접 작성한 후,[43] 녹사참군(錄事參軍) 황보역(皇甫嶧)을 보내 북쪽 성문에서 영제(禜祭)를 주재하게 했다. 영성문(禜城門)은 비가 그치기를 기원하기 위해서 성문에 올리는 제사이다. 도성 장안에서는 오랫동안 비가 그치지 않으면, 성문을 돌아가며 각각 3일씩 제사를 올리는데, 영제는 매일 한 번씩

---

40 "鵝湖山 아래에는 오곡(稻粱)이 풍성하고, 우리 속의 돼지와 한무리 닭들이 문짝마저 가린다. 뽕나무 그림자가 기울 무렵 春社가 파하니, 가가호호 취한 자들을 업고는 집으로 돌아간다(鵝湖山下稻粱肥, 豚阱雞對掩扉. 桑柘影斜春社散, 家家扶得醉人歸)." 詩의 세 번째 구절에서는 분명히 春社를 언급하고 있지만 前段의 내용은 풍성한 가을을 연상케 한다. 저자 張演의 生卒年은 잘 알려져 있지 않지만, 咸通十三년(872)에 進士에 及第한 것으로 보아 대략 이 시기 전후에 활동했던 것으로 사료된다. 이 詩는 『全唐詩』卷600, 北京: 中華書局, 6938쪽에 남아 있다.

41 각종 농사활동이 德業을 이루어, 百祀가 (더욱) 빛을 발한다. 감사의 기도는 神이 옆에 있듯이 드리니, 馨香은 예나 다름이 없다.……"[『全唐詩』卷231, 2536쪽].

42 詩文의 내용은 다음과 같다. "遠郡雖褊陋, 時祀奉朝經. 夙興祭風伯, 天氣曉暝冥. 導騎與從吏, 引我出東垧. 水霧重如雨, 山火高於星. ……"[朱金城箋注, 『白居易集箋校』卷第11, 595쪽].

43 『張燕公集』卷25, 〈荊州 禜城門文〉.

거행하였다. 그래도 그치지 않으면 산천과 악진해독의 신령께 기청제(祈晴祭)를 지낸다. 효과가 없을 때에는 사직과 종묘에 제사를 드렸다.

『대당개원례』 길례45에는 〈제주기사직·도제신·영성문(諸州祈社稷·禱諸神·禜城門)〉조목이 보이는데, 주현에 있어서 기청제를 거행하는 방식은 경성의 사례에 따랐다. 먼저 주현 성문에 영제를 드리고, 비가 그치지 않을 때에는 다시 경내의 산천과 사직단에서 기청제를 드리는 것이다.[44] 『순례행기』를 보면 엔닌이 양주부(揚州府)에 있을 때 10월에서 11월말까지 장마가 그치지 않자 이덕유(李德裕)가 기청을 위해서 당시 엔닌이 머무르던 개원사를 위시해 각 사찰마다 스님들이 7명씩 짝을 지어 7일을 주기로 염경(念經)할 것을 명령했다는 기록이 보인다. 엔닌 역시 "당나라 풍속에 따르면 날씨가 맑기를 기원하기 위해서는 북쪽 문을 막았고, 비가 오기를 빌려면 남문을 막았다"[45]고 회상한 바 있다. 기청을 위해서는 성내로 음기가 유입되는 것을 차단해야 하기 때문에 음을 상징하는 북문을 닫고 이곳에서 영제를 올리는 것인데, 음양오행설이 여전히 의례거행에 일정한 영향을 미치고 있음을 알 수 있다.

지금까지 자연재해 관련 지방제사의 운영 실태를 살펴보았다. 이를 통해 국가제사의 하부제사를 구성하는 지방제사가 돈황과 강남일대를 포함하는 많은 주·현의 소재지에서 운영되었을 가능성을 확인할 수는 있었다. 하지만 '돈황문서'나 '당시'에 등장하는 관련 사례 대부분이 정기제사에 편중되어 있어서, 엄중한 비상 상황에서도 과연 지방관들이 규정대로 철저하게 지방제사를 시행했는지에 대해서는 회의를 갖게 한다. 당대에 출현하는 몇몇 자료에 사직·우사·풍백의 신격이 급격히 추락하는 징후가 포착되고, 심지어 정적을 조롱하기 위한 수사적인 비유로 사용되었다는 점 또

---

44 『舊唐書』, 「禮儀四」, 912쪽.
45 圓仁 著, 金文經 譯, 『入唐求法巡禮行記』, 中心, 1999, 80쪽.

한 이러한 회의를 가중시킨다. 사실 당대 후기에 지방관들이 작성한 많은 축문 가운데 대부분이 사직·우사·풍백신이 아닌 해당 지역의 '민간신'을 제사의 대상으로 삼고 있다. 이점은 위기상황에 직면했을 때 신앙적 차원에서 기층민들이 간절하게 매달릴 수 있는 존재는 역시 오랜 기간 동안 습관화된 '지역신'임을 시사해 준다. 이처럼 국가제사보다는 현지의 민간신앙을 신뢰하는 종교적 환경 속에서, 유교제사의 보급을 통해 교화를 추진해야 하는 지방관들이 자연재해라는 엄중한 사태 속에서 어떤 선택을 할지는 매우 흥미롭다. 다음 장에서는 '목민관의 소임'과 '신앙적인 환경', 즉 이상과 현실의 기로에서 지방관들이 어떤 고민과 선택을 하게 되고, 이러한 선택은 향후 민간신앙의 전개에 어떤 영향을 미치게 되는지 검토해보겠다.

3. 자연재해와 민간신앙

1) 자연재해 발생 시 지방관의 고뇌와 선택

지방관이 관할지역에서 엄중한 자연재해에 직면하면, 현실적인 해결방안을 조속히 강구함과 동시에 방재의례를 거행하여 지역민들을 위로하고 위기를 극복할 수 있다는 확신을 심어주는 것이 중요하다. 이 시점에 지방관의 입장에서 우선적으로 고려할 수 있는 의례는 당연히 '사전(祀典)'에 등재되어 있는 국가제사체계 내의 비상 방재제사일 것이다. 개원7년[719]에 공포된 사령(祠令)에서도, 주현에 가뭄이 들면 기우제를 올리는데 먼저 사직에서 거행하고, 다음으로 경내 산천 가운데 구름과 비를 일으킬 수 있는 장소에서 산천 제사를 올린다고 규정하였다. 홍수가 났을 때에는, 장열의 선례에서 확인되듯이 성문에서 영제를 올리는데 효과가 없으면 역시 경내 산천과 사직에서 다시 제사를 받든다. 세 번 영제를 올리면 한 번은 기제를

올려야 한다고 규정되어 있다.[46]

그러나 기층민들의 신앙적 습관과 향촌사회 내부의 긴밀한 유대관계는 때로는 지방관들을 곤혹스럽게 했다. 백성들의 삶에 치명적인 영향을 미칠 뿐 아니라 당장 자신의 고과(考課)에도 부정적인 영향을 미칠 수 있는 엄중한 재난 앞에서 지방관들은 고민을 거듭 했을 것이다. 백거이는 '흑담(黑潭)의 용(龍)'에 빗대어 탐관오리를 질타한 시문에서, 흉년·홍수·한발·역질 등을 퇴치한다며 조석으로 거행하는 모든 제사와 굿이 무자(巫者)에 의존하고 있다면서 지역사회의 현실을 비판한 바 있다.[47] 당대에는 무당들이 자신들이 섬기는 신령의 신상이나 토룡 따위를 세워 놓고 기우제나 기청제를 올리는 것이 일반화 되어 있었던 것 같다.[48] 대종 영태(永泰) 초[765]에 빈녕절도사(邠寧節度使)를 역임했던 마린(馬璘) 역시 가뭄이 들 때마다 무자들이 나서서 이항(里巷)에 토룡을 세우고 제사를 올린다면서, 기층의 풍속을 통렬하게 비판한 바 있다.[49] 대력8년[773] 도성에 심한 가뭄이 들었을 때에는 경조윤(京兆尹) 여간(黎幹)이 직접 나서서 장안 가로에 토룡을 세우고 무자들과 강우무(降雨舞)를 추었는데, 한 달이 지나도 효험이 없자 유교의 전당인 공자묘(孔子廟)에서 기우제를 거행하기도 했다.[50] 그런데 흥미로운 것은 무당의 방재 주술이 실패할 경우 황제나 지방관 모두 자연재해의 원인을 정치와 연계시키고 있다는 점이다. 민간사회의 주술적 풍토를 신랄하게 비판함과 동시에, 통치에 대한 내적 성찰과 개혁 그리고 원론적인 유교 정치의 실천을 강조하고 있는 것이다. 적어도 원칙적으로는 사전(祀典)에

---

46 仁井田陞, 『唐令拾遺』, 「祠令」 第8, 116~117쪽.
47 白居易 著, 朱金城 箋校, 『白居易集箋校』 卷第四, 諷諭四 「黑潭龍疾貪吏也」, 上海古籍出版社, 1988, 256~257쪽.
48 唐代 巫祝과 祈雨祭에 관해서는 中村治兵衛, 『中國シャマニズムの研究』, 東京: 刀水書房, 1992, 55쪽.
49 『新唐書』 卷138, 列傳 第63 「馬璘」, 4618쪽.
50 『新唐書』 卷145, 列傳 第70 「黎幹」, 4721쪽.

기재된 유교식 방재제사 규정에 의거해서 의례를 거행하고, 통치자 스스로 견책하며 절제를 통해서 하늘을 감동시키는 것을 현실적 대응방안과 함께 재해를 극복하는 정당한 의례행위로 인식하고 있었던 것이다. 그런데 무자의 방재 주술이 실패할 때마다 유교정치와 교화를 강조하는 내용의 사료가 허다하게 출현한다는 사실은 그만큼 기층사회에서는 민간신앙에서 연원한 방재의례가 우선적으로 고려될 정도로 중시되었음을 반증해 주는 것이기도 하다.

지방관을 더욱 곤혹스럽게 한 것은 장기적으로 축적된 이러한 신앙적 관습을 무당 뿐 아니라 다수의 주민들과 지역유력자들이 공유하고 있었다는 점이다. 뿐만 아니라 그들은 지역 민간신앙의 거점이라 할 수 있는 '사묘'를 중심으로 일정한 유대관계를 형성하고 있었다.[51] 재난이라는 위기상황을 맞아 일방적으로 유교식 지방제사와 일련의 조치들을 강요하는 것이 쉽지 않았던 것이다.

이점에서 회창연간(841~846)에 진양(晉陽) 현령을 역임했던 적유겸(狄惟謙)의 기우관련 자료는 주목할 만하다. 고사의 시말은 현령 적유겸이 당시 궁궐을 출입하며 '천사(天師)'로 존경받던 저명한 무녀를 '좌도(左道)'로 몰아서 강물에 던지고, 태양이 내리쬐는 산상에 올라 스스로 몸을 말리며 견책하자 하늘이 감동해서 단비를 내려주었다는 내용이다. 유교식 교화와 지방관의 자성을 강조하는 간단한 내용이지만, 등장인물과 교화의 방식은 매우 상징적이다. 무측천 시기에 강남에서 1,700여 소의 음사를 철폐했던 적인걸의 후에 적유겸이 나서서 유교식 교화와 기우의례의 거울처럼 칭송받는 서문표(西門豹)와 탕왕(湯王)의 방식을 그대로 계승하여 누습 개정과 교화를 추진한 것이다. 하지만 적유겸이 권위적인 무녀를 제거하기 전까지의 과

51　金相範,「唐末·五代 浙西地域의 祠廟信仰과 地域社會」,『東洋史學研究』第101輯, 2007.12, 65~70쪽.

정을 소상히 살펴보면, 방재제사를 둘러싼 지역사회와의 갈등과 지방관의 곤경을 감지할 수 있다. 당시 적유겸은 봄부터 계속된 가뭄이 여름까지도 이어지자, 사태의 심각성을 깨닫고 당태종이 비문을 남길 정도로 성스러운 공간으로 공인되었던 '진사(晉祠)'에서 기우제를 올렸지만 비는 내리지 않았다. 이때 주민들은 궁궐에서 돌아온 무녀 곽천사(郭天師)를 초빙하여 제사를 올릴 것을 세차게 요구하였다. 결국 적유겸은 직접 말을 몰고 가서 예를 다해 곽천사를 모셔왔다. 곽천사는 진사에 신상을 세우고 성대한 제물을 마련하여 지역의 사인들과 백성들이 운집한 가운데 기우제를 거행하였다. 하지만 시간이 지나도 아무런 감응이 나타나지 않자, 곽천사는 돌연 이러한 재난은 현령이 덕이 부족하기 때문에 야기된 것이라면서 현령을 힐책하였다.[52] '천견(天譴)'의 관념을 이용하여 재해의 모든 책임을 지방관에게 전가한 것이다. 물론 적유겸은 극적으로 상황을 역전시켜 무녀를 몰아내는 데 성공하지만, 당시 지역사회의 압력 하에 지방관이 고립될 수 있는 개연성을 시사해준다.

---

[52] 『唐語林校證』卷1, 120條, 76~77쪽(원문은 『劇談錄』卷(上), 「狄惟謙請雨」, 『太平廣記』卷396): "會昌中, 晉陽令狄惟謙, 梁公之後, 善爲政. 州境亢陽, 涉春夏, 數百里水泉耗竭. 禱於晉祠者數旬, 無應. 有女巫郭者, 攻符術厭勝之道. 有監軍攜至京師, 因緣出入宮掖, 其後歸, 遂號天師. 天旣久不雨, 境內莫知所爲, 皆曰: '若得天師至晉祠, 則旱不足憂矣.' 惟謙請於主帥, 曰: '災厲流行, 氓庶焦灼. 若非天師一救, 萬姓恐無聊生.' 於是主帥親自爲請, 巫者許之. 惟謙具幡蓋, 迎自私室, 躬預控馬. 旣至祠所, 盛設供帳飮饌. 自旦及夕, 立於庭下. 如此者兩日. 語惟謙曰: '爲爾飛符於上帝, 請雨三日, 雨當足矣.' 觀者雲集. 三夕, 雨不降. 又曰: '此土災疹, 亦由縣令無德. 爲爾再請, 七日當有雨.' 惟謙引罪於已, 奉之愈恭. 及期, 又無應. 郭乃驟索馬入州宅. 惟謙曰: '天師已爲百姓來, 更乞祈禱.' 勃然怒罵曰: '庸瑣官人, 不知禮! 天時未肯下雨, 留我復奚爲' 惟謙謝曰: '明日排比相送.' 遲明, 郭將歸肴醴一無所設. 坐於堂上, 大怒. 惟謙曰: '左道女子, 妖惑日久, 當須斃此, 焉敢言歸' 叱左右曳於神堂前, 杖背三十, 投於潭水. 祠後有山極高, 遂令設席焚香, 端笏立於其上. 闔縣駭云: '長官打殺天師.' 馳走者紛紜. 祠上忽有雲如車蓋, 覆惟謙. 逡巡四合, 雷震數聲, 甘澤大澍數尺. 於是士民自山頂擁惟謙而下. 州將初責以專殺巫者, 旣而嘉其精誠有感, 與監軍表言其事. 制書褒曰: '狄惟謙劇邑良才, 忠臣華胄. 覘此天厲, 將殫下民, 當請禱於晉祠, 類投巫於鄴縣. 曝山極之畏景, 事等焚軀 起天際之油雲, 法同剪爪. 遂使旱風潛息, 甘澤施流. 昊天獨鑒於克誠, 余志豈忘於褒善. 特領朱紱, 俾耀銅章. 勿替令名 更昭殊績.' 賜章服, 幷錢五十萬. 後歷絳·隰二州刺史, 所治皆有名稱."

당조의 발원지인 진양(晉陽)이 이 정도였다면 지방관들이 강남이나 기타 오지에 임직했을 때 직면했던 문제는 훨씬 복잡하고 심각했을 것이다. 유교적 소양을 훈련받은 지방관과 장기적으로 지역신앙에 함몰되어 있던 기층민 사이에는 신앙적 정서에 있어서 일정한 간극이 존재할 수밖에 없다. 이런 상황 속에서, 결국 지방관은 사인과 지역유력자들의 의견을 존중하고 협조를 요청하면서 타협해야 했을 것이다. 절서관찰사 시절에 경내 음사 1,015개소를 일소하여 적인걸과 더불어 음사철폐와 이풍역속(移風易俗)의 전범(典範)으로 회자되는 이덕유조차 이러한 현실을 절감한 바 있었다. 이덕유는 『도축론(禱祝論)』에서 가뭄과 같은 비상시국에 있어 지역유력자들과 협력의 중요성을 강조한 바 있는데 그 내용은 다음과 같다.

> 때를 놓쳐 비가 내리지 않아서, 농작물들이 말라 죽게 되면 문을 닫아걸고 자신의 (통치를) 견책한다고 해도 백성들은 이를 알아주지 않는다. 지역유력자[群望]들을 두루 찾지 않는다면 이구동성으로 태수에겐 백성을 근심하는 마음이 없다고 비판할지도 모른다. 직접 밭고랑에서 일을 한다고 해도 불만이 끊이지 않을 것이다.[53]

상문 내용은 결국 지역유력자와의 직접적인 소통을 통해서 지역사회의 협력을 구하는 것만이 위기를 극복할 수 있는 유일한 방도임을 시사하고 있다. 지방관이 되면 임지의 신앙적 환경에 대한 이해가 선행되어야 한다는 의미를 함축하고 있는 것이다. 그렇다면 자연재해가 실제로 닥친 상황에서 당대 후기의 지방관들은 대체로 어떤 선택을 했을까? 사인들의 문집에 적지 않게 남아있는 축문들을 검토해보면 긴박한 재난에 직면한 상황 속에서 대다수 지방관들은 경내의 민간제사를 존중하고 적극적으로 수용

---

[53] "……失時不雨, 稼穡將枯, 閉閣責躬, 百姓不見. 若非遍走群望, 則皆謂太守無憂人之意, 雖在畎畝, 不絶歡音." 밑줄 친 부분에 대해 四部叢刊本과 四庫全書本에서는 모두 "若非避群望"이라고 되어 있는데 의미가 통하지 않아 校勘에 의거해 고침. 『李德裕文集校箋』, 〈禱祝論〉, 649쪽.

하는 모습을 보여준다.

『계신록(稽神錄)』「원주부로(袁州父老)」편에는 현지 지역신인 앙산신(仰山神) 관련 설화가 전한다. 내용 가운데 부로가 화려한 수레를 타고 시종들을 거느린 젊은이의 모습으로 찾아 온 앙산신을 접대하다가 "앙산신전에는 날마다 물릴 정도로 제사가 넘쳐나는데 어째서 음식을 요청하시는지?" 되묻는 장면이 보인다.[54] 원주 의춘현(宜春縣)에서 시작된 앙산신신앙은 제사가 넘쳐났다는 표현에 그대로 반영되듯이 원주일대에서 대대적으로 유행하면서 점차 지역신앙으로 성장하게 된다.[55] 주목되는 점은 원화14년[819]부터 15년까지 2년 간 원주자사를 역임했던 한유 역시 역내에 가뭄이 들었을 때 앙산신께 올리는 제사를 주재했다는 점이다. 고문(古文)과 유교의 부흥을 주장하며 특히 황실의 법문사 불지사리 영송의례를 신랄하게 비판하다가 참형을 당할 뻔 했던 사상적 이력을 감안할 때, 한유가 역내 민간신께 제사를 올렸다는 점은 이해하기가 쉽지 않다. 그렇지만 한유는 가뭄은 자사 본인의 책임이니 재앙은 자신에게만 돌리고 백성들을 긍휼히 여기서서 단비를 내려달라는 간절한 내용의 제문을 두 편이나 작성하여 제사를 받들었다.[56]

재해가 심각할 경우에는 지방관이 관할 지역에서 영험하다고 소문이 자

---

[54] 『太平廣記』 卷314, 神24 「袁州父老」(원래는 『稽神錄』 수록되었던 내용임), 4027쪽: "袁州村中有老父, 性謹厚, 爲鄕里所推, 家亦甚富. 一日有紫衣少年, 車僕甚盛, 詣其家求食. 老父卽延入, 設食甚至, 徧及從者. 老父侍食於前, 因思長吏朝使行縣, 當有頓地, 此何人哉. 意色甚疑, 少年覺之, 謂曰: "君疑我, 我不能復爲君隱, 仰山神也." 父悚然再拜曰: "仰山日厭於祭祀, 奈何求食乎?" 神曰: "凡人之祀我, 皆從我求福. 我有力不能致者, 或非其人不當受福者, 我皆不敢享之. 以君長者, 故從君求食爾." 食訖, 辭讓而去, 遂不見."

[55] 북송시기 張商英이 기록한 廟記를 참조하면 앙산신은 원래 용신이었다고 한다. 당대 후기와 북송대를 거치면서 지역신앙으로 성장하였다. 특히 남송대에는 교통로를 따라서 주변지역으로 확산되다가 임안에 까지 行祠가 건립될 정도로 중요한 민간신앙으로 발전하게 된다. 皮慶生, 『宋代民衆祠神信仰研究』, 上海古籍出版社, 2008, 236~237쪽 참조.

[56] 『韓昌黎文集校注』, 321~322쪽.

자한 모든 신령을 찾아다니며 방재제사를 올리는 경우도 비일비재했다. 백거이는 52살 때인 장경(長慶)3년[823]에 항주자사에 임명되었는데 그 해에 엄중한 가뭄이 들자, 7월부터 8월 사이에만 오자서묘(伍子胥廟)·성황묘(城隍廟)·고정신묘(皐亭神廟)·구왕묘(仇王廟)·용왕묘(龍王廟) 등 지역사묘를 차례로 방문하며 기우제를 거행했다. 특히 7월 16일에 거행한 고정신 제사의 축문 '기고정신문(祈皐亭神文)'에 "어제는 오상신(伍相神)과 성황신(城隍神)의 제사를 받들었다"는 내용이 언급되는 것으로 보아, 하루에 여러 사묘를 돌면서 연속해서 기우제를 거행하기도 했음을 알 수 있다.[57] 당시 오자서 신앙은 항주를 넘어 절서(浙西) 지역 곳곳으로 확산되었는데, 오산(吳山)에 위치했던 오자서묘(伍子胥廟)는 묵객들의 시문에도 자주 등장하는 항주의 명소였다. 사묘는 백거이가 부임하기 8년 전인 원화10년[815]에 항주자사 노원보(盧元輔)가 대대적으로 중수하였는데, 오자서신이 영험을 발휘하여 재난을 물리칠 수 있었기 때문이었다. 봉황산(鳳凰山)에 위치한 성황묘도 역내에서는 기우에 영험하기로 유명했다. 당대에는 적지 않은 지방관들이 각지의 성황신을 기청과 기우의 대상으로 예찬하며 많은 제문을 남긴바 있다.[58] 고정신묘도 당대 후기 이후 발전을 거듭하는데, 송대에는 항주 근방의 강장교진(江漲橋鎮)과 동가항(董家巷)에도 행사行廟 혹은 分廟로도 칭함가 설립되었으며, 한발과 홍수에 대한 영적이 조정에 보고되면서 묘액이 하사되

---

[57] 『白居易集箋校』, 2671쪽 「祝皐亭神文」: "維長慶二年歲次癸卯, 七月癸丑朔, 十六日戊辰, 朝議大夫·使持節杭州諸軍事·守杭州刺史·上柱國白居易, 以酒乳香果, 昭告于皐亭廟神. 去秋愆陽今夏, 少雨, 實憂災厲, 重困杭人. 居易忝奉詔條, 愧無政術, 旣逢愆序, 不敢寧居, 一昨禱伍相神, 祈城隍祠, 靈雖應期, 雨未霑足, 是用擇日祇事, 改請于神. 恭聞明神, 稟靈於陰陰, 資善於釋氏. 聰明正直, 潔靖慈仁, 無幽不通, 有感必應. 今請齋心虔告, 神其鑑之. 若四封之間, 五日之內, 雨澤霑足, 稼穡滋稔, 敢不增修像設, 重薦馨香, 歌舞鼓鐘, 備物以報. 如此則不獨人之福, 亦惟神之光. 若寂寥自居, 胗饗無應, 長吏虔誠而不苔, 下民顒望而不知, 坐觀田農, 使至枯悴. 如此, 則不獨人之困, 亦唯神之羞. 惟神裁之, 敬以俟命, 尙饗."

[58] 城隍神과 祈雨, 祈晴에 관해서는 鄭淳模, 「唐 後半期 城隍神 信仰과 江南開發」, 『中國史研究』31집, 2004.8, 168~173쪽 참조.

기도 하였다.⁵⁹

자연재해를 극복하기 위한 제사는 때로는 지방관과 지역유력자들이 역내 문제를 해결하기 위해 서로 접촉하고 협력하는 기회를 제공하기도 했다. 지방관이 아예 지역유력자를 파견하여 제사를 주도하게 하는 경우도 발견된다. 한유는 조주자사(潮州刺史)로 재임 시에, 계석신(界石神)이 기우제에 감응하여 영험하게 화답했다면서 기수(耆壽) 성우(成寓)를 파견하여 신은에 보답하는 보사(報祀)를 주재하게 하였다.⁶⁰ 사령(祠令)에는 이러한 임시 방재제사에 있어서, 주(州) 단위 악진해독의 제사는 주자사의 상좌(上佐)가 기타 산천제사는 판사(判司)가 대행하며, 현단위에서는 영(令)과 승(丞)이 시행한다고 규정하고 있다.⁶¹ 그럼에도 불구하고 이처럼 지역유력자를 파견하여 의례를 주도하게 한 것은 지방관의 입장에서 그들과의 소통과 협력이 중앙의 정책을 집행하고 자신의 의도를 관철시키는데 큰 도움이 될 수 있기 때문이었다.

송대 이후에는 임시제사에 있어서 자사와 수령(守令)이 기로(耆老)를 대동하고 함께 재계(齋戒)한 뒤에 지방제사를 거행하는 것이 공식적인 규정으로

---

59 『淳熙臨安志』卷72,「仕賢, 靈惠廟」,『宋元方志叢刊』, 4005~4006쪽에는 송대廟記가 보이는데 일부 내용을 인용해보면 다음과 같다: "황제가 臨安에 駐蹕한 지 12년째 되던 겨울, 臨安府의 耆老 陳德誠 등이 有司에게 狀을 올려 아뢰길, '化度寺에는 皐亭神 祠가 있는데 한발로 가물거나 홍수로 물이 넘칠 때도, 기도만 올리면 즉시 응답이 있습니다. 소소한 일이든 중대한 일이든 郡民들은 모두 神께 청했고, 感應이 그림자나 메아리처럼 뒤따랐습니다. 조정에서도 歲時마다 香을 내려 祈請하게 했으니, 일반사묘와 다르지 않습니다. 그런데 封爵이 아직 내려지지 않았고, 廟額도 하사되지 않은 까닭에 祀典에는 누락되어 있습니다.……" 결국 남송초 정부가 음사철폐를 단행하면서 많은 淫祠가 훼멸되는데, 고정신사는 많은 지역민들의 請으로 유일하게 廟額(靈惠)을 얻을 수 있었고, 祀典에도 등재되었다."

60 『韓昌黎文集校注』「潮州祭神文五首」에 보이는 관련 祭文의 내용은 다음과 같다: "維年月日, 潮州刺史諱愈, 謹遣耆壽成寓, 以清酌少牢之奠, 告于界石神之靈, 曰: '惟封部之內山川之神, 克庥于人. 官則置立室宇, 備具服器, 奠饗. 以時淫雨, 旣霽蠶穀, 以成織婦耕男. 忻忻衍衍, 是神之麻庇于人也. 敢不明受其賜, 謹選良月吉日, 齋潔以祀, 神其鑒之. 尚饗'".

61 仁井田陞,『唐令拾遺』,「祠令」第8[開元7年令], 東京大學出版會, 1934, 185쪽.

자리 잡게 된다.⁶² 지방제사에 있어서 지역유력자들의 공적인 역할이 제도로 확립된 것이다. 이렇게 볼 때 당대 후기 이래 자연재해와 관련된 제사에 지역유력자들이 참가하기 시작한 점은 지방의례에 있어서 그들의 공적인 역할이 강화되는 추세를 반영하고 있다는 점에서 중요한 의미를 갖는다.

지방관들은 위기를 타개하기 위해서 지역적 신앙습속을 존중해주고 지역유력자들의 충고에 귀를 기울였다. 이렇게 협력을 구하는 과정은 임지의 환경에 생소한 지방관이 현지사회와 융화하는 계기가 되기도 했다. 소주(蘇州) 상숙현령(常熟縣令) 주사집(周思輯)은 함통13년[872] 가뭄 때, 파산(破山) 산상의 연못에서 용신께 기우제를 올렸다. 피일휴(皮日休)의 『용당기(龍堂記)』에는 당시 부로(父老)들이 주사집에게 매년 용이 양산(陽山)과 어산(虞山) 사이를 왕래하면서 구름과 비를 일으킨다는 사실을 전언했다는 내용이 수록되어 있다. 이러한 기록은 주사집이 당초 기우제를 올릴 장소를 선택하는데 있어서도 지역유력자들의 조언을 존중하여 그대로 수용했음을 시사해 준다.⁶³ 기우제사가 영험을 드러내자 주사집은 감사의 보사를 거행하였으며, 사묘를 새롭게 축조하고 신상을 제조하여 안치했다. 사실 이러한 후속조치 역시 부로들과의 소통과 타협을 통해서 성사되었을 것이다. 다음 절에서는 자연재해 퇴치 후에 시행되는 사후조치를 중심으로 방재제사가 민간신앙의 전개에 미친 영향에 대해서 검토해보겠다.

2) 자연재해의 퇴치와 민간신앙에 대한 사후조치

재난의 위기를 극복하고 나면 보통 신께 감사를 표하는 제사인 '보사'를 거행한다. 국가제사 가운데 임시제사 관련규정에는 기우나 영성문 모두 주

---

62 『宋史』 卷102, 禮五「祈報」, 2500쪽.
63 『吳郡圖經續記』, 南京: 江蘇古籍出版社, 1999, 26쪽; 『吳郡志』 卷13, 179~180쪽; 『琴川志』, 1243쪽.

(酒)·포(脯)·해(醢)를 제물로 드리는 것으로 되어있지만, 보사를 드릴 때에는 약간의 차이가 있다. 기우에 대한 보사는 소뢰(小牢)로 드리지만, 영성문의 경우는 경성(京城)에서는 소뢰로, 주현에서는 특생(特牲)으로 거행한다고 명기되어 있다.[64] 자연재해의 긴박감을 반영하듯 지방관이 제문을 쓸 때 반드시 보사를 올리겠다고 미리 약속하는 경우도 적지 않았다. 백거이는 장경2년에 작성한 용신에 대한 제문에서, 예(禮)에 '보사'가 규정되어 있는 만큼 곧 바로 보답하겠으니 신께서 꼭 응답해 달라는 간절한 기원을 밝힌 바 있다.[65]

일반적으로 보사는 여타 후속조치와 함께 진행되었는데, 사묘를 중수하거나 이건(移建)해주는 경우도 적지 않았다. 건원(乾元)2년[759], 8월 16일 처주(處州) 진운(縉雲)현령이었던 이양빙(李陽氷)은 가뭄이 심하게 들자 홍수나 한발·질역에 영험하다고 소문이 자자하던 성황묘를 찾아가서 제사를 올렸다. 이양빙은 축문에서 5일 이내에 비를 내리지 않으면 묘우를 불살라버리겠다고 호기를 부리기도 했지만, 풍족한 비가 내리자 지역의 유력자·속관들과 함께 성황신의 은혜에 보답하기 위해서 사묘를 산정에다가 증축해 주었다.[66] 두목(杜牧)은 황주(黃州)자사로 재직하던 회창6년[846]에 한발이

---

[64] 仁井田陞,『唐令拾遺』,「祠令」第8[開元7年令], 東京大學出版會, 1934, 209~210쪽: "[四三]諸州縣旱則祈雨, 先社稷, 又祈界內山川, 能興雲雨者, 餘準京都例. 若嶽鎭海瀆, 州則刺史·上佐行事, 其餘山川判事行事, 縣則令丞行事. 祈用酒·脯·醢, 報以小牢. [四四]諸霖雨不已, 禜京城諸門, 門別三日. 每日一禜不止, 乃祈山川·嶽鎭海瀆, 三日不止, 祈社稷·宗廟. 若州縣禜城門, 不止, 祈界內山川及社稷, 三禜一祈, 皆準京都例, 並用酒·脯·醢. 國城門報用小牢, 州縣城門, 用特牲."

[65] 『白居易集箋校』, 卷第40「哀祭文」, 2673쪽〈祭龍文〉: "維長慶二年, 歲次癸卯, 八月癸未朔, 二日甲申, 朝議大夫·使持節杭州諸軍事守杭州刺史·上柱國白居易, 率寮吏薦香火拜告于北方黑龍: 惟龍其色玄, 其位坎, 其神壬癸, 與水通靈. 昨者, 歷禱四方, 寂然無應. 今故虔誠潔意, 改命於黑龍. 龍無水, 欲何依? 神無靈, 將恐竭. 澤能救物, 我實有望於able; 物不自神, 龍豈無求於我? 若三日之內, 一雨霑洽, 是龍之靈, 亦人之幸. 禮無不報, 神其聽之. 急急如律令."

[66] 『唐文粹』卷71(『金石萃編』卷91), 李陽冰,〈縉雲縣城隍神記〉: "城隍神, 祀典無之, 吳越有之. 風俗, 水旱疾疫, 必禱焉. 有唐乾元二年, 秋七月, 不雨. 八月既望, 縉雲縣令李陽冰, 躬祈於神. 與神約曰: 『五日不雨, 將焚其廟.』及期大雨, 合境告足. 具官與耆耋羣吏,

닥치자 황주 근경에서 기우에 영험하여 전대부터 자사들이 제사를 드렸던 '목과산신(木瓜山神)'께 기우제를 올렸다. 흡족한 결과를 얻자 다음 해에 역시 보답의 제사를 올리고 묘우를 중수해주었다.[67]

아예 새로운 사묘를 세워 주는 경우도 있었다. 『함순임안지』에 의하면 항주 여항현(餘杭縣)의 고강복순왕묘(高岡福順王廟)는 대력2년[767]에 서쪽 방파제가 파손되어 주민 모두 공포에 떨고 있을 때, 신께서 영험하게 주민들을 보호해주서서 이에 대한 감사의 의미로 입묘(立廟)되었다고 한다.[68] 이 사묘의 신주는 원래 주난왕(周赧王)인데 적인걸에 의해서 철거된 바 있어서, 음사철폐의 효력에 대해 회의를 갖게 하는 내용이기도 하다. 어쨌든 대력연간에 항주사회가 전당강(錢塘江)의 조수(潮水) 해일이 농지를 덮친 재난에 봉착했을 때, 이와 관련된 영험 고사를 유포함으로써 사묘건립에 대한 공인과 후원을 이끌어낼 수 있었던 것으로 추정된다.

일부 지방관들은 자연재해가 해소될 때마다 사묘의 건립이나 중수를 적극적으로 추진하기도 했다. 문종 개성4년[839]에 목주(睦州) 자사를 역임했던 여술(呂述)은 성황묘를 신축한 바 있다. 목주 성황묘는 원래 성내 서북쪽에 위치했었는데, 원화초년에 자사 정응보(鄭應甫)가 묘우를 성북의 문루쪽으로 이전한 바 있었다. 개성4년 대한발로 기우제를 올렸을 때 신께서 즉각 감응하자, 여술은 주 관아의 감옥을 육사원(六司院) 동남쪽 공터로 옮

乃自西谷, 遷廟於山巔, 以答神休."

67　『樊川文集』, 卷第14, 203~204쪽: "維會昌六年, 歲次丙寅, 某月某日, 某官敬告于木瓜山之神. 惟神聰明格天, 能降雲雨, 郡有災旱, 必能救之, 前後刺史, 祈無不應. 去歲七月, 苗將萎死, 禱神之際, 甘雨隨至, 槁然凶歲, 化爲豐年. 仰神之靈, 感神之德, 願新祠宇, 以崇祭祀. 今易卑庳, 變爲華敞, 正位南面, 廟貌嚴整. 風雷雲雨, 師伯必備, 侍衛旗戟, 羅列森然. 惟神繫雲在襟, 貯雨在缶, 視人如子, 渴卽與之. 不容凶邪, 不降疾疫. 千萬年間, 使池之人, 敬仰不怠. 伏惟尙饗."

68　『咸淳臨安志』卷74, 北京: 中華書局, 宋元方志叢刊 第4册, 1990, 4016쪽: "在縣東北一十五里. 舊志載, 故老之言云, 周赧王廟也. 唐大歷二年, 縣西海塘壞, 邑人大恐, 走錢塘縣崇山鄉觀山, 禱於赧王祠, 下水爲絶流, 於是立廟."

기고 그곳에 세 칸 규모의 성황묘를 세워주었다.⁶⁹ 당시 여술은 마목산(馬目山) 산상에 있던 연못의 신 '마목신'에게도 기우제를 올렸는데, 가뭄이 해갈되자 축문에서 약속한대로 새로운 묘우를 건립해 주었다.⁷⁰

감사의 보사(報祀)나 신묘(新廟) 축조 등의 조치와 더불어 주목되는 것은, 영험을 발휘한 사묘가 공식적으로 '사전(祀典)'에 등재되고 국가의 공인을 받기 시작했다는 점이다. 앞서도 인용했지만 소주 상숙현령을 지낸 주사집(周思輯)은 함통 13년[872] 가뭄 때 용신께 기우제를 올린 바 있는데 피일휴의 『용당기』 내용을 인용하면 다음과 같다.

……"여남(汝南) 주군(周君)이 현령을 맡았던 초년에, 여름 한발이 심해 파산(破山) 산상에서 용신께 기우제를 올렸는데, 과연 비를 내려 응답해주셨다. 군께서 이르길: "은사를 입었는데, 단지 제사로만 보답함은 불가한 일이다." 그리고는 공장(工匠)에게 명해서 흙과 나무로 신상(神像)을 만들게 하고 묘당(廟堂)을 지어 안치하였다. (또한) 사전(祀典)에 기록하고 제사를 받들었다. 그래서인지 풍우에 있어 때마다 발생하던 괴이한 일들이 그쳤고, 홍수나 한발 때도 역병이 닥치지 않았으며, 매년 풍년이 들었다.……⁷¹

---

69 『嚴陵集』卷7, 宋 董弅編 雜著 碑銘題記〈移城隍廟記〉: "睦州城隍神廟, 舊在城內西北隅. 元和初年, 刺史鄭膺甫(元和4年 809~810)移置於城北門樓上. 其地舊置州獄及司法官廳. 開成4年(839), 刺史呂述移獄就六司院東南之隙(隟)地於廢趾上, 立新廟堂, 屋三間五架, 階高三尺, 上設鴟尾. 三面行廊聯屬, 東嚮開門, 門外造廳一間, 一廈爲修容之所. 五年正月十九日, 廟成, 遷神像焉. 神坐後, 分畫侍衛於左右壁, 其門左右畫兵仗, 屛之南北列木寓馬. 二階前, 植松五本, 門外夾道, 亦植松. 三月十六日, 大備牲牢."

70 『嚴陵集』卷7,〈馬目山新廟記〉: "睦州主烏龍, 馬目二山. 馬目在州西南, 勢如驚奔, 拔去不得, 中蓄怪態, 晏天常陰望之, 而知其能雲雨也. 先是, 州之右有潭, 曰層潭, 其深無至, 鱗物宅焉. 因立廟潭上, 而馬目顧無之. 每有禱則附而祝曰, 告于層潭馬目之神. 開成己未歲(839), 六月, 江南大旱, 述乃致精意于神曰, 能雨則立廟. 越三日晴時, 雲氣從山來, 饙烝牆進空中濤喧, 俄而震雨隨下. 自是比旬必雨, 故民有半收. 八月旣霽述泝江四十里而遠躬擇廟位, 果有一峯壓江隨水蕩搖蕃茂蔽覆淺濃百色周步其下絶無徑斬叢攀樛漸得峭脊蛇行, 而上百數步抵大石, 根如圭而頂如壺, 側視之有木一本十五榦垂覆三面無地獨其北平可居卜室昭昭乎, 神之告寧也. 乃依勢取高架爲新廟."

71 『吳郡圖經續紀』, 652쪽;『吳郡志』卷13, 179~180쪽;『琴川志』, 1243쪽.

앞에서 언급한 바와 같이 주사집이 기우의 장소를 선택할 때 이미 지역 유력자들의 협력을 구했던 부분과 현령으로 부임한지 얼마 안 되어 상숙현의 지역사정에 익숙하지 못했다는 점 등을 감안한다면, 신상을 제작하고 새로운 묘당을 축조한 뒤 보사를 거행한 모든 과정이 부로(父老)들의 협조 속에 진행되었을 가능성이 높다.

내용 가운데 사전에 등재되었다는 내용이 언급되는데, 당 현종은 개원 16년[728] 6월에 "산천 가운데 구름과 비를 일으킬 수 있는 것은 그 공덕에 보답하고 '사전(祀典)'에 기록하라"[72]는 명령을 하달한 뒤, 지방차원에서 제무(祭務)를 설치해 관리할 것을 명령한바 있다. 헌종 원화8년[813]에는 호주 오강현 현령인 유예(劉汭)가 경내 용왕묘인 연덕묘(淵德廟)에서 기우제를 올려 영험이 있자 처음으로 '사전'에 등재했다는 기록[73]도 남아있다. 사전에 기록한다는 점은 당연히 국가에서 해당 제사를 공인했다는 의미를 내포하고 있다. 지방관들이 긴박한 자연재해에 직면하여, 주민들을 안위하고 지역유력자들의 협력을 구하는 과정 속에서 적지 않은 신령들이 국가제사의 '제신사(諸神祠)'의 범주 속으로 편입되고 있음을 반영해 주는 것이다. 그런 측면에서 지방제사에서 '사직'과 '석전' 이외의 제사를 '제신사'로 지칭한 변화는, 제사의 대상이 고정되지 않고 여러 지방 신으로 확대될 가능성을 함축하고 있다는 점에서 주목할 만하다. 송대에 이르면 각 지방별로 민간신을 선별하여 지방의 '사전'에 먼저 기록한 뒤, 중앙으로 송부해서 정부의 '사전'에 등록하는 제도가 완성되었다. 이에 따라 많은 지역신앙들이 '봉호'와 '묘액'을 매개로 국가제사에 공식적으로 편입되었다. 위의 내용을 참조하면 이러한 변화는 당대 후기 이래 자연재해에 대응해가는 과정 속에서 이미 형성되어 가고 있었던 것이다.

---

72 『册府元龜』 卷33, 「帝王部」, 崇祭祀二, 359쪽.
73 『嘉泰吳興志』, 4745쪽: "唐元和8년(813), 縣令劉汭禱雨有驗, 始載祀典."

4. 맺음말

이 글에서 자연재해라는 비상시국에 있어서, 국가권력을 정당화하고 교화를 추진하는 중요한 수단인 '국가제사'와 기층사회의 신앙적 정서와 사회적 역량이 결집된 '민간신앙'의 운용실태를 살펴보았다. 이를 통해 주기적으로 발생해 온 자연재해가 민간신앙의 진로와 국가의 종교정책에 미친 영향에 대해서도 검토해보았다. 그 결과 다음과 같은 결론을 도출하였다.

첫째, 유교 국가제사는 서한 이래로 점차 '기화우주론(氣化宇宙論)'을 강조하면서, 제사에 포함된 대·소 신(神)들의 인격신적 특성과 역사성을 무시하였다. 신성(神性)의 변화로, 제사의 목적도 신께 '기복(祈福)'을 강구하기보다는 기(氣)의 조화로운 순환을 중시하게 되었다. 당대에는 '현경례' 이래로 정현의 이론 대신에 왕숙의 천론을 채택하면서 '기화우주론'이 더욱 강조되었다. 그러나 국가경영에 있어서 농업생산이 차지하는 비중과 주기적으로 닥치는 자연재해의 위협으로 인해서, 국가제사체계 내에 방재·기풍적 제사는 여전히 존속되었다. 우선 정기제사 가운데 대사에 속하는 것에는 기곡·우사(雩祀)·제황지기·제신주가 있었고, 중사에는 사직·악진해독·향선농·경적의례, 소사에는 제풍사·우사·영성·사중·사명·사인·사록·흥경궁제오룡단 등이 있었다. 지방제사는 소사에 준해서 거행하였는데, '제주제사직(諸州祭社稷)'과 '제현제리제사직(諸縣諸里祭社稷)' 등이 기풍·방재적 성격의 정부제사라고 할 수 있다.

정기제사와 더불어 비상사태의 발생을 고려해 설계된 임시제사 체계도 중앙과 지방에 구비되어 있었다. '시한기태묘(時旱祈太廟)', '시한기태사(時旱祈太社)', '시한기악진이하어북교(時旱祈嶽鎭以下於北郊)', '취기악진해독(就祈嶽鎭海瀆)', '제주기사직·도제신·영성문(諸州祈社稷·禱諸神·禜城門)', '제현기사직급제신(諸縣祈社稷及諸神)' 등이 이에 해당되는데, 재황이 심각할 때는 순차적으로 돌아가면서 거행하기도 했다.

둘째, 국가제사에 있어서 기풍·방재제사의 실제 운영은 사인들의 시문과 제장(祭場)에 관한 돈황문서 등을 통해 확인된다. 구주역일에도 지방제사의 시행날짜가 기록되어 있는데, 정부가 주도하는 지방제사가 민력(民曆)을 통해 개인의 일상 속으로 한 걸음 더 다가서고 있었음을 알 수 있다. 그러나 관련 내용의 상당 부분은 여전히 정기제사(定期祭祀)에 관한 것이다. 자연재해가 발생한 비상시국에 작성된 지방관의 축문(祝文)은 정부보다는 오히려 민간의 지역신께 올리는 제사가 많다는 점이 주목된다. 실제 위기 상황 속에서 기층사회가 의지할 수 있는 대상이 인위적으로 보급된 '정부의 신' 보다는 장기적으로 일상생활의 일부로 체화된 '민간의 신'임을 시사해준다. 이러한 축문은 특히 당대 후기에 작성된 것이 많다. 정부의 정책이 점차 지역신앙을 체제내부로 포용하려는 방향으로 선회하고, 민간사묘도 제사권(祭祀圈)을 확대하면서 지역신앙으로 발전해 가던 당대 후기 이후의 종교사적인 추세를 반영하는 것이기도 하다.

셋째, 사전에 등록된 정통제사와 유교적 선정의 구현을 통해서 정상적인 기의 소통을 기대하는 지방관과 영험이 입증된 민간제사의 거행을 주장하는 지방세력 사이에 때로는 충돌이 발생하기도 했다. 하지만 대다수 지방관들은 기층사회의 지지를 얻기 위해서 민간사회의 신앙전통을 존중했으며 지역유력자들과 함께 사묘에서의 의례를 주관하였다. 당시 지역사회에서는 무축들이 지역신의 신상이나 토룡 따위를 세워 기우제나 기청제를 주도하는 것이 보편화되어 있었다. 지역 주민들도 이러한 종교적 심성을 공유하고 있어서, 긴급 상황 속에서 유교의례와 관련 조치만을 강행하는 것은 쉽지 않았다. 회창연간에 한발이 들었을 때 진양현령 적유검이 진사에서 기우제를 주재하다가 감응이 없자 지역민들의 요구를 수렴해 곽천사를 기용하여 의례를 주도하게 했던 고사는 유명하다. 결말은 주술이 신통력을 발휘하지 못하자, '서문표의 고사'를 재현하듯 단호하게 무녀를 강물에 던지고 자신의 통치를 견책함으로써 마침내 비를 가져올 수 있었다는 유교적 교훈을 강조하고 있지만, 지역사회의 사회문화적 정서와 정부 측 대응방안 사이에 상당한 거리가 있었음을 암시해준다. 절서관찰사시절 대규모 음사철폐를 주도했던 이덕유도 『도축론』에서 자연재해라는 비상사태 때 지역사회와의 융화가 얼마나 중요한지를 강조한 바 있다. 당대 후기 사인들이 작성한 많은 축문들도 긴급 상황 속에서 결국 다수의 지방관들이 현지 민간신에 대한 제사에 적극적으로 참여했음을 입증하고 있다. 목종 장경3년[823] 항주자사로 부임했던 백거이도 그해 7, 8월에 가뭄이 들자 항주에서 영험하기로 소문난 오자서묘, 성황묘, 고정신묘, 구왕묘 등을 차례로 예방하며 방재제사를 주재한 바 있다.

이렇게 민간사묘의 의례를 지방관이 직접 주도하는 기회가 늘어나면서 지역유력자들과의 접촉과 협력도 자연스럽게 증가했다. 이런 과정 중에 점차 지방의례에 있어서 지역유력자들의 공적인 역할도 강화되었다. 비록 사령(祠令)에는 주, 현의 지방제사는 지방관과 속리들이 주재한다고 규정했지만, 지방관의 천거나 암묵적인 동의 아래 부로(父老)나 기수(耆壽)가 방재제사와 보사를 주재하는 경우도 늘어났다. 이러한 현상은 송대 이후 지방제사에 있어서 기로(耆老)의 참여가 공식적으로 제도화된다는 점을 감안할 때 새로운 변화의 시단으로서 중요한 의의를 가진다.

넷째, 재해위기를 극복하고 나면 국가제사와 마찬가지로 민간사묘에서도 감사의 제사인 '보사'를 거행하였고, 신상이나 묘우의 축조·중수·이건 등의 조치가 뒤따랐다. 이러한 조치는 민간제사를 직접 주도하는 것과 마찬가지로 지방관이 현지사회로부터 지지를 획득하는 중요한 기회가 되었다. 물론 민간사회의 입장에서는 정부 측의 지원 하에 제사가 거행되고 사묘가 수보되었다는 점에서, 국가로부터 공신력을 인정받는 계기가 되기도

했다. 이보다 더욱 적극적으로 '사전'에 등재하고 '묘액'과 '봉호'를 하사함으로써 공식적으로 국가제사체계 속에 편입시키는 사례도 출현했다. 현종 개원16년[728] 정부는 느슨하게 보자면 국가제사의 대범주에 포함된다고 볼 수 있는 모든 산천신들 가운데 자연재해의 극복에 도움을 준 것들은 '사전'에 기록하고 제무(祭務)를 설치해 직접 관리하라는 명령을 하달한 바 있다. 그러나 당대 후기 이르면, 주기적으로 발생하는 비상재해 속에서 적지 않은 지방관들이 민심의 동요를 방지하기 위해 적극적으로 민간신앙을 이용하면서, '사전'에 기재되는 범위도 점차 확대되었다. 원화8년[813]에는 호주 오강현 현령인 유예가 연덕묘를, 함통13년[872]에는 상숙현령 주사집이 용당 즉 환영묘를 사전에 등재하였다. 이뿐 아니라 적지 않은 사묘에 신주가 영험을 발휘하여 재해를 극복하는 데 공헌했다는 이유로 묘액과 봉호가 하사되었다. 이는 민간신앙에 대한 국가의 공인을 의미하는 것이기 때문에 민간신앙이 주변으로 확산되고, 지역사회에 있어서 민간사묘의 공적 기능이 강화되는 중요한 계기가 되었다. 민간신앙에 대한 국가정책의 변화와 민간 사묘신앙의 발전은 이처럼 긴박한 자연재해에 직면한 지방관들이 기층민들을 안위하고 지역유력자와의 협력을 모색하는 과정 속에서 이루어졌음을 확인할 수 있다.

제4장

의술과 주술

당대 후기 의료지식의 전파와 금무조치

1. 머리말

건덕(乾德)4년[966], 송 태조 조광윤(趙匡胤)은 서천로(西川路) 주민들이 의원(醫員) 대신 무자(巫者)만 찾는다면서 부모형제가 병이 나면 즉시 의약(醫藥)으로 치료할 수 있도록 계도하라는 조령(詔令)을 하달하였다.[1] 순화(淳化)3년[992] 11월에 태종(太宗)은 양절(兩浙) 일대에서 칼을 차고 뿔피리를 불어대며 '치병무(治病巫)'를 사칭하는 자들을 엄단하라고 명령했다.[2] 함평(咸平)5년[1002]에는 섬서로(陝西路) 경주(涇州)에서 무자가 환자의 손발을 결박하고 복숭아나무로 때리는 주술을 행하다가 사망한 사건이 보고되었다. 진종(眞宗)은 '사술(邪術)'로 상해를 입히면 '고의살상죄'로 즉각 처단하라는 조령을

---

[1] 『宋史』卷2,「太祖本紀(二)」, 24쪽: "詔蜀郡敢有不省父母疾者罪之."『宋會要輯稿』,「刑法」2之1, 第7冊, 6496쪽. 宋太祖 〈禁西川民不省父母疾病詔〉: "如聞西川諸色人移置內地者仍習舊俗, 有父母骨肉疾病, 多不省視醫藥. 宜令逐處長吏常加覺察, 仍下西川管內, 並曉諭禁止." 宋 太祖 趙匡胤은 건국한지 4년째 되던 乾德元年(963) 7월에 이미 京西路 唐州와 鄧州 일대의 주민들이 부모가 병에 걸려도 돌보지 않는다면서, 병에 걸린 親屬을 遺棄할 시에는 엄벌하라는 詔令을 반포했다. 관련 사실은『宋會要輯稿』「刑法」2之1, 第7冊, 6496쪽과『續資治通鑑長編』卷4, 98쪽,『宋史』卷1,「太祖本紀(一)」, 14쪽에 보인다.

[2] 『宋會要輯稿』,「刑法」2之5, 宋太宗 〈禁兩浙諸州治病巫詔〉, 6498쪽: "兩浙諸州, 先有衣緋裙·中單, 執刀吹角, 稱治病巫者, 並嚴加禁斷, 吏謹捕之. 犯者以造妖惑衆論, 治於法."

반포하였다.³ 천성원년[天聖元年, 1023]에는 홍주(洪州) 지주(知州) 하송(夏竦)이 치료를 빌미로 백성을 현혹하는 '요무(妖巫)'들을 근절해야 한다는 상주(上奏)를 올렸다.⁴ 인종(仁宗)은 강남 일대의 전운사(轉運使)들에게 사술로 인명을 해치는 무격들의 행위를 엄금하라는 조령을 반포했다.⁵

역대 중앙정부와 지방관들은 국가의 안위와 백성들의 생활에 해악을 끼친다면서 수시로 무자들의 행동을 규제하는 조치를 취해 왔다.⁶ 그런데 북송 초에 반포된 금무조치는 '치병행위(治病行爲)', 즉 무자의 의료행위를 직접 겨누고 있다. 무자의 치병주술(治病呪術)을 규제하고 의술(醫術)로 대체하라는 조령이 여섯 명의 황제들에 의해 14차례나 공포되었다.⁷ 태조 개보연간[開保年間, 968~976]에 부릉현위(涪陵縣尉) 이유청(李惟淸)이 대무(大巫)를 잡아 처벌하고 의약보급을 통해서 주민들의 우려를 불식시켰던 것처럼, 중앙의 명령은 이들 지방관들을 통해서 집행되었다.⁸ 중앙과 지방에서 대대적

---

3 『續資治通鑑長編』 卷52, 1148쪽에는 〈禁醫師勿用邪法詔〉가 수록되어 있다. "醫師療疾, 當按方論. 若輒用邪法, 傷人膚體者, 以故殺傷論. 時涇州民毛密以禁術療民妻, 繩縛手足, 桃杖擊之, 自初夕至二鼓死. 陝西轉運使劉綜言其事, 故條約之."

4 夏竦의 조치는 향후 '禁巫의 典範'으로 일컬어지게 된다. 李小紅, 「禁巫典範-夏竦」, 『科學與無神論』 60, 2002-5; 肯贵文, 「論宋代巫術」, 『天府新論』, 2001-3.

5 『宋會要輯稿』, 「禮」 20之12, 第1冊, 770쪽. 『續資治通鑑長編』 卷101, 2340쪽과 『宋史』 卷9, 「仁宗本紀(一)」, 179쪽에도 관련 내용이 실려 있다. 인종은 〈禁巫覡挾邪術害人詔〉를 반포하여, 江南東路, 江南西路, 荊湖南路, 荊湖北路, 廣南東路, 廣南西路, 兩浙路, 福建路 등 강남일원의 전운사들에게 목숨을 해하는 사술에 대한 엄금을 요청했다.

6 林富士, 「中國古代巫覡的社會現象與社會地位」, 『中央研究院叢書-中國史新論(宗教史分冊)』, 中央研究院·聯經出版公司, 2010, 120~132쪽.

7 韓毅, 「北宋政府對巫醫的控制與改造」, 『中國科技史雜誌』 第32卷, 2011, 114~115쪽. 韓毅는 巫醫의 활동을 통제하고 개조하기 위한 북송 정부의 대응조치로 17개의 사례를 제시했는데, 이 가운데 1~3번째 조목이 모두 963년의 동일 사건이고, 4~5번째 965년, 966년에 기록한 사례 역시 동일 사건이기 때문에 실제 발생한 관련 조치는 14건이다.

8 『續資治通鑑長編』 卷24, 567쪽: "……(李)惟清, 下邑人, 嘗爲涪陵尉. 民尚淫祀, 疾病不療治, 聽命于巫. 惟清始至, 禽大巫笞之, 民以爲必及禍. 他日, 又加棰焉, 民知不神. 然後教以醫藥, 稍變其風俗." 관련 내용은 『宋史』 卷267, 「李惟清傳」, 9216~9218쪽에서도 확인됨. 韓毅는 앞의 글에서 중앙정부의 禁巫措置를 받들어 시행한 지방관들의 시행 정황으로 22개의 사례를 제시한 바 있다. 韓毅, 앞의 글, 121~124쪽.

으로 주술적 치병행위를 금지한 것은 그만큼 기층사회에서 무자의 의료행위가 보편화되었고 그 부작용이 만만치 않았음을 반영하는 것이다. 동시에 주술을 대체할 새로운 의료지식과 의료체계에 대한 신념을 표방하는 것이기도 하다.

주목되는 사실은 이와 유사한 조치가 당대(唐代) 후기 이래로 이미 출현하기 시작한다는 점이다. 대력연간[大曆年間, 766~779]에 노주자사(廬州刺史)를 지냈던 나향(羅珦)[9]과 장경(長慶)3년[823]에 절서관찰사(浙西觀察使)를 맡았던 이덕유(李德裕)는 가족이 질병에 걸렸는데도 의원은 찾지 않고 무축(巫祝)에 홀려 가산(家産)까지 탕진한다면서 음사철폐(淫祠撤廢)와 금무조치(禁巫措置)를 단행한 바 있다.[10] 당대 전기까지 대다수의 관련 사건들이 주로 풍속의 교화와 지역지배의 강화를 목적으로 한 데 반해서, 당 후기에 반포되는 금무조치는 '의료(醫療)'라는 무의 사회적 기능을 주목하고 있는 것이다.

이처럼 음사철폐와 금무조치를 주도했던 지방관들이 직접적으로 무의 의료행위를 거론하면서 그들을 단속하기 시작했다는 것은 어떤 시대적 의미를 내포하고 있는 것일까? 이 글은 이러한 의문점에서 출발하여, 먼저 당대 무자의 활동과 주술적 의료행위의 실태를 살펴보고, 그들의 사회적 위상에 대해서도 검토해보겠다. 다음으로 금무조치에서 '주술'의 대체요소로 '의술'을 지목하고 있는 만큼, 중국의학의 '집대성기'[11] 혹은 '전면적발전기'[12]로

---

9 『新唐書』卷197, 5628쪽: "(羅珦)擢廬州刺史. 民間病者, 捨醫藥, 禱淫祀, 珦下令止之. 修學官, 政教簡易, 有芝草·白雀."

10 『舊唐書』卷174, 4511쪽: "九月, 出德裕爲浙西觀察使……江·嶺之間信巫祝, 惑鬼怪, 有父母兄弟厲疾者, 舉室棄之而去. 德裕欲變其風, 擇鄕人之有識者, 論之以言, 繩之以法, 數年之間, 弊風頓革. 屬郡祠廟, 按方志前代名臣賢旧則祠之, 四郡之內, 除淫祠一千一十所. 又罷私邑山房一千四百六十, 以淸寇盜. 人樂其政, 優詔嘉之."[『舊唐書』卷174, 4511쪽(유사한 내용이 『新唐書』卷180에도 실려 있음)].

11 李經緯, 『中醫史』, 海口: 海南出版社, 2007.

12 甄志亞 主編, 『中國醫學史』, 臺北: 知音出版社, 1994에서는 魏晉南北朝 隋唐時期를 묶

일컬어지는 수당대에 있어서 의학이론의 진전과 국가의료시스템의 구축 정황 그리고 그 특징과 한계에 대해서 살펴보겠다. 마지막으로 사인관료(士人官僚)들이 금무조치와 의료지식 전파의 주도자라는 점을 감안하여, 당대 의료에 있어서의 이론적·제도적 발전이 관료와 지식인들의 인식과 행동에 미친 영향에 대해 고찰해보겠다. 동시에 의료지식의 전달경로에 대한 추적을 통해서 금무조치와의 연관관계에 대해서도 검토해보겠다. 이를 통해서, '의술'이라는 실용적인 지식체계의 새로운 발전과 확산이 장기적으로 '주술'에 의해 지배되어온 종교신앙과 의료 환경에 미친 영향에 대해서 종합적으로 평가해보고자 한다.

2. 당대 무자의 사회적 영향력과 의료행위

1) 당대 무자의 사회 활동과 그 위상

전통시대에 무자는 신과 소통하는 신령한 능력을 통해서 사회적으로 다양한 영향력을 발휘해왔다. 상고시기 무축의 정치적 위상에 대해서는 다소 이견이 존재하는데, 장광즈[張光直]나 천멍자[陳夢家]는 무를 핵심 권력집단의 일원으로 파악하는 데 비해서,[13] 라오종이[饒宗頤]나 리링[李零]은 정치적 영향력은 인정하면서도 신분 자체는 비천한 출신으로 상정하였다.[14] 어

어서 '醫學全面發展時期'로 평가함.

13 陳夢家,「商代的神話與巫術」,『燕京學報』 20, 1936, 485~576쪽. 張光直은 1987년 安陽에서 거행되었던 '中國殷商文化討論會'에서 陳夢家 논문의 영향력을 언급하면서 관련 학설을 지지했다. 이 부분에 대해서는 張光直,「商代的巫與巫術」,『中國靑銅時代(第二集)』, 臺北: 聯經, 1990, 41~48쪽.

14 饒宗頤,「歷史家對薩滿主義應重新作反思與檢討-巫的新認識」,『中華文化的過去·現在和未來』, 北京: 中華書局, 1992, 396~412쪽; 李零,『中國方術續稿』, 北京: 東方出版社, 2000, 41~78쪽.

쨌든 상(商)·주(周)시대에는 정도의 차이는 있겠지만 국가대사를 처리할 때 무자가 점복을 통해서 신의(神意)를 확인하는 절차를 주도한 만큼 정치적 영향력도 상당했다. 갑골문이나 금문 그리고 문헌자료에도 관무(官巫) 혹은 무관(巫官)이 국가대사에 관여하고 의례를 주재하는 내용이 곳곳에 기록되어 있다. 하지만 춘추시대 말기에 접어들면서, 무의 위상변화가 감지되는데, 통치자가 신과의 교류행위라 할 수 있는 제사에 직접 개입하면서 무자들은 점차 국가의례에서 주도권을 상실하게 되었다. 무의 신분추락은 '민무(民巫)'의 출현을 통해 보다 더 분명하게 확인된다. 통치자의 후원을 통해서 특권을 보장받았던 관무집단이 스스로 민간에서 생활비를 구해야 하는 신세로 전락하였다. 물론 민무의 출현은 '예붕악괴(禮崩樂壞)', '왕관실수(王官失守)'로 표현되는 봉건체제의 해체와 관련이 있다. 지배층이 독점하던 왕관(王官)의 지식과 기술이 제자백가(諸子百家)의 흥기로 새로운 국면을 맞게 되면서, 무자도 전에 없던 도전에 직면하게 된 것이다.[15]

무의 정치적·사회적 위상은 진한제국 시기에 편호제민(編戶齊民) 체제가 완비되면서 더욱 빠른 속도로 추락한다. 전한의 '팔무(八巫)'나 후한의 '가무(家巫)'처럼 관료기구 내에 여전히 일정 수의 관무가 존재했고, 지방에서도 정부가 주관하는 지방제사에 참여했지만 그 지위는 지속적으로 하락했다. 이러한 경향은 한무제 이후 유생들이 관료조직의 핵심구성원으로 자리를 잡기 시작하고, 후한 이래로 찰거(察擧)나 벽소(辟召) 같은 유생중심의 선거제도(選擧制度)가 본격적으로 영향력을 발휘하면서 심화된다. 유교경전과 그 이론에 부합치 않는 지식은 '사술'이나 '이단(異端)'으로 낙인이 찍혔고, 무

---

15 林富士는 魯 僖公21년(639BC)에 臧文仲이 기우제인 焚巫尫의 효력에 의문을 제기하고, 魯 昭公18년(524BC)에는 鄭國의 大夫 子産이 주술을 통해 禳災하는 것을 거부하는 등의 『左傳』의 기사와 魯 穆公시기에 縣子가 '舞雩'를 통해 기우제를 드리던 女巫를 '愚婦人'으로 업신여기던 『禮記』기사를 인용하여 그 지위의 변화를 지적하였다. 물론 제자백가의 학인들은 더욱 날카로운 비판을 내놓았는데, 한비자는 儒者들의 '不實'과 '無用'을 巫祝에 빗대어 비판하였다[林富士, 앞의 글, 79~105쪽].

자 역시 사술의 집행자로 멸시 당하였다. 시(市)에 거주하며 영업하는 무는 시적(市籍)을 갖기 때문에 입사하는 길도 제도적으로 봉쇄되었다. 무는 점차 정당한 노동을 회피하고 거짓말을 일삼는 집단처럼 매도되기 시작했다.[16] 후한대에는 환담(桓譚)·왕충(王充)·반고(班固)·왕부(王符)·중장통(仲長統) 등 당대(當代) 최고의 지식인들로부터 백성들을 현혹하는 집단이라는 십자포화를 받게 된다.[17] 물론 정치적 위상의 추락과 지식인들의 비판이 무자의 영향력 자체가 감소했음을 시사하는 것은 아니다. "가항유무, 여리유축(街巷有巫, 閭里有祝)"[18]이라는 『염철론(鹽鐵論)』의 언급처럼, 관료기구에서 배제된 무자들은 기층사회로 더욱 깊숙이 침투해갔다. 여전히 주술적 사유에 의해 지배되던 민간사회에서 점복·기우·염승(厭勝) 그리고 치병(治病) 등의 다양한 주술활동을 통해서 그 영향력을 행사해 왔다.[19]

당대에 있어서 무의 존재양태와 사회적 위상에 관해서는 나카무라 지혜에[中村治兵衛]가 전면적인 연구를 진행한 바 있다. 당대 무의 존재 양태에 있어서 우선적으로 주목되는 것은 관료조직 내에 관무가 잔존해있었다는 점이다. 무가 여전히 공식적으로 율령체제(律令體制)에 편제되어 있었던 것이다. 『당육전』 권14를 보면 태상시(太常寺) 예하 태복서(太卜署) 조항에 "令一人, 丞二人, 卜正二人, 卜師二十人"과 함께 "巫師十五人"이 명기되어 있다.[20] 중국황제는 기본적으로 군사·행정·재정·사법 등 세속적인 권력과

---

16 이처럼 巫가 관료체계에서 배제되면서 민간의 巫들은 존경의 대상이 될 수 없었고, 巫를 무시하고 경계하는 내용이 문헌상에 증가하는 추세를 보이는데, 成帝 綏和2년(7BC)에 太常을 역임했던 杜業은 관리가 巫를 신용하는 것은 "경술에 위배되고, 좌도에 현혹된 것(背經術, 惑左道)"이니 '大辟'죄에 해당된다는 언급까지 한다[『漢書』, 卷60, 〈杜周傳〉, 2679~2680쪽].
17 林富士, 앞의 글, 114~120쪽.
18 『鹽鐵論』卷6,〈散不足〉, 57쪽.
19 林富士,『漢代的巫者』, 臺北: 稻鄉出版社, 1999, 49~86쪽.
20 『唐六典』太常寺 卷第十四(北京: 中華書局, 1992, 411~412쪽): "太卜署, 令一人, 正八品下. 丞二人, 正九品下. 卜正二人, 從九品下. 卜師二十人, 巫師十五人."

더불어 '관상수시(觀象授時)'와 '국가제사'를 주재하며 우주질서의 운행원리에 순응하고 동참하는 사제(司祭)로서의 특징을 가지고 있었다.[21] 관무는 바로 사제인 천자의 역할을 보조하는 기능을 수행한 것이다. 이와 더불어 태복서(太卜署)의 대나례(大儺禮) 관련 기록을 볼 때 주술적 의례를 통해 궁내의 평안을 기구하는 역할도 함께 수행했음을 알 수 있다. 다만 무사 관련 조목에 "隋太卜署, 有男巫十六人 女巫八人"[22]라고 주기(注記)가 달려있는 것으로 볼 때, 태복서 소속 무의 인원수가 수대에는 24인이었는데 당대에 15인으로 감소했음을 알 수 있다. 송대 이후에는 태복서가 사천대에 예속되어 아예 전담 관료가 설치되지 않았으며 무사 역시 별도로 임명되지 않았다. 관료기구의 편제상에 더 이상 관무가 보이지 않는다는 점[23]을 감안할 때, 당대는 관무제도에 있어서 과도기적 특징을 보여주는 시기라고 말할 수 있다.

이처럼 당대의 전반적인 추세는 관무의 수가 감소하면서 형해화되고, 무의 활동 역시 제도적으로 보장되지는 않았다. 그럼에도 무자들은 여전히 주술적인 사유에 의해 지배되던 종교신앙적 심성을 적극 활용하여 황실부터 기층사회에 이르기까지 다양한 영향력을 발휘하였다. 당대 무의 활동은 수당 교체기부터 이미 사료 상에 빈번하게 출현한다. 전쟁이라는 비상상황 중에 무축들은 여러 군진(軍陣)에서 중요한 역할을 수행하였다. 당시 왕세충(王世忠)은 강력한 경쟁자인 이밀(李密)이 우문화급과의 격전으로 피로한 틈을 타서 급습하려고 했다. 왕세충은 자신의 병력 다수가 민간신앙의 전통이 강한 초(楚) 지역 출신자들로 구성되었기 때문에, 주술적 사유

---

21 中村治兵衛,「中國古代の王權と巫覡」,『東アジア世界における社會と習俗』四, シャーマニズム, 學生社, 1984, 201쪽.
22 『唐六典』, 太常寺 卷第十四, 412쪽.
23 『文獻通考』卷55, 職官9〈太常卿〉(臺北: 臺灣商務印書館, 1987, 499쪽): "宋以太卜隸司天臺, 然不置專官.", 宋代 官巫에 대해서는 中村治兵衛,『中國シャーマニズムの研究』第四章,「北宋朝と巫」, 東京: 刀水書房, 1992, 85~86쪽 참조.

를 적극 활용하였다. 군 내부로 무자를 침투시켜 이밀의 군대를 궤멸시키지 못하면 오히려 역병으로 전멸할 수도 있다는 소문을 퍼뜨렸고, 낙수에 주공사(周公祠)를 건립하여 막후에서 주공이 비호해준다면서 출장을 독려했다.[24] 왕세충 이외에도 설거(薛擧)나 이궤(李軌) 등 거의 모든 진영에서 무들이 활동했는데, 특히 이궤에 대해서는『구당서』의 작자조차 "숭신요무(崇信妖巫)"했다는 비판을 제기하기도 했다.[25]

당 건국 이후 무자들은 황제나 황후의 요청에 의해서, 혹은 사적인 친분관계를 이용해서 황실내부에서 영향력을 발휘하기도 했다. 잔인하게 왕황후(王皇后)와 소숙비(蕭淑妃)를 제거하고 황후에 오른 무측천은 밤마다 두 사람이 머리를 풀어 헤치고 피를 흘리는 여귀의 모습으로 출현하는 악몽에 고통스러워 하다가, 무축을 불러 '해사(解謝)'를 통해 살풀이를 한 바 있다. 후에 무측천은 봉래궁(蓬萊宮)으로 옮겨 거주했는데, 또 다시 여귀가 출몰하자 결국 거처를 낙양으로 옮기게 되었다.[26] '철의 여인'으로 회자되는 무측천조차 주술적인 집단 심리로부터 자유롭지 못했고 무축들과도 일정한 관계를 형성하였음을 반영해준다. 당대 황제들 가운데 무축과 가장 친밀한 관계를 유지했던 것은 숙종이었다. 숙종은 '요인(妖人)'으로 불리던 왕여(王璵)를 재상으로 기용하였다. 지방순시나 대형공사가 있을 때마다 무온(巫媼)을 시켜 염승(厭勝)이나 금기(禁忌)를 동원했으며, 좌도(左道)를 통해 환심을

---

[24] 『舊唐書』卷54, 列傳第4〈王世充〉, 2230쪽: "未幾, 李密破化及還, 其勁兵良馬多戰死, 士卒疲倦. 世充欲乘其弊而擊之, 恐人心不一, 乃假託鬼神, 言夢見周公. 乃立祠於洛水, 遣巫宣言周公欲令僕射急討李密, 當有大功, 不則兵皆疫死. 世充兵多楚人, 俗信妖言, 衆皆請戰."

[25] 『舊唐書』卷55, 列傳第5〈劉黑闥 徐圓朗〉, 2261쪽: "史臣曰: 薛擧父子勇悍絕倫, 性皆好殺, 仁杲尤甚, 無恩衆叛, 雖猛何爲. 李軌竊據鷹揚, 僭號河西, 安隋朝官屬, 不奪其財, 破李贇甲兵, 放還其衆, 是其興也. 及殺害謀主, <u>崇信妖巫</u>, 衆叛親離, 其亡也宜哉."

[26] 『新唐書』卷76, 列傳第1〈后妃(上) 高宗王皇后〉3474쪽: "初, 詔旨到, 后再拜曰:"陛下萬年! 昭儀承恩, 死吾分也." 至良娣, 罵曰: "武氏狐媚, 飜覆至此! 我後爲猫, 使武氏爲鼠, 吾當扼其喉以報." 后聞, 詔六宮毋畜猫, 武后頻見二人被髮瀝血爲厲, 惡之, 以巫祝解謝, 卽徙蓬萊宮, 厲復見, 故多駐東都."

얻은 여간(黎幹)을 경조윤에 기용하기도 했다. 동궁시절부터 이를 목격하며 환멸을 느낀 덕종은 즉위 후 바로 내도량(內道場)과 무축 제사를 전면 중단시키기도 했다.²⁷ 왕여는 선왕인 현종에게도 총애를 받았다. 현종에게 동교(東郊)에서 청제(靑帝)를 지낼 것을 권유하는 등 국가제사의 거행에도 관여했으며, 의례거행 시에 지전(紙錢)을 불사르는 등 유교식 국가제사에 주술을 도입하기도 했다. 한번은 숙종이 병을 앓은 적이 있었는데, 이때에도 여무(女巫)를 대거 파견하여 명산대천 제사를 주재하게 하였다. 당시 여무들은 악소년(惡少年)들과 함께 어울리며 백성들의 재산을 갈취하는 등 사회문제를 야기하기도 했다.²⁸

황실 뿐 아니라 관료들도 집안에 골치 아픈 문제가 생기면 수시로 무를 불러들였다. 개국공신인 유문정(劉文靜)의 집안에서도 요괴(妖怪)가 수차례 출몰하여 무를 불렀더니 별밤에 머리를 풀어 헤치고 입에 칼을 물고는 염승을 행했다고 한다.²⁹ 중종 때 조언소(趙彦昭)는 황실의 신뢰를 받던 여무

---

27 『舊唐書』卷130, 列傳第80〈李泌 子繁 顧況〉, 3622~3623쪽: "德宗初卽位, 尤惡巫 祝怪誕之士. 初, 肅宗重陰陽祠祝之說, 用妖人王璵爲宰相, 或命巫媼乘驛行郡縣以禳勝. 凡有所興造功役, 動牽禁忌. 而黎幹用左道位至尹京, 嘗內集眾工, 編刺珠繡爲御衣, 既成而焚之, 以爲禳禬, 且無虛月. 德宗在東宮, 頗知其事, 卽位之後, 罷集僧於內道場, 除巫祝之祀."

28 『舊唐書』卷130, 列傳第80〈王璵〉, 3617~3618쪽: "王璵, 少習禮學, 博求祠祭儀注以干時. 開元末, 玄宗方尊道術, 靡神不宗. 璵抗疏引, 古今祀典, 請置春壇, 祀青帝於國東郊, 玄宗甚然之, 因遷太常博士·侍御史, 充祠祭使. 璵專以祀事希倖, 每行祠禱, 或焚紙錢, 禱祈福祐, 近於巫覡, 由是過承恩遇. 肅宗卽位, 累遷太常卿, 以祠禱每多賜賚. 乾元三年七月, 兼蒲州刺史, 充蒲·同·絳等州節度使. 中書令崔圓罷相, 乃以璵爲中書侍郎·同中書門下平章事. 人物時望, 素不爲眾所稱, 及當樞務, 聲問頓減. 璵又奏置太一神壇於南郊之東, 請上躬行祀事. 肅宗嘗不豫, 太卜云:"崇在山川." 璵乃遣女巫分行天下, 祈祭名山大川. 巫皆盛服乘傳而行, 上令中使監之, 因緣爲姦, 所至干託長吏, 以邀賂遺. 一巫盛年而美, 以惡少年數十自隨, 尤蠱弊, 與其徒宿於黃州傳舍. 刺史左震晨至, 驛門扃鐍, 不可啟, 震破鎖而入, 曳女巫階下斬之, 所從惡少年皆斃. 閱其贓賂數十萬, 震籍以上聞, 仍請贓錢代貧民租稅, 其中使發遣歸京, 肅宗不能詰. 肅宗親謁九宮神, 慇懃於祠禱, 皆璵所啟也."

29 『舊唐書』卷57, 列傳第7〈劉文靜〉, 2293쪽: "會薛舉寇涇州, 命太宗討之, 以文靜爲元帥府長史. 遇太宗不豫, 委於文靜及司馬殷開山, ……家中妖怪數見, 文起憂之, 遂召巫者於星下被髮銜刀, 爲厭勝之法."

조오낭(趙五娘)을 고모라고 부르면서 극진하게 모셨는데, 『신당서』는 그가 재상에 오를 수 있었던 것은 순전히 '무력(巫力)'때문이었다고 기록하기도 했다.30 이처럼 황실과 관료의 가문에서 벌어진 무의 활동과 영향력은 유교정치로 분식된 당대 정치현상의 이면에 존재했던 주술세계의 실태를 그대로 반영해준다고 볼 수 있다.

물론 대다수의 무자들은 강남을 위시한 전국 각지의 민간사회에 폭넓게 존재하면서 기층민들의 사회활동에도 적지 않은 영향을 미치고 있었다. 그들 가운데 접신을 통해서 처음으로 무의 길에 들어선 사람도 있었지만, 원진(元稹)의 새신시(賽神詩)에 반영되었듯이 대다수의 무는 신분적으로 세습되고 있었다.31 나카무라는 당대의 무를 개략적으로 도시에 기거하거나 아예 가중(街中)에 점포를 차려놓고 주로 객의 요청에 의해 주술을 행하던 부류와 사(社)·사(祠)·묘(廟) 등 종교적 건축물에 기거하며 사묘를 관리하고 거민들의 신앙행위를 인도하던 부류로 분류하였다. 일부 사묘에는 아예 무사(巫舍)가 부설되어 있어서 무들이 상주했는데 이들 역시 요청이 있으면 손님의 집을 방문하여 주술을 행하기도 하였다.32

---

30 『舊唐書』卷92, 列傳第42〈趙彥昭〉, 2968쪽: "殿中侍御史郭震奏: "彥昭以女巫趙五娘左道亂常, 託爲諸姑, 潛相影援. 旣因提挈, 乃踐台階. 驅車造門, 著婦人之服; 攜妻就謁, 申猶子之情. 于時南憲直臣, 劾以霜憲, 暫加微貶, 旋登寵秩. 同惡相濟, 一至於此. 乾坤交泰, 宇宙再淸, 不加貶削, 法將安指? 請付紫微黃門, 準法處分." 俄而姚崇入相, 甚惡彥昭之爲人, 由是累貶江州別駕, 卒. 『新唐書』卷123, 列傳第48〈趙彥昭〉, 4377쪽: "彥昭少豪邁, 風骨秀爽. 及進士第, 調爲南部尉. 與郭元振·薛稷·蕭至忠善.……彥昭本以權幸進, 中宗時, 有巫趙挾鬼道出入禁掖, 彥昭以姑事之. 嘗衣婦服, 乘車與妻偕謁, 其得宰相, 巫力也. 於是殿中侍御史郭震劾暴舊惡. 會姚崇執政, 惡其爲人, 貶江州別駕, 卒."

31 元稹, 賽神詩(一): "村落事妖神, 林木大如村. 事来三十載, 巫覡传子孙. 村中四时祭, 杀尽鸡与豚.……"

32 祠에 巫가 거주했던 사실은 왕유가 하남도 鄆州의 魚山神女祠를 소재로 지은 魚山神女祠歌와 두보가 廣德원년(763)에 劍南道에서 南池에서 지은〈詩南池〉를 위시하여 많은 사료에서 보이며, 廟에 무측이 있었다는 사실도 王建의 華嶽廟, 劉禹錫의 陽山廟 등의 시에서 확인된다. 당대 村이나 里로 불리는 취락에는 향촌 수호신인 社神이나 土地神을 모시는 社가 있었는데, 村社 혹은 里社로 불렀다. 元稹의〈古社〉와 白居易의〈和古社〉에서는 울창한 고목에 둘러싸인 祭壇과 社를 읊은 바 있다. 왕유는〈涼州郊外遊

물론 그들은 다양한 존재양태를 갖고 있었고 영향력 또한 천차만별이었다. 수공4년[688] 6월, 적인걸이 강남일대에서 음사철폐를 단행할 때, 당시 넓은 제사권을 형성하고 있었던 항우묘(項羽廟)와 관련해서 요동(遼東) 원정 때에 항우신이 음조했다면서 당조에 대한 공헌을 거론하며 지역의 부로(父老)들까지 나서 사묘의 보전을 청원하는 사료가 전해지고 있다.[33] 『구당서』에는 문종 태화연간[827~835]에 빈녕절도사(邠寧節度使)로 부임한 이청(李聽)이, 건물에 손을 대면 변고가 생길 수 있다는 무의 분부를 받들어 아청(衙廳)을 수리도 하지 않은 채 그대로 방기하고 있는 상황을 개탄하는 내용도 보인다. 이러한 사실들은 무자들이 지역사회에서 일정한 영향력을 발휘하고 있었음을 간접적으로 반영해주는 것이다.[34]

자연재해와 같은 공공의 위기에 직면하게 되면, 지역사회에서 무의 영향력은 더욱 극대화되었다. 국가의 사전(祀典)에 관련 제사가 다양하게 구비되어 있었지만, 무축들은 기층사회의 신앙적 정서를 기반으로 해결사로 등장하여 주술을 통해서 방재(防災)의례를 주재하곤 했다. 앞에서 언급했지만, 백거이(白居易)는 '흑담(黑潭)의 용'에 빗대어 탐관오리를 질타하면서, 풍흉과 홍수·한발·역질 등으로 인해 조석으로 거행되는 모든 제사와 굿이 무에 의지한다고 개탄한 바 있다.[35] 무자들은 마을의 중앙에 자신들이 섬

望)이라는 시에서 서북지역인 隴右道 涼州에 있는 社의 巫를, 원진은 賽神詩(二)에서 장강 중류지역의 社巫를 각각 언급한 바 있다[中村治兵衛, 「唐代の巫」, 『中國シャーマニズムの硏究』, 東京: 刀水書房, 1992, 30~31쪽].

33 관련 내용은 金相範, 「國家禮制와 民間信仰의 충돌-당초 적인걸의 음사철폐조치를 중심으로」, 『中國史硏究』 第17輯, 2002.2를 참조.

34 『舊唐書』 卷133, 列傳第83 〈李聽〉, 3684쪽: "今李聽罪狀夙聞, 中外憤惋, 比之常淸等輩, 萬萬過之. 若陛下猶示含弘, 不寘極法, 臣等恐憲章墜地, 天下寒心, 伏請付法, 上不之罪, 罷兵柄, 爲太子少師. 聽頗賂遺權幸以爲援, 居無何, 復檢校司徒, 起爲邠寧節度使. 邠州衙廳, 相傳不利葺修, 以至隳壞, 聽曰: "帥臣鑿凶門而出, 豈有拘于巫祝而隳公署耶!" 遂命葺之, 卒無變異. 大和六年, 轉武寧軍節度使."

35 白居易著·朱金城箋校, 『白居易集箋校』 卷第4, 諷諭4 〈黑潭龍疾貪吏也〉, 上海古籍出版社, 1988, 256~257쪽.

기는 신상(神像)이나 토룡 따위를 세워 놓고, 주술을 통해 기우제나 기청제(祈晴祭)를 주재하였다. 대종(代宗) 영태[永泰, 765]초년에 북정행영(北庭行營)의 빈녕절도사(邠寧節度使)를 역임한 마린(馬璘)은 "가뭄이 들면 이항(里巷)마다 토룡을 세우고 무축이 모여서 기도를 올린다"면서, 토룡을 철거하고 정치를 개선하는 것이 우선이라고 주장하기도 했다.36 대종 시기에 상곤(常袞) 역시 안사의 난 이후 경기 일대의 호구 수가 회복되지 못한 상황에서 '사경조상(寫經造像)'과 '분폐매옥(焚幣埋玉)'을 위해 사원이나 사묘의 비구·도사·무축들에게 하사되는 돈이 거액에 달한다며 시정을 요청하는 상주를 올린 바 있다.37 당대 지역사회에 있어서 무자들의 실질적인 위상과 영향을 적나라하게 보여주는 사례라고 할 수 있다.

물론 다수의 무들은 그들의 신앙거점인 사묘에서 개별적으로 제사를 주재하고, 의뢰인들의 장래와 운명 특히 안위와 길흉 등을 판별해 주거나, 불안한 미래를 예측해주는 일에 종사했다. 때로는 죽음과 혼령 등 공포심을 야기하는 문제에 관해서 상담해주었으며, 재앙을 극복할 수 있는 묘책을 제시해 주기도 했다. 『신당서』〈여향전(呂向傳)〉에 보이는 바처럼, 잃어버린 모친의 분묘를 찾아주고, 생사를 알 수 없는 부친의 혼령을 불러 합장하는 일을 도와주기도 했다.38 전술한 바와 같이 당대 개국 이래로 중앙과 지방의 관료들에 의해서 금무조치와 음사철폐가 부단히 단행되었지만 기층사회의 집단적인 정서는 쉽게 변하지 않았다.

36　金相範,「唐代 自然災害와 民間信仰」,『東洋史學研究』第106輯, 2009.3, 66쪽.
37　『新唐書』卷150, 列傳第75〈常袞〉, 4809쪽: "今諸道饋獻, 皆淫侈不急, 而節度使·刺史非能男耕而女織者, 類出於민, 是斂怨以媚上也, 請皆還之. 今軍旅未寧, 王畿戶口十不一在, 而諸祠寺寫經造像, 焚幣埋玉, 所以賞賚若比丘·道士·巫祝之流, 歲巨萬計. 陛下若以易芻粟, 減貧民之賦, 天下之福豈有量哉!" 代宗嘉納.
38　『新唐書』卷202, 列傳第127 文藝中〈呂向〉, 5758쪽: "始, 向之生, 父岌客遠方不還. 少喪母, 失墓所在, 將葬, 巫者求得之. 不知父在亡, 招魂合諸墓. 後有傳父猶在者, 訪索累年不獲. 它日自朝還, 道見一老人, 物色問之, 果父也. 下馬抱父足號慟, 行人爲流涕."

2) 당대 무자의 의료행위 실태

이처럼 지역사회에서 활동하는 무의 중요한 사회적 역할 가운데 하나가 바로 주술을 이용한 의료행위였다. 주술과 의술의 명확한 구분이 없던 시기에, 질병에 대한 치료는 무가 전담했다. 이들이 오랫동안 치료를 담당할 수 있었던 것은 질병의 원인을 파악하는 질병관(疾病觀)과 일정한 관련이 있다. 전통시대 다수의 중국인들은 질병이 귀신과 같은 초자연적인 존재에 의해 발병한다고 생각했다. 그들은 무가 귀신을 제어하고 조종할 수 있는 있는 영력을 가졌다고 생각했다. 귀신에 의해 발생하는 질병 역시 당연히 무자들만이 해결할 수 있다고 인식하였다. 황제(黃帝)와 제요(帝堯)의 전설에 등장하는 의관의 이름이 '무함(巫咸)'과 '무팽(巫彭)'이었다는 사실은 무가 의료행위를 주관했음을 시사해 주는 것이다.

한대 이래로 질병의 치료 주체가 분화되는 추세를 보이는데, 정부와 민간을 불문하고 의(醫)·도(道)·무(巫) 세 집단이 의료행위를 주도하게 된다. 의료행위에 있어서 의원의 의술과 도사(道士)의 법술(法術) 그리고 무자의 주술이 혼용되던 시기였다.[39] "환자를 보면 도사는 주장(奏章)을 권하고, 승려는 재회(齋會)와 강경(講經)을 권하며, 무자는 귀화(鬼禍)를 해소시키려고 힘쓰는데, 의원의 진료는 탕약·고약·가루약·환약 등을 통해 이루어진다"[40]는 『남사(南史)』의 기록은 위진남북조 시대에 이들 세 집단이 진료방식에 있어서도 차이를 보였음을 반영해주는 것이다. 그럼에도 불구하고 실제적인 정황을 종합해보면, 무자들이 환자와 질병의 종류에 상관없이 치료사로서 전방위적 영향력을 발휘했다는 것이 연구자들의 일반적인 견해이다.[41]

---

[39] 金仕起,「古代醫者的角色」,『新史學』第6卷, 1995-1.
[40] 『南史』卷70, 列傳第60 循吏〈郭祖深〉, 1720~1721쪽: "臣見疾者詣道士則勸奏章, 僧尼則令齋講, 俗師則鬼禍須解, 醫診則湯熨散丸, 皆先自爲也."

수당대에 들어서면서 의료지식과 의술의 보급이 전에 없이 확대되지만, 대다수의 사람들은 발병의 원인을 여전히 초자연적인 요인에서 찾고 있었고, 무에게 치료를 의뢰했다. 수 양제 때 원덕태자(元德太子) 양소(楊昭)가 갑자기 병에 걸리자 치료를 담당한 무는 폐태자(廢太子) 방릉왕(房陵王) 양용(楊勇)의 귀신이 붙어서 생긴 '귀병(鬼病)'이라는 진단을 내놓았다.[42] 무덕원년[618]에 설거(薛擧)의 군대는 유문정(劉文靜)과 은개산(殷開山)이 이끌던 당군(唐軍)을 대파하고 소란에 휩싸인 장안을 직접 공략할 계획을 세우고 있었는데, 출정을 앞두고 갑자기 설거가 쓰러졌다. 설거는 적군을 생포하면 혀나 귀를 잘라 죽이는 것은 예사이고 심지어 커다란 방아에 넣어 빻아 죽일 정도로 잔인했는데, 치료를 위해 달려온 무축은 원한에 맺힌 당군의 귀신이 붙어 생긴 병이라고 진단했고 설거는 급서했다.[43] 『조야첨재(朝野僉載)』에도 주윤원(周允元)이라는 관리가 귀신이 붙어 급사하는 설화가 전한다. 당시 한 의원이 태평공주(太平公主)의 부름을 받고 광정문(光政門)으로 입궐하던 중 봉각시랑(鳳閣侍郎) 주윤원의 등 뒤에 세 명의 귀신이 따라붙는 것을 목격하고, 이를 무측천에게 보고하자 즉각 급사(給使)를 보냈지만 주윤원은 이미 뒷간에서 쓰러진 후였고 결국은 회복하지 못하고 3일 만에 죽었다는 내용이다.[44] 질병의 원인으로 귀신을 지목하고 있는 만큼 치료 역시 당연하게 무에게 의뢰한 것이다.

때로는 귀신 대신에 당시 사람들이 사악한 생물로 터부시 하던 뱀이나 벌레를 병인(病因)으로 간주하던 사례도 적지 않았다. 당시 도성과 주(州)·군(郡)의 시장에는 고독(蠱毒)을 전문적으로 제거하는 의원들이 상주했다고

41　林富士,「中國六朝時期的巫覡的巫覡與醫療」,『歷史語言研究所集刊』70本 第1分, 1999.
42　『隋書』 卷63, 〈樊子蓋傳〉, 1493쪽.
43　『舊唐書』 卷55, 列傳第5〈薛擧〉, 2247쪽: "郝瑗言於擧曰:"今唐兵新破, 將帥並擒, 京師騷動, 可乘勝直取長安." 擧然之. 臨發而擧疾, 召巫視之, 巫言唐兵爲祟, 擧惡之, 未幾而死. 擧每破陣, 所獲士卒皆殺之, 殺人多斷舌·割鼻, 或碓擣之."
44　張鷟 撰,『朝野僉載』 卷1, 唐宋史料筆記叢刊, 中華書局, 1997, 3쪽.

한다. 『태평광기(太平廣記)』에는 의원이 낭중(郞中) 안수(顏燧)의 하녀 입에서 뱀을 끄집어내서 태워버리자 몇 년째 심장과 간을 쪼는 듯한 증상이 말끔하게 없어졌다는 고사[45]와 고변(高騈)이 유양절도사(維揚節度使)로 재임하던 시절에, 한 술사(術士)가 복전원(福田院)에서 데려온 나병환자에게 유향주(乳香酒)를 먹여 실신케 한 뒤 뇌를 갈라 벌레를 제거하자 열흘 만에 나병이 완치되었다는 내용 등이 전한다.[46]

현종의 총애를 받던 무혜비(武惠妃)는 아들인 수왕(壽王) 이모(李瑁)를 황태자(皇太子)로 책봉하기 위해서, 태자 이영(李瑛)과 이요(李瑤), 이거(李瑤) 등이 역모를 꾀한다며 고발하여 이들을 폐위시킨뒤 사약을 내려 제거한 바 있다.[47] 그런데 밤마다 세 서인(庶人)의 귀혼(鬼魂)이 나타나 병환을 얻게 되었는데, 그녀 역시 흥경궁(興慶宮)에 무자를 불러들여 한 달 동안이나 기도를 올리며 치료를 받았다.[48] 결국 회복하지 못하고 개원25년[737] 12월 죽게 되지만, 기층사회 뿐 아니라 황실내부에서도 질병의 원인을 귀신과 관련지어 생각하고 치료사로 무자를 기용하던 습속이 지속되었음을 반영해준다. 이러한 관념은 당대인들의 심성 속에 깊숙이 자리 잡고 있었기 때문에 주술을 활용한 무의 의료행위도 여전히 유지되고 있었던 것이다. 비슷한 시기에, 병석에 있던 이임보(李林甫)가 황제의 화청궁(華淸宮) 방문에 동행했다가 병세가 더욱 악화되었는데, 무가 황제를 알현하면 차도가 있을 것이라고 하여, 소식을 접한 현종(玄宗)이 만나려고 했으나 군신(群臣)들의 반대로

---

[45] 『太平廣記』 卷219, 〈顏燧〉(출처는 『玉堂閑話』), 2556쪽.
[46] 『太平廣記』 卷219, 〈高騈〉(출처는 『玉堂閑話』), 2553쪽.
[47] 이 사건에 대해서는 許道勛・趙克堯, 『唐玄宗傳』, 臺北: 臺灣商務印書館, 1992, 382~393쪽 참조.
[48] 『舊唐書』 卷107, 列傳第57 〈玄宗諸子 庶人瑛〉, 3260쪽: "林甫曰: "此蓋陛下家事, 臣不合參知." 玄宗意乃決矣. 使中官宣詔於宮中, 並廢爲庶人, 鐳配流, 俄賜死於城東驛. 天下之人不見其過, 咸惜之. 其年, 武惠妃數見三庶人爲祟, 怖而成疾, 巫者祈請彌月, 不瘥而殞."

할 수 없이 강성각(降聖閣)에 올라 멀리서 홍색 수건을 흔들며 위로해 주었다고 한다.⁴⁹ 정원(貞元)10년[794], 소의절도사(昭義節度使)·검교사공(檢校司空)·평장사(平章事) 이포진(李抱眞)이 덕종(德宗)에게 강직(降職)을 요청해왔는데, 중병에 걸려 무축을 찾았더니 관직을 낮추라고 해서 청하게 되었다고 한다.⁵⁰ 관료를 포함하는 다수의 사람들이 여전히 무축을 신뢰했기 때문에, 환자나 주변 사람들도 치료와 관련된 무의 요청을 수락했던 것으로 추정된다.

하지만 당대에는 이처럼 주술이 만연한 가운데에서도, 무자의 의료행위와 주술을 대하는 환자들의 태도에 미묘한 변화가 발생하였다. 우선 무자들이 치병주술에 약물치료를 도입한 사례가 주목된다. 『조야첨재』에는 학공경(郝公景)이라는 약초꾼이 저자거리를 지날 때 뭇 귀신들이 피하는 걸 보고는 무자가 그 약초를 넣은 '살귀환(殺鬼丸)'이라는 귀신 잡는 환약을 만들어 병자들을 구했다는 설화가 전한다.⁵¹ 『계신록(稽神錄)』에도 양주(揚州)의 목공(木工)이 손발이 오그라드는 병에 걸려 고생하다가 우연히 후토묘(后土廟) 앞에서 만난 도사가 건네 준 환약을 먹고 완쾌했다는 고사도 전한다.⁵² 도교의학의 내부적 발전과 더불어 다양한 경로를 통해 의방(醫方)이나 약방(藥方)이 보급되면서, 무자나 도사들도 주술과 더불어 약물치료를

---

49 『舊唐書』卷106, 列傳第56〈李林甫〉3240쪽: "林甫時已寢疾. 其年十月, 扶疾從幸華清宮, 數日增劇, 巫言一見聖人差減, 帝欲視之, 左右諫止. 乃敕林甫出於庭中, 上登降聖閣遙視, 舉紅巾招慰之, 林甫不能興, 使人代拜於席. 翌日, 國忠自蜀還, 謁林甫, 拜於牀下, 林甫垂涕託以後事. 尋卒, 贈太尉·揚州大都督, 給班劍·西園秘器. 諸子以吉儀護柩還京師, 發喪於平康坊之第." 『新唐書』卷223(上), 列傳第148(上), 姦臣(上)〈李林甫〉, 6347쪽: "是時已屬疾, 稍侵. 會帝幸溫湯, 詔以馬輿從, 御醫珍膳繼至, 詔旨存問, 中官護起居. 病劇, 巫者視疾云: '見天子當少間.' 帝欲視之, 左右諫止. 乃詔林甫出廷中, 帝登降聖閣, 舉絳巾招之, 林甫不能興, 左右代拜."

50 『舊唐書』卷13, 本紀第13〈德宗(下)〉378쪽: "己亥, 昭義節度使·檢校司空·平章事李抱眞請降官, 乃授檢校左僕射. 時抱眞病, 巫祝言宜降爵, 故有是請."

51 張鷟 撰, 『朝野僉載』卷1, 唐宋史料筆記叢刊, 中華書局, 1997, 4쪽.

52 『太平廣記』卷220,〈廣陵木工〉(출처는 『稽神錄』), 2563쪽.

병행했음을 보여주는 사례이다. 의술의 진전이 무자들의 주술에도 영향을 미쳤을 개연성을 반영해 주는 것이다.

다양한 계층의 환자들이 무의 주술적 의료행위에 익숙해 있었지만, 점차 '의술'에 대한 신뢰도가 제고되면서 무자와 의원을 동시에 불러 치료하는 사례도 적지 않게 발견된다. 이적(李勣)이 여든에 가까운 고령에 병이 들자 가족들이 의원과 무당을 불렀는데, 이적 본인은 인생 팔십이 가까웠는데 명(命)이 아니겠냐면서 치료를 허락하지 않았다.[53] 『구당서』 외척열전에는 덕종(德宗)의 외삼촌 벌되는 오주(吳湊)가 노년에 병환을 앓게 되자, 관직을 사십년이나 했고 나이도 칠십이 넘었는데 더 바랄게 뭐가 있겠느냐면서 무의(巫醫)의 치료와 투약을 거부했다는 내용이 전한다.[54] 유사한 사례가 『태평광기』에 수록된 필기자료에서도 확인된다. 장안 신창방(新昌坊) 사람이 전염병에 걸려 의사와 무자를 모두 불렀으나 고치질 못하다가 비사문천왕(毘沙門天王)에 귀의하여 완치했다는 고사,[55] 건부(乾符)연간[874~880]에 온천현(溫泉縣)에 살던 위경(偉慶)이 큰돈을 벌었으나 갑자기 중병에 걸려 의원과 무축을 모두 불렀으나 효험이 없었다는 설화,[56] 수춘군(壽春郡) 주민

---

[53] 주목되는 것은 醫와 巫 둘 다 대문으로 들어오는 것조차 허락하지 않았다는 의미에서 "皆不許入門"으로 기록하고 있는 점이다. 『舊唐書』 卷67, 列傳第17 〈李勣〉, 2489쪽: "自遇疾, 高宗及皇太子送藥, 即取服之; 家中召醫巫, 皆不許入門. 子弟固以藥進, 勣謂曰: "我山東一田夫耳, 攀附明主, 濫居富貴, 位極三台, 年將八十, 豈非命乎? 修短必是有期, 寧容浪就醫人求活!"竟拒而不進."

[54] 『舊唐書』 卷183, 列傳第133 外戚 〈吳湊〉, 4749쪽: 湊於德宗爲老舅, 漢魏故事, 多退居散地, 纔免罪戾而已, 湊自貞元已來, 特承恩顧, 歷 中外顯貴, 雖聖獎隆深, 亦由湊小心辦事, 奉職有方故也. 湊既疾, 不召巫醫, 藥不入口, 家人泣而勉之, 對曰: 「吾以凡才, 濫因外戚進用, 起家便 授三品, 歷顯位四十年, 壽登七十, 爲人足矣, 更欲何求? 古之以親戚進用者, 罕有善終, 吾 得歸全以侍先人, 幸也.」德宗知之, 令御醫進藥, 不獲已, 服之. 貞元十六年四月卒, 時年 七十一, 贈尙書左僕射, 罷朝一日.

[55] 『太平廣記』 卷312, 〈新昌坊民〉(출처는 『唐闕史』): "……有居新昌里者, 因時疫, 百骸綿弱, 不能勝醫, 醫巫莫能療."

[56] 『太平廣記』 卷402, 〈偉慶〉(출처는 『三水小牘』): "偉慶者汝墳編戶也, 其居在溫泉. 至乾符末, 慶忽疾, ……雖醫巫並進, 莫有徵者.……"

정결(鄭潔)의 아내 이씨가 심장병에 걸려 의원과 무축을 불러 치료를 받았지만 결국 사망했는데, 저승에 갔다가 명이 다하지 않아서 살아 돌아왔다는 이야기 등등이 전한다.[57] 장기적으로 형성된 주술친화적 풍토로 인해 무자들이 의료행위를 주도할 수 있는 공간이 여전히 존재했지만, 그 속에서도 무자의 주술행위에 본초(本草)와 연관된 듯한 의술의 성과를 도입하거나, 환자들이 주술과 의술을 병행하는 미묘한 변화가 발생하고 있었던 것이다.

3. 당대 후기 의료 환경의 개선과 금무조치

1) 국가 의료체계의 확립과 의료 환경의 변화

이처럼 당대의 무자들은 기층사회의 신앙적 정서를 바탕으로 주민들의 일상생활과 긴밀한 관계를 형성하였고, 여전히 치료사로서의 위상을 유지하며 영향력을 발휘해 왔다. 그렇지만 당대에는 의학사에 있어서 중요한 변화도 발생하였는데, 의학이론체계의 정리와 의료정책의 확충이 이루어졌고 특히 주술과 불가분의 관계를 가졌던 질병에 대한 인식에 있어서 새로운 변화가 발생한다는 점이 주목된다.

먼저 당대 전기에 진행된 의료지식과 의서의 정리 사업에 대해서 살펴보겠다. 위진남북조 시기에는 본초와 침구(鍼灸) 관련 지식들이 다양한 학파를 이루며 발전했는데, 통일제국의 성립과 더불어 의학도 국가주도의 통합적 학술사업을 통해서 새로운 발전을 모색하게 된다. 외적인 제도의 변

---

57 『太平廣記』 卷380, 〈鄭潔〉, 4879쪽(출처는 『博異記』, 明鈔本作出 『廣異記』): 鄭潔, 本滎陽人, 寓於壽春郡, 嘗以假攝丞尉求食. 婚李氏, ……開成五年, 四月中旬, 日向暮, 李氏忽得心痛疾, 乃如狂言, 拜於空云: "且更乞"須臾間而卒, 唯心尙暖耳. 一家號慟, 呼醫命巫, 竟無効者, 有備死而已. ……"

혁이 의학발전을 견인한 것인데, 예학(禮學)·경학(經學)·사학(史學) 등과 마찬가지로 의학 역시 이러한 맥락 속에서 학설의 정리와 제도의 정비가 이루어졌다. 정부는 학자들을 소집하여 각 학파들의 이론들을 정리하였고 전란으로 산일(散逸)된 자료들을 집성하여 의서를 찬수하는 작업을 진행하였다. 수양제 대업연간에는 위진남북조 시기에 이루어진 개별적인 처방들을 집대성하여 『사해유취방(四海類聚方)』이라는 거질의 방서(方書)를 편찬하였다. 태의박사(太醫博士) 소원방(巢元方)도 병인(病因)·병리(病理)·증후(症候) 등에 관한 의료지식을 정리해서 『제병원후론(諸病源候論)』 50권을 편찬했는데, 병인과 증후에 관한 중국최초의 체계적인 전문의서로 평가된다.58

당대에는 정부 주도하에 의료지식을 집대성하는 작업이 더욱 확대되었다. 손사막(孫思邈)은 고금 의서의 주요 내용 가운데 긴급 상황에 쉽게 활용할 수 있는 처방을 요약해서 『비급천금요방(備急千金要方)』 30권을 편찬했다. 그러나 용도상 내용이 지나치게 간략하다 보니 단점도 부각되어, 후에 본인의 임상경험을 더해서 『천금익방(千金翼方)』 30권을 찬수했다. 의사학자(醫史學者)들은 상호 보완관계를 갖는 『천금방』 두 책을 최초의 임상의학 백과전서로 일컫기도 한다. 천보연간에는 왕도[王焘, 670~755]가 『외대비요(外臺秘要)』 40권을 편찬하였다. 이 책은 질병을 1,104문(門)으로 분류하였고 병인과 병리·진단·치료에 관한 상세한 의료지식을 담고 있다. 또한 이 책은 69가의 의료성과를 2,802조목으로 정리하였는데, 조목마다 출처를 분명하게 기록하여 의학사의 전개과정을 파악하는데 있어서도 매우 유용하다.59 이런 점에서 『천금방』과 『외대비요』 두 책은 당대 이전까지의 의학지식을 집대성한 기념비적인 의서로 평가된다.60

58　李經緯, 『中醫史』, 海口: 海南出版社, 2007, 126~127쪽.
59　앞의 책, 132~139쪽.
60　陳邦賢, 『中國醫學史』, 臺灣商務印書館, 1973, 75쪽.

현경(顯慶)2년[657]에 완성된 『신수본초(新修本草)』는 이 시기 본초학 방면의 가장 중요한 성과물이다. 작자인 소경[蘇敬, 약 599~674]은 양(梁) 도홍경(陶弘景)이 지은 『본초경집주(本草經集注)』의 오류를 바로잡고, 이에 114종을 더하여 총 844종의 약재를 수록한 약전(藥典)을 완성하였다. 당대에는 태의서에서 장안교외에 300무(畝)에 달하는 약원(藥園)을 설립하고 각종 약재들을 직접 재배했는데, 『신수본초(新修本草)』는 가장 중요한 교재였다.[61] 그밖에 『소문(素門)』·『난경(難經)』·『명당(明堂)』 등 각 분야별로 다양한 의서들이 찬수되었다. 『신당서』〈예문지(藝文志)〉에는 의가류(醫家類)의 저작으로 155부 4,277권이 기재되어있다. 경전의 재정리 과정 중에 선대 성인이나 명의를 부회하여 의서의 권위와 위상을 제고하려는 시도도 생겨났다. 한대 이래로 황제(黃帝)와 신농씨(神農氏)를 '침구'와 '본초'라는 양대 의료법의 시조로 받들었는데, 당대에 이르면 이러한 전수관계를 강조하려는 경향이 더욱 강화되었다.

두 번째로 의료지식의 전수도 '밀전(密傳)'·'세전(世傳)'의 폐쇄적인 전수방식에서 개방적인 교육체계로 전환되었다. 태의서를 중심으로 하는 중앙과 지방의 의료교육체계가 확립되었다. 새롭게 정리된 의서들이 교육에 활용되면서 의학 연구의 성과가 전국으로 확산될 수 있는 제도적인 기틀도 마련되었다. 태의서와 지방의 의생(醫生)들을 의관으로 선임하고 민간의 의료인재들을 정식 의관으로 초빙하는 제도도 구비되었다. 숙종대에는 이러한 다양한 출신의 의생들 가운데 우수한 인재를 선발하는 의과(醫科)가 과거제의 규범화추세에 맞추어 개설되었다.[62]

중앙과 지방에 국가의료시스템이 확립되면서, 경조(京兆)·하남(河南)·태원부(太原府)와 대·중·하 도독부(都督府), 상·중·하 주(州)에 각각의 규정

---

61 李經緯, 앞의 책, 119~120쪽, 130~132쪽.
62 程錦, 「唐代醫官選任制度探微-以唐≪醫疾令≫爲中心」, 『唐研究』第十四卷, 2008.

에 따라서 박사를 위시한 의료 인력이 상주하게 되었다. 의약을 통해서 질병을 치료할 수 있는 제도적 기반이 마련된 것이다.[63] 『천성령(天聖令)』에 보이는 바처럼, 비상사태에 대비한 순환제도와 관련 법규도 확립되었다. 만약의 사태에 대비하기 위해서 주마다 의무적으로 약품을 비축해야 했다. 실제로 전염병이 발생하면 중앙정부와 논의해서 즉각적으로 의료 인력을 투입하여 구제하는 절차가 확립되었다. 군대의 전투력을 상시 유지하기 위해서 군의(軍醫)를 설치하였고, 지방 순환제도와 연계하여 군 내부에서 전염병이 발병하면 지방 의료인력을 파견해 구제하는 방안도 마련되었다.[64] 순환제 설립을 통해서 비상시에 가동될 수 있는 국가 방역체계가 확립된 것이다. 심지어 감옥에 있는 수인들에게도 질병에 걸리면 의약을 투여한다는 규정도 마련되었다.[65]

세 번째로 당대에는 실용적인 의료지식을 기층사회로 확산시키기 위해서 다양한 경로를 통해 의서와 의방의 보급이 추진되었다. 특히 황제 명의로 사용하기 편리한 '의방'을 제작하여 보급시킨 점이 주목되는데, 처음으로 출현한 것이 현종의 『광제방(廣濟方)』이다. 현종은 개원11년[723] 7월에 의료시설이 전무한 벽지의 고초를 언급하며 군현마다 의학박사 1인을 두고 『본초』와 『백일집험방(百一集驗方)』 등 의서를 수장하라는 조령을 공포

---

[63] 『舊唐書』卷44, 志第24 職官三〈州縣官員, 京兆河南太原等府〉, 1915~1919쪽: "州縣官員, 京兆, 河南, 太原等府, 三府牧各一員……經學博士一人, 助教二人, 學生八十人. 醫藥博士一人, 助教一人, 學生二十人.……大都督府……醫學博士一人, 從八品下. 助教一人, 學生十五人. 中都督府……醫藥博士一人, 學生十五人.……下都督府……醫學博士一人, 助教一人, 學生十二人.……上州……醫學博士一人, 助教一人, 學生十五人.……中州,……醫藥博士一人, 從九品下. 助教一人, 學生十二人.……下州……醫學博士一人, 學生十人.…… 醫藥博士以百藥救民疾病. 下至執刀・白直・典獄・佐史, 各有其職. 州府之任備焉."

[64] 陳登武, 「從≪天聖・醫疾令≫看唐宋醫療照護與醫事法規-以'巡患制度'爲中心」, 『唐研究』 第十四卷, 2008.

[65] 『新唐書』卷56, 志第46〈刑法〉, 1410쪽: "凡州縣皆有獄, 而京兆・河南獄治京師, 其諸司有罪及金吾捕者又有大理獄. ……諸獄之長官, 五日一慮囚. 夏置漿飲, 月一沐之; 疾病給醫藥, 重者釋械, 其家一人入侍, 職事散官三品以上, 婦女子孫二人入侍."

하였다.⁶⁶ 그 해 9월에는 친히 찬수를 주도한 『광제방』을 반포하였다. 현종은 후에 『광제방』의 편찬 후기라고 할 수 있는 〈간광제방기(刊廣濟方記)〉를 썼는데, 많은 사람들이 『광제방』의 혜택을 보았지만 여전히 이를 접하지 못하는 사람들도 있다면서 안타까움을 토로한 바 있다. 천보5재(載)[746] 8월, 현종은 지방관들에게 『광제방』의 주요내용을 널빤지에 적어 촌(村)과 방(坊)의 요로에 게시하라는 칙(勅)을 내렸다.⁶⁷ 정원(貞元)12년[796] 2월에는 덕종도 『정원집요광리방(貞元集要廣利方)』 5권을 반포하였다.⁶⁸ 흔히 『광리방』으로 일컬어지는 이 책에는 586수의 처방전이 정리되어있다.⁶⁹ 이러한 조치들은 기층 민중들이 검증된 처방전을 보다 쉽게 이용할 수 있도록 황제와 중앙정부차원에서 관심을 갖고 다양한 방법을 모색했음을 반영해 주는 것이다.

정부의 적극적이고 개방적인 의료정책에 따라 의료지식의 보급은 민간 차원에서도 활발하게 전개되었다. '석각약방(石刻藥房)'의 등장은 의방이나 약방을 통해 의료지식을 보급하려는 노력이 다양한 형태로 이루어졌음을 확인해준다. 현전(現傳)하는 당대 최초의 석각약방은 용문석굴(龍門石窟)의 약방동(藥方洞) 비문에 새겨진 '용문약방(龍門藥方)'인데, 고종 영휘원년[永徽元年, 650]부터 4년[653] 사이에 작성된 것으로 추정된다. 불교관계자들이 제작한 이 비문에는 내과·외과·신경과·부인과·소아과·오관과(五官科) 관련 140개의 약방이 석각되었는데, 쉽게 채집할 수 있는 약재를 이용하여 환약, 가루약, 고약, 탕약 등을 제조하는 방법이 새겨져 있다. 돈황(敦煌)에서 발견된 『비급단험약방권서(備急單驗藥方卷序)』에는 왕래하는 많은 군자

66　『唐會要』 卷82, 〈醫術〉, 1522쪽.
67　『唐會要』 卷82, 〈醫術〉, 1524쪽.
68　『唐會要』 卷82, 〈醫術〉, 1525쪽.
69　『舊唐書』 卷13, 本紀第13 〈德宗(下)〉, 383쪽에는 『貞元廣利藥方』으로 기록하고 있음. "(貞元十二年春正月乙丑), 上制『貞元廣利藥方』, 五百八十六首, 頒降天下."

(君子)들이 이를 채록하여 비상시에 활용하게 하고, 원방의 환자들까지 구제하기 위해서 '석각약방'을 세웠다고 기록되어 있다.[70] 검증된 약방을 석각하여 불교성지인 용문을 방문하는 식자층들이 베껴서 활용할 수 있도록 한 것인데, 불교도들을 중심으로 의료지식을 각지로 확산시키는 데 기여했을 것으로 추정된다.

네 번째로는 제도권 내에 존속했던 주술적 의료제도의 내적인 변화도 주목된다. 당대 태의서에는 주금박사(呪禁博士), 주금사(呪禁師), 주금공(呪禁工) 등이 존재했는데,『당육전』권14 태상시(太常寺) 소속 태의서에는 종7품하 영(令) 2인과 함께 승(丞) 2인, 의감(醫監) 4인, 의정(醫正) 8인, 의박사(醫博士) 1인, 의사(醫師) 20인, 의공(醫工) 100인, 의생(醫生) 40인, 전학(典學) 2인 외에 침박사(鍼博士), 안마박사(按摩博士)와 주금박사(呪禁博士, 從九品下) 1인을 두고 그 아래에는 주금사(呪噤師) 2인, 주금공(呪噤工) 8인, 주금생(呪禁生) 10인을 두었다. 이밖에 전중성(殿中省) 소속의 상약국(尙藥局)에도 주금사(呪噤師) 4인이 배치되었다.[71] 태의서에 주금 관련 의료인력이 공식적으로 배치되었다는 것은 주금술이 중앙의료기구에서 독립된 교수과정에 포함되어 약물, 침구와 동등한 위상을 갖게 된 것[72]을 의미한다. 하지만 전대와 비교해보면 주금사의 채용규모가 줄어들었고, 질병에 대한 주금술의 적용범위가 확연히 축소되는 경향을 발견할 수 있다. 손사막『천금방』의 전체 처방 중에 주금 관련 처방이 불과 0.2%를, 왕도의『외대비요』에서도 0.4%를 차지한다는 사실은 이 시기 주금요법이 전체 의료지식체계에서 차지하는 비중이 감소하고 있음을 분명하게 반영해주는 것이다.[73] 물론 전술한 바와

---

70 『備急單驗藥方序』: "求刊之岩石, 傳以救病, 庶往來君子錄之備急用□□驗, 代勞致遠, 深可救之."『備急單驗藥方序』에 대해서는 王冀青,「敦煌唐人寫本『備急單驗藥方卷序』在英國首次發現」,『中華醫史雜誌』21-2, 1991, 71~75쪽 참조.

71 관련 내용은 中村治兵衛,「唐代の巫」,『中國シャーマニズムの硏究』, 東京: 刀水書房, 1992, 30~31쪽 참조.

72 范家偉,『六朝隋唐醫學之傳承與整合』, 香港: 中文大學出版社, 2004, 26~27쪽.

같이 민간사회에 있어서는 주술이 여전히 적지 않은 영향을 미쳤고, 당시의 의학수준으로 해결하기 어려운 질병에 대해서도 주금과 부인(符印)요법이 성행했다. 전반적으로 당대에는 의료와 주술의 분리가 여전히 실현되지 못했다고 할 수 있겠지만, 의료수준의 격상과 의료지식의 보급은 질병에 대한 인식과 정책에도 영향을 미치게 된 것이다.

의료 환경의 점진적인 개선에 따라 질병 발생 시에 중앙과 지방에서 적극적으로 의약을 투입해 사태를 해결하는 실례도 늘어났다. 문종 태화(太和)6년[832] 항주를 시작으로 전국에서 홍수와 한발에 이어 전염병이 창궐한다는 상주가 잇따르자, 문종은 멸족한 가문은 관(官)에서 장례를 치러주고, 역질(疫疾)이 진정되지 않은 곳에는 즉시 의약을 제공하라는 명령을 하달하였다.[74] 개성(開成)연간[836~840]에 광주자사를 역임했던 노균(盧鈞)은 번박(蕃舶)무역을 시박사(市舶使)에게 전담시켜 폐단을 줄이는 등 여러 가지 치적으로 명망이 높았다. 그는 당시 유형을 와서 살던 관리와 그 자손들을 안타깝게 여겨 그들에게도 의약을 제공해 주었다.[75] 노탄(盧坦)은 병력 2천을 이끌고 안주(安州)에 주둔한 적이 있는데, 초하루와 보름마다 사람을 보내 병사들의 부모와 처자들을 챙겨주고 질병에 걸리면 즉각 가족들에게 의

---

73 于賡哲, 「唐代醫療活動中呪禁術的退縮與保留」, 『華中師範大學學報』 47-2, 2008-3, 62~65쪽.

74 『舊唐書』 卷17(下), 本紀第17(下) 〈文宗·李昂(下)〉, 545쪽: "……壬子, 浙西丁公著奏杭州八縣災疫, 賑米七萬石. ……庚申, 詔: 「如聞諸道水旱害人, 疾疫相繼, 宵旰罪己, 興寢疚懷. 今長吏奏申, 札瘥猶甚. 蓋教化未感於蒸人, 精誠未格於天地, 法令或爽, 官吏爲非. 有一於茲, 皆傷和氣. 並委中外臣僚, 一一具所見聞奏, 朕當親覽, 無憚直言. 其遭災疫之家, 一門盡歿者, 官給凶器. 其餘據其人口遭疫多少, 與 減稅錢. 疫疾未定處, 官給醫藥. 諸道既有賑賜, 國費復慮不充, 其供御所須及諸公用, 量 宜節減, 以救凶荒.」"

75 『舊唐書』 卷177, 列傳 卷127 〈盧鈞〉, 4591~4592쪽: "盧鈞字子和, 本范陽人. ……開成元年, 出爲華州刺史·潼關防禦·鎮國軍等使. 其年冬, 代李從易爲廣州刺史·御史大夫·嶺南節度使. 南海有蠻舶之利, 珍貨輻湊. 舊帥作法興利以致富, 凡爲南海者, 靡不梱載而還. 鈞性仁恕, 爲政廉潔, 請監軍領市舶使, 己一不干預. 自貞元已來, 衣冠得罪流放嶺表者, 因而物故, 子孫貧悴, 雖遇赦不能自還. 凡在封境者, 鈞減俸錢爲營槥櫝. 其家疾病死喪, 則爲之醫藥殯殮, 孤兒稚女, 爲之婚嫁, 凡數百家. 由是山越之俗, 服其德義, 令不嚴而人化. ……"

약을 제공해주어 도망하는 병사들이 없었다고 한다.[76] 이러한 기록들은 지방관들이 경내의 질병문제를 해결하는 가장 유효한 수단으로 의술처방을 신뢰하기 시작했음을 반영해주는 것이다.

의료지식의 공개와 확산은 의료와 긴밀한 관련을 맺고 있는 서민들의 일상생활에도 적지 않은 영향을 미쳤다. 나카무라는 북송 도성 개봉(開封)의 의사가 만 명에 한명 꼴이었다며 의료 인력의 한계를 지적[77]한바 있지만 당대 이후 도시의 의료 환경에는 분명 새로운 변화가 발생하고 있었다. 단적인 사례지만 의료지식은 상업화 경로를 통해 새로운 확산추세를 보이기도 한다. 도시의 주민들은 약방에서 대중화된 제조법으로 만들어진 치료약을 구입할 수 있었다. 장안의 서시(西市)에는 탕약을 제조하던 유명한 약방이 있었는데, "넓은 건물 안에 큰 솥을 걸고, 밤낮으로 썰고 자르고 달이면서 약을 제조하였고, 원근에서 약을 사러 온 손님들이 문전성시를 이뤘다"고 한다. 업도(鄴都)의 장복(張福)처럼 의원이나 약방을 통해서 재부를 축적하는 사례도 적지 않게 출현했다.[78]

2) 금무조치와 주술적 의료행위에 대한 비판

본 절에서는 먼저 당대에 단행된 금무조치와 그 특징을 개관해보고, 다음으로 의료지식의 보급과 의료환경의 개선이 지방관들의 금무조치에 어떻게 영향을 미쳤는가에 대해서 그 경로를 중심으로 구체적으로 검토해보겠다. 당대에 들어 무자와 관련된 첫 번째 금지 조칙이 내려진 것은 무덕9년[626]의 일로서 '현무문의 변'을 통해 막 즉위한 태종에 의해 하달되었다.

---

76 『新唐書』卷159, 列傳第84 〈盧坦〉, 4958쪽: "盧坦字保衡, 河南洛陽人. 仕爲河南尉. ……吳少誠之誅, 詔以兵二千屯安州, 坦每朔望使人問其父母妻子, 視疾病醫藥, 故士皆感慰, 無逃還者."
77 中村治兵衛, 『中國シャーマニズムの硏究』, 序文, 東京: 刀水書房, 1992.
78 『太平廣記』卷219, 10(2554) 〈田令孜〉(출처는 『玉堂閒話』).

사가에서 요신(妖神)을 모시는 음사의 설립과 사사로운 점복 행위를 일체 금절한다는 내용인데, 모두가 무의 일상적인 종교행위와 긴밀하게 관련된 것이다.[79] 좀 더 직접적인 금무사례는『구당서』〈전인회(田仁會)〉 열전에서 확인되는데, 고종 인덕(麟德)2년[665]에 우금오장군(右金吾將軍)을 맡은 뒤, 귀천을 불문하고 장안 주민들 모두가 그를 두려했을 정도로 경성(京城)의 순경과 치안을 엄격하게 강화했다. 당시 장안에서는 여무(女巫) 채씨(蔡氏)가 죽은 자도 살려낼 수 있다고 선전하면서 시장과 골목골목까지 신기로 이름을 날리고 있었는데, 전인회는 귀도(鬼道)로 백성들을 현혹한다면서 변계로 추방할 것을 주청하여 고종의 윤허를 획득하였다.[80]

그런데 이와 같은 일부 사례를 제외하고는, 부첨한 〈당대 금무조치와 음사철폐 사건 일람표〉에 적시된 바처럼 당대에 중앙과 지방에서 단행된 대부분의 무속(巫俗) 금지조치는 '음사철폐'의 형태로 나타난다는 점이 주목된다. 그 원인은 대략 두 가지 측면에서 파악할 수 있는데, 우선 원화(元和) 연간[806~820]에 당시 풍속과 관련된 헌종의 질문에 대해서, 무속은 방기하면 번성하는 것이니 '악의 근원[邪源]'을 제거해야 한다고 주장했던 이강(李絳)의 답변처럼,[81] 무에 대한 단속도 무자들의 활동근거지 즉 '음사'를 철거

79　『舊唐書』卷2, 本紀第2〈太宗(上)〉, 31쪽: "壬子, 詔私家不得輒立妖神, 妄設淫祀, 非禮祠禱, 一皆禁絕. 其龜易五兆之外, 諸雜占卜, 亦皆停斷"『資治通鑑』의 기사는 淫祀대신에 妖祠라는 용어를 사용하고 있다. 卷192, 唐紀8,〈高祖武德9年條〉詔: "民間不得妄立妖祠. 自非卜筮正術, 其於雜占, 悉從禁絕."

80　『舊唐書』卷185, 列傳第135(上) 良吏(上)〈田仁會〉, 4794쪽: "麟德二年, 轉右金吾將軍, 所得祿俸, 估外有餘, 輒以納官, 時人頗議其邀名. 仁會強 力疾惡, 晝夜巡警, 自宮城至於衢路, 絲毫越法, 無不立發. 每日庭引百餘人, 躬自閱罰, 略無寬者. 京城貴賤, 咸畏憚之. 時有女巫蔡氏, 以鬼道惑衆, 自云能令死者復生, 市里以爲神明, 仁會驗其假妄, 奏請徙邊. 高宗曰: "若死者不活, 便是妖妄; 若死者得生, 更是罪過." 竟依仁會所奏.

81　『舊唐書』卷164, 列傳第114〈李絳〉, 4288쪽: "憲宗察絳忠正自立, 故絳論奏, 多所允從. 上嘗謂絳曰: "筮之事, 習者罕精, 或中或否. 近日風俗, 尤更崇尙, 何也？"對曰: "臣聞古先哲王畏天命, 示不敢專, 邦有大事可疑者, 故先謀於卿士庶人, 次決於卜筮, 俱協則行之. 末俗浮僞, 幸以徼福. 正行慮危, 邪謀覬安, 遲疑昏惑. 謂小數能決之. 而愚夫媿婦假時日鬼神者, 欲利欺詐, 參之見聞, 用以刺射小近之事, 神而異之. <u>近者, 風俗近巫, 此誠弊俗. 聖旨所及, 實辨邪源. 但存而不論, 弊斯息矣.</u>"

하는 형태로 진행된 점이다. 두 번째는 장문종(張文琮)이나 위경준(韋景俊), 나향(羅珦) 등의 관련 사료에서 확인되는 바와 같이, 금무와 음사철폐 후에 지방관들이 대부분 사직이나 석전과 같은 공식적인 지방의례나 유교교육의 보급, 즉 '정사(正祀)'를 통해서 교화를 추진했기 때문에 전통시대 사인들이 작성한 사료에서는 당연히 '정사'의 상대적인 용어라 할 수 있는 '음사'를 통해서 사건들을 규정했던 것이다.[82]

어쨌든 표에 보이는 바와 같이 당대 전시기에 걸쳐서 금무조치는 단속적으로 추진되었는데, 대략 8세기 후반부터는 음사철폐의 배경이 생업과 관련된 실질적인 원인으로 구체화되었다. 당대 초반기의 음사철폐가 적인걸의 사례에 보이듯이 유교적 질서의 핵심적 가치라 할 수 있는 '예적 질서의 확립' 즉 '숭명정례(崇明正禮)'를 기치로 내건데 반해서, 당대 후기의 일부 금무조치는 의료행위라는 무의 실제적인 사회적 기능에 주목한 것이다. 대력(大曆)연간[766~779]에 여주자사(廬州刺史)를 맡았던 나향은 현지에서 음사철폐와 금무조치를 단행하는데, 정원18년[803]에 담주자사(潭州刺史) 겸 호남관찰사(湖南觀察使)를 역임하여 누구보다 이곳 사정에 밝았던 양빙(楊憑)이 작성한 『당 여주자사 본주단련사 나향 덕정비(唐廬州刺史本州團練使羅珦德政碑)』에는 그 배경과 후속조치가 구체적으로 언급되어 있다.[83]

> 통치자는 천지(天地)의 다스림을 모범으로 삼으니, (백성을) 기르는 것을 돕는 자들이 바로 순리(循吏)들이다. 나[羅珦]공께서는 여강(廬江)에서 7년을 목민관으로 계시면서, 정치로 윤택하게 하고 교화로 순박하게 하셨다.……여강의 풍속은 유학(儒學)을 멀리하고 음사(淫祀)를 맹신했다. 호족[豪家]들은 토지를 널리 점유

---

82 당대의 음사철폐조치에 대해서는 김상범, 『당대국가권력과 민간신앙』, 신서원, 2005, 47~183쪽 참조.
83 『全唐文』 卷478, 楊憑 『唐廬州刺史本州團練使羅珦德政碑』: "(羅珦)擢廬州刺史. 民間病者, 捨醫藥, 禱淫祀, 珦下令止之. 修學官, 政教簡易, 有芝草·白雀." 유사한 내용이 『新唐書』 卷197, 〈羅珦傳〉, 5628쪽에도 보임.

하고도 경작하지 않았고, 백성들은 적은데 서리들이 넘쳐나 괴로워했으며, 뽕을 심는 사람은 드물고, 베나 면도 적었다. 질병이 퍼지면 죽는 자들이 넘쳐날 것이고, 생업도 큰 손실을 보게 되는데도, 약물을 버리고 귀신께 영기를 빈다. 그러므로 공께서는 귀신을 받드는 것을 금지하고, 양약(良藥)을 하사하시어, 이를 만병의 치병술(治病術)로 삼아서 사람들을 구하게 했으니, 봄에는 학한(瘧寒)이 여름에는 소수(痟首)의 질환을 없게 하셨다.[84]

위의 내용에 의하면 나향은 음사에 빠져 귀신을 맹신하는 풍토를 개탄하고, 의약의 보급을 통해서 이러한 풍속을 개량하고자 했다. 전염병 뿐 아니라 사계가 바뀔 때마다 주기적으로 발생하는 봄의 학한(瘧寒)이나 여름의 소수(痟首) 같은 계절질환까지도 의술을 통해 해결하겠다는 의지를 강력하게 피력하고 있다.

장경(長慶)3년[823] 절서관찰사 이덕유도 백성들에게 해를 끼치는 구래의 악습을 모두 혁파하겠다면서, 무축의 주술에 현혹되어 가족이 질병에 걸려도 의원을 찾지 않는 것을 첫 번째 해악으로 지목하였다.[85] 설경회(薛景晦) 역시 나향이나 이덕유와 마찬가지로 무자들을 규제하는 금무조치를 단행하면서 귀신을 숭상하는 현지의 풍속을 비판하면서 의술의 보급을 추진한 바 있다. 이처럼 당대 후기에 지방관들이 시행한 금무조치는 공통적으로 무자들의 주술적 의료행위를 정조준하여 비판하면서 그 대체요소로 '의술'의 보급을 강조하기 시작한 것이다.

---

84 董誥 等 編, 『全唐文』 卷478, 楊憑 〈唐廬州刺史本州團練使羅珦德政碑〉, 上海古籍出版社, 1990, 2163쪽: "王者法天地之治, 贊其化育者, 其惟循吏乎. 羅公牧廬江七年, 政治化淳,……廬江之俗, 不好學而酷信淫祀. 豪家廣占田而不耕, 人稀而病於吏衆, 藝桑鮮而布綿疎. 濫有札瘥夭傷則損敗生業, 捨藥物而乞靈於鬼神. 公則禁其聽神, 頒以良藥, 爲求十全之術, 以救活之. 令春無瘧寒, 夏無痟首之疾."

85 『舊唐書』 卷174, 4511쪽: "九月, 出德裕爲浙西觀察使……江・嶺之間信巫祝, 惑鬼怪, 有父母兄弟厲疾者, 擧室棄之而去. 德裕欲變其風, 擇鄕人之有識者, 論之以言, 繩之以法, 數年之間, 弊風頓革. 屬郡祠廟, 按方志前代名臣賢后則祠之, 四郡之內, 除淫祠一千一十所. 又罷私邑山房一千四百六十, 以淸寇盜. 人樂其政, 優詔嘉之."[『新唐書』 卷180].

4. 의술에 대한 인식 변화와 의방(醫方)의 보급

그렇다면 당대 후기에 발생한 이러한 변화의 사회적 배경은 무엇이고 의료지식은 어떤 경로를 통해서 확산되었을까? 본 장에서는 먼저 의술에 대한 지식계의 동향과 의원에 대한 사회적 인식의 변화를 검토해보고, 다음으로 금무나 음사철폐를 주도한 사인관료들이 의료지식을 습득하고 확산시킨 경로를 추적해보겠다.

주술친화적인 기층사회의 일반적인 인식과는 달리, 무자의 주술적 치료행위에 대한 지식계의 비판은 이미 오래 전부터 싹트고 있었다. 사마천은 〈편작창공열전(扁鵲倉公列傳)〉에서 병을 치료할 수 없는 여섯 가지 정황을 거론하며, "무를 믿고 의원을 신뢰하지 않는 것(信巫不信醫)"을 그 중 하나로 지적하였다.[86] 후한대의 왕부[王符, 90~165]도 무의 의료행위가 백성들을 현혹하는 가장 중대한 사안[87]이라고 비판을 제기한 바 있다. 주목되는 것은 의료지식과 제도의 발전이 이루어지는 당대에는 질병의 원인에 대해서 좀 더 구체적이고 비판적인 견해가 출현하기 시작한다는 점이다. 당대 초기의 저명한 의원인 허인(許仁)은 과거 학질(瘧疾)의 병인을 학귀(瘧鬼)의 소행으로 결론짓던 진단을 비판하면서, 습한 주거환경과 냉수를 마시는 습관을 의심했다. 병에 대한 인식이 달라진 만큼 치료법에 있어서도 주술적인 요법을 배격하고 약물치료를 적극 주문했다.[88] 『담빈록(譚賓錄)』에는 당시 신의(神醫)로 추앙받던 허예종(許裔宗)의 고사가 등장하는데, 허예종은 맥을

---

[86] 『史記』 卷105, 「扁鵲倉公列傳」 第45, 2793~2794쪽: "人之所病, 病疾多; 而醫之所病, 病道少. 故病有六不治: 驕恣不論於理, 一不治也; 輕身重財, 二不治也; 衣食不能適, 三不治也; 陰陽幷, 藏氣不定, 四不治也; 形羸不能服藥, 五不治也; <u>信巫不信醫, 六不治也</u>. 有此一者, 則重難治也."

[87] 王符, 『潛夫論』 卷3, 〈浮侈〉, 125쪽: "……或棄醫藥, 更往事神, 故至於死亡, 不自知爲巫所欺誤, 乃恨事巫之晚, 此熒惑細民之甚者也."

[88] 王燾, 『外臺秘要』, 北京: 人民衛生出版社, 1955, 168쪽.

정확하게 짚어야만 병명을 알 수 있고, 정확한 약으로 직접 공략해야만 완치할 수 있다며 치료의 정확성을 강조하였다.[89] 최지제(崔知悌)도 골증병(骨蒸病)을 귀병(鬼病)으로 간주하던 미신을 비판하며 '골열독(骨熱毒)'의 신체 침투를 가정하고 역시 약물치료법을 추천하였다.[90]

두 번째로 무자와 비교할 때 당시 의원에 대한 사회적 인식과 태도가 상대적으로 어떠했는지도 비교해 볼 필요가 있다. 물론 의원이라는 계층 자체가 중앙의 태의원에 속한 정식 관료로부터 시장 통에서 의술과 주술이 융합된 치료를 펼치던 '거리의 의사'까지 워낙 다양해서 일률적으로 평가할 수는 없다. 한유(韓愈)는 〈사설(師說)〉에서 의원을 무자, 악사(樂師)와 함께 '백공지인(百工之人)'으로 분류하여 사대부와는 분명히 구분되는 계층임을 지적한 바 있다.[91] 『신당서』 「방기전(方技傳)」의 서언에서도 의원을 천문관[推步], 점쟁이[卜], 관상가[相], 목수[巧]와 함께 '기인(技人)'으로 분류하였는데,[92] 당대에 있어서 의원이라는 직업에 대한 보편적인 평가로 판단된다.

다만 의원은 생명을 다루는 전문성으로 인해 권력자들로부터 존중을 받는 경우도 적지 않았다. 당태종이 명의 견권(甄權)의 103세 생일에 자택을 예방하고 조산대부(朝散大夫)에 임명한 것이나,[93] 진명학(秦鳴鶴)이 풍현(風眩) 치료를 위해서 황제의 두부 사혈(瀉血)을 건의했다가 무후가 참형시키겠다며 대노하자 고종이 감싸주었다는 기록[94] 등은 그들에 대한 예우를 시사해준다. 전설적인 명의로 꼽히는 손사막이 상원(上元)원년[674]에 벼슬을 그

---

89 『太平廣記』卷218, 〈許胤宗〉, 2563쪽(출처는 『譚賓錄』).
90 孫思邈, 『千金翼方』, 上海古籍出版社, 1999, 813~814쪽.
91 韓愈著, 馬其昶校注, 『韓昌黎文集校注』第一卷, 〈師說〉, (上海古籍出版社, 1998, 43쪽): "巫醫樂師百工之人, 不恥相師. 士大夫之族, 曰師, 曰弟子云者, 則群聚而笑之. …… 巫醫樂師百工之人, 君子不齒, 今其智乃反不能及, 其可怪也歟!"
92 『新唐書』卷二百四, 列傳第一百二十九 「方技」, 5797쪽: "凡推步, 卜, 相, 醫, 巧, 皆技也. 能以技自顯於一世, 亦悟之天, 非積習致然."
93 『太平廣記』卷218, 〈甄權〉, 2534쪽(출처는 『譚賓錄』).
94 『太平廣記』卷218, 〈秦鳴鶴〉, 2537쪽(출처는 『譚賓錄』).

만두려 했을 때에도 고종은 명마 한 필을 내려주었다고 한다. 의원에 대한 존중과 예우가 황실에만 국한된 것은 아니었다. 『신당서』에는 건봉[乾封, 666~668] 초에 감찰어사 배경이(裵敬彛)가 모친이 병이 나서 명의 허인을 청하려고 했는데, 허의원이 족질로 말을 탈 수 없어서 직접 가마를 가지고 가서 모셔왔다는 기록도 보인다.[95]

일반적인 계층 의식과는 상관없이 저명한 의원들과 사인들 간에 교류도 빈번했다. 당초 최고의 문인으로 꼽히던 송령문(宋令文)·맹선(孟詵)·노조린(盧照鄰) 등은 손사막을 '스승의 예'로 받들었다. 특히 손사막과 노조린은 각별한 관계로 고담준론(高談峻論)을 즐겼던 것으로 회자된다.[96] 일반적으로 손사막은 노장(老莊)에 밝은 은사(隱士)적 의자(醫者)로 평가된다. 하지만 『비급천금약방(備急千金藥方)』에서는 명의라면 『소문(素問)』과 『갑을[鍼灸甲乙經]』 같은 의서 뿐 아니라 군서(群書)를 섭렵해야 하며, 그 중에서도 특히 오경을 읽어야만 인의(仁義)를 이해할 수 있다고 강조한 바 있다. 유교 도덕률(道德律)의 체득을 명의의 기본 덕목으로 제언한 것이다.[97] 이점에 주목하여 손사막을 황보밀(皇甫謐)을 계승한 유의(儒醫)로 평가하기도 하는데,[98] 향후에도 손사막은 의원의 표상처럼 사인들의 존경을 받게 된다. 태화(太和)7년[833]에 집현전 학사를 역임한 배린(裵潾)도 손사막의 『천금방』에 의거하여 약물의 신중한 투여를 건의한 바 있다.[99] 무종 회창(會昌)연간[841~846]에

---

95 『新唐書』卷190, 列傳第120 孝友〈裵敬彛〉, 5582쪽: "裵敬彛, 絳州聞喜人.……乾封初, 遷累監察御史. 母病, 醫許仁則者躄不能乘, 敬彛自爲輿往迎."

96 『舊唐書』卷191, 列傳第141 方伎〈孫思邈〉, 5094쪽: "孫思邈, 京兆華原人也. 七歲就學, 日誦千餘言. 弱冠, 善談莊·老及百家之說, 兼好釋典. 洛州總管獨孤信見而歎曰: '此聖童也. 但恨其器大, 適小難爲用也.'……顯慶四年, 高宗召見, 拜諫議大夫, 又固辭不受. 上元元年, 辭疾請歸, 特賜良馬, 及鄱陽公主邑司以居焉. 當時知名之士宋令文·孟詵·盧照鄰等, 執師資之禮以事焉. 思邈嘗從幸九成宮, 照鄰留在其宅.……"

97 『備急千金藥方』, 「大醫習業」(中國醫學大成本, 上海科學技術出版社, 1990): "凡欲爲大醫必須諳『素問』『甲乙』, 又須涉獵群書, 若不讀五經, 不知有仁義之道."

98 李健祥, 「儒醫評議」, 『中華醫史雜誌』39-5, 2009.9, 282쪽.

99 『舊唐書』卷171, 列傳第121〈裵潾〉, 4450쪽: "寶曆初, 拜給事中. 大和四年, 出爲汝州刺

호거(胡璩)가 성도(成都)에서 찬수한 『담빈록(譚賓錄)』에도 장문의 손사막 전기가 게재되었다. 이와 같은 명의 전기의 제작과 유포는 당연히 의원과 의술에 대한 인식개선에 긍정적인 영향을 미쳤으며, 『조야첨재(朝野僉載)』에 등장하는 것처럼 사인이 직접 의서를 접촉하는 경우도 점차 늘어갔다.[100]

세 번째로, 관료와 사인들을 매개로 의료지식이 기층사회로 더욱 확산될 수 있는 계기가 조성된 점이 주목된다. 당대에 들어서면서, 사인들이 방서의 제작과 의료지식의 전습(傳習)에 관심을 갖게 되었음이 여러 사료를 통해 확인된다. 재상 재직시 직언을 하다가 배연령(裵延齡) 등의 모함으로 충주(忠州)로 쫓겨나 10년간 충주에서 지방관을 역임해야 했던 육지(陸贄)도 『육씨집험방(陸氏集驗方)』 50권을 완성한 뒤 그 내용을 향인들에게 전수해주었다.[101] 〈답도주설낭중논방서서(答道州薛郎中論方書書)〉에 의하면, 유우석(劉禹錫)은 보모(保姆)의 강보에 싸여 무의(巫醫)로부터 치료를 받을 정도로 어려서부터 병약해서 자연스레 의학에도 관심을 갖게 되었다고 한다. 당시 유우석도 지식인 사회에 유통되던 『소문(素問)』, 『약대(藥對)』 같은 필독서들을 읽은 뒤, 진연년(陳延年)의 『소품방(小品方)』 같은 방서에까지 관심을 갖게 되었다.[102] 당시 지식인들 사이에서 의료지식에 대한 교류가 활성화되었음을 보여주는데, 유우석의 지기로 의료 지식을 전수해 준 인물은 바로

史・兼御史中丞, 賜紫. 坐違法杖殺人, 貶左庶子, 分司東都. 七年, 遷左散騎常侍, 充集賢殿學士. ……然則藥以攻疾, 無疾固不可餌之也. 高宗朝, 處士孫思邈者, 精識高道, 深達攝生, 所著千金方三十卷, 行之於代. 其序論云:「凡人無故不宜服藥, 藥氣偏有所助, 令人臟氣不平.」思邈此言, 可謂洞於事理也. 或寒暑爲寇, 節宣有乖, 事資醫方, 尙須重愼, 故禮云:「醫不三代, 不服其藥.」施於凡庶, 猶且如此, 況在天子, 豈得自輕?」

100 張鷟 撰, 『朝野僉載』 卷1 〈張文仲〉, 唐宋史料筆記叢刊, 中華書局, 1997, 4쪽.
101 관련 내용이 『新唐書』에 보이는데, 〈陸氏集驗方〉은 『今古集驗方』으로도 불린다. 『新唐書』 卷157, 列傳第82 〈陸贄〉, 4932쪽: "及輔政, 不敢自顧重, 事有可否必言之, 所言皆剴拂帝短, 懇到深切, 或規其太過者, 對曰: 吾上不負天子, 下不負所學, 皇它卹乎? 旣放荒遠, 常闔戶, 人不識其面. 又避謗不著書, 地苦瘴癘, 祇爲『今古集驗方』五十篇示鄕人云."
102 『劉禹錫集』 卷10, 書 〈答道州薛郎中論方書書〉, 北京: 中華書局, 1990, 129쪽.

원화9년[814]에 도주(道州)에서 무속을 교화했던 설경회(薛景晦)였다. 유우석은 정원(貞元)21년[805]에 남방 연주(連州)로 발령을 받게 되는데, 설경회의 도움으로 검증된 약방과 의방(醫方)을 집성하여 『전신방(傳信方)』이라는 방서를 완성하였다.[103]

설경회는 유종원과도 친밀한 관계였는데, 유종원이 쓴 〈도주훼비정신기(道州毀鼻亭神記)〉에 의하면 원화원년[806]에 형부낭중(刑部郎中)에서 도주자사로 발령을 받고, 도주에 도착한 뒤 귀신을 숭상하는 풍속을 개탄하면서 비정신묘(鼻亭神廟)를 철폐한 뒤 신주(神主)를 강에 내던진바 있다. 관련 내용 중에 주민들이 "우리가 병이 들어 허리가 구부러지면 공께서 일으키시며 고쳐주셨다[我有病癃, 公起其羸]"고 칭송하는 조목을 보면,[104] 금무조치 후에는 무자들을 대신해서 의약을 가르치며 의술을 보급한 것으로 추정된다. 설경회는 본인 스스로 의방들을 모아 『고금집험방(古今集驗方)』을 제작했던 유의(儒醫)로서 금무조치와 의료지식의 확산과 어떤 관계를 갖고 있는지 구체적으로 보여주는 사례라고 할 수 있다. 이처럼 당대에는 국가의료체계의 확보와 의료와 의원에 대한 인식의 개선 그리고 불교나 지식인들을 매개로 다양한 의료지식이 기층사회에까지 영향을 미치게 되었다. 이러한 변화는 의원과 의약에 대한 신뢰를 점진적으로 격상시킴과 동시에 주술적 치료행위에 대한 거부감을 일정 정도는 제고시켰을 것이다. 이러한 변화는 유교 국가의례를 보급하면서 지역사회의 풍속을 교화하기 위해서 금무와 음사훼철에 관심을 기울이던 정치엘리트들에게도 영향을 미치게 된 것이다. 의료 환경의 개선과 의약에 대한 신뢰가 결국 지방관들로 하여금 '주술'에 대처하는 실제적인 방법으로 새로운 과학적 지식체계라 할 수 있는 '의술'을 제시하게 했던 것이다.

---

103 范家偉, 『大醫精誠-唐代國家·信仰與醫學』, 臺北: 東大圖書公司, 2007, 147~150쪽.
104 『柳宗元集』 卷28, 記 〈道州毀鼻亭神記〉, 北京: 中華書局, 2000, 744쪽.

물론 당대의 전반적인 의료 환경은 낙후되어 있었다. "병이 나면 여전히 귀신만 찾을 뿐, 양의(良醫)는 커녕 약방(藥房)도 드물다"는 육구몽(陸龜蒙)의 시구는 당대 후기 농촌사회의 전반적인 의료현실과 서민들의 심리를 대변해주는 것일 수도 있다.105 그럼에도 불구하고 당대 중앙정부의 의료지식 집대성 작업과 국가의료시스템 구축, 의료교육 체계의 확립 그리고 사인들과 종교단체를 통해 이루어진 의료지식의 확산을 위한 다양한 노력은 의료에 대한 신뢰를 높였고, '의술'이 '주술'을 대체하는 새로운 지식이라는 사회적 공감대를 확산시켰다.

5. 맺음말

당대 전기까지 금무조치와 음사철폐를 단행했던 국가권력의 주요한 의도는 사회질서의 확립에 있었다. 정부 관료들은 유교이념과 의례의 확산을 통한 정서의 일원화를 사회질서 건립의 핵심적인 방도로 생각했다. 이에 따라 유교식 교화의 주요수단으로 활용되어 온 교육과 선거(選擧) 그리고 지방차원의 국가제사 보급을 그 대안으로 제시했다. 교육과 의례는 이념의 일원화와 풍속의 교화에 효력을 발휘했고, 점차 중원에서 변경으로 유교지향적인 사회를 확산시켰지만, 유교는 민간신앙이 갖고 있던 질병치유와 위안이라는 종교적 기능에 있어서는 분명한 한계를 보였다. 의료시설과 인력이 제대로 갖추어져 있지 못했던 중세 기층사회에 있어서 무자들은 주술적인 마력과 의료기술이 융합된 능력을 통해서 실질적인 영향력을 행사하고 있었다. 주기적인 단속에 의해서 표면적으로는 유교의 영향력이 점진적으로 강화되었지만, 기층사회 내부는 여전히 민간신앙의 주술적 정

105　陸龜蒙,『全唐詩』卷617,〈奉酬襲美先輩吳中苦雨一百韻〉.

서에 의해 유지되고 있었다. 무자들에게 있어서 질병의 치유능력은 민간사회에서 권위를 획득하고 유지하는 가장 유력한 수단 가운데 하나였던 것이다.

주목되는 것은 수당제국 성립 이래로, 정부의 주도하에 의료 환경에 있어서 새로운 개선이 이루어진다는 점이다. 먼저 위진남북조 시기에 지역별·분파별로 다종다기한 전개양상을 보였던 의료지식이 정부가 지정한 권위있는 학자들에 의해 공인된 의료경전으로 출현했다. 두 번째로 태의서를 중심으로 하는 중앙과 지방의 의료교육체제가 확립되었으며, 민간의 의료인재들을 흡수하기 위한 보완책도 마련되었다. 세 번째로는 적어도 형식적으로는 중앙과 지방에 국가의료시스템이 구비되었으며, 불교는 기층사회에서 입지를 강화해가면서 의료지식 확산을 위해서 석각약방을 건립하고 구제사업의 일환으로 '병방(病坊)'을 설치하여 의료시설 개선에 기여하기도 했다. 『천성령』에 보이는 바처럼, 의료인력의 순환파견제가 실시되면서 지역의료 인력의 부족과 전염병을 위시한 비상사태에 대처하는 제도도 확립되었다.

물론 나카무라 지혜에의 지적처럼 당대 의료시설과 인력은 턱없이 부족했다. 무들은 주술과 더불어 약물치료를 병행하며 기층사회의 질병치료사로서 사회적 위상을 유지할 수 있었다. 하지만 의료환경을 둘러싼 미묘한 변화도 감지되는데, 국가의료기구 내에 편제되었던 주금요법(呪禁療法)의 비중이 차차 감소하면서 주금사의 채용이 줄어든다는 점, 무의(巫醫)를 거부하고 순수한 의약치료를 강조하는 관료들의 사례가 나타나는 점, 기층민 관련 사료에도 무술과 의술을 병용하거나 무의 치료능력의 한계를 보여주는 사례가 출현하는 점 등이 일정 정도 새로운 변화를 반영한다는 점에서 주목된다. 이러한 변화는 이풍역속(移風易俗)을 통해 유교사회의 정착을 추진하던 관료들로 하여금 의료문제에 주목하게 했고, 금무의 중요 사유로 의료시술의 지체와 생명문제를 거론하게 했던 것이다. 수당제국시대에 의례와 교육이라는 제도적 보급 외에, 의료로 대변되는 과학기술의 진전과 보급이 무의 사회적 기능을 점유해간다는 점에서 의술은 그들의 위상 추락에 영향을 미치게 되는 새로운 요소였던 것이다.

〈표 9〉 당대 금무조치와 음사철폐 사건

	시기	주도자	지역	사료내용	관련 근거
1	武德9년 [626] 9월			詔: "民間不得妄立妖祠. 自非卜筮正術, 其於雜占, 悉從禁絶"	通鑑 권192 舊紀 권2 p.30
2	永徽4년 [653]	張文琮	建州	出爲建州刺史. 州境素尙淫祠, 不修社稷, 文琮下敎書曰: "春秋二社, 蓋本爲農, 惟獨此州, 廢而不立, 禮典旣闕, 風俗何觀? 近年以來, 由多不熟, 抑不祭先農所效乎! 神在於敬, 何以邀福" 於是示其節限條制, 百姓欣而行之.	舊傳 권85 p.2816 册府元龜 권680 p.8161
3	麟德2년 [665]	田仁會	長安	時有女巫蔡氏, 以鬼道惑衆, 自云能令死者復生, 市里以爲神明, 仁會驗其假妄, 奏請徙邊. 高宗曰: "若死者不活, 便是妖妄; 若死者得生, 更是罪過." 竟依仁會所奏.	舊傳 권135 p.4794.
4	垂拱初 [685~]	陳子昂		巫鬼, 淫祀營惑於人者, 禁之.	新傳 권107 p.4069
5	垂拱4년 [688] 6월	狄仁傑	江南地區	(仁傑)入拜冬官侍郎, 持節江南巡撫使. 吳·楚俗多淫祠, 仁傑一禁止, 凡毁千七百房, 止留夏禹·吳太伯·季札·伍員四祠而已.	新傳 권115 p.4208 舊傳 권39 p.2887
6	開元17년 [729]	韋景俊	房州	(開元)十七年, 遷房州刺史. 州帶山谷, 俗參蠻夷, 好淫祀而不修學校. 景俊使開貢擧, 悉除淫祀.	舊傳 권185 p.4797. 新傳 권197 p.5627
7	大曆年間 [766~779]	羅珦	廬州	擢廬州刺史. 民間病者, 捨醫藥, 禱淫祀, 珦下令止之. 修學官, 政敎簡易, 有芝草·白雀.	新傳 권197 p.5628

8	貞元 10~12년 [794~796]	于頔	蘇州	改蘇州刺史.…… 吳俗事鬼, 疾其淫祀廢生業, 神宇皆撤去, 唯吳太伯·伍員等三數廟存焉.	舊傳 권156 p.4129 新傳 권172 p.5199
9	元和年間 [806~820]	李絳		近者, 風俗近巫, 此誠弊俗. 聖旨所及, 實辨邪源. 但存而不論, 弊斯息矣.	舊傳 권114 p.4288
10	元和9년 [814]	薛景晦	道州	元和元年, 河東薛公由刑部郎中刺道州. ……於是撤其屋, 墟其地, 沈其主於江. 公又懼楚俗之尙鬼, 而難諭之也, 乃徧告於人曰: "吾聞,鬼神不歆非類." 又曰: "淫祀無福" ……州民旣諭, 相與歌曰: "我有蓍老, 公煥其肌. 我有病癘, 公起其羸.……"	『柳宗元集』 권28 〈道州毁鼻亭神記〉 p.744.
11	長慶3년 [823]	李德裕	浙西四郡	九月, 出德裕爲浙西觀察使……江·嶺之間信巫祝, 惑鬼怪, 有父母兄弟厲疾者, 擧室棄之而去. 德裕欲變其風, 擇鄕人之有識者, 論之以言, 繩之以法, 數年之間, 弊風頓革. 屬郡祠廟, 按方志前代名臣賢后則祠之, 四郡之內, 除淫祠一千一十所. 又罷私邑山房一千四百六十, 以淸寇盜. 人樂其政, 優詔嘉之.	舊傳 권174 p.4511
12	大中 3~5년 [849~851]	韋正貫	嶺南	俄擢嶺南節度使.……南方風俗右鬼, 正貫毁淫祠, 敎民勿妄祈.	新傳 권158 p.4937

제5장

선화5년 국신사 일행의 해상조난과 해신신앙

고려 · 북송 해상외교의 또 다른 면모

1. 머리말

　12세기 들어 요(遼)의 쇠락과 금(金)의 부상으로 새로운 외교 국면이 조성되면서, 고려를 둘러싼 송 · 요 · 금 삼국의 외교적 각축이 전개되었다. 이런 상황 속에서 휘종 선화4년[1122] 4월에 고려국왕 예종(睿宗)이 서거했다는 소식이 전해졌다. 북송 정부는 조문사신을 파견하기로 결정하고 노윤적(路允迪)을 국신사(國信使), 부묵경(傅墨卿)을 부사(副使)에 임명하였다. 다음해 5월 19일에는 국신사를 위시한 대규모 조문사절단이 신주(神舟) 2척과 객주(客舟) 6척 등 총 8척의 선박에 나누어 승선하고 명주(明州)의 정해항(定海港)을 출항하였다. 6월 12일 사절단은 고려 예성항(禮成港)에 도착하였고 한 달 남짓 도성 개경(開京)에서 공식적인 외교 일정을 수행하였다. 7월 15일, 국신사일행은 예성항을 출발하여 귀국길에 올랐으나 예기치 못한 기상악화와 해상조난으로 8월 27일에야 정해현으로 귀환할 수 있었다.

　선화5년[1123]의 송-고려 간 외교교섭에 대해서는 양국의 기존 사료 외에 서긍(徐兢)의 『선화봉사고려도경(宣和奉使高麗圖經)』이라는 상세한 보고서가 전하고 있어서, 관련 연구도 다방면으로 진척되었다. 우선 외교사적인 시각을 통해서 11세기 후반부터 12세기 전반에 걸쳐 급변하던 동북아 정세를 배경으로 양국 간의 교류와 상호인식, 책봉과 조공문제 등에 관한 논의가 활발하게 전개되었다. 외교사의 연장선상에서 교역과 해상(海商)의 활동을 다룬 연구도 진행되었으며, 고려항로에 대한 세밀한 고증과 사행(使行)의 여정 및 활동에 관한 심층적인 분석도 시도된 바 있다.

이 글에서는 외교 현안에 가려진 문제, 그 가운데에서도 항해에 참여했던 모든 사신(使臣)과 선원(船員)들이 함께 체험했던 위기상황과 이에 대한 종교적인 대응 그리고 영향관계 등에 관해서 집중적으로 논의해보겠다. 본론에서 상세히 다루겠지만, 선화5년에 송 정부가 대규모 사신단을 파견한 궁극적인 목적이 책봉관계의 복원에 있었다는 점을 감안하면 이번 외교교섭은 실패로 끝났다고 단정할 수도 있다. 그럼에도 불구하고 필자가 북송 정부의 해상외교에 주목하는 까닭은 지난한 항해와 조난의 역정 속에, 상인과 선원, 무축(巫祝) 등 다수의 기층 민중을 대변할 수 있는 사람들의 일상적인 신앙행위와 종교적 심성이 비교적 분명하게 드러나기 때문이다. 필자는 이미 전장에서 자연재해라는 위기상황에 있어서 국가제사와 민간신앙의 운용실태를 고찰해보면서, 재해에 대한 국가와 민간사회의 대응이 다수의 민중들이 공유하고 있던 신앙행위의 향방에 미친 영향에 대해서 검토해 본 바 있다.[1] 이 글 역시 위기상황과 종교신앙적 심성의 표출 그리고 국가와 사회의 대응에 관한 연구의 연장선상에서, 선화5년 국신사 일행의 고려방문과 해상조난사태에 대해서 주목해보고자 한다. 상인과 선원들이 국신사 일행의 외교적 항해를 호송하는 과정에서 국가권력과 직접적인 관계가 형성되기 때문에, 이를 통해서 그들의 신앙과 사회문화적 행위가 유교지식인과 국가권력에 의해서 어떻게 판단되고 수용되는지 검토해보고

---

1 金相範,「唐代自然災害와 民間信仰」,『東洋史學硏究』제106집, 2009. 3.

자 한다.

먼저 선화5년 송과 고려 간 외교교섭의 중요성을 확인해보기 위해서 외교사적 접근을 통해서 국신사 파견의 배경에 대해 검토해보겠다. 두 번째로는 해상외교에 참가했던 국신사일행의 외교적인 성공과 순항을 기원하기 위해서 사전에 거행되었던 제사의례를 살펴보겠다. 정부 차원에서 거행한 공식적인 의례와 함께 항해의 전 과정을 실질적으로 주도했던 상인이나 선원 같은 주변인들의 의례행위에 대해서도 주목해보겠다. 세 번째로 해상조난을 당한 위기상황 속에 드러난 사신과 선원들의 반응과 대처 그리고 이적(異蹟)의 출현과 영적인 체험 등을 검토해보겠다. 이를 통해서 송대 민중들의 종교적 심성에 접근해보고자 한다. 네 번째로는 중앙과 지방 차원의 사전(祀典) 편찬과 신령세계에 대한 봉호와 묘액의 하사 조치를 중심으로 송대 민간신앙에 대한 정책을 개괄해보겠다. 마지막으로 국신사 일행의 귀환 후에 시행된 포상 조치를 국가와 외교사절 그리고 상인의 입장에서 검토해보고, 해신(海神)과 지역신(地域神)에 대한 봉호와 묘액의 하사가 민간신앙과 해신숭배의 확산에 미친 영향에 대해서 살펴보겠다. 또한 해난 극복과정 중에 등장하는 이적 고사의 형성과 유포에 대한 분석을 통해서 지역신앙의 확산과정 중에 드러나는 상인·선원·무축 등 홀시되어 온 주변인들의 활동과 역할에 대해서도 고찰해보겠다.

2. 선화5년 국신사 파견의 배경

12세기는 동아시아 국제질서에 있어서 새로운 변화가 발생하는 시기이다. 1004년 요·송 간의 '전연(澶淵)의 맹약' 체결로 붕괴된 중국 왕조 중심의 동아시아 조공질서가 요의 약화와 금의 부상으로 인해 또 한 차례 중대한 재편의 국면을 맞게 된다.

송은 고려, 금과의 외교관계를 복원함으로써 요를 제압하고 맹주의 지위를 회복하려 했다. 고려는 비록 요의 책봉을 받았지만 새로운 변화를 맞은 국제관계에 빠르게 대처하며 현실적인 외교노선을 견지했다. 송조의 고려 회유책이 본격화되는 것은 신종(神宗)과 휘종 시기이다. 정국을 장악한 신법당(新法黨)은 고려와의 긴밀한 연계를 통해 거란을 견제하는 정책을 추진하기 위해서 고려에 국신사를 파견하기 시작했다. 이 시기에 첫 번째로 국신사를 파견한 것은 신종 원풍(元豊)원년[1078]의 일로서, 994년 송과 고려관계가 단절된 이후 80여 년만의 일이다. 송은 '능허치원안제(凌虛致遠安濟)'와 '영비순제(靈飛順濟)'호로 명명된 두 척의 신주를 건조했고, 좌간의대부(左諫議大夫) 안도(安燾)와 기거사인(起居舍人) 진목(陳睦)을 정사와 부사에 임명했다. 대형신주를 제작한 의도를 반영하듯 많은 하사품이 전달되었다. 이듬해에는 귀환한 국신사 안도의 건의로 풍비(風痺)로 와병중인 고려왕의 치료를 돕기 위해서 의관을 파견하기도 했다.² 신종 원풍6년[1083]에 문종이 사망했을 때에도 양경략(楊景略)과 왕순봉(王舜封) 등을 조문사절단으로 재차 파견하며 고려외교에 정성을 기울였다.

송조의 고려 외교가 새로운 단계에 진입하는 것은 휘종[1101~1125]이 즉위한 12세기경부터인데, 동아시아 국제질서의 요체라 할 수 있는 '책봉(冊封)' 문제가 거론되기 시작했다는 점이 주목된다. 당시 고려는 문종 시기 송과의 통교재개에 대한 요의 경고로 선종[宣宗, 1083~1094] 이래 외교의 방향이 다시 친요정책으로 선회하는 경향을 보이고 있었다.³ 휘종은 숭녕(崇

---

2 『續資治通鑑長編』卷293, 元豊元年(1078) 10月: "癸亥, 于闐貢方物. 兩紀附年末. 詔遣翰林醫官邢慥·邵化及秦玠醫高麗國王王徽, 內殿承制王舜封管押. 以徽嬰風痺, 因安燾等使還上表乞醫故也. 又詔舜封如徽病不能躬承詔命, 宜授其世子勳. 授徽世子勳詔命, 乃十一月甲戌, 今并書.

3 朴宗基, 「高麗中期對外政策의 變化에 대하여-宣宗代를 중심으로」, 『한국학논총』 16, 1993.

寧)2년[1103]에 호부시랑(戶部侍郞) 유규(劉逵)와 급사중(給事中) 오식(吳拭)을 국신사로 파견하여 송조가 고려를 대하는 예절이 여타 국가와는 각별히 다르다는 점을 강조하면서 풍성한 하사품을 통해 후의를 표했다.[4] 책봉문제가 처음으로 제기된 것은 대관(大觀)4년[1108]에 병부상서 왕양(王襄)과 중서사인 장방창(張邦昌)이 고려를 방문했을 때였다. 예종이 회경전(會慶殿)에서 접수한 휘종 조서에는 이번 방문이 고려가 해로를 통해서 사신과 공물을 보내온데 대해 답방임을 밝혔지만, 조서 접수의식이 끝난 뒤 송의 사신들은 예종에게 밀유(密諭)를 전달했다. 여기서 휘종은 고려가 이미 요[北朝]의 책봉을 받았기 때문에 재차 책봉하지는 않겠다고 밝히면서도, 이 밀유가 황제 자신이 직접 작성한 것으로 선례가 없는 은사임을 강조하였다. 또한 예종에게는 '진왕(眞王)'의 왕호를 하사하였다.[5] 휘종의 적극적인 친고려정책은 예종의 호응으로 급물살을 타게 되었다. 예종은 송과의 관계 개선을 통해서 안정적인 국정운영을 꾀하였다. 수차례에 걸쳐 송에 사신을 파견하여 적극적으로 선진문물을 수용하였고 특히 유교이념에 입각한 예제정비를 추진하였다.[6]

이 글에서 다루려는 휘종 선화5년[1123]의 국신사 파견은 이러한 신종·

---

[4] 정인지 외, 고전연구실,『新編高麗史 2』,「世家」第12, 서울: 신서원, 2002, 65쪽. 당시 보내온 휘종의 조서에서는 "……近侍하는 신하를 시켜 예물을 후하게 주는 일은 비록 옛 법에 준한 것이나 예절만은 보통 정도에 비하여 특수하다. 이러한 후의를 생각하여 더욱 충실한 마음으로 이에 보답해야 할 것이다"라고 하며 고려에 대한 특수한 대우를 분명히 밝히고, 이에 상응하는 조처를 취해줄 것을 간접적으로 요청하고 있다.

[5] 고려사에 보이는 일부내용을 살펴보면 다음과 같다: "만 리 바깥일까지 통찰하시는 우리 황제께서 우리나라에 대한 왕의 성의를 짐작하고 은혜를 베풀려 하시다가, 왕이 이미 북조의 책명을 받고 있다고 듣고, 남북 두 조정이 친교를 맺은 지 백년에 의가 형제와 같으므로, 다시 왕을 책봉하지 않고 다만 조서를 내려 權字를 없애버리는 왕을 眞王으로 승인하는 의례이다. 더욱이 이 조서는 황제의 친필 어제이니 북조에서는 필시 이와 같은 대우가 없었으며, 문종왕·숙종왕에게도 일찍이 이렇게 우대하는 절차가 없었도다."[『新編高麗史 2』, 123쪽].

[6] 조동원,「宣和奉使高麗圖經解題」,『중국 송나라 사신의 눈에 비친 고려풍경-譯註宣和奉使高麗圖經』, 서울: 황소자리, 2005, 34쪽. 이하에서는 서명을『高麗圖經』으로 약칭함.

휘종연간을 중심으로 급진전된 여·송 양국 외교의 연장선상에 있다고 할 수 있다. 그러나 앞서 언급한 바처럼 12세기 들어 고려 조정을 드나드는 각국 외교사절이 더욱 복잡하고 분주해지면서 동아시아의 외교도 긴박하게 전개되기 시작했다. 새로운 변화의 중심에는 여진이 있었다. 고려 예종10년[1115], 아골타는 황제를 칭하고 국호를 금으로 바꾸었다. 요는 여진을 치기 위해서 수차례 고려에 사신을 파견하여 원병을 요청했다.[7] 그러나 다음 해인 1116년 금의 아골타는 순식간에 요 동경(東京)까지 점령하였고, 곧바로 사신 아지(阿只)를 파견하여 요가 풍전등화의 신세임을 경고하면서 고려를 압박했다.[8] 예종은 대궐에 천장각(天章閣)을 세워 송 휘종의 친필조서와 서화를 보관할 정도로 양국 관계에 애착을 보였다. 하지만, 다음 해에 아골타는 재차 사신을 파견하여 금국 황제의 명의로 금과 고려가 형제관계로 공식적인 외교관계를 수립할 것을 요청하였다.[9] 이 무렵 급속히 팽창하던 금은 동북아 다각적 외교관계에 있어서 신흥 강자로 부상하고 있었다. 선화2년[1120]에는 송과 금이 요를 협공하기로 협정을 체결하였다. 그해 금군은 곧바로 요 상경(上京)을 정복하였고, 1122년까지는 중경, 서경, 남경 등을 파죽지세로 점령하면서 화북지역을 차례로 장악해갔다. 이에 비해 송군은 진군 초기 몇 차례 승리를 거두었을 뿐 이후에는 고전을 거듭하였다.

　이처럼 1115년 건국 이후 금이 급성장하는 추세를 보이자 송조는 새로운 위협을 느끼기 시작하였고 대 고려 외교에 더욱 심혈을 기울이게 된다. 일단 외교사절의 등급이 격상된 것이 주목되는데, 정화6년[1116] 송 정부는 고려에 파견하는 고려사를 국신사로 승격시켰으며, 외교의례도 하국[서하]보다 높게 거행토록 했다.[10] 고려에서 예종이 사망하고 인종이 즉위하자

7　『新編高麗史 2』卷14, 世家14, 睿宗 10년 11월 甲申.
8　『新編高麗史 2』, 161쪽.
9　『新編高麗史 2』, 173~174쪽.
10　黃寬重,「高麗與金宋關係年表」,『南宋史研究集』, 臺北: 新文豊出判公司, 1985, 393쪽.

선화4년[1122] 6월에는 지첩사(持牒使) 요희(姚熹)와 일행 69인을 파견했다. 다음 해인 선화5년[1123] 정월에도 다시 지첩사 허립(許立)을 파견하였다. 6월에는 마침내 국신사 예부시랑 노윤적과 중서사인 부묵경이 새로 건조한 거대한 신주를 거느리고 고려 예성항을 두드린 것이다.[11]

3. 국신사 일행의 해신제사와 해상조난

1) 항해를 위한 준비

선화5년 송 휘종의 국신사파견은 이처럼 12세기 동아시아 외교가 급변하던 시기의 정점에서 이루어졌다. 이러한 시의성을 반영하듯 송 휘종은 국신사 일행이 출발하기 15개월 전인 선화4년[1122] 3월에 이미 사신파견을 결정하고 준비에 착수하였다. 예부시랑 노윤적이 정사, 중서사인 부묵경이 부사에 임명되었고, 상절(上節) 25명, 중절(中節) 23명, 충대하절(充代下節) 58명, 선무하절(宣武下節) 50명 등 참가 관료의 수만 총 158명에 달했다. 수령과 선원들을 포함하면 그야말로 수백명에 달하는 대규모 사절단이 확정된 것이다. 그해 4월에는 고려 예종이 서거했다는 소식이 전해졌기 때문에 사절단에게는 휘종의 조서를 전달함과 더불어 문상(問喪)과 조위(弔慰)의 임무가 추가되었다.

준비과정에 있어서 무엇보다도 중요한 것은 사신과 수행인원들을 실어나를 함선을 마련하는 일이었다. 휘종은 원풍원년의 선례에 따라서 신주의 건조를 명령했는데, 그 규모가 일반무역선인 객주(客舟)의 세 배에 달했을 뿐 아니라,[12] 원풍 신주의 크기까지 넘어서는 것이었다. 신주의 이름도

---

11 이 시기 전반적인 동아시아 국제 외교관계에 대해서는 陶晉生, 「10至12世紀東亞國際外交的對等問題」, 『宋遼金史論叢』, 臺北: 聯經出判公司, 2013, 91~132쪽 참조

'정신이섭회원강제(鼎新利涉懷遠康濟)'와 '순류안일통제(循流安逸通濟)'라고 명명되었다. 신주를 위시한 선박들을 준비하는 과정부터 과거 종주국의 위상을 과시하려는 정치적인 기도가 분명하게 내포되었던 것인데, 서긍은 신주의 위용과 고려 입경 날의 장관에 대해 다음과 같이 묘사하였다.

> 산악과 같이 높은 그 배들이 물 위에 떠 움직일 때, 비단 돛과 익조(鷁鳥) 모양의 선수(船首)는 교룡(蛟龍)과 이룡(螭龍)까지 굴복시키는구나. 이로 인해 빛나는 황조(皇朝)의 위용이 이적(夷狄)들을 놀라게 하니, 단연 고금을 뛰어넘어 으뜸이도다. 고려인들이 조서를 맞이하던 날, 온 나라가 우러러보며 환호성을 지르고 감탄했던 것은 당연한 일이도다.[13]

신주 2척과 더불어 객주 6척을 고용하여 총8척으로 선단을 준비했다. 객선의 고용은 당시 조선업이 가장 발달하고 해상의 활동이 활발했던 복건(福建)과 양절(兩浙)의 감사(監司)에게 위탁하였다. 객선은 명주로 집결한 뒤에 신주와 비슷한 모양과 색깔로 장식되었다.[14] 고려로 향할 국신사의 선단은 신주를 제외하고 나머지는 민간에서 충당한 뒤 마치 하나의 함대인 듯 정연한 양태로 개조되었던 것이다. 물론 여기서 민간무역선을 고용한 이유와 그 대가에 관한 문제는 고려해 볼 필요가 있다. 민간선박을 고용한 이유는 단시일 내에 모든 선박을 건조한다는 것이 부담스러울 뿐 아니라, 당시 복건이나 절강해상들이 거느리고 있는 선원[水手]들이 누구보다도 항로에 밝았기 때문일 것이다. 당시 상인들은 송-고려 간에 공식적인 외교가 단절되었을 때에도 무역을 지속적으로 수행했는데, 일부 상인들은 『고려사』에만 3차례 이상 거명될 정도로 고려를 수시로 왕래하여 누구보다도

---

12 『高麗圖經』卷34, 海道1, 客舟, 414쪽. 神舟는 길이, 너비, 높이, 집기, 용기, 인원수 모두 客舟의 3배에 달한다.
13 『高麗圖經』卷34, 海道1, 神舟, 410쪽.
14 『高麗圖經』卷34, 海道1, 客舟, 412쪽.

해로에 익숙했다. 물론 중대한 임무를 맡은 국신사를 수행할 선단에 고용된 만큼 특별한 배려도 있었을 것인데, 도경에는 언급되지 않지만 수행 길에 교역을 허락하는 것 외에 상단의 해상무역활동을 보장해주는 암묵적인 혜택이 주어졌을 것으로 추정된다.

함선이 준비되자, 선화5년 2월 도성 동경의 예모전(睿謨殿)에서 고려에 전달할 예물을 늘어놓고 마지막 검열을 하였다. 다음 달 3월에는 동문관(同文館)에서 사신으로 경계해야 할 사항에 대한 교육이 진행되었다. 이러한 일련의 과정이 끝나고 3월 14일 영녕사(永寧寺)에서 이들을 격려하는 연회가 열린 뒤, 국신사 일행은 정식으로 동경을 출발해 명주로 향했다. 5월 14일 명주 청사에서 다시 연회가 열렸고, 16일에는 신주를 위시한 8척의 선단이 명주를 출발하였다. 삼 일후인 19일에는 마침내 대양으로 나아가는 정해에 도착했다.

2) 항해일정과 해신제사

정해는 대협강[大浹江 혹은 甬江] 어귀에 위치한 항구로 대해로 나아가는 입구에 해당되는 곳이다. 정해에 도착한 국신사 일행은 바로 출항하지 않았고 안전한 항해를 기원하는 다양한 종교행사를 거행하였다. 순항을 비는 첫 번째 행사는 총지원(摠持院)에서 개최했다. 총지원은 불교사원인데 앞서 중사무공대부(中使武功大夫) 용창년(容彰年)을 파견해 7일 밤낮으로 순항을 기원하는 법회를 열게 했다.

이어서 비슷한 방향에 위치한 동해신사(東海神祠)에서 제사가 거행되었다. 당시 동해신사는 동해신의 영험한 신력(神力)을 과시하듯 '현인조순연성광덕왕사(顯仁助順淵聖廣德王祠)'라는 여덟 자나 되는 긴 이름의 봉호를 새긴 묘액을 내걸고 있었다. 원래 동해신 제사는 역대 중앙정부가 주도하던 악(嶽)·진(鎭)·해(海)·독(瀆)에 대한 제사 가운데 하나로 대·중·소 삼사례

가운데 중사에 속했다. 전장에서 언급한 바처럼, 당 현종 천보10재[751]에 처음으로 광덕왕(廣德王)이라는 봉호가 하사된 바 있다.[15] 송대에 들어서면 악·진·해·독 제사는 주(州)에서 관할하는 제주봉사(諸州奉祀)로 편입되었지만 제사의 격은 여전히 중사로 취급했다.[16] 동해묘는 처음에 내주(萊州)에 설립되었는데 황해 북부가 점차 요의 판도에 속하면서 정기제사도 제대로 거행되지 못했고 묘우도 폐기되었다. 동해신사가 명주 정해현에 재건된 것은 원풍원년[1078]인데 주목되는 것은 안도와 진목이 고려 사행 길에서 귀환한 뒤 상주하여 설립되었다는 점이다.[17] 동해신묘는 건립 단계부터 고려 사행과 긴밀한 관계가 있었던 것이다. 동해신사는 바다가 내려다보이는 초보산(招寶山) 절벽 위에 건립되어 당시 국제항 명주를 오가는 선박들에게는 등대와 같은 역할을 하게 되었다. 이때 송대 최초로 연성광덕왕(淵聖廣德王)이라는 봉호도 하사되었는데, 향후 동해신의 지속적인 영험이 상신되면서 꾸준히 봉호가 하사되었고 더불어 묘우에 대한 관리조치도 뒤따르게 되어 '항해의 신'으로서의 위상도 강화되었다.[18]

흥미로운 것은 이곳에서 황제가 하사한 어향(御香)을 피워 제사를 올리자 도마뱀 모양의 신물(神物)이 출현했는데, 서긍은 기도에 감응하여 동해의 용군(龍君)이 현신한 것이라고 기록했다.[19] 국신사 일행의 출항은 이처럼 사찰과 사묘에서 제사를 올리고 이에 감응하는 영적이 출현하는 종교적인 분위기 속에서 이루어졌다.

---

15 『舊唐書』卷24,「禮儀四」, 934쪽.
16 『宋史』卷162,「禮一」, 2425쪽: "其諸州奉祀, 則五郊迎氣日祭嶽·鎭·海·瀆, 春秋二仲享先代帝王及周六廟, 幷如中祀. 州縣祭社稷, 奠文宣王, 祀風雨, 並如小祀."
17 『宋會要輯稿』禮二〇之一一一,「諸祠廟·東海神祠」: "東海神祠, 在寧波府定海縣, 海神助順廣德王祠. 神宗元豊二年八月加號淵聖. 徽宗大觀四年六月加今封. 元豊元年十一月奉使高麗國信使安燾言: '東海之神已號廣德王, 而歲時祭享獨無廟貌, 乞立祠海瀕.' 從之."
18 『寶慶四明志』卷19, 5238쪽.
19 『高麗圖經』卷34, 海道1, 客舟, 417쪽.

선화5년[1123] 5월 24일, 마침내 8척의 배가 금북을 울리고 깃발을 휘날리면서 출항했다. 궁중에서 파견된 중사(中使) 관필(關弼)은 초보산에서 멀리 바다를 바라보며 다시 황제가 하사한 향을 피우고 재배를 올렸다. 안전한 항해를 기원하기 위해 공식적으로 마련한 첫 번째 제사의례는 이처럼 관리들에 의해 주도되었고 황제도 직접 어향을 하사하여 순항을 기원하는 마음을 전했다. 정해현에서 빠져나오면 바로 주산군도(舟山群島)와 마주치게 되는데 국신사 일행은 당시 창국현(昌國縣)에 속하던 호두산(虎頭山)을 통과해서 주산도 우측에 위치한 심가문(沈家門)에 정박했다. 서긍은 오후 경부터 날씨가 급변했다고 기록했지만, 이것이 심가문에 정박한 직접적인 원인은 아닌 것 같다. 오히려 이날 밤 선원들이 주도했던 의례가 주목되는데, 일행은 산 위로 올라가 장막을 치고 땅 바닥을 깨끗하게 쓸더니만 제사를 올렸다. 뱃사람들은 이를 모래 신에 대한 제사 즉 '사사(祠沙)'라고 칭했는데, 배식(配食)하는 신위(神位)가 매우 많았다. 앞 뒤 내용을 미루어 볼 때, 평소 그들이 섬기는 많은 신들에게 안전한 항해를 기원하는 제사를 올린 것으로 추정된다. 제사가 끝나자 선원들은 작은 나무배에 불경과 양식을 넣고 승선한 사람들의 성명을 적어서 바다에 띄웠는데, 지금까지도 연해지역에서 행해지는 일종의 액막이 주술이다.[20] 육상에서 관리들이 주재하는 국가 차원의 공식적인 제사를 지내고 출항한 지 얼마 되지도 않았는데, 뱃사람들의 주도하에 순항을 기원하는 또 다른 제사의례가 거행된 것이다. 탑승한 유교관료들의 입장에서는 당연히 황당한 주술이자 음사로 보였을 테지만, 선원들의 제사 역시 묵인 하에 진행된 것이었다.

심가문을 빠져나온 다음 날인 26일에 사행선은 바로 앞에 위치한 작은 섬 매잠(梅岑)에 정박했다. 서긍은 역시 서북풍이 심했다고 기록하였는데, 정사가 삼절인을 거느리고 매자진(梅子眞)이 은거했다고 전해지는 매잠으

---

[20] 『高麗圖經』 卷34, 海道1, 客舟, 419쪽.

로 들어갔다. 이곳에는 관음을 모시는 보타원(寶陀院)이 있었는데 항해하는 선박들이 기도를 올리면 감응하지 않은 적이 없을 정도로 유명했다고 한다. 이곳 역시 휘종 숭녕연간에 고려를 다녀온 사신들의 상신으로 편액이 하사되었다는 점에서 사행단이 늘상 들렀던 곳으로 추정된다. 이날 밤 승려들은 분향과 송경, 범패의식을 잇따라 엄숙하게 진행하였고 관리와 병졸들도 법회에 참여하여 성심껏 항해의 안전을 기원했다.

〈그림 8〉 보타산 관음성지
명주 정해항을 출항한 국신사 일행은 5월 26일에 보타원에 들러 관음보살께 안전한 항해를 기원하는 법회를 열었다.

28일 아침 날씨가 호전되어 일찌감치 출발했는데 해려초(海驢焦)라는 곳에 이르자 배는 또 다시 정박했다. 이번에는 도교식 의례를 거행했다. 정사와 부사가 조복을 갖춰 입고 2명의 도관(道官)과 함께 궁궐을 향하여 재배를 올렸다. 그리고는 '신소옥청구양총진부록(神霄玉淸九陽總眞符籙)'과 '풍사용왕첩(風師龍王牒)', '천조직부인오악진형(天曹直符引五嶽眞形)' 그리고 '지풍우(止風雨)' 등 어전(御前)에서 하사한 13개의 부적을 바다에 던졌다. 도교군주 휘종의 총애를 받던 신소파(神霄派) 도사들이 득세하던 시기였던 만큼, 부적은 이들에 의해 제작되었을 것으로 사료된다. 이처럼 국신사 일행은 출발 전부터 시작해서 국가제사, 불교와 도교 그리고 민간신앙을 총동원하여 항해의 안전을 기구하는 의례를 거행하였다.

물론 그렇다고 풍파가 잦아드는 것은 아니었다. 봉래산(蓬萊山)을 멀리 바라볼 때부터 배가 흔들리며 요동을 치더니 배 안 사람들 가운데 십중팔구가 현기증으로 쓰러져 구토를 했고 몸을 가누지 못했다. 그날 밤 반양초(半洋焦)를 지날 때는 서북풍이 더욱 강해졌다. 배안에 있던 병과 항아리가 모두 넘어졌고 사람들은 두려움에 벌벌 떨었다.[21] 이런 상황 하에서 기댈 곳은 뱃사람들 밖에 없었을 것이다. 배가 모래지대의 끝부분인 황수양(黃水洋)에 접어들자 선원들은 얕은 모래톱에 배가 처박히는 것을 예방하기 위해서 납추를 길게 내려 깊이를 재면서 조심스럽게 항해했다. 뱃사람들은 다시 닭과 수수를 제물로 모래 신께 제사를 올렸는데, 항해 중에 모래톱에 박혀 익사한 자들의 혼을 달래주기 위한 제사라고 했다. 뱃사람들은 아마도 이들 물귀신들을 제대로 위로하지 않으면 앙갚음을 할 것이라고 생각하고 있는 듯 했다. 어쨌든 배안에 있는 동안 사신들은 뱃사람들의 의견을 십분 존중했던 것으로 추정된다. 육상에 있을 때는 그들 각각이 냉철한 유학자로 자부했겠지만 바다 한가운데에서는 한없이 나약한 인간이었을 뿐이

---

21 『高麗圖經』卷34, 海道1, 牛洋焦, 424쪽.

었다. 더군다나 이 항로는 "왕령(王靈)에 의지하지 않는다면 물고기 뱃속에 장사지내기 십상"[22]이라면서 사신들의 가장 꺼려하던 사행지 가운데 하나였다. 심지어는 사신으로 결정되자 신종 면전에서 안색이 변해 고사하다가 노여움을 사서 견책된 사례도 있을 정도였다.[23] 서긍은 고려여정의 고초를 다음과 같이 기록하였다.

> 배가 황수양을 무사히 빠져나와 흑수양(黑水洋)에 접어들자 또 다시 파도가 거세지기 시작했는데, 이에 사절단원들은 "……위장이 뒤집히고, 헐떡거리는 숨만이 겨우 남아있어 쓰러져 구토하고 먹은 음식은 목구멍으로 넘어가지 않는다"고 했다. 요 위에 누워있을 때는 반드시 사방을 높여 구유와 같이 했는데, 그렇지 않으면 기울어져 이리저리 굴러 몸을 다치기 때문이었다.[24]

6월 1일엔 함선들이 협계산을 통과했는데, 이곳은 중국과 고려의 경계지로 일컬어지는 곳이다. 고려의 경계에 접어든 사신선은 흑산도, 비금도, 임자도를 거쳐 6월 6일엔 군산도(群山島)에 기항했다. 이곳에서는 합문통사 사인(閤門通事舍人) 심기(沈起)와 동접반(同接伴) 김부식(金富軾)이 직접 사신 일행을 영접했으며, 접반과 군수가 연회를 베풀어 노고를 치하했다. 군산도의 객관 서쪽 봉우리에는 작은 오룡묘(五龍廟)가 있었는데 뱃사람들은 이곳에서도 엄숙하게 제사를 올렸다.[25] 국신사 일행은 안면도, 영종도, 강화도 등지를 순조롭게 경유한 뒤 마침내 예성항에 도착했다. 직전에 잠시 영종도[紫燕島]에 들렀는데, 이곳에는 원풍연간에 사신으로 고려를 방문했다가 사망한 송밀(宋密)의 무덤이 있었다. 상절 사신은 위패를 모신 제물사(濟物寺)에 들러 제사를 올리고 승려들을 공양한 뒤, 근처에 있는 송밀의 묘지

---

22 『高麗圖經』 卷18, 釋氏, 243쪽.
23 고려사절을 회피했던 사례로는 林希가 유명하다. 『宋史』 卷343, 열전 卷102, 「林希」.
24 『高麗圖經』 卷34, 海道1, 客舟, 427쪽.
25 『高麗圖經』 卷17, 祠宇, 五龍廟, 235쪽.

를 찾아 배례를 올렸다. 서긍은 고국을 떠나 먼 곳에서 객사한 사람을 생각하니 눈물이 저절로 흘러내렸다고 기록했는데, 망자의 영혼을 위로하면서 평생 경험해보지 못했던 고된 항해의 여정이 떠올라 코끝이 더욱 시큰해졌을 것이다.[26] 예성항을 얼마 앞두고 뱃사람들은 강화도 근방의 합굴용사(蛤窟龍祠)에도 들렀다. 이곳은 물이 얕은 갯벌이어서 큰 배로는 접안이 불가능했다. 뱃사람들은 작은 배로 신상을 영접해 온 뒤 제사를 올렸다. 사신이 제물을 차려 제사를 드리자, 다음 날 푸른색의 작은 뱀이 출현했다고 하는데 일행은 순항을 예시하는 용신(龍神)의 상서로운 감응으로 해석하였다.[27]

　이상의 사실들을 살펴보면 고려경내에 들어서면서 날씨가 호전되고 비교적 순조로운 항해가 지속되었지만 이곳에서도 뱃사람들은 사신일행을 몇몇 사묘로 안내했음을 알 수 있다. 규모도 작고 심지어는 배를 접안하기조차 어려운 곳도 있었지만 조각배로 신상을 모셔와 제사를 올릴 정도로 뱃사람들과 고려 현지인들 사이에는 긴밀한 관계를 형성하고 있었다. 고려도경에서 언급되다시피 당시 뱃사람들은 지표로 삼을 표식이 분명치 않은 상황에서는 나침반을 이용할 정도로 상당수준의 항해술을 소지하고 있었지만 그들에게 있어서 고려에 이르는 항해는 여전히 지난한 여정이었다. 그들은 이러한 어려움을 종교신앙에 기대어 극복하고 있었는데, 조정에서는 주로 국가제사와 도교·불교 등 제도종교의 공식적인 의례를 안배하였다. 이에 반해 상인을 포함한 뱃사람들은 그들에게 익숙한 민간신앙의 제사의례를 수시로 거행하였다. 심지어는 '용신'처럼 송이나 고려인들이 보편적으로 공유했던 민간신앙에 대해서는 고려 경내의 용신묘까지 찾아가 머리를 조아리며 순항을 기원했다. 뱃사람들의 해신제사에 대해서는 사신들도 대체로 협조적인 자세를 보였다. 이들 대부분이 엄격한 유교관료이

---

26 『高麗圖經』 卷18, 釋氏, 243쪽.
27 『高麗圖經』 卷17, 祠宇, 蛤窟龍祠, 234~235쪽.

기는 해도 어려서부터 이미 민간신앙에 상당히 익숙했을 뿐 아니라, 지난한 항해의 여정을 직접 체험하면서 뱃사람들에게 전적으로 의지할 수밖에 없는 상황이라는 것을 깨달았기 때문이었을 것이다.

더군다나 수시로 닥치는 해상사고를 극복하고 지루한 항해에서 발생할 수 있는 선원들 간의 충돌을 방지하기 위해서, 선상에서는 엄격한 위계질서가 요구되었다. 『고려도경』에 의하면 그 핵심이 되는 인물이 바로 수령(首領)이었다. 수령은 많은 선박을 가진 도강(都綱)에 의해 기용되었는데, 해로에 익숙했을 뿐 아니라 천시(天時)와 인사(人事)를 파악하는 데 매우 능한 자들이었다. 그들은 해상에서 위험한 사고에 직면하면 빠르게 상황을 판단하고 선원들의 마음을 휘어잡아 혼연일체로 위기를 극복할 수 있어야 했다. 보통 신주와 같은 거선에는 고사(篙師)와 수수(水手)가 60명 정도 승선하였는데, 이들 선원들은 전적으로 수령에 복종했다. 뱃사람들 대다수가 이처럼 수령을 중심으로 뭉쳐있었기 때문에, 사신들도 가능하면 그들의 신앙적 정서를 존중하는 것이 항해에도 유리했던 것이다.[28]

3) 해상조난과 기적의 출현

예성항을 통해 고려에 들어온 국신사 일행은 이후 한 달 남짓 개경에 머무르며 공식적인 일정을 소화했다. 정사 노윤적은 예종의 문상을 위해 마련한 조위품목과 휘종의 친서를 전달하며 국신사 파견의 목적을 밝혔다. 그는 이번에 보낸 제문과 조위품목이 원풍연간 문종 상사 때 보낸 것과는 비교할 수 없을 정도로 파격적이라는 점과 송 휘종이 직접 제문을 지어 각별한 정을 표시했음을 강조하였다. 그리고는 "선대임금께서는 이미 요의 책봉을 받았기 때문에 말썽이 두려워 따로 책봉하는 의식은 피했지만, 지

---

28 『高麗圖經』 卷17, 祠宇, 232쪽.

금은 요나라가 이미 멸망했으니 우리정부에 책봉을 청할 수 있습니다"라며 책봉을 받아들일 것을 요구했다. 송조의 입장에서 볼 때 당초 요를 공격하기 위해 동맹을 맺었던 금이 이미 강국으로 성장하여 송을 위협하고 있었기 때문에, 책봉을 통해 고려를 복속시키는 것은 자국 중심의 동아시아 국제질서를 복원하는데 있어서 급선무였음을 반영해주는 것이다. 그러나 인종은 아직 상기(喪期)를 마치지 못했는데, 지금 중대한 책명의례를 청하는 것은 의리에 합당하지 못하다면서 완곡하게 거절하였다. 고려는 3년 후인 1126년에는 이자겸·척준경의 주장에 따라 오히려 금에 칭신하게 되는데 이후 바로 북송이 금의 공격으로 무너진다는 점을 고려하면 당시 인종이 국제정세의 변화에 입각해 실리적으로 냉정하게 대처했음을 알 수 있다.29

국신사 일행은 책봉요구를 관철시키는 데는 실패했지만, 고려 측의 공손한 대접을 받고 7월 13일 순천관(順天館)을 출발했다. 순천관 북쪽에는 순천사라는 절이 있었는데 입구에는 "국신사 일행의 평안을 기원한다(以祈國信使副一行平善)"는 현수막이 걸렸고, 무사귀환을 기원하는 법회가 한 달 내내 거행되었다.30

『고려도경』에 기록된 귀환일정은 소략하여 일행의 해신 제사활동을 추정하는 것은 쉽지 않다. 다만 방문시의 항해여정과 16일과 17일에 각각 강화도와 영종도에 기항했다는 앞의 기록을 감안하면, 귀로에도 고려경내 해신묘에 들러 안전한 항해를 기원했을 가능성이 높다. 국신사 일행의 귀환은 고려 인근에서부터 이미 지체되기 시작했다. 고군산도 근처에서 바람에 막혀 8월 8일까지 14일 동안 출항할 수 없었다. 9일에는 바람이 잦아들어 나섰다가 10일에 다시 고군산도로 돌아와 6일간 발이 묶였다. 결국 20일이 지나서야 흑산도를 통과해 여·송간의 경계로 알려진 협계산을 지날

---

29 『新編高麗史 2』, 世家第15, 仁宗1, 205쪽.
30 『高麗圖經』卷34, 海道1, 黑水洋, 414쪽.

수 있었다.

그런데 다음날 중대한 사고가 발생했다. 21일, 신주(神舟)를 중심으로 구성된 함대가 얕은 모래벌로 이루어진 황수양(黃水洋)의 사미(沙尾)를 통과하고 있었는데, 모래에 걸려 두 번째 배의 보조키[副舵] 세 개가 모두 부러져나간데 이어 정타(正舵)마저 부러지면서 매우 위급한 상황에 처하게 된 것이다. 정사가 탄 배와 다른 배들도 황수양에서 여러 차례 위험한 정황에 직면했는데, 서긍은 당시의 상황을 다음과 같이 회상하였다.

> 이번 사신의 행차에 두 번째 배가 황수양(黃水洋) 한 가운데에 이르러 세 개의 키가 다 부러졌을 때 신(臣)이 마침 그 속에 있었는데, 같은 배의 사람들과 함께 머리를 자르고 애절하게 빌었더니 상서로운 빛이 나타났다. 그런데 복주의 연서신(演嶼神)이 이전과 마찬가지로 기적을 나타내어, 이날 비록 배가 위태로웠지만 다른 키로 바꿀 수 있었던 것이다. 키를 바꾼 뒤에도 전처럼 기울어지고 흔들렸지만 5일 밤낮을 넘긴 뒤 마침내 명주의 정해에 도달할 수 있었다. 상륙하려고 할 때까지도 배에 탄 사람 모두가 초췌하여 거의 산사람의 기색을 찾을 수 없었으니, 그들의 걱정과 두려움을 헤아려 알 수 있을 것이다.[31]

위의 내용을 보면 서긍을 위시해 같은 배에 탄 사람들이 연서신이 기적을 베풀어줌으로써 무사히 귀환할 수 있었다는 점에 공감하고 있음을 알 수 있다. 그렇다면 도대체 두발까지 자르고 기도를 올리는 의식을 누가 주도했는가 하는 점이 궁금해진다. 복주 연서신이 나타나서 극적으로 위기에서 구원해주었다는 종교적인 기적의 출현을 감안한다면, 당연히 복건출신의 무당이나 적어도 오랫동안 연서신을 숭배해 온 복건상인 혹은 선원이 주도했을 가능성을 상정할 수 있을 것이다. 물론 서긍을 위시한 관료들이 향후 복건인들의 신앙대상인 연서신에 대해서 어떤 태도를 취했을까 하는

---

31 『高麗圖經』卷39, 海道5, 460쪽.

점은 의문으로 남을 수밖에 없다. 하지만 상문 내용만 놓고 본다면, 조난 직전의 위기상황에서, 서긍은 한계상황을 느끼고 오랜 항해 과정 중에 그에게 믿음을 심어주었던 뱃사람들의 연서신을 마음속에 받아들인 것처럼 보인다. 8월 27일 국신사 일행은 마침내 동해신사가 자리 잡은 초보산을 바라보면서 정해현에 안착했다. 평소 순풍을 타면 5~7일이면 갈 수도 있다는 항로를 무려 42일이 걸려서야 돌아올 수 있었다.

4. 공인과 확산
─ 해신에 대한 봉호와 묘액의 하사

1) 송대 사묘정책의 변화와 봉호·묘액의 운영

지금까지 살펴본 바와 같이 선화5년[1123] 고려로 파견된 국신사 일행은 왕복 여정 동안 수차례 위험한 정황에 부딪쳤다. 거친 풍파로 인해 항해 일정은 끝없이 연기되었고 황수양에서는 모래톱에 걸리는 사고로 좌초 직전의 위험에 직면하기도 했다. 출발 전부터 순항을 기원하는 제사가 의례적으로 거행되었지만, 공포에 휩싸인 비상상황 속에는 앞에서 살펴본 바와 같이 선원들 뿐 아니라 사신들까지도 머리까지 자르고 애절한 구명(求命)의 기도에 동참했으며, 상서로운 빛이 나타나는 영적 체험을 경험한 뒤 기적처럼 황수양을 벗어났다. 악전고투 끝에 정해로 귀환한 뒤 국신사들은 고려외교의 성과에 대하여 상세한 보고를 올렸다.

그런데 주목되는 것은 공식적인 외교임무 외에, 여정에서 겪은 고초와 영적인 체험, 외교임무를 완성할 수 있게 도와준 여러 신(神)들의 영적(靈蹟)에 대해서도 자세한 보고가 이루어졌다는 점이다. 그 결과로 공신들에 대한 표창과 더불어 신을 모신 사찰과 도관 그리고 사묘에 대한 포상이 이루어졌다. 이들 종교시설에 대해서 편액과 봉호가 상응하는 부상들과 함께 하사되었다. 이처럼 신령들에 대한 봉호 하사와 이들을 모신 종교시설에 대한 포상과 후원이 이루어진 것은 송 정부의 새로운 종교 신앙 정책에서 기인한다고 볼 수 있다. 송대 민간신앙에 대한 정부 정책에 있어서 중요한 변화는 민간 사묘의 정통성 여부를 판별하는 '사전(祀典)'의 내용이 전에 비해 개방적으로 확대되고, 묘액과 봉호의 하사 여부가 사전에 등록되는 근거이자 종교정책의 운영원리로서 중요성을 갖게 된 것이라고 지적된다.[32]

　사전의 변화를 논하기 위해서는 사묘의 정통여부를 판별하는 준거에 대해서 좀 더 심층적으로 접근해볼 필요가 있다. 역대 이래로 음사의 판별은 『예기』「곡례(曲禮)」편을 근거로 삼아왔는데, "비기소제이제지(非其所祭而祭之)" 즉 "제사드릴 수 없는 것에 제사를 올리는 행위"를 '음사'로 규정해 왔다.[33] 후대 학자들은 좀 더 구체적으로 "사전에 기록되지 않은 제사를 임의로 올리거나", "신분을 참월(僭越)해 격에 맞지 않는 제사를 드리는 행위", 즉 "부재사전자(不在祀典者)"와 "월분제지자(越分祭之者)"를 '음사'로 규정했다.[34]

32　이 부분에 대해서는 水越知의 앞의 글 참조.
33　『禮記·曲禮』편에 보이는 상기내용은 다음과 같다: "天子祭天地, 祭四方, 祭山川, 祭五祀, 歲遍. 諸侯方祀, 祭山川, 祭五祀, 歲遍. 大夫祭五祀, 歲偏. 士祭其先. 凡祭, 有其廢之, 莫敢擧也; 有其擧之, 莫敢廢也. 非其所祭而祭之, 名曰淫祀, 淫祀無福."[『禮記』, 「曲禮(下)」, 台北: 藝文印書館, 十三經注疏本, 97쪽].
34　孫希旦, 『禮記集解』, 150~153쪽 참조. 이에 대해 孫希旦은 宋襄公이 次睢의 社를 제사한 것처럼 임의로 禮典(祀典)에 기록되지 않은 제사를 올리거나, 魯 季氏가 泰山에서 封禪을 행한 것처럼 신분을 僭越하여 제사를 드리는 행위, 즉 '不在祀典者'와 '越分祭之者'를 淫祀라고 설명했다. 孫希旦의 이러한 견해는 독자적인 의견이 아니라 前代 士人들의 관념을 계승하고 있다. 宋儒 陳淳(1153-1217)은 『北溪字義』에서 "非其所祭而祭之"에 대해 天子는 天地를 제사하고, 諸侯는 社稷과 境內의 名山大川을 제사 드리며, 大夫는 五祀를 제사하고, 士·庶는 선조를 각각 제사드릴 수 있는데, 祀典에는 品節이 혼란해지는 것을 결코 용납할 수 없다고 했다. 이런 까닭에 諸侯는 결코 천자를 僭越하여 天地를 제사할 수 없고, 大夫 역시 제후의 지위를 僭越하여 社稷을 제사드릴 수 없는 것으로, 季氏가 泰山에 갔다는 것 자체가 곧 "非其所祭而祭之"의 원칙을 위반한 것이기 때문에 당연히 淫祀로 규정해야 한다고 했다. 이렇게 볼 때 淫祀는 음란하거나

물론 음사에 대한 해석은 시대에 따라 변화하는 것이지만, 역대정부는 특히 전자를 음사를 판별하는 주요한 준거로 삼아왔다.[35] 북송 휘종 대관(大觀)3년[1109]에 단행된 음사철폐조치에서도 "사전에 기록되지 않은 음사는 훼멸하라"는 명령이 하달된 것을 보아 송조 역시 기본적으로는 이러한 원칙을 계승하고 있음을 알 수 있다.

그런데 「곡례」편은 음사판별의 근거로써 '사전'을 제시하고 있지만, 과연 사전에는 어떠한 제사들이 포함될 수 있는가? 라는 근원적인 문제는 빠져있다. 이런 까닭에 위진남북조 이래로 『예기』 「제법(祭法)」편에 보이는 "백성들에게 바르게 법을 시행한 자는 제사를 모시고, 죽음으로서 근면하게 봉직한 자도 제사를 모시고, 국가를 바로 세우기 위해 노고를 아끼지 않은 자에게도 제사를 올린다[法施於民則祀之,以死勤事則祀之, 以勞定國則祀之]"는 경구가 「곡례」편과 함께 음사 판정의 유력한 기준으로 작용해 왔다.[36] 그러나 이 부분 역시 엄밀히 보자면 '규정' 이라기보다는 국가와 백성에 대한 공헌을 강조하는 모호한 내용을 담고 있기 때문에, 해석여부에 따라서는 제사의 범위가 크게 달라질 수 있다. 일례로 당 현종 시기에는 이 부분을

사악한 귀신에 대한 제사만을 의미하는 것이 아니고, 아무리 정당한 귀신이라도 자신의 신분에 맞지 않는 제사를 올리게 되면 이것 역시 淫祀가 되는 것이다.

35 魏文帝는 黃初5년(224)에 郊·社·宗廟·三辰五行·名山大川類에 속하지 못하면 祀典에 기록될 수 없는데(不在祀典), 祀典에 없는 제사를 드리거나 巫師의 말에 따라 함부로 이러한 행위를 할 시에는 左道罪로 엄벌에 처한다는 명령을 내린바 있다[『三國志』 卷2, 「文帝紀」, 84쪽]. 晉武帝는 太始2년(266)에 祀典에 없는 제사는 모두 없앤다는 조령을[『晉書』卷19, 601쪽], 北周의 武帝 역시 禮典에 기재되지 않은 것은 禁하고 없애버려야 한다는 명령을 각각 하달한 바 있다[『周書』卷5, 84쪽]. 사실 正史에서는 唐代 狄仁傑이 도대체 어떤 기준에 의거해 淫祠들을 철폐했는지 구체적으로 언급하고 있지 않지만 『吳興記』는 "唐狄仁傑承制, 應天下神廟, 非典禮者, 悉除之"라고 기록하여, 狄仁傑도 전통을 계승해 祀典에 없는 사묘를 철폐의 對象으로 삼았음을 명시하고 있다[『嘉泰吳興志』, 4743쪽].

36 宋武帝는 永初2년(421)에 淫祠의 철폐를 命하며 先賢과 백성들에게 공덕을 베푼 자의 廟는 예외로 한다는 말을 덧붙인 바 있고, 당시의 地方官들 역시 淫祠를 근절시키는 정책을 수행하며 有功德者의 祠廟는 오히려 改修해주는 조치를 취하곤 했다[『宋書』卷3, 57쪽; 『魏書』卷53, 1176쪽].

확대 해석하여 조정에서 사묘를 세워주고 숭봉하는 대상의 범위가 충신·의사·효부·열녀까지 광범위하게 늘어난 바 있다. 현종의 정책은 향후에 이와 유사한 공덕을 세운 사람들도 교화를 명목으로 입묘(立廟)가 가능하다는 선례를 제공함으로써 당 후기 이래 사묘 신앙의 팽창에 일정한 영향을 미치기도 했다.[37]

앞에서 언급한 바처럼, 봉호와 묘액이 국가의 종교 신앙 정책에 활용되기 시작한 것은 오랜 역사를 갖고 있다. 특히 무측천과 현종 시기에 신령세계에 대한 봉호 하사가 정권 정당화의 수단으로 빈번하게 활용되고 국가제사로 진입하기 위해서 도교세력까지 이에 적극적으로 호응하면서 서서히 제도적 장치로서 그 면모를 갖추기 시작한다. 당말·오대 시기에는 묘액과 봉호의 하사가 각 지방의 민간사묘로까지 확대되면서 본격적으로 신령세계를 통제할 수 있는 제도로 확립되기 시작한다. 더군다나 당말 이후 지방에 대한 중앙정부의 통제력이 급격히 약화되는 상황 하에, 강남 개발이 진척되고 지역신앙이 급부상하면서 그야말로 "매년 해당관리가 행해야 하는 제사만 해도 수를 헤아리기 힘들 정도로 많아서 모든 향(鄕)과 이(里)마다 반드시 사묘가 있다"[38]고 일컬을 정도로 사묘신앙이 복잡하게 전개되고 있었다. 사묘의 수 자체가 폭증했을 뿐 아니라 '음사'가 '정사'를 가장하고, 정사 자체도 민간화·세속화되는 추세 속에서, 새로운 차원의 사묘정책이 절실하였다.[39] 이러한 상황 하에서 애초에는 봉선 등의 대제사를 기념하고

---

[37] 김상범,「唐代祠廟信仰의 類型과 展開樣相」,『中國學報』44, 2001.12, 227~230쪽.

[38] 『國史補』「敍祠廟之弊」의 전체내용을 보면 다음과 같다: "每歲有司行祀典者, 不可勝記, 一鄕一里, 必有祠廟焉, 爲人禍福, 其弊甚矣. 南中有泉, 流出山洞, 常帶桂葉, 好事者目爲「流桂泉」, 後人乃立棟宇, 爲漢高祖之神, 屍而祝之. 又號爲伍員廟者, 必五分其髥, 謂之五髭鬚神. 如此皆言有靈者多矣."[[宋] 王讜撰, 周勛初校證,『唐語林校證』, 北京: 中華書局, 第二次印刷, 1997.12, 741쪽].

[39] 국가제사를 실질적으로 주관하는 祠部員外郞職과 지방업무를 총괄하는 刺史職을 역임한바 있어 관방과 민간의 제사와 신앙풍토 등에 대해 누구보다도 밝았을 趙璘은 "비록 嶽海鎭瀆·名山大川·帝王先賢의 祠廟라도, 세워지지 말아야 할 곳에 세워진 것이

상승된 황권을 과시하기 위해 악독을 위시한 자연신들에게 하사되던 봉호와 묘액이 모든 신령세계에 전면적으로 확대 적용되기 시작했다.[40] 이러한 경향은 당말·오대시기에 절도사와 지방정권들이 지역민과 민간사회의 지지를 획득하기 위해서 지역신앙을 적극적으로 활용하면서 점차 제도화되었다.[41]

이렇듯 민간의 사묘는 나날이 복잡해지고, 사묘에 대한 판별방법에도 '봉호'와 '묘액'이라는 새로운 제도가 적용되면서 일단 북송 정부는 이제 중앙정부 뿐 아니라 지방단위에서도 일차적인 '사전'을 편찬할 필요성을 느끼게 되었다. 이러한 움직임은 북송 인종 황우(皇祐)2년[1050] 경부터 본격화되기 시작한다. 조정으로부터 명산대천 등을 제사하는 사묘 중에 기우(祈雨)에 특별히 영험한 곳을 상세히 조사하여 사전에 기입하라는 명령이 하달된 바 있다. 신종 희녕7년[1074] 11월에 내려진 조령에서는 범위가 더욱 확대되었다. 전국에 있는 사묘 가운데 백성들에게 공덕이 있음에도 불구하고 아직까지 작호(爵號)가 하사되지 않았거나, 설사 내려졌어도 합당치 못한 것 등을 보고하라는 명령이 내려졌고, 이를 기초로 다음해에는 37개 사묘에 봉호가 하사되었다.[42] 그러나 누차에 걸쳐 조사령이 반포되었음에

나, 典籍(祀典)에 없는 것은 淫祀이다. 과거의 행적이, 생전에 별로 칭송할만한 공덕을 세우지 못했고, 죽음에 있어서도 별로 장려할만한 節行을 남기지 못했다면 바로 淫祠이다"고 언급하고 神飯이 禮에 규정되어 있지만 '巫覡之餉'이 되는 것이 비일비재하니 지방관이 이를 가려내야 한다고 당시의 상황을 피력한 바 있다[趙璘,『因話錄』卷5 徵部,『西京雜記(外21種)』, 上海: 古籍出版社, 1991, 497쪽]. 趙璘은 開成三年(838)에 進士에 급제해서, 大中年間에는 祠部員外郞과 度支金部郞中을 역임하였고, 후에는 衡州자사를 지냈다. 비록 兩唐書에는 趙璘의 열전이 없지만,『登科記考』와『全唐文』卷791, 3673쪽을 통해 그의 인생역정을 개략이나마 살펴볼 수 있다.

40　이 부분에 대해서는 須江隆의 앞의 글을 참조할 수 있다. 하지만 須江隆은 당대에 봉호와 묘액의 下賜가 대, 중, 소 三祀를 중심으로 전개되었다고 지적했는데, 필자는 唐代 이래 皇權상승이 국가제사에 표현되면서 自然神에 대해서는 황제의 권위로 봉호를 내릴 수 있게 된 것으로 파악하고 있다. 이점은 당시 국가제사에 있어서 나타나는 祝文의 변화와 궤를 같이하는데 이점에 유의할 필요가 있다고 생각한다.

41　楊俊峰,「五代南方王國的封神運動」,『漢學研究』28-2, 2010.6.

도 불구하고 이미 상당한 정도로 팽창한 사묘들을 전국적으로 파악하고 관리하는 일이 그리 쉽지는 않았던 것 같은데, 신종 원풍3년[1080]에도 정부는 '작위'를 근거로 사묘를 관리하겠다는 의지를 재천명하는 조령을 반포했다. 또한 이미 이러한 목적에서 빈번하게 봉호를 하사하고 있었기 때문에, 그 방법과 절차에 대해서도 구체적으로 규범화할 필요성이 제기되었는데, 당시 태상시(太常寺) 박사였던 왕고(王古)가 제안하여 채택된 내용을 살펴보면 다음과 같다.

> (태조) 개보[開寶, 968~975], (인종)황우[皇祐, 1049~1053] 이래, 무릇 천하에서 지지(地志)에 명기되어, 공덕이 백성들에게 미치고, 궁관능묘와 명산대천중에 능히 구름을 일으켜 비를 내리게 할 수 있는 자에게는 (묘우)를 숭고하게 장식해주고, 아울러 사전에 기입하게 했다. 신종 희녕연간[1068~1077]에 거듭 조(詔)를 내려 사묘가 기도에 응해 영험을 드러냈으나, 아직까지 작호가 없는 것이 있다. 이런 연유로 태상박사 왕고가 청하길 "오늘 이래로 작호가 없는 제신사(諸神祠)에는 묘액을 내리고, 이미 묘액이 하사된 자에게는 봉작(封爵)을 가한다. 처음에는 후(侯)에 봉하고, 다음으로 공(公)에 봉하고, 그 다음에 왕(王)에 봉하는데, 살아서 작위가 있었던 자들은 본래의 봉작에 따른다. 부녀의 신에게는 부인(夫人)을 봉하고, 다음에 비(妃)에 봉한다. 봉호는 처음에는 두자이며, 다음에는 네 자로 더해진다. 이렇듯, 명령을 내려 신을 통어함으로써, 은례(恩禮)에도 질서가 있게 된다.........[43]

많은 수의 사묘를 관리하기 위해 일단 지방에서 상세한 조사를 통해서 지지(地誌)를 작성하고, 다시 중앙에서 사전에 기입해 종합적으로 관리하는 방법은 당말 이래로 이미 단서가 나타난다.[44] 하지만, 이 시기에 이르러 '작

---

42 『宋會要輯稿』第19册 禮20之二.
43 『宋史』卷105, 禮八 「諸祠廟」, 2561쪽;『宋會要輯稿』第19册 禮20之六.
44 이녁유는 "按方志, 前代名臣・賢后則祠之, 四郡之内, 除淫祠一千一十所"라는 구문에서 언급되다시피 지방지를 淫祠 與否를 판별하는 주요한 근거로 삼은 바 있다. 이러한 추세는 湖州 吳康縣의 龍神을 모시는 淵德廟와 관련된 "唐元和8年(813), 縣令劉汭禱雨有驗, 始載祀典."이라는 기사를 통해서도 확인된다[『嘉泰吳興志』, 4745쪽].

위'의 원리가 사묘를 관제하는 중요한 수단으로 등장하게 됨에 따라 봉호와 묘액의 운영세칙이 제도로서 확립된 것이다.

"선묘액, 후봉호(先廟額, 後封號)"의 원칙이 세워졌고, 봉호의 하사는 묘신의 위상에 따라서 후(侯)·공(公)·왕(王)의 순서로 이루어지게 되었다. 봉호의 자수(字數)도 처음에는 2자(字)에서 시작해 4자, 6자[후에는 8자로 늘어남]로 증가된다는 규정도 확립되었다. 심지어 신령의 가족들에 대한 봉호의 확대적용과 여신에 대한 규정도 확정되었다. 이러한 새로운 사묘정책은 향후에도 지속적으로 제도의 보완이 이루어졌다. 철종(哲宗) 소성(紹聖)2년[1085] 12월에는 예부시랑 황상(黃裳)의 건의로 천하 주(州)·군(軍)은 경내 모든 사묘에 대해 정리하여 '모주사전(某州祀典)'을 편찬하라는 명령이 하달되었다.⁴⁵ 지방관들이 현지 사묘의 동태를 정확히 파악할 수 있는 지방 사전의 체계가 정비되었고, 중앙정부에서는 이러한 기초정보를 바탕으로 전국 사묘의 상황을 파악할 수 있는 전국적 '사전'이 구비되었던 것으로 추정된다. 어쨌든 국가의 입장에서는 종전의 대·중·소 삼사로 제한되어 있던 국가제사체계의 하부에 다시 방대한 수의 사묘를 포용하게 된 것인데, 송대의 사전은 이처럼 국가의 사묘정책을 반영해 개방적이고 확대된 규모를 갖추게 되었다.

2) 선화5년 봉호·묘액의 사여 대상과 그 배경

선화5년의 국신사 파견은 요·금 교체를 둘러싸고 고려와 송 사이의 관계가 어느 시기보다 중요했던 만큼 막중한 외교적 임무가 부여되었다. 뿐만 아니라 국신사 일행은 수차례 난파의 위기에 직면하였고 기상 악화로 항해여정 자체가 42일로 늘어나는 고초를 겪어야 했다. 서긍의 『선화봉사

---

45 『宋會要輯稿』第19冊 禮20之九.

『고려도경』에 보이는 바와 같이 공적인 임무에 대한 보고와 함께 절체절명의 위기에서 국신사 일행을 구원해준 신들의 영적도 함께 상주되었고, 이들 신을 모신 사원·도관·사묘에 대한 포상도 종전과 비교할 수 없을 정도로 폭 넓게 이루어졌다. 포상의 대상과 배경을 살펴보기 위해, 선화5년 국신사 일행의 상신으로 봉호와 칙액이 하사된 도관과 사묘 등을 정리해보면 다음과 같다.

〈표 10〉 선화5년 봉호 및 묘액 하사 일람

번호	명칭	주신(主神)	봉호·묘액 명칭	사료근거
1	東海神祠	東海神	顯靈. 東海神의 보좌하는 風神은 寧順侯, 雨神에게는 寧濟侯에 분봉.	『宋會要輯稿』, 禮20 「東海神祠」
2	淵德觀	道教神	淵德	『寶慶四明志』 卷19
3	靈應廟	鮑郞神	忠嘉	『乾道四明圖經』 卷11
4	昭利廟	演嶼神 (唐福建觀察使 陳巖의 長子)	昭利	『淳熙三山志』 卷8
5	神女祠	媽祖(天妃)	順濟	『宋會要輯稿』, 禮20 「神女祠」 『咸淳臨安志』 卷73

이들 사묘 가운데 첫 번째로 주목되는 것은 동해신사(東海神祠)이다. 동해신사는 동해신을 주신으로 모시는 사묘로서, 앞에서 언급한 바처럼 사해신 제사는 오악·사독제사와 더불어 국가제사에 속하는 중요한 자연신 제사이다. 국가제사인 만큼 규정에 따라 사묘가 위치한 현의 현령(縣令)·현위(縣尉)가 묘령(廟令)·승(丞)을 겸하여 제사를 주재할 뿐 아니라 묘우의 전반적인 관리를 책임진다.[46] 동해묘는 북송 초기까지는 내주(萊州)에 설치되

---

[46] 『續資治通鑑長編』 卷十三, 開寶五年七月丁卯條: "詔五嶽·四瀆及東海等廟, 並以本縣令

었는데, 북송 중기 이래 요(遼)와 고려무역으로 번영을 구가하던 내주가 요의 관내진출로 급속히 쇠락하면서 명주 정해현으로 이전된다. 주목되는 것은 국가제사의 자연신 숭배가 일반적으로 지역의 수호신적인 의미를 갖지만, 동해신사는 특히 대고려 해상외교와 긴밀한 관계를 형성하며 발전해 왔다는 점이다. 앞서도 언급했지만 우선 동해신사의 명주 이전 자체가 원풍원년에 국신사로 갔다가 태풍을 만나 수차례 조난의 위험을 극복하고 귀환했던 안도(安燾) 등의 건의로 이루어졌다. 휘종 숭녕2년[1103]에는 국신사 유규가 동해신사에 매년 도사(道士) 한 명씩을 늘려주어 향화(香火)를 받들게 하자는 상주를 올린바 있다. 대관4년[1110]에는, 역시 국신사 왕양(王襄)이 해상에서 돌풍[黑風]을 만났을 때 기도에 응해 주었다는 영적을 상신하여 봉호에 조순(助順) 2자를 더해 조순연성광덕왕(助順淵聖廣德王)이 되었고,[47] 전운삼판관(轉運三判官)에 명하여 사묘를 개축함과 더불어 풍백신(風伯神)과 우사신(雨師神)을 모시는 부속 사우(祠宇)도 축조해 주었다.

선화5년[1123]에는 앞에서 언급한 바와 같이 출발 전 국신사들이 향을 피워 순항을 기원하는 의례가 이곳에서 거행되었다. 물론 선화 국신사 일행이 귀환 후에 또 다시 영적이 상신되어 봉호에 현령(顯靈) 2자가 추가되었고, 부속묘의 풍신과 우신에게도 각각 영순후(寧順侯)와 영제후(寧濟侯)라는 후호(侯號)가 하사되었다. 봉호와 함께 관전(官田) 5경도 함께 사여되었다.[48] 사실 명주가 복건이나 광동 등 국내무역뿐 아니라 고려와 일본 간의 국제무역항으로 성장하게 되면서, 동해신사 역시 왕래하는 선박의 안전을 비는

兼廟令丞. 掌祀事, 常加案視, 務在潔. 仍籍其廟宇祭器之數. 受代日, 交以相付. 本州長吏, 每月一謁廟檢擧焉."

[47] 동해신사에 처음으로 봉호가 하사된 것은 天寶10載(751)이다. 당시 현종은 "百神郡望 가운데 품에 안기지 않은 것이 없고, 사방의 諸侯중에 와서 경하치 않은 자들이 없다"며 주변 諸國들에 대한 귀속 뿐 아니라 諸神들의 臣屬까지 선언함으로서 황권의 초월성을 과시한 바 있다. 四海神가운데 東海神은 廣德王에, 南海神은 廣利王에, 西海神은 廣潤王에, 北海神은 廣澤王에 책봉되었다.[『舊唐書』卷23, 禮儀三, 900~901쪽].

[48] 『宋會要輯稿』, 禮20「東海神祠」;『寶慶四明志』卷19.

수호신으로 각광을 받았다. 그런데, 이곳을 중심으로 해상외교가 빈번하게 전개되면서, 국가제사의 특성상 '동해신'은 정부의 공식적인 외교사절을 보호해주는 수호신으로 더욱 발전을 거듭하게 된 것이다.

선화5년의 봉호와 묘액 하사에 있어서 동해신사에 대한 조치와 더불어 도사들의 주청에 의해 연덕관(淵德觀)이라는 칙액이 하사된다는 점도 주목된다. 앞서도 언급했지만 숭녕2년 국신사 유규의 주청에 의해 도사들이 묘우의 관리와 제사를 주관하게 되면서, 동해신사는 점차 도관과 결합한 형태로 운영되어 왔는데 도사들이 새로운 관액(觀額)을 요청한 것이다. 숭녕2년[1103]에 이미 숭성궁(崇聖宮)이라는 칙액이 하사된 바 있지만, 이는 『보경사명지(寶慶四明志)』의 내용에 의거하면 순수하게 도사들로 하여금 동해신을 모시게 하기 위한 목적이었는데, 이제 관액을 주청하여 하사받음으로서 도교사원으로서의 존재감을 더욱 분명히 한 것이다.[49] 동해신사는 남송 고종 건염(建炎)연간[1127~1130]에 전란으로 전소되어 소흥연간에 재건하게 되는데, 도사들이 적극 개입하여 도교신이 정전(正殿)을 차지하고 동해신은 정전 사방을 둘러싼 부속건물인 낭무(廊廡)에서 제사를 받는 부속신으로 그 위상이 추락하기도 한다.[50] 종교사의 전개 그 가운데에서도 국가제사의 역사적 추세를 고려한다면 고려로 국신사 일행이 파견되었던 선화5년은 도교황제 휘종의 비호 아래 동해신사에 대한 도교의 침투가 더욱 진척되는 전환기라고 할 수 있다.

---

49 『寶慶四明志』卷19,「神廟」東海助順孚聖廣德威濟王廟: "初賜宮額, 本以奉神. 歲度道士俾主香火, 宣和五年, 道士乃請淵德觀額". 「宮觀」: "淵德觀, 縣東北五里, 皇朝元豐元年始建. 淵聖廣德王廟, 委道士奉香火, 崇寧二年, 戶部侍郞劉逵, 給事中吳栻, 使高麗回奏, 歲度道士一名. 三年詔天下建天寧萬壽觀, 以本州崇壽宮改置. 四年知縣事徐禋因請其額寔本廟, 宣和五年改今額."

50 동해신사는 보경3년에 가서야 明州知事胡榘의 奏請에 의해 동해신을 받드는 正殿과 풍백, 우사신을 합사하는 列殿을 중건하면서 원래의 면모를 되찾게 된다. 古林森廣, 『中國宋代の社會と經濟』, 東京: 國書刊行會, 1995, 第六章宋代の海神廟に關する一考察, 121쪽 참조.

두 번째로 포랑신(鮑郞神)을 모시는 명주 영응묘(靈應廟)에는 충가(忠嘉)라는 봉호가 하사되었다. 영응묘는 한대 현리(縣吏)였던 포개(鮑蓋)를 모시는 사묘로 이전에는 영태왕묘(永泰王廟)로도 불리었다. 포개는 '포랑'이라는 친숙한 이름으로 지역민들에게 오랫동안 숭배되었는데, 명주의 지역수호신으로 다양한 영적을 드러내어 수차례에 걸쳐 봉호가 하사되었다. 숭녕3년 [1104]에는 풍직(豊稷)이 묘액명이 철종황제의 능명(陵名)을 범한다고 상주하여 '영응'으로 개명되었다. 주목되는 것은 포랑신이 해신(海神)이 아님에도 불구하고 선화5년 국신사 파견과 관련하여 '충가'라는 두 글자의 봉호가 더해졌다는 점이다. 이는 지역수호신들의 전개과정에서 점차 다양한 영력을 갖춘 '만능신'으로 성장해가는 중국민간신앙의 보편적인 현상을 반영하는 것이다. 실제로 『연우사명지(延祐四明志)』에 의하면, 선화5년에 정사로 외교사절을 이끌고 고려에 내방했던 노윤적도 출사 전에 이미 포랑신이 매번 기우제에 영험하게 응답했다면서 '혜제(惠濟)'라는 봉호 하사를 주청한 바 있다.[51]

묘액이 하사된 세 번째와 네 번째 사묘는 명주가 아니라 복건 지역신의 사묘라는 공통점을 갖고 있다. 우선 소리묘(昭利廟)에 대해 살펴보겠다. 소리묘는 연서신(演嶼神) 즉 당말 황소의 반란군이 복건지역을 휩쓸 때 이를 막지 못한 자신의 능력을 한탄하며 결국 분사(憤死)했다는 복건관찰사 진암(陳巖)의 장자(長子)를 모시는 사묘이다. 본묘(本廟)는 복주(福州) 연강현(連江縣)에 위치했으며, 남송 문호 육유[陸游, 1125~1210]가 자연재해가 닥쳤을 때 제사를 올리는 영험한 기도처로 성황묘·동악묘와 함께 거명했던 복건지

---

51 『延祐四明志』卷15: "靈應廟, 北距子城二里半, 今在西南隅, 畫錦L橋東. 額曰, 永泰王廟, 宋以來累封爲忠嘉, 神聖, 惠`濟, 廣靈王.······王姓鮑, 諱蓋, 其先東海鄞邑人.······ 六年三月路侍郎允迪, 守直龍圖閣樓公异, 以雨賜應祈乙, 封王爵封恵W濟王. 宣和三年六月, 太子李公友聞奏睦冠竊發及剡魔巢洞距州近藉神休不能侵, 詔加賜額靈應. 政和八年(宣和5年) 九月, 路侍郎允迪使高麗奏加忠嘉.

역의 유명한 지역 신묘이다.52 앞서 살펴본 바와 같이 연서신은 국신사 일행의 배가 황수양의 모래톱에 걸렸을 때 직접 현신하여 기적적으로 사행선단을 구원했던 '항해의 신'이기도 하다. 결국 국신사 일행을 구조한 공덕과 관련 영적이 상신되었기 때문에 '소리(昭利)'라는 묘액이 하사되었다.53 주목되는 것은 명주 정해현에도 복건의 항해신인 연서신을 모신 소리묘의 행사(行祠)가 건립되었다는 사실이다. 복건해상의 활동 범위가 확대되고 선화사행단의 항행과 귀환에 기여한 결정적인 공덕이 상신되면서 정부의 후원하에 정해현 항구근처에도 행사(行祠)가 건립된 것이다. 연서신은 이제 복주 지역민들의 일상생활과 복건상인들의 해상활동을 보호하는 지역신일 뿐 아니라, 중대한 외교 업무를 수행하던 국신사 일행의 항행을 안전하게 보호했던 공적인 신령으로서 그 위상을 더욱 확고히 할 수 있었다.54

다음으로 주목되는 것은 흥화군(興化軍) 보전현(莆田縣)의 신녀사(神女祠)이다. 『송회요집고』에 의하면 선화5년 8월에 "순조롭게 건너다"라는 의미의 '순제(順濟)'라는 묘액이 하사되었다. 신녀사는 훗날 마조(媽祖)·낭마(娘媽)·천비(天妃)·천후(天后)·성모(聖母)로 일컬어지는 해신을 모시는 사묘이다. 마조신은 송태조 건륭(建隆)연간[960~962]에 보전현 미주도(湄洲島)에서 출생한 임묵랑(林黙娘)이라는 여성으로 생시에는 무당으로 영험하기로 유명했다고 전한다. 사후의 신격화 과정에 대해서는 그녀가 태종 옹희(雍熙)4년[987] 9월 9일에 승천하여 주민들이 묘우를 세워 기리기 시작했다는 전설55과 함평(咸平)2년[999]에 미주 인근의 평해(平海)에 사묘가 건립되었다는

---

52 『渭南文集』(『四庫全書』 集部, 別集類, 卷24)에는 〈福州城隍, 昭利, 東嶽廟祈雨文〉이 실려 있다.: "閩之風俗, 祭祀報祈比他郡國最謹. 以故祠廟之盛, 甲大於四方. ……而自夏訖秋, 驕陽爲害水, ……豈右享其奉而不恤其害者. 惟神聰明宜動心焉."

53 『淳熙三山志』 卷9: "昭利廟, 東瀆越王山之麓. 故唐福建觀察使陳巖之長子…… 連江演嶼, 本廟宣和二年始降於州民, 遂置祠今所. 五年, 路允迪使三韓涉海遇風, 禱Q而獲濟, 歸以聞詔賜廟額昭利."

54 『寶慶四明志』 卷11: "昭利廟, 縣東北五里. 宣和五年, 侍郎路允迪, 給事傅墨卿出使高麗. 涉海有禱, 由是建廟."

기록56 등이 전하지만, 모두 후대의 기록이라 완전히 믿을 수는 없다. 다만 11세기까지는 주로 보전현 미주 인근해역에서 주민들과 뱃사람들에게 소규모 사당에서 숭배되다가, 12세기에 접어들면서 서서히 신앙권이 확장된 것으로 추정되고 있다.

마조신앙의 공인과 확산과정에서 선화5년[1123]은 중요한 전환기로 평가되는데, 바로 해상외교의 진행 과정 중에 마조신도 '순제'라는 칙액을 통해서 정부의 공인을 받았기 때문이다.57 남송대에 이부상서와 단명전학사 등을 역임한 루약[樓鑰, 1137~1213]은 마조신께서 붉은 옷을 입고 현신하셔서 계림으로 가는 사신단을 보호해주신 까닭에 순제묘에 다시 '영혜비(靈惠妃)'라는 봉호가 하사되었다고 언급한 바 있다.58 마조신앙에 대한 공인과정이 '사신단의 보호신'이라는 공적 이미지의 강조를 통해서 이루어졌을 가능성을 시사해 준다. 공인 이후의 확산과정은 『이견지(夷堅志)』의 설화 속에서 확인할 수 있다. 「부희비사(浮曦妃祠)」편에서는 남송때 복주상인 정립지(鄭立之)가 보전에 기항하려다가 해적선을 만났는데 마조신의 도움으로 무사히 귀환할 수 있었다는 설화가 전한다.59 「임부인묘(林夫人廟)」편에는 바다로 나아가는 상인들은 반드시 임부인의 사묘를 찾아 음호(陰護)를 빌었다고 언급하고 있다.60 두 편의 설화 모두 마조묘의 확산이 소리묘와 마찬가지로 복건해상의 활동과 긴밀한 관련 속에서 이루어졌음을 시사해준다.

---

55 『敕封天后志』卷下,「湄洲廟考」.
56 『八閩通志』卷60,「祠廟」興化府平海衛, 573쪽.
57 『宋會要輯稿』, 禮20「神女祠」: "莆田縣有神女祠, 徽宗宣和五年八月賜額順濟"
58 樓鑰,『攻媿集(四部叢刊本)』第34,〈興化軍莆田縣順濟廟靈惠昭應崇福善利夫人封靈惠妃〉: "敕明神之祠, 率加以爵, 婦人之爵, 莫及于妃倘非靈響之著, 聞豈得恩榮之特異, 具某神壹彝素飭廟食愈彰. 居白湖而鎮鯨海之濱, 服朱衣而護雞林之使, 舟車所至香火日嚴, 告賜便蕃既極小君之寵. 禱祈昭答遂超侯國之封, 仍靈惠之舊稱, 示褒崇之新渥, 其祇朕命益利吾民."
59 洪邁 撰夷堅志, 夷堅支戊 卷一「浮曦妃祠」, 1058쪽.
60 洪邁 撰,『夷堅志』夷堅支景 卷九,「林夫人廟」, 北京: 中華書局, 2006年 第2版, 950~951쪽.

3) 봉호·묘액의 하사 절차와 주도세력

앞에서 살펴본 바와 같이 선화5년 대고려 해상외교활동이 종료된 이후, 다양한 해신들과 사묘에 대해서 봉호와 묘액이 하사되었다. 동해신사에서 포랑신묘에 이르기까지 여러 해신들과 사묘에 대한 봉호와 묘액에 대한 상신은 기본적으로 사행관원들에 의해서 이루어졌다.

사실 고려사행과 관련된 해신과 해신묘에 대한 예우와 포상은 일찍부터 이루어져 왔다. 포상의 근거가 되는 해신의 영적(靈蹟) 보고 역시 이전부터 상세히 이루어지고 있었다. 선화5년의 국신사 일행보다 40여 년 이른 원풍2년[1079]에 고려를 방문했던 왕순봉 관련 자료를 살펴보면 다음과 같다.

> ……고려로 가는 사신 왕순봉의 배가 산창국현(山昌國縣) 보타낙가산(普陀洛迦山) 아래에 이르렀을 때, 산처럼 큰 거북이가 해수면위로 떠오르더니 풍랑이 크게 일었고 배가 움직이질 못했다. 이때 갑자기 관음보살이 현신하시자 거북이는 비로소 물속으로 들어갔고 파도도 잦아들었다. (왕순봉이) 조정에 신주(申奏)하여 사찰을 건립하라는 칙지(勅旨)를 얻었으니 바로 원풍3년[1080]의 일이다.[61]

원대에 성희명(盛熙明)이 지은 『보타낙가산전(補陀洛迦山傳)』에도 이때 관음보살의 영적을 조정에 보고하는 내용이 상세히 기록되어 있다. 관련 내용에 의하면 당시 보타관음사(寶陀觀音寺)라는 사액(寺額)과 사전(寺田)이 하사되었고, 매년 승려를 한 명씩 늘려주는 특전도 함께 제공되었다고 한다.[62]

사행관원들이 신앙의 합법성을 공인하는 편액과 봉호의 하사를 적극적

---

[61] 趙彦衛 撰, 『雲麓漫鈔』(『四庫全書』, 子部十, 雜家類三, 雜說之屬), 卷二, "……初, 高麗使王舜封船, 至山下, 見一龜浮海面, 大如山, 風大作, 船不能行. 忽夢觀音, 龜没浪淨. 申奏朝廷, 得旨建寺, 乃元豐三年."

[62] 盛熙明, 『補陀洛迦山傳』(『大正新脩大藏經』 51), 「興建沿革品」 第四: "宋元豐三年, 王舜封使高麗, 遇風禱有感, 以事上聞, 賜額曰寶陀觀音寺, 置田積量, 安衆修道, 歲許度一僧."

으로 상주하는 이유는 일차적으로는 '해상조난'이라는 절체절명의 위기상황에서 해신의 도움을 통해 극적인 구원을 받았다는 영적인 체험에 대한 보답의 행위라고 해석할 수 있을 것이다. 그러나 좀 더 현실적인 차원에서 접근해보면, 해신에 의한 극적인 구원의 과정을 상세하게 보고함으로써 고려 사행 길의 지난한 여정과 조정에 대한 공헌을 극대화할 수 있다는 점을 무시할 수 없다. 이점은 서긍의 『고려도경』에서도 확인되는데, 그는 바닷길이 험난하지 않다면 조정에 돌아와 복명하고 후한 상을 받을 자격이 없다고 기록하였다. 어쨌든 해난조난과 해신의 기적적인 구원 그리고 극적인 회항으로 이어지는 귀국보고서는 목숨을 걸고 모든 것을 감내한 사행단의 조정에 대한 충성과 헌신을 더욱 극적으로 현창하게 해주었을 것이다.[63]

모두에서 이미 언급했지만 부여된 외교 임무의 달성 여부를 냉정하게 평가한다면 선화5년의 해상외교는 명백한 실패작이다. 어쩌면 외교적 실패가 제할관(提轄官)으로 사행단에 참여하여 기록업무를 전담했던 서긍(徐兢)으로 하여금 사행단이 생사의 갈림길에서 경험한 위태로운 한계상황과 신령의 현신, 기적의 출현 등에 관한 장면을 더욱 상세하고 생생하게 묘사하도록 했을 가능성도 무시할 수 없다. 하지만 서긍의 조적(祖籍)이 당시 민간신앙이 가장 흥성했던 복건이어서 민간사회의 신앙적 정서에 매우 익숙하다는 점 그리고 무엇보다도 원풍연간[1078~1085] 이래로 북송 정부의 종교·신앙에 대한 정책이 더욱 유화적이고 포용적으로 제도화된다는 점이 해신의 영적에 대한 상세한 보고를 가능하게 했다.

봉호와 묘액의 하사과정에서 두 번째로 주목해야 할 계층은 항해를 주도했던 상인들이다. 선화5년의 국신사 파견도 앞에서 언급한 바와 같이 상인들의 긴밀한 협조로 이루어졌다. 정부 주도하에 건조된 신주 두 척을 제외하고, 나머지 객주(客舟) 6척도 실은 복건과 양절(兩浙) 민간해상의 선박

---

63 『高麗圖經』卷39, 海道六, 461쪽.

을 빌려서 준비한 것이며, 사행단의 항해에 참가한 대다수의 선원들 역시 동북아 해로에 익숙한 해상들과 긴밀한 관련을 맺고 있는 사람들이었다. 결국 선화5년의 국신사 파견은 이들 상인들의 절대적인 협력 하에 진행될 수 있었던 것이다.

당시 송상(宋商) 특히 복건 해상(海商)은 고려와의 통상에 매우 적극적이었다. 문헌에 남아 있는 것만 계산해도, 1012년부터 1278년까지 266년간 129회에 걸쳐 5천여 명이 무역선을 타고 고려를 방문했다. 특히 천주(泉州) 출신 해상의 활약이 돋보이는데, 소동파(蘇東坡)도 천주의 해선(海船)들이 제멋대로 고려를 드나들며 무역에 종사했다고 비판한 바 있다. 이들 가운데는 점차 개경에 상주하는 사람도 생겨났다.『송사』「고려전」에는, "왕성(王城)의 화인이 수백에 달하는데 대부분 복건 출신으로 무역선을 타고 온 사람"[64]이라는 기록이 전한다. 이들은 양국사이의 무역활동에 종사했을 뿐 아니라 불경과 사서 그리고 선진 의료기술을 고려에 전파해주는 데에도 크게 기여했다. 또한 외교가 중단되었던 시기에는 송 정부의 밀지(密旨)를 전해주거나 주변 지역의 전황(戰況)을 위시한 중요한 정보를 전달해주기도 했다.[65]

그렇다면 봉호나 묘액이 하사되어 합법적인 신앙으로 공인을 받고, 사묘의 개축이나 중수 등을 후원받는 과정이 이들 상인과는 어떤 관련이 있을까? 여기서 송대에 들어오면서 상인들이 항해의 안전을 기원하는 '해신묘'의 신실한 신도일 뿐 아니라 사묘의 핵심적인 운영자로서 적극 참여했다는 사실이 주목된다. 적지 않은 상인들이 해신묘의 건립을 주도하고 운영에 개입하는 사실이 곳곳에서 확인된다.[66] 원풍연간에 고려로 사행길을

---

64 『宋史』卷487,「高麗傳」; 馬端臨,『文獻通考』卷325,「四裔考」, 高句麗條.
65 宋晞,「宋商在宋麗貿易中的貢獻」,『宋史硏究論叢(二)』, 臺北: 中國文化硏究所印行, 1980. 2 참조.
66 『至順鎭江志』2728쪽과 『嘉定鎭江志』2378쪽에는 紀信을 神主로 받드는 潤州 城隍廟 관련 기록이 보인다. 내용 가운데, 景定年間(1260~1264)에 廟門밖 石橋위에 敬如亭이 居民과 상인[市戶]들의 기부로 완성되었다는 기록이 보인다.『咸淳臨安志』卷73,

떠났던 안도(安燾)는 동해신이 작위만 있지 정작 제사를 받들 묘우가 없다면서 명주 정해현이나 창덕현(昌國縣)에 사묘를 건립해야 한다는 상주를 올린바 있다. 이 때 처음으로 정해현에 동해신사가 건립되는데, 당시 항구를 오고 가던 상인들이 사묘의 축조에 적극적으로 협력했다는 기록이 전한다.[67] 이처럼 해신묘는 처음부터 상인들이 운영에 적극적으로 개입해 왔기 때문에 해신과 신묘에 대한 공인과 후원은 이들 해상세력에 대한 포상으로도 간주할 수 있다. 국가의 입장에서는 국신사 일행을 수행하는 데 지대한 공헌을 한 상인과 박주(舶主)·강수(綱首)·선원들에 대한 포상이 당연히 필요하였다. 당시 해신묘가 해상과 선원들의 상업 활동 거점이자 신앙의 공간으로 활용했다는 점을 감안할 때, 봉호와 묘액의 하사는 그들의 신앙을 공인해주는 주는 조치일 뿐 아니라 명주, 항주 등지에 행사(行祠)를 건립하여 무역과 신앙 활동을 확대해 갈 수 있도록 용인해 주는 실질적인 우대조치였던 것이다.

4) 선화5년의 영험신화와 해신신앙

북송 휘종 선화5년[1123]의 여송 해상외교는 송 정부의 총력적인 지원 하에 전에 없는 대규모의 인력과 선단을 파견하여 이루어졌다. 귀환의 여로에서는 엄중한 해상사고가 발생하였는데, 절체절명의 위기 속에 '항해의 수호신'이 출현하여 구원했다는 영적이 보고되기도 했다. 사절단 규모나 극적인 상황전개 등을 감안할 때, 전무후무한 외교활동으로 다방면에서 각

4014쪽에는 杭州 營國寺의 부속묘우인 靈順廟가 婺源 五顯廟의 行祠인데, 景定年間에 平章출신 상인 魏公이 출자해서 神殿을 새롭게 보수했다는 기록이 보인다. 『咸淳臨安志』卷71, 4001쪽에는 위공이 咸淳3년(1267)에 玉泉 龍王廟의 보수에도 거액을 헌납했다는 내용도 확인된다.

[67] 『寶慶四明志』卷19, 定海縣, 神廟, 5238쪽: "……安燾言, 東海之神已有王爵, 獨無廟貌, 乞于明州定海·昌國兩縣之間, 建祠宇, 往來商旅聽助營葺, 從之, 仍令爲屋百區."

별한 의미를 갖는다고 평가할 수 있다. 본 절에서는 선화5년의 해상외교와 연관된 영험신화가 향후 민간신앙의 전개에 어떻게 활용되고 영향을 미치는지 마조신앙의 전개와 관련해서 검토해보겠다.

앞서도 언급했지만, 송대 들어 봉호와 묘액이 민간신앙을 공인하고 후원하는 근거로 제도화되면서, 당시 민간신앙과 관련을 맺고 있는 묘축이나 상인들은 정부의 공인을 획득하고 사묘의 권위를 강화하기 위해서 부단히 묘신의 '영적(靈蹟)'을 만들어 냈고 이를 확산시켰다. 이와 관련해서 가장 활발한 전개양상을 보인 것 가운데 하나가 바로 마조신앙이다. 마조묘는 선화5년[1123]에 최초로 '순제'라는 묘액을 받았는데 고종 소흥29년[1159]에는 마조신이 정부의 해적소탕을 음조했다는 이유로 '소응(昭應)', 얼마 후에는 용천(涌泉) 개발 과정에 영적을 드러냈다는 사유로 '숭복(崇福)'이 더해졌다. 효종 건도(乾道)5년[1169]에는 다시 마조신이 현신해서 도적체포를 도왔다는 이유로 '선리(善利)'가, 역시 효종 순희연간[淳熙年間, 1174~1189]에는 기우제에 즉각 감응했다는 이유로 '영혜(靈惠)'가 하사되었다. 마조신은 송대에 총 11차례에 걸쳐 봉호를 받게 되면서, '영혜호국조순협정가응현제비(靈惠護國助順協正嘉應顯濟妃)'라는 장문의 봉호 명을 갖게 되었다.[68] 누차에 걸친 정부의 공인과 후원을 통해서 마조신은 민간신으로 최고의 권위를 갖게 되었으며, 해상들도 마조묘의 전파에 기여하였다. 남송대에는 도성 임안의 시박사(市舶司) 옆에 마조묘가 건립되었으며, 광종 소희(紹熙)2년[1191]에는 복건 타공(舵工)의 행수(行首)인 심발순(沈發旬)이 명주에 마조묘를 건립하였다. 남송 멸망 직전인 1279년에는 명주 용강(甬江)어귀의 진해현(鎭海縣) 성내에도 복건사묘인 마조묘가 세워졌는데, 이처럼 마조신앙은 상인과 운수업자 등을 통해서 주요 항구를 중심으로 신앙 권역을 확대해 갔다.[69]

---

68 徐曉望, 『福建民間信仰』, 福州: 福建教育出版社, 1993, 414쪽.
69 斯波義信, 「宋代における福建商人の活動とその社會的背景」, 『宋代商業史研究』, 東

주목되는 것은 12, 13세기를 거치면서 마조신앙이 해안지역을 중심으로 확산되어가는 중에 '선화5년 해상조난의 기적의 신화'가 활용된다는 점이다. 사실 앞에서도 언급했지만 『고려도경』에 의하면 두 번째 배의 키가 다 부러지는 절체절명의 위기 중에 사람들이 머리까지 자르며 애절하게 빌었을 때 상서로운 빛과 함께 출현한 것은 '마조신'이 아니라 복주의 '연서신'이었다. 이로 인해 공인과 후원이 잇따랐고, 명주 정해현에도 소리묘의 행사(行祠)가 건립된 바 있다. 그런데 앞서 언급한 『이견지』「임부인묘」편에서는 해상(海商)들이 출항에 앞서 마조신께 가호를 요청하는 이유가 대양에서 태풍을 만났을 때 간절히 기구하면 신께서 돛대위에 현신하여[70] 구원해 주시기 때문이라고 밝히고 있다. 항해의 수호신으로 권위를 높여가고 있는 마조신이 영적을 더욱 선양하기 위한 방법으로, '선화5년 연서신의 고사'가 그대로 원용되어 재활용되고 있는 것이다.

마조신앙의 확산을 위해서 '연서신의 선화5년 기적'을 원용하는 방식은 후대로 가면서 더욱 과감하게 재생산되었다. 절강 출신의 사인 정단학[程端學, 1278~1334]은 『적재집(積齋集)』「영제묘사적기(靈濟廟事蹟記)」에서 "선화5년에 급사중 노윤적이 8척의 배로 고려를 방문하던 중 풍파를 만나 7척이 침몰했는데, 오직 윤적만이 배의 돛대위에 여신이 강림하는 것을 본 뒤 사고를 면할 수 있었다"[71]고 기록하였다. 원대에 들면 선화5년 연서신의 영험고사를 아예 마조가 주체가 된 새로운 판본으로 날조한 것이다. 물론 마조신의 영적인 능력을 현창하는 방법에 있어서 이처럼 '선화5년의 이적'에 집착하는 것은 국신사들을 보호하여 정부의 중차대한 외교업무 수행에 기여

京: 風間書房, 1968; 斯波義信, 『宋代江南經濟史の硏究』, 東京大學東洋文化硏究所, 1988.

70 "……凡賈客入海, 必致禱祠下, 求杯珓, 祈陰護, 乃敢行, 蓋嘗有至大洋遇惡風而遙望百拜乞憐見神出現於檣竿者,…"

71 "宣和五年(1123), 給事中路允迪以八舟使高麗, 風溺其七, 獨允迪舟見女神降於檣而免事."[程端學撰, 『積齋集』, 『欽定四庫全書』集部五].

했다는 공적인 이미지를 부각시킬 수 있을 뿐더러, 항해신으로서의 탁월한 신력(神力)을 강조함으로써 행업신적 위상을 더욱 공고히 할 수 있기 때문이다. 선화5년 영험고사의 지속적인 재생산과 유포는 중국 연해지역의 가장 유력한 해신 마조의 공인과 확산에도 적지 않은 영향을 미쳤던 것이다.

5. 맺음말

이 글에서는 위험한 항해의 여정과 해상조난이라는 극한상황 속에서 표출되었던 중세 중국인의 종교적인 심성을 관찰해보고, 이러한 긴급 상황 속에서 민간신앙이 어떠한 기능을 발휘했는지 검토해보았다. 또한 외교사절단 귀환 후 항행을 보우한 공로로 절강과 복건의 지역신들에게 하사되었던 봉호와 묘액이 해당 민간신앙의 공인과 확산에 미친 영향에 대해서도 살펴보았다. 선화5년[1123]의 해상외교는 금이 급부상하면서 12세기 동아시아외교가 요동치던 시기에, 송 휘종이 거대한 신주(神舟)를 축조하여 노윤적과 부묵경 등 수백 명에 달하는 대규모 사절단을 고려에 파견하면서 시작되었다. 위험한 항로를 지나는 만큼 정부 측에서는 국가제사, 불교, 도교를 총동원하여 항해의 안전을 기구하였다. 하지만 이와는 별도로 항해를 주도한 선원과 상인들은 평소대로 액막이를 하고, 그들이 믿는 민간신앙에 따라 의례를 진행하였다. 고려에서 국신사 일행은 융숭한 대접을 받았지만, 파격적인 조위물품과 휘종의 친서에도 불구하고, 고려 측의 완곡한 거절로 책봉관계를 복원하는 데 실패하였다.

귀환의 여정은 지난했다. 곳곳에서 시간이 지체되어 평소 순풍을 타면 5~7일이면 갈 수 있다는 항로에서 무려 42일이 소요되었다. 황수양에서는 배가 모래톱에 걸려 키와 보조키가 모두 부러지면서 침몰 직전의 위기상황에 봉착하기도 했다. 수십일 폭풍과 싸우다가 다시금 마주친 절체절명의 위기 속에서 사람들은 사절이건 선원이건 가릴 것이 없이 머리를 자르고 애절하게 구명의 기도를 올렸다. 이런 과정 속에 복건의 지역신인 연서신(演嶼神)이 출현하여 안전하게 키를 교체하여 위기에서 벗어나는 신비한 기적을 체험하기도 했다. 귀환 후 국신사들은 고려외교의 성과와 더불어 여정에서 겪은 고초 그리고 무사히 임무를 완성할 수 있도록 도와준 신들의 영적 등에 대해 상세한 보고를 올렸다. 동해신사(東海神祠)·영응묘(靈應廟)·소리묘(昭利廟)·신녀사(神女祠) 등에 대하여 신앙의 합법성을 공인해주는 봉호와 묘액이 하사되었다. 봉호와 묘액은 모두 국신사들을 거쳐 주청된 것이다. 사신들의 입장에서 해상사고와 해신을 통한 구원과정을 과장하고 미화한 것은 고려 사행 길의 지난한 여정을 극대화함으로써 자신들의 헌신과 충성을 더욱 극적으로 현창할 수 있었기 때문이었다.

 물론 상인들의 입장에서 영응묘·소리묘·신녀사 등은 신앙의 공간이자 활동거점이었기 때문에, 봉호와 묘액의 하사는 자신들의 신앙 세계를 공인하고 활동 공간을 보장해주는 것을 의미하였다. 선화5년 영험고사는 향후 복건, 절강 등 중국 남동부지역에서 지속적으로 재생산되고 유포되었다. 특히 마조신앙과 긴밀한 관련을 맺고 있는 상인들과 묘축들은 연서신의 고사를 교묘하게 마조신의 이적으로 전환시켰다. 국신사들을 보호하고 정부의 중요한 외교현안을 해결하는데 기여했다는 점에서 신령의 공적인 이미지를 부각시킬 수 있을 뿐더러, 탁월한 영적을 강조함으로써 '항해의 수호신'으로서의 위상을 더욱 공고히 할 수 있었기 때문이다.

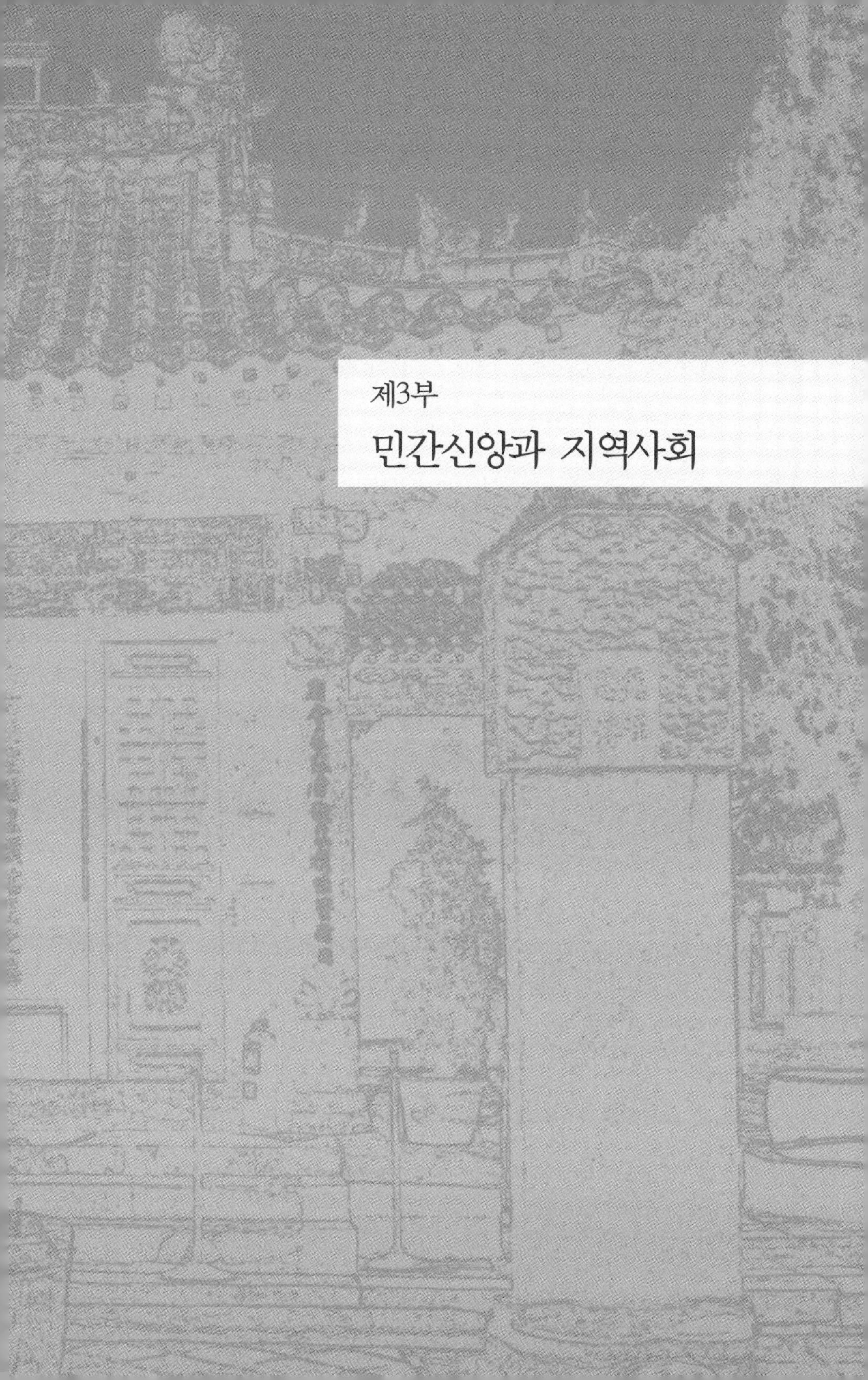

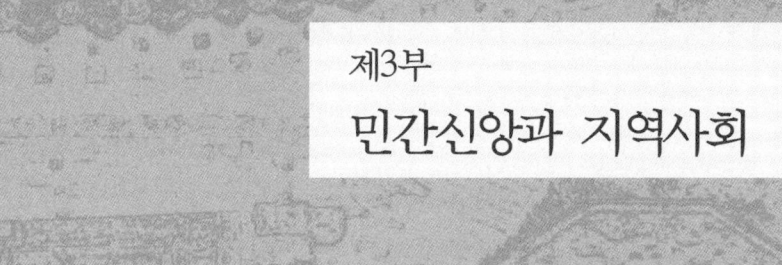

제3부
민간신앙과 지역사회

제1장

당말·오대 절서지역의 민간 사묘신앙과 지역사회

1. 머리말

이 글은 격동의 시기인 당말·오대에 있어서 강남(江南)의 핵심지역으로 부상하는 윤주(潤州)·상주(常州)·소주(蘇州)·호주(湖州)·항주(杭州)·목주(睦州) 등 태호(太湖)연변의 절서(浙西)지역을 중심으로 민간의 사묘신앙[1]과 지역사회의 관계에 대해 살펴보고자 한다.

절서지방은 사서에서 지역적 특성으

〈그림 9〉 절서(浙西)지역의 거점도시

---

[1] 최근 종교와 신앙 뿐 아니라 사회문화사의 영역에서도 사묘에 관한 연구가 활발하게 진척되고 있다. 연구사를 정리한 논문만 소개해보면, 唐代의 사묘신앙의 연구에 대해서는 金相範, 「唐代 民間祠廟信仰 硏究의 回顧와 展望」, 『中國史硏究』14, 2001을, 송대 이후 부분에 관해서는 水越知, 「宋代社會と祠廟信仰の展開-地域核としての祠廟の出現」, 『東洋史硏究』60-4, 2002.3; 蔣竹山, 「宋至淸代的國家與祠神信仰硏究的回顧與討論」, 『新史學』8券2期, 1997.6; 松本浩一, 「中國村落における祠廟とその變遷-中國の祠廟に關する硏究動向問題點」, 『社會文化史學』31, 1993 등을 참조할 수 있다.

로 "귀신을 널리 숭배하고 음사를 좋아 한다"²고 묘사할 정도로 민간사묘 신앙의 뿌리가 깊은 곳이다. 당대에는 이러한 신앙전통을 규제하고 유교 이데올로기를 확산시키기 위해서 사묘철폐조치가 집중되었던 지역이기도 했다. 적인걸(狄仁傑)·우적(于頔)·이덕유(李德裕) 등 후대에 유교 교화정책의 선구자로 추앙받는³ 관료들이 바로 이곳에서 '사전(祀典)'에 기재되지 않은 '음사(淫祠)'에 대해 대대적인 철폐조치를 단행한 바 있다.

또한 이 지역은 한유(韓愈)나 두목(杜牧), 고황(顧況)과 같은 저명 사인의 문집에 보이듯이 당대 후기 이래로 국가세수의 대다수를 점할 뿐 아니라 전국 물산의 집결지로 자리 잡게 된다.⁴ 물론 절서 전역이 안전한 생산력을 확보하는 것은 송대 이후라고 할 수 있겠지만, 8~9세기 이래로 수리시설의 건설이 본격화되면서 농업생산력이 급증하였다.⁵ 아울러 수상교통망의 정

---

2 『隋書』卷31, 886쪽: "俗信鬼神, 好淫祠".
3 狄仁傑과 李德裕의 음사철폐 조치는 향후 士人들에게 淫祠에 대처하는 典範이 되었을 뿐 아니라, 음사철폐자체가 목민관이 수행해야 할 시정방안의 하나로 자리 잡는데 지대한 영향을 미쳤다. 宋代 程頤는 지방관으로 부임하려는 제자 范公甫가 城隍을 위시한 사묘의 처리문제로 고심하자, 적인걸이 江浙에서 1,700여소의 음사를 철폐시킨 사건을 환기시키면서 이러한 위인의 부재를 한탄한 바 있다[程顥, 『河南程氏遺書』, 『二程全書』卷二二上, 13b쪽]. 胡石壁은 관직에 오른 자라면 과거 적인걸이 수많은 음사를 훼멸했던 사실을 반드시 유념해야 한다고 지적한 바 있다[『淸明集』卷之14, 「淫祀」, 〈非勅額者幷仰焚毁〉, 北京: 中華書局, 2002, 541쪽]. 范西堂도 적인걸과 이덕유가 풍속을 바로잡기 위해 음사철폐를 단행했던 先賢들임을 강조한바 있다[『淸明集』卷之14, 「淫祀」, 「寧鄕段七八起立怪祠」, 544쪽].
4 白居易는 "현재 국가의 세수 대다수가 강남에서 나오지만, 강남의 여러 주 가운데서도 소주가 최고인데 병력도 적지 않지만 특히 세액이 지대하다"고 표명했다. 顧況은 호주에 대해 교통의 중심지이자 차의 집산지일 뿐 아니라, 물산이 풍부한 것이 楚·越지역 최고로서 황하하류 평원도 이에 견줄 수가 없다고 칭송했다. 또한 대시인 杜牧도 江淮가 국가의 명운을 좌우하는데, 특히 杭州는 호구가 10만 호에 이르고 세전도 50만에 달한다고 했다. 또한 潤州에 대해서도 물산이 풍부한데다가 특히 토지가 비옥하다고 예찬했다. 태호유역을 중심으로 하는 절서지역은 이렇게 강남에서도 경제중심지로 급부상하고 있었던 것이다[白居易著, 朱金城箋校, 『白居易集箋校』卷68, 「蘇州刺史謝上表」, 上海古籍出版社, 1988, 3672쪽; 『文苑英華』卷801, 「湖州刺史廳壁記」; 杜牧, 『樊川文集』卷16, 「上宰相求杭州啓」, 臺北: 漢京文化事業有限公司, 1983, 249쪽].
5 이 시기 淮南과 浙西地域의 수리개간에 대해서는 陳勇, 『唐代長江下遊經濟開發研究』, 上海人民出版社, 2006, 45~54쪽.

비로 상업이 발전하면서6 국가의 명운을 좌우하는 핵심지역으로 부상하게 된 것이다. 이러한 변화 속에서, 균전제의 와해를 기점으로 진척되기 시작한 계층분화와 새로운 지역질서가 어느 곳보다도 빠르게 전개되고 있었다.

송대 이후 가장 두드러진 정신사적인 변화로 신유학의 등장과 더불어 민간신앙의 약진을 지목하곤 한다. 송대에는 지방지에서도 지역사회의 신앙거점을 불사(佛寺)·도관(道觀) 그리고 사묘(祠廟) 세 부분으로 나누어 기술하는 것이 일반적이다. 그렇다면 당말·오대 시기 음사철폐의 풍파가 몰아치고 난 후 이 지역의 사묘신앙은 어떤 변화추이를 보일까? 만약 사묘신앙이 국가권력의 지속적인 통제조치에도 불구하고 송대에 이르러 지방문헌에서 도·불과 병기할 정도로 종교와 신앙영역에 있어서의 비중이 증대했다면 그 배경은 무엇일까? 인구와 간전(墾田)이 급증하고, 상업발전으로 유통망이 확대되며, 도시와 촌락의 구조에 있어서도 여타지역에 비해 현저한 변화가 수반되었을 절서지역에 있어서 이러한 사회경제적인 변화와 역내 사묘신앙의 전개와는 어떤 관계를 가지고 있는 것일까? 새롭게 등장한 지방의 유력자들은 사묘에 어떻게 개입했으며 이를 중심으로 어떠한 형식의 인적 네트워크와 권력구조가 형성되었을까? 본 연구는 이러한 의문점에서 출발하여 당시 새롭게 편성되던 지역사회에 있어 사묘의 역할과 이를 중심으로 형성된 사회적 관계를 밝혀보고자 한다. 이를 통해 주로 국가권

---

6   당대 후기에 단행된 수운 개혁조치 가운데 代宗 廣德元年(763)에 단행된 劉晏의 개혁방안이 특히 주목되는데, 長江·汴水·黃河·渭水 등 하천마다 水深과 水速의 차이를 고려해 각기 수로상황에 맞는 선박과 숙련된 인력을 배치함으로서 조운의 효율성을 높인 방안이다. 이에 따라 운하로가 자연스레 揚州-山陽瀆-淮水-泗州 구간, 泗州-汴口-河陰 구간, 河陰-黃河-渭口 구간, 渭口-關中漕渠-長安 구간 등 네 구역으로 분리되었고, 구간마다 다른 배와 인력이 동원되었기 때문에 양주, 하음, 永豐같은 연결지점에는 대규모의 화물창고가 설치되었다. 이러한 개혁을 통해 정부는 안사의 난 이후 제 기능을 발휘하지 못했던 조운을 재개할 수 있었고, 새로운 경제중심지 강회의 물자를 좀 더 신속하게 수도 장안으로 운송할 수 있었다. 朴根七, 「唐代漕運路와 外商의 活動-江淮 運河와 新羅商의 활동을 중심으로」, 『대외문물교류연구3』, 서울: 해상왕장보고기념사업회, 2004, 262~264쪽.

력 그 가운데에도 중앙정부 위주의 시각으로 접근함으로서 결락되었던 당대 기층사회의 사회문화적 실상을 이해하는 데에도 일조할 수 있기를 기대해 본다.

2. 당말·오대 절서지역 사묘신앙의 발전추이와 그 배경

이 시기 절서 사묘신앙의 발전추이와 배경을 규명하기 위해 먼저 음사로 판정되어 철거되었던 사묘들의 동태를 살펴보고, 다음으로 철거되지 않았던 사묘와 신생 사묘 등 여타의 변화에 대해 주목해보겠다. 이해를 돕기 위해 당대에 절서지역에서 시행된 음사철폐 사건을 간략히 살펴보면, 우선 수공(垂拱)4년[688]에 적인걸이 주도했던 사안을 거론할 수 있다. 불과 2개월 남짓한 기간 동안에 강남 전역에서 무려 1,700여 소의 음사가 훼멸되었는데, 철거가 가장 집중되었던 곳은 역시 절서지역이었다.[7] 두 번째로는 덕종연간에 소주자사로 재직했던[794~796] 우적의 철폐조치가 주목된다. 생업조차 팽개치고 음사에 몰입하던 주민들의 신앙습속에 거부감을 느낀 우적은 오태백(吳泰伯)과 오자서(伍子胥) 등 일부 성현묘(聖賢廟)를 제외하고 관내지역의 사묘들을 일소했다.[8] 절서 전역에서 집중적으로 전개된 음사철폐 사건으로는 목종(穆宗) 장경(長慶)2년[796] 9월부터 절서관찰사(浙西觀察使) 이덕유가 단행했던 조치를 들 수 있다. 절서4군에서만 무려 1,115개소의 음사를 혁파했다. 7년여 동안 현지 관찰사로 재임했던 이덕유는 재지사인들까지 동원해서 지속적으로 풍속의 개변과 교화에 진력했다.[9]

---

7   『新唐書』 卷115, 「狄仁傑傳」, 4208쪽; 『舊唐書』 卷89, 「狄仁傑傳」, 2887쪽. 『唐語林校正』 卷3, 「方正」, 489쪽(『封氏聞見記』 卷9, 「剛正」).
8   『舊唐書』 卷156, 于頔傳, 2887쪽; 『新唐書』 卷172, 于頔傳, 5199쪽.
9   이덕유의 음사 철폐조치에 대해서는 『舊唐書』 卷174와 『新唐書』 卷180의 이덕유 열

이처럼 대규모의 음사철거조치가 단속적으로 시행되었음에도 불구하고 절서지역의 사묘신앙은 당말·오대시기에 이르러서는 오히려 팽창하는 추세를 보인다. 이런 가운데 무엇보다 주목되는 것은 훼철되었던 음사들이 정책의 변화와 중앙권력의 이완에 편승해 활발히 부활하고 있었다는 점이다. 『전기(傳記)』에는 정사류(正史類)에서는 언급하지 않았던 적인걸 음사철폐사건의 주요 대상이 구체적으로 적시되어 있다. 바로 주난왕(周赧王)·초왕항우(楚王項羽)·오왕부차(吳王夫差)·월왕구천(越王勾踐)·오부개왕(吳夫概王)·춘신군(春申君)·조타(趙佗)·마원(馬援)·오환왕(吳桓王) 등이다.[10] 이들을 신주로 받드는 강남 사묘들이 적인걸의 직접적인 표적이 되어 훼철을 당했던 것인데, 당대 후기의 몇몇 사료에는 이들 사묘들의 재건과 지역사회에 대한 영향력을 시사해주는 내용이 확인된다.

먼저 『함순임안지(咸淳臨安志)』에는 위에서 첫 번째로 열거한 주난왕묘(周赧王廟)와 관련된 기사가 전하고 있다. 항주 여항현(餘杭縣)에는 주난왕을 신주로 받드는 고강복순왕묘(高岡福順王廟)가 있었는데, 대종 대력(大曆)2년[767]에 해당(海塘)이 파손되어 주민들이 공포에 떨 때 신께서 영적(靈蹟)을 드러내어 입묘(立廟)되었다고 한다.[11] 입묘에 앞서서 지역민들의 기도가 선행되었을 가능성을 전제한다면, 주난왕에 대한 주민들의 신앙은 적어도 대

전 외에 『李德裕文集』을 일차자료로 이용할 수 있다. 『舊唐書』卷174와 『新唐書』卷180 이덕유 열전에서는 각각 1,110개 소 혹은 1천여 개 소의 음사를 철거했다고 되어 있는데 반해, 『舊唐書』卷16, 穆宗本紀에는 "12월 절서관찰사 이덕유가 관내 음사 1,115개 소를 철거했다는 상주를 올렸다"고 기록되어 있다. 『李德裕文集校箋』(石家庄: 河北教育出版社, 2000)에 보이는 「禱祝論」에도 1,115개 소를 철폐시켰다고 명기되어 있다.

10 여기서 언급되는 철거대상은 적인걸 철폐사건 때의 대상을 일컫는 것임[劉餗撰, 程毅中點校, 『隋唐嘉話』, 唐宋史料筆記叢刊本, 北京: 中華書局, 1997, 40쪽]. 이 내용은 『唐語林校正』卷3, 方正門에도 보임. 여기서는 철폐된 사묘의 수를 700여 개로 적고 있는데 다른 사료와 비교해 볼 때 전면에 1천의 1을 누락한 것으로 추정된다.

11 『咸淳臨安志』(北京: 中華書局, 1990, 宋元方志叢刊 第4冊) 卷74, 4016쪽: "在縣東北一十五里. 舊志載, 故老之言云, 周赧王廟也. 唐大曆二年, 縣西海塘壞, 邑人大恐, 走錢塘縣崇山鄉觀山, 禱於赧王祠, 下水爲絕流, 於是立廟."

력2년 이전에 이미 복원되었을 가능성이 높다. 실제로는 국가권력의 경계가 느슨해 진 틈을 타서 이미 오래전에 은밀하게 부활했을 가능성도 배제할 수 없다. 어쨌든 대력연간 항주 여항사회가 조수(潮水)에 침수되는 재난에 봉착했을 때, 주민들의 기도에 즉각 응답한 신의 영력으로 재난을 극복할 수 있었다는 영험고사가 제작되고 유포되면서, 주난왕 신앙도 새로운 묘우 건립과 함께 전기(轉機)를 마련했던 것으로 추정된다.

오흥(吳興) 즉 호주지역을 중심으로 후한대부터 강남 일원에서 널리 숭배되던 민간사묘신앙으로 항우신 숭배를 들 수 있다.[12] 워낙 오랫동안 숭배되면서 지역사회와 긴밀한 관계를 형성했기 때문에, 적인걸이 음사로 지목하여 훼철을 단행하는 과정 중에 기층의 저항도 확인된다. 지역사회의 대표라 할 수 있는 호주 부로들이 항왕묘(項王廟)의 보존을 간청하고, 항우신이 당의 건국과 요동원정 중에 당군(唐軍)을 음조했다는 설화가 유포된 점이 이러한 사실을 시사해준다.[13] 결국 적인걸이 강동 8천 자제를 희생시킨 항우의 역사적인 죄상을 낱낱이 열거한 「격고서초패왕문(檄告西楚霸王文)」[14]까지 작성했다는 사료의 내용 역시 항우신앙을 근절시키기 위한 사묘의 철거 과정이 결코 녹록치 않았음을 반영해 준다. 그러나 철폐한 지 80여 년 후인 대력7년[772]에 호주자사로 부임한 안진경(顔眞卿)은 항우묘의 묘비에

---

12 위진남북조시기는 항우신숭배의 전성시대로서, 이러한 지역신앙을 중심으로 형성된 지역민들의 유대를 기반으로 지방세력들이 중앙에서 파견된 태수에 대해 일정한 견제를 가하기도 했다. 宮川尙志도 당시 항우신 신앙을 배경으로 형성된 사회적인 관계를 중앙 대 지방, 귀족 대 한미가문, 北人대 南人, 太守政治대 項羽神政治의 대립관계로 파악하기도 했다. 宮川尙志, 「項羽神の硏究」, 『六朝史硏究〈宗敎篇〉』, 京都: 平樂寺書店, 1977, 392~397쪽.

13 『嘉泰吳興誌』, 4743쪽에 기재된 원문 내용은 다음과 같다: "父老以項王廟爲請. 仁傑試齋宿於廟中, 夜見偉人, 曰: "吾西楚霸王也, 自國家起義兵及征遼, 吾常以陰兵, 佐之. 今以功獲焚, 奈何?······."

14 『唐語林校正』卷3, 「方正」, 北京: 中華書局, 1987, 189쪽(이 조목은 원래 『封氏聞見記』卷9, 「剛正」 부분에서 출자한 것임): "······ 有項羽廟, 吳人所憚. 仁傑先檄書, 責其喪失江東八千子弟, 而妄受牲牢之薦."

"지금까지도 묘식(廟食)이 끊이질 않고, 신령한 영적들이 곳곳에서 나타난다"[15]고 기록한 바 있다. 강력한 철폐조치에도 불구하고 항우묘가 지역사회에서 여전히 널리 숭배되고 있었음을 반영해 주는 것이다. 특히 주 자사 안진경이 비문을 작성하고 기념식수[16]까지 했던 것으로 보아, 8세기 후반에 항우묘는 이미 지방정부로부터는 실제적인 공인을 얻고 있었던 것으로 판단할 수 있을 것이다.[17]

이러한 사실은 소주 춘신군묘(春申君廟)에서도 확인된다. 춘신군은 초(楚)의 공자(公子) 황헐(黃歇)로서 이원(李園)에 의해 살해된 뒤 오지역 사람들에게 널리 숭배되다가 적인걸에 의해 묘우가 철거되고 제사가 금지되었다. 그런데 춘신군묘 중수를 기념하기 위해서 현종 천보11재[751]에 소주자사 조거정(趙居正)이 작성했던『신수춘신군묘기(新修春申君廟記)』가 현전하는 것으로 볼 때,[18] 춘신군 신앙은 8세기 중반 소주 역내에서는 이미 합법적인 지위를 인정받았던 것으로 사료된다. 물론 이러한 변화들이 전국적인 공인을 의미하지는 않는다. 절서지역 내에서도 훼철후 재출현과정에 있어서 차이를 보이기도 한다. 상주 무석현(無錫縣) 혜산(惠山) 아래에 위치했던 춘신군묘는 적인걸에 의해 철거된 후 복원될 때 마치 향촌의 수호신인 토지신을 가장하듯이 '토신사(土神祠)'라는 이름으로 출현했다.[19]『전기』에서 호

---

15 『全唐文』卷338,「顏眞卿」〈項王碑陰述〉, 上海古籍出版社, 1990, 1518쪽: "……至今, 廟食不絶, 其神靈事蹟具見."
16 「項王碑陰述」의 후반부에는 "眞卿乃命再加崇樹□□□□□紀之"라는 내용이 보인다.『全唐文』卷338,「顏眞卿」〈項王碑陰述〉, 1518쪽.
17 당말 오대에도 항우묘는 세력을 유지하는데, 湖州와 常州 심지어는 浙東의 越州에서도 항우묘가 발견된다.『嘉泰吳興志』, 4743쪽;『無錫志』, 2249쪽;『嘉泰會稽志』, 6806쪽 참조.
18 『全唐文』卷296, 趙居貞「新修春申君廟記」, 上海古籍出版社, 1990, 1328쪽.
19 "在州西惠山下, 卽楚公子黃歇也. 楚孝烈王常以歇爲相, 封於古吳邑. 歇後爲李園所殺, 吳人遂立祠於其地, 以祀之. 唐垂拱間, 狄仁傑毀江東淫祀, 亦見廢. 今惠山下有土神祠, 卽春申君也. 蓋爲毀祠置, 故易其名耳.『無錫志』卷3下, 2249쪽;『咸淳毗陵志』, 卷14, 3076쪽. 이밖에 張繼는「過春申君祠」라는 시를 남긴바 있다.

명했던 대신(大神)은 아니지만 역시 상주 무석현에 위치했던 동해신랑왕사(東海信郎王祠)도 비슷한 양상을 보여준다. 우효공(虞孝恭)의 『남서기(南徐記)』에 의하면, 이 사묘 역시 적인걸에 의해 훼철되었다가 역시 '토사(土祠)'로 개명하여 존속할 수 있었다고 한다.[20]

지금까지 살펴본 바와 같이 절서지역은 당대 내내 어느 곳보다도 음사 철폐 조치가 집중된 지역이었다. 하지만, 민간사묘들은 정부의 통제가 이완되면 다시 다양한 방식으로 부활하여 민간신앙의 끈질긴 생명력을 과시했다. 주목되는 것은 복원과정 중에 지역사회가 당면했던 위기를 극복하는데 기여한 영적을 유포하거나, 주민들의 생명과 안전을 지켜주는 수호신적 이미지를 현창하는 기사가 종종 출현한다는 점이다. 이렇듯 민간사묘도 신주의 공적인 형상을 강화해감으로써 국가권력과의 관계를 조정해 갔던 것이다. 일부 사묘들은 위의 사례에 확인되듯이, 아예 유교적인 현신묘(賢臣廟)나 향촌의 수호신격인 토지묘(土地廟)로 가장하기도 했다. 이는 정부의 단속조치가 사묘신앙을 근절시키지는 못했지만 민간신앙의 전개방향에는 적지 않은 영향을 미쳤음을 반영해주는 것으로서, 향후 사묘신앙은 국가권력의 요구에 부합하며 일정정도 유가화되는 경향을 보이게 된다.[21]

이처럼 철폐당한 사묘들이 복원되는 추세와 함께 영향력 있는 현지 사묘의 중수와 역내 확산, 외지 사묘의 절서 유입 그리고 새로운 민간신의 출현과 신묘 창건 등이 동시 다발적으로 진척된다는 점은 당말 오대시기 절서지역의 사묘신앙이 새로운 발전단계에 접어들고 있음을 시사해준다.

우선 전통사묘의 중건 사례를 개괄해보겠다. 한대 이전에 창건되어 널리 숭봉되던 계자묘(季子廟)는 윤주(潤州)에서 가장 중요한 사묘 가운데 하

---

20 『無錫志』卷3下, 2249쪽; 『咸淳毗陵志』卷14, 3076쪽: "在縣東南一里. 不詳其始末. 虞孝恭『南徐記』云: '在無錫縣東, 今其祠廢, 不復痕跡, 後邑人爲立祠. 唐垂供間, 爲狄仁傑所毁, 後易以土祠爲名, 今尙存. 祠前有河曰廟涇, 橋曰廟橋, 卽古祠之遺跡也.'"

21 金相範, 『唐代國家權力과 民間信仰』, 서울: 신서원, 2005, 181~183쪽.

나로 성장하는데, 연릉 계자묘는 대력14년[779]에 윤주자사 소정(蕭定)에 의해 직접 개수되었다.²² 태백(泰伯)을 제사하는 소주 태백묘는 후한 환제(桓帝) 영흥(永興)2년[154] 태수(太守) 미표(麋豹)에 의해 창건되었는데, 당말에는 피일휴(皮日休), 육구몽(陸龜蒙) 등 시인의 시문이나 필기소설에 자주 오르내릴 정도로 소주 최고의 사묘로 각광을 받는다. 오월(吳越) 무숙왕(武肅王) 때는 전씨(錢氏)정권에 의해서 전란을 피한다는 명목으로 창문(閶門) 안으로 옮겨져 중건되기도 했다.²³ 항주 오산(吳山)에 위치한 오자서묘도『사기(史記)』에 창건기록이 보일 만큼 오랜 역사를 가지고 있다. 당 후기에는 헌종(憲宗) 원화(元和)10년[815]에 항주자사 노원보(盧元輔)가 중수를 하고, 소종(昭宗) 경복(景福)2년[893]에는 혜광후(惠廣侯)라는 봉호가 하사되었다.²⁴

이 시기에는 새로운 신을 만들고 신묘(新廟)를 건립하는 경우도 적지 않았다. 항주 이필묘(李泌廟)는 덕종(德宗) 건중(建中)2년[781] 이래 2년 4개월간 항주자사로 부임했던 이필(李泌)을 신주로 모시는 묘우이다. 항주는 해안에 근접한데다가, 전당강(錢塘江) 하류(河流)가 점차 동남으로 이동해 음용수를 얻기가 힘들었는데, 이필은 서호(西湖)의 물을 지하관로(地下管路)를 통해 성내 6곳의 정수지[육정(六井)]로 연결하는 난공사를 성공시킴으로써 항주주민의 숙원을 일거에 해결했다. 장경(長慶)2년[882]부터 항주자사를 역임했던 백거이(白居易)²⁵나 항주를 도읍으로 정했던 오월의 전씨정권뿐 아니라 심지어는 300여 년 후인 송 철종(哲宗) 원우(元祐)4년[1089]에 항주지주(杭州知州)로 부임한 소식(蘇軾)도 육정의 관리에 심혈을 기울이며 이필의 공로를 상찬한 바 있다.²⁶ 이처럼 육정의 건설은 항주 지역민들의 생활여건을 개

---

22   『至順鎮江志』, 341~342쪽.
23   『吳郡圖經續紀』, 652쪽;『吳郡志』, 江蘇地方文獻叢書, 南京: 江蘇古籍出版社, 1999, 167~168쪽.
24   『咸淳臨安志』, 3995쪽.
25   白居易 著, 朱金城 箋校,『白居易集箋校』,「錢唐湖石記」, 上海古籍出版社, 1988, 3668쪽.

선하는데 중대한 영향을 미쳤기 때문에, 주민들이 공덕에 보은하는 마음으로 묘우를 세워 제사를 올리기 시작한 것이다.[27]

안사의 난 이래로 인구의 남방이주가 급증하고 운하와 하천을 이용한 상품유통이 활성화되면서 전반적으로 사회적 유동성이 제고된다. 특히 절서지역은 수상교통의 요지일 뿐 아니라 상대적인 경제안정으로 인구의 유입이 집중되었다. 이에 따라 타 지역 민간신앙의 절서 진입도 자연스레 이루어지기 시작했다. 후술하겠지만 역내 호주지역에서 시작된 장왕신(張王神)숭배가 운하를 따라 전파되어 당말에는 윤주 칠리만(七里灣)에도 행사가 설립되었다.[28]

인근 흡주(歙州) 무원(婺源) 일대에서 시작된 오현신(五顯神) 숭배도 이미 절서지역으로 유입되었는데, 윤주[29]와 상주[30]에 오현왕묘가 건립되었다. 오현신 신앙의 확산은 휘상(徽商)의 초기 활동과 연계하여 민간신앙 전파에 미친 상인들의 영향을 강조하는 사례로 종종 거론되지만, 상주 오현신묘의 초기 입묘는 지방관에 의해 이루어진다. 『함순비릉지(咸淳毗陵志)』에는 "운하 남쪽, 원풍교(元豐橋) 서편에 위치한 [오현묘는] 주(州) 경내에서 화재가 빈발하자 천우(天祐)3년[906]에 자사 장숭(張崇)이 건립했다"는 기사가 확인된다.[31] 주현관들은 조정의 명에 따라 수시로 부임지를 옮겨 다녔기 때문에 지역문화의 전파에도 일정한 기여를 하게 된다. 당대 필기소설에 단골손님으로 등장할 정도로 당대인들의 신앙세계에 있어서 중요한 비중을 차지

---

26 蘇軾, 『蘇軾文集』, 〈錢唐六井記〉, 〈乞開杭州西湖狀〉.
27 "……唐相國, 鄴侯也. 德宗興元間, 守杭有風績, 郡地苦斥鹵, 民日汲鹽水. 侯爲鑿六井, 引西湖水入城中, 始得因淸泉. 郡人德之, 爲立祠." 이필묘는 만년에 이필이 재상을 역임하기에 相國祠 李相國祠로도 불린다[『咸淳臨安志』, 4006쪽].
28 『至順鎭江志』 卷8, 南京: 江蘇古籍出版社, 江蘇地方文獻叢書, 1999, 339쪽.
29 『至順鎭江志』 卷8, 339쪽.
30 『咸淳毗陵志』, 3073쪽.
31 『咸淳毗陵志』, 3073쪽: "在運河南, 元豐橋西. 唐天祐三年, 刺史 張崇以郡多火菑, 建."

했던 화악신(華嶽神) 신앙 역시 지방관에 의해 강남지역으로 전파되었다. 태화연간[太和年間, 827~835]에 팽언규(彭彦規)라는 사람이 신감현(新淦縣)을 방문했다가 화악신의 영험함을 듣고 화상(畵像)을 그려왔는데, 후에 윤주 단도현(丹徒縣)의 현령이 된 뒤 치소 인근에 화악묘의 별묘인 운승묘(雲勝廟)를 세웠다는 기록이 전한다.[32]

그렇다면 당말·오대에 이르러 절서지역의 사묘신앙이 이처럼 현저한 성장세를 보이게 된 배경은 무엇일까? 첫 번째로 지적할 수 있는 것은 민간사묘신앙과 절서지역사회와의 긴밀한 사회문화적 유착관계를 들 수 있을 것이다. 앞서 언급한 것처럼 후한대에 회계수(會稽守)를 역임했던 제오륜(第五倫)[33] 이래로 수차례에 걸쳐 음사철폐가 단행된 바 있지만 절서사묘는 정부의 단속이 느슨해지면 어김없이 부활하는 생명력을 보여주었다. 유교적 목민관을 지향했던 일부 엄격한 지방관들에게는 사묘는 귀신에 빠져 생업을 망치는 집단적 탈선행위가 벌어지는 공간으로 비추어졌겠지만, 절서지역민들에게는 건강·재복·희음을 간구하는 중요한 기도도량이었다. 수시로 닥치는 가뭄·홍수·역질과 같은 비상상황에 민중들이 매달릴 수 있는 가장 영험하면서도 익숙한 신령이 존재하는 장소였다. 이들 사묘에서는 때로는 위진남북조시기의 항우신 신앙에 반영되었듯이 무축들과 지방속리 간에 긴밀한 관계가 형성되었으며,[34] 대다수 지역주민들과도 느슨하지만 일상적인 사회문화적 유대관계가 존재하였다.

두 번째로는 당대 이래 진행된 국가 사묘정책의 변화에 따른 지방관들의 의식변화를 들 수 있다. 이 시기 사묘정책의 주요한 특징은 개방적이고 포용적인 방향으로 선회했다고 요약할 수 있다. 이 가운데 무엇보다도 주

---

[32] 『至順鎭江志』, 卷8, 329쪽: "……(憲宗)大和中, 有金陵彭彦規, 使於新淦縣, 聞神之靈, 乃畫廟圖而歸. 尋爲丹徒令, 因置廟於此."
[33] 『後漢書』 卷41, 「第五·鍾離·宋·寒列傳」, 1396~1397쪽.
[34] 宮川尙志, 앞의 책, 392~397쪽.

목되는 것은 음사에 대한 인식과 판별기준이 전에 비해 개방되었다는 점이다. 앞서 언급한대로 적인걸이 음사철폐를 단행할 때만 해도 하우(夏禹)와 오태백(吳泰伯)·오자서(伍子胥)·계찰(季札) 등 네 종류의 사묘만을 제외하곤 모든 사묘를 철거대상으로 삼았지만, 이덕유는 정부가 인준한 정사(正祠)의 범주가 성왕묘(聖王廟)·명신묘(名臣廟)·현후묘(賢后廟)라고 밝힌 바 있다. 이 부분은 당 중반기 이후 국가예제의 변화를 반영하고 있는데, 현종은 국가가 주도해 온 성현제사(聖賢祭祀)의 제사 대상을 크게 확대한 바 있다.[35] 천보6재[746]와 7재에 연이어 전국의 각 주현과 관련된 12인의 개국군주,[36] 16인의 충신, 8인의 의사, 7인의 효부, 14인의 열녀 명단과 이들 성현묘에 대한 제사규정을 확정하고 향후 정부가 입묘를 추진하겠다는 의지를 천명한 바 있다.[37] 이러한 정책변화는 성현묘에 대해서는 인가에 그치지 않고 정부가 이를 주도하고 후원하여, 사묘신앙을 유교 제사의 방향으로 인도하고 적극적으로 교화에 이용하겠다는 의지를 표현한 것이다.

정부의 이러한 정책은 지방의 신앙 환경에도 적지 않은 영향을 미치게 된다. 앞서 언급한 바와 같이 규제를 피하고 공인과 후원을 얻기 위해서, 사묘들이 성현묘나 토지묘와 같은 합법적인 사묘와 결합하거나 변화하는 현상이 증가하였다. 『국사보(國史補)』「서사묘지폐(敍祠廟之弊)」에서 "매년

---

[35] 『唐令拾遺補訂』, 498쪽에 근거하면 이러한 현상이 개원연간에 이미 단서를 보임을 알 수 있다. 황제의 車駕가 巡倖중인 장소로부터 20리 이내에 성왕의 陵墓와 祠廟가 있거나, 10리 이내에 名臣·將相의 陵墓와 祠廟가 있을 시에는 현지 州장관에게 제사를 드리게 한다고 규정하고 있다. 永徽年間에 領佈된 皇帝巡狩와 관련된 祠令만해도 名山大川의 祭祀만을 규정해 놓았을 뿐, 聖王·名臣·將相의 廟에 관해서는 전혀 언급한 바가 없다("車駕巡倖, 所過名山大川, 則遣有司祭之. 其牲, 嶽鎭海瀆用大牢, 中山川用少牢, 小山川用特牲."). 그러나 開元七年에 반포된 祠令에서는 상기내용을 이미 포괄하고 있음을 확인할 수 있다. ("車駕巡倖, 路次名山大川·古昔聖帝明王·名臣·將相陵墓及廟, 應致祭者, 名山大川三十里內, 聖帝明王二十里內, 名臣將相十里內, 並令本州祭之.")

[36] 『舊唐書·玄宗本紀』, 222쪽: "其歷代帝王肇基之處未有祠宇者, 所在各置一廟, 忠臣·義士·孝婦·烈女德行彌高者, 亦置祠宇緻祭."

[37] 이 내용은 『唐會要』 卷22, 429~432쪽에 보임.

해당관리가 행해야 하는 제사가 헤아릴 수 없이 많고, 향리(鄉里)마다 사묘(祠廟)가 있어 화복(禍福)을 주재한다고 하니 그 폐해가 매우 크도다."[38]고 지적한 것은 바로 당말 이래 사묘신앙이 복잡하게 팽창하고 있었음을 반영해 주는 것이다. 사부원외랑(祠部員外郞)과 지방관을 역임하여 국가의 제사원칙과 민간사묘의 발전추세에 누구보다 정통했던 조린(趙璘)[39]은 악해진독(嶽海鎭瀆)·명산대천(名山大川)·제왕선현(帝王先賢)의 묘우라도 지정된 곳이 아니거나 사전에 등록되지 않은 것은 '음사'로 간주하여 강력하게 단속해야 한다고 주장한 바 있다.[40] 정부의 개방적 사묘정책이 민간사묘의 유가화와 더불어 사묘 수가 급증하는 데 일정한 영향을 미쳤음을 반영하는 것이다.

이처럼 지방사묘에 대한 적극적인 관심과 포용정책 그리고 절서를 위시한 지역사회에 있어서 사묘신앙이 급속하게 팽창하는 가운데, 지방에서 작성된 '사전(祀典)'의 출현을 예시하는 자료들이 주목된다. 목종 장경2년[796]에 이덕유는 음사철폐를 단행하면서 '방지(方志)' 즉 지방문헌에 의거하여 사묘의 정사여부를 판별한 바 있다.[41] 원화(元和)8년[813]에, 호주 오강현(吳康縣) 현령 유예(劉洩)는 용왕묘에서 기우제를 올린 뒤 용왕신의 영험한 감응이 있자 '사전'에 기재하였다고 한다.[42] 이러한 사료들은 8세기 말부터 9

---

38 [宋]王讜撰, 周勛初校證, 『唐語林校證』, 北京: 中華書局, 1997.12 第二次印刷, 741쪽: "每歲有司行祀典者, 不可勝記, 一鄉一里, 必有祠廟焉, 爲人禍福, 其弊甚矣. 南中有泉, 流出山洞, 常帶桂葉, 好事者目爲「流桂泉」, 後人乃立棟宇, 爲漢高祖之神, 屍而祝之. 又號爲伍員廟者, 必五分其聲, 謂之五髽鬚神. 如此皆言有靈者多矣."

39 비록 兩唐書에는 趙璘의 열전이 없지만, 『登科記錄』과 『全唐文』(卷791, 3673쪽) 등에서 그의 인생역정을 개략이나마 살펴볼 수 있다. 조린은 太和8년(834)에 진사과에, 開成3년(838)에는 博學鴻詞科에 급제하였다. 대중연간에는 祠部員外郞과 度支金部郞中을 역임하였고, 후에 衡州자사를 지냈다.

40 趙璘, 『因話錄』 卷5, 徵部, 『西京雜記(外21種)』, 上海: 古籍出版社, 1991, 497쪽에 수록된 원문의 내용은 다음과 같다: "雖嶽海鎭瀆·名山大川·帝王先賢, 不當所立之處, 不在典籍, 則淫祠也; 昔之爲人, 生無功德可稱, 死無節行可獎, 則淫祠也. 若妖神淫祠, 無名而設, 苟有識者, 固當遠之. 淫祠也, 當斧之, 火之, 以示愚俗, 又何諂而祀之哉! 神飯在禮, 宜拜受, 其他則以巫覡之餽, 可揮而去也. 爲吏宜鑒之."

41 "按方志, 前代名臣·賢后則祠之, 四郡之內, 除淫祠一千一十所."

세기에 접어들면서, 음사판별의 기준으로 중앙의 '예전'과 함께 지방의 '사전'을 참조했을 가능성을 시사해 주는 것이다. 사묘신앙의 팽창으로 인해서 보다 효율적인 통제와 관리를 위해서는 지방 사묘의 양상을 구체적으로 기록한 근거가 필요했음을 반영해 주는 것이다.

이와 더불어 신령세계에까지 지배력을 행사할 수 있는 천자(天子)의 권위를 강화하기 위해서 설계되었다가, 정통제사로 도약하기 위한 도교세력의 적극적인 호응과 맞물리면서 점차 종교와 신앙을 통제하는 수단으로 확립되는 '봉호'와 '묘액'의 운영도 사묘신앙의 전개에 영향을 미치게 된다.[43] 봉호와 묘액의 유무에 따라 정(正)·음(淫)을 판별한다는 점은 여전히 국가의 이념적 기준에 의거하여 민간신앙을 통어하겠다는 의미를 갖고 있다. 하지만 다른 한편으로는 사묘가 급격히 팽창하던 추세를 고려해서 정부의 통치이념에 배치되지 않는다면 합법성을 인정해 주겠다는 의미도 담고 있다. 사묘의 신주가 영험한 능력을 발휘해서 백성들의 실생활에 공덕을 베푼 것으로 인정되면 봉호나 묘액을 내려 '정사'로 공인해 주었는데, 이러한 사묘정책은 사묘의 유교화와 함께 수적 팽창에 적지 않은 영향을 미치게 된다.

마지막으로 절서 사묘신앙의 확산과 발전은 당대 후기 이래로 하북 번진세력의 이탈로 제국의 발전방향이 동남지역으로 집중되는 추세와 관련이 있다. 현종 시기를 전후로 경제중심지가 점차 남방으로 이동하다가 안사의 난 이후 더욱 가속화되었음은 주지하는 사실이다. 중당 이후에는 수리사업이 활발하게 전개되었는데, 이전에 비해 세 배에 달할 정도였으며 그 중심지는 장강 중하류 지역이었다. 『신당서(新唐書)』 「지리지(地理志)」에 의하면 80여 건의 수리사업 가운데 70여 건이 남중국에서 진행되었으며,

---

42 "唐元和8년(813), 縣令劉汭禱雨有驗, 始載祀典."[『嘉泰吳興志』, 4745쪽].
43 金相範,「神界에 대한 새로운 統制와 그 意義-唐 前期 祠廟에 대한 封號下賜조치를 중심으로」,『歷史學報』第194輯, 2007.6, 199~200쪽.

이중 50건이 절서가 속해있는 강남도에 집중되었다. 이는 전국 수리사업의 60%를 차지하는 수치이다.[44] 서두에서 언급한 바처럼 이 지역은 과거 오·초의 경계에 속하는 곳으로, 전통적으로 사묘신앙이 성행했던 곳이다. 지역개발이 진척되면 될수록 국가조세에서 차지하는 비중이 급속히 늘어났고, 물류의 이동과 함께 사회적 유동성도 자연히 증가했다. 장기적으로 침전되듯이 지역 사묘를 중심으로 형성되었던 고유의 민간신앙 역시 새로운 발전 양상을 보이면서 표면위로 부상하게 되는데, 이에 따라 정부의 관심과 주의도 고조되었다.[45]

이상에서 언급한 바처럼, 당말·오대시기를 거치면서 절서지역에서는 전통적인 사묘가 부활하고 새로운 사묘가 등장하였으며, 일부 사묘는 신앙의 범위가 점차 주변지역으로 확대되어 갔다. 상인·지방관·이민세력 등에 의해서 외지의 유력한 사묘신앙도 절서 지역으로 유입되었는데, 이런 가운데 사묘의 신앙권역[46]이 중층화(重層化)되는 현상이 발생하였다. 다음 절에서는 절서 사묘신앙의 중층화 추세와 그 의의에 대해 살펴보겠다.

3. 절서 지역신의 부상과 신앙권의 중층화

일반적으로 사묘는 신주로 받드는 신령의 설화나 생전의 행적과 관련된 장소에 설립되었다. 이러한 사묘들은 주·현 혹은 예하 향촌사회에서 지역

---

[44] 唐長儒, 『魏晉南北朝隋唐史三論』, 武漢大學出版社, 1993, 346쪽.
[45] 嚴耀重, 「唐代江南地區的淫祠與佛教」, 『唐研究』 第2卷, 北京: 北京大學出版部, 1996.
[46] 신앙권이라는 의미는 숭배하는 공통의 神祇를 중심으로 신도가 분포하는 범위를 지칭하는 용어로서, 祠廟의 本廟와 別廟와의 관계, 儀禮의 형식문제, 제사를 받는 信徒組織의 문제 등 다양한 문제들을 다룰 수 있다. 하지만 당말, 오대시기까지는 관련 자료가 여전히 제한적이어서 본고에서는 느슨한 의미의 신앙권역 확대와 그 의의에 대해서만 검토하도록 하겠다. 사묘와 신앙권의 문제에 대해서는 林美容, 『媽祖信仰與漢人社會』, 哈爾濱: 黑龍江人民出版社, 2003, 7~12쪽을 참조.

민들의 숭배대상으로 존재해 왔다. 주목되는 것은 당대 후기 이래로 일부 지역신의 영적이 주위로 알려지면서, 주묘(主廟)에서 별묘(別廟)[분묘(分廟)·행묘(行廟)·행사(行祠)]로 확장 분파하며 촌계(村界)를 넘어 제사권역을 확대해가는 현상이 발생한다는 점이다. 당말·오대시기 절서지역에서도 이러한 사례들이 적지 않게 확인된다. 일부는 현계(縣界)뿐 아니라 주계(州界)까지 월경하여 절서 전역으로 세력을 넓히면서 지역신앙으로 성장하였다. 극히 일부는 신앙권을 광역화하면서 남중국 전체로 확산될 가능성을 보이기도 한다. 물론 외부 사묘신앙의 절서 유입도 함께 진행되었다. 앞에서 언급한 바처럼 당시 절서지역은 당조 경제의 중심축이자 남북을 관통하는 운하망의 요지에 자리 잡고 있어서, 외부 신앙이 유입되기에 매우 유리한 환경을 갖추고 있었다. 이처럼 사묘신앙의 확산·교류·유입이 진척되면서, 기층촌락이나 현계 정도까지 신앙권역이 형성되던 '향토적 사묘' 외에, 주계를 넘어 절서 전역으로 확산되던 '지역적 사묘', 그리고 절서뿐 아니라 외부에서도 널리 숭배되는 '광역적 사묘'가 공존하는 현상이 발생한 것이다. 당말·오대시기 전국 경제의 핵심지역으로 부상한 절서에서는 경제적 유동성의 증대와 함께 '신앙권의 중층화 현상'이 발생하고 있었던 것이다.

이 가운데 우선 기층사회에 존재했던 '향토적 사묘'에 대해 살펴보겠다. 이들은 대략 현계를 넘지 않는 범위 내에서 향촌의 수호신 역할을 하는 경우가 일반적이고, 신격에 어울리게 토지신을 칭하는 경우가 적지 않았다. 일례로 상주 의흥현(義興縣)에 위치했던 조성(趙城) 명왕묘(明王廟)는 한대(漢代)에 유민들로부터 지역민들을 보호했다는 유우(劉禹)를 묘신으로 받들고 있다. 희종 중화(中和)2년[882]에 임운(林雲)이 작성한 「묘기(廟記)」에 따르면, 대력연간[大曆年間: 766~779]에 호민(豪民)인 장도(張度)가 반란을 일으켜 조성 동편의 20여 리를 약탈했는데, 묘신이 현신하여 돌풍과 격랑으로 반란군과 그들의 선박을 수장시키고 마을을 보호했다고 한다. 뿐만 아니라 홍수나 가뭄이 들 때에도 영적을 드러냈는데, 이에 주민들이 토지신으로 받들었다고 한다.⁴⁷ 비슷한 성격의 사묘로서 윤주 단도현에 위치했던 신왕묘(辛王廟)를 들 수 있다. 묘신인 신익(辛翼)은 한(韓)의 낭중출신으로 진병(秦兵)의 침략을 막지 못하여 이곳으로 피난을 내려왔다고 한다. 신익은 기근이 나면 재산을 털어서 주민들을 구제해주면서도 자신은 청빈한 생활을 하여, 사후에 주민들이 공덕을 기리는 의미로 묘우를 세우고 제사를 받들었다고 한다. 향후 주민들의 기도에 감응하여 영적을 드러내면서 당말에도 지역민들이 수호신으로 받들었다.⁴⁸ 위의 두 사례는 생전에 지역민들에게 공덕을 베푼 현자적(賢者的) 성격의 향토신이라 할 수 있다. 자연신이 마을의 수호신 역할을 하는 경우도 적지 않았다. 절서의 경계에 해당되는 강녕(江寧) 남부의 마안산(馬鞍山)에는 산신묘가 존재했다. 마안산신은 "백리 지경의 길흉화복을 주재한다"고 일컬어질 정도로 신비한 영력으로 일대 주민들의 숭배대상이 되었다. 신의 뜻을 물어 점을 치면 영험한 점괘가 나왔고, 질병에 걸려 기도를 올리면 양약(良藥)을 복용한 듯 깨끗이 나았다고 칭송할 정도로, 마안산신은 지역민들에게는 일상의 불안과 고난을 해결해주는 수호신이었다.⁴⁹

두 번째로 절서 전역으로 신앙권을 확대해가던 '지역적 사묘'에 대해 살펴보겠다. 일반적으로 다수의 사묘는 기층 촌락에서 출발하는 것이 보통이다. 그러나 마안산신의 신력이 이미 백리에 미쳤다는 기록에 보이듯이, 영적이 주위에 알려지면 신앙권이 촌계를 넘어 확대된다. 특히 여러 향토신 가운데 생전에 절서지역을 기반으로 국가를 건립했었거나, 이를 보좌하는 현신이나 지방관으로서 지역민의 집단기억 속에 오래 간직될 정도의 혁

---

47 『至正金陵新志』, 5690쪽.
48 『至順鎭江志』 卷8, 331쪽.
49 『淳祐玉峰志』, 1088쪽.

혁한 족적을 남긴 신들은 종종 현계와 주계까지 뛰어 넘어 절서지역의 수 개주에서 공통으로 신봉하는 '지역신'으로 성장하였다. 당말·오대시기에 부상하는 지역신으로는 오태백·계찰·오자서·방풍씨(防風氏)·진과인(陳果仁) 등이 있다.

우선 오태백은 소주·윤주·상주 등지에서 널리 숭배되었다. 주(周) 태왕(太王)의 장자로 분봉을 받은 뒤 성곽을 건설하고 여러 제도를 현지에 안착시켜 중원의 선진문화를 장강유역에 성공적으로 이식함으로써 이 지역의 문명화에 공헌했다고 전해지는 인물이다. 더군다나 장자임에도 불구하고 계력(季歷)에게 왕위를 양보하여 양현(讓賢)의 미덕을 몸소 실천한 표상으로서 추존되어 왔기 때문에 후한 이래로 정부로부터 제사를 받았다. 당대에 적인걸·우적·이덕유가 이곳에서 음사 철폐를 단행할 때에도 태백묘만큼은 항상 예외였다. 천보7재[748]의 조령에도 의사(義士)로 선정되어 국가로부터 '정사'의 지위를 부여받았다.[50] 그러나 천보7재에 정부가 지정한 사묘는 오군(吳郡) 즉 소주 한 곳뿐인데, 공식적인 사묘 외에 절서지역 곳곳에 태백묘가 건립되었던 사례가 확인된다. 상주 무석현에도 태백묘가 존재했는데, 오태백이 가뭄을 막기 위해 독(瀆)을 개착했던 전설을 기려 주민들이 바로 수로 옆에다가 건립했다고 한다.[51] 한 형왕(荊王) 유가(劉賈)를 모시는 윤주 형왕묘 비문에는 이 묘우의 신상이 태백묘나 자방묘(子房廟)보다도 아름다웠다고 언급하였는데,[52] 태백묘가 계찰묘와 함께 비교의 기준이 될 정도로 절서지역의 중요한 사묘였음을 시사해준다.

절서의 지역신으로 이와 비슷한 성장궤도를 걷는 것이 태백의 19세손으

---

50 『唐會要』 卷22, 429쪽, 432쪽.
51 『無錫志』, 2249쪽 『咸淳毗陵志』, 3076쪽.
52 『至順鎭江志』 卷8, 324~325쪽의 원문내용에는 (唐)先天2年 3月에 工人에 명하여 神儀를 조각하게 하였고, 더불어 王의 后妃, 嬪妾과 左右侍從像도 만들었으며 벽 위에 威儀圖를 그리게 했는데 총 30여구로 성대하기 그지없어서, 太伯, 子房祠의 神像이 아름다위도 이를 넘어설 수 없었다는 내용이 언급된다.

로 알려진 계찰인데, 윤주·상주·소주 각지에 계자묘가 널리 분포했다. 계자 역시 뛰어난 자질에도 불구하고 왕위를 사양하고 연릉에서 은자의 삶을 살았기 때문에 정부뿐 아니라 지역민들에게 고매한 인격과 절개의 소유자로서 숭배되었다. 당대에 접어들면서 점차 정사로서의 지위도 확고해지는데 음사철폐 때마다 항시 보호를 받았을 뿐 아니라 천보연간에는 역대 의사 가운데 한 명으로 추존되어 묘우가 연릉[단양군(丹陽郡)]에 세워졌다.[53] 이러한 지위에 걸맞게 연릉 서북9리 지점에 위치했던 계자묘는 수차례에 걸쳐 수보되었는데, 앞에서 언급한 바처럼 대력14년[779]경에는 윤주자사 소정(蕭定)이 이를 주도한 바 있다.[54] 천보5재[746]에 상주 무진현(武進縣) 주부(主簿)를 역임한 조진용(趙晋用)의 『새우기(賽雨記)』에는, "아침나절부터 밤 늦게까지 장대비가 쏟아지니 어찌 근방 사경(四境)만 적시겠는가, 천 리까지도 생기를 회복시킬 것이다"[55]는 내용이 보이는데, 신의 영력이 미치는 범위를 천 리로 묘사한 당대인들의 심리 속에 지역신의 신력이 향토신과는 확연하게 구별되고 있음을 발견할 수 있다.

비록 천보연간에 반포된 충신(忠臣)·의사의 반열에는 들지 못했지만, 당대 전반에 걸쳐 '정사'에 준하는 대우를 받았던 사묘가 오자서묘(伍子胥廟)이다.[56] 역시 절서 전역에서 널리 유행하여 소주·상주·항주·목주 등지에 사묘가 설립되었다. 백거이는 이별의 한과 그리움을 노래한 「장상사(長想思)」라는 악부시에서 자신의 심정을 항주성내의 오산(吳山)에 비유해 "오산은 점점이 수심에 젖어있다"[57]고 표현한 바 있다. 오산이 그의 가슴속에서

---

53 『舊唐書』卷89, 「狄仁傑傳」, 2887쪽에는 狄仁傑이 江南 淫祠를 철폐할 때, 夏禹·吳泰伯·李札·伍員을 모시는 네 종류의 사묘는 남겨두었다는 기록이 보인다.
54 『至順鎭江志』卷8, 341~347쪽; 『咸淳毘陵志』, 3071쪽.
55 『全唐文』卷364, 趙晋用, 「賽雨記石文」, 1634쪽; 『至順鎭江志』卷8, 341~342쪽.
56 杭州 伍員廟에 관해서는 『咸淳臨安志』, 3995쪽을 참조할 것.
57 白居易, 「長想思二首」, 白居易著, 朱金城箋校, 『白居易集箋校』, 上海古籍出版社, 1988, 外集 卷中 詩文補遺二, 3889쪽: "汴水流, 泗水流, 流到瓜州古渡頭. 吳山點點愁……"

는 항주하면 생각나는 랜드마크 같은 곳으로 자리 잡고 있음을 보여주는 것인데 항주 오자서묘가 위치하고 있는 곳이 바로 오산이다. 백거이는 항주자사로 재직했던 장경(長慶) 3~4년[823~824]경에 항주 봄날의 정경을 읊었던 「항주춘망(杭州春望)」을 지은 바 있다. 시인은 망해루에서 보는 새벽안개와 전당강 제방가 은모래 빛의 황홀경을 묘사한 뒤 세 번째 구에서는 "파도소리 밤이면 오원묘(伍員廟)로 기어든다."[58]며 시상을 오자서묘로 이끌고 있다. 앞서 언급한 바처럼 오자서묘는 당대 전반에 걸쳐 정사에 상응하는 대접을 받아서 음사금훼 조치를 피할 수 있었는데, 당말에 이르면 국가로부터 더욱 공식적인 지지를 얻게 된다. 항주 오원묘는 헌종 원화10년[815]에 자사 노원보에 의해 중수된 바 있고, 소종(昭宗) 경복(景福)2년[893]에는 혜광후의 봉호를 하사받기도 했다. 이처럼 국가가 오자서신에 관심을 갖고 최대한의 예우를 표시한 것은 정부 입장에서도 항주가 그만큼 중요한 의미를 갖게 되었음을 의미한다. 이처럼 공식적인 지지가 확대되고, 항주가 운하의 출발점이자 교통의 요지로 급부상하게 됨에 따라 항주 지역신 오자서의 신앙권도 확대되었는데, 심지어는 절서를 넘어 근방 회남도(淮南道) 초주(楚州)나 산남도(山南道) 풍주(豊州)까지도 전파되었다.

당말 오대 시기에 상주·윤주·항주·목주·소주 등 강남 절서 일대에서 넓은 신앙권을 형성했던 사묘 가운데 대표적인 것으로 전장에서 상술했던 진과인묘를 들 수 있다. 진과인은 상주 출신으로 수말당초의 혼란기에 지방할거세력이었던 심법흥(沈法興)의 수하에서 활약한 바 있다. 후에 심법흥과 내분이 생겨 독살되었는데,[59] 상주 일대의 지역민들에 의해 숭배되다가 당말부터는 신앙권이 점차 확대되면서 절서지역을 대표하는 지역신으로

58 　白居易, 「杭州春望」, 白居易著, 朱金城箋校, 『白居易集箋校』 卷第12, 「律詩」, 1364쪽: "望海樓明照曙霞, 護江隄白蹣晴沙. 濤聲夜入伍員廟……"
59 　『舊唐書』 卷56, 「沈法興傳」, 2272~2273쪽.

부상하였다. 『수서(隋書)』・『구당서(舊唐書)』・『신당서』에 별도의 열전이 입전되지 않은 점으로 볼 때 생전의 영향력이나 지명도는 그리 높지 않았던 것 같은데, 사후에는 절서 전역을 아우르는 대신으로 성장하였다. 물론 지방지에 보이는 몇몇 '묘기(廟記)'에서는, 사료의 성격을 반영하듯 뛰어난 인품으로 존경을 한 몸에 받았기 때문에 사후에 지역민들이 그를 연민하여 입묘한 뒤 제사를 받들었다고 기록하고 있다. 특히 충효(忠孝)・문무(文武)・신의(信義)・모변(謀辨)을 진과인 생전의 팔절(八絶)이라고 거론하며 이를 기리기 위해 조정에 상주를 올려 수공7년[685]에 마침내 대전(大殿)이 설립되었다는 기록도 보인다.[60]

하지만 대규모 음사철폐가 단행된 수공연간의 전후 정황과 당시 음사를 판별하는 기준을 감안해 볼 때, 진과인신에게만 국가에서 특혜를 베풀었다는 내용은 그대로 믿기 어려우며, 그 해석 또한 지극히 유교적인 것이어서 후대에 첨가되었을 가능성이 높다. 최초 입묘는 이와는 다른 원리에 의해 훨씬 소형으로 이루어졌을 가능성이 높은데, 주목되는 것은 진과인이 심법홍에게 배반을 당해 독살되었다는 점이다. 고대인들은 후사가 없거나 횡사(橫死)・원사(寃死) 등 비정상적인 죽음을 맞은 원혼은 명계로 인도되지 못하고 구천을 떠돌며 질병과 환란을 불러일으킬 수 있기 때문에 이를 방지하기 위해서는 제사로써 달래야 한다고 생각했다.[61] 진과인 신앙 역시 상주 주변의 무축들이 용력을 겸비했던 맹장(猛將) 출신인 만큼 독살의 원한에 대한 보복도 어느 여귀보다 잔인할 것이라는 주민들의 우환의식을 이용해 입묘를 추진하고 주민들을 끌어들이면서 기도도량으로 발전시켰을 가능성이 높다. 물론 발전과정에서 국가의 견제를 최소화하고 민중들의 환

---

60 "郡人以帝忠孝・文武・信義・謀辨八絶, 奏於朝, 卽帝兵仗庫立祠. 垂拱元年, 始創大殿. 乾武(符)四年, 封忠烈公."[『咸淳毗陵志』, 3072쪽].
61 厲鬼생성에 관해서는 林富士의 『孤魂與鬼雄的世界』, 臺北: 臺北縣立文化中心, 1995, 11~19쪽 참조.

심을 사기위해 위에 보이는 바처럼 점차 여귀적 형상에 유교신의 자애로우면서도 강직한 이미지를 첨가시켰을 것이다. 어쨌든 진과인묘도 처음에는 상주의 본묘(本廟)를 중심으로 발전하다가 점차 신앙권역을 확장해가게 된다. 진과인의 고향과 분묘의 소재지 그리고 생전의 행적지 곳곳에 별묘가 설립되었고, 점차 현계와 주계까지 뛰어넘어 절서 전역으로 확산되는 추세를 보여준다. 특히 오대십국시대에는 전장에서 상술한 바처럼 강남정권으로부터 특별한 총애를 받게 되었다.

그러나 절서 지역신의 전반적인 팽창세가 두드러진다고 해도 모두 일률적인 성장세를 보였던 것은 아니다. 항우신 같은 경우는 적인걸이 훼철할 때만 하더라도, 지역유력자들의 항의가 빗발쳤고 당조 건국과 요동 원정 시의 음조설화[62]까지 유포되어 결국 격문을 작성해 항우의 역사적 죄과까지 단죄해 공포할 정도로[63] 지역민과의 긴밀한 유대관계를 보여주었지만, 부활한 후에는 현저하게 쇠퇴하는 경향을 보인다. 여전히 곳곳에서 영적이 보고된다 하지만 분명 그 세력이 과거와는 비할 바 없이 약화되었던 것이다.

이렇게 지역적 상징성이 농후한 현군·충신·맹장을 모시는 사묘가 주를 넘어 절서 전체로 확산된다는 것은 국가이데올로기나 고도의 지적 구조를 기반으로 하는 사상의 확산과는 질적인 차이를 보일 것이다. 그러나 공통된 정서에서 비롯하여 대상과 의례를 공유하는 지역신앙이 등장했다는 것은, 향후 '절서' 혹은 '장강(長江) 델타유역'의 대 지역을 하나의 공동체로 인식하는 느슨한 범주의 지역의식이 생성되고 지역 정체성 형성의 기초가 될 수 있다는 점에서 중요한 의미를 지닌다.

---

62 『嘉泰吳興志』, 4743쪽: "……父老以項王廟爲請. 仁傑試齋宿於廟中, 夜見偉人, 曰:「吾西楚霸王也, 自國家起義兵及征遼, 吾常以陰兵, 佐之. 今以功獲焚, 奈何?"

63 『唐語林校正』卷3, 「方正」, 북경: 中華書局, 1997, 189쪽(이 조목은 『封氏聞見記』卷9, 「剛正」부분에서 출자한 내용임): "……有項羽廟, 吳人所憚, 仁傑先檄書, 責其喪失江東八千子弟, 而妄受牲牢之薦……."

이런 점에서 사묘에 대한 강제적 규제조치가 현저히 감소하고, 적극적으로 봉호 하사를 추진하는 당말 오대십국 시기의 사묘정책은 주목된다. 항주 오자서묘에는 당 경복(景福)2년[893]에 혜광후라는 봉호가 하사되었고,[64] 호주 방풍씨묘에는 오월로부터 영덕왕(靈德王)이라는 봉호가 하사되었다.[65] 진과인묘는 후량(後梁)으로부터 복순무열왕(福順武烈王)을 그리고 후주(後周)로부터는 무열제(武烈帝)라는 봉호를 받았는데, 각각 남당(南唐)과 오월의 상주로 화북정권에 의해 하사된 것이다.[66] 당시 10국 정권은 인근의 지방정권들과 부단히 경쟁하는 관계였기 때문에, 오히려 지역성을 부각시키고 지역의식에 호소할 필요가 있었는데, 지역성 사묘에 대한 특혜와 후원은 바로 이런 측면에서 제기된 것이다. 물론 이것은 강남정권이 기본적으로 사묘신앙의 공유를 통해 형성된 지역의식에 일정 정도 의지하고 있음을 반영해줌과 동시에 사묘가 새롭게 형성되는 지역 인적 네트워크의 중핵이 되었을 가능성을 시사해 주는 것이다. 즉 강남정권에 대한 사묘 보호의 요구가 지방의 새로운 지배계층에 의해 주동적으로 제기되었을 가능성이 있다는 것인데, 이 부분에 대해서는 다음 장에서 상론하도록 하겠다. 지금까지 절서지역의 수호신으로 성장하던 민간사묘신앙에 대해 살펴봤는데, 민간사묘의 발전추세가 절서라는 지역적 차원에 국한된 것이 아니라는 점은 주의해야 한다. 일부 사묘들은 신앙권이 광범위하게 확대되면서 광역적 신앙 심지어는 전국적 신앙으로 성장하기 시작한다.

당시 전국적인 신앙권을 갖추고 있던 사묘신앙 가운데 절서 전역으로 확산되면서 가장 널리 숭배된 것은 성황신앙이다. 성황신에 대한 숭배는 6세기 중엽 장강중류지역과 한수(漢水)중류지점에서 기원하여[67] 당말에 이

---

64 『咸淳臨安志』, 3995쪽.
65 『嘉泰吳興志』, 4745쪽.
66 『咸淳毗陵志』, 3072쪽.
67 鄧嗣禹, 「城隍考」, 『史學年報』 2-2, 1935, 8쪽.

르면 조익(趙翼)의 지적처럼 관내도(關內道)의 화주(華州)[68]로부터 영남도(嶺南道)의 광주(廣州)[69]와 계주(桂州)[70]에 이르기까지 확산된다.[71] 당시 성황묘는 주 단위에만 설립된 것이 아니라, 점차 현 단위로까지 전면적으로 확대된 듯한데 송대에 복주(福州) 영덕현(寧德縣) 주부를 역임했던 육유(陸游)는 당대(唐代) 이래 군현마다 모두 성황(城隍)을 제사했는데, 제사의 의례절차에 있어서 다른 신보다 높은 위상이 반영되었다고 언급한 바 있다.[72] 당대 이래로 성황신앙이 전국신앙으로 발전해갔을 뿐 아니라 기층단위까지 제사가 침투하여 정례화 되었고 국가제사에 준할 정도로 상당한 대접을 받았음을 시사해준다.[73] 성황신 신앙이 가장 집중적으로 발전한 지역은 역시 강남인데, 데이비드 존슨(David Johnson)은 농업생산력과 상품경제의 비약적 발전으로 대두된 상인들이 농촌의 사(社)에 상응하는 새로운 신앙 대상으로 성황신을 선택하였고, 이런 연유로 당시 경제개발의 중심에 있었던 강남지역이 성황신앙의 핵심지대로 떠올랐다고 설명한 바 있다.[74] 앞서 언급한 바대로 태호유역(太湖流域)은 인구 유입과 개간이 강남에서도 가장 집중적으로 이루어졌는데, 당대인으로 하여금 성황신숭배가 오월지역에만 존

---

[68] 『金石萃編』 卷156, 2888쪽.
[69] 『太平廣記』 卷34, 219쪽에 의하면 광주에는 貞元年間에 성황묘가 설치되었다.
[70] 『全唐文』 卷781의 8157~8158쪽에는 현 광서성에 해당하는 桂州에서 대중원년(847) 6월과 8월에 올린 제사의 제문이 실려 있다.
[71] 趙翼은 『陔餘叢考』에서 城隍神 祭祀가 六朝時期에 시작되었지만, 唐代에 이르러 널리 보급되기 시작해서 唐 中葉에 이르면 대부분의 州, 郡마다 성황묘가 자리 잡게 된다고 기술하였다.
[72] 『(乾隆)寧德縣志』 卷2.
[73] 『嚴陵集』 卷7 宋 董弅 編「碑銘題記」에는 呂述의〈移城隍廟記〉가 전한다. 내용 중에 원화초년에 자사인 정응보가 성황묘를 성 북문루 위로 이전했다가, 開成4년(839)에 자사 여술이 근처에 있던 獄을 동남쪽 폐허지로 옮기고, 다음해 정월 19일에 묘우가 완공되자 신상을 옮겨왔다는 기록이 전한다. 당대 주자사가 성황묘 보호에 기울인 정력이 잘 묘사되어 있다.
[74] David Johnson, "The City-God Cults of Tang and Sung China", Havard Journal of Asia, Vol.45, No.2, 1985.

재한다[75]고 오해할 정도로 빠른 속도로 역내로 확산되었던 것이다. 당시 필기소설에서도 "오의 풍속이 귀신을 경외하는지라 매 주현마다 반드시 성황묘가 있다"[76]고 언급하고 있다. 소주와 윤주 등지에서는 주치(州治)뿐 아니라 현치(縣治) 곳곳에도 춘신군과 기신(紀信) 등을 성황신으로 받드는 사묘가 건립되었다.[77]

성황신과 더불어 서서히 전국신앙으로 성장하던 동악신과 화악신 신앙의 절서 유입도 주목된다. 당 현종은 개원13년에 태산에서 봉선의례를 지낸 후 태산신(泰山神)을 천제왕(天齊王)에 분봉하고, 연주(兗州) 건봉현에 태산묘를 세운 바 있다.[78] 향후 묘축들은 영험을 과장 선전하면서 신상(神像)이나 묘도(廟圖)를 그려오거나, 향회(香灰)를 퍼오는 방법 등을 통해 곳곳에 행사(行祠)를 건립했는데, 연주 동초리(洞鈔里) 사수(泗水) 연변에도 천제왕을 모시는 별묘가 건립되었다.[79] 기존의 묘우를 전환하기도 했는데, 호주 귀안현(歸安縣)의 동악행사(東嶽行祠)는 원래 촌락의 수호신을 모시는 곳이었지만, 후에 동악행사로 바뀌었다.[80]

동악묘 뿐 아니라 화악묘도 당시 절서지역으로 유입되었는데, 당말에 화악묘의 행사(行祠)가 윤주 단도현에 설립되는 과정은 이미 상세히 설명한

---

75 『金石萃編』 卷91, 「縉雲縣城隍廟記」, 1534쪽; 『集古錄跋尾』 卷7, 「唐李陽冰城隍神記」, 17891쪽.
76 『太平廣記』 卷303, 「宣州司戶」(출전은 『紀聞』), 2399~2400쪽: "吳俗畏鬼, 每州縣必有城隍神".
77 기록에 전하는 소주 성황신은 春申君과 紀信이 있는데, 天寶年間 吳郡太守 겸 江南道采訪處置使를 역임했던 趙居正은 『新廟記』에서 춘신군은 黃相으로 불려져야 될 것이고 결코 성황으로 호칭되어서는 안 된다고 강조하며 성황신의 지위를 인정하기를 꺼려하였다[『全唐文』 卷296, 3004쪽; 「新修春申君廟記」, 『吳郡志』 卷12, 169~170쪽]. 潤州는 기신을 성황신으로 받들었다[『至順鎭江志』 卷8, 322쪽]. 睦州 성황묘에 대해서는 元和初年에 목주자사 鄭膺甫가 묘우를 北門樓쪽으로 옮긴 사실이 상세히 남아있다[『唐文拾遺』 卷29, 呂述 「移城隍神廟紀」].
78 『舊唐書』 卷23, 「禮儀三」, 北京: 中華書局, 901쪽.
79 『太平廣記』 卷313, 「葛氏婦」(출처는 『玉堂閒話』), 北京: 中華書局, 1994, 2479쪽.
80 『嘉泰吳興志』, 4744쪽.

바 있다. 사실『신·구당서』나『당육전(唐六典)』,『통전(通典)』등은 산천 제사를 제도사적인 관점으로 기록하고 있어서, 국가제사의 일부로서 국가권력에 의해 엄격히 운용된 것처럼 묘사하고 있다. 그러나 당초(唐初) 이래로 민간 차원의 산천숭배도 늘 존재해 왔으며, 현종 이후로는 국가제사 차원에 있어서 가옥형식의 공간구조에서 거행되는 묘제(廟祭)가 단제(壇祭)를 대체해가면서[81] 도사·무축 등이 산천묘의 운영에 개입하고 산천신 숭배가 민간화되는 추세가 더욱 가속화된다. 당대 필기소설에는 동악신이나 화악신과 관련된 설화가 다수 등장하는데,[82] 기능적으로 이미 인간의 수명과 사후세계까지 관할하는 상층부의 신으로 성장했음을 반영해 준다.[83] 국가제사적 특성과 민간 신앙적 요소를 두루 갖추고 있을 뿐 아니라 신의 직능에 있어서도 신앙의 광역적 확산이 가능할 수 있는 조건이 형성되었음을 알 수 있다.

이처럼 광역적 사묘신앙이 절서 내에서도 등장하기 시작했다는 것은 사상이나 이데올로기 영역뿐 아니라 민간신앙이라는 통속문화적 차원에 있어서도 절서지역민들의 정신적 세계에 타 지역민과 공유하는 부분이 형성되고 있음을 의미한다. 단지 민간신앙이라는 이유로 '토속적' 혹은 '향토적'이라는 언어로 치부되어 온 사묘신앙이, 현지의 기층민들로 하여금 지역범

---

[81] 국가차원에서 산천신에게 묘우를 건립해주고 봉호를 내린 일에 대해 秦蕙田은 "산천의 신에게, 인작봉호를 더한 것은 여기에서 시작되는바, 非禮의 시말을 연 자가 바로 武則天이다. …… 고대의 사망산천에 대한 제사는, 壇은 있으되 廟(屋)는 없었는데, 묘호로 바꿨으니 옛것이 아니다.……"라며 비판했다. 秦蕙田,『五禮通考』卷47, 吉禮47「四望山川」.

[82] 『太平廣記』에는 東嶽神과 華嶽神 관련 설화가 다수 수록되어 있다. 동악신 숭배에 관한 설화는, 卷305「李納」(출처는『集異記』),『太平廣記』, 2418~2419쪽; 卷313「葛氏婦」(『玉堂閒話』),『太平廣記』, 2479쪽 등에 나타난다. 화악신 관련 설화는 卷301「崔敏殼」(『廣異記』),『太平廣記』, 2389쪽; 卷301「仇嘉福」(『廣異記』),『太平廣記』, 2389~2392쪽; 卷302「華嶽神女」(『廣異記』),『太平廣記』, 2397~2398쪽; 卷302「王倨」,『太平廣記』, p.2398쪽; 卷303「韓光祚」(『紀聞』),『太平廣記』, 2399쪽; 卷303, 劉可大(『廣異記』),『太平廣記』, 2402~2403쪽; 卷304「張光晟」(『集異記』),『太平廣記』, 2410~2411쪽; 卷304「淮南軍卒」(『宣室志』),『太平廣記』, 2411~2412쪽 등에 보인다.

[83] 화악신이 수명을 관장하는 신의 역할을 수행했음은『太平廣記』卷304,「淮南軍卒」(출처는『宣室志』), 2411~2412쪽 등에 보인다.

주를 넘어 전국적인 심성을 갖추는데 있어서도 긍정적인 기여를 하고 있는 것이다. 이러한 정신적인 공유감은 동일 신에 대한 기도와 제사 등 일상적으로 행해지는 개인차원의 신앙행위를 통해 습관화된다. 또한 같은 신을 섬긴다는 명목 하에 주기적으로 거행되는 종교의례와 축제에 참여하는 기회를 공유하게 됨으로서 문화적 동질감으로 발전하는 것이다.[84]

하지만 당말 오대시기에 있어서 절서지역 사묘신앙 발전의 특색은 역시 절서를 대표하는 지역적 사묘가 가장 활발한 팽창추세를 보여준다는 점이다. 이들 지역신과 관련된 자료는 어느 레벨의 신들보다도 상세하고 풍부한 편인데, 해당 시기 절서지역신의 발전이 당대(當代)사회의 현실변화와 연관을 맺고 있음을 시사해 주는 것이다. 이는 기층 차원의 정신세계에 있어서도 지역적 정서가 전국적 정서를 능가할 수 있음을 반영해 준다. 더군다나 당시 광역적으로 신앙권역을 확산해가던 사묘 가운데 절서 지역에서 가장 번성했던 것은 성황묘인데, 성황신은 통일된 신격을 갖춘 것이 아니라 지역마다 지역정서를 대표하는 신들이 담당하는 것이 보통이어서 통일적이라기보다는 여전히 지역적이라는 특징을 가지고 있다. 절서 민간신앙의 전개과정에 있어서 지역신으로 부상하는 신령들이 지방관이나 절도사, 지방세력에 의해서 중시되는 경향은 당말 이래로 제국의 분열 국면이 가속화되면서 지방정권의 경쟁이 고조되는 추세와도 부합한다는 점에서 중요한 의미를 지닌다. 절서지역의 민간신앙도 지역개발과 유동성의 증대라는 사회경제적 변화와 함께 정치적 분열국면에 조응하면서 전개되고 있었던 것이다.

---

[84] 金相範,「宋代福州祠廟의 信仰圈과 福州民의 日常生活」,『宋遼金元史硏究』第11輯, 2006.12, 57쪽.

4. 사묘와 절서지역사회

민간신앙의 거점인 사묘와 지역 세력과의 관계는 사묘의 사회적 기능과 지역사회의 새로운 계층질서를 조망해 볼 수 있다는 점에서도 중요한 의의를 지닌다. 우선 사묘와 지방관, 지방정권과의 관계를 살펴본 뒤, 당말 오대시기에 뚜렷한 성장세를 보이며 새로운 유력층으로 부상하는 지역유력자들과 상인들과의 관계에 대해서 검토해보겠다.

1) 사묘와 지방관·강남정권

앞에서 언급한 바와 같이 현종 이래로 중앙정부의 사묘정책이 개방적이고 포용적인 방향으로 선회하고, 절서 일대의 지역개발도 진척되면서 사묘신앙 역시 새로운 발전단계에 진입하게 된다. 사묘가 지역사회의 거점 가운데 하나로 부상하면서, 현지에 부임한 지방관들이 의례에 참여하고 묘우의 중수에 관여하는 사례도 현저히 증가하게 된다.

지방정부와 사묘와의 관계가 더욱 구체적으로 드러나는 것은 전 장에서도 언급한 바와 같이 자연재해가 발생하고 이에 대한 대책이 강구되는 시점이다. 지방관들은 임지 사정에 밝지 못했을 뿐 아니라 방재 제도 역시 제한적이어서, 비상시에 위기를 극복하기 위해서는 지방관이 사인(士人)과 지방 유력자들에게 협조를 요청해야만 했다. 과거 절서지역에서 음사 1,015개소를 철거했던 이덕유조차 『도축론(禱祝論)』에서 가뭄과 같은 자연재해가 닥쳤을 때 지방 유력자들과의 협력이 얼마나 중요한 지를 강조한 바 있다. 관련 내용을 인용하면 아래와 같다.

> 때를 놓쳐 비가 내리지 않아서, 농작물들이 말라 죽으면 문을 닫아걸고 자신의 (통치를) 책망해도 백성들은 이를 알지 못한다. 만약 군망(群望)들을 두루 찾지 않

는다면, 모두가 이구동성으로 태수에겐 백성을 근심하는 마음이 없다고 말할지도 모른다. 직접 밭고랑에 나간다 해도 불만이 끊이지 않을 것이다.……[85]

상문의 내용은 '군망' 즉 '지역유력자'와의 접촉과 소통이 자신의 통치에 대한 견책이나 재해 현장을 방문하는 것보다 훨씬 효과적이라는 점을 시사하고 있다. 지방유력자들과의 소통과 협조의 과정에서 지방관들은 지역민들이 숭봉하는 신령에 대한 제사를 주재하기도 했다. 이러한 의례에 대한 적극적인 참여는 임지 환경에 생소한 지방관들이 지역사회와 융화하는 계기가 되었을 뿐 아니라, 관심과 애정을 직접적으로 표출함으로써 통치를 합리화하는 수단이 되기도 했다. 앞에서도 언급했지만, 천보5재[746]에 상주를 위시한 절서 일대에 가뭄이 들자 상주자사 유동승(劉同昇)과 강음현령 두수덕(竇樹德) 등이 '계자묘'를 방문하여 기우제를 올렸다. 상주 무진현(武進縣) 주부를 역임하던 조진용(趙晉用)이 작성했던 『새우기』에는 이러한 내용이 잘 반영되어 있는데, 주요 내용을 예시해보면 다음과 같다.

밝고 분명한 것이 신령인즉 신은 정직할 따름이다. 비위를 맞추기 위해 아첨으로 올리는 제사는 우리 사람들에게 재앙을 끼치며 오히려 신도(神道)에 위배된다. 그러므로 신령의 뜻대로 받드는 것을 백성들로 하여금 지키게 할 바이다. 이곳 신사(神祠)에서는 오나라 공자 계찰(季札)을 모시는데, 어질 뿐 아니라 능히 사양할 줄 알았고, 믿음은 필히 충심에서 나왔도다. 음악만 들어도 (그 나라의) 성쇠를 감별해냈으며, 마음속 생각대로 (망자의 무덤가 나무에) 보검을 걸어주기도 했도다. 그러므로 살아서는 군자로 공경을 받으면서도 겸양했으며, 죽어서는 국인들이 그리워하여 신상을 만들고 그의 정기를 신령으로 삼아 성덕(盛德)을 제사하였다. 점쟁이가 햇볕이 예사롭지 않다고 하더니, 수향에도 심한 가뭄이 들어서 싹은 시들

---

[85] 『李德裕文集校箋』, 〈禱祝論〉, 649쪽: "……失時不雨, 稼穡將枯, 閉閣責躬, 百姓不見. 若非遍走群望, 則皆謂太守無憂人之意. 雖在畎畝, 不絶歎音." 밑줄 친 부분에 대해 사부총간본 사고전서본에서는 모두 "若非避群望"이라고 되어 있는데 의미가 통하지 않아 교감에 의거해 고침

고 잎사귀는 누렇게 변하니, 속인들은 수확이 없을까 근심하고 사람들은 굶주릴까 염려했다. 우리 명 태수 겸 강남도채방처치장·조등육부경략사(江南道采訪處置漳潮等六部經略使)인 팽성(彭城) 유동승(劉同升) 공은 백성들의 고통을 구제하고 이곳 동녘 땅을 정돈하고 보호하고자 했다. ……포정은 인화로 시작하고, 위정은 농업제사가 으뜸이니, 하늘에 아뢰고 산천신께 제사를 올렸다. ……강음현령(江陰縣令) 두수덕(竇樹德)께서는 오로지 근엄하게 덕을 베풀고 바르게 정치를 세웠으며 은혜로운 사랑으로 백성의 마음을 어루만졌으며,……현승 경안효(敬安孝)와 주부 노일(盧泆), 현위(尉) 국애(麴藹)는 때에 따라 쓸 수 있는 능력과 유능한 재주를 갖추고 있으며, 항시 공정하고 충성스러운 발언을 잘할 뿐 아니라 신을 모시는데 있어서도 밤낮을 가리지 않고 부지런했다.……**86**

상문의 제기(祭記)에서 눈길을 끄는 것은 비단 기우의 대상이자 사묘의 신주인 '계찰'의 공덕뿐 아니라 제사를 주재한 자사 유동승을 위시한 주·현관과 속리들의 능력과 덕정을 구체적으로 열거하며 상찬하고 있다는 점이다. 지방관의 입장에서는 비상의 위기정황을 무탈하게 극복하는 유효한 방법일 뿐 아니라 지역사회의 지지를 획득하고 정치적 위상을 굳건히하는

---

86 『全唐文』卷364,「賽雨記石文」, 1634쪽: "昭明爲神, 神正直而已. 其或欽夫諸祭, 陁我生人, 則神道斃矣. 故明命鬼神, 以爲黔首. 此神祠者, 有吳公子諱季札, 賢而能讓, 信必由衷, 聽樂彰於識微, 掛劍表乎心許. 故以生則君子敬而讓之, 沒則國人思而像之, 宜其精氣作神, 盛德爲祀. 日者時暘不若, 澤國九冗, 露苗則暵, 風葉其黃, 俗憂無年, 人盧艱食. 我明太守兼江南東道采訪處置漳潮等六郡經略使彭城劉公名同昇, 惠恤人隱, 保釐東夏. 伏樂宵之德, 三英有棨; 飛通駿之聲, 萬人所望. 故聖主委連率之任, 百姓獲名子之恩. 布常始於人和, 爲政先於農祀, 瞻彼雲漢, 有事山川. 南畝徒勤, 西郊莫潤, 駿奔執豆, 殷薦明神. 不待諒輔之積薪, 用馨我公之禴祭, 蚩斯應, 屬窣有聲. 油乎蔚雲, 霈乎其雨, 嘗未信宿, 果諾願言. 甘液驟霪於崇朝, 飛潦滂流乎中夜. 豈隻四境需霖? 固亦千里昭蘇, 非神睿智聰明, 憫厥士庶, 非公之惠人勤稼, 豐我粢盛, 則不能鼓潤隨車, 結欣遺秉者矣! 詩不云乎?「無言不酬, 無德不報」. 況神昭我忠信, 錫茲純嘏, 福應宜答, 則惟其常. 是用嚴恭祀事, 敬羞禮物, 歌韎任, 薦蘋藻, 所用報也. 夫道有著而用光, 德可歌而宜頌. 若神之德, 皆可歌樂, 焉有享其利而不報其功乎? 江陰縣令竇修睦, 樹德惟儼, 立政惟明, 惠愛洽於人心, 操割駿於神用. 獲斯介祉, 潤我編, 爰加繪事, 用答靈祐. 丞敬安孝 '主簿盧泆`尉曲藹, 抱幹時之具, 蓄兼濟之才, 發言勇於公忠, 祗事勤乎夙夜. 實勞跂倚, 其吐馨香, 不有君子, 安能輯事? 乃相與斫豐石, 揚神休. 是歲大唐天寶五載季夏六月壬午三日甲申記."

계기가 된 것이다. 대종 대력연간에 전국 최고의 자사 가운데 한 명으로 피택87되었던 윤주자사 소정(蕭定)이 대력14년[779]에 계자묘를 수보해주면서 종묘와 같이 엄숙하게 숭상해야 함을 강조한 것도 바로 이러한 연유 때문일 것이다.88 이렇게 볼 때, 8세기 중반 이래로 절서사회에 있어서 사묘는 지방관과 지역유력자들이 역내의 문제를 해결하기 위해서 서로 접촉하고 협조하는 공간이 되었던 것이다.

물론 주민들이 신뢰하는 지역신에 대한 제사를 주재하는 행위는 지방관이 지역유력자들의 충고에 귀를 기울이고 협력을 구하는 과정에서 이루어지는 경우가 적지 않았을 것이다. 소주 상숙현령(常熟縣令)을 지낸 주사집(周思輯)은 의종(懿宗) 함통(咸通)13년[872] 가뭄때 파산(破山) 산상의 연못에서 용신께 기우제를 올렸다. 피일휴의 『용당기(龍堂記)』에는 이러한 과정이 상세히 전하는데 다음과 같다.

> 여남(汝南) 주군(周君)이 현령을 맡았던 초년에, 여름 한발이 심해 파산 산상에서 (용)신께 기우제를 올렸는데, 과연 비를 내려 응답해 주셨다. 군께서 이르길: "은혜를 입었는데, 단지 제사로 보답함은 불가한 일이다." 그리곤 공장(工匠)에 명해 흙과 나무로 신상을 만들게 하고 묘당을 지어 안치하였다. (또한) 사전에 기록하고 해마다 제사를 받들게 했다. 그래서인지 풍우(風雨)에 있어 때마다 발생하던 괴이한 일들이 그쳤고, 홍수나 한발 때도 역병이 닥치지 않았으며, 매년 풍년이 들었다.89

---

87 『新唐書』卷101, 列傳26「蕭定」, 3962쪽.
88 唐 代宗 大曆14년(779)에 潤州刺史 蕭定이 계찰묘를 개수하고 廟記를 남겼다. 묘기가 『至順鎭江志』卷8, 341~342쪽에 전해진다. 주요 내용은 오의 제사들이 이미 사라졌지만 延州 季札에 대한 향제만은 여전한데, 국가에서 祀典을 작성하여 현자를 회념하는 것은 좋은 본보기로 삼기 위한 것이니 衆神의 질서를 바로 잡고, 제사는 종묘와 같이 엄숙하게 거행해야 한다고 기록하였다.
89 『全唐文』卷797,「龍堂記」:"'禮':'山林川穀邱陵, 能出雲, 爲風雨見怪物, 皆曰神.' 若然者, 龍亦能. 爲風雨見怪物, 則其澤之在民厚矣. 神而祀之又宜矣. 常熟, 澤國也. 風雨怪物, 日作於民. 在有其地者, 苟祀之至, 民被其利. 祀之不至, 民受其禍. 汝南周君, 爲令之初年, 夏且旱, 禜其神於破山之潭上, 果雨以應. 君曰:"受其賜, 徒禜以報, 不可也." 於是命工以土木介其象, 爲寶宮以蔭之. 著之於典, 以潔其祀. 於是風雨時, 怪物止, 水旱不

주목되는 것은 주사집이 기우제의 장소를 선택하고 거행하는 과정에서 지역유력자들의 자문을 구했을 가능성이 높다는 점이다. 『오군도경 속기(吳郡圖經續紀)』에는 당시 부로(父老)들이 양산과 파산사이를 왕래하는 용을 보면 비가 내리는지 알 수 있다고 말했다는 내용이 말미에 기록되어 있다.[90] 기우제를 통해 비를 얻은 뒤에 주사집은 신상을 만들어 새로운 묘당에 안치하고 보사(報祀)를 거행하였다. 사실 이러한 후속조치 역시 부로들의 청언을 받아들여 시행되었을 가능성이 높다.

　　당말 · 오대시기는 지방에 대한 중앙 정부의 통제력이 이완될 뿐 아니라 사묘신앙의 전개에 있어서도 적지 않은 변화가 태동되던 시기였다. 민간 사묘제사에 대한 지방관의 참여와 개입도 자연신 · 용신 · 성현신 등 국가제사에 준하는 사묘에 국한되지 않고 확대되었다. 심지어는 과거 어귀류에 속했던 신령에까지 사묘를 건립해주고 봉호를 주청하는 사례가 속출했는데, 대표적인 것으로 앞에서 언급했던 '진과인신앙'을 들 수 있다. 진과인 신은 희종(僖宗) 건부(乾符)4년[877] 이래로 충렬공(忠烈公) · 감응후(感應侯) · 복순왕(福順王) · 충렬왕(忠烈王) · 무열제(武烈帝) 등 수차례에 걸쳐 봉호를 하사받게 된다.[91] 봉호가 하사되면 격식에 맞추어 상응하는 개수조치도 뒤따랐다. 지방관이 묘우를 건립하거나 중건, 보수하는 사례도 이어졌다. 상주 진과인의 동제(東第)에 세워졌던 사묘는 태화7년[833]에 현령 고영(高榮)이 기풍제를 올린 뒤 신의 가호로 풍년을 맞았다면서 중건해 주었다. 이 밖에 무석현(無錫縣)에도 별묘가 설립되었는데 당시 상주 경내에 적지 않은 수의

　　　爲厲. 民經大荒, 連歲以穰. 其神之澤乎? 君之祀乎? 凡雩者, 春秋之道皆書之, 勤民之祀也. 君爲其祀已, 乞文其事. 日休佳君之, 爲志在民, 故從之. 咸通十三年二月十九日, 襄陽 皮日休記." 관련 내용은 후에 아래 지방지에도 수록되었다. 『吳郡圖經續紀』, 652쪽; 『吳郡志』卷13, 179~180쪽; 『琴川志』, 1243쪽에도 묘기 내용이 기록되어 있다.

90　朱長文 撰, 『吳郡圖經續紀』, 卷中「祠廟」常熟縣 龍堂, 652쪽: "唐咸通中, 縣令周思輯以旱故, 禜龍于破山之潭上, 果雨以應. 於是爲堂以祀之. 記刻今存. 破山, 卽虞山也. 父老以謂每歲有龍往來於陽山 · 虞山之間, 其雲雨可識."

91　『咸淳毗陵志』, 3072쪽.

진과인묘가 설립되었음을 알 수 있다.⁹² 이 시기 동안 여타 절서 대신들이 빠른 확장추세를 보이는 것처럼, 진과인신앙도 점차 상주 주계를 월경하여 절서 기타 지역으로 확산되는 추세를 보인다. 먼저 상주, 윤주에서 유행했다는 언급⁹³처럼 윤주 단도현 현치 부근에 진과인묘가 건립되었는데 고운(顧雲)의 묘기가 전하는 것으로 보아 이 또한 지방정부에서 주도했을 가능성이 높다.⁹⁴

더욱 주목되는 것은 진과인신이 '전신'의 모습으로 현신해서 영험을 드러내기 시작했다는 점이다. 9세기 후반을 전후해 진과인신이 생전의 사적에 따라 '전신'으로 수차례에 영험을 드러내기 시작했다는 점이다. 당시 10국 정권은 오월과 남당의 사례에 보이듯이 인근의 정권과 서로 경쟁하는 관계였기 때문에, 지역성을 부각하고 지역민의 지지를 호소할 필요가 있었다. 당말 오대에 이르러 누차에 걸쳐 진과인신에 대한 책봉과 사묘의 중수가 이루어지는 것은, 진과인의 사묘를 중심으로 형성된 지역유력자와 재지 세력의 신앙적 정서를 존중해줌과 더불어 실제적인 후원을 통해서 그들의 지지를 이끌어내기 위함이었다. 앞서 언급했다시피 오월 전씨정권은 진과인신 뿐 아니라 병란으로부터 보호한다며 태백묘도 성내로 이전하고 계자를 이에 배식한 바 있다.⁹⁵ 이러한 사실들을 종합적으로 고려해보면, 오월정권이 절서 지역사회에서 광범위하게 숭배되던 오태백・계찰・오자서・진과인 등 절서 지역신을 국가제사 차원의 공식적인 의례로 승격시키려고 적극적으로 시도했음을 알 수 있다. 당시 절서 주민들은 이들 신령들을 수호신으로 인식하고 있었기 때문에, 이들 신주에 대한 공인과 후원 그리고 관련 신화의 유포는 전란이 그치지 않던 비상시국에 있어서는 지역민들의 지

---

92 『無錫志』, 2250쪽.
93 『吳郡志』卷12, 167~168쪽.
94 『嘉定鎭江志』, 2378쪽.
95 『吳郡圖經續紀』, 652쪽; 『吳郡志』卷12, 167~168쪽.

지를 이끌어 내고 단결을 고취할 수 있는 중요한 수단이었다. 지금까지 살펴본 바와 같이 전란이 가속화되던 분열과 경쟁의 시대에 있어서 사묘는 지방정권과 지역사회가 만나는 접점이 되기도 했다. 분열의 국면 속에 '지역성'이 새롭게 주목받으면서, 절서 일대의 민간신앙 역시 지방정권의 공인과 후원을 통해서 새로운 전개 양상을 보이게 된 것이다.

2) 사묘와 지방유력자·종족

일반적으로 새로운 형태의 종교·신앙이 출현하거나 변화가 발생할 때, 그 배후에 새로운 계층의 출현을 포함하는 중대한 사회 변동이 수반되는 경우가 적지 않다. 이점을 감안할 때 절서지역에서 새롭게 부상하던 재지세력들이 점차 민간사묘와 관계를 형성해가는 정황을 시사해주는 사료가 출현하기 시작한다는 점은 의미가 있다. 당시 토지겸병을 통해 서서히 장원을 형성한 뒤 지방관에 협력하거나 개별적으로 개전사업을 주도하던 강가(强家)·대족(大族) 등 지방 유력자들이 대규모 토목공사 뿐 아니라 구제활동이나 지방의례에 참석하는 방법을 통해 절서 지역사회에서 민간적 권력을 형성해 가던 정황이 포착된다.

우선 윤주 상원현(上元縣)에 있는 오대제묘(吳大帝廟) 관련 기사가 주목된다. 관련 송원지방지에서는 모두 사묘가 청량사 서편에 위치하며 옛날 고궁자리라고만 언급했지만, 『육조사적편류(六朝事跡編類)』에서는 선종(宣宗) 대중(847~859) 초에 대주(台州) 영녕현(永寧縣) 주부(主簿)를 역임했던 읍인 주지업(周知業)이 가재를 털어 사묘를 중수했다고 기록하였다.[96] 일단 주지업은 개인자산으로 묘우를 수리했다는 점에서 어느 정도 부를 축적한 부호로

---

[96] 『景定建康志』, 2053쪽; 『至正金陵新志』, 5684쪽: "在西門外, 清涼寺之西. 舊傳今廟卽當時故宮." (宋)張敦頤著·張忱石點校, 『六朝事跡編類』卷12, 「廟宇門」, 121쪽: "吳大帝廟, 隸府城西門外, 今廟庭卽當時舊宮. 唐大中初, 邑人台州永寧簿周知業以家貲重修, 建炎間兵火廢毁."

사료된다. 또한 당시 현령을 보좌하여 문서행정을 포함하는 정무와 감찰, 사법심리 등을 처리할 뿐 아니라 석전의례에서도 박사가 품질(品秩)이 없을 때는 종헌관(終獻官)을 담당했던 주부를 역임했다는 점에서 지역사회에서 실질적인 영향력을 발휘했을 지역유력자로 추정된다.97

후한의 장돈(張潡)을 제사하는 영제묘(靈濟廟) 관련 기사에는 소종 건녕(乾寧) 중에 읍인이 '선성(宣城)의 난'을 피해 변산(卞山)에 우거했을 때 초당(草堂)을 세워 신을 제사했다는 기사가 보인다. 비록 초당이라고는 하지만 당말 이래 호주 오정현(烏程縣)을 중심으로 개전사업이 대대적으로 진행된 정황을 감안하면, 난을 피해 변산에 은닉했다가 개전을 주도했던 호족 가운데 한 명일 가능성도 배제할 수 없다. 다만 후반부에 당시 태수인 이사열(李師悅)이 신과의 접몽을 통해 사묘를 중건했다는 기사가 보이는 것으로 보아, 사묘가 비교적 대규모로 확장하는 과정에는 여전히 지방관이 주도한 경우가 많았음을 알 수 있다.98

이러한 사실은 당대 후기 이래 지역유력자로 추정되는 인물들이 사묘의 건립과 중수에 관여하는 경우가 빈번해지지만 여전히 소형 묘우가 주류를 이루고, 이들이 사묘를 통해 사회적 권력을 형성하는 데 있어서도 한계가 있었을 가능성을 시사해준다. 조정에 신주의 봉호를 신청하는데 있어서도 유사한 상황이 확인되는데, 당대 후기까지는 염정관료(鹽政官僚)나 관찰사가 봉호 하사를 주도하는 것이 일반적이었다.99 그러나 오대십국 시기에 이르면 지역유력자가 직접 관여하는 사례도 나타나기 시작한다. 이와 관련해 절서 관련 기록은 아니지만 근처 민(閩)의 왕심지(王審知)가 후량정부

---

97 主簿에 대해서는 張玉興, 『唐代縣官與地方社會研究』, 天津古籍出版社, 2009, 109~123쪽 참조.

98 『嘉泰吳興志』, 4742쪽: "王後漢人, 初居郡之白鶴山. 唐顏眞卿碑載其事. 乾寧中, 邑人避宣城亂, 寓居卞山, 立草堂祀神. 時李師悅爲守, 夢神, 丐授館, 乃建祠於卞山之隅."

99 須江隆, 「唐宋期における祠廟の廟額・封號の下賜について」, 『中國: 社會と文化』 9, 東京: 東大中國學會, 1994, 102쪽.

에 복주 민현 '점기리고묘(玷琦里古廟)'의 봉호를 주청하는 아래 사료는 참조할 가치가 있다.

> 개평원년[開平元年, 907] 11월, 복건의 왕심지가 복주 민현에 있는 점기리고묘는 기도마다 영험을 드러내어, 향려(鄕閭)의 부로들이 모두 진정하여 봉호를 하사해주길 갈망한다고 상주하였다.[100]

인용문 내용은 최초로 봉호 하사를 건의했던 사람들이 지역의 부로였음을 명확히 밝히고 있다. 당시 민을 통치하던 왕심지는 하남(河南) 광주(光州)에서 유입된 이민세력이었기 때문에 복건 현지 인사들과의 화합은 필수적이었다. 당시 복주의 중심지인 민현의 점기리고묘는 이처럼 부로를 위시한 지역유력자들이 진정을 할 정도로 복주주민들의 일상생활에 있어서 중요한 역할을 했던 것 같은데, 왕심지의 입장에서는 그들에게 신앙의 합법성을 공인해주고 사묘에 대한 지원을 보장해줌으로써 더 많은 정치적 이익을 얻을 수 있었을 것이다. 물론 경제적 기반을 바탕으로 계급분화의 과정 속에서 신분상승을 도모하던 재지세력의 입장에서도 지역민들이 공통으로 숭배하는 사묘를 장악함으로서 지역민에 대한 비공식적 지배를 강화할 수 있기 때문에 봉호 신청에 적극적으로 나서게 된 것이다.

당 중기 이래 균전체제가 와해되면서 사회질서에 있어서도 사적 결합·사적 주종관계가 강화되는 모습이 표출되는데, 가장 전형적인 사례가 종족(宗族)간 족적 결합의 확대일 것이다. 제민체제의 성립 이래 점차 소가족 형태가 가족구성의 기본 단위로서 위치를 확립하게 되지만, 강남지역에서는 여전히 소가족의 외연에 종족들이 모여 살며 동성부락을 형성하는 경우가 적지 않았다. 수당교체기의 할거세력이었던 심법흥의 일족은 대대로 절서

---

[100] 『册府元龜』卷193,「閏位部·崇祀」, 北京: 中華書局, 1994, 2330쪽.

호주의 무강현지역에 집거해왔는데, 심이 봉기할 시에 "종족 수천가(數千家)가 원근에서 가담해"[101]옴으로써 빠른 속도로 강동10여 군을 차지할 수 있었다.[102]

특히 당말·오대는 중국가족제도의 발전과정에 있어서 전환기에 해당되는 시기로서, 후한말 이래 장기적으로 지배해왔던 세가대족의 장원이 파괴되고 가족조직이 철저히 와해되면서, 사당(祠堂)·가보(家譜)·족전(族田) 등을 주요한 특징으로 삼는 새로운 가족제도가 형성되고 있었다.[103] 이 시기에는 종족사회가 향촌 곳곳에 산재했는데, 백거이는 원화3년[808]에서 5년[810] 사이에 작성한 글에서 서주(徐州) 고풍현(古豐縣)의 주진촌(朱陳村)에 대해 "한 마을에 주씨(朱氏), 진씨(陳氏) 두 성만 있어, 대대로 서로 혼인해왔다"[104]고 언급한 바 있다. 이러한 동성집단에 있어서 경제력을 갖추고 명망을 지닌 인물들은 대호(大豪)로서 지역사회에 지대한 영향력을 발휘해 왔다. 시기적으로 조금 앞선 사례지만 진자앙(陳子昻) 일가는 누대에 걸쳐 재주(梓州) 사홍현(射洪縣) 일대에 기거해 왔는데, 문벌사족은 아니지만 지역사회의 실력자로서 종족사회를 이끌어왔다. 그의 부친 진원경(陳元敬)은 "주민들이 순종하는 모습이 새떼들이 바람을 타는 것 같다"고 했을 정도로 족민(族民)들의 신망이 두터웠는데, 송사(訟事)가 있어도 주군(州郡)의 명에 따르기보다 오히려 공의 말을 신뢰"[105]했을 정도였다고 한다. 그는 기근이 들면 향리의 족민들을 위해 수만 석의 곡식을 풀기도 했다.[106] 이처럼 구황

---

101 『舊唐書』卷56, 『新唐書』卷87,「沈法興傳」.
102 張澤咸, 『唐代階級結構研究』, 鄭州: 中州古籍出版社, 1996, 392~393쪽.
103 徐揚杰, 『宋明家族制度史』, 北京: 中華書局, 1992, 10~34쪽.
104 "徐州古豐縣, 有村曰朱陳,…… 一村唯兩姓, 世世爲婚姻, 親疎居有族, 少長遊有群"[『白居易集箋校』卷第10,「感傷二」「朱陳村」, 511쪽].
105 "邦人馴致, 如衆鳥之從風也. 時有決訟, 不取州郡之命, 而信公之言,……"[『全唐文』卷216, 陳子昻「我府君有周居士文林郎陳公墓志銘」, 965쪽]. 본문내용은『文苑英華』卷961에도 보임.
106 "父元敬, 世高貲, 歲飢, 出粟萬石振鄕里.……"[『新唐書』卷107,「陳子昻傳」, 4067쪽].

(救荒)을 위시한 사회적 활동은 종족지도자들의 사회적 권력을 강화해 주었을 뿐 아니라 종족사회를 지속적으로 유지하는데 있어서도 중요한 역할을 했다.[107] 종족집단의 결속을 다지고 몰락을 방지해주는 주요한 수단이 바로 공동의 조상신에 대한 제사로서, 종사(宗祠)에서 주기적으로 시행되는 각종 제사는 향리의 구성원들로 하여금 동종(同宗)의 자손임을 확인하고 우의를 다지는 계기가 되었다. 동족집단의 유력자들은 종종 자신의 권력이나 경제력을 이용해 종사를 건립하거나 확대 보수하기도 했는데, 이런 과정 중에 제사공동체의 핵심구성원이 될 수 있었다.

절서지역의 종족집단과 사묘와의 구체적인 관계를 검토할 때, 당대를 거치며 상주·소주·항주 등 절서 곳곳으로 팽창해가던 서언왕묘(徐偃王廟)는 좋은 사례가 될 것이다. 서언왕은 주 목왕(穆王)시대에 천자의 서유(西遊)를 틈타 주변국들을 복속시키며 세력을 형성했다가 압력에 굴복해 결국 이 지역으로 물러난 것으로 전해진다.[108] 당시 서언왕의 후손들은 서주와 양주일대로 흩어졌는데, 정착하는 곳마다 왕의 문덕을 예찬하며 선왕묘(先王廟)를 세웠다고 한다. 당대에 서언왕묘가 가장 번성한 곳은 절동의 구주(衢州)였다. 특히 개원10년[722]에서 23년 사이에는 서견(徐堅)과 서교지(徐嶠之) 등 서언왕의 후손이 연이어 구주자사로 부임하면서, 지역의 동성(同姓)들을 이끌고 묘옥(廟屋)을 개수하고 비문을 남기기도 했다.

90년이 지난 헌종 원화9년[814]에는 후손인 서방(徐放)이 다시 주자사가 되었는데, 봄에 용구(龍丘) 소재의 서언왕묘에서 시농(視農)행사를 거행한 후부터 수개월에 걸쳐 종사의 중수사업을 진행하였다. 공사를 마친 뒤 묘우에서 대제사를 올리고 『구주서언왕묘비(衢州徐偃王廟碑)』를 세웠는데, "그

---

107 張澤咸, 앞의 책, 394쪽.
108 서언왕에 대해서는 『史記』 卷5, 「秦本紀」, 北京: 中華書局, 173~175쪽, 생애와 입묘과정에 대해서는 『琴川志』 卷10, 1244쪽; 韓愈著, 馬其昶校注, 『韓昌黎文集校注』 卷6, 「衢州徐偃王廟碑」, 上海古籍出版社, 1987, 410~411쪽을 참조.

해 주경(州境) 내에는 돌풍이나 폭우가 없었을 뿐 더러 백성들도 역병을 앓지 않았고, 곡식과 과실도 풍성히 열렸으니 주민들이 항시 변함없이 충직하게 복을 내려주신다고 찬송했다"[109]는 내용이 언급된다. 비문내용이 서씨(徐氏) 종족뿐 아니라 여타지역민들도 제사에 참여했을 가능성을 시사하고 있기 때문에 수에 다카시(須江隆)는 서언왕묘가 점차 종족신앙에서 지역신앙으로 발전해간 것이라고 설명했다. 또한 예문 후반부의 "서로가 함께 경사(京師)에 청한다"[110]는 내용을, 서씨 종족세력들이 묘신(廟神)의 영험을 상주함으로서 국가의 인가와 지원을 획득하고 이를 기반으로 지역사회에서 종족의 권력을 확대하려했던 시도라고 분석했다.[111] 사실 절서지역에서도 구주 같지는 않겠지만 서언왕묘 신앙이 이와 비슷한 방향으로 전개되었을 것으로 추정되는데, 『원화성찬(元和姓纂)』에서도 언왕(偃王)의 후손들이 항주의 망족(望族)이어서 곳곳에 언왕사(偃王祠)를 건립했다고 언급한 바 있다.[112]

당말 윤주 금단현(金壇縣)을 중심으로 전개되는 원굉묘(袁宏廟)도 원씨 종사로서 유사한 발전궤적을 보인다. 이곳은 원래 원굉의 장지였는데, 후손인 원인경(袁仁敬)이 선영 우편에 사묘를 건립하였다.[113] 개원13년[725]에 현종은 직접 자사들을 선발한 바 있는데 당시 원인경은 항주자사로 파견되었다.[114] 원굉의 묘우도 이 시기를 전후로 건립되었을 것으로 추정된다. 후손

---

109 韓愈著, 馬其昶 校注, 『韓昌黎文集校注』卷6, 「衢州徐偃王廟碑」, 413쪽: "是歲, 州無怪風劇雨, 民不夭厲, 穀果完實, 民皆曰: '耿耿祉哉, 其不可諼!'"
110 韓愈著, 馬其昶 校注, 『韓昌黎文集校注』卷6, 衢州徐偃王廟碑」, 413쪽: "……乃相與請辭京師……"
111 須江隆「徐偃王廟考-宋代の祠廟に關する一考察」, 『集刊東洋學』 69, 中國文史哲研究會, 1993, 48쪽.
112 常州 서언왕묘에 관해서는 "在州南開化鄉.……無錫在禹貢爲揚州之域, 故世多徐偃王廟. 膠山鄉·芙蓉山皆有偃王廟."[『無錫志』, 2249쪽;『咸淳毗陵志』, 3076쪽], 항주 서언왕묘에 대해서는 "元和姓纂載, 偃王之後居於潛, 爲杭望族, 有偃王祠, 皆徐氏所建."[『咸淳臨安志』, 4020쪽]을 참조.
113 『至順鎭江志』卷8, 349쪽.

들이 현지 지방관을 역임할 때 입묘나 중수가 대대적으로 이루어졌다는 점에서 서언왕묘와 유사한 면모를 보여주는데, 지방유력자들의 사묘건설과정과 마찬가지로 종사의 입묘와 중수도 결국은 지방관의 권위를 빌어 추진된 것이다.

남당 때 세워진 윤주 단도현 인승사(因勝寺) 내에 존재했던 임인조사(林因肇祠)도 종사에 속하는데 앞의 두 사례와는 차이를 보이기 시작한다. 묘기에는 임인조가 의리향(義里鄕)의 홍신장전(洪信莊田)과 기타 지(地)·산(山) 4996무(畝)를 시주하여 자운(慈雲)에 인승원(因勝院)를 건립했다는 내용이 확인된다. 이는 상주공덕전(常住功德田)을 영충(永充)하여 사원(寺院)을 종족 사묘로 삼고, 사원에 대해 일정한 영향력을 행사한 사례로 볼 수 있을 것이다.[115] 이 세 가지 사례만 가지고 시대적 변화상을 논한다는 것은 다소 무리지만, 관료적 지위에 의탁해 입묘나 중수가 이루어진 앞의 두 사례와 비교할 때 임인조사의 건립은 전자에 비해 한층 강화된 지역유력자의 사회적 역량을 시사해준다는 점에서 일정한 차이를 보이는 것은 틀림없다.

3) 사묘와 상인

당말·오대 이래로 사묘와 상인의 관계가 점차 긴밀하게 전개된다는 점도 주목되는 현상이다. 당시 절서지역에서는 사묘신앙의 확산 뿐 아니라

---

114 『新唐書』卷128, 4465쪽.
115 인승사 主僧의 寶文에는 "남당의 太師 仁肇는 (복건)建州 출신이다. 키가 육척이고 용모가 수려했다. 閩[郡]에서 裨將으로 있다가 金陵[남당]에 복속된 후, 嗣主가 아껴 將에 임명했다. (후)주의 군대가 淮甸을 공격할 때는 나아가 壽州를 취했는데, 劉仁瞻과 상응하며 수차에 전공을 올렸다. 애초에 출장하여 전세가 불리했을 때 부처께 경건히 기도했는데, 승가의 陰佑를 입어, 單騎로 마지막에 윤주로 돌아올 수 있었는데, 승가들이 미리 廳中에서 행각하고 있었으니 지금의 卓錫泉이다. 太師는 저택과 성 서편 義里鄕의 洪信莊田과 기타 地, 山 4996畝를 시주하고, 慈雲에 因勝院을 세웠으니, 大聖으로 開山했도다. 이때가 (南)唐 保大9년(951)이다. 8년 후에는 절의 우편에 寶塔를 세웠다. 송 建隆2년(961)에는 다시 낙산장전을 희사했으니, 지와 산이 5,239무에 달했다"는 내용이 전한다[『至順鎭江志』卷8, 320쪽].

사묘의 운영에 있어서도 상인의 개입을 시사해주는 사례가 확인된다. 절서지역은 앞서 언급한 대로 당 후기 이래로 강남지역의 중요한 경제중심지로 부상한다. 지속적인 수리사업을 통해 양전(良田)이 늘어나면서 점차 곡창으로 부상했으며, 태호 연변의 소주·호주·상주 뿐 아니라 윤주·항주 등도 전국에서 가장 빠른 인구증가율을 보였다.[116] 농업생산력과 소비인구의 증대는 자연스레 물품의 유통을 촉진하여 상업발전의 견인차가 되었다. 정부의 비준 하에 설립된 성내 현시(縣市) 외에 새로운 형태의 집시(集市)가 곳곳에 들어섰다.[117] 상업 활동이 본격화되면서 행(行)·행회(行會) 같은 초보적인 상인조직도 생겨났다. 절서지역 상인들과 사묘의 초기 접촉도 이러한 배경 하에 이루어졌을 것이다.

당대에는 일부 상인들이 여전히 시적(市籍)의 굴레로부터 자유로울 수 없었고, 상인과 사묘와의 관계 역시 전면적이었던 것은 아니었다. 하지만, 당 후기에 이르면 관리 중에도 상업에 투자하는 자들이 늘어났고,[118] 행상(行商)의 활동을 예시하는 사례도 전에 비해 현저하게 증가한다. 물론 필기소설의 강도 관련 이야기에서 확인되듯이, 행상들은 항상 다양한 위험에 노출되어 있었다.[119] 이렇다보니 상인들은 특히 원행(遠行)시에는 출발 전에 반드시 안전과 성공을 기원하는 제사를 올렸다. 심지어는 상행 때마다 가장 친근하면서도 의지할 수 있는 고향마을의 수호신상을 휴대하기도 했다.

---

116 凍國棟,『中國人口史(二)』, 上海: 复旦大學出版社, 2002, 256~259쪽.
117 張劍光,『唐五代江南工商業布局硏究』, 南京: 江蘇古籍出版社, 2003, 388~398쪽.
118 당대에는 관리들이 상업에 종사하는 경우가 적지 않았는데, 양주가 남북을 연결하는 교통의 요지로서 온갖 상품들이 운집하자 고관대작과 절도관찰사들마다 너나 할 것 없이 邸店을 차려 大歷14년(779)에는 이를 금지하는 조령까지 공포된 바 있다. 원문내용은 다음과 같다: "(大歷)14年7月, 令王公百官及天下長吏無得與人爭利. 先於揚州置邸肆貿易者罷之. 先是制度節度觀察使, 以廣陵當南北大衝, 百貨所集. 多以軍儲貨販, 列置邸肆. 名託軍用, 實私其利息, 至是乃絶"[『唐會要』卷86,「市」, 1582쪽].
119 시기적으로 조금 앞선 기록이지만 소주출신 상인 비계(費季)의 설화는 참조할만하다.『太平廣記』卷316, 10, 4063쪽;『搜神記』卷13, 456쪽.

윤주 단양현 동북편의 칠리만(七里灣)에는 당말에 창건된 장왕신의 행사(行祠) '장왕별묘(張王別廟)'가 있었는데, 장왕신앙의 확산 경로를 비유적으로 시사하는 다음과 같은 내용이 전한다.

> 예부터 전하길, 당말에 흠공(欽公)이라는 자가 상주와 윤주를 오가며 행상을 했다고 한다. 매번 갈 때마다 신상을 메고 다녔는데, 어느 날 이곳(칠리만)에 이르렀을 때 마치 위에서 어깨를 짓누르는 것처럼 무겁게 느껴져서 견디기가 힘든지라 신께 물었다. "여기서 제사[묘식(廟食)]를 받기를 원하십니까?" 말이 끝나자 (응답하듯) 무게가 전과 같이 가벼워졌다. 그곳에 즉각 (신상을 풀고) 누추하게나마 처음으로 사묘를 세웠다. 좌측엔 산이 우측엔 호수가 있고 전방엔 조하(漕河)와 맞닿는 승경(勝景)이었다. 칠리묘(七里廟)라고도 불렀다.[120]

장왕신(張王神) 장발(張渤)은 한대 호주 오정현 혹은 호주 광덕군(廣德軍) 출신이라고 전해지는 민간신이다. 당말·오대 이후로 장왕신이 기우뿐 아니라 과거급제 등 다방면에 영험하다는 소문이 퍼지면서, 장왕신 사묘도 호주를 넘어 주변 곳곳으로 확산되었다. 호주 소재 본묘의 비문에도 당 의종(懿宗) 함통3년[862]에 왕각(王殼)이라는 상인이 차를 팔러갔다가 풍랑을 만났는데, 함께 간 4척의 배가 모두 전복되었지만 선내에 장왕신상을 모시고 간절히 기도를 올린 왕각의 배만은 무사했다는 영험고사가 전해진다.[121] 앞의 예문내용과 함께 고려해 볼 때, 장왕신앙이 대략 당말 이래 호주지역을 넘어 강남 각지로 확산되었고, 신앙의 전파에 있어서 상인세력이 중요한 역할을 했음을 그대로 반영해준다. 위의 인용문에서도 전방에 조하와 마주한다고 언급되어 있는데, 호주에서 소주를 거쳐 상주의 무석현과 무진현을 경유하여 윤주 단양으로 연결되던 운하노선과 부근에 칠리

---

120 『至順鎭江志』, 2732쪽.
121 『祠山志』 卷3, 「靈濟王行狀」.

항이 위치했던 점¹²² 등을 감안하면, 부두를 드나들던 상인들이 단양 칠리만에 장왕신 별묘를 건립한 것으로 추단해 볼 수 있다. 남송말 덕우(德祐)원년[1275]에 이르면 남중국에서만 42개소의 장왕신 행사가 확인되는데, 당시 전국신앙으로 성장하던 오통(五通)·재동(梓童)·천비신(天妃神)의 지위를 능가할 정도였다고 한다.¹²³ 장왕신신앙의 확산 경로는 주기적으로 이동을 하는 상인의 직업적 특성이 물류뿐 아니라 문화와 신앙의 전파에도 적지 않은 영향력을 미쳤음을 확인해 준다.¹²⁴

상인과 사묘신앙과의 관계에 있어서 또 한 가지 주목되는 바는, 당말 소주지역의 상인조직이 사묘의 운영에 직접 개입했을 가능성을 예시하는 사례가 출현한다는 점이다. 당대 후기에는 상업이 활성화되고 동업조직이 출현하면서 '행업신(行業神)'으로 칭해지는 동업조합의 직업신이 생겨나기도 했다. 당시 차상들은 차엽의 순조로운 유통을 기원하며 흙이나 동으로 '육우(陸羽)'의 신상을 빚어놓고는 다신(茶神)으로 신봉하였다.¹²⁵ 행업신의 출현은 염상(鹽商)과 제염업자들 사이에도 확인된다. 하동염지(河東鹽池)에는 그들의 직업신인 '염종(鹽宗)'을 모시는 지신묘(池神廟)가 있었다. 비록 생산량은 강회염지에 훨씬 못 미치지만 수도근방의 핵심지역을 행염지로 삼는 까닭에 국가로부터 상당히 중시되었는데 이를 반영하듯 염종에게는 수

---

122 『至順鎮江志』卷7,「港」, 289쪽.
123 Hansen, Valerie, *Changing Gods in Medieval China, 1127-1276*, New Jersey Princeton: Princeton University Press, 1990, pp.147~148.
124 『太平廣記』卷312, 7, 3998쪽(출처는 『南楚新聞』)에도, 당말 사묘신앙 전파과정에 있어서 상인의 중요한 역할을 시사해주는 고사가 전한다. 咸通年間(860~874)에 荊州, 益州, 瞿塘 등지를 왕래하며 장사를 하던 巫峽 출신의 상인이 白馬神祠의 신령이 湖南의 城隍神으로 승격되는 과정에서 기여한 사실이 비유적으로 묘사되어 있다.
125 陸羽의 신상을 만들어 茶神으로 받드는 내용은 『新唐書』卷196,「隱逸·陸羽傳」, 5612쪽에서 확인되는데, 다음과 같다: "時鬻茶者, 至陶羽形置煬突間, 祀爲茶神."『太平廣記』卷201,「陸鴻漸」(출처는 『傳載』), 1514쪽에도 유사한 내용이 출현한다: "今爲鴻漸形者, 因目爲茶神, 有交易則茶祭之". 관련 연구서로는 邱添生, 『唐宋變革期의 政經與社會』, 臺北: 文津出版社, 1999.6, 115쪽 참조.

차례에 걸쳐 봉호가 하사되었다.[126] 이처럼 상인들이 행업신을 공동으로 숭배하기 시작하면서 사묘와 상인과의 관계도 급속히 가까워졌다.[127] 소주 동창문(東閶門) 서편의 태백묘에서도 유사한 경우가 발견된다. 선종 대중연간[847~859]에 이민(李玟)이 지은 『찬이기(纂異記)』의 관련 기록을 예시해보면 다음과 같다.

> 오태백의 사묘가 동창문 서쪽에 있었다. 매년 봄, 가을이면 저자거리의 상인들이 무리를 이끌고 제사음식과 술을 준비해 와서 오태백신[삼양왕(三讓王)]께 복을 빌었는데, 대부분 명마(名馬)와 꽃가마, 미인 등을 그린 그림을 바쳤다. 사실 정해진 달이 아니더라도 (묘우(廟宇)가) 한산한 날은 거의 없었다. 을축년(乙丑年) 봄에는 금은방의 행수(行首)가 무리를 규합하여 비단 옷에 호금(胡琴)을 들고 따르는 미인을 그려 바쳤는데, 그 용모가 전에 그려진 것들 보다 워낙 출중하여 승아(勝兒)라 불렀다.……[128]

당대 소주의 동시와 서시는 수도 장안과 마찬가지로 도시 중앙지역에 위치하고 있었지만, 소주 북부지역도 상당히 번화했다. 특히 북서쪽의 창문 인근 지역은 운하와 연결되는 교통의 요지로서, 소주자사시절 백거이가 창문에 올라 사방을 조망하며 소주의 장관을 노래할 정도로[129] 최고의 번화가 가운데 한곳이었다.[130] 태백묘가 이처럼 상업중심지에 위치하다보니

126　하동 지신묘의 국가제사화와 염전매제도의 관계에 대해서는 妹尾達彦「河東鹽池的池神廟與鹽專賣制度」,『第二屆國際唐代學術會議論文集』, 臺北: 文津出版社, 1996.3 참조.
127　당대 직업신이 보편화된 것은『國史補』卷下, 葄庫蔡伯喈條에도 잘 묘사되어 있는데, 『唐語林校證』卷8, 41쪽에 수록되어 있다: "江南有驛官, 以幹事自任, 白刺史曰: "驛中已理, 請一閱之." 初至爲酒庫, 諸醞畢熟, 其外畫神, 問: "何也？"曰: "杜康." 刺史曰: "公有餘也."一室曰茶庫也, 諸茗畢儲, 復有神, 問: "何也？"曰: "陸鴻漸." 刺史益喜. 又一室葄庫, 諸葄畢備, 復有神, 問: "何也？"曰: "蔡伯喈." 刺史笑曰: "不須置此"."
128　『太平廣記』卷290,「劉景復」(출처는『纂異記』), 北京: 中華書局, 1994, 2235~2236쪽.
129　白居易著·朱金城箋校,『白居易集箋校』卷第24, 律詩,「登閶門閑望」, 上海古籍出版社, 1988, 1628쪽: "閶門四望鬱蒼蒼, 始覺州雄土俗强, 十萬夫家供課稅, 五千子弟守封疆."

상업의 번창을 기원하는 상인들의 출입도 빈번했을 것이다. 인용문의 내용으로 미루어 볼 때, 행수의 지도하에 매년 정기적으로 집단적인 제사의례도 이루어졌음을 확인할 수 있다. 행회의 집단적 경배행위나 상당한 액수가 받쳐졌을 헌물의 규모 등을 고려할 때, 상인들은 정기적으로 의례행위를 통해서 결속을 다졌을 뿐 아니라 태백묘의 운영에도 일정한 영향력을 발휘했을 것으로 추정된다. 이는 사묘가 단순한 종교적 장소일 뿐 아니라 상인들에게 있어서는 상호 간에 유대관계를 강화하는 사회적 공간으로서 기능하고 있었음을 반영해 주는 것이다. 사실 송대 이후에는 사묘에 있어서 상인들의 활동이 어느 계층보다도 두드러진다. 그들은 사묘의 건립과 보수뿐 아니라 사묘의 각종 행사에 적극적으로 관여하며 운영을 주도하곤 했다.[131] 명대 이후 출현하는 회관도 고향의 지역신을 모신 사묘의 형태로 운영되는 것이 많았는데, 지역신앙이 상단운영의 구심점이 되었음을 보여준다. 당말 이래 상인조직의 사묘 개입은 이러한 단서를 보인다는 점에서 중요한 의미를 지닌다.

5. 맺음말

절서지역은 예로부터 민간사묘신앙의 전통이 깊은 곳으로, 중앙과 지방정부의 음사철폐활동이 집중되었던 곳이다. 하지만 당말·오대시기에 이

---

[130] 伊原弘,「江南におけ都市形變の變遷-宋平江圖解析作業」,『宋代の社會と文化』宋代史研究會研究報告 第1集, 1983年 6月, 東京: 汲古書院, 111~112쪽.

[131] 절서지역의 사례만 살펴봐도 紀信을 주신으로 받드는 潤州 城隍廟는 景定年間(1260-1264)에 居民과 상인[市戶]들의 기부로 廟門 밖 石橋위에 敬如亭이라는 정자가 세워졌다. 杭州 營國寺의 부속묘우인 靈順廟는 婺源 五顯廟의 行廟인데, 역시 景定年間에 平章출신 상인인 魏公이 출자해 허물어져가는 건물을 새롭게 수리한바 있다[『咸淳臨安志』卷73, 4014쪽]. 위공은 咸淳3년(1267)에도 玉泉龍王廟의 보수에 거액을 출자한 바 있다[『咸淳臨安志』卷71, 4001쪽].

르면 훼철되었던 사묘들이 부활하고 새로운 신을 섬기는 신묘들이 건립되었으며, 외부의 신까지 유입되면서 이 지역의 사묘신앙은 더욱 복잡다단하게 발전하는 양상을 보여준다. 단속적인 정부의 통제정책에도 불구하고 절서 사묘신앙이 새로운 발전단계에 접어들 수 있었던 원인은 대략 세 방면으로 살펴볼 수 있다.

우선 이 지역의 사묘신앙이 장기적으로 기층사회와 긴밀한 유대관계를 보여 왔다는 점이 주목된다. 이는 사묘의 무축과 지역유력자들 간에 형성된 직·간접적인 인적연계와 사묘신앙이 지역민들에게 일상의 삶의 일부로서 밀착되어 있다는 점이 어우러져 형성된 관계로서, 정부의 감시만 소홀해지면 언제든지 부활할 수 있는 사회적 기반이기도 했다. 두 번째로는 당말·오대 시기의 정부의 사묘정책이 규제보다는 개방적이고 포용적인 방향으로 선회하기 시작했다는 점이 주목된다. 이러한 정책은 대략 두 가지 방면으로 나타난다. 우선 봉호와 묘액의 운용이 대사묘정책의 주요수단으로 등장하는데, 원하는 기준에 부합하기만 하면 국가가 사묘를 공식적으로 인가했다는 점에서 포용적인 정책이라 할 수 있다. 정·음을 판별하는 기준이 되는 사전도 개방적인 변화를 보여주는데, 대·중·소 삼사와 같은 정통적인 국가제사 외에도 만약 신주가 지역민들의 삶에 공덕을 베푼다면 일련의 심사를 거쳐 사전에 등재하고 정사로 인가하는 개방적 구조가 확립됨으로서 사묘발전을 더욱 촉진하였다. 세 번째로는 안사의 난 이래로 인구의 대량유입과 활발한 개간사업으로 경제중심지로 부상함과 더불어 생산물을 북방의 정치수도 장안으로 운송하기 위한 내륙수로의 정비가 병행되면서, 절서사회의 생산성과 유동성이 대폭 제고되었다는 점이 주목된다. 이러한 사회경제적 조건의 진전은 장기적으로 침전되듯이 형성된 사묘신앙이 수면 위로 부상함과 더불어 외부와 교류할 수 있는 토대를 제공했다.

이처럼 국가의 사묘정책의 개방과 사회적 유동성의 증가로 절서지역의 사묘신앙은 공전의 활황을 보인다. 주목되는 것은 절서 사묘가 신앙권의 차이에 따라 향토신·지역신·광역신으로 분화하며 중층적 발전양상을 보인다는 점이다. 대다수의 신은 촌락의 모퉁이에서 시작해 기껏해야 현계 내에서 숭배되는 향토신의 형태로 존재했지만, 일부는 현과 주의 경계를 넘어 절서 수개 주에서 동시에 숭배되는 지역신으로 성장하였다. 일부는 절서 뿐 아니라 인근 지역으로까지 세력을 확장했고, 이미 광역화된 신앙권을 가진 대신이 절서 역내로 유입되기도 했다. 지역신앙이 출현했다는 사실은 국가권력에 의해 추진된 정책이나 강요된 학습을 통해 형성된 의식이 아니라, 기층사회 내부에서 분출한 통속적 정서에 의해 지역의식이 형성될 가능성을 보여준다는 점에서 의의를 지닌다. 광역적 신앙의 출현도 이러한 통속적 관념을 기반으로 타 지역 사람들과 공유할 수 있는 신앙의식과 의례적 습관이 형성된다는 점에서 역시 중요한 의미를 지닌다.

  각양각색의 사묘들이 신앙권역의 차이에 따라 중층적인 발전을 거듭하고 있는 가운데, 괄목할 만한 팽창추세를 보이는 것은 역시 절서 지역신이었다. 절서지역을 기반으로 국가 운영에 직접 참여했거나, 지역민의 집체 기억 속에 각인될 정도로 뚜렷한 족적을 남긴 오태백·계찰·오자서·방풍씨·서언왕·진과인 등의 신들이 절서 전역에서 숭봉되는 지역수호신으로 성장하였다. 이처럼 절서의 지역성이 두드러진 지역사묘가 팽창하고 이에 따라 신앙의 대상과 의례의 공유를 통해 점차 지역성이 강조되는 사회문화적 정서가 확산된 것은 분명 이 시기의 정치적 분열국면에 일정한 영향을 미치게 된다. 오대십국 시기 오월과 남당 정권은 지역의식을 적극적으로 활용했는데, 수묘(修廟)나 분봉이 지역신 부분에 집중되었다는 사실도 이러한 사실을 반증해 주는 것이다. 강남정권의 절서 지배는 이처럼 일정 수준에서는 사묘를 중심으로 새롭게 형성된 민간정서와 민간권력에 의탁해 지배력을 관철시키고자 한 면모를 가지고 있다.

절서지역의 사묘신앙이 이렇게 성장을 거듭하는 가운데, 이들 신주를 모시는 사묘도 신앙적 공간의 차원을 넘어 점차 지역사회의 거점으로 부상하게 되었다. 지방관이나 강남정권 뿐 아니라 역내에서 새롭게 성장하던 지역유력자와 상인들이 지역사묘와 관계를 형성하는 사례도 뚜렷이 증가했다. 이 가운데 사묘운영에 지대한 영향을 미친 것은 역시 지방관과 오월, 남당정권의 집권세력들이었다. 그들은 사묘의 건립과 중수뿐 아니라, 봉호 하사 등을 주도했고, 한발이나 홍수와 같은 비상사태 때에는 이에 대처하는 의례를 주재하며 사묘제사에 적극적으로 개입하였다. 절서인들의 정서 속에 깊이 자리 잡은 신앙행위에 적극적으로 동참함으로써 지역민과의 공감대를 강화했고 종국적으로는 그들의 협조와 지지를 이끌어내려 했던 것이다. 특히 강남정권의 사묘활동은 매우 두드러지는데 당시 전신이자 절서의 수호신으로 위세를 떨치던 진과이신을 차지하기 위해 오월과 남당이 서로 경쟁하듯 봉호 하사를 주청했던 사실은 절서지역 내에서 급부상하던 사묘신앙의 위상을 반영해 주는 것이다. 지역유력자들과 상인들의 사묘활동도 현저히 증가하는데 이들은 소규모지만 주동적으로 직접 사묘를 축조했으며 적지 않은 성금을 기부하며 운영에도 깊숙이 개입하기 시작했다. 또한 자신들과 관련 있는 사묘의 '영험'을 현창하며 봉호 하사를 주도하기도 했는데, 지방의 유력자들은 이러한 활동을 통해 역내에서 사회적 권력을 강화해 왔다. 이밖에 상인들은 '이동성'이라는 직업적 특성으로 인해 사묘신앙의 전파와 교류에도 상당한 영향을 미치기 시작했다.

　이처럼 당말에서 오대에 이르는 격동의 시기에 있어서, 절서의 사묘들은 지역민들이 함께 공유했던 신앙의식과 이에 수반되는 의례와 축제 등을 매개로 지역의식과 문화적 동류의식이 생성되고, 지방관과 강남정권 그리고 새롭게 부상한 호족과 종족집단·상인 등 새로운 지역유력자들이 인적 네트워크를 형성하며 자연스레 권력이 교차하던 사회적 공간이었다.

제2장

송대 복주 사묘의 신앙권과 지역민의 일상생활

1. 머리말

  사묘와 기층사회와의 관계, 민간신앙의 사회적인 역할, 국가의 신앙에 대한 간섭과 지역 내의 반응 등을 해명하기 위해서는 특정 지역을 대상으로 좀 더 구체적이고 면밀한 접근방법이 필요하다. 이 글에서는 송대에 있어서 절강·사천과 함께 사묘신앙이 가장 활발하게 전개되었던 복건지역, 그 가운데에서도 '복주(福州)'를 중심으로 사묘신앙과 지역사회와의 관계에 대해 논의해보고자 한다.

  당말에서 송대에 이르는 시기에 있어 사상과 신앙의 영역에 있어서 벌어지는 주목할 만한 변화로 흔히 신유학의 발전을 지적한다. 그러나 상층의 문화적 변동과 아울러 간과할 수 없는 것이 민간신앙의 약진이다. 위진 남북조·수당 시기를 거치며 촌락 곳곳으로 확산되던 사묘가 더욱 급증했고, 이를 근거지로 한 민간신앙이 사회문제로 전면적으로 부각되었다. 이러한 경향은 복건지역에서 더욱 활발하게 전개되었다. 이는 사회경제의 상대적인 안정과 복건 특유의 지역적 신앙전통에서 기인한다. 복건사회는 지리적인 위치로 인해 당말에서 송대까지 거듭되던 전란을 피할 수 있어 지속적인 경제성장을 거듭할 수 있었다. 이민세력의 유입으로 호구가 급속히 증가하고[1] 황무지가 개간되었으며, 대내외 상업의 호황으로 오랜 낙후와 빈곤으로부터 벗어나 서서히 경제선진지역으로 도약했다.

〈그림 10〉 송대 복건의 복주(福州)지역
복건로(福建路) 복주의 주치(州治)가 있었던 민현과 여타 예하 현.

특히 복건의 중심지로 부상하던 복주는 '동남 제일의 도시'로 칭송되었다.[2] 사회·문화적인 측면에도 상당한 변화가 수반되어, 곳곳에 학교가 건

---

[1] 복건지역은 자연증가율 외에 이주민의 유입으로 송대 전반에 걸쳐 비교적 높은 인구증가율을 보여준다. 太平興國5년(980)부터 元豐元年(1078)까지 약 100년간 7.9%의 인구 증가율을 나타내는데, 하지만 이 시기는 남북각지 모두 높은 인구성장률을 기록하기 때문에 전국순위는 제11위에 불과하다. 그러나 향후 여타지역의 인구증가율이 급속히 감소하는데 반해 복건지역은 元豐에서 崇寧元年(1102)까지도 여전히 연평균 7.8%의 성장률을 보여주었는데, 이는 전국에서 제2위에 해당하는 높은 증가율이다. 당시 복건의 인구는 126만호로 전국에서 제6위를 기록했으며, 인구밀도는 제4위로 상당히 높은 편이었다. 이 부분에 대해서는 吳松弟,『中國人口史(第三卷 遼宋金元時期)』, 上海: 復旦大學出版社, 2000.12, 497~499쪽 참조.

립되고 인재가 양성되었으며, 전국에서 가장 많은 수의 과거급제자를 배출하였다. 학자들 사이에도 '유학이 가장 번성했던 곳'으로 일컬어지던[3] 복주는 북송대에만 550명의 진사를 합격시켜 건녕부(建寧府)에 이어 2위를 기록하였고, 남송 시기에는 무려 2,249명의 진사를 배출해 여타지역을 월등히 능가하였다.[4] 불사와 도관의 건립도 지속적으로 증가했다. 오잠(吳潛)은 당시 전국의 사관(寺觀) 수를 비교하며 호남(湖南)은 강서(江西)만 못하고, 강서는 강절(江浙)만 못하고, 강절은 민중(閩中)만 못하다고 언급한 바 있다.[5]

이러한 전반적인 추세는 민간신앙의 전개에도 긍정적인 영향을 미쳤다. 복건은 원래부터 무축(巫祝)의 활동이 활발하고 귀신숭배가 성행하기로 유명한 곳으로서, "민의 풍속은 제사와 기구(祈求) 그 보사(報祀) 등에 있어서 어느 지역보다도 정중하고, 이런 까닭에 사묘의 번성이 사방에서 최고였다"[6]는 사인들의 기록을 볼 때 송대에도 이러한 상황이 지속되고 있음을 알 수 있다. 결국 이러한 복건 특유의 신앙적 풍속이 이민·개간·경제적 안정 등과 결합되면서, 수면 위로 급부상한 것이었다. 지금까지도 복건이나 대만 지역에서 숭배되는 적지 않은 신들이 이 시기를 거치면서 확산되거나 새롭게 흥기하였다. 『팔민통지(八閩通志)』에는 명대 이전 복주 각 현에는 총 113개의 사묘가 존재했는데, 이 가운데 당말·송대에 건립된 것이 75개라고 기록하고 있다. 바로 이러한 시대적 조류를 반영해 주고 있다.[7] 사실 지방지에 기록된 것은 정사나 비교적 제사 권역이 넓은 저명한 신령을 모신

---

2 蔡襄, 『蔡襄全集』 卷25, 「福州修廟學記」, 福州: 福建人民出版社, 1999, 557~558쪽.
3 『淳熙三山志』(『宋元方志叢刊』 第四冊) 卷12, 「版籍類」 三, 北京: 中華書局, 1991, 7886쪽.
4 Chaffee, John W. *The Thorny Gate of Learning in Sung China- A Social History of Examinations*, Cambridge Univ. Press, 1985(양종국 역, 『송대 중국인의 과거생활-배움의 가시밭길-』, 신서원, 2001, 333쪽, 표 26 참조).
5 吳潛, 『許國公奏議』 卷二, 「奏論計畝官會一貫有九害」 叢書集成初編本.
6 陸游, 『渭南文集』 卷24, 「福建城隍昭利東嶽祈雨文」.
7 明, 黃仲昭 修撰, 『八閩通志』 卷58, 「祠廟」, 福州: 福建人民出版社, 1991.

사묘들로서, 실질적인 숫자는 이보다 훨씬 많을 것이다. 『순희삼산지(淳熙三山志)』에서도 어떤 읍은 수백 개의 사묘가 있어서 일일이 기재하기 힘들기 때문에 사적이 확실히 존재하고 묘신의 성씨가 분명하며 봉호와 묘액을 가진 것만 채록한다고 명기하였다.[8]

이처럼 송대 이후 복주지역에서는 사묘를 중심으로 민간신앙이 급속히 확산되고 있었다. 자연신·성현·지방관·여귀 등 다양한 신령을 숭배하여 다신론적 중국민간신앙의 특징을 대변하는 사묘신앙은 영혼을 위로받고 복록을 기구하는 신앙의 장소일 뿐 아니라, 동일한 신을 섬긴다는 유대의식을 바탕으로 새로운 차원의 인간관계와 문화행위가 생성되는 사회적 장소이다. 더욱이 불사와 도관에 못지않은 기층사회와의 긴밀한 연계성으로 인해, 사묘는 전통지역사회의 사회문화사적 구조를 해명하는 키워드로서 주목받고 있다.

이 글에서는 송대 복주 지역을 사례로 사묘신앙의 전개양상과 지역사회에 있어서의 사회 문화적 역할에 대해서 전반적으로 검토해보겠다. 먼저 복주에 있어서 사묘신앙의 전개양상과 국가권력의 신앙에 대한 간섭 그리고 민간사회의 대응 등을 살펴보기 위해서 복주지역의 지방관들이 전개한 음사철폐조치와 그 특징에 대해 검토해보겠다. 다음으로 당말·오대 시기 이후 민간신앙을 통제하는 새로운 수단으로 확립된 봉호와 묘액이 복주 지역사회에서 어떻게 운용되었는지, 지역유력자를 중심으로 한 지역사회는 이러한 사묘정책에 어떻게 대응했는지 고찰해보겠다. 마지막으로 사회적 유동성의 증가에 따라 발생한 신앙권(信仰圈)의 변화와 그 의의에 대해 살펴보고, 사묘를 중심으로 전개된 지역민의 일상생활과 사회적 네트워크의 가동정황 등에 대해서 토론해보고자 한다.

---

8 『淳熙三山志』 卷9, 「公廨」, 7875쪽.

2. 복주 사묘신앙의 전개와 음사철폐조치

당말·오대 이후 지속적인 팽창추세를 보이던 사묘신앙이 송대 이후 더욱 급속히 확산되자, 송조는 민간문화의 전개양상이 통치의 이념적 추진방향과 배치됨으로써 조정을 중심으로 형성된 향심력에 중대한 손상이 올 것을 경계하였다. 중앙 뿐 아니라, 유교이념을 통한 도덕적 교화를 통치의 핵심으로 교육받아온 적지 않은 지방관들도 이러한 변화에 민감하게 반응하였다. 이런 까닭에 정부로부터 공인을 받지 못한 사묘는 '음사(淫祠)'로 규정하고, 수시로 이들을 규제하는 정책을 모색해 왔다. 정부의 사묘정책 가운데 가장 직접적이고 강경한 방법은 역시 물리적인 수단을 통해 강제적으로 훼철하는 방법이다. 북송대에 정부에서 주도한 비교적 저명한 사례로는 다음 장에서 상술하겠지만, 북송 휘종(徽宗) 대관(大觀)3년[1109]부터 2년 후인 정화(政和)원년[1111]까지 수도 개봉부에서 진행된 음사철폐조치를 들 수 있다. 음사철폐 정책은 남송대에도 계승되었다. 고종 소흥(紹興)16년[1146] 2월, 정부는 전국 제로(諸路)에서 사전(祀典)에 등록되지 않은 무허가 음사를 모두 훼철하라는 명령을 공포하였다.[9] 이미 소흥11년에 태상경 진각(陳桷) 등은 북송 때와 마찬가지로 격식에 맞추어 사묘에 봉호와 묘액을 하사할 필요가 있다는 건의를 제기한 바 있다.[10] 주지하는 바처럼, 1125년에 송·금 간에 전쟁이 발발한 이후 18년이 넘게 지속되다가, 바로 소흥11년[1141]에 소흥화의(紹興和議)가 체결된다. 다음 해에는 고종의 생모인 위태후(韋太后)와 휘종의 영구(靈柩)가 임안에 도착하여 금과의 외교문제가 일단락되었다. 소흥16년을 전후로 국가제사를 거행하는 의례시설도 대체로 구비되었다. 이러한 전후정국을 감안할 때, 소흥16년에 공포된 음사철폐령은 굴욕

---

9 『建炎以來繫年要錄』卷155, 「紹興16年 2月 壬寅條」, 2929쪽.
10 『文獻通考』(乾隆御製重刻文獻通考本) 卷90, 「郊社」 23 「雜祠淫祠」, 臺灣商務印書館, 1987.

적이지만 화평체제가 성립되면서, 정부가 본격적으로 내정에 대한 단속의 지를 표출한 것으로 사료된다. 행재 임안을 중심으로 새롭게 조성된 판도 내에서 지역사회에 대한 장악력을 강화하기 위한 조치의 일환으로 민간신앙의 문제에도 관심을 기울이기 시작한 것이다. 임안 정부는 이 시기 지역사회의 중핵으로 부상한 사묘의 사회적 위상을 고려하여, 봉호나 묘액을 하사 받은 사묘는 '정사(正祠)'로 공인하고 후원해주었으며, 사전에 등재하여 통제가 가능하도록 하였다. 정부로부터 허가를 얻지 못한 모든 불법 사묘는 '음사'로 규정하여 철거함으로써 정부의 권위를 회복하고 지역사회에 대한 장악력을 제고하려고 했다.

하지만 송대에 있어서 실질적인 음사철폐조치는 중앙보다는 지방에서 활발하게 전개되었다. 복건지역에 있어서도 주로 지방관의 주도 하에 전개되었는데, 이미 북송 진종대에 소무군(邵武軍) 지주[知州, 1018~1020][11] 유약허(劉若虛)가 음사철폐를 단행했다는 기록이 보인다. 그는 주민들이 귀신을 맹신해서 질병에 걸려도 의원보다는 무당을 찾는 경우가 다반사라면서, 걸핏하면 소를 잡아 제사를 올리고 함께 모여서 술을 마시는 누습을 비판하였다. 그는 역내 음사를 철폐하고 무당들의 활동을 금지시킨 뒤, 후속조치로 의술과 함께 유교 교육을 보급하고 공묘(孔廟)를 세워 교화를 추진하였다.[12]

---

11 『福建志』에는 劉若虛는 "福州人으로써 天禧年間(1017-1021)에 임직했다"는 말이 보이는데 蘇威를 이어 임직했을 것으로 추정할 수 있다. 이 부분에 대해서는 李之亮 撰,『宋福建路郡守年表』, 成都: 巴蜀書社, 212쪽 참조.

12 前揭『蔡襄全集』卷33,「墓碣」에는 蔡襄이 劉若虛을 위해 써준「尙書屯田員外郎贈光祿卿劉公墓碣」이 보이는데(『端明集』卷三十七에도 실림) 일부 내용을 살펴보면 다음과 같다: "公諱若虛 字叔陽 姓劉氏. …… 改尙書屯田員外郎・知邵武軍. 其俗鬼而不醫, 平居殺牛聚酒, 侮欺善良; 喜鬪擊, 以氣力加人, 而得罪戮, 意悵不恨. 公至, 徹淫祠, 禁巫覡, 教病者藥. 朋醉羣鬪, 賊竊恃強, 寘于深法. 又治孔子廟, 收學者爲之開說孝弟之行, 尊獎賢節. 吏民刷故所爲, 而聽公之所以爲. 俗習大變. 年五十終於官. 天禧三年二月二十三日也. 其年九月八日辛酉, 葬福州懷安縣越城里."

사실 생활고에 직면할 때마다 사묘를 찾아 기도하고 무당에게 해결책을 강구하던 정황은 소무군뿐 아니라 복건 전역이 안고 있던 문제였다. 복주 지역에서도 이와 유사한 조치가 내려졌다. 채양(蔡襄)은 인종 경력[慶曆年間, 1041~1048], 가우연간[嘉祐年間, 1056~1063]에 두 차례에 걸쳐 복주 지주로 재직한 바 있다. 그는 이 기간 동안에 수리시설을 정비하고 교량을 확충했으며, 조세를 감면해주고 부패한 속료들을 퇴출시키는 등 여러 방면에서 탁월한 업적을 남겼다.[13] 주민들의 신망이 두터웠던 그 역시 복주에서 음사철폐를 단행한 바 있다. 경력6년[1046] 12월, 채양은 병에 걸리면 먼저 무축부터 찾는 누습과 고독(蠱毒)을 통한 살인이 횡행하던 풍속을 개탄하면서 이에 대한 금절을 선포하였다.[14] 그는 우수한 주민을 선발하여 간단한 의료교육을 시켰고, 경계해야 할 악습 5가지를 '오계(五戒)'로 정해 이를 지역민들에게 교육시키며 교화를 추진하였다.[15] 『순희삼산지』에서는 채양이 '음사철폐'와 함께 병행했던 '금고독' 조치에 대해서 "금절조치가 삼엄하여 수 백가를 혁파했으며, 향후 팔 년간은 미동조차 발견할 수 없었다"[16]고 기록하였다. 간접적으로 미루어 볼 때 당시 음사 금절조치 역시 이에 버금가

---

13   蔡襄은 慶曆年間에 복주일대의 가뭄 피해가 엄중하자, 관개를 위해 晉代에 건설된 저수지인 古五堂을 修補한 바 있으며, 嘉祐年間에 재차 복주군수로 임명되었을 때에도 侯官, 閩, 懷安縣 등지에서 대규모 수리사업을 전개한 바 있다. 이밖에 福州각지에서 배수시설과 교량의 건설, 하천의 준설사업 등을 전개하여 복건민들로부터 칭송을 받은 바 있다. 이 부분에 대해서는 唐文基, 『福建古代經濟史』, 福州: 福建教育出版社, 1995, 205~207쪽 참조.

14   『(歐陽修)文忠集(欽定四庫全書本)』 卷35, 墓誌三首에는 「端明殿學士蔡公墓誌銘」이 보이는데 관련 내용을 들어보면 다음과 같다: "公諱襄字君謨興化軍仙遊人也天聖八年擧進士至和元年, 遷龍圖閣直學士, 知開封府, 三年以樞密直學士知泉州, 徙知密州, 未幾復知泉州. 公爲政精明……至於巫覡主病, 蠱毒殺人之類, 皆痛斷絶之. 然後擇民之聰明者, 敎以醫藥, 使治疾病, 其子弟有不率敎令者, 條其事作五戒以敎論之."

15   蔡襄은 福州 지역민의 누습을 타파하고, 유교적 윤리에 따라 교화를 추진하기 위해, 상당히 심혈을 기울였다. 「五戒」 외에도, 嘉祐三(或 二)年 12월에는 虎節門 앞에 「敎民十六事」를 새긴 비석을 세웠다[『淳熙三山志』 卷39, 「戒論」, 8243쪽].

16   『淳熙三山志』 卷39, 「戒論」 '禁蠱毒', 8244쪽.

는 상당한 강도로 진행되었을 것으로 추정된다.

그렇다면 당시 이러한 사묘들은 지역민들의 일상생활에 구체적으로 어떠한 영향을 미쳤고, 사묘의 철폐를 주도한 지방관들의 심리는 어떠했을까? 당시 복주와 더불어 복건로의 하사주(下四州)에 속해 있어서 사회문화적으로 상당히 유사했을 것으로 추정되는 장주(漳州)의 정황에 대해서 주희의 문도 진순[陳淳, 1159~1223]은 다음과 같이 신랄하게 비판한 바 있다.

> 매 사묘마다 영신(迎神) 의례가 있으니, 달마다 번갈아 신을 맞는 모임이 있다. (때가 되면) 남녀가 함께 모여, 음란하게 날뛰며 술에 취했다. 남편은 밭갈 여유가 없고, 부녀자는 옷감 짤 겨를도 없이 오로지 음란한 귀신 놀음에 빠져있다. 자식은 (부모께) 효도할 시간이 없고, 동생은 (형을) 공경할 틈도 없이 오직 음귀(淫鬼)를 경배할 뿐이다. 일 년 중에 만약 섬기는 묘우가 몇 개가 된다면, 백성들이 방해받는 것도 몇 차례에 이르는 것이다.[17]

기층민들에게 있어서 사묘는 신으로부터 심령을 위로받고 치병과 복록을 기구할 수 있을 뿐 아니라, 묘회(廟會)의 기간 중에는 일탈을 통해서 누적된 스트레스를 해소할 수 있는 장소였다. 그러나 권농과 교화를 지방관의 소임으로 생각하는 유교관료에게 있어서 사묘신앙은 당연히 생업을 방해하고 윤리를 해치는 사회악처럼 보였던 것이다.

그렇다면 음사철폐조치는 송대에 이르러 어떠한 시대적 특색을 갖게 되었을까? 당대에 단행된 음사철폐는 건주(建州)자사 장문종(張文琮),[18] 강남순무사(江南巡撫使) 적인걸, 방주(房州)자사 위경준(韋景俊),[19] 소주자사 우적(于

---

17 陳淳,『北溪大全集』(四庫全書本) 卷43,「上趙寺承論淫祠」: "逐廟各有迎神之禮, 隨月迭爲迎神之會" "男女聚觀, 淫奔酗斗. 夫不暇耕, 婦不暇織, 而一惟淫鬼之玩. 子不暇孝, 弟不暇恭, 而一惟淫鬼之敬. 一歲之中, 若是者凡幾廟, 民之被擾者凡幾番."
18 『舊唐書』卷85,「張文琮傳」, 2816쪽;『册府元龜』卷680, 8161쪽.
19 『舊唐書』卷185,「韋景俊傳」, 4797~4798쪽;『新唐書』卷197,「韋景俊傳」, 5627쪽.

頓),²⁰ 여주(廬州)자사 나향(羅珦),²¹ 영남절도사 위정관(韋正貫),²² 도주(道州)자사 설경회(薛景晦),²³ 절서관찰사 이덕유²⁴ 등의 면모에서 드러나듯이, 주자사·관찰사·절도사 심지어는 순무사와 같이 최상급 지방관이나 중앙에서 파견한 감찰관에 의해 광역단위로 진행되었다. 그러나 송대에는 음사의 훼철이 주 단위뿐 아니라 기층의 현 단위까지 확산되는 사례가 현저하게 증가한다.²⁵ 이러한 추세는 사묘자체의 양적인 팽창 뿐 아니라, 유교식 교화정책이 지방관들을 통해 기층단위까지 더욱 철저하게 침투되고 있음을 반영해 주는 것이다.

복주의 속현에서 전개된 음사철폐 조치로는 진종 경덕연간[景德年間, 1004~1007]에 고전현(古田縣) 지현 이감(李堪)이 주도했던 사례가 널리 알려져 있다. 당시 고전현은 민간사묘의 관리와 제사를 전담했던 무당이 매 향마다 10여 가에 이를 정도로 민간신앙이 융성했던 곳이다. 『순희삼산지(淳熙三山志)』에 잔편(殘片)으로 전하는 『고전현기(古田縣記)』는 당시 이감이 훼철했던 음사가 315개소에 이른다고 기록하였다.²⁶ 현 소재지에서 사전에 기록

---

20 『舊唐書』卷156, 「于頔傳」, 2887쪽 ; 『新唐書』卷172, 「于頔傳」, 5199쪽.
21 『新唐書』卷197, 「羅珦傳」, 5628쪽.
22 『新唐書』卷158, 「韋正貫傳」, 4937쪽.
23 『柳河東集』卷28, 「道州毀鼻亭神記」에는 "元和九年, 河東薛公由刑部郎中刺道州"라는 말만 출현할 뿐 河東薛公이 누군지에 관해서는 언급하지 않고 있다. 다만 卷5, 「道州文宣王廟碑」에서 "儒師河東薛公伯高由尙書刑部郎中爲道州, 明年二月丁亥, 公用牲幣, 祭於先聖文宣王之廟"라고 언급하는 것으로 보아 河東薛公이 薛景晦임을 알 수 있다. 이 부분은 『新唐書·藝文志三』 "薛晦, 『古今集驗方』 十卷"에서도 확인할 수 있는데, 주에서도 "元和刑部郎中, 貶道州刺史"라고 밝히고 있어 설경회가 바로 元和年間에 刑部郎中에서 道州刺史로 좌천된 자 임을 확인해주고 있다. 또한 卷164의 贊부분에서도 "道州刺史薛伯高"라고 언급하고 있는데 河東薛公이 바로 薛景晦임을 명확히 예시해 주는 것이다[郁賢皓著, 『唐刺史考』, 江蘇古籍出版社, 1987 참조].
24 『舊唐書』卷174, 「李德裕傳」, 4511쪽.
25 송대에는 縣 단위에서 淫祀撤廢나 禁巫를 단행하는 조치가 적지 않게 출현한다. 몇 가지 실례를 들어보면 李惟淸은 夔州路 涪陵縣에서[『宋史』卷267, 「李惟淸傳」], 蒲師道는 永興軍路 高陵縣에서[『端明集』卷39], 上官均은 福建路 邵武軍 光澤縣[『宋史』卷355, 「上官均傳」], 陸元珍은 浙東 台州 寧海縣에서[『渭南文集』卷32] 각기 淫祀 철폐나 禁巫覡을 실행에 옮긴바 있다.

된 정사를 제외하고, 훼철당한 음사가 300개가 넘는다는 사실은 당시 고전현에 있어서 사묘신앙의 위상과 지역사회에 미친 영향력을 반영해 주는 것이다. 사실 이러한 정황은 고전지역에만 국한된 것이 아니었다. 『고전현기』에서도 채양의 음사철폐 사건을 거론하면서 당시 복주지역 전체가 이와 흡사했다고 언급한 바 있다.[27] 이처럼 북송 초에 복주의 민간신앙 문제는 이미 주현관들이 무시할 수 없는 지역사회의 현안으로 등장했다. 복주와 예하 속현의 지방관들이 민간의 풍속을 개선하기 위해서 불법사묘에 대한 철폐를 단행한 것도 바로 이러한 연유 때문이다.

지금까지 살펴본 바와 같이, 복주지역에 있어서 유교지식인들의 사묘에 대한 비판과 음사 훼철조치는 단속적으로 전개되었다. 그렇다면 복주지역을 위시한 곳곳에서 추진된 음사철폐는 어느 정도의 실효를 거두었을까? 이 문제는 국가권력과 기층사회 쌍방의 투사력(投射力)이 접촉하는 경계 지점에서 발생하는 것이기에, 송대 사회문화의 전반적인 발전양상의 일단을 엿볼 수 있다는 점에서 흥미롭다. 그러나 실제적인 효과는 중앙이나 지방정부 측의 기대와 달리 상당히 회의적이었다. 앞서 예로 든 복주『고전현기』에서도 "귀한 자, 천한 자 그리고 어리석은 자를 가릴 것 없이 쉽게도 현혹되었고, 부유한 사람, 가난한 사람 그리고 허약한 사람을 불문하고 우습게도 속아 넘어갔으니, 이러한 풍속은 지금도 완전히 고쳐지지 않았다."[28]고 언급하고 있다. 신앙이라는 것은 강렬한 생명력을 지니고 있기 때문에, 일시적 조치에 의해 쉽게 제거되지 않았던 것이다. 정부가 유화적인 정책을 채택하거나 잠시 주의를 소홀히 하게 되면, 수면 아래로 잠적했던 민간사묘들은 여지없이 활동을 재개했다. 장기적으로 음사 철폐조치가 부단히

---

26 『淳熙三山志』卷9,「公廨」, 7877쪽.
27 『淳熙三山志』卷9,「公廨」, 7877쪽.
28 『淳熙三山志』卷9,「公廨」, 7877쪽.

추진된다는 것도 이러한 조치가 사묘신앙을 근절시키는 데 있어서 실질적인 효력을 발휘하지 못했음을 반증해주는 것이다.[29]

물론 이러한 음사에 대한 규제조치가 '훼철'이라는 일회성의 물리적 수단만으로 진행된 것은 아니다. 정부는 지역적·민간적 문화 요소를 통제하기 위해서 다방면으로 유교이데올로기의 확산을 위해 노력을 기울였고, 이를 통해서 사회문화의 안정성을 유지하려고 했다. 중앙정부와 다수의 지방관들은 음사를 철폐한 후 유교교육과 국가제사의 보급을 추진했다. 특히 주·현의 기층단위에서는 국가제사체계의 '소사(小祀)'와 같은 레벨에 속하는 '춘추이사(春秋二社)'와 '석전' 등 '지방제사'의 보급을 적극적으로 추진하였다. 의례라는 것은 단순하고 반복적으로 보이지만, 분명한 규정에 따라 참가자들을 일치시킴으로써 동일한 의례에 참가하는 구성원들로 하여금 일정 정도의 정서를 공유하게 하고 사회통합 속에 놓이게 하는 힘을 지니고 있다. 정부는 지방제사의 정비와 보급을 통해 사상과 문화가 다기화되는 것을 방지하고, 단일화된 통로를 통해 유교적 통치이념을 주입시키고자 했던 것이다.[30]

복주에서 음사철폐를 주도했던 채양이나 이감이 후속조치로 학교 설립과 교육 확산을 위해 노력했던 것도 이런 측면에서 이해할 수 있다. 전통중국에 있어 학교는 교육과 제향의 공간이었다. 주·현에 설치된 관학은 항시 제향의 기능을 병행했고, 이곳에서 치러지는 석전례는 사직, 우사·풍사·뇌사 등 제신제사와 함께 지방제사체계의 핵심을 이루었다. 하지만 효과는 제

---

[29] 물론 淫祠撤廢 조치가 사묘신앙의 전반적인 전개향방에 미친 지대한 영향은 결코 무시할 수 없다. 우선 국가가 직접 철폐행동을 주도하게 됨에 따라, 민간의 淫祠들도 재출현하는 과정에서 국가권력이 원하는 기준 즉 적어도 禮의 원리에 부합하는 형태로 변모하게 되었다. 국가로부터 이미 공인받은 土地神 숭배를 모방하는 '土神祠'로 가장하거나, 교화적 기능을 고려하여 국가로부터 권면되던 '聖賢廟'와 융합하는 등 점차 正祠와 淫祠의 구별이 모호해지는 경향도 나타나게 된다.

[30] 김상범, 「地方祭祀體系와 民間信仰의 關係-唐代를 중심으로」, 『中國史研究』 19, 中國史學會, 2002.8.

한적일 수밖에 없었다. 유교식 제사가 오랫동안 지역민들의 정신적 기탁처가 되어 온 사묘의 종교적 기능을 대체하기는 힘들었다. 기층민들은 여전히 사묘의 신령께 간절하게 소망을 기구하고, 심령의 위안을 받았다. 더군다나 석전과 더불어 지방제사의 중심이 되어 온 사직제사는 송대에 이르면 이미 지역사회에 있어서 영향력을 상실하고 있었다.[31]

마지막으로 지역사회에 있어서 지방관과 사묘사이의 평소 일반적인 관계에 대해서 고찰해보고자 한다. 분석에 앞서서, 다수의 사료가 국가의 입장에서 작성되고 양자사이에 발생한 시선을 끌만한 '사건'을 중심으로 기술되기 때문에, 지방관과 사묘와의 관계가 매우 대립적으로 묘사되어있다는 점을 충분히 고려할 필요가 있다. 지방관들이 사묘에 대해서 강경책을 고수한 것만은 결코 아니었다. 적지 않은 지방관들이 사묘에 대해서 유화적인 입장을 보였으며, 지역 사묘의 행사에 적극적으로 참여하며 임기를 마친 지방관도 부지기수였다. 누구보다도 음사에 대해 비판적이었던 채양은 간관 시절에 여이간(呂夷簡)·안수(晏殊)·양적(梁適) 등 고관들을 줄줄이 탄핵했을 뿐 아니라, 부친의 묘비명을 써달라는 온선황후(溫成皇后)의 요청까지 거절할 정도로 품성이 강직했다.[32] 또한 복주 지주 임직 중에는 학교

---

31 「社」는 漢末 이래 基層의 行政組織으로부터 점차 分離되면서, 社神의 神性과 神格도 점차 世俗化, 喜劇化되는 傾向을 보이게 된다. 金井德幸는 南宋代에 祠廟가 急增한 것은 民間社會에 있어 鬼神 숭배가 확대된 것과도 관련이 있지만, 무엇보다도 가장 큰 원인은 지방제사로 운용되던 社稷祭祀가 衰微하게 된 점이라고 지적한 바 있다[金井德幸, 前揭文 참조]. 그러나 쇠미 여부를 떠나, 中原을 제외하고 여타지역에서 과연 宋代 이전까지 지방제사가 제대로 보급되었을까? 하는 점도 의문이 든다. 福建만 예로 들더라도 사직제사가 보급되는 것은 당대 고종연간이 처음이며, 釋奠 또한 본문에서 살펴본 바와 같이 蔡襄이나 李堪 등을 통해 송대에나 보급되었을 것으로 추정된다. 唐 高宗年間에 建州刺史를 역임했던 張文琮은 "春秋二社가 農事를 위한 것이거늘, 惟獨 이 州에서만, 廢하여 (壇을)세우지 않았다. 禮典이 지켜지지 않으니 風俗이 어디 볼 것이 있겠는가?"라고 장기석으로 형성되었을 지역민들의 사회적 습속을 비판하며 淫祀를 철폐함과 아울러 社稷祭祀를 시행한 바 있다.[『舊唐書』卷85, 「張文琮傳」, 2816쪽; 『册府元龜』卷680, 8161쪽].

32 前揭 蔡襄, 『蔡襄全集』, 前言부분 참조.

와 문묘의 보급에 누구보다도 심혈을 기울인 엄숙한 유교관료였다.[33] 하지만 어김없이 찾아오는 심각한 자연재해로 인해 주민들의 생활이 위협받을 때면, 그 역시도 지역유력자들과 함께 사묘를 찾아 직접 제문을 작성하고 묘신께 간절한 기구를 올렸다.[34] 일견 이중적인 모습으로 보이겠지만, 복주 인근의 흥화(興化) 선유현(仙遊縣) 출신으로 지역정서에 익숙했던 채양으로서는 이것이 주민들을 위로하는 가장 효과적인 방법이라는 것을 누구보다도 잘 알고 있었다. 아울러 점차 지역 사묘를 포용하는 방향으로 선회하던 사묘정책도 신중한 유교지식인의 이러한 행동을 용인하게 했을 것이다.

이처럼 지역사회에 있어서 사묘의 영향력이 점증하는 상황 속에서, 중앙정부 뿐 아니라 지방관들도 점차 지역의 사묘에 대해서 개방적이고 포용적인 태도를 취하게 된다. 이러한 유화적인 사묘정책을 대표하는 것이 바로 봉호와 묘액을 활용하여 민간사묘를 공인하고 이를 사전에 등록하여 관리하는 방법이다. 다음 절에서는 복주지역을 중심으로, 사묘에 대한 봉호와 묘액이 구체적으로 어떻게 운영되었고 그 특징이 무엇인지 고찰해보겠다.

3. 복주 사묘에 대한 봉호·묘액의 하사와 그 특징

앞에서도 언급했지만, 송대 사묘정책에 있어서 중요한 변화는 정부의 사묘에 대한 공인 여부를 판별하는 '사전'의 내용이 개방적으로 확대되고,[35] 사전에 등재되는 근거인 '봉호와 묘액'의 하사 횟수가 증가한다는 점이다.

---

33 前揭 蔡襄, 『蔡襄全集』 卷25, 557쪽에 수록된 「福州修廟學記」를 참조할 수 있다.
34 『蔡襄全集』에는 蔡襄이 福州와 泉州에서 知州를 역임할 때 善溪廟, 飛陽廟, 靈嶽祠 등을 찾아 祈雨祭와 감사의 報祀를 올리기 위해 지었던 祭文 6편이 실려 있다(前揭, 『蔡襄全集』 卷23, 718~722쪽 참조).
35 이 부분에 대해서는 水越知의 앞의 글 참조.

송조는 때로는 도성과 지방에서 음사 철폐를 단행하기도 했지만 대체적으로는 사전을 개방적으로 확대운용하면서 봉호와 묘액이라는 작제를 활용한 일종의 허가면허를 통해서 민간 사묘를 제도권 내부로 포용하는 정책을 확립해갔다. 민간신앙도 국가의 통치이념에 배치되지 않는다면 역대정부가 장기적으로 운용해온 '국가제사체계' 내부로 수용하여 관리하는 방법을 선택한 것이다. 송 정부가 '사전'을 개방하고 '봉호'와 '묘액'을 통해 민간사묘들을 포용하는 정책으로 선회한 것은, 기층사회가 가장 익숙한 사회문화적인 의례행위를 기제내부로 수렴함으로써 오히려 이를 통해서 조정에 대한 지역사회의 구심력을 강화하기 위해서이다.

먼저 사전의 변화를 살펴보면, 지방 차원에서 편찬했던 사전들이 후에 첨삭을 거쳐 송원지방지에 편입되었을 텐데, 송대 복주 사묘에 관해 상세히 기록하고 있는 『순희삼산지』에도 이러한 사묘정책이 잘 반영되어 있다. 우선 '정사'로 공인한 사묘들을 관청과 관련된 기록을 모아놓는 「공해 (公廨)」편에 수록하고 있다는 점이 주목된다. 또한 사묘의 관리를 지방제사인 '사(社)'에 의거한다고 밝히고 있는데, 일단 사전에 편입되면 '정사'의 지위가 부여되는 것이기에, 제사경비와 사묘의 보수비용 등을 국가에서 보조해 주겠다는 것을 의미한다. 정기적으로 후원이 있었는지를 밝혀주는 자료는 확인되지 않지만 특별한 목적으로 중앙정부의 명령에 의해 진행된 사묘 보수작업의 실례가 복주지역에서도 발견된다. 고종 건염(建炎)원년[1127]과 건염4년[1130]에 남송정부는 사전에 기록된 오악사독・명산대천・역대성제명왕(歷代聖帝明王)・충신열사(忠臣烈士)의 사묘 가운데 훼손된 것과 금의 침략으로 분훼된 사묘를 관비를 아껴서라도 보수하라는 명령을 공포했다.[36] 당시 복주 경성사(慶成寺) 동편에 위치했던 충의왕묘(忠懿王廟)는 민왕

---

36 建炎4년(1130)에도 祀典에 기록된 사묘 가운데 金과의 전란으로 焚毁된 것들을 보수하라는 명령이 하달된다. 이러한 사실들은 『宋會要輯稿』 第19冊 禮20之四에 보임.

(閩王) 왕심지의 선정을 기리기 위해서 오월의 전류(錢鏐)가 설립한 사묘이다. 사묘 보수령이 하달된 2년 후[1132]에 주의 관리들은 묘우가 낡고 허물어졌다는 보고를 올렸다. 당시 이제 막 지주로 부임한지 얼마 되지 않았던 장수(張守)는 민현의 지현이었던 이공언(李公彦)으로 하여금 복주 주예산을 사용하여 충의왕묘의 보수작업을 총괄하도록 지시했다.[37] 정걸(鄭杰)의 『민중록(閩中錄)』에는 "송 개보2년[969]에 전욱(錢昱)이 충의왕의 고거에 묘우를 세웠다. 왕의 덕정이 민인(閩人)들의 가슴속 깊이 새겨져 있어, 비록 후사가 제대로 되지 못했어도 왕의 미덕을 가릴 수는 없다"[38]는 기록이 보인다. 당시 왕심지는 복건민들에게 여전히 정신적으로 중요한 위치를 차지하고 있었던 것 같은데, 국가의 입장에서는 충의왕묘에 대한 대대적인 수보를 통해 이들의 지역의식을 조정에 대한 충성심으로 전환시키고자 했던 것이다. 어쨌든 정기적인 것은 아니지만 복주지역에서도 사전에 편입된 사묘가 재정적으로 국가의 지원을 받는 사례가 확인되는 것인데, 지방단위에 이르기까지 사전이 구비됨으로서 사묘에 대한 국가의 통제가 새로운 차원에서 관철될 수 있었던 것이다.

이처럼 전국의 사묘들을 '작위(爵位)'를 매개로 포용하고 또한 이를 통해 관제하는 경향은 남송대에 이르면 더욱 더 완성적인 면모를 보인다. 중앙의 사전에도 이러한 원칙이 명기되었을 가능성을 암시하는 내용이 출현하는데, 『몽량록』「사제(祠祭)」편의 일부를 보면 다음과 같다.

> 송조는 교사(郊祀)·종묘·사직으로부터 대·중·소 삼사, 그리고 토성(土城)·산해(山海)·강호(江湖)의 신들, 선현·명철(名哲)·도덕의 사인(士人)들, 재앙과

---

[37] 開寶7년에 忠懿王廟를 세운 錢昱은 前 建州刺史였던 孟威 등 26인의 塑像을 제작 배향했는데, 그만큼 이묘우를 중시했던 것이다. 이곳에는 唐 天祐초에 세워진 于竟의 德政碑가 남아있었다고 한다[『淳熙三山志』卷9,「公廨」, 7860쪽].

[38] 諸葛計, 銀玉珍 編著, 『閩國史事編年』, 福州: 福建人民出版社, 1997, 126쪽.

환란을 막기 위해 죽음을 불사하며 직무에 충실했던 공렬(功烈)의 신(臣)들, 이들 모두에게 작위을 내려서 영광스럽게 하고, 사전에 기록하여 유사(有司)로 하여금 때마다 항시 제사를 받들어 올리게 한다.[39]

상문의 내용은 중요도에 따라 대·중·소 삼사로 나누어 국가제사를 분류하고 있다는 점에서 당대 이래의 국가제사체제를 계승하고 있다.[40] 하지만 다양한 신령들에게 작위를 하사하고 이를 근거로 사전에 기록하여 관리하겠다는 내용이 공식적으로 제도화되었음을 발견할 수 있다. 무엇보다도 국가에서 관할하는 신령의 범위가 전에 없이 확대되었다. 자연신의 범주에 있어서 산수(山水)의 범위를 넘어 '토성(土城)'이라고 새로운 신령이 출현하였고, 유교 성현숭배에 있어서도 선성(先聖)·선사(先師)에 대한 석전례와는 별도로 선현·명철과 도덕지사(道德之士)를 포함시켰다.

이 가운데, 우선 국가가 신령세계에 대해서도 작위를 하사해 관리하겠다는 것은 국가권력이 초현실의 영역에도 직접적으로 개입하겠다는 전통을 계승한 것으로서, 정서적·신앙적 영역까지도 엄밀하게 통제해 나가겠다는 조정의 의지가 표출한 것으로 해석할 수 있다. 하지만 당대 이전까지는 기본적으로 사전 자체가 상당한 권위를 지니고 있어서 일부 내용의 수정을 위해서도 격렬한 논쟁이 불가피했다. 이와 비교할 때, 일정한 심사를 통해 작위만 하사되면 사전에 기재되고 공인을 받을 수 있다는 내용은, 송대들어 사묘정책이 상당한 개방성과 포용성을 갖춘 구조로 변질되었음을

---

39 吳自牧, 『夢梁錄』 卷14, 「祠祭」.
40 唐代는 國家禮制의 전개과정 있어 매우 重要한 時期로써 國家祭祀에 있어서는 祭祀가 大·中·小 三等으로 정리되어 祭祀의 중요성에 따른 순서가 더욱 분명해졌다. 『唐六典』 「祠部郎中員外郎條」에 보이는 당대 大, 中, 小 국가제사체계를 살펴보면 다음과 같다. "凡祭祀之名有四: 一曰祀天神, 二曰祭地祇, 三曰享人鬼, 四曰釋奠於先聖先師. 其差有三: 若昊天上帝·五方帝·皇地祇·神州·宗廟爲大祀, 日月星辰·社稷·先代帝王·嶽·鎭·海·瀆·帝社·先蠶·孔宣夫·齊太公·諸太子廟爲中祀, 司中·司命·風師·雨師·衆星·山林·川澤·五龍祠等及州縣社稷·釋奠爲小祀.……"

반영하고 있는 것이다. 두 번째로 지적한 '토성'은 인구이동과 이민 그리고 강남개발 등으로 조성된 새로운 지역사회의 '수호신' 정도로 추정해 볼 수 있다. 송대 이후 기층사회로 더욱 확산되는 성황신과의 관련이 연상되는 부분이다. 마지막으로 선현·명철·도덕지사에 대한 제사가 '정사'임을 강조하는 부분은 앞서 예로 들었던 주희의 제자 진순(陳淳)의 문장에서도 확인된다는 점에서 주목된다. 진순은 "선인들의 사전에는 원래 「제법(祭法)」편에서 열거한 내용 외에 도와 덕을 갖춘 자에 대해서도 언급하고 있었다[古人祀典, 祭法以所例之外, 又有道有德者]"고 피력한 바 있다.[41] 소위 '선인'들의 권위를 빌어 유교성현 제사를 확대하여 '정사'로 인정받아야 함을 주장한 것이다. 송대 이후 유학의 새로운 변화와 도학자로서의 수양을 강조하는 송대 사대부의 심리가 남송 이후 사전의 변화에도 일정한 영향을 미쳤음을 반영해주는 것이다.

송대에 작성되는 사전은 이처럼 '인구이동'과 '새로운 지역사회의 형성' 그리고 '새롭게 성립된 지식인사회의 갈망' 등 사회적 변화가 총체적으로 투영되어 있다. 역대 이래로 음사 판정의 근거가 되어온 사전이 작제(爵制)의 도입과 더불어 점진적으로 개방적인 특성을 갖추게 됨에 따라 이처럼 사회적 변화와 구성원들의 의견을 수렴할 수 있는 구조를 갖추게 된 것이다. 그렇다면 이러한 개방적인 사묘정책의 운용에 있어서 '준거(準據)'의 역할을 하게 된 '봉호'와 '묘액'은 복주지역에서는 구체적으로 어떻게 운영되었고, 이러한 과정 속에서 지역적 특성은 어떠한 모습으로 반영되었을까? 이를 분석하기 위해서 당말·오대시기부터 송대에 이르기까지 복주 전역의 사묘에 하사된 봉호와 묘액의 사례를 도표로 작성해보면 다음과 같다.

---

[41] 陳淳, 『北溪字義』 卷下, 「鬼神·論祭祀祀典」.

〈표 11〉 복주 사묘에 대한 봉호 및 묘액의 하사 정황[42]

祠廟名	廟神	創建年代	封號 및 廟額의 下賜年度	封號 및 廟額名稱	出典

武烈英護鎭閩王廟	漢, 閩粤王 郢	唐 大中10년[856]	+後唐長興元年[930] 王審知
			宣和2년[1120]
			宣和6년[1124]
			
			建炎4년[1127]
			
			紹興31년[1161]
				閩粤王
				武濟(廟額)
				閩粤王-鎭閩王
				左王-靈應侯
				右王-顯應侯
				閩粤王加武烈
				  -武烈鎭閩王
				左王加廣惠
				  -廣惠靈應侯
				右王加嘉澤
				  -嘉澤顯應侯
				閩粤王加英護
				  -武烈英護鎭閩王
				夫人-贊靈夫人
				左王加協威
				  -廣惠協威靈應侯
				右王加翊忠
				  -嘉澤翊忠顯應侯.
					『淳熙三山志』卷8

明德贊福王廟	閩粤王 郢	唐 大曆 이전	慶曆 이전	明德贊福王	『淳熙三山志』卷8
善溪沖濟廣應靈顯孚祐王廟 (白馬三郎廟)	閩粤王 三子 -白馬三郎	唐 大曆 이전	*唐咸通6년[865] +後梁貞明[915-920] 王審知 熙寧8년[1075] 紹興11년[1141] 紹定5년[1232]	龍驤侯 弘潤王 沖濟廣應王 加封顯應 永寧(廟額) 增封孚祐	『淳熙三山志』卷8
忠懿王廟	王審知	後晉 開運3년[946]	開寶7년[974] 政和元年[1111] 紹興2년[1132]	重建 重修 重修	『淳熙三山志』卷8
會應廟 -舊靈澤廟	五龍順化王 (龍神)	閩 [909-945]	大觀3년[1108]	青龍神-廣仁王 赤龍神-嘉應王 黃龍神-孚惠王 白龍神-義濟王	『淳熙三山志』卷8 『八閩通志』

[42] 이 표는 唐末과 五代十國時期의 일부분 내용을 포함하고 있다. 구분을 명확히 하기 위해 봉호나 묘액을 하사한 연도 앞에 *표를 추가한 것은 당대를, +표는 오대십국 시기를, 아무표시가 없는 것은 宋代를 나타내도록 표시했다.

사당	신	건립 시기	가봉 연대	봉호/묘액	출전
			乾道2년[1166]	黑龍神-靈澤王 靈澤(廟額)	卷58
永惠廟 (竹林通應廟)	용신?	宋 紹聖 이전	嘉泰3년[1203]	永惠(廟額)	『八閩通志』 卷58
惠安 明應王廟	陳氏	唐 元和 [806-820] 후	+閩王 王審知 +後唐長興3年[932] +後晋天福2년[937] +後漢天福12년[947] +吳越熙寧8년[1075]	寧遠將軍, 武寧侯, 顯應王 服遠昌運王 振義保成王 貞閩安吉王 宣威感應王 惠安明應王	『淳熙三山志』 卷8
五顯廟(五通廟)	五通神 (蕭氏 오형제)	不明?		通貺善應昭福永福侯 등 侯位를 내렸다가 후에 왕위를 내림.	『淳熙三山志』 卷8
剛顯廟	周朴		紹興초[1131-]	剛顯(廟額).	『淳熙三山志』 卷8
勅封 烈威祖廟	陳氏三兄弟	五代 혹은 宋初	不明?	威烈昭濟侯 동생들: 威顯侯와 顯應侯	『淳熙三山志』 卷8
北廟	劉行全	閩 王審知	*唐 乾寧4년[897] 王審知 +後梁초[907-]王審知 +後梁貞明5[919] 王審知	無寧侯 昭感王 崇順王	『淳熙三山志』 卷8
昭利廟	陳巖의 長子	宣和2년 [1120]	宣和5년[1123] 建炎4년[1127]	昭利(廟額) 襃應王 (子姪9인 列侯 下賜)	『淳熙三山志』 卷8
龍跡山 廣施廟		太平興國後 [976-]	政和元年[1116]	廣施(廟額)	『淳熙三山志』 卷8
利澤廟	龍神	紹興4년 [1134]	乾道2년[1166]	利澤(廟額).	『淳熙三山志』 卷8
福頂廟	山神?	송대 이전	政和8년[1118] 紹興19년[1149] 紹興29년[1159] 乾道3년[1167]	昭惠(賜額). 普濟侯 加封-威顯 加封-靈應	『淳熙三山志』 卷8

植柱廟	木柱		唐 開元年間	紹興3년[1133]	顯應(賜額).	『淳熙三山志』卷8
通津廟				+永隆4년[閩942]	通津侯	『淳熙三山志』卷8
大亭廟	黃助	송대 이전	+永隆元年[閩939]	浮濟將軍	『淳熙三山志』卷8
小亭廟	黃助 弟	송대 이전	+永隆元年[閩939]	昭遠將軍의 봉호가 하사됨	『淳熙三山志』卷8
昭應廟	盧雄	閩國	紹興26년[1156]	昭應(賜額).	『淳熙三山志』卷8
昭靈廟	張仙師(趙昇)	宋 天禧元年	熙寧10년[1077] 紹興8년[1138] 紹興30년[1160] 乾道3년[1167]	保禧眞人에 봉함. 昭靈(賜額). 加封-妙應 加封-普祐□□.	『淳熙三山志』卷8
寧境廟 (順寧正應靈顯廟)	劉强 (彊)	唐 開元年間	崇寧2년[1103] 政和2년[1112] 後[?]	惠應(賜額). 順寧侯 加封-正應	『淳熙三山志』卷8
靈源(淵)廟	龍神	宋代 이전	紹興15년[1145]	靈源(賜額).	『淳熙三山志』卷8
水口 浮王廟	不明	불명 [송대 이전?]	紹興27년[1157]	英濟侯.	『淳熙三山志』卷8
泝口廟	陣氏兄弟 9人	唐, 代宗永泰年間[765]	紹興元年[1131] 紹興9년[1139]	威顯(賜額). 靈貺侯.	『淳熙三山志』卷8
龍王廟	龍神(龍王)	?	政和6년[1116]	德威.(賜額).	『淳熙三山志』卷8
梅川(昭顯廟)	陳氏	五代	乾德2년[964] 紹興元年[1131] 紹興20년[1150]	封 侯位(名稱不明) 德威(賜額). 昭顯侯.	『淳熙三山志』卷8
南山 德懷廟	陳氏		紹興30년[1160]	英惠靈顯侯.	『淳熙三山志』卷8

복주사묘에 대한 봉호와 묘액의 하사 사례를 분석해보면 대략 다음과 같은 몇 가지의 특징을 도출해낼 수 있다. 첫째, 봉호와 묘액이 자연신계통은 물론이고 지역발전을 위해 지대한 공헌을 남긴 현신(賢臣)들, 심지어는 용신(龍神)과 범인(凡人)의 혼령에까지 점차 폭넓게 하사되고 있음을 발견할 수 있다. 특별한 결격사유가 없다면 일단 작위를 하사하여 사전에 등재한 뒤에, 이를 근거로 관리하겠다는 개방적인 사묘정책이 반영된 결과라 하겠다.

두 번째, 시기별로 분석해 볼 때 우선 초봉(初封)·가봉(加封)·증봉(增封)을 합쳐 도합 50여 차례에 이르는 전체 사례 가운데 민의 왕심지가 개입해 봉호와 묘액의 하사를 주도하는 건수가 20% 정도를 차지한다는 점이 주목된다. 송대 이후의 지속적인 계승관계가 확인되지 않아 앞의 표에서는 인용하지 않았지만, 왕심지가 후량정부에 복주 민현 점기리고묘의 봉호를 주청(奏請)하는 관련 기록을 잠시 살펴보면 다음과 같다.

> (개평원년, 907) 11월, 복건의 왕심지가 복주 민현의 점기리고묘가 기도마다 영험을 드러내어 향려의 부로들이 모두 진정하여 봉호를 하사해주길 갈망한다고 상주하였다.[43]

앞서도 언급했지만 왕심지는 하남에서 유입된 이민세력이었기에 지역인사들과의 화합은 긴요했다. 당시 복주의 중심지인 민현의 점기리고묘는 부로를 위시한 지역유력자들이 함께 봉호의 하사를 진정했다는 점에서, 복주 주민들의 인적 네트워크에 있어서 구심점이 되었을 가능성이 높다. 당말 이후 점차 이 지역에서 세력을 확대해가던 왕심지 입장에서는 당연히 그들이 믿는 신앙의 합법성을 공인해줌으로써 상응하는 정치적인 이득을 얻을 수 있었다. 이 시기에 집중되는 봉호 하사 조치는 왕심지가 복건지역

---

[43] 『册府元龜』卷193,「閏位部·崇祀」, 北京: 中華書局, 1994, 2330쪽.

의 패권을 장악한 후에도 지역신앙을 적극 활용하였음을 반영해준다. 다음으로 주목되는 시기는 남송이 건국하는 1127년에서 1160년대에 이르는 시기이다. 전체 사례 가운데 거의 50%에 근접하는 봉호가 이 시기에 하사되었다. 서두에서도 언급했지만 복건은 북송 이후 다방면에서 타 지역의 추종을 불허할 정도로 빠른 성장을 이룩하지만, 특히 행재 항주로 천도(遷都)가 이루어진 후 도성의 후배지(後背地)로서 더욱 중시되었다. 남송 건국 이후 어려운 여건 속에서도 지역 사묘에 대한 포용과 지원이 강구되지만, 특히 복건은 도성과의 지리적 인접성으로 인해 여타 지역보다도 봉호 하사가 더욱 빈번하게 발생하였음을 알 수 있다.

발레리 핸슨(Valerie Hansen)은 송대 민간사묘에 대한 사봉(賜封) 비율의 변화를 시기적으로 검토하여, 대략 1070년대부터 사봉이 급증하기 시작해 1100년대에 최고조에 달하게 되고 이러한 추세가 남송말까지 유지된다고 밝힌 바 있다. 또한 1170년대 이후의 변화를 왕안석(王安石) 개혁정책과 연계하여, 변법(變法)의 시기에 부국강병의 개혁정책이 적극적으로 모색된 것처럼 신령의 세계에 대한 통제정책도 적극적으로 표출된다고 주장하였다.[44] 복주지역의 하사 사례도 기본적으로는 이와 유사하지만 남송 후기의 빈도는 앞의 두 시기에 비해서는 확연히 감소한다. 복주사회의 지역적 특성이 반영된 것이라고 할 수 있다.

지금까지 살펴본 바와 같이 송 정부는 기본적으로 복주사회의 지역신앙을 개방적으로 수용하여 봉호와 묘액을 통해서 사묘들을 공인하고 포용하는 방법을 제도로 정착시켰다. 그렇다면 애초에 합법성을 인정받지 못했던 '음사'는 실제로 어떤 과정을 통해서 정부의 공인을 획득하는 것일까? 이러한 과정 속에서 국가권력과 기층 지역사회의 소통은 어떤 방식으로 진행되

---

[44] Hansen, Valerie, *Changing Gods in Medieval China, 1127-1276*, New Jersey Princeton: Princeton University Press, 1990, p.80.

었을까? 복주의 사례는 아니지만 음사철폐가 진행되는 긴박한 상황 속에서도 이러한 과정이 잘 표현된 항주 고정신사(皐亭神祠)의 사례를 검토해보겠다. 당시 고정신사는 임안의 강창교진(江漲橋鎭)과 동가항(董家巷) 등지에도 행사(行祠)가 설립될 정도로 도성 주민들에게 폭넓게 숭배되고 있었다. 『순희임안지(淳熙臨安志)』에 전하는 묘기의 일부 내용을 인용하면 다음과 같다.

> 황제가 임안(臨安)에 주필(駐蹕)한지 12년째 되던 겨울, 임안부(臨安府)의 기로(耆老) 진덕성(陳德誠) 등이 유사(有司)에게 장(狀)을 올려 아뢰길, "화도사(化度寺)에는 고정신사가 있는데 한발로 가물거나 홍수로 물이 넘칠 때도 기도만 올리면 즉시 응답이 있습니다. 소소한 일이든 중대한 일이든 군민(郡民)들은 모두 신께 기도로 청했고, 감응이 그림자나 메아리처럼 뒤따랐습니다. 조정에서도 해마다 향(香)을 내려 기청(祈請)하게 했으니, 일반 사묘와 다르지 않습니다. 그런데 봉작(封爵)이 아직 내려지지 않았고 묘액도 하사되지 않은 까닭에, 사전(祀典)에는 누락되어 있습니다. ……"(송조가 임안에서) 중흥(中興)하면서 모든 음사를 훼철하려고 했을 때, 많은 도성주민들의 청원으로 유일하게 묘액 영혜(靈惠)가 하사되었고, 사전에도 기재되었다.[45]

영험하기로 소문이 자자해 대소사를 가리지 않고 항주주민들의 기도도량이 되어준 고정신사는 금송관계가 안정기에 접어들고 남송 정부가 내정 단속에 나서면서 음사로 몰려 철폐의 위기를 맞았다. 주목되는 것은 기로(耆老) 진덕성(陳德誠) 등이 나서서 신령의 영험한 공덕을 열거한 공문을 유사(有司)에게 상주하여 정부의 재고를 요청했다는 점이다. 결국 청원(請願)은 받아들여졌고, '선묘액후봉호(先廟額後封號)'의 원칙에 의거하여 '영혜(靈惠)'라는 묘액이 하사되었으며 '사전'에 등재되어 정부의 공인을 받게 되었다. 유사한 사례가 복주지역에서도 확인된다. 고전지현 이감이 음사에 대한 훼철을 주도할 때 영경묘(寧境廟)만은 지역민들의 정서를 고려해서 철폐

---

[45] 『淳熙臨安志』卷72, 「仕賢, 靈惠廟」, 『宋元方志叢刊』, 4005~4006쪽.

하지 않고 남겨두는데, 관련 기사를 살펴보면 다음과 같다.

> 현치에서 서편 1리 지점에 위치한다. 당 개화(開元 혹은 開成?)연간에, 대성(大姓)인 유강(劉强)이 부락민들을 거느리고 이곳에 들어와 처음으로 현이 세워졌다. 그 후 읍인들이 그를 회념하여 사묘를 세우고 영경(寧境)이라 했다. 경덕연간(景德年間, 1004~1007)에 이감이 지현(知縣)이 되어 음사 수 백 개를 분훼했는데, 이 사묘만은 유일하게 철폐하지 않았다. 얼마 되지 않아 주민들이 청하여 위치를 옮겼는데, 이에 현재의 묘우가 다시 세워진 것이다.[46]

이어지는 후반부의 기록에 의하면 영경묘가 처음으로 '묘액'을 하사받는 시기는 휘종 숭녕(崇寧)2년[1103]이다. 이감이 음사철폐를 단행하는 것이 진종 경덕연간[1004~1007]이라는 점을 감안하면 영경묘는 적어도 당시까지는 엄연히 음사였던 것이다. 고정신사의 경우처럼 '기로'를 직접 언급한 것은 아니지만 철폐를 모면한 후 현민(縣民)들의 요청으로 묘우를 현재지점으로 옮겼다는 점을 고려하면, 복주 지역사회를 대표하는 지역유력자들과 지방관 사이에 사전에 모종의 소통과 타협이 있었을 가능성을 충분히 상정해 볼 수 있다. 결국 이감은 지역민들의 요청을 수용하여 사묘를 철거하지 않았는데, 영경묘는 향후 휘종 숭녕2년[1103]에 '혜응(惠應)', 정화2년[1112]에 '순녕(順寧)' 그리고 마지막으로 '정응(正應)'이라는 봉호를 하사받게 되어 '순녕정응령영현묘(順寧正應靈顯廟)'라는 여섯 자의 길고 영예로운 이름을 가진 '정사(正祠)'로 성장하게 되었다.

사실 당·송시기는 묘액과 봉호를 신청하는 주도세력에도 차이를 보인다. 당대까지는 주로 염지(鹽池)를 관할하는 염정관료나 지방에 파견된 관찰사들이 신청했지만, 송대에 들면 지역사회의 중추세력이랄 수 있는 사인이나 부유층(富裕層)들이 신청을 주도했다는 사실이 연구를 통해 밝혀진 바

---

46 『淳熙三山志』卷9,「公廨」, 7877쪽.

있다.47 북송정부는 지역사회에 있어서 기로·부로로 칭해지는 유력자 층의 역할에 주목하여 국가의례의 거행에 있어서도 이들의 참여를 유도하고 일정한 역할을 안배한 바 있다. 북송 진종 함평2년[999]에 극심한 가뭄으로 인해 내려진 조칙에도 장리(長吏)는 삼일 간 재계(齋戒) 한 후, 기우제를 거행하기 위해 토룡(土龍)을 만들어 놓은 제단으로 가서, '군리(羣吏)'와 '향로(鄕老)'를 거느리고 함께 제사를 주재한다는 규정이 기재되어 있다.48 '향로'가 관민이 공동으로 참여하는 제사에서 지방관을 보좌해 의례를 주재하는 것이 이미 명문화된 것이다.

이들의 제사 참여는 경덕3년[1006] 5월의 한발 때 발표된 대응책 속에서도 확인된다. 연못·동굴·호수·숲 등 기우에 영험한 곳이라면, 자사와 수령은 '기로'를 거느리고 함께 재계한 뒤에 제사를 거행하라고 명기하였다. 향촌사회에 있어서 지역유력자의 계층적 역할에 대한 정부 측의 적극적인 태도가 명확하게 반영되고 있는 것이다. 물론 정부는 이들을 통해서 향촌의 지배력을 강화할 수 있었고, 기로를 위시한 지방의 유력자들은 국가권력이 주관하는 공적인 활동에 직접 참여하면서 지역사회에 있어서의 사회적 권위를 제고할 수 있었던 것이다. 어쨌든 위의 두 사례에 보이는 바처럼, 음사철폐라는 비상상황 속에서 지역유력자들이 주민을 대표하여 '사묘'의 공인과 보호를 요청하는 탄원을 올렸다는 점은, 당시 사묘가 민간사회에 있어서 지역민들의 결집을 엮어내는 인적 네트워크의 중핵으로 기능하고 있었다는 점을 반영해준다. 송 정부의 개방적이고 포용적인 사묘정책은 지역사회의 이러한 현실적 변화와 계층구조를 반영해 주는 것이다.

---

47 須江隆, 「唐宋期における祠廟の廟額·封號の下賜について」, 『中國-社會と文化』 9, 中國社會文化學會, 1994.6.

48 『宋史』 卷102, 禮五 「祈報」, 2500쪽. 제사 중에 "음악과 무격은 쓸 수 없다(不得用音樂巫覡)"는 후반부의 규정이 주목되는데, 민간에서 시작되었을 기우제의 여러 방식을 도용하면서도 부단히 의례절차의 儒家化를 시도하고 있는 정부의 의지로 추정해본다. 이 부분에 대해서는 향후에 상론하기로 한다.

앞서도 언급했지만 남송 대에 호석벽(胡石壁)은 판문에서 무격(巫覡)들은 실제로 음혼(淫昏)한 귀신을 받들면서도 민심을 현혹하기 위해서 '정신(正神)'의 명호를 빌린다고 비판하며 '칙액'이 없으면 어떠한 사묘든 분훼해야 한다고 주장한 바 있다.[49] 주희 역시 제자에게 지방관이 되면 마땅히 음사를 철거해야 되지만 '칙액'을 가지고 있는 경우에는 함부로 할 수 없다면서 경계를 당부하였다.[50] 사묘에서 어떠한 신령을 섬기든 관건은 '묘액'과 '봉호'의 소지 여부라는 점을 환기시키는 것인데, 작호(爵號)의 원리를 신령세계에까지 확대 적용한 사묘정책이 이미 제도로서 공고히 확립되었음을 반영해 주는 것이다.

다음 절에서는 신앙권을 중심으로 복주 역내 사묘신앙의 전개양상과 사묘를 둘러싼 인적 네트워크의 구조, 사묘의 사회문화적 기능에 대해서 검토해보겠다.

4. 광역적 사묘신앙의 복주 진입과 그 의의

사실 정부 측에서 내린 봉호와 묘액의 유무에 따라 정사와 음사를 판별한다는 점은, 여전히 국가가 주체가 되어 민간신앙을 단속하겠다는 의미를 내포하고 있다. 그러나 사전에 기록되지 않은 모든 사묘를 음사로 몰아 분훼해 버리던 종전의 일방적 대응방식과는 분명한 차이를 보여준다. 사묘

---

49 『名公書判淸明集』, 卷十四, 胡石壁「非敕額者並仰焚毁」, 541쪽: 夏禹爲古帝王, 功被萬世, ……載在祀典, 冠於群神, 齊明盛服, 以承其祭祀, 臨之在上, 質之在旁, 誰敢侮之. 狄梁公毀淫祠一千八百餘所, 獨存四廟, 禹其一焉, 蓋以彛倫攸敍之功不可忘耳. 當職豈念不到此哉? 但今以世蚩蚩之氓, 知事神之禮, 擅立廟宇, 妄塑形像, 愚夫愚婦, 恣意褻瀆, 女巫男覡, 實祀淫昏之鬼, 以惑民心, 姑假正直之神, 以爲題號. 若今所謂禹廟, 其名雖是, 其實則非也, 豈不墮於小人之奸哉! 應非敕額, 並仰焚毁, 不問所祀是何鬼神. 仍榜地頭.

50 朱熹, 『朱子語類』卷第三, 「鬼神」, 53쪽: "人做州郡, 須去淫祠. 若繫敕額者, 則爲不可輕去."

의 신주가 영험을 통해 백성들의 생활에 도움을 준다면 선정을 베푼 목민관을 포상하듯이 봉호를 하사해 민간 사묘도 체제내로 수용하겠다는 정부 측의 의지를 포함하고 있다. 당말·송대 시기는 강남개발이 본격화되면서 사묘를 중심으로 전개되어 온 고유의 지역적 신앙습속이 더욱 부각되고, 한편 국가에서 주도하는 춘추이사(春秋二社)를 비롯한 지방제사체계는 점차 형식화되고 세속화되면서 교화의 기능에 있어서 뚜렷한 이완증세를 드러내던 시대였다.[51] 이러한 상황 하에 향촌사회의 신앙적 정서를 포용하는 송 정부의 개방적인 사묘정책은 정신사적 환경에 있어서 상기 제반 요소의 변화와 상호 유기적인 작용을 일으키며 사묘신앙이 기층사회에서 더욱 팽창하는 원인을 제공하게 된다.

이에 따라 당말 이래 성황묘를 위시한 몇몇 사묘들이 주묘에서 별묘[분묘, 행새로 확산 전파되던 추세가 송대에 이르면 더욱 가속화된다. 동남중국 혹은 중국 전역에 광범위한 신앙권을 형성하던 일부 대신(大神)들의 사묘가 외지에서 복주지역으로 전파되어 기반을 확립하게 된다. 복건 내부에서 성장한 사묘들도 일부는 여전히 기층의 촌계 혹은 주·현 단위에 머물러 있었지만, 적지 않은 사묘들이 복건로 전체에서 숭배되는 지역 신앙으로 성장해 갔다.[52] 그 가운데 복주 인근의 홍화지역에서 생성된 마조신앙(馬祖信仰)은

---

[51] 金相範,「地方祭祀體系와 民間信仰의 關係-唐代을 중심으로」,『中國史研究』19, 2002.
[52] 사묘신앙이 애초에 기원한 근거지를 넘어서 타향에 行廟나 分廟를 건립하면서 祭祀圈을 확대해가는 추세는 이미 당대부터 나타난다. 성황묘 같은 경우 8세기 이래로 長江유역을 중심으로 빠른 속도로 확산되어 갔음이 선행연구를 통해서 밝혀진 바이다. 이밖에 적지 않은 사묘들도 당대 이래 이미 分廟(行廟)가 세워지면서 널리 전파되고 있었음이 사료를 통해서 확인된다.『至順鎭江志』에는 江南道 潤州 丹徒縣 雲勝廟가 西嶽 華山의 行廟인데, 文宗 太和年間(827~835)에 金陵출신의 彭彦規라는 사람이 新淦縣에 갔다가 華山神의 영험함을 듣고 廟圖를 그려온 뒤 후에 丹徒令이 되었을 때 행묘를 세웠다는 기록이 보인다.[『至順鎭江志』, 2728쪽]. 伍子胥 신앙 역시 당말에 강남도 일대에서 매우 유행했는데, 蘇州·常州·抗州·睦州 등지에 행묘가 건립되었다. 이러한 행묘 가운데 일부는 일정기간 동안 本廟와 연계를 가지고 있었음이 몇몇 지방지에서 확인된다.

해상(海商)들의 항로를 따라 남북으로 전파되어 점차 광역신으로 발전할 조짐을 보이기도 한다. 이러한 정황은 당시 복주지역에서 유행했던 사묘가 신앙권에 따라 광역적(廣域的)・지역적[복건적(福建的)]・향토적[복주적(福州的)] 세 차원으로 구분될 수 있음을 의미하는 것이다. 즉 민간신앙이라는 지역민들의 집체적인 정신세계에 있어서도 복주적・복건적・전국적인 신앙의식이 공존 혹은 혼재하는 복잡한 정서가 형성되고 있었던 것이다.

우선 복건 외부에서 유입되어 복주 지역민들에게 광범위하게 숭배되던 사묘에 대해서 살펴보겠다. 신앙권이 지역을 넘어 전국적으로 광역화되던 사묘들은 어떠한 경로를 통해 복주까지 전파되었을까? 지역사회에 대한 파장력과 지역민의 일상생활에 대한 영향력은 어떠했을까? 넓은 신앙권을 갖춘 신령들에 대한 정부의 대우는 어떠했고, 이러한 광역적 민간신앙의 출현은 어떠한 의미를 지니는 것일까? 등등의 구체적인 문제에 대해 성황신과 동악신(東嶽神)[53]・오통신(五通神)・장왕신(張王神)을 중심으로 검토해보겠다.

1) 성황신 숭배

주지하는 바와 같이 성황신 신앙은 조익이나 고염무(顧炎武)의 언급처럼

---

[53] 宋代에 있어 城隍・媽祖・東嶽神과 더불어 전국적으로 확대해가는 사묘신앙의 정황을 가장 잘 반영해 주는 예로 文昌帝君 숭배를 들 수 있을 것이다. 원래 문창제군은 四川 梓潼縣의 鄕土神이었던 梓潼神을 일컫는데, 科擧에 영험이 있다는 소문이 士人들의 입을 통해 전파되면서 사천전역으로 확대되었는데, 朱熹도『朱子語類』(卷3)에서 二郞神과 梓潼神 두 신이 거의 사천전역에서 할거했다("今兩個神似乎割據了兩川")고 지적한 바 있다. 梓潼神신앙은 향후 수도 항주와 기타지역으로 전파되었고, 정부로부터 文昌帝君이라는 封號를 받으면서 大圈域의 숭배대상으로 성장하였다. 송대에 이르러 科擧가 신분이동의 중요한 기제로써 본격적인 영향력을 미치게 됨에 따라 신앙으로서 더욱 매력적인 흡인력을 가지게 되었고, 아울러 정부가 封號를 내려 正祠로써의 정통성을 부여해 줌으로써 祭祀圈이 더욱 확대된 것이다. 다만 복주지역에서는 아직 文昌帝君 숭배에 관한 기록은 확인되지 않는다. 森田憲司,「文昌帝君の成立-地方神から科擧神へ」, 梅原郁 編,『中國近世の都市と文化』, 京都大學人文科學硏究所, 1984.

위진남북조시기에 기원하여 당송시기를 거치며 전국적으로 급속히 확산되었다.54 복주지역은 중국에서 성황신 숭배가 처음으로 시작된 지역 가운데 하나이다. 임통(林通)이 원우연간[1086~1093]에 작성했다는 장락현(長樂縣) 『도경(圖經)』에 의하면 진 무제 태강연간[太康年間, 280~289]에 이미 전국에서 두 번째로 성황묘가 건립되었다고 한다.55 다만 복주 성황묘 관련 기사가 당말·송대 이후에 본격적으로 출현하는 것으로 보아,56 당말에서 송대에 이르는 시기가 복주지역 성황신앙의 발전에 있어서 중요한 전환기에 해당된다고 볼 수 있다. 일반적으로 성황신 숭배를 당말 오대 이후의 도시발달 추세와 결부시켜 새롭게 출현한 지역수호신으로 설명하고 있는데,57 사실 이 시기는 복주의 지역개발사에 있어서 매우 중요한 시기이다. 당말에 왕심지는 구 성곽 외곽에 나성을 쌓았고, 오대에 이르러 다시 협성(夾城)을 재건한 바 있는데, 북송 개보7년[974]에는 복주자사 전욱(錢昱)이 다시 협성 밖 동남방향으로 성곽을 증축해 외성으로 삼음으로써 후대 복주의 개략적인 면모를 완성하였다. 물론 이 시기에 있어서 복주의 도시규모가 확대되고 새로운 차원의 지역개발이 이루어질 수 있었던 것은, 중원이 전란에 휩싸인데 비해 복건지역은 상대적으로 안전하여 대규모의 이주민이 몰려왔기 때문이다.

---

54 趙翼, 『陔餘叢考』 卷35, 「城隍神」; 顧炎武, 『求古錄』, 「吳越武肅王墻隍廟記」. 현대학자들의 대표적인 연구인 邢波利貞, 「支那に於ける都市の守護神に就いて」(上, 下), 『支那學』 第七卷 第三, 四號, 1934, 1935; 鄧嗣禹, 「城隍考」, 『史學年報』 第二卷 第二期, 1935; David Johnson, "The City-God Cults of Tang and Sung China", *HJAS*, Vol.45, No.2. 1985 등도 대체적으로 이설을 따르고 있다.

55 『淳熙三山志』 卷9, 「公廨」, 7862쪽과 『八閩通志』 卷58, 卷59에는 복주 성황신의 내원과 위상에 대한 상세한 내용이 확인된다. 복주의 성황신은 項羽에 의해 가혹하게 烹을 당한 뒤 한고조가 그의 충렬을 기려 전국에 묘우를 세워주었던 周苛(普)이다. 吳 赤烏2年(239) 蕪湖에 처음으로 건립된 성황묘를 이어 전국에서 두 번째로 세워졌다고 한다.

56 대표적인 관련 자료로는 역시 『淳熙三山志』 卷9, 「公廨」편과 陸遊의 『渭南文集』 등을 들 수 있는데 대부분의 내용이 당말 이후의 사실에 집중되어있다.

57 David Johnson과 Valerie Hansen 참조.

남송대에 이르면 이러한 추세가 더욱 가속화된다. 해당 시기 복주 성황묘의 관련 기록 속에서도 새로운 변화가 확인된다는 점은 성황신앙의 전개가 기본적으로 이러한 사회경제적 변동과 밀접한 관련이 있음을 반영해주는 것이다. 일단 송대 복주의 성황묘 관련 기록 가운데 『순희삼산지』에 보이는 중수기록이 주목된다. 고종 소흥27년[1157]에 복주지주였던 심조(沈調)가 묘우를 중수했고, 순희5년[1178]경에는 성황묘 앞에 경의정(更衣亭)과 숙의정(肅儀亭) 등 부대시설이 새롭게 확충되었다는 내용이 확인된다.[58] 사실 당대에도 적지 않은 지방관들이 성황신께 기우나 기청(祈晴)을 아뢰는 제문을 올림으로써 해당지역을 관할하는 성황신의 위상을 인정하고 있었지만, 정사가 아닌지라 여전히 성황신의 합법성과 신력(神力)을 의심하는 지방관들도 적지 않았다.[59] 그러나 소흥27년 성황묘의 확장공사는 복주 지주가 직접 주도했는데, 이는 성황묘의 관리를 지방정부가 공식적으로 주관하고 있는 것이다. 또한 약 20년 후에 경의정과 숙의정이 설립된 사실은 지방관이 국가제사를 수행하기에 앞서 제복(祭服)을 갈아입고 엄숙하게 재계해야 하는 장소적 특성을 감안한다면, 성황묘제사가 점차 국가제사와 다름없이 복주 지방관의 정기적인 업무 가운데 하나로 편입되고 있음을 반영해주는 것이다.

앞서 지방사전(地方祀典)이 점차 개방적인 추세를 보이며 민간의 다양한 신령들을 흡수했다는 점을 언급한 바 있다. 이 시기에는 중앙 차원에서 작성되는 사전에서도 성황신을 국가제사에 준하여 대우하는 변화가 발생한다는 점이 주목된다. 물론 성황묘가 정식으로 대·중·소 삼사 가운데 하나로 자리매김 하는 것은 명대 이후의 일이지만, 송대에 있어서 이미 이러한

---

58 『淳熙三山志』 卷9, 「公廨」, 7862쪽.
59 8세기까지는 城隍神의 위상이 이처럼 불안했지만 9세기 이후에는 점차 강화되는 추세가 祭文에 나타나기 시작하는데, 이 부분에 대해서는 鄭淳模, 「唐後半期 城隍神 信仰과 江南開發」, 『中國史研究』 第31, 2004.8을 참조할 수 있음.

변화의 단서가 될 만한 움직임이 포착된다. 『송사』「예지(禮志)」의 〈기보(祈報)〉편에서는 정기적인 국가제사 외에, 역병을 쫓고 강우를 기원하는 임시적인 제사들을 열거하고 있는데, 여기에 성황묘가 포함되었다. 또한 북송 진종 대중상부(大中祥符) 2년[1009] 2월의 대 가뭄 관련 기사의 후반부에는 기보의례를 거행할 때 봉헌하는 제물의 명목까지 세세히 언급하고 있다.[60] 성황신 숭배는 정부로부터 공인을 받는 차원을 넘어서, 의례의 거행뿐 아니라 사묘의 유지와 보수까지도 지방관이 직접 관할하는 공식적인 국가제사로 성장하고 있었던 것이다.

그렇다면 성황제사는 복주의 하부 행정단위에서는 어떻게 운용되며 기층사회에 영향을 미치고 있었을까? 조익은 『해여총고(陔餘叢考)』에서 성황신앙이 당 중엽까지는 주로 주·군 단위를 중심으로 전개되었음을 밝힌 바 있다. 그러나 이상은(李商隱)은 대중원년[845] 6월에 계주 성황신에 대한 제문을 쓸 때 이미 속현(屬縣)인 이정현(理定縣)의 성황신께 바치는 제문을 작성한 바 있으며, 그해 8월에도 계주성황신과 더불어 각각 영천현(靈川縣)·여포현(荔浦縣)·영복현(永福縣) 성황신에 대한 제문을 남긴 바 있다.[61] 당말 이래로 성황신 숭배가 현 단위까지 촘촘하게 확산되어 기층과의 접촉면이 확대되는 변화가 발생했음을 반영해 주는 것이다. 이러한 변화는 복주지역에서도 이루어졌다. 복주 영덕현(寧德縣) 주부를 역임했던 육유는 성황신의 영험함을 예찬하면서 당대 이래 복주의 모든 군현에서 이미 성황신을 제사하기 시작했다[62]고 기록하였다. 송대들어 복주 예하 현마다 성황묘가 존재했다는 것은 『순희삼산지』에서도 확인되는데, 12개 속현의 현치에 모두 성황묘가 설치되어 있었다고 한다.[63] 이것은 성황신앙이 복주지역 내에

---

60 『宋史』卷102, 禮5의 「祈報」, 2500~2501쪽.
61 『全唐文』卷781, 「李商隱」, 上海古籍出版社, 3616쪽.
62 『渭南文集』卷17, 「寧德縣重修城隍廟記」에는 "城者以保民禁奸·通節內外, 其有功於人最大, 顧以非古黜祭, 豈人心所安哉. 故自唐以來, 郡縣皆祭城隍."이라는 내용이 보인다.

서 누층적인 행사망(行祠網)을 가질 정도로 관민에게 널리 숭배되었음을 시사해 주는 것이다. 또한 복주 주성황(州城隍)과 속현의 현성황(縣城隍) 사이에 지주와 지현의 관계처럼 상하관계로 연계되었을 가능성을 예시해 주는 것이다. 사실 이점은 관련 의례행사에 있어서의 기능적인 분배 뿐 아니라, 성황신 숭배가 내포하고 있는 관료시스템에 대한 동반적·협조적 기능에 대해서도 상징적으로 암시하고 있는 것이기도 하다.[64]

당시 복주사회에 있어서 성황신앙의 위상과 현 단위 기층사회에 있어서 성황묘의 실제적인 운용정황은 앞에서 언급했던 육유의 「영덕현중수성황묘기(寧德縣重修城隍廟記)」를 통해 살펴볼 수 있다. 원문의 일부 내용을 인용해보면 다음과 같다.

> 이런 즉 당대 이래로 군현마다 모두 성황을 제사했는데 현재에 이르러서는 더욱 경건히 모신다. 지주(知州)와 지현(知縣)이 친히 알현할 때에도 의례절차가 다른 제사보다 격이 높았다. 사직이 비록 존귀하여 각별히 영(令)과 식(式)으로 일을 처리한다지만, 직접 주재하면서 기복과 양재(禳災)를 올리고 더불어 감사의 제사를 받드는 것은 오로지 성황 뿐 이니 의례의 관리가 어찌 중요하지 않겠는가? 영덕읍은 산에 둘러싸여 있으면서도 바다와 마주하고 있다. 쌍암(雙岩), 백학(白鶴)의 준령은 높이가 하늘에 닿을 듯 하고 험준하기는 낭떠러지 같아서 지고 가는 사람은 다리가 떨리고 타고 가는 사람도 두렵기 짝이 없었다. 비란(飛鸞)과 관정(官井)은 파도가 몹시 거친 데다 교린(蛟鱗)까지 출몰한다고 해서, 배에 오르는 사람들마다 상심해 흐느끼면서 부모, 처자식과 결별하였고, 이미 건너간 사람들은 함께 한 뱃사람들과 서로 기뻐하며 축하했다. 또한 안개와 해무의 풍습(風濕)과 독이 가득하고, 자라·거북이·뱀·독충·도마뱀 등 온갖 독이 도사리고 있는 곳이다……이런 까닭에 성황제사가 다른 곳보다 더욱 성하였다.[65]

---

63   『淳熙三山志』卷9,「公廨」, 7862쪽에는 "……今十二邑皆附縣治置." 언급되고 있다.
64   『淳熙三山志』卷9,「公廨」, 7862쪽.
65   『渭南文集』卷17,「寧德縣重修城隍廟記」: "故自唐以來, 郡縣皆祭城隍, 至今世猶謹. 守令謁見其儀, 在他神祠上. 社稷雖尊, 特以令式從事, 至祈禳報賽, 獨城隍而已, 則其禮顧

상문은 복주의 주치로부터 동북쪽에 위치한 속현인 영덕현에서 성황제사가 특별히 성행했음을 보여준다. 주목되는 것은 지방 차원의 국가제사 중 핵심적인 위상을 가진 사직제사가 제대로 기능을 다하지 못하고 성황묘가 이를 대신해 지역수호신으로서의 역할을 하고 있음이 분명히 확인된다는 점이다.66 어쨌든 비록 사전상에는 사직제사가 여전히 중요한 지방제사로 기재되어 있지만, 복주의 영덕현에서는 성황신이 지역민의 안녕을 기구하고 위중한 자연재해로부터 현을 지켜주는 실제적인 지역수호신으로서, 제례 활동에 있어서 그 위상이 날로 격상되고 있었던 것이다. 위의 내용 중에 성황신 숭배가 결코 기우제를 위시한 지방관이 주도하는 정부제사에만 한정된 것이 아님도 명확히 알 수 있다. 성황신앙은 험준한 지형과 아열대 특유의 열악한 기후조건, 풍토병·독충과 분투해야 하는 영덕현 지역민들이 안녕을 기구하는 제사소(祭祀所)로서 기층민들의 일상 신앙생활에 있어서도 빠뜨릴 수 없는 중요한 위치를 차지하고 있었음이 확인된다.

이처럼 당말, 오대를 거치며 강남지역으로 조밀하게 확산되던 성황제사는, 복건 복주지역에 있어서도 주성황의 행사(行祠)에 해당되는 현성황이 각 현마다 분포하여 지역공동체 제의활동의 중심이자 지역민들의 신앙적인 기탁처로서 일상생활에 지대한 영향을 미치고 있었다. 물론 성황신앙에 있어서 공적 기능의 증가는 성황신의 신격을 유가적 '양리(良吏)'와 비슷한 이미지로 변모시킴과 아울러 상호 간에 협력관계를 모색하게 했으며, 이에 따라 더욱 넓은 제사권(祭祀圈)을 가진 상층부의 신으로 도약하는 계기가 되었을 것이다.

不重歟? 寧德爲邑, 帶山負海, 雙岩白鶴之嶺, 其高摩天, 其險立壁, 負者股栗, 乘者心掉; 飛鸞·關井之水, 濤浪洶湧, 蛟鱗出沒, 登舟者涕泣與父母妻子別, 已濟者同舟更相賀, 又有氣霧之毒, 䝝·黽·蛇·䗇·守宮之蠱. ……是以城隍祠比他邑尤盛."

66 唐代 이래 淫祠撤廢와 社, 學校의 보급에 대해서는 김상범, 「地方祭祀體系와 民間信仰의 관계- 唐代를 중심으로」,『中國史研究』第19輯, 2002.8을 참조할 수 있다. 지역수호신으로서 社와 城隍의 성격에 관해서는 편폭의 관계로 차후에 상론하도록 하겠다.

2) 태산신 숭배

송대에 들어 전국적 신앙으로 성장하며 성황신과 더불어 복주 지역사회에서 지대한 영향력을 행사하던 민간사묘로서 동악행궁(東嶽行宮)[67]을 들 수 있다.[68] 잘 알다시피 행궁은 행사(行祠)・행묘(行廟)・분묘(分廟)・지묘(支廟)・별묘(別廟)로도 일컬어지며 동악행궁은 태산신(泰山神)을 모시는 행사를 의미한다. 남송대 진순(陳淳)은 『북계자의(北溪字義)』에서 강・회의 주・현마다 동악행사가 없는 곳이 거의 없다고 언급한 바 있다.[69] 원대의 오징(吳澄) 역시 동악 태산묘가 송 중기 이래로 천하에 편재하게 되었다는 기록을 남겼다.[70] 이러한 사실들은 동악묘가 송대에 폭발적인 성장을 이루며 주・현 단위까지 팽창하게 되면서 전국적인 신앙권을 가진 사묘신앙으로 성장하고 있었음을 반영해준다. 그런데 복주는 여타 지역에 비해 일찍부터 태산신 숭배가 유행했다고 한다.[71] 태산이 위치한 산동지역에서 시작되었을 태산신앙의 강남 전파에 대해서는 시바 요시노부[斯波義信]가 임안의 도시구조에 대한 분석 중에 북송 멸망을 전후로 가속화된 산동주민들의 이민을 주요한 원인으로 제기한 바 있다.[72] 이에 대해 미즈코시 토모[水越知]는 강남 전역에 대한 적용 가능성에 회의를 표하고, 진종이 태산에서 봉선을 시행한 시기부터 북송말까지 태산신에 대한 순례[朝拜] 행위가 붐을 조성했던

---

67 金井德幸, 「南宋の市鎭と東嶽廟」, 『立正史學』 六一, 1987; 水越知, 「宋元時代の東嶽廟」, 『史林』 第86卷 第5號, 2003.9.
68 『淳熙三山志』 卷9, 「公廨」, 7862쪽.
69 陳淳, 『北溪字義』 卷(下).
70 吳澄, 『吳文正公集』 卷26, 「大都桐嶽仁聖宮碑」.
71 송원시기의 東嶽廟 신앙에 대해서는 金井德幸, 「南宋の市鎭と東嶽廟」, 『立正史學』 六一, 1987; 水越知, 「宋元時代の東嶽廟」, 『史林』 第86卷 第5號, 2003.9가 참조할 만하다. 송대에 있어서 동악신앙의 祭祀圈 확장에 대해서는 水越知의 논문 76~81쪽에 상세히 분석되어 있다.
72 斯波義信, 梅原郁編, 「宋都杭州の商業核」, 『中國近世の都市と文化』, 京都大學人文科學研究所, 1984.

사실에 주목하였다. 그는 석각자료와 후대 지방지에 대한 고증을 통해 비록 동악묘가 천경관(天慶觀)처럼 봉선을 계기로 순식간에 전국 각지로 확산된 것은 아니지만, 동악신이 국가권력과 밀접한 관련을 맺게 되면서 각지의 지방 유력자들이 관심을 갖고 영합하게 된 것이 동악묘 전파에 중요한 계기가 되었다고 설명했다. 또한 한 걸음 더 나아가 이러한 동향이 북송말 남송초 남중국의 신흥 시진(市鎭) 건설과 맞물리면서 새로운 상업도시를 중심으로 동악묘 숭배가 더욱 확산되었다고 주장했다.[73]

그러나 『송원지방지총서(宋元地方志叢書)』에 수록된 총 59개소의 동악묘 가운데 복주의 동악행궁이 송대 이전에 창건된 3개 사묘 가운데 하나라는 사실은, 시바나 미즈코시의 견해만으로는 태산신앙의 복건 유입을 증명할 수 없고 동악묘의 초기 전파에 대해서는 좀 더 정밀한 고찰이 필요함을 일깨워준다. 이 점에서 복주 동악행궁이 민 시기에 창건되었고 그 위치가 민국(閩國)의 정궁인 동화궁(東華宮) 안에 위치한다는 『순희삼산지』의 기록은 주목할 만하다. 동악묘신앙의 전파와 민국의 황실세력 혹은 건국주체와 어떤 식으로든 관련을 맺고 있었을 가능성을 예시하는 것인데, 왕심지를 위시한 민의 집권자들이 북방의 광주와 수주(壽州)에서 유입된 이민세력이라는 점은 이들 이민세력이 신앙 전파의 주체가 되었을 가능성을 보여준다.[74] 어쨌든 복주의 태산신 숭배는 오월 전씨 세력이 복주지역을 접수하면서 영험이 역내 곳곳으로 전해졌고 더욱 융성하게 되었다. 북송 순화4년 [993]에 배순(裵詢)이 작성한 「복주 동화궁 태산묘기(福州東華宮泰山廟記)」에는 오월시기 복주 동악행궁의 홍성을 묘사하는 기록이 전하는데 내용을 살펴보면 다음과 같다.

---

73 水越知, 앞의 글, 78~79쪽.
74 徐曉望, 『福建民間信仰』, 福州: 福建敎育出版社, 1993, 390쪽에도 비슷한 견해가 보인다.

옥우(玉宇)는 넓고 시원하며 금전(金殿)은 높고 장엄하도다. 복을 비는 사람들로 북적대니 지전은 눈 날리듯 했고, 신께 제사를 올리는 객(客) 또한 많아서 죽엽(竹葉)이 연못을 이루었도다.[75]

물론 북송 진종이 태산에서 실시한 봉선제사 역시 복주 동악행궁의 전개에 커다란 변화를 불러일으켰다. 대중상부연간(1008~1016)에 전국에 '천경관(天慶觀)'을 세우라는 명령이 내려지는데, 이에 따라 복주에도 동화궁이 '천경관'으로 개명되었고, 함께 있었던 다른 신묘들이 폐기되면서 오로지 동악행궁만이 남게 되었다. 이때부터 제사와 헌물이 더욱 늘어났고 묘우도 중수되었다는 기사[76]가 보이는데, 여타 지역과 마찬가지로 진종의 태산 봉선이 복주지역의 동악묘신앙에도 중요한 전기가 되었음을 반영해주는 것이다. 성황묘처럼 복주의 모든 예하 속현에서 사례가 발견되는 것은 아니지만, 가정(嘉定)8년[1215]에 복청현(福淸縣)에 행사가 건립되면서 현 단위까지도 동악신앙이 확산되기 시작했다.[77]

물론 동악행궁의 '행궁'이라는 명칭이 예시하듯 태산신 신앙의 전개에 있어서 도교세력의 개입이 중요한 변화를 가져왔다. 당대 이래로 도교세력들은 오악을 위시한 국가제사에 침투해 악신(嶽神)을 도교신으로 대체하고 이곳을 이들의 도교 성지로 삼으려 시도한 바 있다.[78] 또한 민간에서 숭

---

75 "玉宇宏廊, 金殿崢嶸, 乞福人多, 紙錢飛雪, 祭神客衆, 竹葉成池." 裵詢이 작성한「福州東華宮泰山廟記」는『淳熙三山志』卷9,「公廨」, 7862쪽에 처음으로 보이고, 후에 민국시기에 편찬되는『福建通志』,「壇廟志」에도 그대로 傳寫된다.
76 『淳熙三山志』卷9,「公廨」, 7862쪽: "大中祥符中, 旣以東華宮爲天慶觀, 廟乃獨爲東嶽行宮. 自是祈獻愈多, 屋宇浸廣."
77 『八閩通志』卷58,「祠廟」福州府 福淸縣, 514쪽.
78 도교세력의 국가제사에 대한 침투는 武則天시기부터 본격화되지만 開元9년(721) 司馬承禎의 상주를 계기로 외부로 표출되기 시작한다. 현종의 총애를 받은 사마승정은 개원15년(727)에 五嶽祭祀의 부당함을 주장하는 상주를 올려 '산악제사'를 비판하고 이를 도교신 의례로 대체해야 한다고 주장했다. 상주문의 내용을 살펴보면 다음과 같다: "현재 五嶽神祠는 모두 '山林의 신'을 모시는데, '참다운 신(正眞之神)'이라 할 수 없습니다. 五嶽마다 모두 洞府가 있고 上淸眞人이 강림해 그 직무를 맡고 있으니, 山川

배되던 다양한 신령들을 도교 내부로 흡수하여 하부의 신으로 삼음으로써 교세를 확장하려고 시도했다.

어쨌든 태산신 숭배가 강남 지역까지 전파되면서, 산동 태산에 있던 동악 본묘와 행묘 사이에도 형식적이나마 느슨한 연계망이 구축되었을 것이다. 이는 동악묘의 확산과정 중에도 나타나는데, 심지어 태산이 금의 치하에 들어갔던 남송 초엽에도 절강 엄주(嚴州) 분수현(分水縣)의 읍민인 나씨(羅氏)가 위험을 무릅쓰고 태산을 방문해 향화(香火)를 가지고 돌아왔다는 기록이 남아있다.[79] 인류학자들의 현지조사에 의해 증명되었다시피, 사묘신앙에 있어서 본묘에서 분묘로의 확장은 본묘 소향분(燒香盆)의 향회(香灰)를 옮겨가는 분향(分香)의식을 통해 이루어진다. 이러한 관습과 동악묘 명칭 후반부에 분묘를 상징하는 '행묘', '행사'가 부첨되어 있다는 사실을 함께 고려한다면, 위와 유사한 행위를 통해 태산에 위치한 본묘와 각지의 행묘들 간에 일련의 연계관계가 존재했을 가능성을 상정할 수 있을 것이다. 물론 이러한 관계는 조직적이기보다는 매우 느슨한 것이지만 묘우의 양식과 배치, 신상과 위패의 채용, 의례의 거행 등에 있어서는 본묘가 전범(典範)으로서의 역할을 했을 것이다. 이는 적어도 본묘를 중심으로 신앙적·의례적 구심력이 존재했을 가능성을 반영하는 것으로 산동에서 복건에 이르는 광대한 연해지역에 태산신 숭배를 매개로 기층민 간에 신앙적 정서를 공유했을 가능성을 예시하는 것이다.

그렇다면 태산신 숭배는 복주지역민들의 일상생활에는 어떤 영향을 미쳤을까? 태산신의 탄신일에 벌어진 축제는 사묘신앙이 지역민들의 사회문화적인 삶에 미친 영향력을 잘 반영해 준다. 태산신 동악천제인성제(東嶽天

의 風雨와 陰陽의 氣序는 모두 그들에 의해 조절되는 것입니다."[『舊唐書』 卷192, 隱逸 司馬承禎傳, 5128쪽]. 이 내용은 張君房纂輯, 『雲笈七籤』 卷5, 經敎相承部 「五屋山貞一司馬先生」, 北京: 華夏出版社, 1996, 27쪽에도 보인다.

[79] 『景定嚴州續志』 卷9, 分水縣 「祠廟」.

齊仁聖帝)의 탄신일은 3월 28일인데,『몽량록』에 의하면, 동남중국의 거의 모든 도시에서 축제가 벌어졌다고 한다. 태산신은 고대부터 중국인들에게 수명을 관장하는 신으로 널리 알려졌는데, 축제 때면 거리 곳곳마다 행궁이 설치되었다. 행궁에는 등이 걸렸고 향이 쉴 새 없이 피어올랐는데 행재 임안에는 시가에 5개의 행궁이 설치되었다고 한다.[80] 이러한 상황은 복건의 복주에서도 재현되었다.『순희삼산지』「세시」편「3월 28일 동악분향」에는 축제를 맞은 복주주민들의 모습이 생생하게 기록되어 있다.

> (복주)주민들은 이날이 태산신[嶽帝]의 생일인지라, 사를 결성해 제물을 바쳤다. 구경꾼들이 담처럼 늘어섰다. "(동)악제의 생일날[3월 28일]엔 성문을 나서 동쪽을 향해간다"는 속요가 있었는데, 아주 오래전부터 불리던 구절이다.[81]

사실 축제의 분위기는 이미 며칠 전부터 고조되었다. 남녀노소를 불문하고 아침부터 저녁까지 골목마다 제사를 받들었고 동악묘로 몰려갔는데 이를 '조악(朝嶽)'이라 불렀다. 신자들은 일종의 성소 순례라 할 수 있는 동악묘 참배가 부모와 죽은 자들의 죄를 삭감할 수 있다고 믿었다. 물론 순례객들은 자신과 가족을 위해서도 향과 초를 피워 수명의 신께 건강과 장수를 축원했다. 동악묘 뿐 아니라 모든 묘우마다 신주의 생신을 경하하는 의례가 있었는데, 그때마다 사인과 기층민들이 하나가 되어 예물을 정성스럽게 준비하여 성대하게 제사를 거행했다.[82]

---

80 『夢梁錄』卷2.
81 『淳熙三山志』卷40,「歲時」, 8249쪽에는 다음과 같은 내용이 보인다: "州民以是日爲嶽帝生日, 結社薦福, 觀者如堵, 俚詩有三月二十八出郭東之句, 蓋其來舊矣."
82 『北溪字義』卷(下),「鬼神·論淫祀」.

3) 오통신·장왕신 숭배

성황묘와 동악묘 외에도 오통묘(五通廟)와 사산묘(祀山廟) 등도 이 시기에 복주에 전파되어 상당한 신도를 확보하며 영향력을 발휘했던 것으로 추정된다. 오통묘는 오현묘로도 불리는데 복주 통진문(通津門) 밖의 하도 남안에 위치했다. 신주는 원래 휘주(徽州) 무원현(婺源縣)의 토지신으로 소(蕭)씨 성을 가진 5명의 형제라고 전한다. 오통신앙은 처음에는 휘주지역에서 다양한 영험으로 위세를 떨치다가 휘상들의 활동에 따라 근처 태주(台州)와 소주 등지로 전파되었다. 당시 복주지역도 해항(海港)으로 어느 지역보다 교역이 활발하게 이루어졌기 때문에 진종 경덕연간[1004~1007]에 일찍감치 오통신앙이 전파되었다. 오통신앙은 복주 내에서 빠른 속도로 성장했는데, 인종 강정(康定)원년[1040]에 진소(陳紹)와 제승(濟僧) 회진(懷軫)이 사옥(祠屋)을 열 칸으로 개수했다. 진사 방호(方蒿)가 남긴 묘기에 따르면 당시 이르는 곳마다 널리 오통신을 숭배했으며, 군의 대성(大姓)들도 세세손손 신을 섬겼다고 한다.[83]

사산묘(祠山廟)는 절서 호주의 토착신으로 흔히 '장왕'으로 칭해지는 장발을 신주로 모신다. 발레리 핸슨의 연구에 의하면, 사산묘는 송대에 상당히 넓은 신앙권을 형성했는데 남부중국에만 무려 42개 소의 사묘가 건립되었다. 주기적인 기우제를 통해 풍년을 기구하는 농민들 뿐 아니라 과거 급제를 소망하는 사인들에 이르기까지 폭넓은 계층에 의해 신봉되었다.[84] 『팔민통지(八閩通志)』「사묘」 복주부 민현 조목에는 "군에서 이를 제사한지 이미 오래 되었고, 영적이 워낙 탁월하여 군민들도 경건히 숭배했다"[85]는 내용이 보인다. 정확한 연대를 언급하고 있지 않아서 송대에 복주 주치가

---

83 『淳熙三山志』卷8,「公廨」, 7862쪽.
84 Valerie Hansen, 앞의 책, 147쪽.
85 『八閩通志』「祠廟」卷58, 福州府 閩縣, 504쪽.

있던 민현까지 장왕신 신앙이 전파되었는지는 확실하지 않다. 다만 속현인 고전현에는 이미 장왕을 모시는 광혜혜응행사(廣惠惠應行祠)가 존재했는데,[86] 주목되는 것은 장왕과 더불어 수대 관리 출신의 구양고(歐陽祜)가 합사(合祀)되었다는 점이다. 가정9년[1216] 묘우가 처음 건립되었을 때는 구양고 만을 신주로 받들었는데, 후에 장왕신 신앙이 전파되면서 측전(側殿)에 모셨다가 1226년 중수 때부터는 두 신을 합사하게 되었다.[87] 『순희삼산지』의 「공해(公廨)」편에 기록되지 않았다는 점과 앞에서 언급한 전반적인 정황은 사산묘가 당시까지는 여전히 정사로서의 확실한 위상을 확보하지는 못했음을 반영한다. 하지만 남송 말기부터 복주를 위시한 남중국 일대에서 급속히 신앙권을 확대하며 폭넓게 숭배되기 시작했는데, 유극장(劉克莊)도 강소·절강에서 복건·광동에 이르기까지 빼곡하게 사묘가 존재했던 것은 그만큼 묘신의 영력이 탁월했기 때문이라는 기록을 남긴바 있다.[88]

마지막으로 성황신이나 태산신 같은 광역적 사묘신앙의 복건 진입이 지니는 의의에 대해 생각해보겠다. 외부에서 유입되거나 복건 자체에서 확산되어 점차 전국적 신앙으로 성장하는 광역적인 사묘신앙이 복주 내에서도 유행하기 시작했다는 것은, 신앙의 영역에 있어서도 복주민들의 정신적 세계에 향토적 측면 외에 타 지역민과 공유하는 부분이 확대되고 있음을 의미한다. 단지 민간신앙이라는 이유로 '토속적' 혹은 '향토적'이라는 언어로 치부되어 온 사묘신앙이 현지의 기층민들로 하여금 지역적 범주를 넘어 전국적인 심성을 갖추는데 있어서도 긍정적인 기여를 하고 있는 것이다. 이러한 정신적인 공유감은 우선 동일 신에 대한 기도와 예배 등 일상적으로 행해지는 개인적 차원의 신앙행위를 통해 습관화되었다. 하지만 동악

---

86 『八閩通志』「祠廟」卷58, 福州府 古田縣, 515쪽.
87 Valerie Hansen, 앞의 책, 156쪽.
88 劉克莊, 『後村集』卷88, 「古田縣廣惠惠應行祠」.

신의 탄신일 행사에서 확인할 수 있듯이, 동일한 신을 섬긴다는 명목 하에 주기적으로 거행된 '축제'는 이러한 측면을 더욱 공고하게 했다. 전국 각지에서 거행되는 의례행위와 축하행사에 참여하면서 민중들은 또 다른 차원의 문화적 동질감을 형성하고 있었다.

광역적 민간신앙의 등장과 함께 주목되는 것은 복주지역 내부에서 생성된 일부 사묘들이 점차 현계와 주계를 넘어서 복건 전역으로 확산되면서 이 지역을 대표하는 지역신앙으로 성장해 갔다는 점이다. 지역신앙의 출현은 복건의 지역의식 형성과 긴밀한 관련을 맺고 있을 뿐 아니라 또 다른 차원의 사회적 의미를 내포하고 있다.

5. 지역적 사묘신앙의 성립과 확산

타지의 민간 사묘가 신앙권이 확대되면서 '광역적 신앙'으로 성장해 복주로 전파되어 왔듯이, 복주 혹은 복건의 여타 지역에서 자생한 일부 사묘들도 복건 전역으로 확산되면서 넓은 신앙권을 가진 '지역적 신앙'으로 성장했다. 향촌사회의 작은 묘우로 출발한 사묘신앙이 본묘에서 행묘로 확장되면서 신앙권을 확대해 갔다는 것은, 앞서 언급한 바처럼 신앙 자체가 점차 보편성을 갖추게 되었음을 의미할 뿐 아니라, 새로운 사회문화적 관계의 형성을 반영하기 때문에 전반적인 종교신앙사의 전개에 있어서도 중요한 의미를 갖는다. 송대에 복건로 전체로 심지어는 월경하여 기타 지역까지 신앙권을 확대해가며 '복건적' 정서의 확산에 지대한 역할을 한 민월왕(閩粵王) 숭배와 마조신앙을 중심으로 지역신 등장의 배경과 특징·의의 등에 대해 살펴보겠다.

1) 민월왕 숭배

복주지역의 민월왕(閩粵王)에 대한 숭배는 오랜 역사를 가지고 있다. 여기서 말하는 민월왕은 한대 복건지역의 제후국이었던 민월의 추무제(騶無諸)·추영(騶郢) 등 두 명의 군주와 추영의 셋째 아들로 일컬어지는 백마삼랑(白馬三郞)을 가리키는 것이다. 민월국(閩粵國)은 한무제 시기의 중앙집권강화정책에 의해 완전히 제거될 때까지 약 70여 년간 존속했는데, 추무제·추영·추여선(騶余善) 등 3명의 제후왕을 배출했지만 추여선은 형제인 영을 제거하고 한 중앙정부에 협조했기 때문에 널리 숭배되지 못했다.[89]

이 가운데 추무제를 모시는 사묘를 남대묘(南臺廟) 혹은 무열영호진민왕묘(武烈英護鎭閩王廟), 추영을 제사하는 사묘를 명덕찬복왕묘(明德贊福王廟), 백마삼랑의 묘우를 선계묘(善溪廟)로 칭했다. 『순희삼산지』「공해」편에서는 당 대력연간[766~779] 이전에 복건 전역에서 숭배된 사묘로 '남대묘', '명덕찬복왕묘', '선계묘' 및 '성황묘' 등 네 종류의 사묘를 제시한 바 있다.[90] 외래신앙 가운데 전국 신앙으로 성장하면서 복건에서도 입지를 굳힌 성황묘를 제외하고는, 모두 민월국의 왕과 왕손의 사묘인 것이 주목된다. 이들이 복건 현지인들에게는 지역문명의 개척자로서 특별한 의미를 지니고 있었기 때문인 것으로 추정된다.

먼저 이들 세 사묘의 발전과정을 살펴보면, 민월국의 창건자인 무제(無諸)를 기리는 남대묘는 조룡대(釣龍臺) 서편에 위치하며 송대 들어서 수차례 분봉을 받고 '무열영호진민왕묘(武烈英護鎭閩王廟)'로 불리게 되었다. 남대묘가 처음 중건된 것은 당 선종(宣宗) 대중10년[856]으로, 추무제 숭배는 당대

---

[89] 騶余善은 형제인 郢을 살해하고 왕에 오른 뒤 주로 閩北지역을 기반으로 활동하게 되는데, 이런 연유로 포성지역에 東粵王廟라는 사묘가 건립되었다. 송대에는 紹興12년에 昭佑라는 편액을, 淳熙15년에는 孚惠侯라는 봉호를 받기도 한다[『光緖浦城縣志』 卷13].

[90] 『淳熙三山志』卷8,「公廨」, 7860쪽.

후기 이래로 지방정부의 후원하에 새로운 발전궤적을 보인다. 후당 장흥 원년[長興元年, 930]에는 민 충의왕 왕심지에 의해 다시 민월왕으로 추봉(追封)되었다. 송조에 들어서는 현성무용왕(顯聖武勇王)이라 칭해졌는데, 점차 복건지역의 수호신적 위상을 갖게 됨으로서 많은 영적이 유포되었다. 희녕연간[1068~1077] 민병(閩兵)이 출격해 희하(熙河)를 방어할 때 신께서 구름 위에 출현하여 승전을 도왔으며, 휘종 정화연간[1111~1117] 만(蠻)의 반란 때에도 커다란 우박과 황봉(黃蜂)을 통해 적들을 궤멸시켰다고 한다. 무력을 통해서 복건사회를 지켜주는 영험고사가 유포되면서, 선화2년[1120] 11월에 '무제(武濟)'라는 묘액이 하사되었고, 6년[1124]에는 진민왕(鎭閩王)이라는 왕호가 하사되었다. 좌우에 모신 부장들에게도 각각 영응후(靈應侯), 현응후(顯應侯)의 후호가 사여되었다. 남송 고종 건염4년[1127]에는 왕에게 무열(武烈)의 봉호가 추가되었고, 영응후에게는 광혜(廣惠)가, 현응후에게는 가택(嘉澤)이 추가되었다. 소흥31년[1161] '교서(膠西)의 역(役)' 때도 왕이 음조했다는 영험이 알려지면서 또 다시 영호(英護)가 가봉되었고, 부인(夫人)도 찬녕부인(贊靈夫人)에 책봉되었다.[91]

이러한 영험고사는 복건 각지의 주민들에게 널리 전파되었는데, 민강중류 복건 교통의 요지에 위치한 복주 남대묘의 행사(行祠)들이 각지로 확산되어 나가는 계기가 되었다. 일찍이 복주 북문(北門) 밖에 처음으로 행사가 건립되었고, 원부2년[1099]에는 복주경계를 넘어서 건녕(建寧)의 구녕현(甌寧縣)에도 행사 두 곳이 건립되었다.[92] 함순연간[咸淳年間, 1265~1274]에는 복건 서북에 위치한 소무군(昭武軍) 태녕현(泰寧縣)에까지 민월왕 행사가 세워졌고,[93] 역시 남서쪽 끝자락에 위치한 장주(漳州) 용계현(龍溪縣)에도 두 곳

---

91 『淳熙三山志』卷8, 「公廨」, 7859~7860쪽.
92 『八閩通志』卷59, 「祠廟」建寧府 甌寧縣, 504쪽.
93 『八閩通志』卷60, 「祠廟」邵武府 泰寧縣, 562쪽.

의 행사가 출현했다.[94] 무제를 모시는 남대묘가 역내에서 얼마나 넓은 신앙권을 형성했는지 잘 반영해준다.

민월왕 영을 모시는 명덕찬복왕묘는 복주 민현의 서호변에 위치하는데, 과거 영이 복주지역에 대로를 건설할 때 언덕처럼 흙을 쌓아 놓은 곳에 주민들이 처음으로 묘우를 세웠다고 한다. 민월왕 영은 즉위 직후 중앙정부와의 타협을 주장한 여선(余善)에 의해 살해되면서 비운의 영웅 같은 이미지가 추가되었다. 향후 민월왕 영은 복건문화의 창시자로 현지인들에게 추념되었고, 묘우에는 제물이 줄어들 줄을 몰랐다고 한다. 송대에 들어 복건 각지로 전파되어 넓은 제사권을 형성했으며, 수차의 묘액과 봉호 하사를 통해 '명덕찬복왕묘'로 불리게 되었다.[95]

민월왕계 가운데 후대까지 가장 많은 영향을 끼친 사묘는 민월왕 영의 세 번째 아들로 알려진 '백마삼랑'을 모시는 선계묘이다. 『순희삼산지』에는 "용력을 겸비한 민월왕 영의 셋째 아들이 깊은 연못에서 활로 커다란 대선(大鱔)을 쏘아 잡자, 현지 주민들이 묘우를 세우고 백마삼랑묘라고 불렀다"고 기록하였다.[96] 앞의 사묘와는 완전히 다른 종류의 입묘 설화인데, 전자의 민월왕 숭배가 현군에 대한 감사와 원귀(寃鬼)에 대한 위안적 성격을 지녔다면, 후자는 이와는 다른 서사구조를 보여준다. 이에 대해서 삼랑묘가 '백마부우왕묘(白馬孚佑王廟)'로도 불리는 점에 착안하여, 삼랑신이 민월인의 후예로 알려진 수상종족 단가인(蛋家人)들의 구세주 '백마부우(白馬孚佑)'의 역할을 했다는 인류학적인 해석도 존재한다.[97] 어쨌든 '신비한 연못'과 '대어(大魚)' 등을 상징 요소로 갖는 설화의 구조를 볼 때, 현지에서 출현한 초기신화가 한족출신 현군 혹은 영웅 스토리로 재차 포장되었을 가능성

---

94 『福建通志(民國)』,「壇廟志」.
95 『淳熙三山志』卷8,「公廨」, 7860쪽.
96 『淳熙三山志』卷8,「公廨」7860쪽.
97 徐曉望, 『福建民間信仰』, 福州: 福建教育出版社, 1993, 157쪽 참조.

을 상정할 수 있을 것이다. 어쨌든 설화에 보이는 신령과 물과의 긴밀한 관계 때문인지 향후 백마삼랑묘는 기우제에 대해 특별한 영험을 드러냈다. 백마삼랑신앙의 전개 과정에 있어서 특히 주목되는 것은 복잡한 신앙의 기원에도 불구하고, 지역신앙의 위상을 확립하면서 정부의 공인과 후원을 받게 된다는 점이다. 덕종 정원10년[794]에 관찰사 왕굉(王翃)은 가뭄으로 기우제를 올렸을 때 즉각 감응이 있자 묘우를 보수해 주었다. 향후 백마삼랑신은 자연재해가 발생할 때마다 목민관들이 제사를 올리는 복건의 수호신으로 성장하였다. 함통6년에는 관찰사 이찬(李瓚)이 상주하여 '용양후(龍驤侯)'라는 최초의 봉호가 하사되었다. 후량 정명연간[915~920]에는 민왕 왕심지의 요청으로 '홍윤왕(弘潤王)'이라는 왕호로 승격되었다.

　백마삼랑신이 기우제에 감응하는 영력은 송대에 들어서도 지속되었다. 태조 건륭(建隆)2년[961], 민현의 지현이었던 강문병(江文秉)이 감응의 대가로 송대 처음으로 묘우를 수보해 주었다. 인종 경력6년[1046] 6월의 가뭄 때는 엄격하기로 유명한 복주지주 채양이 직접 축문(祝文)을 작성해서[98] 기우제를 올렸다. 축문 낭독이 끝나기가 무섭게 큰비가 내리자 채양은 지현 가태충(賈太冲)을 시켜 사묘를 새롭게 보수해 주었으며 문학(文學) 범종한(范宗韓)으로 하여금 묘기를 작성하게 했다고 한다. 신종 희녕8년[1075]에는 '충제광응왕(沖濟廣應王)'이라는 왕호가 하사되었다. 남송 소흥11년[1141]에는 승상 장준(張浚)의 상주로 봉호에 '현응'이 더해졌으며, '영녕'이라는 묘액도 함께 하사되었다. 소정(紹定)5년[1232]에는 태경(太卿) 이준(李駿)의 상주로 '부우'가 증봉되어 이제 선계묘는 신주의 영험함을 과시하듯 '선계충제광응현부우왕묘(善溪沖濟廣應靈顯孚祐王廟)'라는 장문의 영예로운 봉호명을 갖게 되었다.

　이상의 내용을 종합해 볼 때, 위에서 언급한 세 명의 신주들은 지체 되었

98　축문(祭神文)의 내용은 『蔡襄全集』, 福州: 福建人民出版社, 1999, 718쪽에 전함.

던 복건지역의 초기 개발과 문명화에 공헌했다는 이유로 지역수호신으로 성장하였다. 물론 신앙의 전개 과정에서 확인되는 복건지역신적 정체성은 신앙권역이 복건으로 제한되는 한계요인이 되기도 했다.

당대 후기 이래로 지방관들이 이들 민월왕계 사묘를 공식적으로 후원하는 시점은 번진할거의 국면이 조성되고 강남지역이 국가의 핵심지역으로 부상하는 전반적인 추세와 맞물려있다. 특히 복건은 당대에 7, 8만호에 불과했던 인구가 송초에는 무려 46만여 호로 급증할 정도로 사회경제적 변동이 급격하게 발생한 지역이다. 호구의 증가와 개발의 진척은 자연스레 복건 현지사회에 대한 관심과 이해를 요구했을 것이고 현지인들의 신앙적 정서를 존중할 필요성이 제기되었을 것이다. 더욱이 '민월왕'에 대한 신앙은 복건의 문명화를 인도한 '현신숭배'적 유교제사의 면모를 내포하고 있었다. 국가권력 차원에서도 숭배를 공인하고 후원할 만한 충분한 요건을 갖추고 있었던 것이다. 민월왕계 신들에 대한 사묘증축과 봉호 하사는 바로 이러한 시대적 배경 하에 진행되었다. 이러한 양상은 왕심지의 민정권 시기에 더욱 고조된다. 지역정권 수립을 열망했던 왕심지의 입장에서 복건의 지역신인 '민월왕'에 대한 제사를 독려하고 후원하는 것은 자신의 목표를 현실화하는데 매우 유리했다. 더욱이 왕심지는 이주세력이었기 때문에, 민지역을 장악하기 위해서는 지역유력자들과 기층민들이 사회적 네트워크를 형성하는 지역 사묘를 포용하는 것이 필수적이었다. 이 때문에 왕심지는 정권수립과 함께 지역신들에 대해서 적극적인 신앙정책을 표방하였고 화북정권에 현지사묘에 대한 봉호 하사를 부단히 상신했다.

지역신앙으로 성장하던 사묘는 송대 들어 이제 지방관들에 의해서 국가제사에 준하는 대우를 받게 되었다. 앞서 채양의 기우제에서도 잠시 설명했지만, 지방관들이 현지 사묘의 제사를 주재하였고, 백성들의 실생활에 도움을 주는 영험한 이적이 발생하면 일정한 검증 절차를 거쳐서 묘액과 봉호를 하사하여 공인해 주었다.

앞에서 설명한 사례 외에도, 신앙권의 차이는 있겠지만 이 시기에 적지 않은 사묘가 지역신앙으로 성장하였다. 왕심지를 숭배하는 충의왕묘,[99] 용신을 모시는 회응묘(會應廟),[100] 유행전(劉行全) 형제를 받드는 현응묘(顯應廟) [북묘(北廟)],[101] 유강(劉強)을 숭배하는 고전현의 영경묘(寧境廟),[102] 왕심지의 부하로 추정되는 진(陳)씨를 신주로 모시는 민청현의 매천묘(梅川廟)[103] 등도 점차 역내 각지로 신앙권을 확대해 갔다. 수차례에 걸쳐 봉호를 하사받았고 지방관들로부터 정사에 준하는 지원을 받았다. 소리묘(昭利廟)는 당대복건절도사 진암(陣巖)의 장자를 신주로 받든다. 육유의『위남문집(渭南文集)』에는 〈복건 성황·소리·동악 기우문(福建城隍昭利東嶽祈雨文)〉[104]이라는 축문이 보인다. 당시 소리묘가 지역신앙으로 성장하면서, 광역적 신앙권을 가졌던 성황묘나 동악묘에 필적하는 대우를 받고 있음을 반영해준다. 그러나 복건 지역신앙으로 성장해가던 복건 사묘들이 '민월왕묘'의 사례처럼 지역개발과 보호 등의 이유만으로 입묘(立廟)와 확산이 이루어졌던 것은 아닙니다. 이와는 전혀 다른 특성에 의해 신앙권을 확대해간 사묘도 있는데 대표적인 것으로 마조신앙을 들 수 있다.

2) 마조신앙

마조(媽祖)는 중국을 대표하는 민간신으로 지금도 연해지역을 중심으로

---

99 『淳熙三山志』卷8,「公廨」, 7861~7862쪽.
100 『淳熙三山志』卷8,「公廨」, 7866쪽.
101 『淳熙三山志』卷8,「公廨」, 7863~7864쪽.
102 『淳熙三山志』卷9,「諸縣祠廟」, 7877쪽;『八閩通志』卷58,「祠廟」福州府 甌寧縣, 514~515쪽.
103 『淳熙三山志』卷9,「諸縣祠廟」, 7877쪽;『八閩通志』卷58,「祠廟」福州府 閩淸縣, 517쪽.
104 『渭南文集』卷24,「福建城隍昭利東嶽祈雨文」.

중국 각지에서 널리 숭배된다. 앞에서 상술했지만, 마조신은 해신(海神)으로 복주 서남의 흥화군(興化軍) 보전현(莆田縣)에서 시작되어 인근 지역으로 확산되었다.

12세기에 접어들면서 마조의 신력이 서서히 알려지면서 신앙권도 확장되었는데, 특히 선화5년[1123]에 사신선을 보호해주었다는 명목으로 북송정부의 공인을 받으면서 급속하게 확산되었다. 그렇다면 마조신앙은 어떻게 복주지역으로 전파되었을까? 『이견지(夷堅志)』에는 마조신앙의 복주 진입경로를 암시하는 부분이 발견된다. 남송 소희3년[1133]에 복주상인 정입지(鄭立之)라는 자가 광주[번우(番隅)]로부터 돌아오던 중 보전 부희만(浮曦灣)에 잠시 기항했는데, 근처에 해적선 6척이 있다는 말에 마조묘[숭복부인묘(崇福夫人廟)]를 찾아가 기도를 올린 뒤, 신의 도움으로 무사히 귀환할 수 있었다는 내용이다.[105] 당시 복주는 복건의 중심지로서 급격한 인구유입으로 인해 양곡부족상태에 직면했는데, 이에 광동미(廣東米)를 수입하기 시작하면서, 두 지역간의 교역도 활발하게 전개되었다. 마조신앙의 고향이라 할 수 있는 흥화군 보전지역은 바로 광동에서 복주로 연계되는 교통로의 중간에 위치한다. 복주출신의 해상들은 자연스레 이곳을 경유하며 마조신과 접촉하게 되었을 텐데, 결국 그들을 통해 마조신앙이 복주까지 전파되었고 이에 따라 복주 민현을 위시한 여러 지역에도 천비묘(天妃廟)가 건립되었다.[106] 이처럼 마조신앙은 복건의 지역신으로 부상하게 된 것인데, 이제 미주뿐 아니라, 보전에서도 대도시와 작은 취락을 불문하고 곳곳에 천비묘가 들어서기 시작했으며,[107] 선유를 거처[108] 남쪽해안으로 확대됨과 동시에 복주를 거쳐 북부해안으로도 전파되기 시작한 것이다.

105　洪邁 撰,『夷堅志』夷堅志 戊卷一,「浮曦妃祠」, 北京: 中華書局(第2版), 2006, 1058쪽.
106　『八閩通志』卷58,「祠廟」福州府 閩淸縣, 506쪽.
107　劉克莊,『後村集』卷91,「風亭新建妃廟」:"妃廟遍於莆, 凡大壚市, 小聚落皆有之."
108　淳熙5년(1178)에 興化軍 仙遊縣, 572쪽.

이렇게 맹렬한 기세로 마조신앙이 신앙권을 확대해가자 진순[陳淳, 1159~1223] 같은 이는 "성비(聖妃)라고들 일컫지만 보전의 귀신일 뿐이도다. 도대체 이 지역과 무슨 관련이 있다는 것인가!"라며 지역적으로 아무 연고도 없음을 이유로 격렬한 비난을 퍼붓기도 했다.[109] 그러나 대세는 바뀌지 않았는데, 마조신앙 확산의 배후에는 상인집단과 무역이라는 전반적인 추세의 변화가 있었다. 『이견지』「임부인묘(林夫人廟)」편을 보면 다음과 같은 내용이 보인다.

> 홍화군 경내 지명이 해구(海口)인 곳에는, 오래전부터 임부인묘가 있었는데, 설립연대도 분명치 않고, 묘우도 넓지 않지만 영험만은 특출했다. 무릇 바다로 나아가는 상인들은 반드시 사묘 아래서 치성으로 기도를 올리고, 점괘를 구하고 음호(陰護)를 빌고 나서야 감히 길을 떠났다.……[110]

예문의 내용은 이 마조신앙이 애초부터 해상들의 활동과 긴밀한 관련을 맺고 있었음을 반영해 준다. 주지하다시피 당시 복건상인들은 강·절 지역에서 생산되던 미(米)·견(絹)·도자기(陶瓷器)·공예품(工藝品) 등을 복건에 공급하고, 복건에서 생산되거나 외국에서 수입된 향료(香料)·약초(藥草)·염료(染料)·목재(木材)·사탕(砂糖)·과일 등 열대 혹은 아열대 상품들을 항주를 위시한 대도시 지역에 공급하면서 견고한 인적 네트워크를 형성하고 있었다.

이처럼 해상들의 신앙으로 출발해 그들의 활발한 활동과 더불어 신앙권이 확대되고 각지 지역사회와의 위상도 제고되자, 정부의 관심 역시 자연스레 고조되었고 봉호 하사 사례도 급속히 증가했다. 전술한 바와 같이 선화5년[1123]에 최초로 '순제(順濟)'라는 칙액을 받은 이후, 소흥29년[1159]에는

---

109 『北溪先生全集』 卷43, 「上越寺丞論淫祀」.
110 洪邁 撰, 『夷堅志』 夷堅支景卷九, 「林夫人廟」, 950~951쪽.

해적소탕을 음조했다는 이유로 '소응(昭應)'이, 그해에 다시 용천(涌泉)개발로 인해 '숭복(崇福)'이, 건도(乾道)5년[1169]에는 도적체포를 도왔다는 이유로 '선리(善利)'가 하사되는 등 송조가 멸망하는 1279년까지 총 11차례에 걸쳐 봉호를 받게 되어 '영혜호국조순협정가응현제비(靈惠護國助順協正嘉應顯濟妃)'라는 장문의 영예로운 이름을 갖게 되었다.[111] 봉호를 하사하는 것은 합법적인 신앙임을 공인함과 동시에 후원을 약속하는 것이다. 이에 따라 마조신앙의 신앙권은 더욱 확대되었고 점차 광역신앙으로 발전하게 되었다. 항해신으로 출발한 마조의 신력도 다양한 분야로 확대되어 관세음보살과 같이 자애로운 만능신(萬能神)의 이미지를 갖추게 되었다. 앞장에서 언급한 바처럼 행재 임안의 시박사(市舶司) 옆에도 마조의 사묘가 당당히 자리 잡게 되었다. 1191년에는 당시 복건의 해운동업조직의 행수(行首)인 심발순(沈發旬)이 동아시아 무역의 거점인 명주에 마조의 사묘를 건립했으며, 1279년에는 용강(甬江)어귀의 진해현(鎭海縣) 성내에도 민상(閩商)들에 의해서 마조묘가 건립되었다.[112] 지금까지 살펴본 바와 같이 마조의 신은 12, 13세기에 급격한 발전을 통해 지역신일 뿐 아니라 광역신으로 성장하게 되었다. 복건의 지역신이 광역신이 되었다는 의미는 신앙만 전파되었다는 것이 아니라, 이제 외부 세계에서도 복건적 정서와 습속이 확산되고 있음을 의미하는 것이다. 원거리 교역의 확대와 상인들의 활동에 따라 신앙의 이동도 활발해지고 이에 따라 지역적 사회문화 전통이 뒤섞여 융합되기 시작한 것이다. 지금까지 송대에 있어서 사묘신앙의 구체적인 발전양상과 의의를 좀 더 면밀히 규명하기 위해 복주지역을 중심으로 사묘를 신앙권으로 나누어 검토해보았다. 다음 절에서는 사묘를 중심으로 형성된 사회적 네트워크와

111　徐曉望,『福建民間信仰』, 福州: 福建教育出版社, 1993, 414쪽.
112　斯波義信,「宋代における福建商人の活動とその社會的背景」,『宋代商業史研究』, 東京: 風間書房, 1968. 斯波義信,『宋代江南經濟史の研究』, 東京大學東洋文化研究所, 1988.

이곳에서 전개된 복건민들의 일상생활을 살펴봄으로써 사묘신앙의 사회문화적 기능에 대해 집중적으로 분석해보겠다.

6. 복주의 사묘 네트워크와 지역민의 일상생활

사묘는 다양한 계층이 드나들며 자신들이 소망하는 바를 기구하는 종교적 공간이다. 대다수 복주의 농민들은 인근의 사묘를 드나들며 순조롭고 안정된 삶을 기원했다. 유행병이 돌거나 집안에 우환이라도 생기면 밤낮으로 더욱 간절한 기도를 올렸다. 가뭄이나 홍수 같은 자연재해가 닥칠 때는 농민 뿐 아니라 복주의 지역유력자나 지방관까지도 앞장서서 제사를 주재하곤 했다. 사인들도 과거시험으로 심적 압박이 가중될 때면 급제를 기원하는 기도를 올렸다. 남송대에는 도성 임안의 피장묘(皮場廟)[113]나 재동제군묘(梓潼帝君廟)[114]가 과거에 영험하기로 소문이 자자했지만, 복건에서는 소무군 혜응묘(惠應廟)가 유명했다.[115] 상인들도 길을 떠나기 전에 마조묘를 위시한 사묘를 찾아 항해와 행상의 안전을 기구했다. 이처럼 사묘에서의 신앙생활은 일상의 삶과 불가분의 관계를 지니고 있다. 하지만 정기적이건 일상적이건 혹은 집단적이건 개인적이건 간에, 다양한 계층들이 장기적으로 동일한 신주에 대해 예배의식을 거행하게 되면서, 사묘의 신도들 간에는 동류의식뿐 아니라 자연스레 네트워크가 형성되었다. 사묘가 새로운 사회적 공간으로 정립된 것이다.

그렇다면 여러 계층의 복주주민들은 어떤 형태로 사묘의 활동에 참여하며 사회적 네트워크를 형성해 갔을까? 이러한 네트워크는 구체적으로 어

---

[113] 王栐, 『燕翼貽謨錄』 卷4, 36쪽.
[114] 吳自牧, 『夢梁錄』 卷17, 「外郡行祠」, 253쪽.
[115] 『夷堅志』 卷15, 丁志, 「新廣佑王」.

떻게 작동되었고 일상의 삶에 어떤 영향을 미쳤을까?

1) 복주 사묘 네트워크의 계층성

본 절에서는 지방관·지역유력자·상인 등을 중심으로 사묘 네트워크의 가동정황을 확인해보고 각각의 역할과 의의에 대해 살펴보겠다.

첫 번째로 지방관들의 사묘활동을 살펴볼 때, 지방관과 사묘와의 관계가 비교적 구체적으로 드러나는 것은 역시 자연재해가 발생하고 이에 대한 대책이 강구되는 시점이다. 장기간에 걸쳐 중국사회는 끊임없이 자연재해에 노출되어 왔는데, 재해가 심할 때는 지방관이 지역유력자들과 주민들을 이끌고 지역의 저명한 신들에게 구제를 요청하는 의례를 주재하곤 했다. 수재나 한재가 발생하면 각 지방의 저명한 신령께 도움을 간구하고, 위기를 극복하면 신하들을 포상하듯이 봉호를 하사하는 대응방식은 송인들의 심성 속에 이미 습관화되어 있었다. 『이견지』「천문수사(天門授事)」편에는 "일 년 중 홍수와 가뭄이 백성들을 가장 긴박하게 하는 일이니, 만약 강력하게 이로부터 구제할 수만 있다면 현령이나 군수가 필히 이 사실을 조정에 상신할 것이요, 봉작은 당연히 내려질 것이다."[116]라는 내용이 확인된다. 자연재해 시에 지방관이 민간사묘를 찾아 기구하는 것이 그만큼 일상화되어 있음을 반영해주는 것인데, 인구과잉으로 인해 경작지 부족에 시달린 복건사회에서도 지방관과 지역유력자들이 이러한 사묘의례를 집전하는 것이 상례화 되어 있었다. 복주 민현에 위치한 회응묘는 용신을 신주로 모시는데 기우제를 올릴 때마다 응답이 있자 철종(哲宗) 소성(紹聖)4년[1097]에는 지주 온익(溫益)이 민현의 지현에게 명령하여 사묘를 중수하게 했다. 남송 효종 건도2년[1166]에도 지현 왕지망(王之望)이 기우제 후 대풍이 들자

---

[116] 원문은 당시 孫麒이라는 자가 封爵을 얻는 방법에 대해 질문하자 胡太公이 대답하는 형식으로 이루어져 있다.

조정에 영험을 상주했고 영택(靈澤)이라는 묘액이 하사되었다.[117]

전절에서 언급했지만, 민월왕의 세 번째 아들 백마삼랑을 모시는 선계묘는 당대 이래로 기우에 특별한 영험을 드러내어 이미 용양후(龍驤侯)와 홍윤왕(弘潤王)이라는 봉호가 하사된 바 있다. 이러한 전력과 넓은 신앙권을 가진 지역사회에서의 위상은 송조의 지방관들로 하여금 한발 때마다 적극적으로 기우의례를 주재하게 했다. 가뭄이 들면 곧바로 기우제가 거행되었는데, 태조 건륭2년[961] 민현의 지현이었던 강문병이 이미 묘우를 수리해 준 바 있다. 북송 인종 경력6년[1046] 6월 한발 때는 복주 지주 채양이 재계를 하고 스스로 축문까지 지어 기우제를 주도했는데, 축문을 읽자마자 큰비가 내리자 지현에게 묘우를 신수케 한 바 있다. 비슷한 사례로 신종 희녕8년[1075]에는 충제광응왕의 왕호가 하사되었고, 남송 고종 소흥11년[1141]에는 장준의 주도 하에 다시금 현응(顯應)이라는 봉호가 하사되기도 했다.[118]

적어도 외형상으로는 철저한 유교적 관료를 지향하는 지방관들이 이처럼 각양각색의 민간신기를 모시는 사묘의 의례를 주관하게 된 것은 재해대책의 구조적인 문제와 더불어 국가제사체제의 변동과도 관련이 있다. 앞에서 언급한 바와 같이 당송 이래 봉호 하사가 민간사묘를 통제하는 중요한 수단으로 등장하면서, 국가제사는 대·중·소 삼사의 하부에 방대한 사묘들을 포괄하게 되었다. 이로써 지방관들이 민간의 사묘제사를 주재하는 것이 당위성을 가지게 되었을 뿐 아니라 목민관의 주요 직무 가운데 하나로 변하기 시작했다. 물론 근본적인 방재대책의 강화라는 측면에서 볼 때에는 극히 비실용적인 정책이라 할 수 있겠지만, 외지에서 임관한 지방관들에게는 지역유력자나 지역민들과 접촉하며 의례 참여를 통해 조정에서

---

117 『淳熙三山志』 卷8, 「公廨」, 7865쪽.
118 『淳熙三山志』 卷8, 「公廨」, 7860~7861쪽.

수여한 정치권력을 확인하는 기회가 되기도 했다. 결국 공고한 중앙집권적 관료제하에서 지방관은 사묘를 중심으로 형성된 사회적 네트워크에서도 형식적이나마 최상위에 위치했던 것이다.

두 번째로 사묘와 지방 유력자의 관계를 살펴보겠다. 지방관의 위상이 형식적이고 제한적이라면, 지역 사묘를 중심으로 형성된 네트워크의 실제적인 주도세력이자 이를 국가권력과 연결하는 중재자는 지역의 유력자들이었다. 지방의례에 대한 지역유력자들의 참여와 역할 배분은 지방 세력에 대한 정부 측의 입장을 반영해주는 것이고, 향촌사회에 있어서 지역유력자의 계층적 역할이 규정되는 것이기 때문에 중요한 의미를 지닌다. 이런 점에서 『송사』 예지에서 기구와 보사에 관한 기록인 「기보」편의 일부 내용은 주목된다. 우선 북송 진종 함평2년(999)에 한재로 인해 공포된 조칙을 참조해보면, 뇌사와 우사께 기우제를 올린 후 이옹(李邕)의 기우법(祈雨法)에 따라 제단을 쌓은 후 토룡을 만들어 제사를 드리라는 내용이 확인된다. 의례와 관련된 조목에는 장리(長吏)는 삼일 간 재계한 후 토룡이 있는 곳에 가서 군리(軍吏)와 기로(耆老)를 거느리고 함께 제사를 주재한다는 규정이 명기되어 있다.[119] 관민이 공동으로 참여하는 제사활동에 있어서 지역유력자인 기로의 공적인 역할이 규정되어 있음을 확인할 수 있다.

지방제사에 있어서 지역유력자들의 역할은 경덕3년(1006) 5월 한발 때 발표된 대책 속에서도 재차 확인된다. 조문에서는 우선 연못이나 동굴·호수·산림과 같이 기우에 영험한 장소에서 기우제를 올릴 때 시간을 들여 번거롭게 토룡을 제작하는 대신에, 종이에 용을 그려서 기우제를 드리는 화룡기우법(畵龍祈雨法)에 따를 것을 권유하였다.[120] 아울러 의례를 거행할 때,

---

[119] 『宋史』卷102, 禮5「祈報」, 2500쪽. 제사 중에 "음악과 무격을 쓸 수 없다(不得用音樂巫覡)"는 후반부의 규정이 주목되는데, 민간에서 시작되었을 기우제의 여러 방식을 도용하면서도 부단히 의례절차의 儒家化를 시도하고 있는 정부의 의지로 추정해본다. 이 부분에 대해서는 향후에 상론하기로 한다.

자사와 수령이 기로를 거느리고 함께 '재계'한 후에 제사를 거행할 것을 명하고 있다. 주목되는 것은 기로가 제사의 준비과정인 재계부터 동참해야 한다고 규정한 것이다. 이는 국가의례에 있어서 지역유력자들의 공적인 역할이 더욱 강화된 것으로 이해할 수 있다. 전반적인 규정이 "기우에 영험한가?"라는 문제를 중심으로, 노천제단 뿐 아니라 지방 사묘제사까지도 포함하는 형태이기 때문에, 성황묘・동악묘・민왕묘 등 광역적・지역적 제사를 포함해서 대략 『순희삼산지』의 공해부분에 기록된 사묘제사는 지방관과 지역유력자가 함께 주재한다는 의미를 갖게 된 것이다.

야나기타 세츠코(柳田節子)는 송대 부로에 대해서, 현령・현승・주부・현위 등 지방관과 말단지배층인 서리를 도와서, 전토・호구・수리 등 지역사회의 중요업무를 장악했음을 밝힌 바 있다. 또한 기우 및 기청의례를 거행함에 있어서도 현지 지역민들이 공유하는 민간신앙에 의거하여 진행될 수 있도록 조정자의 역할을 수행함으로써 기층 민중의 지지를 얻었다고 설명한 바 있다.[121] 결국 송조는 향촌지배방식에 있어서 행정적 차원 뿐 아니라 신앙이나 의례적 차원에 있어서도 지역유력자들의 역할을 인정하고 그들에게 공적인 임무를 부여했다. 물론 앞에서 언급한 지방관들이 복주에서 주재한 사묘제사도 지역유력자들의 적극적인 협조 하에 원만하게 거행될 수 있었던 것이다.

그러나 복주 민간사묘에서 지역유력자들의 역할과 활동이 지방관의 제사를 보조하는 역할에 국한되었던 것은 아니다. 그들은 수시로 지역 사묘의 의례를 주도하면서 역내에서의 사회적인 권력을 확대해 갔다. 민현 현응묘 관련 기록에는 이종(理宗) 순우11년[1251]의 큰 가뭄 때 향인들이 기우제를 올리고 즉각 감응하자, 향공진사 진응각(陳應角) 등의 상신으로 묘액

120　『宋史』卷102, 禮5「祈報」, 2500쪽.
121　柳田節子,「宋代の父老-宋朝專制權力の農民支配に關連して」,『東洋學報』81-3, 1999.

'영현'이 하사되었다는 기록이 보인다. 내용상에 직접적인 언급은 없지만 지역민들을 이끌고 제사를 주도하고 묘액의 하사를 주청한 계층이 지역 유력자들이었음은 알 수 있다. 앞에서 인용했던 민국시기 복주 민현 점기리 고묘 관련 자료는 민간사묘에 있어서 지방 유력자들의 의례 개입과 봉호 상신을 좀 더 직접적으로 보여준다. 이민세력인 왕심지가 지역세력을 회유하기 위해 복건 특유의 민간사묘 신앙을 보호하고, 이러한 정책의 일환으로 후량정권에 대해 봉호 하사를 적극 상주했음은 앞에서 언급한 바 있다. 당시 지역사회의 계층구도를 중심으로 접근해보면, 이러한 조치는 왕심지가 지역사회의 네트워크에 있어서 사묘의 중요성을 인식하고 있었을 뿐 아니라, 사묘의 의례진행과 운영에 있어서 부로를 위시한 지역유력자들의 역할을 명확하게 간파하고 있었음을 반영해주는 것이다.

복주의 지역유력자들은 특히 넓은 신앙권을 형성했던 '광역적 신앙'을 비롯한 대규모의 사묘에 대해서 지대한 관심을 표시했다. 복주 통진문 밖에는, 전술한 바와 같이 휘주상인과 복건상인들에 의해 휘주에서 소주 일대로 다시 그곳에서 복주를 위시한 기타 지역으로 세력을 확장하며 광역적 신앙으로 부상했던 오통묘가 있었다.[122] 복주 오통묘는 북송 인종 강정원년[1040]에 사옥을 10칸으로 개창한 이래 점차 번성하여 많은 신도들을 확보하였고 부근에 행사까지 설립되었다.[123] 『삼산지』에는 "군 대성(大姓)들 모두 [오통신을] 세세손손 섬겼다"[124]고 언급하고 있다. 당시 지역유력자들은 이곳이 수많은 지역민들이 드나드는 사묘이기에 몇 대에 걸쳐 더욱 더 공을 들이며 사묘의 운영에 개입해 지역네트워크의 중심에 서고자 했던 것이다. 이밖에 일부 자료는 지역유력자들이 종사(宗祠)와 유사한 사묘를 지역

122 　Valerie hansen, 앞의 글 참조.
123 　『八閩通志』 卷58, 「祠廟」 福州府 閩縣, 502쪽.
124 　『淳熙三山志』 卷8, 「公廨」, 7862쪽.

사회의 거점으로 발전시켜 여타 주민에게 까지 영향력을 행사했을 가능성도 시사해준다. 복주 고전현의 영경묘는 당 개원[125]연간에 부락민을 이끌고 들어와 고전현을 개척한 유강을 기리기 위해 읍인들이 세운 사묘이다. 경덕연간[1004~1007]에 이감이 음사 수 백 개를 철폐할 때도 유일하게 이 묘우는 남겨두었다고 한다.[126] 이것은 영경묘와 현민들과의 특별한 관계를 반증해주는 것으로, 유강이 대성이었다는 점과 부락민을 이끌고 고전을 개척했다는 사실을 함께 고려하면 묘우의 건립자를 위시한 관련 인사들이 유강의 종족이거나 측근 인사였을 가능성이 높다.

이상에서 살펴본 바와 같이 송대 복주의 일부 사묘들은 지방지의 공해 부분에 등재된 것이 증명하듯 국가에서 공인한 정사였기 때문에, 열려진 공간으로서 새로운 네트워크가 형성되는 구심점으로 성장하였다. 더구나 송조는 지방의 유력자들을 지방제사의 공식적인 주재자로 인정하고 있었기 때문에 그들은 지방관과 함께 사묘의 의례를 주도하고, 봉호의 하사를 상신하며, 때로는 넓은 신앙권과 많은 신도를 가진 대사묘의 운영에 몇 대에 걸쳐 적극적으로 개입하면서 자신들의 사회적인 권력을 제고시키기 위해 노력했다. 그들은 국가와 민간사회의 소통의 중개자이자 구제활동과 토목공사를 주도하는 향촌의 지도자였을 뿐 아니라, 사묘라는 새로운 공간을 중심으로 형성된 사회적 유대관계의 핵심세력이었던 것이다.

세 번째로 사묘와 상인들과의 관계에 대해 살펴보겠다. 송대 이후에는 사묘에 있어서 상인의 활동이 어느 계층보다도 두드러지게 나타난다. 그들은 사묘의 건립과 보수뿐 아니라 각종행사에도 깊숙이 관여했으며, 일부

---

[125] 『淳熙三山志』 卷9, 「諸縣祠廟」, 7877쪽에는 開化로 기록하고 있지만, 『八閩通志』, 「祠廟」 卷58, 福州府 古田縣, 514~515쪽에는 開元으로 기록하고 있음.
[126] 『古田縣記』에는 李堪이 315所의 음사를 훼멸했고, 慶曆年間 郡守 蔡襄도 질병을 앓는 자들 마다 巫祝에게 의존하던 폐단을 질시했음이 기록되어 있다. 또한 음사의 문제가 古田縣에만 한정된 문제가 아님을 밝히고 있다(『淳熙三山志』 卷9, 「諸縣祀廟」, 7877쪽).

사묘에서는 운영의 주도권을 행사하기도 했다. 이러한 사실은 복건지역의 급속한 상업발전과도 관련이 있다. 송대에 들어 복건지역은 인구급증으로 인한 경작지 부족으로 상업종사자가 급속히 늘어났다. 해상교통의 요지라는 지리적 위치도 연해 주민들로 하여금 해상무역을 생업으로 선택하게 했다.[127] 민상·민고(閩賈)·민선(閩船) 등으로 통칭되는 복건해상세력은 강·절지역에서 생산되던 미(米)·견(絹)·도자기·공예품 등을 복건 현지에 공급하였고, 복건에서 생산되거나 외국에서 수입한 향료·약초·염료·목재·사탕·과일 등 열대 혹은 아열대 상품을 도성 임안을 비롯한 강·절의 대도시 지역에 공급하였다. 복건인들은 무역업 외에도 운수업이나 금융업 등에 종사하며 견고한 상업조직을 형성하기 시작했다.[128]

복주 출신 해상들의 활동도 두드러진다. 순희원년[1174]에 복주 장락현(長樂縣) 출신의 거상 진공임(陳公任)이 장세현(張世顯), 하중립(何仲立) 등 10여 명의 상인들을 이끌고 복청현을 출발해 절강에 가서 포(布)를 팔기로 모의하는 기사[129]나, 소희3년[1192]에 복주상인 정립삼(鄭立三)이 광동에서 돌아오는 길에 보전 부희만에서 해적을 만났다는 기사[130] 등은 복주 출신 복건상인들의 활발한 상단운영과 활동범위 등을 시사해준다. 그러나 해상 활동은 폭풍이나 암초·해적과 같은 자연적, 인위적 위험에 항시 노출되어 있었기 때문에, 상행의 안전과 성공을 기원하는 종교의례는 그들 생활의 중요한 부분을 형성했다. 특히 사묘신앙이 흥성했던 복건의 지역적 정서는 자연스레 해상과 사묘와의 관계를 밀착시켰다. 앞서 인용한 『이견지』 「임부인묘」편에서 "바다로 나가는 상인들은 반드시 사묘에서 치성으로 기

---

127 蘇軾도 『東坡文集』 卷5, 「論高麗進奏狀」에서 "福建路의 사람들은 海商을 생업으로 삼았다(福建一路, 以海商爲業)"고 밝힌바 있다.
128 斯波義信, 「宋代における福建商人の活動とその社會的背景」, 『宋代商業史研究』, 東京: 風間書房, 1968.
129 洪邁 撰, 『夷堅志』 夷堅支戊卷第一, 「陳公任」, 1059쪽.
130 洪邁 撰, 『夷堅志』 夷堅支戊卷第一, 「浮曦妃祠」, 1058쪽.

도를 드린 뒤 점괘를 구하고, 음호를 확신한 연후에야 감히 길을 나설 수 있었다"고 언급한 것은 당시 복건해상과 사묘와의 관계를 단적으로 보여주는 것이라 할 수 있다.[131] 복주 주치에서 해안으로 빠져나오는 요지에 위치한 장락현 통진묘(通津廟)의 묘신은 선박들의 안전한 항해를 보장해 주어서, 민(閩) 영륭(永隆)4년[942]에 통진후(通津侯)에 책봉된 바 있다.[132] 복주 복청현의 중요한 해도상에 위치했던[133] 소령묘(昭靈廟)의 묘신도 수차례에 걸쳐 조정으로부터 봉호를 얻게 된다. 사료에서 묘신의 주요한 영력으로 파도로부터 선박을 보호해주고 양향(糧餉)의 안전한 수송을 도왔다는 내용을 언급하는 것으로 볼 때 역시 해상들의 활동과 긴밀한 관련을 맺고 있음을 알 수 있다.[134]

그렇다면 상인들은 사묘의 운영에 있어서 어떤 방식으로 개입했을까? 구체적인 정황을 파악하기 위해서 절서의 사례를 잠시 인용해보겠다. 기신을 신주로 받드는 윤주 성황묘는 남송 이종(理宗) 경정연간[景定年間, 1260~1264]에 묘문(廟門) 밖 석교(石橋) 위에 경여정(敬如亭)이라는 정자를 세웠는데, 거민(居民)과 상인[시호(市戶)]들의 기부로 이루어진다.[135] 항주 영국사(營國寺)의 부속 묘우인 영순묘(靈順廟)는 무원 오현묘의 행사로서, 역시 경정연간에 평장(平章)출신 상인인 위공(魏公)이 출자해 낡은 신전을 새롭게 보수한 바 있는데,[136] 위공은 함순3년[1267] 옥천 용왕묘(龍王廟)의 수리에도 거액을 헌납한 바 있다.[137] 『이견지』에는 해상무역에 종사한지 10여 년만에 2억[二萬

---

131   洪邁 撰, 『夷堅志』 夷堅支景卷九, 「林夫人廟」, 950~951쪽.
132   『淳熙三山志』 卷9, 「諸縣祠廟」, 7877쪽.
133   『淳熙三山志』 卷5, 「海道」, 7862쪽.
134   『淳熙三山志』 卷9, 「諸縣祠廟」, 7876~7877쪽. 昭靈廟의 廟神은 熙寧10년에 保禧眞人에 책봉되었고, 紹興8년에는 昭靈이라는 묘액이 하사되었으며, 紹興30년에는 妙應에, 乾道3년에는 普祐가 可封되었다.
135   『至順鎭江志』, 2728쪽; 『嘉定鎭江志』, 2378쪽.
136   『咸淳臨案志』 卷73, 4014쪽.
137   『咸淳臨案志』 卷71, 4001쪽.

萬]의 재산을 축적한 천주 거상 양객(楊客)에 관한 설화가 전한다. 그는 바다에서 험난한 파도와 폭풍을 만날 때면, 매번 신께 구원을 요청하면서 사묘를 새롭게 단장해주겠다고 하늘에 맹세했다고 한다. 실상 육지에만 닿으면 언제 그랬냐는 듯 쉽게 잊어버렸다고 하는데, 절서의 사례와 마찬가지로 복건상인들도 사묘의 대사에서 관건적인 역할을 했을 가능성을 보여준다. 물론 묘우의 수보와 같은 중대사에 대한 대규모 희사와 적극적인 관여는 사묘운영에 있어서 상인들의 입지를 굳히는 데 중요한 계기가 되었을 것이다.

복건의 상인들은 이처럼 사묘의 운영에 있어서 지대한 영향력을 발휘했을 뿐 아니라 복건의 지역적 신앙인 항해신 마조를 역외지역으로 확산시키는데 있어서도 관건적인 역할을 하게 된다. 이러한 묘우는 복건상인들의 지난한 외지생활을 위로해주는 신앙적 공간이 되었을 뿐 아니라, 일시적으로 머무르면서 서로 간에 네트워크를 형성하고 정보를 교환하는 사회적 공간이자 복건의 신앙과 문화를 외지인들에게 전달해주는 전진기지가 되기도 했다.

2) 사묘 네트워크의 가동
 - 축제와 결사

본절에서는 묘신의 탄신일과 같은 축제(祝祭)의 진행과 결사(結社)의 성립 등을 검토해보면서, 사묘를 중심으로 형성된 인적 네트워크가 가동되는 정황과 기층민들의 일상생활과의 관계 등에 대해 살펴보겠다. 일정한 지역적 범위 내에서 동일한 신을 공동으로 숭배한다는 사실 자체도 그들이 정서적으로 일정한 동류의식을 가지고 있다는 것을 반영해 준다. 그러나 신의 생일과 같은 특별한 경축일에 결사를 통해 축제를 준비하고, 일상에서 벗어나 다양한 행사에 참가하며 문화적 체험을 공유하다 보면 그들은 또 다른 차원의 동질감을 형성하게 될 것이다.

앞에서 언급한 바대로 3월 28일은 태산신 동악성제(東嶽聖帝)의 탄신일로서 이를 축하하기 위한 축제는 복주 뿐 아니라 전국 각지에서 동시에 거행되었다. 양절서로(兩浙西路) 구주(衢州)의 관련 기록에는 "매년 악신의 생일을 맞을 때마다 주민들은 연일(連日) 함께 모여들었고, 백희(百戲)로써 [신을] 영접했다"는 내용이 보인다.[138] 생일 며칠 전부터 골목마다 조석으로 제사를 올렸고, 남녀노소 할 것 없이 악묘로 모여들었다. 이를 '조악(朝嶽)'이라 일컫는데, 동악신이 음계를 주관하는 신이기에 먼저 죽은 부모의 속죄와 살아있는 가족의 건강과 장수를 축원했다. 탄신일 당일이 되면 향과 초의 냄새가 천지에 진동했고, 백희와 같은 다양한 축하행사가 뒤를 이었다.

주민들은 제물을 바치고 경축 활동을 준비하는 과정 속에서 '사'를 결성했다. 이는 복주 뿐 아니라 여타 지역에서도 공통으로 확인되는 바이다.[139] 사회(社會) 혹은 사화(社火)라는 것은 도시나 촌락의 제사공동체를 의미하는 것으로, 당시 복주 동악묘의 신도들이 악제 탄신기념 축제를 준비하기 위해 조직을 만들었다는 의미이다. 이렇게 조직된 사회는 회수(會首)가 중심이 되어 영신의례(迎神儀禮)를 준비하게 되는데 때로는 반강제적으로 경비를 각출하기도 했다. 회수는 묘신과 그의 가족의 인형을 제작하여 화려하게 장식하고, 취주악대와 놀이패가 뒤따르는 대오를 구성해 가두 퍼레이드를 벌이기도 했다.[140] 회수는 보통 전심해서 행사를 준비하기 때문에 특별한 일이 없는 무뢰유수(無賴遊手)들이 전담하는 경우가 많았다. 그러나 그 배후에는 관부의 서리들이 회간(會幹)을 맡고, 지방의 유력인사들은 첨도(簽都)를 맡으며, 종실(宗室)은 권수(勸首)를 맡아 축제의 준비에 실질적인 영

---

138 『宋會要輯稿』刑法二, 禁約「紹興三年七月四日」.
139 『琴川志』卷10, 「敍祠」, 1244쪽에도 "……郡人不遠數百里, 結社火[結會]……"가 언급된다.
140 陳淳, 『北溪大全集』(四庫全書本) 卷43, 「上趙寺承論淫祀」, 851쪽.

향력을 발휘하였다.[141] 육유가 부로에게 영신(迎神)행사의 중지를 권유했던 것은, 사묘의 축제를 관할하는 실제적인 권력이 부로를 위시한 지방 유력자에게 있음을 시사하는 것이다.[142]

당시 복건지역에는 사묘가 워낙 많았기 때문에 축제가 그칠 줄을 몰랐다. 이에 일부 사인들이나 지방관들은 이러한 축제가 기층민들에게 상당한 경제적 부담을 안겨줄 뿐 아니라 농경이나 교화에도 부정적인 영향을 미치는 것으로 보았다. 진순의 문집 내용에서도 확인했지만,[143] 유교이데올로기의 확산을 목민관의 책무로 여기는 엄격한 지방관의 입장에서 사묘신앙은 당연히 생업을 방해하고 윤리를 해치는 사회악처럼 보였던 것이다. 그러나 기층민들은 이러한 사묘의 신들로부터 심령을 위로받고 소망을 기원할 수 있을 뿐 아니라, 축제기간 중에는 누적된 스트레스를 해소할 수 있었다.[144] 또한 사묘에서는 몇날 며칠 동안 신께 헌상하는 연극과 잡기 등 오락과 문화 활동이 이어졌다. 농민들은 일상의 고단함에서 벗어나서 그들의 종교 신앙과 긴밀하게 관련된 공연문화와 접촉할 기회를 갖게 되었다. 물론 이러한 공연은 그들로 하여금 공동의 문화의식을 갖는 데에도 중요한 역할을 하게 된다. 이상에서 살펴본 바와 같이, 당말에서 송대를 거치며 기층사회에서 질적·양적 성장을 보이는 사묘는 새롭게 형성된 사대부와 지역유력자들을 중심으로 새로운 네트워크가 형성되는 사회적 공간이었다.

---

141 陳淳은 福州를 중심으로 축제의 준비과정과 사회의 배후조직에 관해 상세히 기록을 남겼다. 陳淳, 『北溪大全集』卷43, 「上趙寺承論淫祠」, 851쪽에 상세히 보임.

142 陸遊, 『陸放翁全集』卷79(臺北: 世界書局, 1987, 1087쪽): "我欲告父老, 食爲汝之天, 勿結迎神社, 勿飾航湖船."

143 陳淳, 『北溪大全集』(四庫全書本) 卷43, 「上趙寺承論淫祠」: "逐廟各有迎神之禮, 隨月逐爲迎神之會" "男女聚觀, 淫奔酣斗, 夫不暇耕, 婦不暇織, 而一惟淫鬼之玩, 子不暇孝, 弟不暇恭, 而一惟淫鬼之敬. 一歲之中, 若是者凡幾廟, 民之被擾者凡幾番."

144 金相範, 「宋代 福州의 祠廟信仰과 地域社會-祠廟政策의 變化와 施行情況을 중심으로」, 『中國史研究』제38집, 2005.10, 102~103쪽.

7. 맺음말

이 글에서는 먼저 복건의 복주지역을 중심으로 사묘신앙의 전개양상과 지역사회에 있어서 종교정책의 집행양상, 이에 대한 사묘 측의 실제적인 반응 등을 검토해보았다. 어느 지역보다도 무축이 많고 사묘신앙이 성행했던 복건지역[145]은, 당말에서 송대에 이르는 전란의 시기에 상대적으로 경제가 안정되고 이민세력이 대량으로 유입되면서, 외래의 민간신앙까지 들어와 사묘신앙이 더욱 활발하고 복잡하게 전개되었다.[146] 이에 따라 음사에 대한 단속도 엄격하게 시행되었다. 당대에는 음사철폐가 주로 주자사·관찰사·절도사·순무사와 같이 최상급의 지방관이나 감찰관에 의해 광역적으로 집행된 데 반해, 송대에는 주(州)뿐만 아니라 예하 현에서도 음사철폐가 진행되었다. 복건의 사례를 보면, 북송 대에 이미 소무군 지주 유약허가 음사철폐를 단행한 바 있으며,[147] 두 차례에 걸쳐 복주 지주를 역임했던 채양도 병에 걸리면 무축부터 찾는 악습을 개탄하며 경력6년[1046] 음사 수백 곳을 혁파했다.[148] 음사훼철조치는 복주의 속현에서도 이루어졌는데, 진종 경덕연간[1004~1007]에 고전현 지현 이감은 무려 315개소의 현내 음사를 철거한 바 있다.[149]

---

145 『渭南文集』卷24,「福建城隍昭利東嶽祈雨文」에는 다음과 같은 내용이 전한다: "閩之風俗, 祭祀報祈, 比他郡國最謹. 以故祠廟之盛, 甲於四方."
146 『八閩通志』에는 明代 이전 福州 各 縣에는 총 113개의 祠廟가 존재했는데, 이 가운데 唐末·宋代에 건설된 것이 75개라고 기록하고 있어, 이러한 시대적 조류를 반영해 주고 있다[明, 黃仲昭 修撰,『八閩通志』卷58,「祠廟」, 福州: 福建人民出版社, 1991].
147 『福建志』에는 劉若虛는 "福州人으로써 天禧年間(1017-1021)에 임직했다"는 말이 보이는데 蘇威를 이어 임직했을 것으로 추정할 수 있다. 이 부분에 대해서는 李之亮 撰,『宋福建路郡守年表』, 성都: 巴蜀書社, 212쪽 참조.
148 蔡襄은 福州 지역민의 누습을 타파하고, 유교적 윤리에 따라 교화를 추진하기 위해, 상당히 심혈을 기울였다.「五戒」 외에도, 嘉祐三(或二年)年 12월에는 虎節門 앞에 「敎民十六事」를 새긴 비석을 세웠다[『淳熙三山志』卷39,「戒論」, 8234쪽].
149 『淳熙三山志』卷9,「公廨」, 7877쪽.

그러나 국가권력의 사묘정책이 강경 일변도로 진행된 것은 아니었다. 송대 사묘정책에 있어서 가장 중요한 변화는 사묘의 정통성을 판별하는 '사전'이 개방적으로 확대되었다는 점이다.[150] '봉호'와 '묘액'이 음사를 판별하는 새로운 기준이 되었고, 이에 따라 각지의 사묘들이 국가의 원하는 유교적 기준에 부응하면서 유교화되는 추세를 보여준다. 봉호를 신청했기 때문에, 전반적으로 국가제사가 사묘신앙까지 포용하는 추세로 전개되었다. 복주 지역에서는 오대에서 송대까지, 초봉·가봉·증봉을 포함해 무려 50여 차례에 걸쳐 지역 사묘에 대해 봉호가 하사되었다. 이 가운데 민시기에 왕심지가 주도한 건수가 20% 정도를 차지한다. 왕심지는 이민세력이기에 지역 인사들과의 화합이 필수적이었고 이에 따라 지역 신앙에 대해서도 개방적이고 유화적인 태도를 취했기 때문이다.[151] 가장 주목되는 것은 남송이 건국하는 1127년에서 1160년대에 이르는 시기인데 거의 50%에 달하는 복주사묘의 봉호가 이시기에 하사되었다. 복건은 송대에 경제를 위시한 다방면에서 타 지역의 추종을 불허하는 양적·질적 성장을 이룩하게 된다. 특히 임안을 행재(行在)로 정하고 천도한 후에는 수도의 후배지로서 그 중요성이 제고된다.

이런 측면을 고려할 때, 이 시기의 빈번한 봉호 사여는 지역민의 종교신앙에 대한 포용과 후원의 차원에서 이루어졌음을 알 수 있다. 발레리 핸슨은 사묘에 대한 사봉이 1070년경부터 급증하다가 1100년대에 최고조에 달하게 되고 향후 남송말까지 지속됨을 밝혀냈다. 1070년대 이후의 변화에 대해서는 왕안석 변법과 관련지어 개혁정책의 일환으로 신령세계에 대한 통제정책도 적극화된다고 주장한 바 있다.[152] 물론 복주 지역 사묘에 대한

---

150 이 부분에 대해서는 水越知의 前揭文 참조.
151 『淳熙三山志』「公廨」편 오통묘 조목에는 "王審知가 閩으로 들어온 후 주, 현의 백성들 모두가 사묘를 세우고 숭배하는 것을 허락했다"는 기록이 보인다[『淳熙三山志』卷 9,「公廨」, 7862쪽].

봉호 사여도 전반적으로 비슷한 증감 곡선을 그리기는 하지만, 시기적으로는 조금 다른 양상을 보이는 것인데, 이는 복주의 지역적 특수성을 반영한 것이다.

두 번째로 사묘의 신을 숭배하는 공간적인 범위를 의미하는 신앙권이라는 개념을 통해서 복주 사묘신앙의 구체적인 전개양상과 그 의의에 대해 검토해보았다. 당말 이래로 성황신·태산신·오통신·장왕신 등을 숭배하는 몇몇 사묘들이 본묘에서 행사(분묘)로 확산 분파되던 추세가 송대에 이르면 더욱 가속화된다. 남중국 혹은 중국전역에 광범위한 신앙권을 형성한 이들 대신들의 사묘 역시 외지에서 복주지역으로 유입되면서 현지에서 광역 신앙으로서 지위를 확립하게 된다. 복건 내부에서 성장한 사묘들도 일부는 여전히 기층의 주·현 단위에 머물렀지만, 민월왕묘 같은 사묘는 신앙권을 확대해 복건로 전체에서 숭배되는 지역 신앙으로 성장했다. 복주 인근의 홍화 보전현에서 생성된 마조신앙은 해상들의 항로를 따라 남북으로 전파되면서 점차 광역신으로 성장할 조짐을 보인다. 복주 경내에 광역 사묘신앙과 지역 사묘신앙이 혼재하기 시작했다는 것은, 복주민들의 정신세계에 향토적 측면 외에 타 지역민과 공유하는 부분이 확대되고 있었음을 의미한다. 단지 민간신앙이라는 이유로 '토속적' 혹은 '향토적'이라는 언어로 치부되어 온 사묘신앙이, 현지 기층민들이 지역의식을 넘어 전국적인 심성을 갖는 데 있어서도 긍정적인 기여를 하고 있는 것이다.

세 번째로는 사묘를 중심으로 형성된 사회적 네트워크의 구조를 분석해보고, 사묘축제와 이를 준비하는 결사활동을 통해 네트워크의 실제적인 가동정황과 송대 사묘의 사회문화적 기능에 대해서 검토해보았다. 사묘는 다양한 계층이 드나들며 자신들의 소망을 기구하는 종교적 장소이다. 대

---

152 Hansen Valerie, *Changing Gods in Medieval China, 1127-1276*, New Jersey Princeton: Princeton University Press, 1990, p.80.

다수 복주의 농민들은 인근의 사묘를 드나들며 순조로운 생산과 안정된 삶을 기원했다. 가뭄이나 홍수 같은 자연재해가 닥칠 때는 농민 뿐 아니라 복주의 지방관이나 지역유력자들까지도 앞장서서 제사를 주재하곤 했다. 사인들도 과거시험으로 인해 정신적 압박감이 가중될 때면 급제를 기원하는 기도를 올리곤 했다. 도성 임안의 피장묘나 재동재군묘처럼 복건에도 혜응묘 같은 과거신의 묘우가 등장했는데, 이는 새로운 사회이동의 경로가 민간신앙 상에 반영된 것이다. 상인들도 길을 떠나기에 앞서 마조묘처럼 영험한 사묘를 찾아 사업의 성공과 안전한 귀가를 기원했다.

다양한 계층들이 동일한 신주에 대해 예배의식을 거행하면서, 사묘의 신도들 간에는 자연스레 사회적 네트워크가 형성되었다. 송조는 지방의 유력자들을 지방제사의 공식적인 협조자로 인정하였다. 그들은 지방관과 함께 사묘의례를 주도하였고, 봉호 하사를 상신했으며, 때로는 몇 대에 걸쳐 대사묘의 운영에 직접 개입하며 사회적 권력을 제고시키기도 했다. 그들은 국가와 민간사회의 소통의 중개자이자 구제활동과 토목공사를 주도하는 향촌의 지도자였을 뿐 아니라, 사묘라는 공간을 중심으로 형성된 새로운 사회적 유대관계의 중심계층이었던 것이다. 송대 이후에는 사묘에 있어서 상인의 활동이 어느 계층보다도 두드러지게 나타난다. 그들은 사묘의 건립과 보수뿐 아니라 각종 행사에도 깊숙이 관여했으며, 일부 사묘에서는 운영의 주도권을 행사하기도 했다.

일정한 지역적 범위 내에서 동일한 신을 숭배한다는 사실 자체만으로도 그들이 정서적으로 일정한 동류의식을 가지고 있다는 것을 반영해 준다. 그러나 묘신의 생일과 같은 특별한 경축일에 결사를 통해 축제를 준비하고 다양한 행사에 참여하면서 더욱 결집력 있는 네트워크가 형성되었다. 또한 사묘 부근에서 공연되는 연극과 잡기 등 문화와 오락 활동과도 접촉하게 되는데, 이는 그들로 하여금 공동의 문화의식을 체감하게 했다. 당말에서 송대를 거치며 기층사회에서 질적·양적 성장을 보이던 사묘는 사대부·지역유력자·상인·기층민이 함께 새로운 네트워크를 형성하던 공간이었다.

제3장

북송시기 동경 개봉의 민간사묘신앙과 도성사회

1. 머리말

　전통시대 중국도시는 다수의 주민들보다는 황제를 중심으로 한 국가권력의 입장에서 설계되고 운영되었다. 특히 황제가 기거하는 궁전과 제국을 통치하는 관료기구 그리고 이를 방어하기 위한 중앙군의 군영이 밀집된 도성(都城)은 권력과 관련된 상징부호와 정치행정제도를 염두에 두고 설계한 '의례도시'이며 '정치도시'였다. 그럼에도 불구하고 9세기 후반 이후에 급부상한 '개봉(開封)'은 도성의 형성과정과 입지 그리고 운영에 있어서 새로운 사회경제적 변화가 반영된 근세 도성으로 평가된다.[1] 주목되는 것은 이러한 전환의 시기에 도성이 육로와 수로가 교차하는 화북평원의 교통요지에 위치하다 보니, 인구와 자원의 유동성이 전에 없이 증가했다는 점이다. 도성 주민의 구성이 복잡해졌고, 그들의 사회적 관계와 문화적 배경에도 변화가 발생하였다. 중국 도성사에 있어서 사회문화적인 변화 역시 새

1　楊寬, 「中國古代都城制度史研究」, 上海古籍出版社, 1993, 280~343쪽. 朴漢濟, 동양사학회 편, 「中國歷代 수도의 유형과 사회변화-唐・宋 變革期를 중심으로」, 『역사와 도시』, 서울대학교 출판부, 2003, 69~89쪽.

로운 국면으로 접어들고 있었던 것이다.²

 필자는 이러한 사회문화적인 변화가 도시사에 어떻게 구체적으로 반영되었는지 추적해보기 위해서 당말·오대 이후 폭발적인 성장과 확산 추세를 보이는 민간사묘신앙에 주목해보고자 한다. 민간사회의 신앙전통과 지역정서를 바탕으로 성장해 온 사묘신앙이 10세기 이후 도시사의 전개에 어떤 영향을 미치게 되는지 검토해보겠다.³ 이를 통해서 '기층성'과 '지역성'을 특징으로 하는 사회문화적 요소가 정부의 도성 운영과 주민들의 일상생활에 어떤 변화를 야기했는지 고찰해보려고 한다. 또한 권력의 심장이라 할 수 있는 도성 공간에 있어서 주민들의 사회적 자발성이 도시사 전개에 어떻게 영향력을 발휘하고 있었는지에 대해서도 생각해볼 것이다.

 먼저 개봉에서 발생한 '성수사건(聖水事件)'과 '신사(神祠)철폐사건'에 대한 분석을 통해서 민간사묘의 개봉 유입과 전개과정을 검토해보겠다. 민간신앙에 대한 북송 정부의 대응 양상을 살펴보면서 사묘정책의 시기별 변화와 그 배경에 대해서도 분석해보겠다. 다음으로 사묘신앙이 도성주민들의 삶에 미친 영향관계를 알아볼 것이다. 신앙공간으로 주민 개개인의 정신적인 삶에 어떤 영향력을 미쳤는지 살펴보고, 도성사묘의 공공적 기능의 변화에 대해서도 고찰해 볼 것이다. 마지막으로 묘신(廟神)의 탄신일에 벌어지는 묘회(廟會) 활동을 중심으로, 사회(社會) 혹은 사화(社火) 조직의 결성과 운영, 의례와 관련 행사의 진행 등을 검토해보면서 사회적 공간으로서 사묘의 역할과 도성 주민의 일상생활에 미친 영향에 대해서 논의해보겠다.

---

2 김상범, 「北宋 都城 開封의 儀禮空間과 都市景觀」, 『이화사학연구』 제51집, 2015.12, 113~114쪽. 송대 도시사 관련 연구사 정리는 이 논문을 참조할 수 있음.
3 오대시기 도시사와 사묘신앙과의 관계에 대해서는 아래 논문을 참조할 수 있음. 김상범, 「五代時期 都城 開封의 浮上과 國家儀禮」, 『中國古中世史硏究』 제35집, 2015.2; 김상범, 「吳越時期 杭州와 祠廟信仰」, 『역사문화연구』 제46집, 2013.5.

2. 성수사건과 신사철폐

1) 사묘의 팽창과 성수사건

북송 신종(神宗) 원풍(元豊)4년[1081] 6월, 동경 개봉부(開封府) 상부현(祥符縣) 등공향(鄧公鄉)에서 질병에 영험한 천수(泉水)가 발견되었다는 소문이 삽시간에 도처로 퍼져나갔다. 도성내외의 주민들이 몰려들면서 성수의 신령을 모시는 사묘를 세우려고 하자, 어사(御史) 풍직(豊稷) 등이 다음과 같이 상주했다.

> 상부현 등공향 대강촌에서 샘물이 솟아났는데, 민간에서는 이 물을 마시면 대부분 병이 치유된다면서 황당무계하게도 '이수자(李水子)'라고 부릅니다. 경사(京師) 내외의 사인(士人)과 서인(庶人), 군영의 자제들이 서로 소문을 퍼뜨리며, 오늘은 신(神)이 모처에서 출현하셨는데 내일은 신께서 모처에 강림하신다며 풍속을 뒤 흔들더니, 붕사(朋社)를 결성하고 재물을 모아서, 등공향으로 달려와 신께 사묘를 세워주려고 합니다. 소인배들이 이를 이용해 간악한 마음을 품을 수 있사오니, 신과 인간의 하는 일이 다르므로 이를 금하지 않을 수 없습니다.[4]

그런데 『송회요집고(宋會要輯稿)』에는 위의 상주문 후반부에 이어지는 대처방안에 대해서 보다 상세하게 언급되어 있는데, '성수의 신'에 대한 숭배 자체를 금지하는 것이 아니라 소인배들의 개입을 방지하기 위해서 정부의 엄격한 관리와 후원을 촉구하고 있는 점이 주목된다. '영험한 천수(泉水)'는 '사전(祀典)'에 등록할 수 있으므로 먼저 담당 관리에게 요청해서 공식적으로 등재하고, 모여진 헌금으로 사묘를 건립하여 조정이 제사를 통해서 신

---

[4] 『續資治通鑑長編』卷303, 神宗 元豊四年六月 壬申條: "御史豊稷及開封府界提擧司管勾官鄧忠臣等言: '祥符縣鄧公鄉大堈村有泉水, 民間飮之, 多能愈疾, 遂妄以『李水子』爲名. 京師內外士庶・軍營子弟轉相告言, 今日神見某處, 明日神降某處, 傾動風俗, 結成朋社, 率斂財物, 奔赴鄧公鄉, 欲與神立廟. 小人緣此易生姦心, 神民異業, 不可不禁.' 不報."

령들을 통어하려는 뜻을 분명하게 밝혀야 한다는 것이다.⁵ 결국 정부는 풍직의 건의를 수용하여, 정부 주도 하에 도성 내외의 주민들이 샘물을 길어갈 수 있도록 허락해 주었고, 모은 돈으로 신상(神像)과 사묘를 건립하게 했다.⁶

당대 후기 이래로 민간신앙의 전통이 강한 강남지역이 본격적으로 개발되고 내륙수로의 정비로 유동성이 증가하는 상황 속에서, 정부가 개방적이고 포용적인 사묘정책을 채택하면서 민간신앙은 새로운 확산추세를 보여준다. 특히 안사의 난 이후 당제국의 균열이 오대십국의 분열 국면으로 장기화되면서, 지역 주민의 결집과 지지가 시급했던 절도사 세력과 지방정권들이 묘액(廟額)이나 봉호(封號)의 하사를 통해 적극적으로 현지 지역신앙을 공인하고 후원해주면서 민간 사묘신앙은 공전의 활황을 누리게 되었다.⁷

북송 정부 역시 입국 초부터 전대(前代)의 사묘정책을 계승하였다. 도성 내외의 유력 사묘들을 국가의례로 흡수하여 주민들의 신앙적 정서를 존중하고 지지를 이끌어내는 포용적인 사묘정책을 견지하였다. 결국 이러한 정부 정책이 천하의 인구와 물산이 집결하는 도성 개봉의 지리적 조건과 결합하면서 교통로를 통해 전국 각지에서 다양한 신앙이 유입되었다. 성수사건에서 확인되는 바와 같이 새로운 사묘들도 앞 다투어 생성되었다.⁸ 이미 '정사(正祠)'로 공인하여 국가의례로 편입시킨 경성(京城)사묘 외에도

---

5   『宋會要輯稿』, 禮20之12〈山川祠〉: "(神宗)元豐三年 六月十七日, 權監察御史裏行豐稷言: '近見京城內外士庶與軍營子弟轉相告言, 今日神見某處, 明日神降某處. 恢詭謠怪, 無所不道, 傾動風俗. 結成朋(杜)[社], 率歛財物, 奔赴祥符縣鄧公(卿)[鄉]菜園內安頓, 欲與靈惠侯立廟. 小人緣此, 易生姦心. 神民異業久矣, 不可不禁. 如國家以泉水之靈可興祀典, 宜委命官主領施利, 明載簿曆, 支修廟貌, 亦可以示朝廷祭祀馭神之意.' 從之." 위의 예문에서는 이 사건이 元豐3년(1080) 6월에 발생한 것으로 기록하고 있다. 그런데 주4에서 인용한 『續資治通鑑長編』卷303 뿐 아니라, 아래 주6의 『宋會要輯稿』, 禮20之3에서도 '원풍4년'으로 기록한 것으로 보아, 원풍4년이 맞는 것으로 사료된다.

6   『宋會要輯稿』, 禮20之3〈山川祠〉: "(元豐)四年 五月十六日, 詔: '開封府開封縣鄧公鄉菜園內水泉, 見聽士民汲取, 宜特許側近以所得施利建立廟像.' 여기서는 開封府 祥符縣을 開封縣으로 잘못 기록함.

7   김상범, 「唐末·五代 浙西地域의 祠廟信仰과 地域社會」, 『東洋史學硏究』 第101輯, 2007. 12.

8   김상범, 「北宋 都城 開封의 儀禮空間과 都市景觀」, 『이화사학연구』 제51집, 137~144쪽.

이처럼 새로운 사묘들이 개봉 내부에서도 탄생하였고 정부도 이를 수용하여 통제하는 정책을 유지하였다.

질병을 치유할 수 있는 '성스러운 샘물'의 이미지는 평소 의술(醫術)의 혜택을 받기 힘든 기층민들에게는 신비로우면서도 쉽게 취득할 수 있다는 장점 때문에 신앙적으로 상당한 매력을 가질 수 있다. 사실 이와 같은 성스러우면서도 신비로운 이적(異蹟)의 출현은 때로는 그러한 현상이 발생한 장소의 성격을 변형시키기도 한다. 주위의 세속적인 공간과 분리되어, 사람들이 그 곳에 들어가기만 해도 거룩함과 접촉하는 듯한 감각과 함께 신비한 힘을 느끼게 하는 '성소(聖所)'로 변하게 한다.[9] 이러한 종교적 현상은 일찍부터 존재해 왔지만, 민간신앙이 팽창하는 당말·오대 이래로 더욱 빈번하게 출현한다. 주로 무축(巫祝)이나 승려(僧侶)·도사(道士)와 같이 민간사회에서 종교 신앙을 주도하던 사람들이 이러한 성수현상을 활용해왔다. 당 경종 보력(寶曆)2년[826]에는 박주(亳州)지역으로부터 마시면 바로 질병이 치유되는 성수가 용출(湧出)되었다는 소문이 확산되었다. 수개월 동안 멀리 절서나 복건에서도 성수를 음용하기 위해서 사람들이 몰려드는 사태가 발생했다. 당시 절서지역에서 음사(淫祠) 철폐를 주도했던 이덕유(李德裕)는[10] 요승(妖僧)이 개입하여 날조한 요망한 소문일 뿐이라면서 상주를 올려서 샘을 메워버리게 하였다.[11] 후주(後周) 현덕(顯德)2년[955]에 세종은 폐불(廢佛)

---

9 이 부분에 대해서는 미르치아 엘리아데 저, 이은봉 역, 『종교형태론』, 한길사, 1996, 470~493쪽 참조.

10 김상범, 『당대 국가권력과 민간신앙』, 신서원, 2005, 157~169쪽.

11 『舊唐書』卷174, 列傳124〈李德裕〉, 4516~4517쪽: "寶曆二年, 亳州言出聖水, 飮之者愈疾. 德裕奏曰: '臣訪聞此水, 本因妖僧誑惑, 狡計丐錢. 數月已來, 江南之人, 奔走塞路. 每三二十家, 都顧一人取水. 擬取之時, 疾者斷食葷血, 旣飮之後, 又二七日蔬飡, 危疾之人, 俟之愈病. 其水斗價三貫, 而取者益之他水, 沿路轉以市人, 老疾飮之, 多至危篤. 昨點兩浙·福建百姓渡江者, 日三五十人. 臣於蒜山渡已加捉搦, 若不絶其根本, 終無益黎甿. 昔吳時有聖水, 宋·齊有聖火, 事皆妖妄, 古人所非. 乞下本道觀察使令狐楚, 速令塡塞, 以絶妖源.' 從之."『舊唐書』卷37, 志第17〈五行·水異〉, 1373쪽: "寶曆二年, 亳州言出聖水愈病. 江淮已南, 遠來奔湊求水. 浙西觀察使李德裕奏論其妖. 宰相裴度判汴州所申

조치를 단행하였는데, 민중을 현혹할 수 있는 성수·성등(聖燈)·요환(妖幻) 따위의 행위를 일체 근절하라는 명령을 하달한 바 있다.[12]

성수 사건은 송대에 들어서도 단속적으로 발생했다. 조정과 긴밀한 관계를 형성했던 도사들도 '성수'의 종교적 현상을 이용하였다. 예천관(醴泉觀)의 원래 명칭은 '상서로운 샘물'이라는 의미를 가진 '상원관(祥源觀)'이었다. 진종(眞宗) 천희원년[天禧元年, 1017]에 동경 금군의 군영(軍營)인 공성영(拱聖營)에서 '북방(北方)'과 '무운(武運)'을 상징하는 상서로운 동물인 현무(玄武) 즉 구사(龜蛇)가 발견되어서 이를 기념하기 위하여 '진무당(眞武堂)'[13]이라는 명칭의 도관(道觀)을 건립하였다. 그해에 진무당 옆에서 성수가 용출하였는데, 백성들이 질병에 걸렸을 때 이 샘물을 마시면 바로 쾌유하여, 다음 해에 조서를 내려 상원관으로 개명하고 회령관사도감(會靈觀使都監)으로 하여금 관리하게 하였다. 이를 기념하기 위해서 정전(正殿)과 세 동의 전각을 세워주었고 군영의 장사(將士)들에게도 기폐(器幣)를 하사했으며, 진무당의 주신(主神)에게는 '진무영응진군(眞武靈應眞君)'이라는 도교식 봉호를 수여해주었다. 봉선(封禪)을 준비하는 과정 속에서 천서(天書)를 날조할 정도로 통치를 분식하기 위해서 상서로운 징조에 집착하던 도교군주 진종의 욕망 그리고 재상 왕흠약(王欽若)과의 밀접한 관계를 이용하여 교세를 확장하려던 도사들의 야욕이 결합하면서 또 한 차례 성수사건이 발생하였고, 결국 예천관 건립으로 이어졌던 것이다.[14]

状曰: '妖由人興, 水不自作.' 牒汴州觀察使填塞訖申."

12 『舊五代史』卷115, 「周書」六 〈世宗榮榮紀〉第二 顯德二年, 1530쪽: "僧尼俗士, 自前多有捨身·燒臂·鍊指·釘截手足·帶鈴掛燈·諸般毀壞身體·戱弄道具·符禁左道·妄稱變現還魂坐化·聖水聖燈妖幻之類, 皆是聚眾眩惑流俗, 今後一切止絶. 如有此色人, 仰所在嚴斷, 遞配邊遠, 仍勒歸俗, 其所犯罪重者, 準格律處分."

13 '玄武堂'이라고 해야겠지만 聖祖로 추앙한 趙玄郎을 避諱해서 '眞武堂'으로 명명했다.

14 『宋會要輯稿』, 禮5〈祠宮觀·醴泉觀〉: "醴泉觀, 舊曰祥源. 眞宗天禧二年閏四月詔: '拱聖營醴泉, 所宜度地立觀, 以祥源爲名. 命東染院使鄧守恩督功興建, 宰相王欽若管勾. 觀在京城東南, 本拱聖營. 元年, 營中有見龜蛇者, 建眞武堂. 是年泉湧堂側, 民疾飲之多愈,

성수 현상은 동경 개봉의 저명한 민간 사묘였던 '이랑묘(二郎廟)'에서도 발생하였다. 도성 서쪽 만승문에 바로 근접해 있는 이랑묘에서 치병에 영험한 성수가 분출했다는 소식이 알려지면서 도성주민들이 앞 다투어 사묘를 찾았다. 당시 척리(戚里)에 거주했던 부마도위(駙馬都尉) 이단원[李端愿, ?~1091]의 집안에서도 아들이 병환을 앓고 있었던지라 이 소식을 접하고는 몰래 사람을 보내 성수를 길어오게 했는데, 평소 귀신 섬기는 풍속이 못마땅했던 이단원이 이를 알고 대노했다는 기록이 전한다.[15]

사묘의 팽창과 관련된 성수사건이 또 다시 발생한 것은 철종(哲宗) 소성(紹聖)4년[1097]의 일이었다. 이번에도 금군 우교준제이지휘(右敎駿第二指揮)에서 성수가 분출하여 천신(泉神)을 공봉할 수 있는 사묘를 세우겠다는 보고가 올라왔다. 도성 개봉은 당대에 백거이(白居易)가 이미 "수륙의 요충으로 운송로의 목구멍 같은 곳"이라고 언급했을 정도로 전국 각지에서 인구와 자원이 집결하는 곳이었다. 전국에서 모여든 상인과 관료들은 물자뿐 아니라 지역문화와 신앙을 함께 전파했다. 주목해야 할 또 다른 세력은 천험(天險)이 결여된 화북평원의 개활지에 위치한 도성을 방어하기 위해서 집중 배치된 금군(禁軍)세력이었다. 전국 각지에서 차출된 그들은 고향의 문화와 신앙을 확산시키는 매개자였다.

그런데 주목되는 것은 11세기 마지막 90년대에 발생한 성수 사건에 대한 북송정부의 대응이 이전과는 확연하게 달라졌다는 점이다. 성수가 출현했다면서 거짓으로 보고를 올려 사묘를 세우려고 하니 이런 시도를 금절

故有是詔.' 自後常令會靈觀使都監掌之. 五月, 詔修建正殿及三小殿, 餘俟癸亥年興葺上梁. 賜將士器幣. 六月, 詔加眞武號曰眞武靈應眞君. 十月, 觀成. 凡三殿: 正殿曰崇眞, 眞武像也; 東曰廣聖, 刻御製贊; 西曰靈淵, 卽湧泉. 是日, 放士庶遊觀五日."

15 陳師道·周彧 撰, 李偉國 點校, 『後山談叢·萍洲可談』卷3, 中華書局, 2007: "駙馬都尉李端愿, 居戚里最號恭愼. 旣失明, 猶戒勵子弟故終身無過. 時京師競傳州西二郎廟出聖水, 治病輒愈. 李素不事鬼神, 一日其子舍有病稚, 家人竊往請水. 李聞大怒, 卽杖其子, 且云: '使爾子果死, 二郎豈肯受枉法贓故活之耶? 若不能活又何求?'"

해야만 한다면서 태복시(太僕寺)에서 상주를 올렸다. 정부는 태복시의 상주를 그대로 수용해서 곧 바로 묘우를 철폐하라는 조서를 반포했다. 중요한 것은 이와 동시에 상서예부로 하여금 입법 조치를 강구하도록 명령했다는 점이다. 결국 다음 해인 철종 소성5년[1098] 4월, 추밀원에서 관련 법규를 공포했는데, 향후 군영에 묘우(廟宇)를 건립한 자에게는 도1년(徒一年), 영험한 이적을 사칭하면서 사람들을 동원한 경우에는 두 단계를 올려서 도2년(徒二年)에 처하도록 했고, 사묘를 설립하지 않은 경우에는 2등(二等)을 감형하게 했다. 관할 장교나 절급(節級)이 사태를 미연에 방지하지 못했을 경우에도 같은 죄를 적용하도록 했다.[16]

민간신앙의 폐해에 대해서는 원풍3년[1080]의 성수사건 때에도 이미 "풍속을 흔들고, 사적인 봉사를 결성한다"면서 비판한 바 있지만, 당시까지만 해도 정부의 일반적인 대처 방안은 사전에 등재하여 사묘를 공인해준 뒤에 관리하는 유화적인 정책이었다. 그런데 소성4년[1097] 사태 때에는 묘우를 철훼하는데 그치지 않고 입법조치를 통해 지속적인 단속방안을 제시할 정도로 강경책으로 선회한 것이다. 금군 군영에서 조차 '성수' 사태와 같은 민간신앙의 폐단이 지속적으로 출현한 점 등을 감안할 때, 11세기 말 민간신앙에 대한 급격한 정책 변화는 도성의 민간신앙이 정부 측의 심각한 우려를 야기할 정도로 상당 수준 팽창하고 있었음을 시사해주는 것이다.

2) 신사철폐

성수출현에 대한 정부의 태도 변화는 민간신앙에 대한 정책변화의 일단을 반영하는 것이다. 12세기 초에 진입하면서 마침내 도성 개봉에서 대규

---

16 『宋會要輯稿』, 禮20 〈山川祠〉: "(哲宗)紹聖四年(1097)五月二十六日, 太僕寺言: '右教駿第二指揮妄傳聖水出見, 輒起廟宇, 欲行止絶.' 詔太仆寺毁拆, 仍命尚書禮部立法. 紹聖五年四月五日, 樞密院言: '諸軍營創立廟宇者徒一年, 稱靈異動眾者加二等; 廟宇未立, 各減二等, 止坐爲首之人, 本轄將校・節級不止絶, 與同罪.' 從之"

모 음사철폐 사건이 발생하였다. 이처럼 민간신앙이 팽창하게 된 구조적 배경으로는 당대 후기 이래로 사묘신앙의 중심지인 강남 개발이 가속화되고 농업과 상업발전으로 촉진된 사회적 유동성 증대를 거론할 수 있다. 하지만 동경 지역으로 제한한다면 도성의 입지와 긴밀한 관련이 있다. 전술한 바와 같이, 오대 이후 수도로 급부상한 개봉은 운하와 하천 그리고 육로가 교차하는 교통의 결절점에 위치한다. 전국의 물류가 집결되는 곳일 뿐 아니라 개활지 상의 도성방어를 위해서 각지의 병력을 차출하여 금군 중병을 주둔시킨 거대한 도시였다. 도성이 갖고 있는 정치·군사도시로서의 기본적인 특징으로 인하여 관료와 거자(擧子)·군인들이 모여들었을 뿐 아니라, 점차 상업도시적 성격이 강화되면서 각지에서 상인을 위시한 다양한 계층이 도성으로 유입되었다. 물자와 인력의 이동은 각 지역의 문화와 신앙도 함께 전파시켰다.

사회경제적인 변화와 더불어 경성 지역사묘의 국가의례 진입에서 확인되는 바처럼, 북송 정부의 절충적이고 포용적인 종교정책 역시 도성의 민간사묘가 급속히 팽창하는 계기가 되었다. 당대(唐代) 이전까지 정부는 정치적 필요에 따라서 일시적으로 지지를 표명하기도 했지만 대체로 유교적 이풍역속(移風易俗)을 강조하면서 규제정책을 선호했다. 대략 당 현종 시기를 전후로 사묘 정책이 현저하게 변하였다. 특히『대당개원례(大唐開元禮)』의 성립 이후 의례규정을 통해서 민간사묘신앙을 승인하고 지지할 수 있는 근거가 마련되었다.『대당개원례』는 국가제사를 중요도에 따라 대(大)·중(中)·소(小) 삼사(三祀)로 구분하였는데, 사중(司中)·사명(司命)·풍사(風師)·우사(雨師)·영성(靈星)·산림(山林)·천택(川澤)·오룡사(五龍祠)를 소사(小祀)로 분류하고 주현(州縣)의 사직(社稷)과 석전(釋奠) 그리고 '제신사(諸神祠)'를 소사에 편입시켰다. 이것은 국가예전의 규정에 의해 주현 급의 제사활동이 국가제사의 범주로 편입되었다는 점에서 중요한 의의를 갖는다. 한편

주현제사의 하나인 '제신사'라는 용어 자체가 갖는 '포괄성' 때문에 지방의 민간제사 가운데 정사(正祠)로 인정할 수 있는 범위도 확대되었으며 제사의 합법성 여부를 결정하는 권한도 지방정부로 이관되었다. 국가예제와 지역신앙이 결합할 수 있는 가능성이 열렸다는 점에서 이 조치는 중요한 의미를 갖는다.[17] 공식적인 의례규정에 '제신사' 관련 조항이 기재된 것은 정부가 지방 사묘의 변화추세를 감지하고 그 대처방안을 마련한 것이기 때문에 일정 정도는 사묘신앙의 새로운 발전추세를 반영한 것이다.

이러한 정책은 송대에 더욱 확대되었다. 태조 개보연간[開寶年間, 968~975] 이래로 천하의 지지(地志)에 기록된 궁관능묘(宮觀陵廟)·명산대천(名山大川) 중에 구름과 비를 일으킬 수 있는 것들은 수보(修補)해주고 사전에도 증입(增入)하게 했다.[18] 인종 황우(皇祐)2년[1050]에는 명산대천을 제사하는 사묘 가운데 기우에 영험한 곳을 조사해서 사전에 기입하라는 명령이 하달되었다.[19] 이처럼 북송대에는 사묘에 대해서 포용적인 정책을 통해서 백성들의 생업에 도움을 준 사묘들을 사전에 기록하였고 국가제사의 일부로 우대하였다. 1070년대에 들어서 정부는 민간사묘에 대한 공인과 후원의 의미로서 봉호와 묘액을 하사하는 정책을 더욱 적극적으로 추진하였는데, 이에 따라 공인된 합법적인 정사가 급증하는 추세를 보인다. 신종 희녕(熙寧)7년 [1074]에는 백성들의 삶에 공덕을 세웠음에도 불구하고 작호가 하사되지 않은 사묘를 보고하라는 조령이 공포되었는데, 이에 따라 다음 해에는 전국 37개의 사묘에 봉호가 하사되었다.[20]

당시까지만 해도 봉호 하사는 도교와 불교 사원에 집중되었고 사묘는

---

17 雷聞, 『郊廟之外-隋唐國家祭祀與宗教』, 北京: 生活·讀書·新知 三聯書店, 2009, 223쪽.
18 『宋史』卷105, 志第58, 禮8〈諸祠廟〉, 2561쪽: "自開寶皇祐以來, 凡天下名在地志, 功及生民, 宮觀陵廟, 名山大川能興雲雨者, 並加崇飾, 增入祀典."
19 『宋會要輯稿』, 禮20之6, 7.
20 『宋會要輯稿』, 禮20之2.

상대적으로 빈도가 낮은 편이었는데,[21] 이 시기에 현저한 증가추세를 보이게 된 것은 일정 정도 신법당과 구법당 사이의 첨예한 대립과도 관련이 있다. 1074년 하북 지역에 심한 가뭄이 닥쳤다. 구법당 측은 '천인상응론(天人相應論)'을 거론하며 신법당의 실정과 연계시켰고, 집요한 공격으로 왕안석의 개혁정치를 중단시켰다. 다행스럽게도 11월 25일부터 가뭄을 해갈하는 감우(甘雨)가 내렸는데, 신법당 측은 비가 내리는 것은 자연의 섭리일 뿐이라고 반격을 가하면서 개혁정책을 재개하였다. 다음 해 정월에는 남교에서 교사를 거행하고 대제사를 기념하는 대민조치의 일환으로 기우제에 감응한 것으로 보고된 '사묘'에 대해서 대대적으로 봉호를 하사했다. 정치 위기를 극복함과 동시에 전국적인 기층사회의 지지를 확보하기 위해서 지방의 여러 사묘에 대해서 봉호 하사를 추진한 것이다.[22]

누차에 걸쳐 조사령이 반포되었음에도 불구하고, 급속히 팽창하는 사묘들을 전국적으로 파악하고 관리하는 일은 쉽지 않았다. 신종 원풍3년[1080] 북송정부는 '작위'를 근거로 사묘를 관리하겠다는 의지를 재천명했다. 이때 봉호 하사의 방법과 절차에 대해서 좀 더 체계적으로 제도화해야 한다는 의견이 제시되었다. 태상시 박사 왕고(王古)는 '선묘액(先廟額), 후봉호(後封號)'의 원칙하에, 봉호 하사는 묘신의 지위에 따라 후(侯)·공(公)·왕(王)의 순서로, 봉호의 자수(字數)는 처음 2자(二字)로 시작하여 4자(四字), 6자(六字), 8자(八字)로 증가한다는 규정을 확립하고, 신의 가족과 여신에 관한 규정도 확정하였다.[23] 먼저 지방에서 상세한 조사를 통해 지지(地誌)를 작성하고,

---

[21] Valerie Hansen, *Changing Gods in Medieval China, 1127-1276*, New Jersey Princeton: Princeton University Press, 1990, pp.76~77. 한센은 민간사묘에 대한 賜封 추세를 계량화하여 그래프로 작성한 바 있는데, 1070년부터 급증하다가 특히 1100년대를 전후하여 최고조에 달한 뒤 12세기에 지속적으로 완만하게 이어지게 된다.

[22] 신, 구법당의 당쟁과 사묘에 대한 봉호 하사의 관계에 대해서는 須江 隆,「熙寧七年詔」,『東北大學東洋史論集』第8輯, 2001과 김한신,「北宋 朝廷의 民間信仰 統制」,『東洋史學研究』제130집, 2015.3, 134~138쪽에 잘 정리되어 있음.

[23] 『宋史』卷105, 禮八「諸祠廟」, 2561쪽;『宋會要輯稿』第19冊 禮20之六: "(太祖) 開寶

이를 근거로 중앙의 사전에 기입해 종합적으로 관리하는 방법이 마련되었다. 공인된 사묘를 지방문서에 기록하여 관리하는 방식은 이미 당말부터 단서가 출현하지만,[24] 전국 차원에서 실제로 적용하기 위한 운영세칙이 구비된 것이다. 봉호와 묘액의 하사를 통해서 민간의 사묘신앙을 관리하고 통제하려는 정책은 향후에도 지속적으로 제도 보완이 이루어졌다. 소성2년[1085] 12월에는 예부시랑 황상(黃裳)의 건의로, 전국의 주군(州軍)에 경내 사묘를 조사하여 '모주사전(某州祀典)'을 편찬하라는 조령이 하달되었다.[25] 이에 따라 지방관들은 현지 사묘의 동태를 파악하여 사호(賜號)와 사액(賜額)의 기초자료로 활용할 수 있는 지방 사전을 정비하였다. 물론 지역 신앙과 제사활동의 실태를 보다 상세히 반영한 지방 사전이 상달되면서 조정은 전국적인 상황을 보다 세밀하게 반영할 수 있는 중앙 사전의 근거자료를 확보할 수 있게 되었다. 대·중·소 삼사를 위주로 운영하던 국가제사체제가 봉호와 묘액의 제도를 통해서, 하부에 방대한 수의 제신사를 거느린 형태로 팽창한 것이다.[26]

(968-975), (仁宗)皇祐(1049-1053) 이래, 무릇 천하에서 地志에 명기되어, 功德이 백성들에게 미치고, 宮觀陵廟 와 名山大川중에 능히 구름을 일으켜 비를 내리게 할 수 있는 자에게는 (廟宇)를 숭엄하게 장식해주고 祀典에 기입하였다. 神宗 熙寧年間(1068-1077)에는 거듭 詔를 내려 祠廟가 기도에 응해 영험을 드러냈으나, 아직까지 爵號가 없는 것이 있다. 이런 연유로 太常博士 王古가 청하길 "오늘 이래로 爵號가 없는 諸神祠에는 廟額을 내리고, 이미 묘액이 하사된 자에게는 封爵을 가한다. 처음에는 侯에 封하고, 다음으로 公에 封하고, 그 다음에 王에 봉하는데, 살아서 작위가 있었던 자들은 본래의 封爵에 따른다. 婦女의 神에게는 夫人을 封하고, 다음에 妃에 封한다. 封號는 처음에는 두 자이며, 다음에는 네 자로 더해진다. 이렇듯 命을 내려 신을 통어함으로써, 恩禮에 질서가 있게 된다."

[24] 이덕유는 "按方志, 前代名臣·賢后則祠之, 四郡之內, 除淫祠一千一十所"라는 구문에서 언급되다시피 지방지를 淫祠 與否를 판별하는 주요한 근거로 삼은 바 있다. 이러한 추세는 湖州 吳康縣의 龍神을 모시는 "淵德廟"와 관련된 "唐元和8년(813), 縣令劉汭禱雨有驗, 始載祀典."이라는 기사를 통해서도 확인된다[『嘉泰吳興志』, 4745쪽].

[25] 『宋會要輯稿』, 禮20之9.

[26] Valerie Hansen, op.cit., pp.79~80; 김상범,「宋代 福州의 祠廟信仰과 地域社會-祠廟政策의 變化와 施行情況을 중심으로」,『中國史硏究』제38집, 2005.10.

전반적으로 사전의 개방과 정비를 기초로 사묘에 대한 봉호의 하사를 확대해 간 북송 정부의 포용적이고 절충적인 민간신앙정책은 도성 개봉에서도 그대로 적용되었다. 1017년 도성의 군영인 공성영에서 현무가 출현하고 다음 해에 진무당 옆에서 신비한 성수가 솟아났다는 보고가 상신되자, 도사들이 적극적으로 개입하여 상원관이 건립되었고 '진무령응진군'이라는 도교식 봉호도 하사되었다. 사묘에 대한 봉호 하사가 급증하는 신종 원풍3년[1080]에 풍직은 잡신숭배에 빠진 사서(士庶)와 군영자제(軍營子弟)들의 세태를 통렬하게 비판하고 사묘신앙의 폐해를 일일이 지적하였다. 하지만, 등공향 성수사건에 대한 그의 대책은 봉호를 하사하고 사전에 기록함으로써 신생사묘를 정부가 통제할 수 있어야 한다는 것이었다.

그런데 소성4년[1097] 또 다시 군영에서 출현한 성수사건에 대해서 정부가 입법 조치를 포함하여 강력하게 대처한 사례가 암시했듯이, 11세기 후반부터 사묘의 팽창과 봉호의 남발에 대한 비판과 우려가 제기되었다.[27] 발레리 핸슨이 인용했던 것처럼, 휘종 건중정국원년[建中靖國元年, 1101]에는 사전에 기록된 사묘 가운데 영적(靈蹟)이 확인되지 않은 것이 적지 않다는 의문이 제기되었고,[28] 정화(政和)원년[1111]에는 비서감(秘書監) 하지동(何志同)이 동일한 신기(神祇)에 여러 개의 봉호가 하사되는 실태를 비판하기도 하였다.[29] 폭발적인 성장세를 보이던 도성 내 사묘에 대한 비판과 우려는 결국 제재 조치로 현실화되었다.

대관(大觀)3년[1109] 8월 26일 휘종은 마침내 경사 사묘 가운데 사전에 기록되지 않은 음사들을 철폐하라는 조서를 반포했다. 귀신 운운하며 요망하게 민중을 현혹하는 자들은 개봉부에서 체포하여 형벌을 내리고 인근 주

---

27   Valerie Hansen, Ibid., pp.80~81.
28   『宋會要輯稿』禮 20之7a.
29   『宋會要輯稿』禮 20之10a.

(州)로 추방해서 관리하도록 했다.³⁰

  2년 후인 정화원년에는 음사철폐활동을 더욱 전면적으로 확대하였다. 개봉부로 하여금 신사 1,038개 소를 훼멸하도록 했으며, 사묘에 안치되어 있는 신상은 사관(寺觀)이나 본묘(本廟)로 옮기도록 했다. 진무신(眞武神) 신상은 예천하관(醴泉下觀)으로, 토지신의 신상은 성황묘로 각각 이전하도록 했다. 오통(五通)·석장군(石將軍)·달기(妲己) 세 묘가 음사임을 공포하였고, 군민들이 임의로 건립한 대소 사묘들도 철폐하였다.³¹ 제한된 시간 동안 도성 내에서만 무려 1,038개의 사묘를 폐기시켰다. 음사철폐의 상징처럼 칭송되는 적인걸과 이덕유가 각각 강남과 절서라는 광범위한 지역을 대상으로 삼았었다는 점을 감안할 때,³² 이 사건은 북송 이후 사묘신앙의 새로운 발전추이와 사회적 영향력을 반영해주는 것이다. 특히 철폐의 과정에서 오통신묘와 석장군묘·달기묘를 강조한 것은 이들이 정사로 공인을 받지는 못했지만 도성 내에 넓은 신앙권을 형성하였기 때문일 것이다.

  이처럼 북송시기 내내 포용적이었던 사묘정책이 급변한 것은 철폐한 사묘의 수량에 공인된 정사가 제외되었다는 사실을 감안할 때, 앞에서 언급한 바와 같이 도성 내 사묘신앙이 우려할 수준으로 팽창했다는 가정을 가능하게 해준다. 하지만 당대의 음사철폐 사건과 비교할 때, 주목되는 것은 도교세력의 개입이다. 당대에는 신사를 훼철한 후에 보통 유교이데올로기의 확산을 통한 이풍역속을 구현하기 위해서 유교교육과 유교식 지방제사를 보급하는 정책을 추진하였다. 이에 비해 북송 휘종연간의 경우에는 사건 전후로 도교 세력의 개입을 시사해주는 일련의 활동들이 진행되었다. 앞서 언급한 바처럼 신사철폐의 과정에서 진무신상과 토지신상을 각각 예

---

30   『宋會要輯稿』刑法 2之50.
31   『宋會要輯稿』禮 20之14.
32   이 부분에 대해서는 김상범, 「國家禮制와 民間信仰의 충돌-唐初 狄仁傑의 淫祠撤廢 조치를 중심으로」, 『中國史研究』 17, 2002 참조.

천하관과 성황묘 등 도관으로[33] 옮기게 하였을 뿐 아니라, 직전에 휘종은 유혼강(劉混康), 임영소(林靈素) 등과 친밀하게 지내면서 궁성에 도관을 건립하고 상서성에는 도교의례를 전문적으로 주관하는 예의국까지 신설한 바 있다. 특히 신사철폐가 단행된 1111년에는 도교교단에서 황제(黃帝)를 선사(先師)로, 풍후(風后) 등 8인을 배향(配享)으로, 무함(巫咸)을 위시한 70인을 종사(從祀)로 삼아 도교신통(道教神統)과 제사체계를 재정립한 바 있다. 이러한 사실들을 종합적으로 고려하면 신사철폐는 민간 사묘신앙을 정리하고 도교의 하부신으로 흡수하려는 시도로 추정할 수 있을 것이다.[34] 도성 개봉에서 진행된 대규모 신사철폐 사건은 도성 내 사묘신앙의 팽창이 우려할 수준에 도달했다는 정부 측의 판단과 황권과의 긴밀한 관계를 이용하여 교세를 확장하려고 했던 도교 측의 이해관계가 맞물리면서 집행된 것이었다.

그럼에도 불구하고 역사적인 경험을 상기할 때 철폐 조치의 효과는 제한적이었다. 당대에 수차례에 걸쳐 대규모 음사철폐조치가 단행되었음에도 불구하고, 송대 들어 사묘신앙은 전성기를 맞게 된다. '도성'이라는 국가권력의 심장에서 전대미문의 신사철폐가 시행되었다는 자체가 이러한 사실을 반증해주는 것이다. 물론 한시적으로는 사묘의 성장을 억제할 수 있었겠지만, 남송대 각지에서 진행된 지방관들의 음사철폐사건에 드러나듯이 민간의 종교적인 욕구는 사묘를 통해서 다양한 방면으로 분출되었다. 북송 동경에서 발생한 성수사건과 신사철폐령 역시 이런 측면에서 북송시기 도성내 사묘신앙의 발전양상과 사회적 역할을 반영해주는 것이다.

---

33 土地神像의 城隍廟 이전은 말단 향촌의 수호신인 土地公과 州縣이상의 상급 지역수호신인 城隍사이에 이미 관료조직에 보이는 상하관계와 같은 누층적인 종속관계가 성립되고 있음을 보여준다는 점에서 중요한 의미를 지니는데 이 부분에 대해서는 차제에 상론할 기회를 갖도록 하겠다. 鄧嗣禹는 『輿地紀勝』같은 책에 道士들이 醮祭를 올리는데 '二城隍'이 참여했다는 등의 언급이 나타나는 것으로 보아 宋代 이래로 성황과 도교 사이에 결합이 나타나기 시작하는 것으로 보았다[黃培, 陶晋生 編, 『鄧嗣禹先生學術論文選集』, 食貨出版社, 1980, 87쪽 참조.

34 卿希泰, 『中國道教史(第二卷)』, 成都: 四川人民出版社, 1992, 618쪽.

3. 도성사묘의 공간적 기능

1) 개인의 신앙 공간

북송시기 도성 개봉의 사묘는 정화원년[1111]에 1,038소가 훼철되었던 사건에서 확인되듯이, 그 수도 많고 종류도 다양했다. 도성 사묘의 유형은 우선 국가권력의 공인 여부로 정사와 음사로 구분할 수 있다. 하지만 도성으로의 유입과 정착, 신앙권역(信仰圈域)의 대소 등을 종합적으로 고려한다면 일찌감치 국가의 공인을 받거나 개봉 주변 지역에서 유입되어 도성 내에 넓은 제사권을 형성한 '경성 사묘'와 금군·관료·상인·무축이나 도사 등을 통해서 외부에서 유입된 '외지 사묘',[35] 도성 내에서 새롭게 생성된 '신생 사묘' 등으로 분류할 수 있을 것이다.

이들 사묘는 무엇보다도 도성 주민 개개인이 사묘의 신께 정성을 다해 기도를 올리는 성스러운 공간이었다. 사묘는 그 유형을 불문하고 힘들고 지칠 때마다 신께 잘못을 고백하고 어려움을 호소하면서 소망을 간절하게 기원하는 신앙의 공간이었다. 사묘의 신들은 다양한 영력을 가지고 있었는데, 제사권(祭祀圈)이 넓고 입묘의 역사가 길수록 만능신(萬能神)으로 성장해갔지만 초기에는 신마다 특정 영역에 장기(長技)를 가지고 있는 것이 일반적이었다. 도성 개봉의 주민들이 가장 절실했던 것은 역시 건강문제여서 본인이나 가족이 병에 걸리면 바로 사묘로 달려가 치유를 간구했다. 의학사에 있어서 송대는 상당 수준의 기술적 성취를 이룬 것으로 평가되지만, 민간에 대한 의료혜택은 제한적이어서 일단 병에 걸리면 사묘를 찾아 기도하고 무당에게 처방을 상의하는 것이 여전히 보편적이었다.[36]

---

35   Valerie Hansen, 앞의 책; 皮慶生, 『宋代民衆祠神信仰硏究』, 上海古籍出版社, 2008, 204~218쪽.

36   陳元朋, 『兩宋的「尙醫士人」與「儒醫」-兼論其在金元的流變』, 臺北: 臺灣大學出版委員會, 1997, 81~84쪽.

질병과 관련해서 도성 주민들에게 가장 영험한 곳으로 신뢰를 받은 사묘 중에 하나가 피장묘(皮場廟)였다. 피장묘는 본래 하북서로(河北西路) 상주(相州) 탕음현(湯陰縣)의 장삼(張森)이라는 의원을 숭배하는 사묘였다. 상주지역이 가죽공예의 중심지여서 '가죽공장의 토지신'이라는 의미로 피장토지신으로 불리게 되었다. 도성에 유입된 연대는 분명하지 않지만 치병에 영험하다는 소문이 나면서 도성에도 행사(行祠)가 건립되었다. 휘종 건중정국원년[1101]에는 처음으로 영황후(靈貺侯)에 봉해졌고 후에 명령소혜왕(明靈昭惠王)이라는 왕호로 승격되었다.[37] 『송회요(宋會要)』에는 서하를 방어하기 위해 축조된 평하성(平夏城)의 '삼성묘(三聖廟)' 관련 기록이 보이는데, 삼성묘의 묘신이 경사의 피장신처럼 만민을 병고로부터 구제했다는 내용이 언급된다. 당시 피장묘의 신이 '치병의 신'으로 도성뿐 아니라 외지에서도 명성이 높았음을 반영해주는 것이다.[38]

『이견갑지(夷堅甲志)』의 관련 조목에서는 피장신을 '피장대왕'으로 일컫고 있는데, 도성에 영험하다는 소문이 자자해서 주민들이 밤낮으로 찾아가 재물을 시주했다는 내용이 전한다. 중요한 것은 피장대왕을 '명계(冥界)의 주신(主神)'으로 묘사하는 부분인데, 도성주민들에게 병을 고쳐주는 신으로 워낙 유명해지다보니 결국 어떤 기도도 들어줄 수 있는 영험한 신으로 받아들여졌고 사후세계까지 관장하는 만능신이 되었다.[39] 도성 서쪽 만승문

---

37 『宋會要輯稿』禮21之23〈嶽瀆諸廟·皮場大王廟〉.

38 『宋會要輯稿』禮20之3〈嶽瀆諸廟·三聖廟〉: "槩槩同日(崇寧四年十一月二十二日), 涇原路經略司言: '平夏城三聖廟, 土人言有三蜥蜴見, 故謂之三聖. 昔西賊寇邊, 大雲梯瞰城甚危迫, 禱於神, 大風折梯, 遂解平夏之圍. 乞加封爵.' 上曰: '龍蛇靈異之地, 能救活人, 卽天錄其功. 如京師皮場廟神乃壁鏡也, 其質或白黑, 有五足, 疾病疙瘩者造爲其所, 香火輒愈, 蓋救萬民之病苦, 以積功行也.' 遂從其請."

39 『夷堅甲志』卷5-10,「皮場大王」: "席旦, 字晉仲, 河南人. 事徽廟爲御史中丞, 後兩鎭蜀, 政和六年, 終于長安. 其子大光益終喪後, 調官京師. 時皮場廟頗著靈響, 都人日夜捐施金帛. 大光嘗入廟, 識其父殮時一履, 大驚愴. 既歸, 夢父曰: '我死卽爲神, 權勢甚重, 不減在生作帥時. 知汝苦窘用, 明日以五百千與汝.' 大光悸而寤. 聞扣戶聲甚急, 出視之. 數卒挽一車, 上立小黃幟云: "皮場大王寄席相公錢三百貫." 置于地而去. 時正暗, 未辨色, 猶

밖에 위치했던 관구이랑신묘(灌口二郎神廟)도 원래는 치수(治水)와 기우(祈雨) 등 농업관련 분야에 영험을 드러낸 신이었지만, 점차 치병의 신으로도 알려지게 되었다. 앞에서 살펴본 바와 같이 이랑묘의 성수를 마시면 병을 고칠 수 있다는 소문이 경성사회로 전해지면서 이랑신의 영력도 자연스레 확대된 것이다.[40]

건강과 더불어 도성 주민들이 사묘에서 간구하는 또 다른 중요한 내용은 경제적인 문제였다. 도성 주민들과 상인들이 재복(財福)을 기원하기 위해서 애호하던 사묘 가운데 멀리 휘주(徽州)에서 전래된 오통신묘가 유명했다. 오통묘는 오현묘(五顯廟)로도 불리었는데, 휘주 무원현(婺源縣)의 토착신으로서 상인들에 의해 태주(台州)와 소주(蘇州)를 시작으로 강남 각지로 확산되었다.[41] 오통신앙은 불교에서 수행자가 도달해야 할 다섯 가지 능력이라는 '오통' 관념이 기층의 민간신앙적 전통과 융합하면서 형성된 것으로 추정된다.[42] 오통신은 이처럼 불교와의 긴밀한 관계 속에서 백성들의 다양한 기도에 응답해주는 민간신으로 성장해 갔는데, 점차 재신의 이미지를 갖추게 되었다. 『이건지』에는 재물에 관심이 있는 사람이라면 오통신이 영험하므로 필히 고해야 한다는 내용이 보이는데,[43] 개봉은 당시 물류의 집결지로서 상인활동의 중심지였기 때문에 오통신앙도 이들에 의해서 유입되었을 것으로 추정된다.

당시 선박들은 장강과 회하, 변하를 경유한 뒤, 외성 동남부의 동수문[東

疑之. 旣明, 乃眞銅錢也. 大光由此自負, 以爲必大拜. 紹興初參知政事, 後以大學士制置四川, 蜀人皆稱爲席相公. 己而丁其母福國太夫人憂, 未除服而薨.(嚴康以子祁說.)"

40　陳師道·周彧 撰, 李偉國 點校, 『後山談叢·萍洲可談』 卷3, 中華書局, 2007. 내용은 주)17 참조.
41　Valerie Hansen, op.cit., pp.131~141. Hansen은 오통신과 같은 민간신앙들이 주로 상인들에 의해 수로를 통해서 강남각지로 전파되면서 여러 지역에서 숭배되는 지역신앙으로 성장한다고 밝힌바 있다.
42　賈二强, 『唐宋民間信仰』, 福州: 福建人民出版社, 2002, 346~349쪽.
43　『夷堅丁志』, 〈吳二孝感〉.

水門=大通門]을 통해서 도성으로 진입하였다. 외성 성내로 들어오면 변하 연변에 영풍창(永豊倉)·만영창(萬盈倉)·부국창(富國倉)·광영창(廣盈倉)·광제창(廣濟倉) 등 창고시설이 밀집해 있었고, 근처에 옥선관(玉仙觀)과 예천관(醴泉觀) 같은 도관들이 위치했다. 다시 변하를 타고 내성의 동수문으로 진입하면 사성관(四聖觀)과 말요항(襪祧港)을 만나게 되는데, 내성 동남부의 좌군제일상(左軍第一廂) 지역이 전국 물류의 중심지를 형성하였다. 이곳에는 남중국에서 온 상인들과 관료들이 숙박하는 객점(客店)이 다수 건립되어 있었으며, 남방 음식점들도 적지 않게 생겨났다. 오통묘 역시 이 루트를 통해서 유입되어 처음에는 이들 외지인 공동체를 보호해주는 향토신의 역할을 하다가 점차 개봉주민들에도 전파되었을 것으로 추정된다.

오통신이 합법적인 사묘로 공인을 받는 것은 휘종 대관3년[1109]에 묘액 '영순(靈順)'이 하사되면서 부터이다. 선화(宣和)5년[1123]에는 사묘의 다섯 신에게 통황(通貺)·통우(通祐)·통택(通澤)·통혜(通惠)·통제(通濟)라는 후호(侯號)가 하사되었다.[44] 그런데 묘액과 봉호의 하사가 타 사묘들에 비해 늦은 편일 뿐 아니라, 그 대상이 휘주 무원현의 본묘였기 때문에, 정화원년[1111]에 신사철폐가 단행되었을 때에는 여전히 음사로 간주되어 훼철의 대상이 되었다.

건강과 재복이 모든 주민들에게 공통적으로 해당되는 보편적인 문제라면, 과거는 관료가 되려는 사인들에게는 반드시 통과해야 할 지상과제였다. 사인들은 사상적으로는 유학을 신봉하지만 어려서부터 기층사회에서 민간신앙과 긴밀하게 접촉하면서 성장하였다. 그들에게는 과거가 인생의

---

[44] 南宋 淳熙元年(1174)에는 다섯 신에게 다시 顯應·顯濟·顯祐·顯靈·顯寧의 公號가 더해지면서 五顯神으로 지칭되게 되었다. 『新安志』卷5; 『宋會要輯稿』禮20〈山川祠·五顯靈觀祠〉: "在寧國府婺源縣, 五通祠. 徽宗大觀三年三月賜廟額「靈順」. 宣和五年正月封, 一曰通貺侯, 二曰通佑侯, 三曰通澤侯, 四曰通惠侯, 五曰通濟侯. 光堯皇帝紹興二年五月, 各於侯爵上加二字, 曰善應·善助·善利·善及·善順. 十五年八月, 各加二字, 曰昭德, 曰昭信, 曰昭義, 曰昭成, 曰昭慶. 是歲, 信州別廟封, 令一體稱呼."

성공 여부를 결정하는 시험이었던 만큼 사묘에 들르면 합격을 기원하고 그 결과를 점쳐보곤 했다. 『이견지』에는 인종 황우1년[1049] 19살의 나이로 일거에 진사에 합격했던 손수[孫洙, 1031~1079]가 14살 때 부친을 따라 등주(登州)에 갔다가 동해신묘(東海神廟)를 찾아 기도를 올리면서 언제 급제할 수 있는지 여쭙는 고사[45]와 요주(饒州) 악평(樂平)사람 추익(鄒益)이 주성황묘(州城隍廟)를 방문해서 성황신께서 현몽하여 합격 여부를 알려달라는 내용 등이 기록되어 있다.[46] 전국 각지에 전문적인 '과거의 신'도 등장하기 시작했다. 과거에 응시하기 위해서 먼 길을 떠날 때면 먼저 현지 사묘를 찾아서 기도를 올렸는데, 사천지방에서는 후에 문창제군(文昌帝君) 신앙으로 발전하는 검주(劍州) 재동신묘(梓潼神廟)가 영험하기로 유명했다.[47]

도성 개봉은 과거의 최종시험이 거행되는 장소인 만큼 영험한 '과거의 신'을 모신 사묘들이 적지 않았다. 그중에서도 이상공묘(二相公廟)가 유명했는데, 공문십철(孔門十哲)로 불리는 공자의 저명한 제자 자유(子游)와 자하(子夏)를 주신으로 받드는 사묘였다. 왕영(王栐)의 『연익이모록(燕翼詒謀錄)』에 의하면 당시 예부 시험을 치르기 위해 도성에 온 거자들 대부분이 이상공묘에서 기도를 올렸다고 한다.[48] 『이견지』에도 명주 출신 태학생(太學生)

---

[45] 『夷堅甲志』卷4-12,「孫巨源官職」: "孫洙, 字巨源, 年十四, 隨父錫官京東. 嘗至登州謁東海神廟, 密禱于神, 欲知它日科第及爵位所至. 夜夢有告之者曰: "汝當一擧成名, 位在雜學士上." 旣覺, 頗喜. 然年尙幼, 未識雜學士何等官, 問諸人, 人曰: "吉夢也. 子必且爲龍圖閣學士." 後擢第入朝, 歷淸近, 眷注隆異, 數以夢語人."

[46] 『夷堅甲志』卷9-1,「鄒益夢」: "鄒益者, 饒州樂平人, 爲進士. 初興三舍時, 乞夢於州城隍廟, ……."

[47] 『夷堅甲志』卷18-4,「席帽覆首」에는 資州사람 王龍光이 도성을 향해 출발하기 전에 재동신묘(英顯武烈王廟)를 찾아 배알하는 내용이 보인다. "王龍光, 字天寵, 資州人. 入京赴上舍試, 過劍州梓潼縣七曲山, 謁英顯武烈王廟, 夢一人持牓, 正面無姓名, 紙背乃有之. ……"

[48] 王銍·王栐 撰, 誠剛 點校,『默記·燕翼詒謀錄』, 中華書局, 1981, 卷4: "京師試於禮部者, 皆禱於二相廟. 二相者子游·子夏也. 子游爲武城宰子夏聘列國, 不知何以得相之名也. 今行都試禮部者, 皆禱於皮場廟. 皮場即皮剝所也. 建中靖國元年六月, 傳聞, 皮場土地主, 瘍疾之不治者, 詔封爲靈貺侯. 今廟在萬壽觀之晨華館, 館與貢院爲鄰, 不知士人之禱始於何時, 館因何而置廟也."

인 조돈림(趙敦臨)과 멀리 복주(福州)에서 과거를 보기 위해서 도성에 온 진고(陳杲)가 이상공묘를 찾아 합격을 기도하면서 그 결과를 청해 듣는 고사가 전한다.[49] 이상공묘는 인종시기에 이미 '경성 사묘'의 명목으로 국가제사에 편입될 정도로 도성사묘 가운데 높은 위상을 갖게 된 것으로 추정된다. 보통 교사(郊祀) 때는 거가(車駕)가 남훈문(南薰門)을 통해서 외성 밖으로 나가서 원구단에서 제사를 거행하기 때문에, 십 리 이내 신사와 경유하는 교량(橋梁)에 제사를 올린다. 그런데 인종 황우2년[1050]에는 태묘에서 조향(朝饗)만 하고 돌아와서 명당례(明堂禮)를 거행했기 때문에, 대내(大內)를 나서기 하루 전에 경성 내 팔묘(八廟)에서만 제사를 올리면 된다고 예의사(禮儀使)가 상언한 바 있다. 당시 경성 8묘로 지성문선왕묘(至聖文宣王廟)·소열무성왕묘(昭烈武成王廟)·오룡묘(五龍廟)·동악묘[東嶽廟, 天齊廟]·성황묘·준구묘(浚溝廟) 등 저명한 사묘들과 함께 '이상공묘'가 지명된 바 있다.[50]

『연익이모록』에는 치병의 신을 모시는 피장묘가 남송 행재 임안의 공원(貢院) 인근에 위치하고 있어서 사인들이 과거를 치르기 전에 이곳을 찾아서 기도를 올렸다고 기록하고 있다. 금군(金軍)의 동경 점령으로 임안천도가 이루어지는 긴박한 상황 속에서 동경 개봉의 사묘가 행도 임안으로 함께 이전된다는 사실이 흥미롭다. 물론 피장묘가 과거합격에, 이랑묘가 치병에 영험을 드러내기 시작했다는 점은 묘신의 영력이 처음에는 특정분야에 한정되지만 점차 확대되면서 '만능신'으로 발전해가는 사묘신앙의 특징을 시사해주는 것이기도 하다.

49　『夷堅甲志』 卷11-8,「趙敦臨夢」: "明州趙敦臨爲太學生, 政和戊戌年, 詣二相公廟乞夢. 夢云: "狀元今歲方生.……"』『夷堅甲志』, 卷7-11,「不葬父落第」: "陳杲, 字亨明, 福州人. 貢至京師, 往二相公廟祈夢. 夜夢神曰: "子父死不葬, 科名未可期也."杲猶疑未信. 明年, 果黜於禮闈. 遂遣書告其家, 亟厇襄事. 後再試登第."

50　『宋會要輯稿』禮24〈明堂禦劄〉: (仁宗皇祐二年) 二十三日, 禮儀使言:「准郊例, 車駕出京城日, 十裏內神祠及經縱橋道並遣官祭告. 今聖駕止詣太廟朝饗, 回行明堂之禮, 不出京城, 無經由橋梁, 欲止於車駕出內前一日祭告京城內八廟.」至聖文宣王·昭烈武成王·五龍·二相公·天齊·城隍·浚溝祓. 詔除較祭並諸橋外, 一准郊例差官祭告.

이상의 사례를 통해서 확인한 바와 같이, 도성사묘는 주민들의 삶과 긴밀한 관계를 형성하며 성장하고 있었다. 도성 사묘는 다양한 계층이 드나들면서 삶의 고통을 호소하고 개인의 소망을 기구하는 신앙의 공간이었던 것이다.

2) 사묘의 공공성 제고

이처럼 도성 사묘는 개개인이 기도를 올리는 신앙의 공간이었지만, 송대 들어 사묘의 공공적 기능이 강화되는 추세를 보여준다. 사묘의 공공성은 국가권력의 개입과 긴밀한 관련을 맺고 있는데, 사묘가 정부의 공인을 받고 국가의례에 편입되는 과정을 통해서 공공성이 제고되는 경향이 드러난다.

사묘에 대한 국가권력의 개입은 우선 봉호와 묘액을 활용한 포용적인 사묘정책을 통해서 이루어졌다. 북송 정부는 기본적으로 당말·오대 시기의 정책을 계승하여, 일정한 심사를 거쳐 신앙을 공인한다는 의미로 사묘의 신에게 봉호를 하사해주고 사전에 등재하여 관리하는 방법을 선택하였다. 전술한 바처럼, 태조 개보연간(968~975)에 전국의 사묘들 가운데 기우제에 영험을 드러내는 것처럼 백성들의 실생활에 도움을 준 사묘들을 숭식(崇飾)해주고 사전에 등재하라는 조령이 선포되었다. 이러한 방안은 향후 인종·신종·휘종 시기를 거치며 제도적 정비가 이루어지면서 공식적인 사묘정책으로 확립되었다.[51]

이와 같은 개방적인 사묘관리정책은 『송사·예지(禮志)』〈제사묘(諸祠廟)〉 조목에서 봉호의 하사가 워낙 많아서 전부 등록하는 것이 불가능하다고 언급될 정도로 사묘의 공인이 대거 증가하는 추세를 보여준다. 더불어 사묘를 공인해주는 기준이 "백성들에게 도움이 되었는가[功及生民]"라는 공공의 이익문제와 긴밀한 관련이 있다 보니, 적어도 외형적으로는 사묘마다 공공

---

51 『宋史』卷105, 志第58, 禮8〈諸祠廟〉;『宋會要輯稿』, 禮20之2, 6, 7.

성을 표방하는 추세를 보여준다. 이점은 새롭게 건립되는 사묘들도 마찬가지였다. 현신(賢臣)을 모시는 사묘에서는 외적으로부터 지역을 방어한 공로와 자연재해로부터 지역민들을 보호하기 위해 진행한 대규모 방재사업 등 백성들을 위한 선정과 희생 등을 강조하였다. 악독(嶽瀆)·성황·선불(仙佛)·산신(山神)·용신(龍神)·수천강하지신(水泉江河之神) 등 다양한 신기를 받드는 신묘들도 기도에 즉각 감응하여 백성들을 보우한 묘신의 영적을 공공연하게 현창하였다.[52] 봉호와 묘액을 하사하고 사전에 등재하여 관리하는 사묘정책의 근본적인 목적은 정부가 전국의 민간신앙을 면밀하게 통제하고 관리하겠다는 것이다. 하지만 공인의 전제조건으로 '백성에 대한 공덕' 즉 공동체에 대한 기여가 제시됨으로서, 결국 사묘들도 '성스러운 신앙 행위'와 더불어 '공적인 기여'를 강조하게 된 것이다.

북송 정부는 사전등록과 봉호 하사를 통해서 사묘를 관리하는 정책과 더불어 도성사묘를 국가의례에 편입시켜 국가의 대사(大事)가 있거나 공동체가 비상사태로 엄중한 위기를 맞을 때 이를 적극적으로 활용하는 정책도 병행하였다. 이러한 정책은 출정이나 상제(上帝)에 대한 제사가 있을 때 사직과 경내 산천신께 먼저 보고하는 고례(告禮)와 재난을 미연에 방지하기 위해서 거행하던 회영(禬禜) 제사의 전통을 북송 정부가 '기보례(祈報禮)'의 형식으로 계승한 것이다. 북송대에는 고례와 기보례의 대상이 천지·사직·종묘·제릉·악독·산천 등 전통적인 유교 국가의례 외에, 궁관과 사묘로까지 확대되었다. 물론 대제사나 국가대사를 신께 봉고(奉告)하는 고례의

---

52 『宋史』卷105, 志第58, 禮8〈諸祠廟〉, 2562쪽: "其新立廟: 若何承矩·李允則守雄州, 曹瑋帥秦州, 李繼和節度鎭戎軍, 則以有功一方者也; 韓琦在中山, 范仲淹在慶州, 孫冕在海州, 則以政有威惠者也; 王承偉築祁州河隄, 工部員外郎張夏築錢塘江岸, 則以爲人除患者也; 封州曹覲·德慶府趙師旦·邕州蘇緘·恩州通判董元亨·指揮使馬遂, 則死於亂賊者也; 若王韶於熙河, 李憲於蘭州, 劉滬於水洛城, 郭成於懷慶軍, 折御卿於嵐州, 作坊使王吉於麟州神堂砦, 各以功業建廟. 寇準死雷州, 人憐其忠, 而趙普祠中山·韓琦祠相州, 則以鄉里, 皆載祀典焉. 其他州縣嶽瀆·城隍·仙佛·山神·龍神·水泉江河之神及諸小祠, 皆由禱祈感應, 而封賜之多, 不能盡錄云."

대상을 "재경십리내신사(在京十里內神祠)"라고 넓게 규정하였지만, 처음부터 모든 도성 사묘가 그 대상이 되었던 것은 아니었다. 아래 〈표 12〉는 실제로 고례를 올린 도성 사묘들을 시기별로 정리한 것인데, 표에서 확인되는 바처럼 태조 초기에는 출정이나 교사를 거행할 때 동악묘[천제인성제묘(天齊仁聖帝廟)]·성황묘·오룡묘처럼 일찌감치 전국적인 광역 신앙으로 발전한 사묘에 대해서만 고례를 올렸다.

〈표 12〉 고례와 기보례에 편입된 도성사묘[53]

거행연도	의례구분	관련 의례 (거행목적)	告禮와 祈報禮에 편입된 都城祠廟
建隆元年 [960]	告禮	出征	袄廟·泰山廟·城隍廟
建隆4年 [963]	告禮	郊祀	東嶽廟·城隍廟·五龍廟·浚溝廟·子張子夏廟
雍熙4年 [987]	告禮	親耕籍田禮	九龍廟·黃溝廟·扁鵲廟·吳起廟·信陵君廟·張耳廟·單雄信廟. 직후에 德安公廟와 嶽臺諸神廟를 추가하여 式으로 확정함.
大中祥符元年 [1008]	告禮	天書降/封禪	諸祠·廟
大中祥符5年 [1012]	告禮	聖祖降	諸祠·廟(告如封禪禮)
	祈報	旱·蝗·水潦·無雪	天齊仁聖帝廟(泰山廟)·五龍堂·城隍廟와 九龍堂·浚溝廟·子張廟·子夏廟·信陵君廟·段幹木廟·扁鵲廟·張儀廟·吳起廟·單雄信廟
熙寧元年 [1068]	祈報	祈雨	在京差官分禱(都內諸神祠)……諸路神祠
元豊元年 [1078]	祈報	太皇太后違豫	都內諸神祠
元豊8年 [1085]	祈報	帝疾	都內諸神祠(分禱亦如之)
元祐8年 [1093]	祈報	太皇太后違豫	都內諸神祠(祈禱如元豊)

---

53 〈표 12〉는 『宋史』 卷102, 志第55, 禮5 〈告禮〉와 〈祈報〉부분을 정리하여 작성한 것임.

태종 옹희4년[987]에 이르면 이러한 전국적 사묘 외에도 개봉 인근의 지역적 연고가 강한 구룡묘(九龍廟)·황구묘(黃溝廟)·편작묘(扁鵲廟)·오기묘(吳起廟)·신릉군묘(信陵君廟)·장이묘(張耳廟)·단웅신묘(單雄信廟)와 덕안공묘(德安公廟), 악대제신묘(嶽臺諸神廟) 등도 포함되었는데, 향후 이들 유력한 도성의 제사묘들이 고례의 대상으로 확대되어 적용된 것으로 판단된다.

그렇다면 출정이나 대제사 외에 북송시기에 고례로 거행한 공공의례에는 어떤 것이 있었을까?『송사·예지』〈고례〉에서는 대제사 외에 고례를 거행하는 국가 대사의 범주를 즉위(卽位)·개원(改元)·경어명(更御名)·상존호(上尊號)·존태후(尊太后)·입황후태자(立皇后太子)·황자생(皇子生)·적전(籍田)·친정(親征)·납항(納降)·헌부(獻俘)·조릉(朝陵)·사사(肆赦)·하평(河平)·대상(大喪)·상익(上謚)·산릉(山陵)·원릉(園陵)·부묘(祔廟)·봉천신주(奉遷神主) 등이라고 광범위하게 규정하고 있다.[54] 물론 대사 때마다 모두 고례를 올린 것도 아니고 실제 운영은 정치적 상황과 황제의 개인적인 취향에 따라서 시기별로 차이를 보인다. 하지만 도성의 민간사묘가 국가의례를 거행하는 공적 공간으로 선정되었다는 점은 사묘신앙의 전개와 사회적 영향력 확대에 긍정적인 영향을 미쳤다고 볼 수 있다.

한(旱)·황(蝗)·수료(水潦)·무설(無雪) 등 자연재해와 황제의 건강 문제 등 긴급사태 때 거행하는 기보의례도 마찬가지였다. 〈표 12〉에서 확인되는 바처럼 의례의 대상이 고례와 비슷하게 구룡당·준구묘·자장묘(子張廟)·자하묘(子夏廟)·신릉군묘·단간목묘(段幹木廟)·편작묘·장의묘(張儀廟)·오기묘·단웅신묘 등을 포함하는 도성의 저명 사묘로 점차 확대되었음을 알

---

[54] 『宋史』卷102, 志第55, 禮5〈告禮〉, 2497쪽: "古者, 天子將出, 類于上帝, 命史告社稷及圻內山川. 又天子有事, 必告宗廟. 歷代因之. 宋制: 凡行幸及封泰山, 祠后土, 謁太清宮, 皆親告太廟. 三歲郊祀, 每歲祈穀上帝, 祀感生帝, 雩祀, 祭方丘, 明堂·神州地祇·圜丘, 並遣官告祖宗配侑之意. 他大事: 卽位·改元·更御名·上尊號·尊太后·立皇后太子·皇子生·籍田·親征·納降·獻俘·朝陵·肆赦·河平及大喪·上謚·山陵·園陵·祔廟·奉遷神主, 皆遣官奏告天地·宗廟·社稷·諸陵·嶽瀆·山川·宮觀·在京十里內神祠."

수 있다. 물론 국가가 직면한 재난이 엄중할 때에는, 전통적인 유교의례와 도관·불사와 함께 도성과 전국 제로(諸路)의 모든 사묘들이 기보례에 총동원되었다.55 심지어는 사전에 등재되지 않은 사묘에도 관리를 파견하여 제사를 주재하기도 했다.56

그렇다면 북송대에 고례와 기보례를 통해서 성립된 공적 의례공간으로서 도성사묘의 특성은 어떻게 유지되었을까? 정부는 공공성이 강화된 사묘에 대해서 평소 어떤 정책을 취했을까? 이 부분에 대해서 가장 직접적인 정책은 사묘의 축조와 보수문제에 반영되었는데, 이와 관련해서 『송회요』 예18 〈기우〉 관련 기사는 주목할 만하다.57 내용에서는 홍수나 가뭄처럼 엄중한 재해가 발생하여 기보례를 올릴 때는 경성의 옥청소응궁(玉淸昭應宮)·경령궁(景靈宮)·회령관·상원관·대상국사(大相國寺)·봉선사(封禪寺)·태평흥국사(太平興國寺) 등 저명 도관과 불사와 더불어 천제인성제묘[동악묘·오룡당(五龍堂)·성황묘·계사(禊祠)·구룡당·준구묘·자장자하묘(子張子夏廟)·신릉군묘·단간목묘·편작묘·장의묘·오기묘·단웅신묘 등 도성의 제사묘에서 의례를 거행하는데, 이들 사묘의 축조와 수보를 포함하는 묘우 관리와 관련 의례의 거행을 정부에서 주관하고 후원해준다고 밝히고 있

---

55 김상범,「北宋 都城 開封의 儀禮空間과 都市景觀」,『이화사학연구』제51집, 2015.12, 137~144쪽.

56 『宋史』卷102, 志第55, 禮5〈祈報〉, 2501쪽: "熙寧元年正月, 帝親幸寺觀祈雨, 仍令在京差官分禱, 各就本司先致齋三日, 然後行事. 諸路擇端誠修潔之士, 分禱海鎭·嶽瀆·名山·大川, 潔齋行事, 毋得出謁宴飮·賈販及諸煩擾, 令監司察訪以聞. 諸路神祠·靈跡·寺觀, 雖不係祀典, 祈求有應者, 並委州縣差官潔齋致禱."

57 『宋會要輯稿』禮18,〈祈雨〉: "國朝凡水旱災異, 有祈報之禮. 祈用酒·脯·醢, 報如常祀. 宮觀寺院以香茶·素饌. 京城玉淸昭應宮·上淸宮今廢·景靈宮·太一宮·太淸觀今建隆觀·會靈觀今集禧觀·祥源觀今醴泉觀·大相國寺·封禪寺今開寶寺·太平興國寺·天淸寺·天壽寺今景德寺·啟聖院·普安院, 以上乘輿親禱. 或分遣近臣[告昊天上帝於南郊, 皇地祇於北郊或南郊. (望祭)[祠太廟, 社稷, (望祭)諸方嶽鎭海瀆. 於南郊望祭. 天齊仁聖帝廟·五龍堂·城隍廟·禊祠·報慈寺·崇夏寺·報先寺今乾明寺·九龍堂·浚溝廟·子張·子夏廟·信陵君廟·段幹木廟·扁鵲廟·張儀廟·吳起廟·單雄廟, 以上並敕建·遣官. 九龍堂以下舊只令開封府遣官, 後皆差官. ……"

다.⁵⁸ 평소 묘우의 구체적인 관리방법에 대해서는 기우의 신으로 유명한 순제용왕묘(順濟龍王廟) 관련 기사에서 발견할 수 있다. 정부에서는 사묘 근처에 거주하는 제사등호(第四等戶) 이하의 다섯 집을 선별하여 요역을 면제해주고 대신 사묘의 청소와 수리 등을 전담하게 하였다.⁵⁹

북송 인종 천성7년[1029]에 편찬되어 천성10년[1032]부터 실제로 시행한 『천성령』 권제28의 「영선령(營繕令)」 관련 규정 역시 이와 관련해서 주의할 필요가 있다. 영문(令文)에서는 태묘 및 궁전에는 사면의 경사진 추녀마루[사아(四阿)]에 치미(鴟尾)를 설치하는데, 사문(社門)과 궁관·불사와 더불어 신사에도 이와 같이 한다고 규정하였다.⁶⁰ 잘 알려진 바와 같이 치미는 건물의 용마루 양단에 설치하는 장식으로 '피화(避火)'의 상징적 의미와 더불어 건물의 위엄을 표현하는 미적 기능을 갖고 있어서 태묘나 궁전과 같이 도성의 경관을 형성하는데 있어서 특별한 의미를 갖는 상징적인 건축물에 설치된다. 그런데 앞에서 논의한 바처럼, 사묘의 공공적 기능이 제고되고 국가의례를 수행하는 공식적인 성소로서의 위상을 갖게 되면서 도성사묘에도 국가의 후원 하에 치미가 설치되기 시작한 것이다. 이와 같은 북송 정부의 사묘에 대한 적극적인 개입과 후원은 황권(皇權)에 대한 지속적인 강화 조치를 통해서 세속사회 뿐 아니라 종교와 신앙에 대해서도 확실한 통제권을 행사해 온 왕조시대 국가권력의 특성을 반영하는 것이기도 하다.⁶¹

---

58 김상범, 「北宋 都城 開封의 儀禮空間과 都市景觀」, 『이화사학연구』 제51집, 2015.12, 141~142쪽.
59 『宋會要輯稿』 禮20, 〈山川祠〉: "崇寧四年十一月二十二日, 詔以順濟龍王久在江上, 靈跡甚多, (時)[特]加封爵. 差胡師文赴本廟奉安致祭, 及專差官一員管幹本廟廟貌, 常切修葺, 四時遣官致祭. 近廟居住第四等以下戶五家特免徭役, 守護掃灑."
60 天一閣博物館·中國社會科學院歷史研究所天聖令整理課題組校證, 『天一閣藏明鈔本天聖令校證』 卷第28, 營繕令, 北京: 中華書局, 2006, 344~345쪽: "大廟及宮殿皆四阿, 施鴟尾, 社門·觀·寺·神祠亦如之. 其宮(官)內及京城諸門·外州正(鑰)牙門等, 竝施鴟尾, 自外不合."
61 김상범, 「神界에 대한 새로운 통제와 그 의의-唐 前期 祠廟에 대한 封號下賜조치를 중심으로」, 『역사학보』 제194輯, 2007.6.

그렇다면 도성사묘의 공공성 강화는 사묘의 위상에 어떤 영향을 미쳤을까? 성황묘를 사례로 좀 더 구체적으로 검토해보겠다. 성황신은 원래부터 도시의 수호신으로서 공적인 이미지를 갖고 있었지만 민간사회의 요구에 부응하면서 역시 다양한 영력을 가진 만능신으로 성장하였다.[62] 성황신 신앙은 당말·오대시기를 거치면서 빠른 성장세를 보였다. 특히 오월(吳越)과 초(楚) 등 십국정권이 이를 적극적으로 활용하면서 왕호(王號)가 수여될 정도로 그 위상을 확립하게 되었다.[63] 하지만 이때까지 성황묘 신앙은 여전히 남중국 강남 일대에 편중되었고 지방적 특성이 강하게 남아있었다.[64]

북송대에 들어오면서 도성 성황묘가 경성 사묘의 일환으로 정부의 공식적인 국가제사에 편입되면서 그 위상에 변화가 발생하였다. 앞서 언급한 바처럼 태조 건륭원년[建隆元年, 960]에 소의군절도사(昭義軍節度使) 이균(李筠) 일당을 토벌할 때 출정에 앞서 도성 성황신께 제사를 올린 것을 시작으로, 경사 일대에 자연재해가 발생하거나 교사와 같은 대사(大祀)를 거행할 때마다 관리를 파견하여 고례와 기보례를 거행하였다.[65] 도성 성황묘는 영호묘(領護廟)로 일컬어졌는데 처음에는 광우공(廣祐公)이라는 공호(公號)를 받았다가 후에 우성왕(祐聖王)의 왕호로 승격되었다. 주목되는 것은 도성 성황묘 외에 대내에도 별도의 성황묘가 건립되었다는 점인데, 이곳의 성황신은 처음에는 소황후(昭貺侯)에 분봉되었다가 공(公)으로 승격되었다.[66] 대내 성

---

62 성황신이 처음으로 국가권력의 공인을 받게 되는 것은 唐末인데 乾寧3년(896)에 昭宗이 華州로 피신했을 때 성황신이 현신하여 화주자사 韓建의 역모를 막아주었다면서, 최초로 濟安侯라는 봉호가 하사되었다고 전한다. 이 사실은 金 世宗 大定3年에 건립된 〈華州城隍神濟安侯新廟記〉 碑銘에 기록되어 있는데, 후에 『金石萃編』 卷156에 수록됨.
63 『五代會要』 卷11, 〈封嶽瀆〉; 『舊五代史』 卷103, 漢書五 〈隱帝紀(下)〉.
64 당송시대의 성황신앙에 대해서는 賈二強, 『唐宋民間信仰』, 福州: 福建人民出版社, 2002, 105~109쪽.
65 『文獻通考』 卷77, 〈郊社考十 諸州祭城門縣祭附〉; 『宋史』 卷102, 禮志5 〈奏告〉.
66 趙與時撰, 傅成校點, 『賓退錄』 卷9, 上海古籍出版社, 2012.

황신의 작위가 도성 성황신에 비해서 한 단계씩 낮게 책정되었다는 점을 감안할 때, 도성 성황신이 도성 전체에 대한 수호를 책임졌다면 후자의 관할 범위는 황궁 일대로 제한되었을 것으로 추정된다. 북송대에 태어나 남송 효종 때 복주 영덕현(寧德縣) 주부(主簿)를 역임했던 육유(陸游, 1125~1210)는 당대 이래로 군현마다 성황제사를 받들지만 의례의 격식이 다른 신사들과 비교되지 않았다고 언급한 바 있는데, 이는 바로 정부의 적극적인 후원 하에 공공의례를 거행하는 의례공간으로서 그 위상을 확립했기 때문이다.[67]

이상 성황묘의 사례를 통해서 확인한 바와 같이 북송대에 들어서 도성 사묘들은 점차 의례공간으로서 공공성을 강화해갔지만, 평소 사묘에 있어서 신앙 활동의 주체는 역시 다수의 도성 주민들이었고 개인의 신앙행위가 이루어지는 성스러운 신앙공간으로서의 특징은 당연히 지속되었다. 어쨌든 주목되는 것은 국가의 공인을 통해서 도성사묘의 합법성이 보장되고 사묘의 공공적 기능이 강화되면서, 도성주민들의 신앙생활 뿐 아니라 일상생활에 대한 사묘의 영향력이 증대된다는 점이다.

3) 사묘신앙과 도성 주민의 일상생활

정부의 공인과 국가의례 편입은 도성 사묘의 합법성과 공공성을 제고하여, 사묘가 주민들의 신앙의 공간이자 공공연한 사회적 공간으로 기능할 수 있는 중요한 계기가 되었다. 도성사묘는 개봉도성의 내성과 외성, 혹은 외성밖 교외에 저점(邸店)이나 민가와 혼재했지만, 사묘의 신을 섬기는 주민들에게는 세속적인 다른 공간과는 차별화된 공간으로서 정신적으로 신성한 경험을 제공해주는 곳이었다. 신성한 성소에서 신앙행위를 통해서 수시로 느끼는 종교적 체험은 생활에 지침을 제공하고 일상생활에 다양한 영

67　陸游,『渭南文集』卷17,〈寧德縣重修城隍廟記〉.

향을 미치게 된다. 사묘의 신앙생활은 일단 그들로 하여금 여러 행사를 준비하기 위해서 사회·사화 혹은 향사(香社) 등으로 일컬어지는 조직을 결성하게 했다. 물론 확실한 경전과 교리, 잘 훈련된 성직자집단, 체계화된 신도조직을 갖춘 불교나 도교 등 기존 종교와 비교할 때, 조직과 제도라는 측면에서 사묘신앙이 상대적으로 취약하다는 점은 주지하는 사실이다.[68]

그럼에도 불구하고 영험한 성소를 순례하기 위한 준비나 묘우의 주기적인 치장과 보수 그리고 제사와 축제 특히 신의 탄신일과 같은 대규모 종교행사를 준비하기 위해서는 일정한 조직이 필요했다. 송대에는 전국 각지에서 '사회'나 '사화'와 같은 사묘조직이 결성되었다. 소주 상숙현(常熟縣) 북쪽 40리 지점에는 동악행사(東嶽行祠)가 있었는데, 동악신의 탄신일인 5월이 되면 주변 군의 주민들까지도 사회를 결성하여 향과 예물을 준비해서는 불원천리 동악묘로 향했다. 연도에는 온통 북과 피리를 불고 깃발을 나부끼면서 몰려드는 순례객들의 행렬이 끊어지질 않았다고 한다.[69] 동악신 즉 태산신 숭배는 성황신과 더불어 북송시기에 가장 넓은 신앙권을 가진 민간사묘신앙으로, 건륭원년[960]에 태조가 출정을 하면서 고례를 올렸던 도성 삼대 민간사묘 가운데 하나였다. 동악신 신앙은 진종이 태산에서 봉선의례를 거행한 후에 더욱 흥성했다. 남송 임안의 사례를 참조하면, 동악신의 탄생일이 되면 도성에도 백 개 넘는 사회가 결성되었다고 한다. 물론 하나의 사묘에 수많은 사회가 몰려들다 보니 작헌(酌獻)을 올리기도 쉽지 않았다.[70] 도성내의 사회 조직은 매우 보편적이어서 전통적인 절일인 사일(社日) 즉 춘추이사(春秋二社)를 준비할 때에도 가동되었다. 도성 개봉에서는

68　사묘신앙의 주요 특징에 대해서는 皮慶生, 『宋代民衆祠神信仰研究』, 上海古籍出版社, 2008, 2~5쪽 참조.
69　『琴川志』, 288쪽, 주)104 내용.
70　西湖老人, 『西湖老人繁勝錄』, 北京: 中國商業出版社, 1982, 7쪽: "城社陌甚多, 一廟難著祭祀酌獻"

팔월 추사(秋社)때는 보통 시학(市學)의 선생이 학생들로부터 돈을 염출하여 사회를 조직하였는데, 자질구레한 일을 맡아줄 기응(祇應)과 연회 준비와 관련된 일들을 처리할 백석(白席), 흥을 돋을 가창(歌唱) 등을 청하곤 했다고 한다.[71]

북송시기에는 경술법(更戌法)의 시행으로 군인들의 유동성이 매우 강했는데 이 때문에 병사들도 고향의 신을 전파하는 중요한 매개자였다.[72] 이러한 사정은 성수사건에서 이미 확인했던 바와 같이 도성 금군 병사들도 마찬가지였다. 남송 행재 임안 관련 기록을 참조하면, 민간신앙의 신봉자들이었던 그들은 "상진(上眞)의 탄신일에는 재경십군(在京十軍)의 전전사(殿前司)마다 사회를 조직하여 사묘에서 작헌과 소향(燒香)으로 경배를 올렸다"[73]고 한다. 군조직과는 별도의 사회조직을 갖고 있었던 것이다. 도성 개봉의 이랑신묘는 묘회 때면 도성주민들로 인산인해를 이뤘다. 제사(諸司)와 제행(諸行)마다 사회를 조직하여 제대(祭臺)에 예물이 넘쳐났다는 기록에서 확인되듯이,[74] 유력한 사묘의 묘회 때에는 도성 각계각층의 주민들이 조직적으로 행사를 준비하고 참여했음을 알 수 있다. 사묘의 신에 대한 신앙행위가 도성주민들이 사회적 조직을 결성하여 공동의 일상생활을 만들어 가는 매개체가 된 것이다.

사회 조직의 세부운영 정황에 대해서 좀 더 상세히 고찰해보면, '회수(會首)'나 '상수(上首)'는 보통 전심해서 묘회 행사를 준비하기 때문에 특별한 일이 없는 무뢰(無賴)·유수(遊手)들이 전담하는 경우가 많았다. 하지만 그 배후에는 앞장에서 언급했다시피 관부의 서리들이 회간(會幹)을 맡고, 토호

---

71 孟元老 撰, 伊永文 注, 『東京夢華錄箋注』卷8, 〈秋社〉, 北京: 中華書局, 2006, 807~810쪽. 이하 번역은 맹원로 저, 김민호 역, 『동경몽화록』, 소명출판사, 2010을 참조했음을 밝혀둠.
72 皮慶生, 『宋代民衆祠神信仰硏究』, 上海古籍出版社, 2008, 214~217쪽.
73 西湖老人, 『西湖老人繁勝錄』, 5쪽: "上眞生辰, 殿前司在京十軍各有社火, 上廟酌獻燒香"
74 孟元老 撰, 伊永文 注, 『東京夢華錄箋注』卷8, 〈秋社〉, 北京: 中華書局, 2006, 807~810쪽.

등 지방의 유력인사들은 첨도(簽都)를 맡았으며, 때로는 종실이 권수(勸首)를 맡아서 묘회의 준비에 영향력을 발휘하기도 했다.[75] 다만 도성 사묘의 묘회는 기본적으로 정부의 개입과 후원에 의해 이루어지고, 사묘에 대한 통제 역시 보다 더 치밀하고 삼엄하게 이루어졌기 때문에 도성 관련 사료에서는 이런 배후조직이 명확하게 드러나지는 않는다.

물론 사회를 결성하여 매 번 헌물을 마련한다는 명목으로 전물(錢物)을 갹출하는 것이 서민들에게는 경제적으로 심각한 부담이 되었으며, 봉헌을 하지 못했을 때 상상할 수 있는 신에 대한 외경심과 후환에 대한 두려움이 압박감으로 작용하기도 했을 것이다. 그럼에도 불구하고 북송 시기에 도성 내 사묘신앙을 배경으로 형성된 사회조직은 계층적 배타성이 명확했던 이전 시기의 조직과는 달리 공동의 신앙 대상과 의례 활동을 중심으로 기층의 다수가 참여하는 폭넓은 사회 조직으로 발전했다는 점에서 분명한 시대적 의의를 갖는다.

집단적인 종교 활동이 연중행사의 일환으로 고착되면서 도성 주민들의 일상생활에 직접적인 영향을 미치게 되고, 이를 통해서 다수의 개봉 주민들이 동일한 생활주기를 공유하게 되었다는 점도 중요하다. 이런 측면에서 조직적으로 이루어지는 사묘의 행사 가운데 영향력과 파급효과라는 측면에서 가장 주목되는 것은 역시 묘회 활동이다. 『동경몽화록(東京夢華錄)』 권6부터 권10에는 정월 초하루 연절(年節)을 시작으로 입춘・정월 대보름・청명절・사월 초파일・단오・중원절・중추절・천녕절(天寧節)・동지(冬至)・교사대제사(郊祀大祭祀)・제야(除夜) 등 연중행사의 풍속에 대해서 상세하게 설명하고 있는데, 묘신의 탄신일에 벌어지는 사묘의 묘회도 이들 중요한 연중행사의 일부로 편입되어 있다. 도성 사묘의 종교행사가 이십사절기나

---

[75] 陳淳은 福州를 중심으로 축제의 준비과정과 사회의 배후조직에 관해 상세히 기록을 남겼다. 陳淳, 『北溪大全集』(四庫全書本) 卷43, 〈上趙寺承論淫祠〉, 851쪽에 상세히 보임.

사월초파일, 황제의 생일, 국가제사 등과 더불어 도성 주민들의 공식적인 절일행사 가운데 하나로 확립된 것이다. 이 가운데 6월 6일과 24일에 벌어지는 최부군(崔府君)과 이랑신의 탄신일 행사는 다채롭고 역동적이어서 도성주민들의 일상생활의 다양한 면모를 보여준다.

최부군묘는 하북로 자주(磁州)에서 유입되어 개봉 주민들의 애호를 받은 사묘로서 도성 북쪽 15리 지점에 위치하고 있었다. 최부군은 당 정관 연간에 자주 속현인 부양(滏陽) 현령을 지낸 최각(崔珏)으로 알려져 있는데, 사후 자주 토지신이 되어 일대에서 널리 숭배되다가 태종 순화연간[淳化年間, 990~994] 무렵 도성에도 처음으로 사묘가 건립되었다. 최부군묘가 유력 사묘로 성장하는데 전기(轉機)가 된 것은 지도(至道)2년[996] 진국공주(晉國公主) 석씨(石氏)의 기도에 감응했다는 사실이 전해지면서부터이다. 이때부터 조정의 후원이 시작되었고, 진종 함평(咸平)5년[1002]에는 '최부군묘'라는 묘액이, 인종 경우(景祐)2년[1035]에는 '호국현응공(護國顯應公)'이라는 봉호가 하사되었다. 봉호를 하사할 때 도성의 묘우 뿐 아니라 자주 조묘(祖廟)에도 관리를 파견하여 고제(告祭)를 올렸는데, 향후 최부군묘는 섬서로(陝西路) 경주(慶州)를 위시하여 하북・하남・섬서 일대로 확산되었으며 곳곳에 행사(行祠)[지묘(支廟)]가 세워졌고 신종 희녕8년[1075]에는 재차 봉호를 하사하겠다는 조령이 발표되었다.[76] 최부군 신앙의 확산과 더불어 도성의 최부군묘도 번성을 구가했다. 『세시광기(歲時廣記)』에는 매년 6월 6일 최부군 탄신일에는 모든 도성 사람들이 벽사(辟邪)에 효험이 있다는 참죽나무를 들고 가서 봉헌을 올려,[77] 제단이 예물로 넘쳐났다고 기록되어 있다.[78]

---

[76] 『宋會要輯稿』, 禮21 嶽瀆諸廟 〈護國顯應公廟〉: "廟在東京城北, 卽崔府君祠也. 相傳唐滏陽令歿爲神, 主幽冥事. 廟在磁州, 太宗淳化初, 民有於此置廟. 至道二年, 晉國公主石氏祈禱有應, 以其事聞, 詔遣內侍修廟, 賜名, 並送衣物供具. 眞宗景德元年重修, 春秋二祀. 磁州廟, 咸平元年重修, 五年賜額曰崔府君廟. 朝廷常遣官主廟事. 仁宗景祐二年七月, 封護國顯應公, 仍令開封府・磁州遣官祭告, 具上公禮服. 一在西京慶州. 神宗熙寧八年十二月, 詔府君廟特加封號."

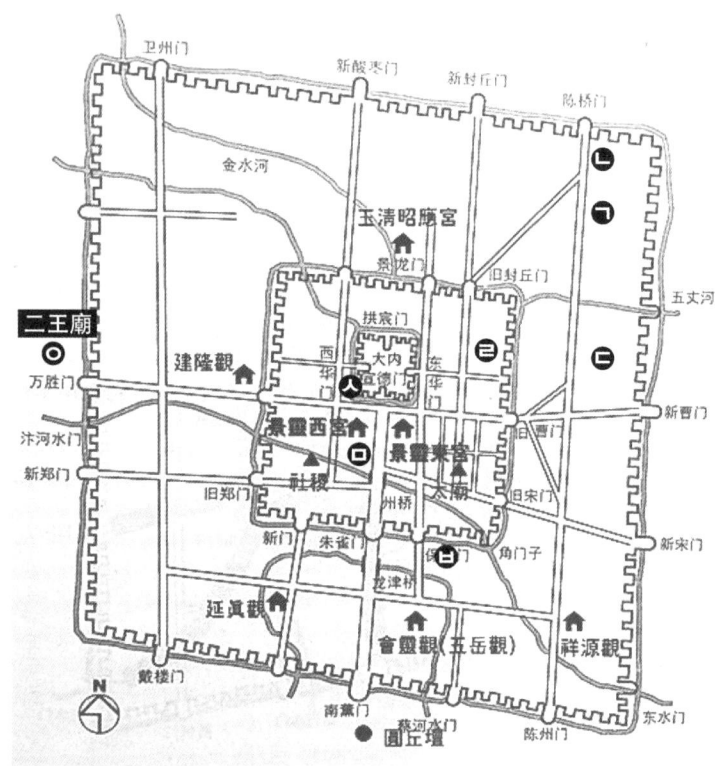

〈그림 11〉 북송 동경 개봉의 주요 의례공간과 이왕묘(二王廟)
지도는 田銀生, 《走向開放的城市-宋代東京街市研究》, 北京: 生活·讀書·新知三聯書店, 2011을 참조하여 작성하였음.

최부군묘가 도성 인근지역에서 유입되었다면, 외성 서문 만승문에서 약 500미터 지점에 위치했던 관구이랑신묘는 원방에서 전래된 대표적인 사묘이다. 이랑신묘에 대해서는 도강언(都江堰) 이왕묘(二王廟)와 같이 이빙(李氷)과 그의 차남을 모시는 치수신묘라는 설과 사천(四川) 가주(嘉州) 홍수 때 이

77　陳元靚, 『歲時廣記』 卷24, 〈獻香椿〉: "崔府君廟在京城北十五里, 世傳府君以六月六日生, 傾城具香椿往獻之. 本廟在磁州, 是日尤盛, 事具碑記"
78　『東京夢華錄』 卷8, 〈六月六日崔府君生日二十四日神保觀神生日〉, 758~759쪽.

적을 발휘하여 관구에 새롭게 입묘된 조욱(趙昱)의 사묘라는 설이 있는데 모두 사천지역에서 유래된 것이다. 이랑신묘에서는 신의 탄신일인 6월 24일을 전후로 대대적인 묘회행사가 벌어졌는데,『동경몽화록』에 보이는 다채로운 활동을 그대로 옮겨보면 아래와 같다.

> 23일 어전(御前)에서 후원작(後苑作)과 서예국(書藝局)에서 만든 노리개를 보내왔는데, 구장(毬杖)·탄궁(彈弓)·익사(弋射)와 안장·고삐·재갈·번롱(樊籠)과 같은 것들이 모두 정교했다. 풍악이 울리면서 사묘로 인도했다. 정전 앞 노대(露臺)위에는 가설무대가 설치되었고, 교방(敎坊)과 균용직(鈞容直)에서 음악을 연주하였으며, 번갈아가면서 잡극과 무용을 공연하였다. 태관국(太官局)에서는 음식을 제공해주었는데, 밤새 24가지의 음식이 나왔으며 각각 순서가 정해져 있었다. 24일이 되자 오경에 첫 번째로 향을 피우기 위해서 경쟁했는데, 어떤 사람은 아예 사묘에서 잠을 청했고 어떤 사람은 한 밤중에 미리 일어나서 일등을 다투었다. 날이 밝자 관아의 여러 부서와 많은 행회에서 예물을 보내왔다. 이들의 사화에서 노대(露臺) 위에 봉헌한 예물이 만 개가 넘었다. 아침부터 갖가지 공연이 벌어졌는데, 상간(上竿)·적롱(趯弄)·도색(跳索)·상박(相撲)·고판(鼓板)·소창(小唱)·두계(鬪雞)·설원화(說諢話)·잡분(雜扮)·상미(商謎)·합생(合笙)·교근골(喬筋骨)·교상박(喬相撲)·낭자잡극(浪子雜劇)·규과자(叫果子)·학상생(學像生)·탁도(倬刀)·장귀(裝鬼)·아고(砑鼓)·패봉(牌棒)·도술(道術) 등 모두 각각의 특색이 있었으며 어두워져도 끝날 줄을 몰랐다.[79]

예문의 내용에서 첫 번째로 주목되는 것은 도성 사묘의 묘회 행사가 정

---

[79] 『東京夢華錄』卷8,〈六月六日崔府君生日二十四日神保觀神生日〉, 758쪽: "二十四日, 州西灌口二郎生日, 最爲繁盛. 廟在萬勝門外一里許, 勑賜神保觀. 二十三日, 御前獻送後苑作與書藝局等處製造戲玩, 如毬杖·彈弓·弋射之具, 鞍轡·銜勒·樊籠之類, 悉皆精巧. 作樂迎引至廟, 於殿前露臺上設樂棚, 教坊·鈞容直作樂, 更互雜劇舞旋. 太官局供食, 連夜二十四盞, 各有節次. 至二十四日, 夜五更爭燒頭爐香, 有在廟止宿, 夜半起以爭先者. 天曉, 諸司及諸行百姓獻送甚多. 其社火呈於露臺之上, 所獻之物, 動以萬數. 自早呈拽百戲, 如上竿·趯弄·跳索·相撲·鼓板·小唱·鬪雞·說諢話·雜扮·商謎·合笙·喬筋骨·喬相撲·浪子雜劇·叫果子·學像生·倬刀·裝鬼·砑鼓·牌棒·道術之類, 色色有之, 至暮呈拽不盡."

부의 적극적인 후원과 개입 하에 이루어진다는 점이다. 후원작과 서예국에서는 묘회의 위엄을 더해줄 다양한 상징물과 서화(書畫) 등을 정교하게 제작하여 공급해주었다. 국가의례나 황실연회·출정의례에서 악무를 담당하는 교방과 균용직이 연주와 잡극공연을 지원했으며, 전중성(殿中省) 상식국(尚食局)에서 어선(御膳)을 담당하는 태관국에서는 연회를 도와주었다. 일반적으로 지방사묘에서는 취주악대 동원과 연회의 음식준비를 포함하는 묘회의 전반적인 준비가 사회의 회수를 중심으로 이루어지는 것이 보통인데,[80] 도성 이랑신묘의 행사는 정부의 적극적인 후원과 주도 하에 진행되었다는 점에서 분명한 차이를 보여준다.

〈그림 12〉 사천성(四川省) 도강언(都江堰) 소재 이왕묘 본묘와 희대(戱臺)
이왕신묘에서 묘회가 거행될 때 희대에서는 신께 봉헌할 연극을 상연한다.

두 번째로 이랑신 묘회는 묘신의 탄신일에 성소에서 거행되는 종교행사인 만큼, 신에 대한 신실한 믿음이 다양한 방식으로 표출되었다. 송대에는 신께 첫 번째로 올리는 두로향(頭爐香)이 특별히 영험하다는 인식이 형성되기 시작해서, 묘회 때 일부 신도들은 분향을 위해서 신상 앞에서 쪼그려 앉

---

[80] 陳淳은 福州를 중심으로 축제의 준비과정과 사회의 배후조직에 관해 상세히 기록을 남겼다[陳淳, 『北溪大全集』(四庫全書本) 卷43, 「上趙寺承論淫祠」, 851쪽].

아 밤을 새기도 했다. 이러한 행위를 '좌야(坐夜)'라고 일컬었는데 신상이 있는 계단 가까이 앉아서 날을 꼬박 새면 신의 보우를 얻을 수 있다는 믿음이 확산되면서 후대에는 묘회 때마다 신전이 좌야를 하는 신도들로 가득차기도 했다.[81] 묘신께 성물을 봉헌하는 것도 믿음을 표현하는 가장 직접적인 방식이다. 앞서도 잠시 언급했지만, 관아의 여러 부서와 다양한 상업과 수공업 행회에서는 사회를 조직하여 예물을 준비하고 헌상했다. 소향과 헌물을 통해서 거룩한 존재에 대한 최상의 예우를 보임으로써 기원과 감사를 올렸던 것이다.

세 번째로 이랑신 묘회에서는 종교적인 행사와 더불어 다양한 종류의 오락 활동이 진행되었다. 묘회는 신도들에게 일상의 노동과 관습의 구속으로부터 잠시 벗어나서, 해방과 발산의 쾌락을 느낄 수 있는 기회를 제공하였다. 묘회에서 빠질 수 없는 것이 무대를 세우고 연극을 공연하는 것이었다. 연극은 원래 신에 대한 존경과 숭배를 표현하는 방식으로 마련한 것이지만, 신도들이 주기적으로 동일한 주제의 연극을 함께 몰입하여 관람하면서, 공동체의 사회문화적 공감대와 동류의식도 강화되었다. 일정한 지역 범위 내에서 동일한 신을 숭배한다는 것은 정서적으로 일정한 동류의식을 가지고 있다는 것을 의미한다. 도성 개봉의 최부군묘와 이랑신묘 탄신 묘회에서 확인되는 것은 도성의 주민들이 다양한 결사(結社)를 통해서 봉헌을 준비할 뿐 아니라, 사묘의 가설무대에서 공연되는 연극과 잡기·오락을 관람하면서 공동의 문화를 체험한다는 점이다. 도성사묘는 결사를 통해서 묘회를 준비하고 진행하는 과정에 반영되듯이 다양한 계층의 네트워크가 형성되고 종교 신앙과 함께 문화적 공감대가 강화되는 사회적 공간이었던 것이다.

---

81 Sidney D. Gamble, *Ting Hsien, A North China Rural Community*, pp.411~412와 李景漢, 『定縣社會槪況調査』, 北平, 1933, 436~443쪽 참조.

4. 맺음말

 이 글은 정치도시이자 의례도시적 성격이 강했던 중국 도성에 있어서 도시 거주민들의 자발성이 도시사 전개에 어떻게 반영되는지 구체적으로 검토해보기 위해서 기획하였다. 이를 위해서 기층성과 지역성의 사회문화적 특징을 가지고 있는 사묘신앙이 10세기 이후 개봉 도시사의 전개에 미친 영향을 다각도로 살펴보았다.

 북송 정부는 당말·오대 이후의 포용적이고 절충적인 사묘정책을 계승하였다. 이러한 정책이 전국의 물산과 인구가 집결하는 도성 개봉의 지리적 조건과 결합하면서 각지에서 사묘신앙이 유입되었고, 성수 사건에서 확인되는 바와 같이 새로운 사묘들이 지속적으로 탄생하면서 사묘신앙은 전에 없는 활황을 구가하였다. 결국 도성 내 사묘신앙이 우려할 수준으로 팽창하고 여기에 황권과의 친밀한 관계를 이용하여 민간신앙을 하부신으로 예속시켜 교세를 확장하려는 도교세력이 개입하면서, 1111년에는 국가권력의 심장인 도성 개봉에서 사묘 1,038개 소를 훼멸하는 전대미문의 신사철폐령이 단행되었다.

 당시 도성 개봉의 사묘는 주민들의 삶과 긴밀한 관계를 형성하며 성장해가고 있었는데, 다양한 계층들이 드나들면서 삶의 고통을 호소하고 개인의 소망을 기구하는 신앙의 공간이 되었다. 뿐만 아니라 북송 시기에는 도성 사묘의 공공성이 제고되는 경향이 현저하게 나타나는데, 국가의 대사가 있거나 자연재해와 같은 위기에 봉착했을 때 도성의 유력한 사묘에서 국가주도의 공공의례를 거행하는 것이 제도화됨으로써 사묘신앙의 사회적 역할과 영향력이 제고되었다. 사묘의 공공성 증대로 최부군묘와 이랑신묘와 같은 유력 사묘의 탄신일 행사인 묘회는 도성 주민들의 중요한 연중행사로 발전하였다. 도성 사묘의 종교행사가 이십사절기나 사월 초파일, 황제탄신일 등과 더불어 도성 주민들의 공식적인 절일행사 가운데 하나로 확립된 것이다. 묘회가 다가오면 도성 주민들은 다양한 결사를 통해서 관련 행사를 준비하였다. 제사와 제행마다 준비위원회의 역할을 맡는 '사회'를 결성하여 예물을 봉헌했다. 도성 사묘의 묘회에는 정부 기구의 다양한 후원 하에 많은 공연이 준비되었다. 도성 주민들은 사묘에서 공연되는 연극과 잡기, 오락을 관람하면서 사회적 동류의식과 더불어 공동의 문화의식을 체험하였다. 북송시기에 도성사묘는 주민들이 사회적 결사를 통해 종교행사를 준비하고 문화적인 공감대를 형성하는 새로운 사회적 공간으로 기능하고 있었다.

제4장

남송 도성 임안과 민간신앙

도시사적 접근

1. 머리말

송원시기에 찬수된 지방지는 종교와 신앙에 관한 내용을 보통 도관(道觀)·불사(佛寺)·사묘(祠廟)로 나누어 기록하였다. 범성대[范成大, 1126~1193]는 『오군지(吳郡志)』에서 도교를 궁관(宮觀)편에 수록하고, 불교는 부곽사(府郭寺)편과 곽외사(郭外寺)편으로 나누어 서술하였으며, 소주(蘇州)지역의 사묘신앙에 대해서는 사묘[上, 下]편에 수록하였다.[1] 유희로(俞希魯)는 『지순진강지(至順鎭江志)』에서 신묘(神廟)·승사(僧寺)·도관으로 분류하여 송대 진강의 종교상황을 찬술하였다.[2] 남송 순우(淳祐)10년[1250] 진사로서 실록원(實錄院) 편수(編修)를 역임한 주응합(周應合)은 『경정건강지(景定建康志)』에서 강남의 또 다른 핵심 도시인 건강(建康)의 종교신앙을 〈사사지(祠祀志)〉에 수록했다. 사사지[一]에서는 고교묘(古郊廟)·사직(社稷)·제묘(諸廟)로 나누어 국가의례와 사묘신앙 관련 내용을 수록하였고, 사사지[二]와 [三]에서는 궁관과 사원(寺院)을 다루었다.[3] 당시 지역 주민들의 종교 활동에 있어서 민

---

[1] (宋)范成大 撰, 『吳郡志』(江蘇地方文獻叢書), 南京: 江蘇古籍出版社, 1999, 164~207쪽.
[2] (元)俞希魯 編纂, 『至順鎭江志』(江蘇地方文獻叢書), 南京: 江蘇古籍出版社, 1999, 317~353쪽.

간 사묘신앙이 도·불과 함께 중요한 위상을 차지하고 있었음을 시사해주는 것이다.

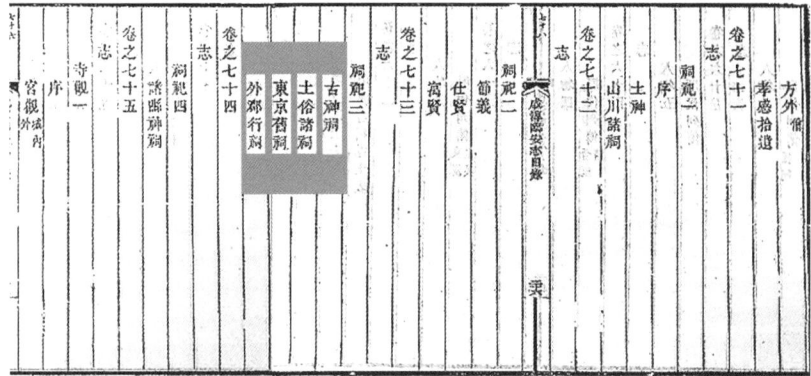

〈그림 13〉『함순임지(咸淳臨安志)』의 사묘(祠廟) 분류
『함순임안지』〈사묘3〉 부분에서는 수도 임안의 사묘를 고신사, 토속제사, 동경구사, 외군행사로 분류하였다.

그런데 현전하는 남송 도성 임안(臨安)의 지방지 가운데 유일하게 전권(全卷) 내용이 전하고 있는『함순임안지(咸淳臨安志)』의 사묘신앙 관련 기록은 여타 지방지에 비해서 그 체례가 세분되어 있다.『함순임안지』는 도불(道佛)과는 별도로 권71부터 74까지를 〈사사지〉로 편성하였는데, 사사1에서는 절의(節義)와 사현(仕賢)을, 사사2에서는 토신(土神)과 산천제사(山川祭祀)를, 사사3에서는 고신사(古神祠)와 토속제사(土俗諸祠)·동경구사(東京舊祠)·외군행사(外郡行祠)를, 사사4에서는 제현신사(諸縣神祠) 관련 내용을 수록하였다.[4] 사묘를 묘신(廟神)의 성격에 따라서 선현과 자연신 제사로 분류했을 뿐 아니라, 전통사묘인 고신사와 항주 고유의 토속사묘, 북송 도성 개봉(開封)에서 유입된 동경구사 그리고 남방 각지에서 새롭게 유입된 외군행사로 나누어 기록하고 있는 것이다.

---

3 (宋)周應合 撰,『景定建康志』(南京稀見文獻叢刊), 南京出版社, 2009, 1074~1102쪽.
4 (宋)潛說友 纂修,『咸淳臨安志』(『宋元方志叢刊』) 卷4, 北京: 中華書局, 1990, 3994~4026쪽.

한편 임안부의 지리와 풍속 등을 상술한 『몽량록(夢粱錄)』에서도 이와 유사하게 사묘를 분류하고 있는 점이 주목된다. 『함순임안지』가 찬수된 지 6년 후인 함순10년[1274]에 『몽량록』을 완성한 오자목(吳自牧)은 권14의 하부 편목을 산천신(山川神)·충절사(忠節祠)·사현사(仕賢祠)·고신사(古神祠)·토속사(土俗祠)·동경수조사(東京隨朝祠)·외군행사로 분류하였다. 먼저 유교 의례적 성격의 사묘를 자연신묘(山川神)와 선현묘[忠節祠, 仕賢祠]로 분류하고, 지역 신앙적 특징의 민간사묘는 내원에 따라서 다시 '항주토속사묘[土俗祠]', '동경개봉사묘(東京隨朝祠)', 그리고 외지에서 유입된 '외군행사(外郡行祠)'로 세분한 것이다. 사실 함순(咸淳)4년[1268]에 『함순임안지』의 편찬을 주도했던 잠설우(潛說友)는 임안부 지부(知府)를 담당하는 동안에 수차례 봉호와 묘액 하사를 주청하고 사묘의 중수(重修)를 추진했을 정도로 당시 임안부의 민간신앙을 잘 이해했던 관료였다.[5] 『몽량록』의 저자인 오자목 역시 임안부 전당현(錢塘縣) 출신이어서 누구보다도 현지 사정에 밝은 사람이었다. 이처럼 임안 지방사료의 편찬을 주도했던 찬자(撰者)들이 현지 민간신앙의 전개양상을 충분히 파악하고 있었다는 점을 감안할 때, 사묘 관련 자료를 이처럼 유사한 방식으로 세분하여 기록한 것은 계통과 내원을 달리하는 사묘들이 도성 임안으로 대거 유입되면서 항주 민간신앙의 지형이 그만큼 다양하고 복잡해졌음을 방증해 주는 것이다.

그렇다면 남송 들어 도성 임안의 사묘신앙이 전에 없이 복잡하게 변한 까닭은 무엇일까? 당시 임안의 도시사적인 변화에 대해서 근방 월주(越州) 출신으로 소흥23년[1153] 임안에 가서 진사과를 치뤘던 육유[陸游, 1125~1210]는 "황제가 임안에 주필(駐蹕)한 이래로 옛 도성 동경과 사방에서 사인과 서인 그리고 상인들이 몰려들기 시작했다"고 지적한 바 있다.[6] '정강(靖康)의

---

[5] 潛說友는 咸淳4년 5월에 伍子胥를 숭배하는 忠淸廟를 중수하였고, 5년과 6년에는 조정에 顯應廟와 廣福廟 등 임안 祠廟의 廟神들에게 封號를 하사해줄 것을 청하기도 했다[『咸淳臨安志』卷71,「祠祀1」, 3995~4009쪽].

변' 이후 임안이 임시 도성으로 확정되면서 금군(金軍) 공격을 피해 난민들이 대거 이주해왔을 뿐 아니라, 도성이라는 입지와 사회적 유동성 증가로 사인과 군인 그리고 관료후생인 거자(擧子)들까지 지속적으로 유입되던 당시 상황을 여실히 반영해준다. 물론 '1차 상업혁명'으로 칭해지는 사회경제적인 변화와 운하·하천이 촘촘하게 연결되는 수로 교통망의 중심에 위치한 강남 도성의 새로운 입지는 유동성의 극대화를 가져오면서 상인과 서민의 이주를 촉진하였다. 결국 도성 이주가 전에 없이 활성화되면서 그들의 종교신앙도 함께 유입되어 임안의 민간신앙 전개에도 변화가 발생한 것이다.

지금까지 항주 도시사 연구는 다양한 주제로 진행되어 왔다. 초기에 연구를 주도해 온 것은 일본학계인데, 80년대 이후에는 '당송변혁'과 '상업혁명'이라는 공식(共識)을 바탕으로, 관련 사료에 대한 섬세한 분석을 통해서 도시의 다양한 경관(景觀)을 복원하고 그 역사성을 추구하는 동향을 보였다. 이하라 히로시[伊原弘], 우메하라 카오루[梅原郁], 시바 요시노부[斯波義信], 치쿠사 마사아키[竺沙雅章], 키누가와 츠요시[依川强], 혼다 오사무[本田治], 미야자키 노리코[宮崎法子] 등에 의해서, '도성의 치안문제', '다양한 계층과 도성사회', '상업발전과 상인네트워크', '도성의 구제시설 운영', '수리시설과 서호', '문인과 예술인 모임' 등 다양한 접근이 이루어져 왔으며, 공동 작업을 통해서 '임안의 교량도(橋梁圖)'나 '와자(瓦子)의 분포도'를 복원하기도 했다.7 최근 중국학계의 남송 임안연구도 활발하게 전개되고 있는데, 분산되었던 연구 성과를 정리하여 '남송과 항주'라는 주제로 『남송도성임안(南宋都城臨安)』, 『남송임안사회생활(南宋臨安社會生活)』 등 10권의 시리즈물을 출

---

6   陸游, 『老學庵筆記(唐宋史料筆記)』 卷8, 北京: 中華書局: "大駕初駐蹕臨安, 故都及四方士民商賈輻輳"

7   관련 연구들은 다수가 梅原郁이 편찬한 논문집에 수록됨[梅原郁 編, 『中國近世の都市と文化』, 京都大學人文科學硏究所, 1984]. 연구사 정리는 平田茂樹, 「宋代城市硏究的現況與課題」을 참조할 수 있는데, 中村圭爾·辛德勇 編, 『中日古代城市硏究』, 中國社會科學出版社, 2004에 수록됨.

판하기도 했다.[8] 남송 도성 임안에 관해서는 어느 도시보다도 전방위적이고 면밀한 연구가 진행되었다고 볼 수 있을 것이다.

이처럼 다방면에 있어서 이미 수준 높은 연구가 진행되었지만, "성스러운 대상을 섬기는 도성 항주의 경건함은 다른 어느 지역에서도 찾아보기 힘들다"[9]는 오자목의 지적은 주목할 필요가 있다. 지방사료의 편자들이 지적한 바와 같이 각지의 다양한 사묘신앙이 도성으로 집중되는 변화 속에서, '지역성'과 '기층성'이라는 중요한 의미를 갖고 있는 사묘신앙의 도성 내 전개와 변화에 관한 전면적인 연구는 여전히 제한적이다. 이 글에서는 첫 번째로 피난 수도인 임안에 있어서 남송 정부의 토착신앙에 대한 대응을 검토해보고, 전란과 상업발전으로 유동성이 증가하는 가운데 도성 임안에 있어서 인구 유입이 민간신앙의 전개에 미친 영향을 고찰해보겠다. 다음으로 의례도시적 상징성이 내포되어 있는 도성의 도시 구조가 피난수도이자 화북과는 전혀 다른 지리적 환경을 가진 강남 도성에는 어떻게 적용되었는지 살펴보면서, 전통 도성의 성격 변화에 대해서 주목해보겠다. 마지막으로 도성 내 민간사묘의 분포와 '행사'를 통한 확장과정을 임안 도성의 도시 분화과정과 연계시켜서, 사묘신앙의 전개와 도시사적인 변화와의 관계에 대해서도 심층적으로 검토해보겠다.

2. 임안의 토착신앙과 남송 정부의 후원

앞에서 언급했지만 『몽량록』과 『함순임안지』는 오랫동안 항주 주민들

8 　王國平이 主編하고 있는 『南宋史研究叢書』 가운데 하나로 杭州出版社에서 연속적으로 간행됨.
9 　吳自牧 撰, 『夢梁錄』(知不足齋叢書本), 卷2 三月, 臺北: 文海出版社: "杭城事聖之虔, 他郡所無也".

이 섬겨온 토착사묘를 산천신[土神, 山川諸神], 절의(節義)·사현사, 토속사(土俗諸祠) 등으로 분류하였다. 사전(祀典)의 일반적 편성기준에 의거하여 산천신과 성왕현신(聖王賢臣)에 일부 현지 사묘들을 포함시켜 대체로 정사(正祠)에 부합하는 사묘를 동일한 부류로 분류한 것으로 보이는데, 항목별 세부 내용을 검토해보면 성격이 다른 사묘들이 혼재되어 있음을 쉽게 발견할 수 있다.

먼저 산천신류(山川神類)의 사묘에 대해서 거론해보겠는데, 두 책의 분류에도 약간의 차이는 존재한다. 『몽량록』은 성황신을 토착사묘들과 함께 산천신으로 분류한데 비해서, 『함순임안지』는 오왕(吳王) 부차(夫差)를 모시는 소제묘(昭濟廟)와 오자서(伍子胥)를 받드는 충청묘(忠淸廟) 그리고 오월(吳越) 전무숙왕묘(錢武肅王廟)·전문목왕묘(錢文穆王廟) 등을 묶어서 토신(土神)으로 세분하였다. 임안 도성의 수호신적 성격을 갖고 있었던 성황묘와 지역을 대표하는 선왕·현신묘를 별도로 구분한 것인데, 임안이라는 도시의 역사적 정체성과 지역성을 대변하는 사묘라고 할 수 있다.

어쨌든 두 책 모두 도성 임안의 토착신앙을 대표하는 첫 번째 사묘로 성황묘를 수록하였는데, 성황신앙은 조익(趙翼)이나 고염무(顧炎武)가 언급했던 것처럼 당송시기를 거치며 강남지역을 중심으로 급속히 확산된 민간신앙이다.[10] 이 시기 성황신앙의 성장에 대해서는 당말·오대 이후 도시의 발달에 따라 새로운 수호신으로 출현하였다는 견해가 제시되었고,[11] 점차 강남개발과 연계하여 차츰 수면 위로 부상한 지역신들이 국가권력의 압력 하

---

10   趙翼,『陔餘叢考』卷35,「城隍神」; 顧炎武,『求古綠』,「吳越武肅王墻隍廟記」. 현대학자들의 대표적인 연구인 那波利貞,「支那に於ける都市の守護神に就いて」(上, 下),『支那學』第七卷 第三, 四號, 1934, 1935; 鄧嗣禹,「城隍考」,『史學年報』第二卷 第二期, 1935; David Johnson, "The City-God Cults of Tang and Sung China", *HJAS*, Vol.45, No.2, 1985.

11   David Johnson, 앞의 논문과 Valerie Hansen, *Changing Gods in Medieval China, 1127-1276*, New Jersey Princeton: Princeton University Press, 1990 참조.

에 유가적 신격(神格)으로 변모하면서 정부의 공인을 획득하고 빠르게 성장할 수 있었다는 주장으로 발전하였다.[12] 성황신앙은 당말·오대십국 시기 지방정권의 적극적인 후원으로 그 위상이 더욱 공고해진다. 항주에 정권을 세운 전류(錢鏐)는 천우(天祐)4년[907] 5월 주온(朱溫)이 오월왕의 왕호를 내려주자, 모든 성취가 성황신의 비호 덕분이라면서 묘우를 중수하고 봉호 하사를 주청한 바 있다. 후량 조정이 숭복후(崇福侯)를 하사하자 묘기(廟記)에 자신이 패업을 이룰 수 있었던 것은 성황신의 공덕 때문이라면서, 양자 관계를 양음(陽陰)에 비유하며 자신과 성황신에 대한 분봉을 '쌍봉(雙封)'으로 칭하기도 했다.[13] 후당 청태원년[清泰元年, 934]에는 전원관(錢元瓘)의 주청(奏請)으로 임안 봉황산에 위치했던 성황묘에 순의보녕왕(順義保寧王)이라는 왕호가 하사되었다. 오월정권은 지역신앙에 대한 공인과 적극적인 후원을 통해 지역신의 위상을 제고해줌으로써, 지역 사묘와 긴밀한 연계를 갖고 있던 무장과 재지세력의 지지를 획득할 수 있었다.[14]

북송대에 이르면 중앙정부의 사전에도 성황신을 국가제사에 준하여 대우하는 변화가 발생하였다. 출정이나 국가의례에 앞서서 도성 지역신사(地域神祠)에 관리를 파견하여 거행하는 고례(吿禮)나 한발·홍수·역병 같은 심각한 자연재해가 발생했을 때 거행하는 기보례(祈報禮)에 성황묘가 포함되었다. 진종 대중상부(大中祥符)2년[1009] 2월, 엄중했던 가뭄 관련 기사 후반부에는 성황제사의 제품(祭品) 세목까지 언급하였는데,[15] 송대 이후 성황제사가 지방관이 직접 관할해야 하는 공식적인 제사로 성장했음을 반영하

---

12 唐代 이래 淫祠撤廢와 社, 學校의 보급에 대해서는 김상범,「地方祭祀體系와 民間信仰의 관계- 唐代를 중심으로」,『中國史研究』第19輯, 2002.8을 참조할 수 있다. 지역수호신으로서 社와 城隍의 성격에 관해서는 편폭의 관계로 차후에 상론하도록 하겠다.
13 『十國春秋』卷77, 吳越2「武肅王世家」(下), 1078쪽. 錢鏐의 비문은『全唐文』,〈修墻隍神廟兼崇福侯記〉에도 수록됨.
14 김상범,「吳越시기 杭州와 祠廟信仰」,『역사문화연구』제46집, 2013.5.
15 『宋史』卷102, 禮5「祈報」, 2500~2501쪽.

는 것이다. 피난 정권인 남송의 입장에서 도성 주민들의 지지를 얻기 위해서는 그들이 신봉하는 신앙에 대한 지지와 후원이 반드시 필요하였다. 현지에 넓은 신앙권(信仰圈)을 형성한 사묘는 더욱 그러했는데, 남송 정부는 봉황산 궁성 근처에 위치했던 성황묘를 소흥9년[1139]에 오산 근처 보월산(寶月山)으로 이전하고 묘우를 신축해주었다. 소흥30년[1160]에는 임안 성황신을 보순통혜후(保順通惠侯)에 분봉하였는데, 봉호 하사와 관련된 칙문(勅文) 내용이 주목된다. 고종은 임안이 송에 귀속된 지가 어언 200년이 넘었지만 흉년·수재·한발·역병 등 어떤 경우에도 성황신은 기도를 올릴 때마다 바로 응답하셨다면서, 신의 공덕을 찬송함과 아울러 오월·북송·남송으로 계승되는 임안 성황신에 대한 존중과 후원을 분명하게 강조하였다. 남송 효종 건도(乾道)6년[1170] 이후 수차례 가봉(加封)이 진행되었는데, 탁종(度宗) 함순8년[1272] 이르면 '보정강제명광덕현성왕(輔正康濟明廣德顯聖王)'이라는 8자의 봉호를 가진 최고의 신으로 격상되었다.[16]

성황묘와 함께 임안을 대표하는 토착 사묘는 역시 오자서신을 모시는 충청묘였다. 오자서신은 항주의 지리환경에 걸맞게 '강신(江神)', '호신(湖神)', '파도신(波濤神)' 등의 이미지를 갖고 있다가 당대 후기 이래로 차츰 항주·소주·상주·목주(睦州) 등 절서 여러 지역을 아우르는 지역수호신으로 성장하였다.[17] 이에 따라 지방관과 지방정부의 후원도 잇따랐는데, 당 원화10년[815]에는 항주자사 노원보(盧元輔)가 서산[胥山, 吳山] 오원묘(伍元廟)를 중수해준 바 있다. 전류는 절도사시절부터 오자서신앙을 적극 활용하였

---

16 『咸淳臨安志』卷71, 志56 祠祀1 土神 城隍廟: "舊在鳳凰山, 據國朝會要爲永固廟. 紹興九年移寶月山. 三十年敕曰: '錢塘爲郡, 尙矣. 自版圖歸於我家逾二百年. 維城與隍必有神主之況, 歲之豊凶, 時之水旱, 民之疾疾求焉而必應者哉.…(중략)…朕今駐驆於此, 視之不異畿甸, 重侯美號用疏不次之. 封其歆其承, 永妥爾祀, 可特封保順通惠侯. 乾道六年以後累加封, 咸淳八年改輔正康濟廣德顯聖王.'"

17 鈴木陽一,「浙東の神と地域文化-伍子胥, 防風, 錢鏐 素材をとして」,『宋代人の認識-相互性と日常空間』, 宋代史研究會研究報告 第七輯, 東京, 汲古書院, 2001, 92~94쪽.

다. 경복(景福)2년[893]에는 오자서신이 현신해서 전당강 연안의 나성 축조를 도왔다면서 조정에 봉호 하사를 주청하여 혜응후(惠應侯)가 하사된 바 있다.[18] 건녕(乾寧)3년[896]에는 양행밀과 교전 중에 서산사(胥山祠)에서 기도를 올리자 신이 음조해서 적군을 격퇴할 수 있었다면서 재차 봉호를 청하여 왕호 오안왕(吳安王)이 하사되었다.[19] 항주 오자서묘에 대한 국가권력의 후원은 북송대에도 지속되었다. 옹희(雍熙)2년[985]에 사묘가 중건되었고, 대중상부5년[1012]에는 전당강 조수해일로 나성이 파괴되자 조서를 내려 전당강신 오자서에게 춘추 두 차례씩 정기제사를 거행할 것을 명하고, 충청 묘액과 영렬왕(英烈王) 봉호를 하사했다. 정화(政和)6년[1116]에는 다시 '위현(威顯)'이 가봉(加封)되었다.

임안의 대표적인 지역신인 만큼 이곳으로 천도한 남송 정부의 공인과 후원은 더욱 적극적으로 추진되었다. 충청묘는 남송 초에 전란으로 전소된 바 있는데, 소흥22년[1152] 정부의 지원으로 중건되었다. 소흥30년[1160]까지 충장(忠壯)이라는 봉호가 추가되었으며, 건도(乾道)5년[1169]에도 안무사(安撫使) 주종(周淙)이 묘우를 중수(重修)해주었다. 경원(慶元)5년[1199] 이후에도 수차례 봉호가 하사되어 역시 '충무영렬위덕현성왕(忠武英烈咸德顯聖王)'이라는 8자의 왕호를 갖게 되었다. 남송도성 임안은 유난히 화재가 잦았다. 소정(紹定)4년[1231]과 보우(寶祐)원년[1253]의 대화재로 충청묘도 전소되었는데 그때마다 정부의 재정지원으로 사묘가 중건되었으며, 함순4년[1268] 대홍수로 낭무(廊廡)가 파손되었을 때에도 안무사 잠설우의 후원으로 더욱 장대한 규모로 복원되었다. 가희연간[嘉熙年間, 1237~1240] 이후에도 수차례 개봉(改封)이 이루어졌으며 '충무영렬현성안복왕(忠武英烈顯聖安福王)'이라는 여덟 자(字)의 최상급 왕호를 유지하였다.

---

18 『咸淳臨安志』卷71, 3995쪽에서는 景福2年(893)에 惠廣侯가 하사되었다고 기록하였다.
19 『吳越備史』卷1, 6185쪽.

이와 같은 저명한 지역신 외에도 『몽량록』과 『함순임안지』에는 산천신으로 분류된 대·소 사묘가 적지 않은데, 산천신묘 가운데 용왕묘가 유달리 많은 것은 수향 항주의 지리적 특색을 여실히 반영하는 것으로 사료된다. 이 가운데 평제묘(平濟廟) 용왕신은 경원4년[1198]에 조순후(助順侯)를 하사받았고 함순3년에는 현렬광순왕(顯烈廣順王)으로 승격되었다. 순제묘(順濟廟)는 소흥30년[1160]에 처음 순제 묘액(廟額)을 받았지만 경원6년[1200]에는 영우공(靈佑公)으로, 소정연간에는 다시 영렬왕으로 승격되었다.[20] 가택묘(嘉澤廟)와 회령묘(會靈廟), 수선왕묘(水仙王廟)는 서호 연변에 위치했던 저명한 용왕묘인데 이들 역시 남송 정부의 지속적인 후원을 받게 된다.

두 번째로 임안 토착신앙 가운데 충절(忠節)·사현사(仕賢祠) 류의 사묘에 대해 검토해보겠는데, 임안을 대표하는 충절사 가운데 한 곳이 바로 정충묘(旌忠廟)이다. 정충묘는 원풍5년[1082] 서하와의 은천(銀川) 전투에서 장렬히 전사한 고영능(高永能)·경사의(景思誼)·정박고(程博古) 등 삼성(三聖)을 기리기 위해서 봉상부(鳳翔府)에 건립된 것이었는데, 방랍(方臘)의 난 때 현신하여 음조했다는 영험이 상신되면서 묘우가 건립되었고 후작위(侯爵位)가 하사되었다. 묘기에 따르면 소흥2년[1132] 임안에 처음 사묘가 건립되었고 소흥19년[1149]에는 '정충(旌忠)'이라는 관액(觀額)이 하사되었는데, 모든 과정이 권신(權臣) 장준(張俊)과 양존중(楊存中)의 주도하에 진행되었다. 이러한 측면을 고려할 때 정충묘는 삼성에 대한 주기적 제사를 통해서, 남송건국에 기여한 무장들의 희생과 공덕을 지속적으로 환기시키는 역할을 했다고 볼 수 있을 것이다. 정충묘는 가태초[嘉泰初, 1201]에 이르면 묘신마다 각각 충렬영응부택소우(忠烈靈應孚澤昭祐)·충현소응부제광우(忠顯昭應孚濟廣祐)·충혜순응부우선리왕(忠惠順應孚祐善利王)이라는 8자의 왕호를 소지할 정도로

---

20   『夢梁錄』卷4에서 묘자두의 위치를 추정해볼 수 있다. "臨安風俗, 四時奢侈, 賞翫殆無虛日. 西有湖光可愛, 東有江潮堪觀, 皆絕景也.……十八日蓋因帥座出郊, 教習節制水軍, <u>自廟子頭直至六和塔</u>, 家家樓屋, 盡爲貴戚內侍等顧賃作看位觀潮."

최고 위상의 충절묘로 발전하였는데 권력 핵심을 장악했던 무장 세력들이 지속적으로 사묘를 후원했기 때문이다.[21]

소절묘(昭節廟)는 교항(喬亢)과 육명궤(陸名軌)를 묘신으로 받드는 사묘이다. 이들은 후주(後周) 조정에서 동삼반(東三班) 전시(殿侍)로 황제를 호위했는데, 조광윤이 진교병변(陳橋兵變)을 일으키고 선우문(宣祐門)으로 입궁할 때 이를 저지하다가 충정을 위해서 자살을 선택한 무장들이다. 묘기에 의하면, 송태조가 연민을 느껴 사묘를 세워주고 제사를 받들게 하였다. 남도 후에 오산(吳山) 일대에서 화재가 발생했을 때 교항과 육명궤의 이름을 새긴 빨간색과 녹색의 깃발이 불현듯 상공에 출현한 후 화재가 진압되면서 도성 주민들의 제사를 받게 되었다고 한다. 주목되는 것은 이들 묘신이 영력을 발휘하는 장면을 양존중이 직접 목격한 것으로 기록된 점인데, 행재에서의 입묘과정에 역시 양존중을 위시한 무장 세력이 개입했을 가능성을 시사해주는 것이다. 소절묘는 보우3년[1255]에 처음으로 묘액이 하사되며, 경정(景定)원년[1260]부터 5년 사이에 교(喬)에게는 충의(忠義)·위복(威福)·영혜(英惠), 육(陸)에게는 충렬(忠烈)·위덕(威德)·영우(英祐) 등 세 차례에 걸쳐서 가봉(加封)이 이루어졌다.[22]

---

21 『咸淳臨安志』卷72, 志57 祠祀21 旌忠廟: "在豊樂橋. 俗曰三聖廟. 按神一姓高名永能綏州人, 一姓景名思誼晉州人, 一姓程名博古河南府人. 元豊五年同爲統軍力戰於銀川挺身抗虜以沒, 始廟食於鳳翔府和尙原. 宣和間, 方臘寇睦討捕者禱於神, 凱還奏聞始封侯. 中興初, 屢以助順討賊功, 賜廟日旌忠, 加封六字王. 嘉泰初, 以平潮著靈加以八字. 一曰: 忠烈靈應孚澤昭祐, 一曰: 忠顯昭應孚濟廣祐, 一曰: 忠惠順應孚祐善利廟. 舊在清冷橋北. 紹興十九年楊殿帥存中請以旌忠, 賜爲觀額. 後因德壽宮開拓, 徙建今處, 卽覺苑寺廢址也. 自嘉泰辛酉至淳祐壬子, 觀凡三燬惟廟巋然獨存."

22 『咸淳臨安志』卷72, 志57 祠祀21 旌忠廟: "在保民坊廟巷東三班. 按二神, 一姓喬名亢字伯仁, 一姓陸名軌字仲模, 其先襄漢人, 同爲殿侍在周日東第三班初藝祖皇帝受禪, 聖駕自宣祐門入守者拒弗納, 乃自移門入既受朝賀. 顧近侍問適移門守者爲誰, 奏曰散直班. 旨降充下班, 又問宣祐守者, 曰東第三班卽令立宣引時, 本班之眾知天命有歸, 皆引義自隕. 上大驚, 趣駕親幸, 命侍衛馬步軍排陳使党彥進將數十人往, 救得不死者二人, 卽喬·陸也. 召見詰其, 故曰臣止事一主所以乞死, ……各復自盡. 上憫之, 厚加贈卹聽本班廟祀. 南渡初吳山居民, 不戒於火, 殿卹楊存中觀緋綠二旗現空中, 上書·喬陸二字火浸息, 人益神之. 孝宗皇帝嘗宣問, 本班宿房以黃羅襆門限何所始. 左右備奏其故, 上嘉歎焉. 寶祐乙

충절묘 가운데에는 금과의 전투 중에 희생당한 무장들을 기리는 사묘도 적지 않다. 대표적인 것으로는 역시 항금 영웅 악비(岳飛)를 모시는 서하령(棲霞嶺) 악왕묘(岳王廟)를 들 수 있다. 악비는 고종이 퇴위한 소흥32년[1162]부터 공식적으로 제사를 받게 된다. 효종은 원관(元官)을 추복(追復)해주었고 위패를 모신 지과관음원(智果觀音院)에도 사액으로 포충연복사(襃忠衍福寺)를 하사하였다. 이후 부단히 가봉이 이루어지면서 악비는 가정4년[1211]에는 악왕(鄂王)으로 추봉되었으며, 악왕묘 역시 그의 충정을 기리는 묵객의 발길이 끊이지 않는 추모공간이 되었다.

영위묘(靈衛廟)도 항금 용사들을 제사하는 곳이다. 건염3년[1129] 금장(金將) 완안종필(完顔宗弼)이 항주를 침략했을 때, 전당현령 주필(朱蹕)과 조위(曹尉) 김승(金勝)·축위(祝威) 등이 민병을 모집하여 갈령(葛嶺) 일대에서 항전하다가 결국 중과부적으로 전사한 바 있다. 금군이 퇴각한 후 향민들은 전당문 밖에 묘우를 세워주고 제사를 모셨는데 순우(淳祐)10년에 처음 묘액이 하사되었고 안무 홍도(洪燾)가 주청하여 충좌(忠佐)·충우(忠佑)라는 후위(侯位)도 제수되었다.[23] 함순4년에는 주민들의 요청으로 현령 주필에게도 현충후(顯忠侯)가 수여되었는데, 주필이 사묘의 주신(主神)으로 격상되면서 김·축 2인은 양무(兩廡)에서 배사(配祀)하는 지위로 조정되었다. 영위묘 근처 현공묘(顯功廟)는 임안부리(臨安府吏) 악중거(岳仲琚)를 받드는 사묘이다.[24]

卯, 有旨賜廟額曰昭節. 自景定庚申迄甲子, 凡三加封今喬爲忠義·威福·英惠, 陸爲忠烈·威德·英祐, 皆侯爵."

23　『咸淳臨安志』卷72, 志57 祠祀21 靈衛廟: "在錢塘門側　建炎三年十二月乙酉元顔宗弼犯境守臣康允之退保赭山錢塘縣令朱蹕率民兵逆戰傷甚猶叱左右負以擊賊己丑遂遇害時尉曹十將金勝祝威亦以力戰歿鄕民瘞二人於錢塘門外因爲立祠其後祠者相踵日古柳林日澄寂寺後日精進寺側皆嚴奉惟謹　淳祐十年賜廟額曰靈衛　景定二年洪安撫燾爲請封爵詔侯二神, 日忠佐·忠佑. 咸淳四年, 漕使又以士民之請上於朝, 乃封朱令爲顯忠侯, 誥曰神生爲烈士, 歿爲明靈, 宜也."

24　『咸淳臨安志』卷72, 志57 祠祀21 顯功廟: "顯功廟在錢唐門外保叔塔下, 神姓岳, 名仲琚, 家於霍山, 爲臨安府吏. 建炎初, 金人犯境, 神輸家財募勇士三百人, 推錢唐尉曹十將金·祝二人爲首領【事具靈衛廟】迎敵死戰, 闔境以安里. 人懷其功, 卽四聖延祥觀祠事, 之

금병(金兵) 침입 때 가재(家財)를 털어 삼백 명의 의병을 모집한 뒤 김·축 2인을 수령(首領)으로 받들며 항쟁하다가 전사했다고 한다. 처음에는 근처 연상사성관(延祥四聖觀)에 위패를 모셨다가, 가정초(嘉定初) 이민(吏民)들이 보숙탑 옆에 사묘를 설립하고 기로(耆老)들이 조정에 주청하여 묘액과 충익후(忠翊侯)라는 봉호를 받게 된다.

세 번째로 살펴볼 고신사와 토속사는 분류 명칭에 그대로 드러나듯이 오랫동안 임안주민들의 숭배를 받았던 지역적 성격이 강한 사묘를 의미한다. 고신사는 주로 임안지역과 긴밀한 연관이 있는 신화나 역사상의 위인들을 모신 사묘들인데, 대우사(大禹祠)·주난왕묘(周赧王廟)·방풍씨묘(防風氏廟)·주강후묘(周絳侯廟)·한소상국사(漢蕭相國祠) 등이 있다. 이 가운데 주난왕묘는 당 대력(大歷)2년[767]에 여항현(餘杭縣) 서쪽 해당(海塘)이 파손되어 전당강 조수가 밀려들면서 마을 전체가 물에 잠길 위기에 처했을 때, 신께서 기도에 응답하여 주민들을 구원해주었다고 한다. 적인걸이 음사철폐를 주도할 때만 해도 주난왕묘는 철폐의 대상이었다. 하지만, 지방관이 주도해서 관산에 신묘(新廟)를 축조하고 정사로 공인되면서 향후 조수의 위협을 막아주는 방재신(防災神)으로 주민들에게 숭배되었다.[25] 방풍씨묘는 염덕향(廉德鄕) 주오촌(朱奧村)에 있었는데 향민들이 농사와 양잠의 풍년을 기구하는 장소였다.[26]

광복묘(廣福廟) 역시 토속사에 속하는데 장(蔣)씨 성을 가진 임안 출신 현자(賢者)를 모시는 사묘이다. 그는 생전에 수확기마다 곡물을 싸게 사들여

號保稷山王. 嘉定初, 更建廟今處. 咸淳四年, 耆老以神未有褒表, 告於太傅平章魏國賈公, 乃爲奏聞旨, 賜廟顯功, 侯以忠翊."

25 『咸淳臨安志』卷73, 志58 祠祀3 古神祠: "在縣東北一十五里, 舊志載 故老之言云, 周赧王廟也. 唐大歷二年, 縣西海塘壞, 邑人大恐, 走錢塘縣崇山鄉觀山, 禱於赧王祠, 下水爲絶流, 於是立廟."

26 『咸淳臨安志』卷73, 志58 祠祀3 古神祠: "防風氏廟在廉德鄉朱奧村. 父老相傳, 鄕民祈求田蠶之所, 不知何代所立."

창고에 저장해두었다가 곡가(穀價)가 오르면 주민들에게 원가로 공급해주고 가난한 사람들에게는 공짜로 나누어주었다고 한다. 주민들이 보답하는 마음으로 사묘를 세웠는데, 함순 초[1265]에 묘액이 하사되었고, 6년[1270]에는 묘신과 두 아우에게 부순(孚順)·부혜(孚惠)·부우(孚佑)라는 후호까지 하사되었다.[27] 토속사 가운데 영휴묘(靈休廟)의 신주는 엄주(嚴州)출신 궁병(弓兵)이었다고 하는데, 방랍의 난 때 현신해서 음조했고, 소흥8년[1138] 전당강의 조수(潮水)가 밀려들었을 때에도 즉각 감응하여 주민들을 구해주었다고 한다. 주민가운데 의원(醫員) 엽영년(葉永年)이 자택을 희사하여 묘우를 세워주었고 함순초년[1265]에는 묘액이 하사되었다. 이처럼 사료에서 확인되는 고신사와 토속사는 가뭄이나 풍년·조수 등 임안 현지 주민들의 생업과 긴밀한 관련이 있는 재해를 막아주는 신으로 폭넓은 숭배를 받았고, 이로 인해 남송 정부의 후원과 지지도 얻게 되었다.

전체적으로 정리하면 남송 정부는 피난정부로 출범한 만큼 행재소의 지역성과 지역 세력을 대표한다고 볼 수 있는 임안 토착사묘에 대해서 적극적인 지지를 표명하였다. 남송 정부는 사묘를 후원하는 방법으로 북송 휘종 건중정국(建中靖國)원년[1101]에 완성된 봉호와 묘액의 하사절차를 계승하였다. 남도 이래로 토착신앙으로 대변되는 임안 지역세력의 지지를 얻기 위해서 이들 사묘에 대해서 묘액 하사와 수차에 걸친 가봉조치를 취하였다. 남송 초기는 사묘에 대한 봉호 하사가 급증하는 시기로 고종 건염4년[1130]에만 국가의 공인과 후원을 의미하는 봉호와 묘액이 32차례나 하사된다고 하는데, 이는 지역 신앙에 대한 공인이 최고 정점에 달했던 휘종 숭녕4년[1105]에 이어 두 번째로 높은 횟수라고 한다.[28]

---

27 『咸淳臨安志』 卷73, 志58 祠祀3 古神祠 廣福廟: "在鹽橋, 神姓蔣, 世爲杭人生, 建炎間, 樂賑施, 每秋成糴穀預儲, 貴則賤糶, 如元賈歲歉, 或捐以予飢者. 死之日囑其二弟曰, 須存仁心, 力行好事. 人心所趨靈應如響, 祈卜者肩相摩. 咸淳初, 賜廟額曰廣福, 六年安撫潛說友請於朝封神, 及其二弟皆列侯曰, 孚順·孚惠·孚佑."

하지만 지금까지 살펴본 임안 토착사묘에 대한 중수조치와 묘액 및 봉호의 하사 사례를 면밀하게 검토해보면 정충묘를 위시한 일부 충절사묘에 대해서는 소흥 초[1131~]에 이미 첫 번째 후원조치가 이루어지고, 자연재해 등과 긴밀한 연관이 있는 용왕묘에 대해서는 소흥14년[1144] 이후에 지원이 이루어졌음을 알 수 있다. 다수의 토착사묘에 대한 후원조치는 대체로 소흥22년[1152]부터 소흥30년[1130] 전후에 집중된다. 미즈코시 토모[水越知]가 지적한 바 있지만, 건염연간[1127~1130]에는 금의 격렬한 공세로 고종이 다시 태주(台州), 명주(明州), 월주(越州) 일대로 피난길에 오르기 때문에, 지역신앙에 대한 분봉 역시 현지세력의 지지를 얻기 위해서 세 지역에 집중되었다.[29] 후술하겠지만 임안 도성정비 사업이 고종이 평강(平江)에서 임안으로 귀환한 소흥4년[1134]부터 27년[1157] 사이에 마무리되고, 그 가운데 교묘(郊廟)를 위시한 국가의례시설은 대체로 소흥20년[1150] 전후로 구비되기 때문에, 다수의 토착사묘에 대한 중수와 후원은 국가의례시설이 완비된 후에 추진된 것으로 추정할 수 있을 것이다.

두 번째로 토착사묘들 가운데 성왕·현신묘가 적지 않은데 그 중에서도 충절사가 상당한 비중을 차지하였다. 당시 금과 대치하고 있었던 남송 정부의 입장에서는 충절사에 대한 후원과 현창을 통해서 자연스레 정부와 황실에 대한 지지를 호소할 수 있었기 때문이다. 양송교체기에는 또한 무장세력이 권력의 중심에 있었기 때문에 이들이 사묘의 입묘과정을 주도한 것도 무장들의 희생과 공덕을 추모하는 충절사가 증가한 주요 요인이 되었다. 세 번째로 임안 토착신 사묘들은 대체로 지역현안과 주민들의 생업에

---

28 김한신, 「北宋 朝廷의 民間信仰 統制」, 『東洋史學硏究』 第130輯, 2015.3, 140쪽; 水越知, 「宋代社會と祠廟信仰の展開-地域核として祠廟の出現」, 『東洋史研究』 第60卷 第4號, 2002.3, 642~643쪽.
29 水越知, 「宋代社會と祠廟信仰の展開-地域核として祠廟の出現」, 『東洋史研究』 第60卷 第4號, 2002.3, 15~17쪽.

긴밀하게 연계되어 있었다. 적지 않은 사묘신들이 전당강 조수 해일이나 서호(西湖) 취수문제 등과 관련된 영험고사를 갖고 있었다. 지역주민들의 삶과 연계된 실질적인 영적(靈蹟)을 통해서 지역사회와 긴밀한 관계를 형성해 갔음을 유추해볼 수 있다.

3. 이주와 지역신앙의 임안 유입

1) 양송교체기 북남이주와 동경 사묘의 유입

남송 시기는 '이주의 시대'라 할 수 있다. 지역 간의 인구이동은 북송말년에 발생한 '정강(靖康)의 변'을 시작으로 남송이 멸망할 때까지 지속적으로 이루어졌다. 우송디[吳松弟]는 남송 시기의 인구이동을 "양송교체기 북방인구의 남천"과 "소흥말년[1131~1162] 이래 동북민족의 화북 이주와 새로운 이주자들의 남천" 그리고 "남송 중기 이래 남방 외지 인구의 임안 유입" 등 세 단계로 나누고, 인구이동과 문화적 변화에 대하여 설명한 바 있다. 남송 시기 이주의 가장 큰 파도는 북에서 남으로 진행되지만, 다양한 요인에 의해 이주가 여러 방향에서 꾸준히 이루어졌음을 보여주는 것이다. 이 가운데 지역문화의 전파와 융합이라는 점을 고려할 때, 양송교체기 북방인구의 대이동과 남송 중기 이후 남중국 내지인구의 임안 유입은 특히 주목할 만하다.

먼저 '정강의 변'을 전후로 발생한 대규모 인구의 남천과 민간신앙의 전파에 대해서 살펴보겠다. 주지하는 바와 같이, 당시 적지 않은 화북 한인들은 금군의 공격을 피해서 진령(秦嶺)-회하(淮河) 계선 이남의 남중국지역으로 대거 이주하게 되는데, 중국사에 있어 세 번째 북방인구의 대규모 남천 시기로 불린다.[30] 이 시기의 이주는 북송 조정과 황실의 피난이 함께 이루어지기 때문에 정치적으로 중요한 의미를 가질 뿐 아니라, 북방민족의 화북점령으로 대규모 집단 이주의 형태로 진행된다. 당시 최대의 인구 유입지는 역시 행재소가 설치된 새로운 도성 임안이었다. 임안인구는 양송교체기를 앞두고 일시적으로 급감한 바 있는데, 휘종 선화(宣化)2년[1120]에 항주로 진격한 방랍의 반란군은 주민 10명 가운데 2~3명을 살해했다고 기록될 정도로 잔인하게 방화와 살육을 자행한 바 있다. 그로부터 10년 후인 건염4년[1130]에는 금군이 일주일간 항주를 점령하였다. 그들 역시 방화와 살인을 일삼았는데 임안성 남동쪽 청파문(淸波門) 일대에서만 한 번에 만 명이 넘는 주민을 살해하기도 했다.

소흥2년[1132] 고종이 문무백관을 이끌고 환도한 뒤 소흥8년[1139]에 임안 정도(定都)를 확정하면서 임안 인구는 새로운 발전추세를 보인다. 특히 소흥11년[1141] 송·금 간에 화약(和約)이 체결되고 평화국면이 조성되면서 임안은 북방난민들의 새로운 정착지로 각광을 받게 되었다. 두 차례 전란으로 인구가 급감한 상태에서 난민들이 몰려들면서 행재소 임안의 인구구조에도 큰 변화가 발생했다. 소흥26년 기거사인(起居舍人) 능경하(凌景夏)는 이러한 변화에 대해서 "임안부가 몇 차례 병란을 겪은 뒤 남은 호구가 열 가운데 두, 셋에 불과했는데, 서북인들이 도성으로 몰려오면서 토착민들의 수배에 달하게 되었으니, 현재는 부자나 거상 대다수가 그들이다"라고 언급한 바 있다. 우송디는 『송사』「지리지」에 근거해서 북방이민자와 그 후예들이 도성 전체 인구의 72.7% 정도를 차지한 것으로 추산한 바 있는데, 대체로 능경하가 지적한 상황에 부합하는 수치라 할 수 있다.[31]

이주의 문화적 영향관계를 고찰하기 위해서는, 이들 인구가 어디에서 왔는지 즉 인구의 송출지를 파악하는 것이 중요하다. 이들 난민은 현재의 산

---

30 吳松弟,「宋代靖康亂後江南地區的北方移民」,『浙江學刊』1994年 第1期(總第84期), 101쪽.
31 吳松弟,「南宋移民與臨安文化」,『歷史研究』, 2006年 第5期, 35~36쪽.

동(山東)·산서(山西)·하북(河北)·섬서(陝西) 그리고 강소(江蘇)·안휘(安徽) 등 북방 각지에서 내려왔지만, 이 가운데 3/4 정도의 절대 다수는 하남(河南) 특히 북송 도성 동경에서 유입되었다.[32] 인간의 이주는 그들이 간직한 관습과 사회문화적 자원의 이동을 수반한다. 동경 개봉의 저명한 불사·도관·사묘 역시 일부는 황제 일행의 남천을 수행해서, 일부는 개별 행로를 통해서 행재 임안으로 옮겨왔다. 동경 태평흥국사(太平興國寺) 전법원(傳法院)의 보조국사(普照國師) 덕명(德明)과 개보사(開寶寺) 인왕원(仁王院)의 혜조대사(慧照大師) 법엽(法曄) 등은 어가를 수행하여 임안에 도착한 후 태평흥국전법사와 개보인왕사를 중건하였다. 동경 대상국사(大相國寺)의 혜림선원도 임안 천경방(天慶坊)에 구액(舊額) 명칭을 그대로 계승하여 혜림사로 복원되었다. 『함순임안지』에 의하면, 당시 동경이나 서북출신 승려들이 임안에 창건하거나 중건한 사찰이 22개 소에 달했다고 한다.[33]

북송 시기 황실과 긴밀한 관계를 형성하였던 동경 도관의 이전도 주목된다. 이미 국가예제 속에 공식적으로 포함되었던 경령궁(景靈宮)과 만수관(萬壽觀) 외에, 어전궁관(御前宮觀)으로 지칭되는 서태을궁(西太乙宮)·우성관(佑聖觀)·현응관(顯應觀)·사성연상관(四聖延祥觀)·삼모영수관(三茅寧壽觀)·개원궁(開元宮)·용상궁(龍翔宮)·종양궁(宗陽宮) 등이 남송 정부의 후원 하에 행재 임안에서 중건되었다.[34] 이들 궁관들은 대체로 북송 역대 황제와 황후의 화상(畫像)이나 소상(塑像)을 보관한 신어전(神御殿)이나, 남송 제후(帝后)들의 원명(元命)을 공봉하는 원명전(元命殿)의 역할을 하였다. 나머지 궁관 역시 북송의 수호신 역할을 한 진무신(眞武神)이나, 남극(南極) 장생제(長

---

32 吳松弟, 『中國移民史(第4卷)』遼宋金元時期, 福州: 福建人民出版社, 1997, 278~280쪽.
33 조정의 후원에 의해 건립된 사묘 외에, 뒤늦게 개인적으로 건립한 사찰도 있는데 慈恩開化教寺는 북방승려 智曇이 10년간의 탁발을 통해서 모금하여 소흥22년(1152)에 중건하였다[鮑志成, 『南宋臨安宗教(南宋史研究叢書)』, 杭州出版社, 2010, 13쪽].
34 吳自牧 撰, 『夢粱錄(知不足齋叢書本)』, 臺北: 文海出版社, 197~214쪽.

生帝) 그리고 오덕(五德) 가운데 송조에 해당하는 화덕을 숭봉하는 도관이어서, 일정 정도 송황실의 가묘적(家廟的) 성격을 갖고 있었다. 어쨌든 임안에 중건된 개봉 궁관 다수가 이처럼 황실이나 조정과 긴밀한 관계를 갖고 있어서, 제국통치의 연속성과 정당성을 지지하고 제국과 황실의 안위를 심리적으로 보장해주는 역할을 하였다.[35]

동경의 유력 불사와 도관의 남천은 인구이동과 함께 진행된 종교신앙의 전래를 반영하지만 이들 사관(寺觀)들은 기본적으로 조정의 후원을 받는 칙액 사원들이다. 그렇다면 애초 기층사회에서 발전해온 민간사묘의 경우는 어떠했을까? "송조가 남쪽으로 건너오면서, 변경(汴京) 사묘 대다수가 항주에서도 제사를 받았다"[36]는 전여성(田汝成)의 지적처럼, 양송교체기에 개봉의 적지 않은 사묘들도 조정을 따라서 임안으로 이동하였다. 앞서 언급한 『몽량록』과 『함순임안지』에서 별도로 '동도수조사(東都隨朝祠)'와 '동경구사(東京舊祠)' 조목을 편성한 것도 바로 이러한 상황을 반영한 것인데, 특히 혜응묘(惠應廟)와 이랑묘(二郞廟)에 대해서는 상세한 내용을 수록하였다. 『몽량록』의 '혜응묘' 관련 기사를 잠시 살펴보면 아래와 같다.

> 혜응묘가 바로 동도 피장묘(皮場廟)인데, 남도(南渡)때 직묘인(直廟人) 상립(商立)이 신상(神像)을 메고 조정을 따라 내려와 항주에 이르자 오산(吳山) 지덕관(至德觀) 오른쪽에 조묘(祖廟)를 설립했으며, 만송령(萬松嶺)과 시랑교항(侍郎橋巷)·원정교(元貞橋) 등 세 곳에 행사(行祠)가 세워졌다. ≪회요≫에서 일컫기를 "신께서 원래 동경 현인방(顯仁坊)에 있었으니 이름하여 피장토지사이다. (휘종)정화연간[1111-1117]에 묘액을 하사하고 왕작(王爵)을 분봉했다. 중흥때 조정을 따라서 항주에 이른 뒤 봉호가 더해지면서 '명령소혜자우왕(明靈昭惠慈佑王)'이 되었고, 신비(神妃)는 '영완가

---

35 段玉明, 「南宋杭州的開封宮觀-宗教文化轉移之實例研究」, 『四川大學學報』 2006-3(總144期), 33~38쪽.
36 (明)田汝成, 『西湖遊覽志』卷16, 上海古籍出版社, 1980, 218쪽: "宋南渡時, 凡汴京有廟者, 皆得祀於杭."

덕부인(靈婉嘉德夫人)'과 '영숙가정부인(靈淑嘉靖夫人)'으로 불렸다." 묘각(廟刻)에 서는 "신이 바로 옛날 신농(神農)으로 삼왕(三王)때에 곡부(曲阜)를 도읍으로 삼았는데, 세인들이 날고기를 먹다가 죽는 일이 빈발하여 천하 효의용렬지사(孝義勇烈之士) 24인을 열 두 분야로 파견하여 식물을 파종하고 약재를 구해오게 하였는데, 지금까지도 세상에 신령한 공덕을 남겼으니 양무(兩廡)에 모신 24 선의사자(仙醫使者)들이 바로 그들이다. 한당(漢唐)부터 현재까지 도적들을 섬멸하는 것을 도운 성적(聖跡) 역시 모두 기록할 수 없을 정도다."라고 언급하였다.37

예문에서는 피장묘가 임안으로 이전되는 경위와 남송 정부와의 관계, 새로운 도성 임안에서의 전개양상 등에 관해서 소상히 기록하고 있다. 앞 장에서 설명했던 바처럼 피장묘는 하북서로(河北西路) 상주(相州) 탕음현(湯陰縣)의 장삼(張森)이라는 의원을 공봉한 사묘였는데, 후에 상주지역의 수호신이 되었다가 병을 고치는데 특히 영험하다는 소문이 퍼지면서 동경 현인방에도 사묘가 건립되었다고 한다. 향후 피장신은 백성들을 병고(病苦)로부터 구제해주는 영험한 치병신으로 도성뿐 아니라 외지에서도 명성을 날리게 되었는데,38 점차 신력(神力)도 증가하여 『이견지』 '피장대왕' 조목에는 사후세계를 관장하는 명계(冥界)의 주신으로 등장한다.39 『송회요집고(宋會

---

37 吳自牧 撰, 『夢粱錄(知不足齋叢書本)』 卷14, 「東都隨朝祠」, 臺北: 文海出版社, 375~376쪽: "惠應廟, 卽東都皮場廟, 自南渡時, 有直廟人商立者, 攜其神像隨朝至杭, 遂於吳山至德觀右立祖廟, 又於萬松嶺侍郎橋巷元貞橋立行祠者三. 按《會要》云: "神在東京顯仁坊, 名曰皮場土地祠. 政和年間賜廟額, 封王爵. 中興, 隨朝到杭, 累加號曰: '明靈昭惠慈佑王', 神妃封曰: '靈婉嘉德夫人' · '靈淑嘉靖夫人'." 按廟刻云: "其神乃古神農, 於三王時都曲阜, 世人食腥膻者, 率致物故, 因集天下孝義勇烈之十二十四人, 分十二分野, 播種采藥, 至今於世極有神功, 兩廡奉二十四仙醫使者是也. 自漢唐至今, 殲寇助順, 其有聖跡, 不可殫紀."

38 『宋會要輯稿』 禮21〈嶽瀆諸廟·三聖廟〉: "槩槩同日(崇寧四年十一月二十二日), 涇原路經略司言: '平夏城三聖廟, 土人言有三蜥蜴見, 故謂之三聖. 昔西賊寇邊, 大雲梯瞰城甚危迫, 禱於神, 大風折梯, 遂解平夏之圍. 乞加封爵.' 上曰: '龍蛇靈異之地, 能救活人, 卽天錄其功. 如京師皮場廟神乃壁鏡也, 其質或白黑, 有五足, 疾病疙瘩者造爲其所, 香火輒愈, 蓋救萬民之病苦, 以積功行也.' 遂從其請."

39 『夷堅甲志』 卷5-10, 「皮場大王」: "席旦, 字晉仲, 河南人. 事徽廟爲御史中丞, 後兩鎭蜀, 政和六年, 終于長安. 其子大光益終喪後, 調官京師. 時皮場廟頗著靈響, 都人日夜捐施金

要輯稿)』에 의하면, 휘종 건중정국원년[1101]에 처음으로 영황후에 분봉되었고 후에 명령소혜왕이라는 왕호로 승격되면서 정부가 정식으로 공인한 민간 신으로 성장하였다.⁴⁰ 동경에서 임안으로 이전한 후에도 피장묘에 대한 국가의 후원은 지속되었는데 가봉을 통해서 왕호도 6자로 늘어나게 된다. 피장신앙의 전개에 있어서 몇 가지 새로운 변화도 감지된다. 전란이라는 당시 상황과 관련이 깊겠지만 의료신(醫療神)·치병신(治病神)적인 성격이 강조되면서 피장묘의 주신이 의원 '장삼'에서 농업과 의료의 시조신으로 추앙받는 '신농씨'로 바뀌게 되었다. 관련 신화의 내용이나 묘우(廟宇) 내부 예하신(隸下神)의 설정과 배치도 '신농씨'를 중심으로 재편되었다. 일정 정도는 유교식 성왕 제사의 형식으로 변화된 것이다.

 동경 사묘의 신령 가운데 임안 주민들의 열렬한 숭배 대상이 된 또 다른 사례는 이랑신이었다. 『몽량록』에 의하면 이랑신의 도교식 명호는 '청원진군(淸源眞君)'으로, 조정을 따라서 남도한 뒤 소흥연간 관항(官巷)에 처음 사묘가 건립되었다.⁴¹ 이랑신 신앙은 사천(四川)의 대표적인 민간신앙이다. 오대십국시기에 사천에 할거했던 전·후촉정권이 현지 주민들을 결집하고 지지를 확보하기 위해서 지역신앙을 적극 활용하면서 이랑신 신앙은 새로운 발전을 이룩하게 되었다. 전촉과 후촉은 역내에 넓은 제사권을 형성하였던 이랑신 신앙을 다양한 방식으로 후원하였으며, '대안왕(大安王)'과 '응성영감왕(應聖靈感王)' 등 왕호를 하사해 주었다.

 이랑신묘에 대한 정부의 후원조치는 북송대에도 이어졌다. 건덕(乾德)3

  帛. 大光嘗入廟, 識其父殞時一履, 大驚愴. 旣歸, 夢父曰:"我死卽爲神, 權勢甚重, 不減在生作帥時. 知汝苦窘用, 明日以五百千與汝."大光悸而寤. 聞扣戶聲甚急, 出視之. 數卒挽一車, 上立小黃幟云:"皮場大王寄席相公錢三百貫."置于地而去. 時正暗, 未辨色, 猶疑之. 旣明, 乃眞銅錢也. 大光由此自負, 以爲必大拜. 紹興初參知政事, 後以大學士制置四川, 蜀人皆稱爲席相公. 已而丁其母福國太夫人憂, 未除服而薨.(嚴康以子祁說.)"

40 『宋會要輯稿』禮21,〈嶽瀆諸廟·皮場大王廟〉.
41 吳自牧 撰,『夢梁錄(知不足齋叢書本)』卷14,「東都隨朝祠」, 37~376쪽:"二**郞**神, 卽淸源眞君, 在官巷, 紹興建祠. 舊志云,"東京有祠, 隨朝立之."

년[965]에 후촉을 정복한 송태조(宋太祖)는 지역민들을 위로하기 위해서 이빙(李冰)의 사묘를 보수해주었고, 개보7년[974]에는 이빙신을 '광제왕(廣濟王)'에 분봉하였다. 인종 가우8년[1063]에는 이빙의 차자(次子)인 이랑신에게 '영응후(靈應侯)'를 하사했으며, 철종 원우(元祐)2년[1087]에는 응감공(應感公)으로 승격시켰다. 휘종 시기는 봉호 하사가 격증하는 시기인데, 숭녕(崇寧)2년[1103]에는 이랑신을 소혜령현왕(昭惠靈顯王)으로 가봉하였고, 정화원년[1111]에는 '숭덕(崇德)'이라는 묘액도 하사해 주었다. 도교의 전성기였던 만큼 도교식 봉호도 수여하였다. 정화8년[1118]에는 이랑신을 '소혜영현진인(昭惠靈顯眞人)'으로 개봉하였고, 3년 후에는 배우신(配偶神)과 예하신 곽사인(郭舍人)에게도 각각 장순부인(章順夫人)과 위제후(威濟侯)라는 봉호가 하사되었다.[42]

이처럼 정부의 공인과 후원 아래 빠른 속도로 팽창하던 이랑신 신앙은 동경 개봉에도 전파되었는데, 묘우는 외성 서문인 만승문(萬勝門) 밖에 위치하고 있었다. 이랑신은 초기에는 치수(治水)와 기우(祈雨) 등 농업관련 분야에 영험을 드러낸 신이었지만, 동경 이랑신은 특히 '치병신'으로 유명했다. 이랑묘의 성수(聖水)를 마시면 병을 고칠 수 있다는 소문이 경성사회 곳곳으로 전해지면서 주민들의 발길이 끊이질 않았다.[43] 이랑신 묘회(廟會)는 도성 주민들의 축제였다. 탄신일인 6월 24일을 전후로 이랑신묘 주변에서는 다채로운 묘회 행사가 이어졌다. 신묘는 후에 신보관(神保觀)으로 개명

---

[42] 『宋會要輯稿』禮20-21: "宋太祖乾德三年平蜀, 詔增飾導江縣應聖靈感王李冰廟. 開寶五年廟成, 七年, 改號(廣濟王), 歲一祀. 廟旁有顯靈王廟, 蓋丹景山神. 詔去其僞號. 眞宗大中祥符三年, 詔本軍判官專掌施物, 廟宇隳壞, 卽以修飾. 冰, 秦孝文王時爲蜀郡守, 自汶山壅江(作)堋, 穿郫江下流 以行舟舩, 又灌漑三郡, 廣開稻田; 作石犀・石人, 以厭水怪. 歷代以來, 蜀人德之, 饗祀不絕. 僞蜀封大安王, 孟昶又號應聖靈感王. 仁宗嘉祐八年, 封靈應侯, 神卽冰次子, 川人號護國靈應王. 哲宗元祐二年七月封應感公. (一在隆興府), 徽宗崇寧二年加封昭惠靈顯王. 大觀二年封靈應公. 政和元年十月賜廟額'崇德'. 三年二月封英惠王. 九月, 封其配爲章淑夫人. 政和八年八月改封昭惠靈顯眞人. 宣和三年九月, 又封其配爲章順夫人, 廟中郭舍人封威濟侯. 高宗紹興二十七年九月, 英惠王加封廣祐英惠王. 一在漢州, 孝宗乾道四年五月加封昭應靈公."

[43] 陳師道・周彧 撰, 李偉國 點校, 『後山談叢・萍洲可談』卷3, 中華書局, 2007.

되었는데, 이 시기에 이랑신에게도 도교식 봉호가 하사된 사실을 함께 고려하면 영향력 있는 민간신앙을 흡수하여 외연을 확장하려했던 도교 교단의 의지가 반영된 것으로 추정된다.

이랑묘는 임안으로 남천한 뒤에도 정부의 보호와 후원을 받으면서 성장을 거듭하였다. 소흥원년에 임안도성 관항에 처음 묘우가 건립되었고, 27년[1157]에는 '광우영혜왕(廣祐英惠王)'으로 가봉이 이루어졌다. 남송 이종(理宗) 시기를 전후로 생존했던 장단의(張端義)는 그의 문집에서 시끌벅적한 임안 주시(酒市)의 일상을 묘사한 바 있는데 '이랑신' 제사가 끝나면 바로 '사산신(祠山神)'으로 이어진다면서, 몽매한 백성들이 정작 주신(酒神) 두강(杜康)의 제사는 받들지도 않는다면서,[44] 외부에서 유입된 민간신앙에 열광하는 도성의 풍속을 꼬집은 적이 있다.

남송대에는 이미 도관으로 분류되어『몽량록』〈동도수조사〉와『함순임안지』〈동경구사〉조목에는 등장하지 않지만, '최부군묘(崔府君廟)' 역시 동경에서 유입된 대표적인 사묘이다.[45] 최부군은 당 정관연간에 자주(磁州) 속현인 부양현령(滏陽縣令)을 지낸 최각(崔珏)으로 알려져 있다. 재임시절 공덕을 기리기 위해서 사후에 현지 주민들이 사묘를 건립했는데, 점차 토지신으로 발전하여 일대에서 널리 숭배되었다. 북송 태종 순화(淳化)연간[990~994]에는 동경 도성으로도 유입되어 개봉주민들의 애호를 받았다. 정부에서도 이를 정사(正祠)로 공인하였고 진종 함평(咸平)5년[1002]에는 '최부군묘'라는 묘액을, 인종 경우2년[1035]에는 '호국현응공(護國顯應公)'이라는 봉호를 하사해 주었다.

주목되는 것은 최부군이 고종 조구(趙構)의 피난 및 남송건국과정을 묘사

44　(宋) 張端義 撰,『貴耳集(江蘇巡撫采進本)』卷(上), 宋元筆記小說大觀, 上海古籍出版社, 2001: "簫鼓喧天鬧酒行, 二郞賽罷賽張王, 愚民可煞多忘本, 香火何曾到杜康?"
45　金相範,「北宋 開封의 祠廟信仰과 都城社會」,『中國學報』75輯, 2016. 2, 446쪽.

한 신화에 출현한다는 점이다. 고사에는 정강원년[1126] 당시 강왕(康王)이었던 조구가 금과의 협상을 위해서 자주경계에 이르렀을 때, 마침 최부군이 현신해서 금군이 추격중이니 남쪽으로 피신하라며 재촉한 덕에 절체절명의 위기를 모면하고 다음 해에 남경응천부(南京應天府)에서 즉위할 수 있었다는 내용이 담겨있다. 어쨌든 임안 정도 후 조정에서는 최부군 사묘를 암문(闇門) 밖 취경원(聚景園) 영지사(靈芝寺) 자리에 건립해주었고, 고종을 보위한 공로로 '호국현응흥복보우진군(護國顯應興福普佑眞君)'이라는 도교식 봉호와 '현응'이라는 관액을 하사해주었다. 6월 6일 최부군 탄신일의 묘회는 행재 임안에서도 성대하게 거행되었다. 궁궐에서 칙사(勅使)를 파견하여 어향(御香)을 내리고 재초(齋醮)를 거행하게 했으며, 황실귀척에서 사인과 서민에 이르기까지 임안주민들 모두 향을 지피고 지전을 태우면서 묘회를 즐겼다고 한다.[46]

사성연상관(四聖延祥觀)의 설립과정에도 유사한 설화가 등장한다. 강왕이 조칙을 받들어 금국으로 출사하려던 어느 날 황금갑옷을 입고 활과 보검으로 무장한 네 명의 신인(神人)이 현몽하여 강왕을 호위해 주었다는 내용이다.[47] 마침 고종의 생모인 현인위태후(顯仁韋太后)도 꿈속에서 자미북극대제(紫微北極大帝)의 4대 부장(部將)인 천봉(天蓬)・천유(天猷)・익성(翊聖)・진무진군(眞武眞君)을 알현했다고 하여, 이를 기념하기 위해서 도관을 세우고 사성상(四聖像)을 조각하여 이곳에 안치했다고 한다. 임안 천도 후에는 소흥14년[1144]에 태후의 출자로 서호 고산(孤山)에 사성연상관이 건립되었으며, 2년 후에는 고종이 근방 고찰 터까지 사성연상관을 확장하여 증축하도록 하

---

46 吳自牧 撰, 『夢粱錄(知不足齋叢書本)』卷4, 「六月 崔眞君誕辰附」: "六月初六日, 敕封護國顯應興福普佑眞君誕辰, 乃磁州崔府君, 係東漢人也, 朝廷建觀在闇門外聚景園前靈芝寺側, 賜觀額名曰: '顯應', 其神於靖康時高廟爲親王日出使到磁州界, 神顯靈衛駕, 因建此宮觀, 崇奉香火, 以襃其功. 此日內廷差天使降香設醮, 貴戚士庶, 多有獻香化紙."
47 吳自牧撰, 『夢粱錄(知不足齋叢書本)』卷8, 「四聖延祥觀」, 207~208쪽.

였다. 사실 위에서 언급한 사묘들은 대묘(大廟)에 속하는 것들이고 그밖에 크고 작은 동경 사묘들도 난민과 함께 임안으로 유입되었는데, 천승장군묘(千勝將軍廟)나 제갈명왕묘(諸葛明王廟) 등이 지방지에 전한다.[48]

정강의 난을 전후로 대규모 이주의 물결 속에 함께 유입된 동경 사묘들을 살펴보면, 대체로 북송 정부로부터 수차례 봉호와 묘액을 하사 받으면서 국가의례에 준하는 위상을 갖고 있었음을 알 수 있다. 피장묘나 이랑묘 같은 경성 사묘들이 이미 오랫동안 도성 주민들의 숭배를 받으면서 동경 주민들과 긴밀한 사회적 관계를 형성한 사실도 확인할 수 있었다. 묘우의 중건이나 봉호 하사 조치에서도 확인할 수 있듯이 남송 정부는 초기부터 임안으로 유입된 경성 사묘에 대해서 후원을 아끼지 않았다. 북송 정부가 공인했던 경성 사묘에 대한 후원은 피난정부가 북송의 정통성과 사묘정책을 계승하고 있다는 사실을 현창할 수 있었다. 뿐만 아니라 조정과 함께 남천한 난민들을 안위하고[49] 그들의 지지를 이끌어내는 데에도 효과적이었다. 고종의 남도 과정에서 경성 사묘의 신들이 영력(靈力)을 발휘하여 호위했다는 신화 역시 남송정권 수립의 신성성과 정당성을 강화하는데 기여했을 것이다. 피장묘나 이랑묘의 남천과정에서 확인되다시피, 전란의 시기에 부합하는 의료신·치병신적 신격 역시 도성 주민들로부터 폭넓은 숭배를 받는 주요한 요인이 되었을 것이다.

2) 남송 시기의 내지이주와 외군사묘의 유입

남송 시기의 이주사에 있어서 가장 주목되는 부분은 역시 '정강의 변'을 전후로 서북에서 동남으로 진행된 '북남이주'라 할 수 있지만, 남천의 파도

---

48 『(成和)杭州府志』卷34,「壇廟」,〈千勝將軍廟〉;『(嘉定)仁和縣志』卷7,「廟」,〈諸葛明王廟〉.
49 水越知,「宋代社會と祠廟信仰の展開-地域核として祠廟の出現」,『東洋史研究』第60卷 第4號, 2002.3, 19~20쪽.

가 퇴조기에 접어든 후 도성 임안으로의 인구이동은 주로 남중국 내부에서 전개된다. 남방 각지에서 도성으로 진행된 이주는 종전과는 달리 자발적이고 개별적이라는 특징을 가지며 평화국면 속에서 장기적으로 전개된다.50 유통망 확대, 경제의 활성화, 사회 개방성의 증대 등 이 시기에 현저한 변화양상을 보이는 사회경제적 요인들이 서로 맞물리면서 남중국 각지에서 임안으로의 인구이동을 추동하였다. "항성(杭城) 부자들은 외군 이주자였다"51는 말처럼, 도성이 운하의 기점인 항주로 천도하면서, 대운하와 장강 그리고 주변 수로 망이 자연스레 연결되었고 직속 교외지역 뿐 아니라 중·장거리를 연결하는 교역 망까지 형성되면서 지역상단의 활동이 활성화되었다.52 관직을 수행하는 적지 않은 관호(官戶)와 군인들도 도성에 거주했으며, 3년에 한 번씩 회시(會試)가 치러질 때면, 만 명이 넘는 거자들도 임안으로 몰려들었다.53 전통적인 정치·행정기능 외에 도성의 경제·문화·오락 기능이 강화되면서, 사환(仕宦)과 구학(求學) 목적이 아니더라도 도성에 정주하는 사인들도 늘어났다.54 "지금 부처님과 노자를 받드는 사관이 천하에 편재하지만 전당이 특히 최고"라는 『함순임안지』의 기록처럼 승려와 도사를 위시한 종교인들도 임안으로 모여들었다.55

　앞서도 언급했지만 인구이동은 이주자들이 간직한 생활습속을 포함하는 사회문화적 자원의 이동을 수반하기 때문에, 남중국 내지 이주 역시 각지의 문화가 임안으로 유입되는 결과를 가져왔다. 그 가운데에서도 낯선 지역으로 건너온 이민자들에게 고향의 신앙은 고달픈 타향살이를 견뎌낼

50　吳松弟,「南宋移民與臨安文化」,『歷史研究』2006年 第5期, 44쪽.
51　吳自牧撰,『夢梁錄(知不足齋叢書本)』卷18,「恤貧濟老」.
52　斯波義信, 앞의 책, 336~342쪽.
53　吳自牧撰,『夢梁錄(知不足齋叢書本)』卷2,「諸州府得解士人赴省闈」.
54　梁庚堯·劉淑芬 主編,「南宋移民與臨安文化」,『城市與鄕村(臺灣學者中國史研究論叢)』, 北京: 中國大百科全書出版社, 2005, 118~125쪽.
55　『咸淳臨安志』卷75,「寺觀」1: "今浮屠老氏之宮遍天下, 而在錢塘爲尤衆"

수 있게 하는 정신적 위안이 되었다. 뿐만 아니라, 동향인들과 함께 '고향신'을 예배하는 사묘는 생존을 위한 정보를 공유하고 사회적 유대감을 강화해주는 공간이 되었다. 행사는 조묘나 본묘의 상대적인 용어로서, 민간신앙이 타지역으로 전파되면서 현지에 새롭게 설립된 사묘를 가리킨다. '외군행사'라는 용어는 바로 외지에서 도성 임안으로 유입된 사람들이 도성 임안에 설립한 새로운 사묘라는 의미로 지역신앙의 거점이라 할 수 있다. 피칭성(皮慶生)은 송대 지역신앙의 확산 경로를 신앙 발원지의 신자가 외지로 진출하여 행사를 설립하는 경우, 외지 민중이 신앙 발원지에 들렀다가 고향에 돌아가 행사를 세우는 경우, 발원지를 경유한 외지 신자들이 외지에 전파하는 경우, 순례(巡禮)를 마친 신자들이 귀환 후에 행사를 세운 경우 등으로 분류하고, 송대 들어 지방관·군인·상인·선원 그리고 도사와 스님 등 유동성이 강한 계층이 증가하면서 민간신앙 확산의 주체가 되었다고 주장한 바 있다.[56]

『함순임안지』나 『몽량록』의 찬자들이 사묘 부분에 '외군행사'를 별도로 편성한 것은 임안도성과 외군 간에 인적·물적 교류가 증가하면서 발생한 사회문화적인 변화와 영향을 반영한 것이라 할 수 있다. 두 책에는 임안에 설립된 외군행사로 동악신(東嶽神)·장왕신(張王神)·앙산신(仰山神)·진과인신(陳果仁神)·오통신(五通神)·마조신(媽祖神)·동악온장군(東嶽溫將軍)·재동제군(梓潼帝君) 등 여덟 대신(大神)의 사묘를 소개하였는데, 널리 알려지지 않은 신사까지 포함한다면 그 종류는 훨씬 많았을 것이다. 다만 이들 민간신앙이 모두 남송시기에 이르러 임안으로 전파된 것은 아니다. 동악신과 진과인신 신앙은 훨씬 이전부터 항주지역에 유입되어 영향력을 발휘하고 있었다.

도성 외군행사의 전개과정을 살펴볼 때 먼저 태산신(泰山神)을 공봉하는

---

[56] 皮慶生, 『宋代民衆祠神信仰硏究』, 上海古籍出版社, 2008.

동악묘가 주목된다. 동악신은 성황신과 더불어 전국신앙으로 성장하면서 강남지역사회에서도 가장 널리 숭배되던 민간신 가운데 하나이다.[57] 북송 정부는 사전 등록과 봉호 하사를 통해서 포용과 통제를 병행하는 사묘정책을 유지하면서, 일부 경성 사묘를 국가제사에 편입시켜 국가의 대사가 있거나 자연재해 등으로 비상사태에 직면했을 때, 이를 적극 활용하는 정책을 시행한 바 있다. 앞에서 언급했지만 고례와 기보례의 적용대상을 천지・사직・종묘・제릉・악독・산천 등 전통적인 유교의례 외에, 궁관과 사묘까지 확대한 것이다. 물론 모든 도성 사묘가 그 대상이 된 것은 아니었다. 민간사회에 비교적 커다란 영향력을 가진 광역사묘에 대해서만 관련 의례가 적용되었는데, 동악묘는 북송 초에 이미 성황묘・오룡묘(五龍廟)와 함께 고례와 기보례의 대상으로 편입되었다. 동악묘와 국가권력과의 긴밀한 관계는 대중상부원년[1008]에 실시된 진종 태산 봉선을 계기로 최고조에 달하게 된다. 진종은 봉선의례를 실시한 직후인 동년 10월 동악 태산신에게 '인성천제왕(仁聖天濟王)'이라는 왕호를 하사했으며, 다음해에는 제호(帝號)까지 수여하였다.

동악묘 숭배의 강남 전파에 대하여 시바 요시노부[斯波義信]는 강남 도시사를 전면적으로 분석하면서 산동주민의 이민을 그 배경으로 지적한 바 있다.[58] 미즈코시 토모[水越知]는 강남전역에 대한 적용 가능성에 대해서 회의를 표하며 진종 태산 봉선 이후 태산신 순례가 차츰 붐을 조성했던 사실에 주목하였다. 그는 석각자료와 후대지방지에 대한 고증을 통해서, 동악신이 국가권력과 더욱 밀접한 관계를 형성하게 되면서 지역유력자들이 관심을 갖고 적극적으로 영합하게 된 것이 동악신앙 확산의 주요한 요인이 되었다

---

57 『淳熙三山志』 卷9, 「公廨」, 7862쪽.
58 斯波義信, 梅原郁 編, 「宋都杭州の商業核」, 『中國近世の都市と文化』, 京都大學人文科學硏究所, 1984에 수록.

고 주장하였다. 더불어 이러한 동향이 북송말·남송초 남중국 일대의 시진 건설과 맞물리면서 신흥 상업도시를 중심으로 동악신앙이 더욱 확산되었다는 것이다.[59] 진순(陳淳)은 『북계자의(北溪字義)』에서 강·회 남쪽 주현에는 동악행사가 없는 곳이 없다[60]고 언급한 바 있다. 『함순임안지』도 오산과 서계법화산(西溪法華山)·탕진순제궁(湯鎭順濟宮) 등 임안부내(府內) 5곳의 행사 외에, 어잠현(於潛縣)·부양현(富陽縣)·신성현(新城縣)·염관현(鹽官縣)·창화현(昌化縣) 등 외곽 현까지 동악행사가 설립되었다고 기록하였다.[61]

남송 임안의 동악묘 가운데 가장 오래된 것은 휘종 대관연간[大觀年間, 1107~1110]에 건립된 오산 동악묘이다. 남송 초에 파손되었다가 소흥7년[1137]부터 향민(鄕民)들이 협력하여 중수되어 20여 년 후인 소흥29년[1159]에야 완성되었다. 가태4년[1204]과 순우12년[1252]에도 정부의 지원 하에 중수공사가 진행되었는데, 다음 해인 보우원년[1253]에는 이종(理宗)이 '동악지전(東嶽之殿)'이라는 친필 어서(御書)를 하사해주었다. 건도(乾道)3년[1167]에는 서계법화산에 동악묘가 건립되었으며, 탕진순제궁 옆 동악묘는 건도연간[1165~1173] 효종이 덕수궁(德壽宮)을 행행(行幸)할 때 은백(銀帛)을 하사해주어 오악루(五嶽樓)를 건립하기도 했다. 이종은 순우3년[1243]에 이곳 동악묘의 중수를 명령한 바 있는데 완공 후에 역시 '동악행궁동악지전(東嶽行宮東嶽之殿)'이라는 8자 어서를 하사하였다.

현우묘(顯佑廟)는 수말(隋末)·당초(唐初)의 혼란기에 심법홍(沈法興) 수하에서 활약하다 살해당한 상주 출신의 무장 진과인을 숭배하는 사묘이다. 진과인 신앙은 당말·오대시기에 진과인신이 절도사를 위시한 무장세력을 보호해주는 '전신(戰神)'으로 부상하면서 절서지역의 지역신으로 성장하였

---

59 水越知, 앞의 글, 78~79쪽.
60 陳淳, 『北溪字義』 卷(下).
61 『淳熙三山志』 卷74, 祠祀4 「諸縣神祀」.

다. 무장들은 매번 출전을 앞두고 신묘에서 전승을 기원했으며 전과를 올리고 개선하면 다시 감사의 보사를 올렸다.[62] 전류의 오월정권이 수립되면서 진과인 신앙이 본격적으로 확산되는데, 천보원년[908]에 오(吳)가 침공해왔을 때 전류는 진과인신이 현신하여 음조했다면서 후량정부에 봉호 하사를 요청하여 '복순왕(福順王)'이라는 왕호가 하사되었다. 전류는 주마다 진과인 묘를 건립하라는 명령을 하달했는데, 이에 따라 진과인신은 오월 전역에서 지방정부의 제사를 받는 국가제사로 승격되었고,[63] 후주시기에는 제호까지 하사되었다.

현우묘는 이처럼 항주에 유입된 지 오랜 역사를 갖고 있었지만 남송대에는 13세기 이후에야 정부의 주목을 받게 되는데, 가태6년[1206]에 기우제사에 감응하여 가봉이 이루어졌고, 행사(行祠)에도 현우 묘액이 하사되었다. 함순4년[1268]에는 다시 기설(祈雪)에 감응하여 사묘에 대한 중수가 이루어졌고, 함순5년[1269]에 가봉이 이루어졌다. 다만 전대에 봉제(封帝)한 것은 송대의 분봉원칙으로 볼 때는 비례(非禮)에 해당되었기 때문에 복순무열현우(福順武烈顯佑)에 2자를 가봉하여 '복순무열현응소덕(福順武烈顯應昭德)'왕이라는 8자의 왕호를 하사하였다. 함순5년[1269]의 가봉이 상주 사민들의 주청에 의해 이루어지고, 도성 내 현우묘가 상주현 방향의 인화현(仁和縣) 백만신창(百萬新倉) 서쪽에 위치했다는 점을 감안할 때 임안도성의 현우묘는 여

---

62 金相範, 「戰神의 탄생-唐末五代時期 陳果仁信仰의 전개와 그 특징」, 『全北史學』 第38號, 2011.6, 145~150쪽.

63 蔡京의 『南雙廟記』에 보이는 관련 내용은 다음과 같다: "或言故隋將陳果仁, 嘗以陰兵助錢氏伐淮冠有功, 錢氏崇報之. 請於梁朝封福順王, 又使諸郡皆爲建廟. 則福順之號爲果仁無疑."[『南雙廟記』는 『吳郡志』 卷12, 167~168쪽과 송대 鄭虎臣이 편찬한 『吳都文粹』 등에 전한다. 『十國春秋』의 주석은 『南雙廟記』의 내용을 상당부분 참조했는데 잠시 살펴보면 다음과 같다. "仁果常以陰兵, 助王, 王崇報之, 請封于梁. 且令諸州皆立廟."[『十國春秋』 卷78, 吳越2 「武肅王世家」(下), 中華書局, 1082쪽]. 馬氏 『南唐書』에도 後梁 開平4년(910)에 吳가 吳越을 침공해오자 陳果仁 神이 현신하여 또 다시 음조했다는 기록이 확인된다.

전히 상주 고향신으로서의 특색을 유지하고 있었음을 짐작할 수 있다.

외군 사묘 가운데 남송시기에 임안도성으로 유입되어 신앙과 일상생활의 차원에서 도성 주민들에게 상당한 영향력을 발휘했던 사묘가 바로 장왕신을 숭배하는 광혜묘(廣惠廟)이다. 광혜묘는 흔히 사산묘(祠山廟)로 지칭되는데 호주(湖州) 광덕군(廣德軍)의 토신으로 장왕 즉 장발(張渤)을 신주로 섬긴다. 발레리 핸슨의 연구에 의하면, 사산묘는 송대에 상당히 넓은 신앙권을 형성했는데 남부중국에만 무려 42개 소의 사묘가 긴립되었다. 기우제를 올리며 풍년을 기구하는 농민들로부터 과거급제를 소망하는 사인에 이르기까지 여러 계층에 의해 폭넓게 신봉되었다.[64]

사산묘 신앙은 일부 예외는 있지만, 남송 이전까지는 대체로 강남동로(江南東路) 북부지역과 광덕군 부근지역에 국한되어 있었다. 북송 정부의 봉호 하사는 남당 정권의 투항 이후 전개되는데, 정복지의 주민들을 위안하는 차원에서 사묘의 중건과 봉호 하사가 이루어졌다. 인종 강정(康定)원년[1040]에는 기우제에 영험을 드러내어 처음으로 영제왕(靈濟王)이라는 왕호가 하사되었으며, 휘종 숭녕3년에는 묘액이 내려지고 봉호는 정우소현위덕성렬왕(正佑昭顯威德聖烈王)이라는 8자의 왕호로 격상되었다. 북송시기 마지막 봉호 하사는 방랍의 난[1119~1120] 이후에 이루어지는데, 반란군에 의해서 초토화된 지역에서 조정의 권위를 회복하기 위해 북송 정부는 유력한 지역신앙들을 선택적으로 지원한 바 있다.

항주 광혜묘는 장왕신의 고향인 호주에서 대운하를 통해 도성으로 연결되는 경로인 여항문 서쪽 괵산에 위치하고 있었다. 장왕신의 항주 전파는 기본적으로 지역 개발과 호주와 도성 임안 간 교역의 활성화를 통해 이루어졌는데, 향후 주기적인 성지순례와 영적 체험도 신자들의 종교적 정체성을 강화해 주었다.[65] 광혜묘는 건도6년[1170]에 착공하여 25년만에 완공되

---

[64] Valerie Hansen, op.cit., p.147.

었는데, 장대한 외관과 화려한 내부 장식으로 신도들을 끌어들였다. 곽산 광혜묘는 향후 장왕숭배의 성지로 발전하는데, 매년 2월 장왕신 성탄일에는 도성내외의 신도들이 순례 길에 나섰으며, 환관과 항주부 지방관으로부터 상인과 농민에 이르기까지 엄숙하게 속죄와 봉헌을 드린 뒤 카니발을 즐겼다. 물론 번거로운 종교행사를 준비하기 위해서 사(社)가 조직되었고 회수(會首)를 중심으로 기금을 갹출하여 탄신일 축제를 준비하였다. 이처럼 곽산 광혜묘가 도성 주민들의 성소(聖所)로 차츰 위상이 격상되자 정부의 후원도 본격화되었다. 광종(光宗) 소희(紹熙)5년[1194]에는 곽산묘의 먼 거리를 감안해서 수내사(修內司)에 명하여 금지산(金地山)에 행사를 건립하게 했으나 도성주민들은 여전히 곽산 광혜묘를 애호했다. 정부의 후원은 남송 말까지 지속되었는데, 이종 보우5년[1257]에는 봉호를 도교식 진군(眞君)으로 개봉한 뒤 '정우성렬소덕창복진군(正佑聖烈昭德昌福眞君)'을 하사하였고, 경정2년[1261]과 함순4년[1268]에도 사묘의 중수를 후원하였다.

광혜묘가 주변 교역로를 통해 항주에 진입했다면, 앙산이왕묘(仰山二王廟)·영순묘(靈順廟)·순제성비묘(順濟聖妃廟)·재동제군묘(梓潼帝君廟) 등은 중거리 혹은 원거리 교역루트를 통해서 임안에 진입한 사묘들이다. 앙산이왕묘는 소(蕭)씨 성을 가진 두 명의 원주(袁州) 지역신을 숭배하는 사묘이다. 앙산이왕묘의 임안 진입에 대해서는 도성과 원주간 목재 무역의 활성화를 그 배경으로 제기한다. 도성의 마군사(馬軍司)에서 병장관(兵將官)을 원주 분의(分宜)로 파견하여 목재를 구입하려 했으나, 가뭄으로 수로가 말라서 앙산신께 기도를 올렸더니 즉각 감응하여 순조롭게 목재를 운송할 수 있었다는 신화가 『함순임안지』에 전해진다. 이러한 사정을 반영한 듯, 임안의 행사는 관교(觀橋) 동편의 마군사 서영(西營) 천왕당(天王堂) 뒤쪽에 건

---

65   장왕신앙의 전개과정에 대해서는 김한신, 「張王信仰의 발전과정-唐末·兩宋代민간신앙 발전과정에 대한 새로운 모색」, 『中國史硏究』 第89輯, 2014.4 참조.

립되었다. 『의춘지(宜春志)』에 의하면 원주 조묘는 북송 대중상부연간에 이미 왕공(王公) 작위를 하사받았다고 전한다.

이왕묘에 대한 봉호하사와 정부의 후원이 재차 급증하는 것은 남송 말기이다. 이 시기의 봉호하사는 몽골의 침략과 관련이 있다. 이종 개경(開慶) 원년[1259]에 몽골군이 형담(衡潭)에서 매괴령(賣卦嶺)까지 그리고 다음 해인 경정원년[1260]에는 임서(臨瑞)에서 태평(太平)까지 압박해왔을 때 이왕신의 음조로 이를 격파할 수 있었다는 설화가 전한다. 경정2년[1261] 8월, 작위를 증봉(增封)한다는 칙지(勅旨)가 하달되었고, 함순5년[1269] 10월에는 '현덕인성충우영제왕(顯德仁聖忠佑靈濟王)'과 '복덕인성충위강제왕(福德仁聖忠衛康濟王)' 8자의 최고 왕호가 하사되었다. 목재수송과 몽골군 격파라는 영험고사가 비록 내용은 완전히 다르지만, 신령의 공적인 기능을 강조하고 있다는 점은 일치한다. 외형상 이왕신에 대한 공인과 후원 역시 이러한 국가와 사회에 대한 신의 기여를 배경으로 이루어졌음을 알 수 있다.

영순묘(靈順廟)는 오통신을 숭배하는 휘주 무원(婺源)의 사묘이다. 오통묘는 오현묘(五顯廟)로도 불리었는데, 북송시기에 이미 도성 개봉에 유입된 바 있으며, 상인들에 의해서 태주(台州)와 소주를 거쳐 강남 각지로도 확산되었다.[66] 오통신앙의 기원에 대해서는 불교에서 수행자가 도달해야 할 다섯 가지 능력이라는 '오통' 관념이 기층의 민간신앙적 전통에 이식되면서 형성된 것으로 추정하고 있다.[67] 오통신은 이처럼 불교와의 밀접한 관계 속에서 백성들의 다양한 기도에 응답해주는 다양한 영력을 가진 민간신으로 성장하게 된다. 차츰 재신(財神)의 이미지도 갖게 되는데, 『이견지(夷堅志)』에는 재물에 관심이 있는 사람이라면 오통신이 영험하므로 필히 고해

---

[66] Valerie Hansen, op.cit., pp.131~141. Hansen은 오통신과 같은 민간신앙이 상인들에 의해 수로를 경유하여 강남각지로 전파되면서 여러 지역에서 숭배되는 지역신앙으로 성장한다고 밝힌바 있다.

[67] 賈二强, 『唐宋民間信仰』, 福州: 福建人民出版社, 2002, 346~349쪽.

야 한다는 내용이 확인된다.[68] 남송시대에는 도성 임안과 휘주와의 교류가 더욱 활성화되는데, 어잠(於潛)과 여항(餘杭)을 경유하는 산로(山路)나 엄주와 구주(衢州)를 통과하는 수로를 통해서 휘주의 문방사보·목재·차·염료·칠기 등이 도성으로 운송되었다. 상인들에 의해서 물자가 유입되면서 휘주의 지역신앙도 자연스레 유입된 것으로 추정된다. 도성 근교에 7곳의 행사가 설치되었는데, 남고봉정(南高峰頂) 영국사(榮國寺)에 위치한 사묘가 가장 오래되었으며, 경정연간[1260~1264]에는 가사도(賈似道)의 희사로 중수가 이루어졌다. 함순6년[1270]에는 안무사인 잠설우가 묘우 뒤편에 화광루(華光樓) 등 부속건물을 설립해주고 신자들이 쉽게 접근할 수 있도록 산로를 개착하게 했는데 이후 도성 순례자들이 증가했다고 한다. 이밖에 북고봉(北高峰) 경덕영은선사탑묘(景德靈隱禪寺塔廟)와 전당현 조로향(調露鄕) 영감사(靈感寺), 후조문(候潮門) 밖 병장만(甁場灣), 후조문 밖 나목교장(欏木敎場) 그리고 전당현 서촌(徐村) 신석당(新石塘) 등지에도 행사가 건립되었다.

남송시기 장거리 교역권의 성립과 함께 도성으로 유입된 복건의 대표적인 지역신앙으로 마조신앙을 들 수 있다. 전 장에서도 언급했지만, 복건 보전(莆田)의 마조신은 북송 선화(宣和)5년[1123]에 국신사들이 고려에서 귀환할 때 현신하여 풍랑 속에서 구해주었다는 영적이 상신되면서 처음으로 '순제(順濟)'라는 묘액이 하사된 바 있다. 마조신은 향후 복건해상들의 순항과 안전을 보우하는 '항해의 신'이 되었고, 차츰 다양한 영력을 갖춘 만능신으로 성장해갔다. 남송 정부의 공인과 후원도 이어졌다. 소흥26년[1156]에는 처음으로 영혜부인(靈惠夫人)에 분봉되었고, 소희3년[1192]에는 영혜비(靈惠妃)로, 경원(慶元)4년[1198]에는 조순(助順)이 가봉되면서 이종 가희(嘉熙)3년[1239]에 이르면 '영혜조순가응영렬(靈惠助順嘉應英烈)'이라는 8자 봉호를 갖게 되었다. 임안 성비묘(聖妃廟)는 복건상인에 의해서 도성 동북쪽 간산문(艮山

---

68 『夷堅丁志』,〈吳二孝感〉.

門) 해안가에 처음으로 건립되었다. 그 후 개희(開禧)연간[1205~1207]과 보경(寶慶)연간[1225~1227]에 두 차례에 걸쳐 조정의 지원으로 중건이 이루어졌고, 성남(城南) 소공교(蕭公橋), 후조문(候潮門) 밖 시박사(市舶司) 옆에도 행사가 설립되었다. 마조신앙의 고향인 보전출신으로 추밀원편수와 중서사인·병부시랑 등을 역임했던 유극장(劉克莊, 1187~1269)은 "임안 주민들이 매우 엄숙하게 신을 숭배했다"고 언급한 바 있다. 당시 임안에서 장기 거주하던 민상(閩商)들이 마조묘를 신앙과 상업 활동의 거점으로 삼으면서, 마조신앙이 도성일대에서도 확산되어 갔을 가능성을 시사해준다.[69]

　사천과의 원거리 교역루트가 활성화되면서 도성에 유입된 민간 사묘가 바로 재동제군묘이다. 재동제군 신앙은 성황·마조·동악신과 함께 사묘신앙이 전국화(全國化)되어가는 정황을 가장 잘 반영해 주는 사례로서 향후 문창제군(文昌帝君) 숭배로 발전하게 된다. 원래 재동신은 사천 재동현의 향토신(鄕土神)이었는데 과거 시험에 각별히 영험하다는 소문이 사인들에게 퍼져나가면서 사천 전역에서 숭배되었다. 주희(朱熹)도 '이랑'과 '재동', 두 신이 사천 전역을 할거하고 있는듯 하다[今兩個神似似乎割據了兩川]"고 지적한 바 있다. 이후 재동신 신앙은 도성 임안과 기타 지역으로 전파되면서 넓은 신앙권을 가진 민간신앙으로 성장하였다. 재동신 신앙은 송대에 이르러 과거가 신분이동의 중요한 기제(機制)로 본격적인 영향력을 발휘하면서 차츰 과거를 준비하는 거자를 위시한 사인들에게도 매력적인 신앙으로 숭배되었다. 특히 정부가 봉호를 내려 정사로서 공인하면서 빠른 속도로 확산되었는데, 도성 임안에는 단평(端平)3년[1236] 오산에 처음으로 묘우가 창건되었다.[70]

---

[69] 『後村先生大全集』卷91,「風亭新建妃廟記」, 18쪽.
[70] 森田憲司,「文昌帝君の成立-地方神から科擧神へ」, 梅原郁 編,『中國近世の都市と文化』, 京都大學人文科學硏究所, 1984.

이상에서 살펴본 바와 같이, 남송 정부가 지역신앙의 배후에 있는 지방 세력들의 지지를 획득하기 위해서 유화적인 사묘정책을 견지하고, 전쟁과 사회경제적인 유동성의 증대로 이민시대에 진입하면서 임안의 사묘신앙은 새로운 단계에 접어들게 되었다. 사묘의 신앙권 즉 각 사묘신앙의 지역적 영향력이라는 측면에서 접근하면, 임안에는 일개 향촌에서 지역 혹은 전국적 영향력을 가진 대소 사묘들이 중층적 구조로 혼재하게 되었다. 뿐만 아니라 내원을 달리하는 전국 각지의 사묘들이 유입되어 임안에 행사가 설치되면서 자연스레 도성을 중심으로 '사묘의 전국화'가 실현되었다. 도성의 민간신앙은 각지에서 유입된 다양한 지역적 배경의 주민들이 자유롭게 선택하고 여러 사묘의 활동에 적극적으로 참여하면서 도성 주민들의 일상생활과 긴밀한 연계를 형성하게 되었다. 다음 절에서는 사회경제적 변화로 도시의 기능이 점차 분화하는 가운데, 사묘신앙이 복잡한 배경의 주민들과 어떻게 새로운 관계를 형성하면서 도성 공간 속에 분포하게 되었는지 검토해보도록 하겠다.

4. 임안의 의례공간과 민간사묘의 공간분포

1) 중축선의 왜곡과 의례공간의 비정형화

임안이 중국의 정치중심지로 부상한 것은 개봉 함락 이후 풍전등화의 위기에 처한 송 조정이 소흥8년[1138] 3월 마침내 임안을 행재소로 확정하면서 부터이다. 애초 이강(李綱)을 위시한 신료들은 황제의 주필지로 육조도성 건강(建康)을 건의했지만,[71] 고종은 금 기병(騎兵)이 활동하기 힘든 수

---

71 『建炎以來繫年要錄』卷87, 紹興5年 3月 癸卯條.

향 항주를 임시 도성으로 낙점했다.[72] 고종이 임안을 도성으로 선정한 것이 방어문제 만을 고려한 것은 아니었다. 북송 이래 장강델타유역이 경제 핵심구역으로 성장하였고 그 중심에 항주가 있었기 때문이다. 항주는 경제적인 면에서 인근 소주와 월주를 능가하기 시작하였고, 방어시설과 교통망 등 도시기반시설도 잘 갖추고 있었다. 남송의 도성으로 확정되기 전에 항주가 제반조건을 갖출 수 있었던 것은 전류(852~932)가 오월정권을 수립하면서 지방도시였던 항주를 차츰 명실상부한 도성으로 전환시켰기 때문이다. 전류는 도성의 규모를 갖추고 방어기능을 강화하기 위해서 성곽의 확장과 보수 그리고 도시정비 사업을 부단히 추진하였는데, 890년과 910년, 924년 등 수차례에 걸친 대규모 공사를 진행하였다. 924년에 임안에 마침내 왕성(王城)과 방어시설이 완비되었고, 국가의례와 성시 내부 구획의 기준이 되는 중축선도 획정되었다. 중축선은 남단의 오월국 왕궁(王宮)에서 북쪽으로 곧바로 뻗어 북단의 시방(市坊)과 민거(民居) 구역까지 이어졌다.[73]

남송 도성은 전류가 건설한 기존의 오월 도성을 그대로 계승하였는데, 이로 인해서 계획도시로 전통 도성의 전범(典範)으로 불리는 당 장안성과는 여러모로 차이를 보이게 되었다. 주목되는 것은 오월 임안성과 마찬가지로 중축선이 남에서 북으로 설정되었다는 점이다. 전통 중국 도성은 도시 구도에 있어서 방향성을 중시하였기 때문에, 천자가 기거하는 궁성을 중심에 두고 북쪽에서 남쪽으로 향하는 '좌북조남(坐北朝南)'을 원칙으로 삼고 있다. 임안성은 정반대로 '좌남조북(坐南朝北)'의 북향도성으로 건설된 것이다. 도성이 이와 같은 북향 구도를 갖게 된 것은 무엇보다도 강남 수향 임안의 지형 때문이며 전란으로 인해 대대적으로 도성 개발을 진행할 여유가 없었다는 점도 영향을 미쳤다. 임안은 동쪽에 전당강이 흐르고 서쪽에는

72　陳樂素, 「南宋定都臨安的原因」, 『求是集』, 廣東人民出版社, 1984.
73　김상범, 「吳越시기 杭州와 祠廟信仰」, 『역사문화연구』 제46집, 2013.5, 70~73쪽.

서호가 위치하고 있으며, 남부지역은 봉황산(鳳凰山)·포가산(包家山)·옥황산(玉皇山)·호포산(虎跑山)·자운령(紫雲嶺) 등이 이어지는 산지이다. 대운하와 연결되는 북쪽은 오히려 개방적인 구조로 저습지가 펼쳐져 있어서 남고북저(南高北低)의 지세를 갖고 있다.

사실 좌북남향의 전통적인 도성구조는 의례도시의 상징성을 그대로 반영하는 것이다. 『주례(周禮)』「동관(冬官)·고공기(考工記)」장인영국조(匠人營國條)에 의거하면, 천자가 기거하는 남향 궁궐을 방형 도성 중앙에 설치하고 궁궐에서 북-남 방향으로 중축선을 따라 내려가면 자연스레 남문 밖 남교(南郊)로 연결되었다. 남교는 바로 수명(受命)의 근원이라 할 수 있는 호천상제(昊天上帝)께 주기적으로 제사를 올리는 원구단이 위치한 성역(聖域)이다. 또한 궁성에서 황성-외성으로 이어지는 중축선을 중심으로 '좌조우사(左朝右社)' 즉 종묘와 사직을 위시한 주요한 국가의례 시설들을 대칭형으로 배치하고, 현실정치를 운영하는 관청과 민가도 설립하였다.[74] 이런 측면에서 중축선과 의례시설은 전통 도성이 갖고 있던 정형(定型)의 준거 역할을 해왔다고 볼 수 있다.

앞에서 검토해 본 바와 같이 남송 임안에는 토착사묘 외에 북방에서 내려온 동경구사, 남중국 각지에서 유입된 외군행사가 혼재하게 되었는데, 그렇다면 북향 도성 임안의 국가의례 시설은 어떻게 배치되었을까? 『옥해(玉海)』「행재(行在)」에 보이는 남송 시기 도성 건립과정을 살펴보면 아래와 같다.

> 소흥4년[1134], 고종이 평강에서 임안으로 환도하면서 먼저 유사(有司)에게 태묘(太廟)를 건립할 것을 명령했다. 12년[1142] 화의(和議)가 성사되면서, 태사(太社)와 태직(太稷) 그리고 황후묘(皇后廟), 도정역(都亭驛), 태학(太學)이 세워졌다. 13년에는 원구단(圜丘壇)을 축조하였고 경령궁과 고매단(高禖壇), 비서성(祕書省)

---

[74] 이 부분에 대해서는 세오 다쓰히코(妹尾達彦) 지음, 최재영 옮김, 『장안은 어떻게 세계의 수도가 되었나』, 황금가지, 2006, 159~163쪽 참조.

도 건립하였다. 15년[1145]에는 대내(大內) 안에 신어전(神御殿)을 세웠다. 16년에는 태묘를 확장하였고 무학(武學)도 건립하였다. 17년, 옥진원(玉津園)과 태일궁(太一宮), 만수관을 세웠다. 18년에는 구궁귀신단(九宮貴神壇)을 축조하였다. 19년에는 태묘에 재전을 갖추었다. 20년[1150]에는 옥첩소(玉牒所)를 만들었다. 22년 좌장고(左藏庫) 남성창(南省倉)을 세웠다. 25년[1155]에는 집정부(執政府)를 건립했다. 26년, 양상제(兩相第)와 태의국(太醫局)을 건축했다. 27년[1157]에는 상서육부(尙書六府)를 건립하였다. 무릇 정도한지 20년이 되어서야 교묘(郊廟)와 궁성(宮省)이 구비되었다.[75]

예문 내용을 분석해보면, 우선 고종이 남경응천부에서 건염원년[1127]에 즉위하지만 7년 후인 소흥4년[1134]이 되어서야 소주에서 임안으로의 환도가 이루어지는 것을 확인할 수 있다. 건염3년[1129]에 임안을 행재소로 확정했지만 금군의 격렬한 공세와 각지의 반란으로 인해서 고종은 양주(揚州)-과주보(瓜州步)-진강-평강-숭덕 등지를 거쳐 겨우 항주로 돌아올 수 있었다. 그해 4월에도 다시 상주-진강-건강-평강-항주-월주-명주(明州)-태주-온주(溫州)로 경황없는 피난길에 나설 수밖에 없었다. 전황(戰況)이 다급했을 뿐 아니라 재정이나 군사력도 형편없던 시기여서,[76] 고종은 순행처(巡行處)마다 "옛것 그대로 간소하게 활용하고 절대 폐를 끼치지 말 것"[77]을 당부했다.

소흥4년[1134] 환도를 결정하면서 바로 태묘를 건립하였지만 여타 의례시설과 관서는 송금간에 2차 화의가 성사된 후 소흥12년[1142]부터 본격적

---

[75] 『玉海』 卷16, 〈行在所〉: "紹興四年, 高宗在平江, 將還臨安, 始命有司建太廟. 十二年, 和議成, 乃作太社太稷・皇后廟・都亭驛・太學. 十三年, 築圜丘・景靈宮・高禖壇・祕書省. 十五年, 作內中神御殿. 十六年, 廣太廟, 建武學. 十七年, 作玉津園・太一宮・萬壽觀. 十八年, 作(築)九宮貴神壇. 十九年, 建太廟齋殿. 二十年, 作玉牒所. 二十二年, 作左藏庫・南省倉. 二十五年, 建執政府. 二十六年, 築兩相第・太醫局. 二十七年, 建尙書六府. 凡定都二十年, 而郊廟・宮省之備焉."

[76] 『宋史』 卷33, 高宗9에서는 당시 상황을 "時危勢逼, 兵弱財匱"라고 압축적으로 묘사하였다.

[77] (宋)徐夢莘, 『三朝北盟會編』 卷103: "因舊就簡, 無得騷擾."

으로 설립이 추진되었다. 소흥27년[1157] 그러니까 첫 번째 의례시설로 태묘건립을 명령한지 23년이 되던 해에, 마침내 교묘와 궁성의 구비를 언급하며 도성정비가 일단락되었음을 공포하였는데, 남송 도성 임안이 교사와 태묘로 대표되는 국가제사시설을 갖춘 의례도시를 지향하며 정비되었음을 반영해준다. 귀다이헝[郭黛姮]은 세 단계로 나누어 임안 도성의 정비과정을 설명한 바 있는데, 대체로 예문 내용에 부합하는 것으로 의례시설은 두 번째 단계에 완비된다.

이를 참조하여 도성 정비과정을 정리해보면, 첫 단계는 건염3년[1129]에 임안을 행재소로 예정했다가 소흥8년[1138]에 행도로 최종 확정하는 시기로서 초창기에 해당된다. 이 기간에는 훼손한 외성을 보수하고 하도(河道)와 서호를 준설하는 등 도시기반시설의 정비가 진행되었고, 소흥2년에 대화재가 발생하면서 소방(消防)을 보강하기 위한 일련의 조치를 취했다. 주목할 만한 것은 소흥4년[1134] 국도(國都)에는 마땅히 태묘신주가 있어야 한다는 사봉낭중(司封郞中) 임대빙(林待聘)의 상주를 받아들여[78] 태묘를 건립한 것인데, 소흥7년 건강으로부터 신주(神主)를 모셔오면서 명실상부한 태묘로 운용되었다.

두 번째 단계는 2차 금송화의가 체결된 다음 해인 소흥12년[1142]부터 소흥32년[1162]까지의 '확장기'인데, 예문에 보이는 바처럼 소흥28년[1158]까지 궁성(宮城)과 관서(官署)가 완비되었다. 궁성은 피난(避難) 행도(行都)라는 현실적인 이유와 옛것을 간소하게 그대로 활용하라는 고종의 의중을 반영하여 봉황산록(鳳凰山麓)에 위치한 행궁에 대전(大殿)을 증축해서 사용하였고, 소흥32년에 이르러서야 방대한 규모의 덕수궁을 신축하였다. 황성 역시 오월 자성(子城)을 동남방향으로 확장하여 그대로 활용하였다. 이 시기에 여타 의례시설도 완비되었는데, 소흥12년[1142]에는 사직과 태학이 설립되

[78] 『宋史』 卷106, 禮志9, 〈宗廟之制〉.

었고, 13년에는 호천상제 의례를 거행할 수 있는 원구단과 소상이나 화상 형태의 제후(帝后) 신어를 봉안하는 경령궁 그리고 고매단이 완성되었다. 15년[1145]에는 대내 안에도 신어전이 설립되었고, 16년에는 비로소 제대로 된 제기(祭器)를 갖춘 7영(楹) 13실(室) 규모의 태묘가 완공되었다. 무학도 건립되었는데, 태학에 문묘가 설립되어 묘학일체(廟學一體)의 구조를 갖는 것처럼 무묘도 함께 건립되었을 것으로 추정된다. 17년에는 태일궁(太一宮), 만수관 등 칙액 궁관이 건립되었으며, 18년에는 당현종(唐玄宗) 천보연간부터 대사(大祀)에 편입된 도교제사인 구궁귀신단(九宮貴神壇)이, 그 다음 해인 19년에는 태묘의 재전(齋殿)이 차례로 완성되었다.[79]

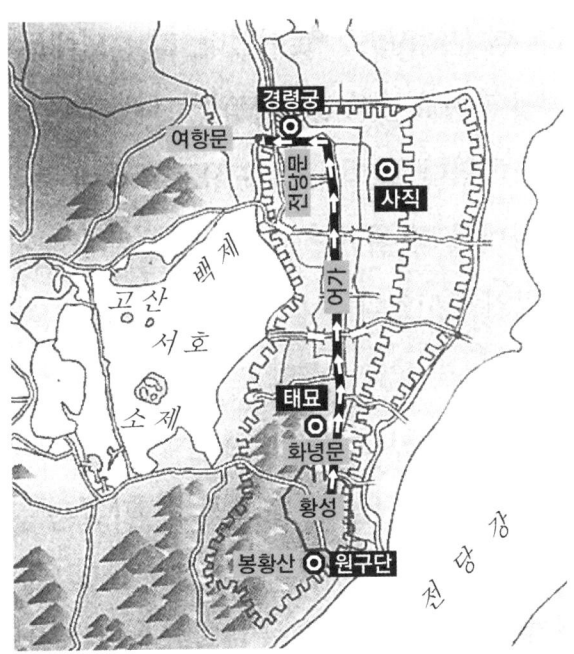

〈그림 14〉 남송수도 임안의 지형과 태묘, 사직, 경령궁의 위치
전통도성 좌북조남(坐北朝南)의 중축선이 반대 방향으로 설정되었고, 좌조우사(左祖右社)로 대표되는 의례시설의 균형적인 배치도 준수되지 않았다.

79　郭黛姮, 『南宋建築史』, 上海古籍出版社, 2014, 26~34쪽.

의례시설의 배치에 대한 세부 분석에 앞서 먼저 도성 구획의 기준선이라 할 수 있는 중축선 문제를 검토해 볼 필요가 있다. 앞서 오월 임안성 부분에서 언급했지만, 중축선은 세속권력의 상징인 궁궐과 상제를 제사하는 신성한 공간인 남교를 연결하는 도시의 중심 축선이다. 그런데 남송 정부가 오월에 이어서 정전(正殿)을 봉황산 동록(東麓) 안산(案山)에 축조하다보니, 궁성 남문 여정문(麗正門)이 정문으로 설계되었지만, 좌남향북(坐南向北)의 구도 하에 실제로는 북문 화녕문(和寧門)이 정문 역할을 하게 되었다. 『무림구사(武林舊事)』에는 원구단이 가회문(嘉會門) 밖 남쪽 4리 지점에 해당하는 용화사(龍華寺) 서쪽 공터에 위치한 것으로 기록되어 있는데, 결국 여정문은 남교제사 때 경유하는 의례적 의미의 정문으로만 사용된 것이다. 가회문은 교묘와 궁성이 완성되는 소흥28년[1158]에 축조되었는데, 구성(舊城) 동남쪽 부분을 확대해 황성으로 연결하면서 여정문 바깥에 건립한 남문이다. 황제는 교사를 거행하기 위해서 대내 남문인 여정문을 통과한 뒤 다시 황성 남문인 가회문을 거쳐 원구단에 이르게 되는 것인데, 상징성을 감안하여 성문 가운데 최대 규모로 축조되었다.

중축선은 남교에서 궁성을 거쳐 북문 화녕문부터 도심을 가르는 어가(御街)로 연결되었는데, 구릉이 많고 수로가 복잡하게 얽혀있는 강남 생태환경의 영향을 그대로 받았다. 수당장안성이나 북송개봉성과는 달리 중축선이 일직선이 아니라 화녕문을 기점으로 북쪽으로 곧장 연결되다가 조천문(朝天門)에서 방향이 약간 서쪽으로 틀어졌고, 북쪽으로 중안교(衆安橋)와 관교를 통과해서 만세교(萬歲橋)까지 곧장 이어진 뒤에 다시 이곳에서 서쪽으로 완전히 방향을 틀어 신장교(新莊橋)와 중정교(中正橋)에 이르렀다. 만세교에서 중축선이 서쪽으로 90도 가까이 방향을 바꾸는 것은 도성 서북방에 중요한 의례시설인 경령궁이 위치하고 있었기 때문이다. 중축선상의 어가는 전장(全長) 13,500척(尺)에 달하는데 2단계 확장기에 35,000여 개의 석판을 이용하여 포장하였다. 의례도시의 기준선이라 할 수 있는 중축선 자체가 상징성을 반영하여 궁성에서 남교로 직접 연결된 게 아니라, 노선 자체만 놓고 보면 오히려 남교를 출발하여 북쪽 방향으로 궁궐과 북문 화녕문을 경유한 뒤 도성 북서쪽 경령궁까지 연결된 것이다. 그것도 일직선이 아니라 수차례 방향이 틀어지면서 이어진 것이다. 중축선이 이처럼 왜곡된 것은 장안과 같은 계획도시가 아닌데다가 중축선으로 상정할 수 있는 별도의 간선도로를 건설하지 않고 지형과 환경에 순응하면서 기존 구도로(舊道路)를 활용했기 때문이다.[80]

다음으로 의례도시 구현에 있어서 중축선과 함께 기준 역할을 하는 '좌조우사' 즉 태묘와 사직의 위치 선정에 대해 검토해보겠다. 남송 임안의 태묘와 사직은 황성 내 좌우 맞은편에 위치한 것이 아니라 남쪽과 북쪽에 멀찌감치 떨어져 있다. 중축선을 다섯 구간 정도로 분할한다면, 태묘는 남쪽 2구역 정도에, 사직은 4구역에서도 북단에 위치한다고 볼 수 있다. 궁성의 실질적인 정문인 북문 화녕문을 나오면 이 지점부터 어가 좌우지역이 10개의 방(坊)이 속한 우일상(右一廂)에 해당되는데, 좌측 천경방에 태묘가 위치하였다.[81] 화녕문에서 천조문(天朝門)에 이르는 구간은 외조 광장의 특징을 갖고 있는 곳으로,[82] 특히 어가 좌측 지역은 삼성·육부를 위시한 중앙 관서들이 집결되어 있어서 비록 방내(坊內)에 민거가 혼재하지만 대체로 '좌조(左祖)'의 위치에 부합하는 곳이다.

그런데 문제는 사직의 위치이다. 소흥 초까지는 사직제사를 천경관(天慶觀)에서 임시로 거행했는데, 소흥14년[1144] 관교 동쪽에 정식으로 제단(祭壇)을 마련하게 되었다.[83] 사직단은 우이상(右二廂) 보녕방(普寧坊)에 축조되

---

80 楊寬, 『中國古代都城制度史研究』, 上海古籍出版社, 1995, 344~349쪽.
81 徐吉軍, 『南宋都城臨安(南宋史研究叢書)』, 杭州出版社, 2010, 174쪽 참조.
82 楊寬, 위의 책, 344~345쪽.
83 『宋史』卷102, 志第55 禮5 〈社稷〉, 2485쪽: "紹興元年, 以春秋二仲及臘前祭太社·太稷

었는데, 우이상은 어가 우측에서 소하(小河)에 이르는 너비가 좁은 상(箱)으로, 우일상 북쪽경계인 조천문에서 외성 최북단 천종수문(天宗水門) 근처까지 길게 뻗쳐있다. 그런데 보녕방은 우이상에서도 거의 북쪽 끝에 가까운 구역으로, 중축선을 기준으로는 비록 우측에 위치하고 있지만 북단에 치우쳐 있다 보니 '좌조우사' 대칭구조는 완전히 왜곡되었다. 주례에서 언급한 이상적 의례도성에 근접한다는 당 장안성의 경우 승천문(承天門)과 주작문(朱雀門) 사이에 황성이 위치했는데, 황성 최남단 동시 끝부분에 태묘와 태사를 설립하여 중축선을 중심으로 한 대칭형 도시구조를 정확하게 실현한 바 있다. 북송 동경성의 경우 비록 태묘와 사직이 불사·도관·민가·유흥시설 등과 혼재해 있어서 세속세계와 격리된 '성소'의 신성성이 일정 정도 침해받았고 태묘와 사직의 좌우 대칭 역시 어긋나기는 했지만, 그래도 중축선을 기준으로 개략적이나마 좌우균형은 맞추고 있었다.[84]

남송 임안의 사직단이 이처럼 도성 동북쪽 보녕방에 위치하게 된 것은 우선 금군(禁軍)과 마군사의 영채(營寨)가 밀집된 지역이어서 공지를 취득하기가 쉽고, 무엇보다도 이곳에 도성 최대의 양창(糧倉)인 순우창(淳祐倉)이 있었기 때문일 것이다. 호주를 위시한 북쪽 곡창지대에서 생산된 미곡은 도성 북서쪽 여항수문(餘杭水門)으로 유입된 뒤 다시 성내 운하를 거쳐 운송되어 순우창에 저장되었다. 곡량의 유입경로와 양창의 성격을 감안할 때, 토지와 곡물신께 제사를 올리는 사직단이 이곳에 축조된 것은 실용성과 더불어 의례의 기능성을 함께 고려한 조치로 여겨진다. 즉 물류의 유통과 도성의 권역별 기능을 감안한 남송 정부의 현실적인 태도가 사직단의 위치변화에 영향을 미친 것으로 판단된다.

앞에서 언급한 바처럼 남송 초 정부는 민간사회의 지지를 획득하기 위

於天慶觀, 又望祭於臨安天寧觀. 十四年, 始築壇墠於觀橋之東, 立石主, 置太社令一員, 備牲牢器幣, 進熟·望燎如儀."

84 김상범, 「北宋 都城開封의 都市景觀과 의례공간」, 『梨花史學硏究』 51輯, 2015.12, 126쪽.

해서 내원을 달리하는 지역 사묘의 건립과 후원을 지속하였지만 공식적인 국가제사는 의례시설의 미비로 임시로 거행되거나 지체되었다. 강남도시의 지형적 특성과 정부의 실용적 접근으로 도성 의례의 기준선인 중축선이 왜곡되고 도성 의례공간의 기준점 역할을 하는 '좌조우사'조차 가능한 공지에 기능성을 감안하여 배치하다 보니, 의례도시의 엄밀한 균형성이 와해되었고 성소가 갖고 있는 신성성도 일정 정도 훼손되었다. 결국 현실을 고려한 실용적 접근으로 상징적 의미가 강한 의례도시의 정형성(定型性)이 무너지면서, 엄숙하고 경건한 의례를 통해서 권력의 신성함을 현창하는 국가의례 본연의 성격에도 변화가 불가피해졌다. 물론 현실적 고려로 인해 의례공간의 위치를 고정시켰던 전범적 장소규정이 이완되면서, 민간신앙의 입장에서는 전에 비해 공간적 제한이 줄어들었고 상대적으로 확산의 여지는 증가했다고 볼 수 있다.

2) 지역신앙의 도성 내 공간분포와 확산추이

앞에서 언급한 바처럼 남송정권은 전통 도성관(都城觀)에 의거하여 행도를 신축하기 보다는 오월 임안도성의 도시구조를 대체로 승계하였다. 도성의례의 기준선인 중축선도 실용적 차원에서 계승하여 변용된 형태로 적용하였고, 국가의례 공간도 원칙에 의거하여 엄밀하게 적용하기 보다는 현실과 기능성 등을 고려하여 배치하였다. 남송시기는 이주의 시기로 불린다. 정강의 변 이후 서북이주민의 쇄도로 '동경구사'로 지칭되는 개봉과 북방의 사묘들이 임안도성에 설립되었고, 사회적 유동성의 증가로 다양한 계층의 자발적이고 개인적인 내지이주가 촉진되면서 '외군행사'로 일컬어지는 남중국 각지의 지역신앙이 도성으로 유입되었다. 다양한 배경을 가진 각지의 민간사묘들이 공존하는 복잡한 지형을 갖게 된 임안 도성의 민간사묘신앙은 어떤 분포양상을 보일까? 이주와 지역신앙의 이식은 도성 내 민간사묘의 공간분포에 어떤 영향을 미쳤을까? 남송시대는 9세기에서 13세기까지 진척되는 도시혁명의 정점에 해당되는 시기인데, 도시 발전과 기능적 분화에 따라서 임안사묘의 분포는 어떤 변화를 보일까?

사료에서 확인되는 임안 사묘의 위치를 도성 지도에 표시해보면 대체로 도성 내외부에 골고루 분포되어 있음을 확인할 수 있다. 하지만 사묘와 임안 도시사 전개의 긴밀한 관계를 고찰하기 위해서는, 토착사묘(土着祠廟)·동경사묘(東京祠廟)·외군사묘(外郡祠廟) 등 성격과 내원을 달리하는 지역사묘들이 도성 내 확산과정에 어떤 분포양상을 보이고 그 의미가 무엇인지에 대해서 보다 세밀한 검토가 필요하다.

먼저 오랫동안 항주에 존재해왔거나 임안 지역사회와 긴밀한 연계를 갖고 있었던 토착 사묘들이 어떤 분포양상을 보이는지 살펴보면서, 사묘와 정부 그리고 배후 세력과의 관계에 대해서 검토해보겠다. 성황묘와 충청묘(忠淸廟)는 도성 임안의 지역성과 정체성을 대변하는 토착 사묘라 할 수 있다. 성황묘는 남도후 소흥30년[1160]에 처음으로 보순통혜후에 분봉된 후 건도6년[1170] 이후 가봉이 누적되면서 함순8년[1272]에는 봉호가 보정강제명광덕현성왕에 이르게 된다. 충청묘 역시 소흥22년 이래로 가봉이 이어지면서 가정17년에는 충무영렬위덕현성왕이라는 8자의 왕호를 하사받게 된다. 성황묘와 충청묘는 임안을 대표하는 사묘인데 모두 오산에 위치하였다. 앞서 언급했지만 궁성 북문인 화녕문에서 조천문에 이르는 중축선 좌우구간은 장안이나 개봉으로 치자면 황성에 해당하는 구역인데, 특히 좌변은 중앙관서와 고급주택가가 밀집된 지역이다. 성황묘와 충청묘는 임안 토착사회를 상징적으로 대표할 뿐 아니라 남송 정부의 후원으로 이미 국가의례에 준하는 위상을 갖고 있었기 때문에 의례공간의 공적 성격으로 인해서 중앙관청이 소재한 오산지역에 입묘된 것으로 추정된다.

앞에서도 언급했지만 임안 산천신 가운데 용왕묘가 적지 않은데 이는 수향 항주의 지리적 특징을 반영하는 것이라 할 수 있다. 이 가운데 평제묘와 순제묘는 왕호를 하사받을 정도로 남송 정부의 적극적인 후원을 받게 되는데, 이들 사묘는 각각 절강 연안의 광자만(廣子灣)과 묘자두(廟子頭)[85]에 위치하였다. 가택묘와 회령묘, 수선왕묘도 임안의 저명한 용왕묘인데 도성 서북쪽 전당문(錢塘門)과 용금문(湧金門) 밖 서호 연변에 위치하였고, 수선왕묘는 서호제삼교(西湖第三橋)에 자리 잡고 있었다. 전당강은 조수해일로 연안 지역에 수시로 피해를 주어 항시 경계가 필요하고 서호는 도성주민의 취수원으로 절대적인 중요성을 갖고 있었기 때문에 토착 자연신 사묘 역시 바로 근방에 설립되었음을 알 수 있다.

충절·사현사 가운데 특히 충절과 관련된 일부 사묘들은 도성 북서부에 집중된 편이다. 항금 영웅 악비를 모시는 악왕묘는 서하령(棲霞嶺)에 위치하였으며, 건염3년[1129] 금의 장수 완안종필(完顏宗弼)이 항주를 침략했을 때 끝까지 항거한 전당현령 주필과 조위 김승, 축위 등의 영위묘는 전당문 밖에 묘우가 설립되었다.[86] 현공묘는 금병 침입 때 가재를 털어 의병을 모집하여 함께 항쟁했던 임안부리 악중거를 받드는 사묘인데 가정초에 이민들이 영위묘 바로 근처 보숙탑 옆에 사묘를 건립하였다.[87] 이 지역은 전란

---

[85] 『夢梁錄』卷4에서 묘자두의 위치를 추정해볼 수 있다. "臨安風俗, 四時奢侈, 賞翫殆無虛日. 西有湖光可愛, 東有江潮堪觀, 皆絶景也.……十八日蓋因帥座出郊, 教習節制水軍, <u>自廟子頭直至六和塔</u>, 家家樓屋, 盡爲貴戚內侍等顧賃作看位觀潮."

[86] 『咸淳臨安志』卷72, 志57 祠祀 21 靈衛廟: "在錢塘門側　建炎三年十二月乙酉, 元顏宗弼犯境, 守臣康允之退保赭山. 錢塘縣令朱蹕, 率民兵逆戰, 傷甚, 猶叱左右負以擊賊. 己丑, 遂遇害時尉曹十將金勝·祝威亦以力戰, 歿. 鄉民瘞二人於錢塘門外. 因爲立祠其後祠者相踵, 曰古柳林, 曰澄寂寺, 後曰精進寺側, 皆detachment奉惟謹. 淳祐十年賜廟額曰靈衛. 景定二年, 洪安撫燾爲請封爵, 詔侯二神曰, 忠佐·忠佑. 咸淳四年, 漕使又以士民之請上於朝, 乃封朱令爲顯忠侯, 誥曰神生爲烈士, 歿爲明靈, 宜也."

[87] 『咸淳臨安志』卷72, 志57 祠祀21 顯功廟: "顯功廟在錢唐門外保叔塔下. 神姓岳, 名仲琚, 家於霍山, 爲臨安府吏. 建炎初金人犯境, 神輸家財, 募勇士三百人, 推錢唐尉曹十將金·祝二人爲首領.【事具靈衛廟】迎敵死戰闔境以安里. 人懷其功, 卽四聖延祥觀祠事之號保稷山王. 嘉定初, 更建廟今處. 咸淳四年, 耆老以神未有襃表, 告於太傅平章魏國賈公, 乃爲奏聞旨賜廟顯功, 侯以忠翊."

이 발생하면 곧바로 전장(戰場)이 형성되는 도성 방어의 최전선인데, 당시 대다수의 사람들은 원혼(冤魂)들이 종종 전몰지(戰歿地)에 현신하여 영력을 발휘한다고 믿었기 때문에 자연스레 충절사는 송·금간에 격렬한 전투가 벌어졌던 도성 북서부에 집중되었던 것이다.[88]

하지만 충절·사현류의 사묘들이 북서부에만 편재된 것은 아니다. 임안을 대표하는 충절사인 정충묘는 처음에는 도성의 정치 중심지인 조천문 부근 우이상(右二廂) 홍단방(興檀坊) 북쪽에 세워졌다가, 이곳에 덕수궁이 건립되면서 도성 상업중심지 가운데 한 곳인 풍락교(豊樂橋) 근처로 이전되었다. 교항과 육명궤를 모신 충절묘인 소절묘 역시 오산 기슭 보민방(保民坊)에 위치했는데, 인근에 태부시(太府寺)·군기감(軍器監)·사농시(司農寺)·장작감(將作監) 등 중앙관서가 있었다. 앞에서도 언급했지만, 정충묘와 소절묘는 소흥2년[1132] 도성 임안에 처음 묘우가 건립될 때부터 묘액과 봉호가 하사되기까지 전 과정을 권신 장준과 양존중이 주도하였다.[89] 정충묘나 소절묘는 이처럼 유동인구가 많은 중앙관서나 번화한 상업중심 구역에 위치했기 때문에, 도성주민들에게 황실과 정부에 대한 충성심을 고취하고 더불어 현실권력의 소재를 현창하는 역할을 할 수 있었다. 이상에서 확인한 바와 같이 성황묘나 오자서묘와 같은 저명한 토착사묘나 조정 권신들이 입묘를 주도한 정충묘와 같은 충절사들은 거주조건이 좋고 중앙관서들이 집중 배치된 오산 일대와 번화한 상업중심지에 위치하였음을 알 수 있다. 다만 이들 사묘가 조정과 긴밀한 관련을 갖고 있다 보니 그 특성상 사묘자체의

---

[88] 車振宇,「南宋臨安城寺廟分布研究」,『杭州師範學院學報』, 2008年 1月 第1期.

[89] 『咸淳臨安志』卷72, 志57 祠祀21 旌忠廟: "在豊樂橋. 俗曰三聖廟. 按神一姓高名永能綏州人, 一姓景名思誼晉州人, 一姓程名博古河南府人. 元豊五年同爲統軍力戰於銀川挺身抗虜以沒, 始廟食於鳳翔府和尙原. 宣和間, 方臘寇睦討捕者禱於神, 凱還奏開始封侯. 中興初, 屢以助順討賊功, 賜廟曰旌忠, 加封六字王. 嘉泰初, 以平潮著靈加至八字. 一曰: 忠烈靈應孚澤昭祐, 一曰: 忠顯昭應孚濟廣祐, 一曰: 忠惠順應孚祐善利廟. 舊在淸冷橋北. 紹興十九年楊殿帥存中請以旌忠, 賜爲觀額. 後因德壽宮開拓, 徙建今處, 卽覺苑寺廢址也. 自嘉泰辛酉至淳祐壬子, 觀凡三燬惟廟巋然獨存."

개별적인 분화나 확산과정은 발견되지 않는다.

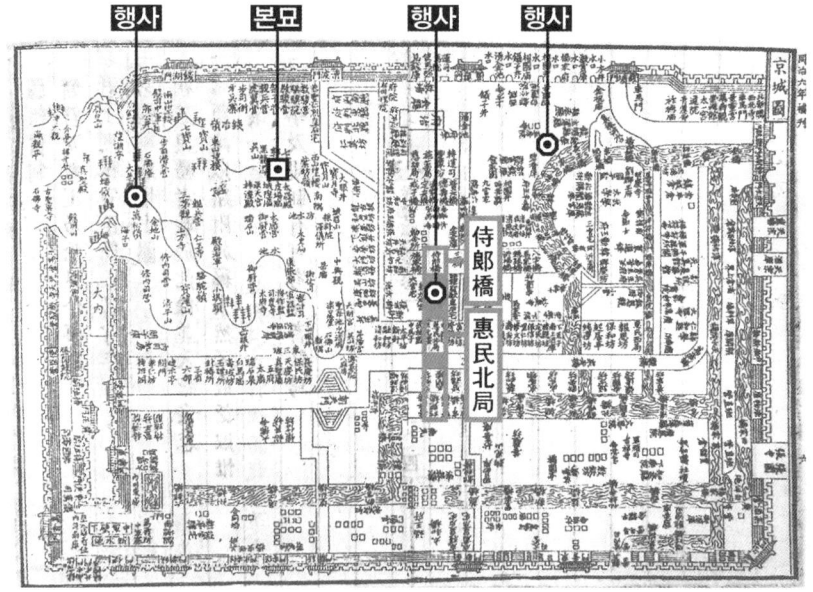

〈그림 15〉 임안 피장묘(皮場廟)의 확산
오산지역에 처음 피장묘 본묘가 설립된 후 시내 곳곳에 행사(行祠)가 세워졌다. 길게 표시된 시랑교 구역은 혜민 북국이 위치한 곳으로 주변에는 약방이 밀집해있다[『함순임안지』 경성도(京城圖)].

두 번째로 살펴볼 사묘는 '정강의 난'을 전후로 북서 피난민들과 함께 임안에 유입된 동경 사묘인데, 그 중에서도 신농씨를 의신(醫神)으로 받드는 동도피장묘 즉 혜응묘의 분포와 확산에 대해서 분석해 볼 것이다. 앞서 언급했지만 혜응묘는 동도 피장묘의 관리인을 자처하던 상립(商立)이라는 자가 신상을 가지고 와서 오산 간강정에 처음으로 사묘를 건립하였다. 『몽량록』에서 '동도수조사'로 분류한 의도에 일정 정도 반영되듯이 혜응묘는 남송말까지도 조정으로부터 지속적인 공인과 지지를 받았다. 소정4년[1231] 화재로 사묘가 전소되자 이종(理宗)이 직접 도첩(度牒)과 능백(綾帛)을 하사하여 고지(故址)에 복원될 수 있었으며, 함순5년[1269]에도 수화성복황태후(壽和聖福皇太后)의 전폭적인 재정지원으로 묘우가 중수된 바 있다.⁹⁰ 오산 혜응묘는 『몽량록』의 관련 기록을 통해 추정해 볼 때, 신농씨 주신상(主神像) 옆에 신비의 신상이 양쪽으로 배치되고, 양무에는 이십사선의사자(二十四仙醫使者)가 배사하는 형태로, 제법 규모를 갖춘 사묘였을 것으로 추정된다.

혜응묘는 동경 개봉에서 유입된 사묘로서 북서 이주민 집단과 긴밀한 관계를 갖고 있기 때문에, 이 점을 감안하여 조묘와 행묘의 분포 양상을 분석하는 것이 중요하다. 동경이 함락된 후 개봉주민을 위시해서 하남·관중·사천 등지의 서북 이민세력이 대거 남하하면서 상당수는 황실을 따라서 임안으로 진입하게 되었다. 이에 따라서 관청이 밀집된 오산 동록으로부터 동쪽으로 어가를 통과하여 신개문(新開門)과 보안문(保安門)에 이르는 남부지역, 풍예문(豊豫門)에서 숭신문(崇新門)에 이르는 동서 축선상의 중앙구역 그리고 경령궁, 소경사에 왕부(王府)와 종학(宗學)이 집중된 도성서북지역 등이 일등 택지로 부상하였다. 종실(宗室)과 부민(富民) 그리고 무장과 그의 가족·부하 등 서북 이민자들도 앞 다투어 거주요건이 좋은 성내 주택지를 점유하였다. 주목되는 것은 앞서 확인한 바처럼 혜응묘의 조묘가 오산에 설립된 후에 행사가 만송령, 시랑교항, 원정교 등지로 확산된다는 점인데, 오산과 동남쪽에 위치한 만송령 지역은 서북인들이 집거한 남부 택지에 해당되고, 원정교 행사가 위치한 인화현 일대도 역시 종실과 서북 피난민들이 거주하던 서북 택지에 속하는 지역이다.⁹¹ 일단 조묘와 행사의 위치가 서북민 집거지와 일치한다는 사실을 통해서, 남송대 임안도성 피장신앙의 지속적인 발전이 기본적으로 서북 이주민과의 긴밀한 연계를 통해서 이루어졌음을 유추해볼 수 있다.

---

90   『咸淳臨安志』卷73, 志58 祠祀21 東京舊祠 惠應廟.
91   斯波義信, 梅原郁 編, 「宋都杭州の商業核」, 『中國近世の都市と文化』京都大學人文科學研究所, 1984, 42~43쪽 참조.

피장신앙의 도성 내 확산과정에 있어서, 임안 토착민이나 타지에서 온 이주민 집단에 대한 전파도 중요한 의미를 갖는다.『몽량록』에는 "도성 주민들은 질병에 걸리면 [신께] 기도를 올렸는데, 반드시 응답이 있었다[都人有疾者, 禱必應]"는 내용이 언급되는데, 혜응묘를 찾아 치병을 호소하는 사람들이 서북 이주자에 한정되지 않았을 가능성을 시사해주는 것이다. 이러한 사실과 함께 혜응묘 행사 한 곳이 도성 내에서 가장 번화한 경제핵심구역 인근 시랑교에 설치된 점이 주목된다. 이곳은 사태후택(謝太后宅), 맹태후택(孟太后宅), 이황후택(李皇后宅), 오왕부(吳王府) 등 왕부와 고급택지가 있는 곳일 뿐 아니라 동북쪽으로 바로 도상세무(都商稅務)가 있고 우측으로 다방(茶房)과 대와자(大瓦子)로 연결되는 곳이다.

무엇보다도 중요한 것은 바로 우측에는 혜민북국(惠民北局)이 위치하고, 북쪽 묘아교(猫兒橋)쪽으로 반절간숙약포(潘節干熟藥鋪), 시서방 남화제 혜민약국(市西坊南和劑惠民藥局) 등 유명 약포(藥鋪)들이 줄지어 있다는 점이다.[92] 남송정국이 안정되면서 상업발전으로 인해 임안 도성의 도시기능도 분화되는 추세를 보이는데, 혜민국과 약국들 주변에 의료신 신농씨를 주신으로 받드는 혜응 행사가 설치된 것이다. 경성 사묘의 확산이 도시의 분화와 긴밀한 관계 속에서 진행되었을 가능성을 시사해주는 것이다. 또한 치병신·의료신이라는 기능적 특성으로 인해서 피장신앙이 서북 이주민의 지역신앙이라는 한계를 넘어서 토착 현지인이나 타지 이주민 집단으로 전파되어 도성민들이 공유하는 신앙으로 성장했을 가능성도 보여준다.

마지막으로 외군행사의 도성 내 분포와 확산추세를 검토해보겠다. '외군행사'라는 어휘 자체가 조묘를 외군에 둔 민간신앙이 도성에 진입하면서 분묘격인 행사를 설치했다는 의미지만, 첫 번째로 주목되는 것은 도성 신도가 증가하면서 애초에 처음 설립되었던 행사 외에 다른 장소로도 행사가

---

[92] 徐吉軍,『南宋都城臨安(南宋史硏究叢書)』, 杭州出版社, 2010, 410쪽.

확산된다는 점이다. 앞서 동경에서 유입된 피장묘가 오산 조묘 외에도 3곳에 행사가 설립되었다고 언급한 바 있는데, 외군행사 가운데 동악묘는 도성 내외에 총 5곳의 행사를 설립하였고, 오통신을 숭배하는 휘주 영순묘도 총 7곳의 행사가 건립되었다. 외군행사의 팽창은 조묘가 소재한 외지에서 도성으로의 이주 인구가 증가하거나, 외군에서 유입된 민간신앙이 도성 주민들에게 수용되면서 신도가 증가했을 개연성을 시사해주는 것이다. 비단 양적인 팽창 뿐 아니라 매년 외군 사묘에서 거행되는 탄신일 축제를 비롯한 묘회도 도성 주민들의 일상생활에 지대한 영향을 미치게 되었다. 2월 사산신 탄신일이 되면 곽산 광혜묘는 도성 주민들과 외부에서 밀려드는 신도들로 가득 찼으며, 3월에는 우성진군(佑成眞君)의 탄신일을 준비하기 위해서 도성이 떠들썩했다. 3월 28일은 또 다른 외군행사의 주신인 동악성제(東嶽聖帝)의 탄신일인데, 윤번에 의해서 그해 탄신축제의 운영을 맡은 사람들은 사(社)를 결성하여 각종 행사 준비를 했고, 일반 주민들은 성소 순례를 위해서 봉헌할 예물을 정성껏 마련했다.

다음으로 주목되는 것은 행사의 위치에 관한 문제이다. 외군에서 유입된 지역신앙의 거점이라 할 수 있는 행사는 도성 내외 외군 주민들의 집거지나 고향과의 교류가 편리한 교통요지에 자리 잡고 있었다. 재동제군묘는 오산에 세워졌는데, 오산과 봉황산 일대는 '객산(客山)'으로 지칭될 정도로 외부에서 유입된 객상(客商)들이 집거하던 곳이었다. 당시 장강교역을 지배했던 천상(川商)들도 이 일대로 모여들었던 것인데, 재동제군묘는 그들에게 있어서 '고향의 신'께 타향살이의 어려움을 호소하고 개인의 소망을 기구하는 신앙의 공간이자 동향인(同鄕人)들과 유대관계를 형성하고 긴요한 정보를 공유하는 사회적 공간으로 기능하였다.

고향과 연결되는 교통요로에 행사가 입묘되는 경우는 휘주 영순묘를 통해서 확인할 수 있다. 남송대에는 도성 임안과 휘주 간의 교류가 더욱 활성화되는데, 일곱 개 행사 가운데 후조문 밖 병장만과 나목교장 등에 설립된 사묘는 엄주와 구주를 경유하는 수로를 통해서 휘주로 연결되었다. 북고봉과 전당현 조로향 그리고 전당현 서촌 등지에 건립된 행사는 어잠과 여항을 경유하는 육로를 통해서 고향 휘주로 연결되었다. 이 점은 행사가 고향과의 연계를 통해서 이주민들의 지역 정체성을 유지시키고, 도성사회로 이주민들이 지속적으로 유입될 수 있는 통로 역할을 했음을 시사해주는 것이다. 행사가 도성 외곽의 교통요지에 설립되는 정황은 복건 성비묘에서도 확인된다. 해상교역에 종사하던 복건 이주자들의 특징과 물류집산지로서의 기능 외에 도성이 외곽으로 팽창하면서 교외지역의 사회경제적 중요성이 대두되던 현실을 그대로 반영한 것이다.

외군에서 유입된 지역신앙을 도성 주민들이 공유하던 정황을 반영하는 사료도 발견된다. 위에서 언급한 바처럼 전당현 서촌 신석당에는 휘주 오통신의 행사인 영순묘가 있었는데, 순우9년[1249]에 전당강에서 심각한 조수해일이 발생했을 때 이인(里人)들이 모여 기도를 올리자 바로 감응하여 조수를 막아주었다는 영적이 전한다. 비슷한 정황이 동악온장군(東嶽溫將軍)을 숭배하는 광령묘(廣靈廟)에서도 확인되는데, 경정(景定)4년[1263] 9월 조수가 제방을 덮치자 이중(里中)의 기로들이 모여 제사를 올렸는데 신께서 바로 응답하여, 동악온태위묘(東嶽溫太尉廟)를 신축하고 묘액의 하사를 청구했다는 내용이다. 이러한 영적 고사는 외군에서 유입된 민간 사묘신들이 원래 각각의 기능적인 본령을 갖고 있지만, 차츰 현지사회의 요구에 부합하는 영적을 생산하면서 도성사회로 확산되어 가는 상황을 여실히 증명해주는 것이다. 전란과 이민의 시대에 동경을 위시한 서북지역과 남중국 각지에서 점진적으로 유입된 다양한 민간신앙이 토착민들과 다수의 이주자들로 구성된 임안 도성사회의 현실에 적응해 가면서 상호접촉과 전파를 통해서 새로운 전개양상을 보이기 시작했음을 반영해 주는 것이다.

5. 맺음말

송대에는 지역신앙이 주요 거점도시를 중심으로 전파되고 확산되는 추세가 증가하면서, 도시를 중심으로 전국 각지의 민간신앙을 접촉하고 공유할 수 있는 새로운 신앙 환경이 조성되었다. 지역신앙의 전국화와 사회문화적 파급력의 증대라는 현저한 변화를 감안할 때, 송대는 민간신앙의 전개에 있어서 새로운 도약기라고 할 수 있다. 이 글은 도시사적인 접근을 통해서 이러한 변화의 중심에 있었던 남송 도성 임안의 민간신앙 전개양상을 집중적으로 검토해보았다.

우선 남송 시기에는 전쟁과 사회경제적 유동성의 증가로 도성 임안에 피난민들의 신앙 거점이라 할 수 있는 '동경사묘'와 남방 각지에서 유입된 '외군행사'들이 도처에 설립됨으로써 민간신앙의 새로운 지형이 형성되었다. 도성 임안 고유의 토착신앙 외에 다양한 내원을 가진 외지 지역신앙이 집결하면서 크고 작은 제사권을 가진 대·소 사묘가 중층적으로 공존하게 되었고 자연스레 민간신앙의 전국화가 이루어지게 되었다.

남송 정부는 현지인과 이주민으로 복잡하게 구성된 도성 주민들의 지지를 획득하기 위해서 각 집단의 지역성을 존중하는 차원에서 유화적인 사묘 정책을 견지하였다. 특히 피난정부의 입장에서는 토착세력과의 관계를 무시할 수 없었기 때문에 임안 토착사묘에 대해서 관대하면서도 적극적인 지지를 표명하였다. 민간신앙을 후원하는 방식은 사묘의 건립과 중수를 지원하는 조치 외에 북송 휘종 건중정국원년[1101]에 완성된 봉호와 묘액의 하사절차를 승계하였다. 토착사묘에 대한 중수조치와 묘액 및 봉호의 하사 사례를 분석해보면, 정충묘(旌忠廟)를 위시한 무장세력들과 긴밀한 관련을 맺고 있던 충절사묘에 대해서는 소흥 초[1131~]부터 후원조치가 이루어졌고, 자연재해와 연관된 용왕묘에 대한 지원도 상관자료가 소흥14년[1144]

부터 이미 발견되는 것으로 보아 일찍부터 진행되었음을 알 수 있다. 다수의 토착사묘에 대한 후원은 소흥22년[1152] 경에 본격화되는데, 도성정비사업 가운데 교묘(郊廟)를 위시한 국가의례시설이 대체로 소흥20년[1150] 전후로 구비되기 때문에 사묘에 대한 중수와 후원도 국가의례시설이 완비된 후에 집중되는 것으로 추정할 수 있다.

정강의 난을 전후로 대규모 난민 물결 속에 이전된 동경구사(東京舊祠)를 위시한 서북지역 사묘신앙에 대한 남송 정부의 대응도 중요한 의미를 갖는다. 피장묘나 이랑묘, 최부군묘와 같이 임안으로 유입된 동경 사묘들은 오랫동안 개봉주민들의 애호를 받았고, 북송 정부로부터도 이미 수차례 봉호와 묘액을 하사 받으면서 정사로 공인된 사묘들이었다. 남송 정부는 건국 초부터 임안으로 유입된 동경사묘에 대해서 후원을 아끼지 않았다. 이러한 조치는 이미 국가의례에 준하는 위상을 갖고 있었던 경성 사묘에 대한 지원을 통해서 북송의 정통성을 계승했다는 사실을 현창할 수 있을 뿐 아니라, 조정과 함께 남천한 피난민들을 안정시키고, 그들의 지속적인 지지를 획득하기 위해서였다. 동경 사묘 가운데 몇몇은 고종의 남도 과정에 묘신께서 현신하여 황제를 호위했다는 설화를 유포시켰는데, 피난수도에서 국가권력과의 관계를 긴밀하게 강화하여 사묘의 위상을 공고히 하고 남송 정권 수립의 정당성을 강화하려는 의도로 기획되었을 것이다.

『함순임안지』나 『몽량록』의 찬자들은 사묘 부분에 '외군행사'를 별도로 편성하였는데 남중국 내부에서 도성과 외군 간에 다양한 양태의 인적, 물적 교류가 증가하면서 발생한 사회문화적인 변화를 반영한 것이다. 당시 임안에 설립된 외군행사는 동악신, 장왕신, 앙산신, 진과인신, 오통신, 마조신, 동악신, 온장군, 재동제군 등 8개 대신의 사묘가 주목되지만, 널리 알려지지 않았던 신사까지 포함하면 그 수가 훨씬 많았을 것이다. 다만 이들 사묘가 모두 남송 시기에 전파된 것은 아닌데, 동악신과 진과인신 신앙은 당말 오대 시기부터 항주지역에 이식되어 영향력을 발휘하고 있었다. 남송 정부는 외군 사묘에 대해서도 대체로 유화적인 정책을 표방했다. 동악신이나 장왕신 탄신축제에 보이는 바처럼 외군행사(外郡行祠)의 도성 내 영향력이 차츰 확대되자 묘우를 중건해주고 봉호와 묘액을 하사해주는 등 적극적으로 지원조치를 취하였는데, 외군행사마다 임안유입과 팽창 시점, 그리고 영향력이 다르기 때문에 후원에도 차이를 보인다.

다음으로 도성 내 다양한 내원을 가진 민간사묘의 공간분포와 확산과정을 도시사적 접근을 통해서 고찰해보았다. 그에 앞서서 첫 번째로 남송 도성의 구조적 특징과 전통 의례도시의 성격 변화를 살펴보기 위해서 중축선과 의례공간의 배치를 살펴보았다. 남송도성은 기본적으로 전류가 건설한 오월 도성을 계승하여 중축선이 남쪽에서 북쪽 방향으로 설정되었다. 전통 중국 도성이 천자가 기거하는 궁성을 중심에 두고 '좌북조남'의 구조를 갖고 있었지만 임안성은 정반대로 '좌남조북(坐南朝北)'의 북향 도성으로 건설되었다. 의례도시의 기준선이라 할 수 있는 중축선 역시 궁성에서 남교로 직접 연결된 게 아니라, 오히려 남교를 출발하여 북쪽 방향으로 궁궐과 북문 화녕문을 통과하여 도성 북서쪽 경령궁으로 연결되는 형태를 갖고 있었다. 그것도 일직선이 아니라 수차례 방향이 왜곡되는 형태로 이어졌는데, 이는 중축선으로 상정할 수 있는 별도의 직선도로를 건설하지 않고 지형과 환경에 순응하여 구 도로를 그대로 활용했기 때문이다. '좌조우사(左祖右社)'와 같은 핵심적인 의례시설 역시 기존의 시설을 철거하고 축선을 중심으로 대칭 꼴로 배치하기 보다는 공지에 기능성을 고려해서 축조하다 보니 균형성이 깨지고 민가와 혼재하는 상황이 발생하여 의례공간의 엄밀성과 신성성이 훼손되었다. 물론 의례공간의 위치를 고정시켰던 전범적 장소규정이 이완되면서, 민간신앙의 입장에서는 전에 비해 공간적 제한은 줄어들고 상대적으로 확산할 수 있는 여지는 증가했다고 볼 수 있다.

두 번째로 도성으로 유입된 민간사묘의 도성 내 공간분포와 확산 추이를 분석해보았다. 먼저 성황묘나 오자서묘와 같은 저명한 토착사묘나 조정 권신들이 입묘를 주도한 정충묘 등 충절사들을 고찰해보았는데, 대체로 거주조건이 좋고 중앙관서들이 집중 배치된 오산 일대와 번화한 상업중심지에 위치하였음을 확인할 수 있었다. 다만 토착신앙 가운데 충절·사현류와 같이 유교제사의 성격이 강한 사묘들은 자발적인 분화나 확장과정을 거의 발견할 수 없었다.

'정강의 난'을 전후로 북서 피난민들과 함께 임안에 유입된 동경 사묘의 확산과 변화 과정은 매우 흥미롭다. 그 중에서도 신농씨를 의신으로 받드는 피장묘는 조묘가 오산에 설립되었고, 향후에 행사가 만송령, 시랑교항, 원정교 등지로 확산되었는데, 오산과 만송령, 원정교 일대가 종실과 피난민들의 집거지였다는 사실은 남송대 임안에 있어서 피장신앙의 발전이 서북 이주민 집단을 모태로 이루어졌음을 반영해준다. 행사 중 한 곳이 도성 내에서 가장 번화했던 시랑교(侍郞橋)에 설립된 점도 주목된다. 이곳은 왕부와 고급택지가 있는 곳일 뿐 아니라 혜민북국(惠民北國)이 위치하고, 북쪽 묘아교[苧津橋]쪽으로 유명 약포들이 줄지어서 있는 지역이다. 남송정국이 안정되면서 상업발전으로 인해 임안 도성의 도시기능이 분화되는 가운데 혜민국과 약국 주변에 의료신 신농씨를 주신으로 받드는 피장묘의 행사가 설치되었다는 것은 동경 사묘의 임안 확산이 도시의 분화와 긴밀한 관계 속에서 진행되었을 가능성을 시사해준다.

마지막으로 외군행사의 도성 내 분포와 확산추세를 검토해보았는데, 무엇보다도 도성 내에 처음 세워진 거점 행사 외에 곳곳으로 급증하는 추세를 보이는 점이 주목된다. 동악묘는 도성 내에만 5곳의 행사가 설립되었고, 오통신을 숭배하는 휘주 영순묘는 도성 내외에 총 7곳의 행사가 건립되었다. 행사의 증가는 도성 주민에 대한 남중국 각지에서 유입된 지역신앙의 영향력이 확대되었음을 반영하는 것이다. 외군 사묘에서 진행되는 탄신일 축제를 비롯한 종교 활동도 도성주민들의 일상생활에 지대한 영향을 미치게 되었다. 외군 사묘의 행사들은 남중국 이주민들이 집거하는 지역이나 고향과의 교류가 편리한 교통요지를 중심으로 확산되었다. 이러한 정황은 도성이 외곽으로 팽창하면서 교외지역의 사회경제적 중요성이 대두되던 현실을 반영한 것이기도 하다. 도성 곳곳에 위치하게 된 외군행사는 '고향의 신'께 직면한 곤란을 호소하고 소망을 기구하는 신앙의 공간이자, 남중국 이주자와 기타 도성 주민들이 새로운 유대관계를 만들어가고, 묘회 등 각종 종교행사를 통해서 일상생활을 공유하는 사회적 공간으로 기능하였다. 남송 도성 임안은 전국의 민간신앙이 집결하고 다양한 종교활동이 도성 주민들의 일상에 지대한 영향력을 발휘하는 가운데, 엄숙한 국가의례의 거행을 염두에 두고 설계된 '의례도시'라는 전통 도성의 성격이 상당 부분 퇴색된 도시사 변화의 현장이기도 했다.

참고문헌

▷ 사료(史料)

二十五史, 北京: 中華書局, 新校標點本.
楊伯峻 編著,『春秋左傳注』, 北京: 中華書局, 1990.
司馬光,『資治通鑑』, 北京: 中華書局, 1992.
李燾,『續資治通鑑長編』, 北京: 中華書局, 2004.
李心傳,『建炎以來繫年要錄』, 北京: 中華書局, 1988.
長孫無忌 等撰, 劉俊文 點校,『唐律疏議』, 北京: 中華書局, 1993.
劉俊文,『唐律疏議箋解』, 北京: 中華書局, 1996.
宋敏求,『唐大詔令集』, 上海: 學林出版社, 1992.
李希泌 主編,『唐大詔令集補編』, 上海古籍出版社, 2003.
仁井田陞,『唐令拾遺』, 東京大學出版會, 1983.
池田溫 編輯代表,『唐令拾遺補』, 東京大學出版會, 1997.
天一閣博物館·中國社會科學院歷史研究所天聖令整理課題組 校證,『天一閣藏明鈔本天聖令校證』, 北京: 中華書局, 2006.
李林甫 等撰, 陳仲夫 點校,『唐六典』, 北京: 中華書局, 1992.
謝深甫,『慶元條法事類』, 臺北: 新文豐出版社, 1976.
竇儀等,『宋刑統』, 臺北: 仁愛書局, 1985.
中國社會科學院歷史研究所宋遼金元史研究室 點校,『名公書判淸明集』, 北京: 中華書局, 2002.
蕭嵩 等撰,『大唐開元禮』(『洪氏唐石經館叢書本』), 東京: 古典研究會, 1972.
王涇,『大唐郊祀錄』(『大唐開元禮』附刊), 東京: 古典研究會, 1972.
孫詒讓,『周禮正義』, 北京: 中華書局, 1982.
孫希旦,『禮記集解』, 北京: 中華書局, 1995.
秦蕙田,『五禮通考』, 臺北: 聖環圖書公司, 1994.
杜佑,『通典』, 北京: 中華書局, 1988.
馬端臨,『文獻通考』, 臺北: 商務印書館, 1987.

王溥,『唐會要』, 臺北: 世界書局, 1974.

王溥,『五代會要』, 北京: 中華書局, 1998.

劉琳, 習忠民, 舒大剛, 尹波 等 校點,『宋會要輯稿』, 上海古籍出版社, 2014.

王讜, 周勛初校證,『唐語林校證』, 北京: 中華書局, 1987.

王欽若 等編,『册府元龜』, 北京: 中華書局, 1994.

王應麟,『玉海』, 臺北: 華文書局, 1964.

徐堅 等,『初學記』, 北京: 中華書局, 2004.

徐松 撰,『登科記考』, 北京: 中華書局, 1984.

李昉 等編,『文苑英華』, 臺北: 華文書局, 1965.

李昉 等編,『太平御覽』, 臺北: 商務印書館, 1968.

李昉 編,『太平廣記』, 北京: 中華書局, 1994.

이방 등 저, 김장환 외 공역,『태평광기』, 서울: 학고방, 2001~2005.

干寶, 汪紹楹 校注,『搜神記』, 北京: 中華書局, 1976.

洪邁,『夷堅志』, 北京: 中華書局, 2006.

吳兢 著, 謝保成 集校,『貞觀政要』, 北京: 中華書局, 2003.

劉餗 撰, 程毅中 點校,『隋唐嘉話』(『唐宋史料筆記叢刊本』), 北京: 中華書局, 1997.

郁賢皓,『唐刺史考全編』, 安徽大學出版社, 2000.

劉安 等撰, 劉文典 校注,『淮南鴻烈集解』, 北京: 中華書局, 1989.

班固 等撰, 陳立 校注,『白虎通疏證』, 北京: 中華書局, 1994.

董仲舒 撰, 蘇輿 校注,『春秋繁露』, 北京: 中華書局, 1992.

應劭 撰, 王利器 校注,『風俗通義校注』, 臺北: 漢京文化公司, 1983.

王鳴盛,『十七史商榷』, 臺北: 大化書局, 1977.

趙翼,『二十二史劄記』, 臺北: 世界書局, 1988.

張敦頤 着, 張忱石 點校,『六朝事蹟類編』, 上海古籍出版社, 1995.

諸葛計, 銀玉珍 編著,『閩國史事編年』, 福州: 福建人民出版社, 1997.

釋慧祥 撰,『古清涼傳』, 臺北: 臺灣商務印書館, 1981.

釋延一 編,『廣清涼傳』, 臺北: 臺灣商務印書館, 1981.

張商英 述,『續清涼傳』(阮元 輯, 臺灣商務印書館編審委員會 重輯,『宛委別藏本』), 臺北: 臺灣商務印書館, 1981.

玄奘·辯機 著, 季羨林 等 校注,『大唐西域記校注』, 北京: 中華書局, 1985.

圓仁 著, 足立喜六 譯注,『入唐求法巡禮行記』, 東京: 平凡社, 1970.

엔닌 지음, 김문경 옮김,『엔닌의 입당구법순례행기』, 중심, 2001.

成尋 著, 王麗萍 校點,『新校參天台五臺山記』, 上海古籍出版社, 2009.

僧祐,『弘明集』, 北京: 中華書局, 1997.

道宣,『廣弘明集』, 北京: 中華書局, 1997.

釋慧皎 撰, 湯用彤 校注,『高僧傳』, 北京: 中華書局, 1992.

道宣,『續高僧傳』, 北京: 中華書局, 1997.

贊寧,『宋高僧傳』, 北京: 中華書局, 1987.

趙遷,『不空三藏行狀』,『大正藏』第50冊, 臺北: 新文豐, 1973.

張君房 纂輯, 蔣力生 校注,『雲笈七籤』, 北京: 華夏出版社, 1996.

張說,『張說之文集』, 四部叢刊正編本, 臺北: 商務印書館, 1983.

元稹,『元氏長慶集』, 四部叢刊正編本, 臺北: 臺灣商務印書館, 1979.

白居易 著, 朱金城 箋校,『白居易集箋校』, 上海古籍出版社, 1988.

杜牧,『樊川文集』, 臺北: 九思出版社, 1979.

權德輿,『權載之文集』, 北京圖書館出版社, 2004.

劉禹錫,『劉禹錫集』, 中華書局, 1990.

柳宗元,『柳宗元集』, 北京: 中華書局, 1979.

陸贄,『陸宣公全集』, 臺北: 河洛出版社, 1975.

李德裕 著, 傅璇琮·周建國 校箋,『李德裕文集校箋』, 石家庄: 河北教育出版社, 2000.

皮日休,『皮子文藪』, 上海: 古籍出版社, 1981.

朱熹,『朱文公集』, 四部叢刊正編本, 臺北: 臺灣商務印書館, 1979.

歐陽修,『文忠集』, 欽定文淵閣四庫全書本, 臺北:臺灣商務印書館, 1983.

杜甫, 楊倫 注,『杜詩鏡銓』, 臺北: 新興書局, 1962.

封演,『封氏聞見記』, 叢書集成初編本, 北京: 中華書局, 1985.

鄭剛中,『北山集』, 欽定文淵閣四庫全書本, 臺北:臺灣商務印書館, 1983.

丘光庭,『兼明書』, 陶宗儀 撰,『說郛3種』, 上海古籍出版社影印本, 1988.

彭定求 等編,『全唐詩』, 北京: 中華書局, 1960.

董誥 等編,『全唐文』(附唐文拾遺, 唐文續拾), 上海: 上海古籍出版社, 1990.

蔡襄,『蔡襄全集』, 福州: 福建人民出版社, 1999.

韓愈 著, 馬其昶 校注,『韓昌黎文集校注』, 上海: 上海古籍出版社, 1987.

趙彦衛 撰,『雲麓漫鈔』, 欽定文淵閣四庫全書本, 臺北: 臺灣商務印書館, 1983.

程端學 撰,『積齋集』, 欽定文淵閣四庫全書本, 臺北:臺灣商務印書館, 1983.

劉克莊,『後村先生大全集』, 四川大学出版社, 2008.

陸游,『渭南文集』, 欽定四庫全書本, 臺北: 臺灣商務印書館, 1983.

陸遊,『陸放翁全集』, 臺北: 世界書局, 1987.

孫思邈,『千金翼方』, 上海古籍出版社, 1999.

孫思邈,『備急千金要方』, 上海科學技術出版社, 1990

陳師道·周彧 撰, 李偉國 點校,『後山談叢·萍洲可談』, 中華書局, 2007.

王銍·王栐 撰, 誠剛 點校,『默記·燕翼詒謀錄』, 中華書局, 1981.

趙與時 撰, 傅成 校點,『賓退錄』, 上海古籍出版社, 2012.

西湖老人,『西湖老人繁勝錄』, 北京: 中國商業出版社, 1982.

陳淳,『北溪大全集』, 欽定文淵閣四庫全書本, 臺北:臺灣商務印書館,1983.

顧炎武 著, 黃汝成 集釋,『日知錄集釋』, 長沙: 岳麓書社, 1994.

張鷟,『朝野僉載』(『唐宋史料筆記叢刊本』), 北京: 中華書局, 1997.

陳元靚,『歲時廣記』(周光培 編,『宋代筆記小說』), 石家莊: 河北教育出版社, 1995.

李吉甫,『元和郡縣圖志』, 北京: 中華書局, 1983.

王象之,『輿地紀勝』, 北京 :中華書局, 1992.

徐松 撰, 張穆 補,『唐兩京城坊考』, 北京: 中華書局, 1985.

徐松 輯, 高敏 點校,『河南志』, 北京: 中華書局, 1994.

孟元老 撰, 鄧之誠 注,『東京夢華錄注』, 北京: 中華書局, 2004.

孟元老 撰, 伊永文 注,『東京夢華錄箋注』, 北京: 中華書局, 2006.

맹원로 저, 김민호 역,『동경몽화록』, 서울: 소명출판, 2010.

吳自牧,『夢梁錄』, 欽定文淵閣四庫全書本, 臺北: 臺灣商務印書館, 1983.

周密,『武林舊事』, 上海: 古典文學出版社, 1956.

李正宇 箋注,『古本敦煌鄉土志八種箋證』, 臺北: 新文豐出版公司, 1997.

『吳郡圖經續紀』(『江蘇地方文獻叢書』), 南京: 江蘇古籍出版社, 1999.

史能之,『咸淳毗陵志』(『宋元方志叢刊』), 北京: 中華書局, 1990.

宋敏求,『長安志』, 北京: 中華書局, 1990.

周應合,『景定建康志』, 北京: 中華書局, 1990.

施宿,『嘉泰會稽志』, 北京: 中華書局, 1990.

范成大, 『吳郡志』, 北京: 中華書局, 1990.

俞希魯, 『至順鎭江志』, 北京: 中華書局, 1990.

梁克家, 『淳熙三山志』, 北京: 中華書局, 1990.

常棠, 『澉水志』, 北京: 中華書局, 1990.

陳公亮, 『淳熙嚴州圖經』, 北京: 中華書局, 1990.

陳耆卿, 『嘉定赤城志』, 北京: 中華書局, 1990.

黃巖孫, 『仙溪志』, 北京: 中華書局, 1990.

楊潛修 等, 『雲間志』, 北京: 中華書局, 1990.

談鑰, 『嘉泰吳興志』, 北京: 中華書局, 1990.

盧憲, 『嘉定鎭江志』, 北京: 中華書局, 1990.

施諤, 『淳祐臨安志』, 北京: 中華書局, 1990.

潛說友, 『咸淳臨安志』, 北京: 中華書局, 1990.

張津 等, 『乾道四明圖經』, 北京: 中華書局, 1990.

羅願, 『新安志』, 北京: 中華書局, 1990.

孫應時, 鮑廉 撰, 蘆鎭補修, 『琴川志』, 北京: 中華書局, 1990.

羅濬 等, 『寶慶四明志』, 北京: 中華書局, 1990.

黃仲昭[明] 修撰, 『八閩通志』, 福州: 福建人民出版社, 1991.

『睡虎地秦墓竹簡』, 臺北: 里仁書局, 1981.

唐耕耦·陸宏基 編, 『敦煌社會經濟文獻眞蹟釋錄(第一輯)』, 北京: 書目文獻出版社, 1990.

國家文物局古文獻研究室 編, 『吐魯番出土文書』, 北京: 文物出版社, 1981~1991.

黃永武 編, 『敦煌寶藏』, 臺北: 新文豐出版社, 1981~1986.

李正宇, 『敦煌鄕土志八鍾箋證』, 臺北: 新文豐出版社, 1998.

鄧文寬 錄校, 『敦煌天文曆法文獻輯校』, 南京: 江蘇古籍出版社, 1996.

寧可·郝春文 輯校, 『敦煌社邑文書輯校』, 南京: 江蘇古籍出版社, 1997.

沙知錄 校, 『敦煌契約文書輯校』, 南京: 江蘇古籍出版社, 1998.

趙和平 輯校, 『敦煌表狀箋啓書儀輯校』, 南京: 江蘇古籍出版社, 1997.

中國文物研究所·甘肅省文物考古研究所 編, 『敦煌懸泉月令詔條』, 中華書局, 2001.

甘肅省文物考古研究所 等編, 『居延新簡』, 文物出版社, 1990.

조동원, 『중국 송나라 사신의 눈에 비친 고려풍경-譯註宣和奉使高麗圖經』, 황소자리,

2005.

정인지 외 지음, 고전연구실 옮김, 『신편 高麗史』, 신서원, 2002.

▷ 연구서

김상범, 『당대국가권력과 민간신앙』, 서울: 신서원, 2005.
김종서, 『종교사회학』, 서울대학교출판문화원, 2005.
멀치아 엘리아데 지음, 이동하 옮김, 『성과 속-종교의 본질』, 서울: 학민사, 1983.
미르치아 엘리아데 저, 이은봉 역, 『종교형태론』, 서울: 한길사, 1996.
알프레드 노스 화이트헤드 지음, 문창옥 옮김, 『종교란 무엇인가』, 서울: 사월의책, 2015.
Emile Durkheim 지음, 노치준·민혜숙 옮김, 『종교 생활의 원초적 형태』, 서울: 민영사, 2017.
에릭 쥐르허 저, 최연식 역, 『불교의 중국 정복』, 서울: 도서출판씨아이알, 2010.
원정식, 『종족사회의 변화와 종교적대응-명청대 복건 종족의 신령숭배를 중심으로』, 서울: 위더스북, 2018.
이근명, 『남송시대 복건사회의 변화와 식량 수급』, 서울: 신서원, 2013.
이성구, 『中國古代의 呪術의 思惟와 帝王統治』, 서울: 一潮閣, 1997.
이주형 책임편집, 『동아시아 구법승과 인도의 불교유적-인도로 떠난 순례자들의 발자취를 따라서』, 서울: 사회평론, 2009.2.
이종철, 『중국불경의 탄생: 인도 불경의 번역과 두 문화의 만남』, 파주: 창비, 2008.
클리퍼드 기어츠 지음, 김용진 옮김, 『극장국가 느가라-19세기 발리의 정치체제를 통해서 본 권력의 본질』, 서울: 도서출판눌민, 2017.
피터 K. 볼 지음, 심의용 옮김, 『중국 지식인들과 정체성: 사문(斯文)을 통해 본 당송시대 지성사의 대변화』, 서울: 북스토리, 2008.
Peter K. Bol 지음, 김영민 옮김, 『역사 속의 성리학』, 서울: 예문서원, 2010.
후나야마 도루 지음, 이향철 옮김, 『번역으로서의 동아시아』, 서울: 푸른역사, 2018.

賈二强, 『唐宋民間信仰』, 福州: 福建人民出版社, 2002.
葛兆光, 『道敎與中國文化』, 上海: 上海人民出版社, 1995.

葛兆光,『七世紀前中國的知識, 思想與信仰世界(中國思想史第一卷)』, 上海: 復旦大學出版社, 1998.

甘懷眞 編,『東亞歷史上的天下與中國概念』, 臺北: 臺大出版中心, 2009.

甘懷眞,『唐代家廟禮制研究』, 臺北: 臺灣商務印書館出版, 1990.

甘懷眞,『皇權·禮儀與經典詮釋-中國古代政治史研究』, 臺北: 臺灣大學出版中心, 2004.

康樂,『從西郊到南郊—國家祭典與北魏政治』, 臺北: 稻禾出版社, 1995.

姜伯勤,『敦煌社會文書導論』, 臺北: 新文豐出版社, 1992.

姜伯勤,『敦煌藝術宗教與禮樂文明』, 北京: 中國社會科學出版社, 1996.

江曉原,『天學眞原』, 瀋陽: 遼寧教育出版社, 1991.

甄志亞 主編,『中國醫學史』, 知音出版社, 1994.

卿希泰 主編,『中國道教史』, 成都: 四川人民出版社, 1992.

李愛民,『隋唐長安佛教社會史』, 北京: 中華書局, 2016.

高國藩,『敦煌民俗資料導論』, 臺北: 新文豐出版社, 1993.

高明士,『唐代東亞教育圈的形成—東亞世界形成史的一側面』, 臺北: 國立編譯館, 1984.

高明士,『隋唐貢舉制度研究』, 臺北: 文津出版社, 1999.

高明士,『戰後日本的中國史研究』, 臺北: 明文書局, 1996.

古正美,『從天王傳統到佛王傳統』, 臺北: 商周出版社, 2003.

郭黛姮,『南宋建築史』, 上海古籍出版社, 2014.

郭淨,『儺: 驅鬼·逐疫·酬神』, 香港: 珠海出版有限公司, 1993.

邱添生,『唐宋變革期的政經與社會』, 臺北: 文津出版社, 1999.

路遙 等著,『中國民間信仰研究述評』, 上海人民出版社, 2012.

雷聞,『郊廟之外-隋唐國家祭祀與宗教』, 北京: 生活·讀書·新知 三聯書店, 2009.

譚蟬雪,『敦煌歲時文化導論』, 臺北: 新文豐出版公司, 1998.

唐力行 主編,『國家·地方·民衆的互動與社會變遷』, 北京: 商務印書館, 2004.

唐文基,『福建古代經濟史』, 福建教育出版社, 1995

唐長孺,『魏晉南北朝史三論—中國封建社會的形成和前期的變化』, 武漢: 武漢大學出版社, 1993.

凍國棟,『中國人口史(第二卷 隋唐五代時期)』, 上海: 復旦大學出版社, 2002.

杜正勝,『編戶齊民—傳統政治社會結構之形成』, 臺北: 聯經出版公司, 1990.

鄧文寬,『敦煌吐魯番天文曆法研究』, 蘭州: 甘肅教育出版社, 2002.

鄧小南 主編, 『過程·空間: 宋代政治史再探研以』, 北京大學出版社, 2017.

鄧小南, 『文書·政令·信息溝通: 以唐宋時期爲主』, 北京大學出版社, 2012.

鄧拓, 『中國救荒史』, 北京出版社, 1998.

廖宜方, 『唐代的歷史記憶』, 臺北: 臺大出版中心, 2011.

馬西沙·韓秉方, 『中國民間宗教史』, 上海: 上海人民出版社, 1992.

萬晉, 『"變動"與中"延續國"視覺下的唐代兩京研究』, 北京: 商務印書館, 2018.

牟鍾鑒, 『中國宗教與文化』, 臺北: 唐山出版社, 1995.

毛漢光, 『中國中古社會史論』, 臺北: 聯經出版事業公司, 1988.

毛漢光, 『中國中古政治史論』, 臺北: 聯經出版事業公司, 1990.

方誠峰, 『北宋晚期的政治體制與政治文化』, 北京大學出版社, 2015.

史念海, 『唐代歷史地理研究』, 北京: 中國社會科學出版社, 1998.

謝重光, 『漢唐佛教社會史論』, 臺北: 國際文化, 1990.

謝和耐 著, 耿昇 譯, 『中國五~十世紀的寺院經濟』, 臺北: 商鼎印書館, 1993.

徐吉軍, 『南宋都城臨安』, 杭州出版社, 2008.

徐揚杰, 『宋明家族制度史』, 北京: 中華書局, 1992.

徐曉望, 『福建民間信仰』, 福州: 福建教育出版社, 1993.

成一農, 『古代城市形態研究方法新探』, 社會科學文獻出版社, 2009.

蕭登福, 『道教與佛教』, 臺北: 東大, 1995.

孫英剛, 『神文時代: 讖緯、術數與中古政治研究』, 上海古籍出版社, 2015.

孫英剛, 『七寶莊嚴-轉輪王小傳』, 北京: 商務印書館, 2015.

宋兆麟, 『巫覡-人與鬼神之間』, 學苑出版社, 2001.

嶽永逸, 『靈驗·蓋頭·傳說-民衆信仰的陰面與陽面』, 北京: 生活·讀書·新知 三聯書店, 2010.

楊寬, 『中國古代都城制度史研究』, 上海古籍出版社, 1993.

楊寬, 『中國古代陵寢制度史』, 上海古籍出版社, 1985.

楊念群 主編, 『空間·記憶·社會轉型-"新社會史"研究論文精選集』, 上海人民出版社, 2001.

楊志剛, 『唐代禮制研究』, 華東師範大學出版社, 2001.

楊向奎, 『宗周社會與禮樂文明』, 北京: 人民出版社, 1992.

梁滿倉, 『魏晉南北朝五禮制度考論』, 北京: 社會科學文獻出版社, 2009.

梁方仲, 『中國歷代戶口·田地·田賦統計』, 上海古籍出版社, 1980.

嚴耕望,『唐代交通圖考』, 上海古籍出版社, 2007.
嚴耕望,『中國地方行政制度史論(甲·乙部)』, 臺北: 中央研究院歷史語言研究所, 1990.
嚴耀中,『中國江南佛教史』, 上海人民出版社, 2000.
嚴耀中,『中國東南佛教史』, 上海人民出版社, 2005.
梁庚堯,『宋代科舉社會』, 北京: 東方出版中心, 2017.
呂建福,『中國密教史』, 北京: 中國社會科學出版社, 1995.
余英時,『中國近世宗教倫理與商人精神』, 臺北: 聯經, 1987.
余英時,『中國知識階層史論(古代篇)』, 臺北: 聯經, 1980.
呂思勉,『兩晉南北朝史』, 上海: 上海古籍出版社, 1983.
呂思勉,『呂思勉讀史札記』, 臺北: 木鐸影印本, 1983.
余欣,『神道人心: 唐宋之際敦煌民生宗教社會史研究』, 北京: 中華書局, 2006.
余欣,『中古異相: 寫本時代的學術信仰與社會』, 上海古籍出版社, 2015.
余欣 主編,『中古時代的禮儀·宗教與制度』, 上海古籍出版社, 2012.
閻守誠,『危機與應對-自然災害與唐代社會』, 北京: 人民出版社, 2008.
榮新江 主編,『唐代宗教信仰與社會』, 上海: 上海辭書出版社, 2003.
榮新江,『歸義軍史研究-唐宋時代敦煌歷史考索』, 上海古籍出版社, 1996.
榮新江,『絲綢之路與東西文化交流』, 北京大學出版社, 2015.
榮新江,『中古中國與粟特文明』, 北京: 生活·讀書·新知 三聯書店, 2014.
榮新江,『中古中國與外來文明』, 北京: 生活·讀書·新知 三聯書店, 2001.
吳濤,『北宋都城東京』, 河南人民出版社, 1984.
吳麗娛 主編,『禮與中國古代社會(隋唐五代宋元卷)』, 北京: 中國社會科學出版社, 2016.
吳麗娛,『唐禮摭遺-中古書儀研究』, 北京: 商務印書館, 2002.
吳麗娛,『禮俗之間-敦煌書儀散論』, 杭州: 浙江大學出版社, 2015.
吳麗娛,『終極之典: 中古喪葬制度研究(上·下)』, 北京: 中華書局, 2012.
吳松弟,『中國人口史(第三卷 遼宋金元時期)』, 上海: 復旦大學出版社, 2000.
吳羽,『唐宋道教與世俗禮儀互動研究』, 北京: 中國社會科學院出版社, 2013.
吳宗國,『唐代科舉制度研究』, 瀋陽: 遼寧大學出版社, 1992.
王見川·皮慶生 著,『中國近世民間信仰』, 上海人民出版社, 2010.
王建,『利害相關: 明清以來江南蘇松地區民間信仰研究』, 上海人民出版社, 2010.
王吉林,『唐代宰相與政治』, 臺北: 文津出版社, 1999.

王永平,『道教與唐代社會』, 北京: 首都師範大學出版社, 2002.

王章偉,『在國家與社會之間-宋代巫覡信仰研究』, 香港: 中華書局, 2005.

王青,『漢朝的本土宗教與神話』, 臺北: 聯合出版, 1998.

王治心,『中國宗教思想史』, 臺北: 彙文堂出版社, 1988.

王爾敏,『明清時代庶民文化生活』, 臺北: 中研院近史所專刊(78), 1996.

王銘銘,『社會人類學與中國研究』, 北京: 生活·讀書·新知三聯書店, 1997.

汪聖鐸,『宋代政教關係研究』, 北京: 人民出版社, 2010.

俞偉超,『中國古代公社組織的考察─論先秦兩漢的單─僤─彈』, 北京: 文物出版社, 1988.

劉俊文,『唐代法制研究』, 臺北: 文津出版社, 1999.

劉沛林,『風水: 中國人的環境觀』, 上海: 三聯書局, 1995.

劉慧,『泰山信仰與中國社會』, 上海人民出版社, 2011.

李可,『宗教社會糾紛解決機制-唐和宋的專題研究』, 法律出版社, 2010.

李經緯,『中醫史』, 海南出版社, 2007.

李路珂 編著,『古都開封與杭州』, 北京: 清華大學出版社, 2012.

李利安 等著,『四大菩薩與民間信仰』, 上海人民出版社, 2011.

李零,『中國方術續稿』, 東方出版社, 2000.

李斌城 等,『隋唐五代社會生活史』, 北京: 中國社會科學出版社, 1998.

李天綱,『金澤: 江南民間祭祀探源』, 北京: 生活·讀書·新知 三聯書店, 2017.

李學勤,『簡帛佚籍與學術史』, 臺北: 時報出版社, 1994.

李孝聰,『中國城市的歷史空間』, 北京大學出版社, 2015.

任繼愈 主編,『中國道教史』, 上海人民出版社, 1990.

任爽,『唐代禮制研究』, 長春: 東北師範大學出版社, 1999.

林美容,『媽祖信仰與漢人社會』, 哈爾濱: 黑龍江人民出版社, 2003.

林富士,『孤魂與鬼雄的世界』, 臺北: 臺北縣立文化中心, 1995.

林富士,『漢代的巫者』, 臺北: 稻鄉出版社, 1999.

林正秋,『南宋臨安文化』, 杭州出版社, 2008.

張劍光,『唐五代江南工商業布局研究』, 南京: 江蘇古籍出版社, 2003.

張廣達·榮新江,『于闐史叢考』, 上海: 上海書店, 1993.

張光直,『美術·神話與祭祀』, 臺北: 稻鄉出版社, 1993.

張光直,『中國青銅時代』, 臺北: 聯經出版社, 1991.

張國剛,『唐代藩鎭硏究(增訂版)』, 北京: 中國人民大學出版社, 2010.

張國剛,『唐代制度』, 西安: 三秦出版社, 1987.

張國剛,『佛學與隋唐社會』, 石家莊: 河北人民出版社, 2002.

張勁,『兩宋開封臨安宮苑硏究』, 齊魯書社, 2008.

張弓,『唐朝倉廩制度初探』, 北京: 中華書局, 1986.

張弓,『漢唐佛教文化史(上·下)』, 北京: 中國社會科學出版社, 1997.

張德勝,『儒家倫理與秩序情結—中國思想的社會學詮釋』, 臺北: 巨流圖書公司, 1989.

張文昌,『制禮以敎天下-唐宋禮書與國家社會』, 臺北: 臺大出版中心, 2012.

張玉興,『唐代縣官與地方社會硏究』, 天津古籍出版社, 2009.

張寅成,『中國古代禁忌』, 臺北: 稻鄕出版社, 2000.

張紫晨,『中國巫術』, 上海: 三聯書局, 1990.

張澤咸,『唐代階級結構硏究』, 鄭州: 中州古籍出版社, 1996.

張澤咸,『唐代工商業』, 北京: 中國社會科學出版社, 1995.

張鶴泉,『周代祭祀硏究』, 臺北: 文津出版社, 1993.

章群,『唐代祠祭論叢』, 臺北: 學海出版社, 1996.

田銀生,『走向開放的城市-宋代東京街市硏究』, 北京: 生活·讀書·新知, 2011.

鄭壽彭,『宋代開封府硏究』, 臺北: 國立編譯館, 1980.

程薔·董乃斌,『唐帝國的精神文明』, 北京: 中國社會科學出版社, 1996.

鄭土有·王賢淼,『中國城隍信仰』, 上海: 三聯書局, 1994.

鄭學檬,『中國古代經濟中心南移和唐宋江南經濟硏究』, 長沙: 岳麓書社, 2003.

趙和平,『敦煌寫本書儀硏究』, 臺北: 新文豐出版社, 1994.

趙和平,『敦煌書儀硏究』, 上海古籍出版社, 2011.

朱大渭 等,『魏晉南北朝社會生活史』, 北京: 中國社會科學出版社, 1998.

朱天順,『中國古代宗敎初探』, 上海: 上海人民出版社, 1982.

朱瑞熙 等,『遼宋西夏金社會生活史』, 北京: 中國社會科學出版社, 1998.

周寶珠,『宋代東京硏究』, 開封: 河南大學出版社, 1992.

周一良·趙和平,『唐五代書儀硏究』, 北京: 中國社會科學出版社, 1995.

周一良 著, 錢文忠 譯,『唐代密宗』, 上海: 上海遠東出版社, 1996.

周峰主 編,『吳越首府杭州』, 浙江人民出版社, 1997.

酒井忠夫·胡小偉 等著,『民間信仰與社會生活』, 上海人民出版社, 2011.

中國天文學史整理研究小組,『中國天文學史』,北京: 科學出版社, 1981.

曾一民,『隋唐廣州南海神廟之探索』,臺中: 東魯書室, 1990.

陳金華・孫英剛,『神聖空間: 中古宗教中的空間因素』,上海: 復旦大學出版社, 2014.

陳來,『古代宗教與倫理-儒家思想的根源』,北京: 生活・讀書・新知三聯書店, 1996.

陳夢家,『殷墟卜辭綜述』,北京: 中華書局, 1988

陳邦賢,『中國醫學史』,臺北: 臺灣商務印書館, 1973.

陳榮捷 著, 廖世德 譯,『現代中國的宗教趨勢』,臺北: 文殊出版社, 1987.

陳元朋,『兩宋的「尚醫士人」與「儒醫」-兼論其在金元的流變』,臺北: 臺灣大學出版委員會, 1997.

陳勇,『唐代長江下遊經濟開發研究』,上海人民出版社, 2006.

陳俊強,『魏晉南北朝恩赦制度的探討』,臺北: 文史哲出版社, 1998.

陳平原・王德威・關愛和 編,『宋代城市研究: 都市想像與文化記憶』,北京大學出版社, 2013.

陳昊,『吐魯番臺藏塔新出唐代曆日文書研究』,蘭州: 甘肅教育出版社, 2002.

韋伯(Max Weber), 簡惠美 譯,『中國的宗教: 儒教與道教』,臺北: 遠流出版社, 1989.

范家偉,『大醫精誠-唐代國家・信仰與醫學』,東大圖書公司, 2007.

范家偉,『六朝隋唐醫學之傳承與整合』,中文大學出版社, 2004.

傅璇琮,『唐代科舉與文學』,西安: 陝西人民出版社, 1986.

傅璇琮,『李德裕年報』,石家庄: 河北教育出版社, 2001.

蔡尚思,『中國禮教思想史』,香港: 中華書局, 1991.

鄒昌林,『中國古禮研究』,臺北: 文津出版社, 1992.

湯用彤,『漢魏兩晉南北朝佛教史』,臺北: 駱駝出版社, 1987.

湯用彤,『隋唐佛教史稿』,臺北: 木鐸, 1988.9.

蒲慕洲,『追尋一己之福―中國古代的信仰世界』,臺北: 允晨, 1995.

包偉民,『宋代城市研究』,北京: 中華書局, 2014.

鮑志成,『南宋臨安宗教』,杭州出版社, 2010.

馮佐哲・李富華,『中國民間宗教史』,臺北: 文津出版社, 1994.

皮慶生,『宋代民眾祠神信仰研究』,上海古籍出版社, 2008.

何勇強,『錢氏吳越國史論稿』,浙江大學出版部, 2002.

郝春文,『唐後期五代宋初敦煌僧尼的社會生活』,北京: 中國社會科學出版社, 1998.

胡如雷, 『隋唐五代社會經濟史論稿』, 北京: 中國社會科學出版社, 1996.

黃正建, 『中晚唐社會與政治研究』, 北京: 中國社會科學出版社, 2006.

黃進興, 『優入聖域: 權力, 信仰與正當性』, 臺北: 允晨, 1994.

侯旭東, 『佛陀相佑: 造像記所見北朝民衆信仰』, 北京: 中國社會科學文獻出版社, 2018.

侯旭東, 『五・六世紀北方民衆佛教信仰』, 北京: 中國社會科學出版社, 1998.

湯用彤, 『隋唐佛教史稿』, 武漢: 武漢大學出版社, 2008.

崔正森, 『五臺山佛教史』, 太原: 山西人民出版社, 2000.

何星亮, 『中國自然神與自然崇拜』, 上海: 三聯書局, 1992.

何啓民, 『中古門第論集』, 臺北: 學生書局, 1978.

黃寬重, 『南宋地方武力-地方軍與民間自衛武力的探討』, 臺北: 東大圖書公司, 2002.

黃寬重, 『政策・對策: 宋代政治史探索』, 臺北: 中央研究院・聯經出版公司, 2012.

堀敏一, 『中國古代の家と集落』, 東京: 汲古書院, 1996.

谷川道雄, 『中國中世社會と共同體』, 東京: 國書刊行會, 1976.

久保田和男, 『宋代開封の研究』, 東京: 汲古書院, 2007.

宮川尙志, 『六朝史研究(宗教篇)』, 京都: 平樂寺書店, 1977.

金岡照光, 『敦煌の民衆-生活と思想』, 東京: 評論社, 1983.

金子修一, 『中國古代皇帝祭祀の研究』, 東京: 岩波書店, 2006.

那波利貞, 『唐代社會文化史研究』, 東京: 創文社, 1974.

田边勝美, 『毘沙門天像の源流』, 東京: 山喜房佛書林, 2006.

渡邊義浩, 『後漢國家の支配と儒教』, 東京: 雄山閣出版株式會社, 1995.

渡邊欣雄, 『漢族的民俗宗教』, 天津人民出版社, 1998.

立川武藏・賴富本宏 編, 『中國密敎』, 東京: 春秋社, 1999.

尾形勇, 『中國古代の家と國家—皇帝支配下の秩序構造』, 東京: 岩波書店, 1979.

梅原郁, 『中國近世の都市と文化』, 京都大學人文科學研究所, 1984.

斯波義信, 『宋代江南經濟史の研究』, 東京大學東洋文化研究所, 汲古書院, 1988.

斯波義信, 『宋代都市史』, 東京大學出版會, 2002.

斯波義信, 『宋代商業史研究』, 東京: 風間書房, 1968.

山崎覺士, 『中國五代國家論』, 京都: 思文閣, 2010.

西嶋定生, 『中國古代國家と東アジア世界』, 東京: 東京大學出版會, 1983.

西嶋定生,『中國古代帝國の形成と構造』, 東京: 東京大學出版會, 1961.

船月泰次,『唐代兩稅法研究』, 東京: 汲古書院, 1996.

伊原弘,『中國開封の生活と歲時-描かれた宋代の都市生活』, 山川出版社, 1991.

佐伯有淸,『圓仁』, 吉川弘文館, 1986.

中村治兵衛,『中國シャーム二ズムの研究』, 東京: 刀水書房, 1992.

中村裕一,『唐代公文書研究』, 東京: 汲古書院, 1996.

中村裕一,『唐代官文書研究』, 京都: 中文出版社, 1991.

中村裕一,『唐代王言の研究』, 東京: 汲古書院, 2003.

中村裕一,『唐代制敕研究(上・下)』, 東京: 汲古書院, 1991.

中村裕一,『中國古代の年中行事-第四冊 冬』, 東京: 汲古書院, 2011.8.

中村裕一,『中國古代の年中行事-第三冊 秋』, 東京: 汲古書院, 2010.10.

中村裕一,『中國古代の年中行事-第五冊 補遺』, 東京: 汲古書院, 2018.12.

中村裕一,『中國古代の年中行事-第二冊 夏』, 東京: 汲古書院, 2009.10.

中村裕一,『中國古代の年中行事-第一冊 春』, 東京: 汲古書院, 2009.1.

曾我部靜雄,『開封と杭州』, 富山房, 1940.

池田溫,『中國古代籍帳研究-槪觀・錄文』, 東京: 東京大學出版會, 1979.

池田溫 責任編集,『敦煌の社會(敦煌講座3)』, 東京: 大東出版社, 1981.

澤田瑞穗,『中國の民間信仰』, 工作舍, 1982.

Arthur Wright, *Buddhism in Chinese History*, Stanford California: Stanford University Press, 1959.

Brian E. McKnight, *The Quality of Mercy-Amnesties and Traditional Chinese Justice*, University of Hawaii Press, 1981.

Chaffee, John W. *The Thorny Gate of Learning in Sung China-A Social History of Examinations*, Cambridge Univ. Press, 1985.

David Johnson, Andrew Nathan, Evelyn Rawski, *Popular Culture in Late Imperial China*, Berkeley, University of California Press, 1985.

Hansen, Valerie, *Changing Gods in Medieval China, 1127-1276*, New Jersey Princeton: Princeton University Press, 1990.

Howard J. Wechsler, *Offerings of Jade and Silk: Ritual and Symbol in the Legitimation of the*

Tang Dynasty, New Haven and London: Yale Univ. Press, 1985.

Philip A. Khun, *Soulstealers: The Chinese Sorcery Scare of 1768*, Harvard Univ. Press, 1990.

R.W.L. Guisso, *Wu Tse-tine and the Politics of Legitimation in T'ang China*, Bellingham Washington: Western Washington Univ. 1978.

Robert Redfield, *Peasant Society and Culture*, Chicago: University of Chicago Press, 1956.

Stephen Teiser, *The Ghost Festival in Medieval China*, New Jersey Princeton: Princeton University Press, 1988.

Terry F Kleeman, *A God's Own Tale. The Book of Transformation of Wenchang, the Divine Lord of Zitong*, Albany, N.Y: State Univertity of New York, 1994.

Von Glahn, Richard, *The Country of Streams and Grottoes : Expansion, Settlement, and the Civilizing of the Sichuan Frontier in Song Times*, Cambridge: Harvard Univ. Press, 1987.

Von Glahn, Richard, *The Sinister Way: The Divine and the Demonic in Chinese Religious Culture*, University of California Press, 2004.

Yang, C.K., *Religion in Chinese Society*, Berkeley: University of California Press, 1976.

▷ 논문

김문기, 「17세기 江南의 災害와 民間信仰-劉猛將信仰의 轉變을 중심으로」, 『歷史學研究』 29, 2007.2.

김병준, 「漢代의 節日과 地方統治-伏日과 臘日을 중심으로」, 『東洋史學研究』 69, 2000.10.

김상범, 「唐代 後期 毗沙門 신앙의 전개와 國家祭祀 편입」, 『東洋史學研究』 146, 2019.3.

김상범, 「사료에 대한 재조명과 연구 영역의 확장-위진남북조·수당사연구의 현황과 과제」, 『역사학보』 239, 2018.9.

김상범, 「南宋 都城 臨安의 民間祠廟信仰-도시사적 접근」, 『中國學報』 80, 2017.5.

김상범, 「北宋時期 景靈宮과 國家儀禮」, 『東洋史學研究』 136, 2016.9.

김상범, 「北宋 開封의 祠廟信仰과 都城社會」, 『中國學報』 75, 2016.2.

김상범, 「北宋 都城 開封의 儀禮空間과 都市景觀」, 『이화사학연구』 51, 2015.12.

김상범,「五代時期 都城 開封의 浮上과 國家儀禮」,『中國古中世史硏究』35, 2015. 2.
김상범,「醫術과 呪術: 唐代 醫療知識의 확산과 禁巫措置」,『中國古中世史硏究』31, 2014. 2.
김상범,「吳越시기 杭州와 祠廟信仰」,『역사문화연구』46, 2013. 5.
김상범,「唐末・五代時期 具注曆日과 地方祭祀」,『中國古中世史硏究』29, 2013. 2.
김상범,「唐代 五臺山 文殊聖地와 국가권력」,『東洋史學硏究』119, 2012. 6.
김상범,「戰神의 탄생-唐末五代時期 陳果仁信仰의 전개와 그 특징」,『全北史學』38, 2011. 6.
김상범,「民間信仰의 公認과 擴散-宣和5년 國信使 일행의 해상조난과 海神에 대한 봉호하사 조치를 중심으로」,『역사문화연구』35, 2010. 2.
김상범,「土牛儀禮의 法制化過程과 儀禮變化에 나타나는 時代的 含意-天聖令과 唐令의 비교를 중심으로」,『역사교육』112, 2009. 12.
김상범,「唐代 自然災害와 民間信仰」,『東洋史學硏究』106, 2009. 3.
김상범,「唐末・五代 浙西地域의 祠廟信仰과 地域社會」,『東洋史學硏究』101, 2007. 12.
김상범,「唐代後半期 揚州의 發展과 外國人社會」,『中國史硏究』48, 2007. 6.
김상범,「神界에 대한 새로운 통제와 그 의의-唐 前期 祠廟에 대한 封號下賜조치를 중심으로」,『역사학보』194, 2007. 6.
김상범,「宋代 福州 祠廟의 信仰圈과 地域民의 日常生活」,『宋遼金元史硏究』11, 2006. 12.
김상범,「宋代 福州의 祠廟信仰과 地域社會-祠廟政策의 變化와 施行情況을 중심으로」,『中國史硏究』38, 2005. 10.
김상범,「關羽信仰의 초기전개와 도・불과의 만남」,『역사문화연구』(박성래교수 정년기념 특별호), 2005. 2.
김상범,「天文知識의 獨占과 規制-宋政府의 天文規制措置와 天文敎育을 중심으로」,『아시아문화연구』8, 2004. 2.
김상범,「唐 前期 封禪儀禮의 展開와 그 意義」,『역사문화연구』17, 2002. 12.
김상범,「地方祭祀體系와 民間信仰의 관계-唐代를 중심으로」,『中國史硏究』19, 2002. 8
김상범,「呪術에서 儀禮로-祈雨祭의 禮制化와 그 文化的 의의」,『中國學報』45, 2002. 8.
김상범,「國家禮制와 民間信仰의 衝突-唐初 狄仁傑의 淫祠撤廢措置를 중심으로」,『中國史硏究』17, 2002. 2
김상범,「唐代 祠廟信仰의 類型과 展開樣相」,『中國學報』44, 2001. 12.

김상범, 「唐代 民間 祠廟信仰 연구의 回顧와 展望」, 『中國史研究』 14, 2001.8.
김선민, 「현장의 구법여행과 당대정치」, 김유철 외 지음, 『동아시아 역사속의 여행Ⅰ -경계, 정보, 교류』, 산처럼, 2008.
김성규, 「宋代 開封의 外交的 機能」, 『中國歷代都市構造와 社會變化』, 서울대학교출판부, 2003.
김유철, 「동아시아에서의 경계 넘기와 정보·교류」, 김유철 외 지음, 『동아시아 역사속의 여행Ⅰ-경계, 정보, 교류』, 산처럼, 2008.
김유철, 「魏晉南北朝時代 江南社會와 種族問題-蠻夷의 '緣邊'에서 中華의 '江南'社會로」, 『中國의 江南社會와 韓中交涉』, 집문당, 1997.
김정식, 「唐 前期 官人喪葬制度의 운용과 그 성격-賻物, 護喪을 중심으로」, 『사림』 55, 2016.
김정식, 「시신을 정결하게 하는 禮」, 『중국고중세사연구』 40, 2016.
김종섭, 「唐人의 首都, 京師」, 『中國古中世史研究』 34, 중국고중세사학회, 2014.11.
김종섭, 「당대문인여행의 의미와 경계인식」, 김유철 외 지음, 『동아시아 역사속의 여행Ⅰ-경계, 정보, 교류』, 산처럼, 2008.
김한신, 「南宋代 性理學者들의 宗敎改革: 南宋代 性理學者들의 民間信仰 개혁과 儒敎의 宗敎的 기능 강화」, 『역사와 경계』 105, 2017.12.
김한신, 「中國 中世 觀音信仰의 民間社會 확산과정-魏晉南北朝·隋唐시기 觀音說話와 密敎의식의 보급을 중심으로」, 『中國古中世史研究』 39, 2016.2.
김한신, 「北宋 朝廷의 民間信仰 統制」, 『東洋史學研究』 130, 2015.3.
김한신, 「宋代 民間祠廟의 牛肉 犧牲-廣德軍 祠山 張大帝 祠廟祭祀의 사례를 중심으로」, 『史叢』 84, 2015.1.
김한신, 「張王信仰의 발전과정-唐末·兩宋代민간신앙 발전과정에 대한 새로운 모색」, 『中國史研究』 89, 2014.4.
김한신, 「지역정권과 민간신앙-唐末·五代時期 江南地域 藩鎭割據勢力들의 民間信仰에 대한 후원」, 『中國古中世史研究』 30, 2013.8.
류준형, 「唐代 監護의 시행과 변화의 諸측면」, 『중국고중세사연구』 43, 2017.2.
류준형, 「唐代 王言文書의 전달과 中使의 활동」, 『동양사학연구』 141, 2017.
박근칠, 「唐代 漕運路와 外商의 活動-江淮運河와 新羅商의 활동을 중심으로」, 『대외문물교류연구3』, 서울: 해상왕장보고기념사업회, 2004.

朴魯俊,「唐末五代・宋初의 五臺山 文殊信仰」,『송대사연구논총(위당신채식선생정년기념)』, 삼지원, 2000. 9.

朴龍雲,「高麗・宋 交賓의 목적과 使節에 대한 考察」,『韓國學報』81・82, 1995・1996.

朴宗基,「高麗中期 對外政策의 變化에 대하여-宣宗代를 중심으로」,『한국학논총』16, 1993.

박한제,「中國 歷代 수도의 유형과 사회변화-唐・宋 變革期를 중심으로」, 동양사학회 편,『역사와 도시』, 서울대학교 출판부, 2003.

徐永大,「韓國과 中國의 城隍信仰 比較」,『中國史研究』14, 2001.

소현숙,「6세기 北朝의 宗教造像과 鄉村景觀-銘文 分析을 통해 본 公共的 佛道造像碑의 立地와 性格」,『중국고중세사연구』42, 2016.

소현숙,「梁 武帝와 隋 文帝의 塔像儀禮와 佛教的 '教化'政治-懺悔와 受戒 그리고 感應과 滅罪의 과정을 중심으로」,『미술사학연구』290・291, 2016.

沈盈伸,「고려시대 毘沙門天像 연구」,『미술사연구』16, 2002. 12.

吳金成,「中國의 科擧制와 그 政治・社會的 機能─宋・明・清 時代의 社會의 階層移動을 中心으로」, 역사학회 편,『科擧』, 一潮閣, 1981.

이근명,「南宋時代 福建 讀書人의 科擧 應試狀況과 解額」,『송요금원사연구』8, 2003. 12.

이근명,「南宋時代 福建民의 海上 貿易活動과 그 性格」,『역사문화연구』14, 2001. 6.

이근명,「南宋時代 福建一帶의 海賊과 地域社會」,『동양사학연구』66, 1999. 4.

이근명,「南宋時代 福建地方의 水利開發과 地域差」,『역사학보』156, 1997. 12.

이근명,「南宋時代 福建經濟의 地域性과 米穀需給」,『송요금원사연구』1, 1997. 5.

이성규,「道教의 御用化 論理와 그 形式-神・教團과 皇帝의 관계를 중심으로」, 歷史學會 編,『歷史上의 國家權力과 宗教』, 일조각, 2003. 3.

이성규,「中國 古代 皇帝權의 性格」,『東亞史上의 王權』, 한울아카데미, 1993.

임영애,「북방 다문천의 보탑 도상 해석: 도상 형성 원인과 원・고려 이전의 양상」,『미술사와 시각문화』, 2010.

鄭炳俊,「唐・新羅 交流史에서 본 新羅求法僧」,『中國史研究』75, 2011. 12.

정순모,「唐後半期城隍神信仰과 江南開發」,『中國史研究』第31輯, 2004.

정재균,「5-6世紀 中國 造像記 자료 및 연구 성과의 소개와 과제」,『중국고중세사연구』44, 2017.

조성우,「敦煌本『佛說般泥洹後比丘十變經』小考-撰述 시기와 종교적 배경을 중심으로」,

『中國古中世史硏究』43, 2017.

조성우, 「6世紀北朝의 佛敎信仰과 反亂」, 『中國古中世史硏究』39, 2016.2.

崔甲洵, 「中國의 城隍信仰과 國家權力-宋・明代의 경우를 중심으로」, 서울대학교 東洋史學硏究室 編, 『近世 東아시아 國家와 社會』, 지식산업사, 1993.

최재영, 「唐代 都城 修築의 관리 조직과 법령 규정-官營手工業制度과 관련하여」, 『東洋史學硏究』128, 2014.9.

최재영, 「隋 大興城의 의례 공간 형성과 그 기능」, 『한국고대사연구』71, 한국고대사학회, 2013.9.

崔振黙, 「漢代의 改曆科程과 曆譜의 성격」, 『대구사학』87, 2007.5.

河元洙, 「唐 順宗代(805년) 집권세력의 성격-唐 後半期 官僚의 새로운 정치의식과 관련하여」, 『동아문화』25, 1987.

河元洙, 「唐 後半期 進士科와 士人들 간의 私的紐帶」, 『東洋史學硏究』56, 1996.

河元洙, 「宋代 士大夫論」, 서울大學校東洋史學硏究室 編, 『講座中國史』III, 지식산업사, 1989.

簡濤, 「略論唐宋時期迎春禮俗的演變」, 『唐硏究』3, 北京大學出版社, 1997.

葛承雍, 「唐代乞丐與病坊探討」, 『人文雜誌』, 1992-6.

甘懷眞, 「鄭玄, 王肅天神觀的探討」, 『史原』第十五期, 臺大歷史學硏究所, 1986-4.

甘懷眞, 「『大唐開元禮』中的天神觀」, 『皇權・禮儀與經典詮釋-中國古代政治史硏究』, 臺灣大學出版中心, 2004.

姜伯勤, 「高昌湖天祭祀與敦煌祆祀」, 『敦煌藝術宗敎與禮樂文明』, 北京: 中國社會科學出版社, 1996.

姜伯勤, 「唐禮與敦煌發現的書儀」, 『敦煌藝術宗敎與禮樂文明』, 北京: 中國社會科學出版社, 1996.

姜伯勤, 「唐貞元・元和間禮的變遷-兼論唐禮的變遷與敦煌元和書儀硏究」, 黃約瑟・劉健明 主編, 『隋唐史論集』, 香港大學亞洲硏究中心, 1993.

姜伯勤, 「沙州儺禮考」, 『敦煌藝術宗敎與禮樂文明』, 北京: 中國社會科學出版社, 1996.

姜伯勤, 「天的圖像與解釋—以敦煌莫高窟頂圖像爲中心」, 『敦煌藝術宗敎與禮樂文明』, 北京, 中國社會科學出版社, 1996.11.

江曉原, 「曆書起源考」, 『中國文化』第6期, 1992.8.

康樂, 「轉輪王觀念與中國中古的佛教政治」, 『中央研究院歷史語言研究所集刊』 67-1, 1996.3.

開封宋城考古隊, 「北宋東京外城的初步勘探和試掘」, 『考古』 1992年 第12期.

卿希泰, 「道教產生的歷史條件和思想淵源」, 『世界宗教研究』, 1980-2.

李愛民, 「里坊規劃與隋唐長安寺院建築布局的關係」, 『唐研究』 18, 北京大學出版社, 2012.

高國藩, 「唐代敦煌的看相與算命」, 『歷史月刊』 第二十七期, 1990.4.

高國藩, 「唐代人如何解夢」, 『歷史月刊』 第三十九期, 1991.4.

高國藩, 「敦煌巫術形態-兼與中外巫術之比較」, 『第二屆敦煌學國際研討會論文集』, 臺北: 漢學研究中心編印, 1991.6.

高明士, 「唐代敦煌官方的祭祀禮儀」, 『1994年敦煌學國際研討會論文集-紀念敦煌研究院成立50周年』, 蘭州: 甘肅民族出版社, 2000.6.

高明士, 「唐代敦煌的教育」, 『漢學研究』 4-2, 1986.12.

高明士, 「唐代的釋奠禮制及其在教育上的意義」, 『大陸雜誌』 61-5, 1980.11.

高明士, 「論武德到貞觀禮的成立—唐朝立國政策的研究之一」, 『第二屆國際唐代學術會議論文集』, 臺北: 文津出版社, 1993.

高明士, 「隋唐廟學制度的成立與道統的關係」, 『國立臺灣大學歷史系學報』 9, 1982.

高明士, 「隋代的制禮作樂—隋代的立國政策研究之二」, 黃約瑟·劉健明 主編, 『隋唐史論集』, 香港大學亞洲研究中心, 1993.

高明士, 「皇帝制度下的廟制系統—秦漢至隋唐爲考察中心」, 『文史哲學報』 40, 1993.

高明士, 「從律令制論開皇·大業·武德·貞觀的繼受關係」, 『第三屆中國唐代文化學術研討會論文集』, 臺北: 中國唐代學會, 1997.6.

郭鋒, 「敦煌的'社'及其活動」, 『敦煌學輯刊』 第4期, 1983.6.

霍巍, 「從于闐到益州: 唐宋時期毗沙門天王圖像的流變」, 『中國藏學』 總第122期, 2016-1.

仇鹿鳴, 「權力與觀衆-德政碑所見唐代的中央與地方」, 『唐研究』 19, 北京大學出版社, 2013.

祁曉慶, 「唐代病坊研究綜述」, 『敦煌學輯刊』, 2010-2

勞榦, 「漢代社祀的源流」, 『中央研究院歷史語言研究所集刊』 第11本, 1947.

寧可, 「關於'漢侍廷里父老僤賣田約束石券'」, 『文物』 總319期, 1982-12.

寧可, 「記'晉當利里社碑'」, 『文物』 總283期, 1979-12.

寧可, 「述社邑」, 『北京師範大學學報』, 1985-1.

寧可, 「五斗米道, 張魯政權和'社'」, 『中國文化與中國哲學』, 三聯書店, 1988.

寧可, 「漢代的社」, 『文史』 第九期, 1980.6.

寧可・郝春文,「北朝至隋唐五代間的女人結社」,『北京師範學院學報』, 1990-5.
寧欣,「街: 城市社会的舞台-以唐长安城为中心」,『文史哲』, 2006. 4.
寧欣,「由唐入宋都市人口結構及外來・流動人口數量變化淺論-從≪北里志≫和≪東京夢華錄≫談起」,『中國文化研究』, 2002. 2.
雷聞,「道教徒馬元貞與武周革命」,『中國史研究』總101, 2004. 1.
雷聞,「唐代地方祠祀的分層與運作—以生祠與城隍神爲中心」,『歷史研究』, 2004. 2.
雷聞,「論隋唐國家祭祀的神祠色彩」,『漢學研究』第21卷 第2期, 2004. 12.
雷聞,「走入傳奇—新刊唐代墓誌與『冥報記』"豆盧氏"條的解讀」,『唐研究』18, 北京大學出版社, 2012.
雷聞,「麻姑山鄧氏與唐代"北帝派"的傳法譜系」, 余欣 主編,『中古時代的禮儀・宗教與制度』, 上海古籍出版社, 2012.
凌純聲,「中國古代社之源流」,『中央研究院民族研究所集刊』17, 1964春.
段玉明,「南宋杭州的開封宮觀—宗教文化轉移之實例研究」,『四川大學學報』總144期, 2006-3.
唐耕耦,「房山石經題記中的唐代社邑」,『文獻』總第39期, 1989-1.
唐君毅,「秦漢以後天命思想之發展」,『新亞學報』6-2.
唐長孺,「北朝的彌勒信仰及其衰落」,『魏晉南北朝史論拾遺』, 北京: 中華書局, 1983.
唐長孺,「魏晉期間北方天師道的傳播」,『魏晉南北朝史論拾遺』, 北京: 中華書局, 1983.
党燕尼,「五臺山文殊信仰及其在敦煌的流傳」,『敦煌學輯刊』總第45期, 2004年 第1期.
戴仁,「敦煌寫本中的解夢書」・「敦煌的宗教活動和斷代寫本」, 謝和耐 等著, 耿昇 譯,『法國學者敦煌學論文選萃』, 北京: 中華書局, 1993.
戴君仁,「河圖洛書的本質及其原來的功用」,『臺大文史哲學報』第15期, 1966. 8.
陶希聖,「武廟之政治社會的演變—武成王廟・關帝廟・關岳廟」,『食貨月刊』2-5, 1972. 8.
陶希聖,「天道人倫一以貫之: 太一論與天心論(上・下)」,『食貨月刊』16-1・16-3, 1986. 2・9.
杜斗城,「敦煌石窟中的五臺山史料」,『忻州師範學院學報』, 第20卷 第6期, 2004. 12.
杜正勝,「歷史研究的課題與方法—特就宗教史的研究論」,『食貨復刊』3-5, 1973. 8.
杜正勝,「形體・精氣與魂魄: 中國傳統對'人'認識的形成」,『人觀, 意義與社會』, 中央研究院民族所, 1993.
鄧文寬,「敦煌具注曆日與『四時纂要』的比較研究」,『敦煌研究』總第83期, 2004-1.

鄧文寬,「拔吐魯番文書中的兩件唐曆」,『文物』, 1986-12.

鄧文寬,「出土秦漢簡牘曆日正名」,『文物』, 2003-4.

鄧嗣禹,「城隍考」,『史學年報』2-2, 1935.9.

廖咸惠,「唐宋時期南方后土信仰的演變—以揚州后土崇拜爲例」,『漢學研究』14-2, 1996.12.

牟鐘鑒,「試論儒家的宗教觀」,『齊魯學刊』, 1993.4.

牟鐘鑒,「中國宗教的歷史特點」,『世界宗教研究』, 1986-2.

牟振宇,「南宋臨安城寺廟分布研究」,『杭州師範學院學報』, 2008.1.

巫鴻,「漢明·魏文的禮制改革與漢代畫像藝術之盛衰」,『九州學報』3-2, 1989.6.

潘孝偉,「唐代救荒措施整體特徵」,『安慶師院學報』, 1996-3.

傅樂成,「唐人的生活」,『漢唐史論集』, 臺北: 聯經, 1987.

傅樂成,「唐型文化與宋型文化」,『漢唐史論集』, 聯經, 1987.

傅樂成,「李唐王室與道教」,『食貨月刊』9-10, 1980.1.

謝世忠,「漢人民間信仰研究的本質·體系與過程理論—英文論述中的幾個主要結構論模型」, 『文史哲學報』43, 國立臺灣大學, 1995.12.

席澤宗,「天文學在中國傳統文化中的地位」,『科學史八講』, 臺北: 聯經, 1994.

肖忠文,「論宋代巫術」,『天府新論』, 2001-3.

孫英剛,「"朔旦冬至"與"甲子革命": 曆法·讖緯與隋唐政治」,『唐研究』18, 北京: 北京大學出版社, 2012.

孫英剛,「從"衆"到"寺"—隋唐長安佛教中心的成立」,『唐研究』19, 北京: 北京大學出版社, 2013.

孫永如,「唐代'病坊'考」,『中國史研究』, 1987-4.

孫昌武,「唐代文人的維摩信仰」,『唐研究』1, 北京: 北京大學出版社, 1995.

宋家鈺,「明鈔本北宋天聖令(附唐開元令)的重要學術價值」, 天一閣博物館·中國社會科學院歷史研究所天聖令整理課題組 校證,『天一閣藏明抄本天聖令校證-附唐令復原研究』, 中華書局, 2006.

宋晞,「宋商在宋麗貿易中的貢獻」,『宋史研究論叢(二)』, 臺北: 中國文化研究所印行, 1980.

宿伯,「試論唐代五長安佛教寺院的等級問題」,『文物』, 2009-1.

沈宗憲,「宋代民間祠祀與政府政策」,『大陸雜誌』91-6, 1995.12.

沈睿文,「唐宋墓葬神煞考源—中國古代墓葬太一出行系列研究之三」,『唐研究』18, 北京: 北京大學出版社, 2012.

楊慶堃, 「儒家思想與中國宗教之間的功能關係」, 段昌國 等譯, 『中國思想與制度論集』, 臺北: 聯經出版事業公司, 1979.

楊聯陞, 「報—中國社會關係的一個基礎」, 『食貨』3-8, 1973.11.

楊俊峰, 「五代南方王國的封神運動」, 『漢學研究』28-2, 2010.6.

楊俊峰, 「賜封與勸忠—兩宋之際的旌忠廟」, 『歷史人類學學刊』 10-2, 中山大學歷史人類學研究中心, 2010.10.

楊俊峰, 「唐代城隍神與官府的立祀—兼論其官僚化神格的形成」, 『新史學』23-3, 2012.9.

楊俊峰, 「宋代的封賜與祀典」, 『唐研究』18, 北京大學出版部, 2012.12.

楊晉龍, 「神統與聖統—鄭玄・王肅'感生說'異解探異」, 『中國文哲研究所集刊』第三期, 1993.3.

楊惠南, 「一葦渡江・白蓮東來—佛教的輸入與本土化」, 『敬天與親人—中國文化新論宗教禮俗篇』, 臺北: 聯經, 1991.

梁庚堯, 「南宋移民與臨安文化」, 梁庚堯・劉淑芬 主編, 『城市與鄉村』(『臺灣學者中國史研究論叢』), 北京: 中國大百科全書出版社, 2005.

梁滿倉, 「論六朝時期的民間祭祀」, 『中國史研究』, 1991-3.

嚴耀中, 「唐代江南的淫祠與佛教」, 『唐研究』第二卷, 北京: 北京大學出版社, 1996.

嚴耀中, 「試論唐五代的密教與社會生活」, 『佛學研究』, 2004.

呂建福, 「論不空的政教思想」, 『世界宗教研究』, 2010-4.

余英時, 「中國古代死後世界觀的演變」, 『聯合月刊』第26期, 1983.9.

余欣, 「神祇的"碎化": 唐宋敦煌社祭變遷研究」, 『歷史研究』, 2006-3.

余欣, 「符瑞與地方政權的合法性構建: 歸義軍時期敦煌瑞應考」, 『中華文化論叢』, 2010-4.

余欣, 「天命與星神—以敦煌『星供陀羅尼符』爲例解析中古星命信仰」, 『唐研究』18, 北京大學出版社, 2012.

易素梅, 「道教與民間宗教的角力與融合: 宋元時期晉東南地區二仙信仰之研究」, 『學術研究』, 2011-7.

易素梅, 「戰爭・族群與區域社會: 9至14世紀晉東南地區二仙信仰研究」, 『中山大學學報』第35卷, 2013.3.

易素梅, 「家事與廟事: 九至十四世紀二仙信仰中的女性活動」, 『歷史研究』, 2017-5.

吳麗娛, 「唐宋之際的禮儀新秩序-以唐代的公卿巡陵和陵墓薦食爲中心」, 『唐研究』11, 北京大學出版社, 2005.

吳麗娛,「論九宮祭祀與道教崇拜」,『唐研究』9, 北京大學出版社, 2003.

吳松弟,「宋代靖康亂後江南地區的北方移民」,『浙江學刊』總第84期, 1994-1

吳羽,「論中晚唐國家禮書編撰的新動向對宋代的影響-以『元和曲台新禮』『中興禮書』爲中心」,『學術研究』, 2008-6.

吳宗玲,「靈驗記中的佛典思想」,『世界宗教研究』, 2001-5.

吳澤,「西周時代的社神崇拜和社祀制度研究」,『華東師範大學學報』, 1986.4.

王冀青,「敦煌唐人寫本『備急單驗藥方卷序』在英國首次發現」,『中華醫史雜誌』21-2, 1991.

王濤,「唐宋城市保護神二元格局的形成與分布」,『社會科學戰線』, 2009-5.

王濤,「論唐宋時期毗沙門天王向城市保護神的轉化」,『晉陽學間』, 2010-1.

王美華,「官方禮制的庶民化傾向與唐宋禮制下移」,『濟南大學學報』16-1, 2006.

王素,「吐魯番出土'功德疏'所見西州庶民的淨土信仰」,『唐研究(第1卷)』, 北京: 北京大學出版社, 1995.

王壽南,「唐代災荒的救濟政策」,『慶祝朱建民先生七十華誕論文集』, 臺北: 正中書局, 1978.

王樹平・包得義,「論毗沙門天王信仰的流變及其世俗性傾向」,『中華文化論壇』, 2016-7.

王永平,「論唐代"鬼道"」,『首都師範大學學報』總第143期, 2001-6.

王永平,「論唐代的山神崇拜」,『首都師範大學學報』總第161期, 2004-6.

姚崇新,「白衣觀音與送子觀音—觀音信仰本土化演進的個案觀察」,『唐研究』18, 北京大學出版社, 2012.

姚雅欣,「唐代五臺山的佛教與佛寺」,『五臺山研究』1999年 第2期.

饒宗頤,「神道思想與理性主義」,『中國上古史待定稿(第四本)』, 中研院史語所, 1972.

饒宗頤,「歷史家對薩滿主義應重新作反思與檢討-巫的新認識」,『中華文化的過去・現在和未來』, 中華書局, 1992

饒宗頤,「天神觀與道德思想」,『中國上古史待定稿(第四本)』, 中研院史語所, 1972.

于賡哲,「唐代醫療活動中呪禁術的退縮與保留」,『華中師範大學學報』47-2, 2008.3.

袁慧,「天一閣藏明抄本及天其保護經過」, 天一閣博物館・中國社會科學院歷史研究所天聖令整理課題組 校證,『天一閣藏明抄本天聖令校證-附唐令復原研究』, 中華書局, 2006.

魏斌,「仙堂與長生: 六朝會稽海島的信仰意義」,『唐研究』18, 北京: 北京大學出版社, 2012.

劉光明,「唐代學校式醫學教育及對其後世的影響」,『上海中醫藥大學學報』16-3, 2002.9

劉永明,「唐宋之際曆日發展考論」,『甘肅社會科學』, 2003-1.

劉子健,「論中國的宗教和信仰體系」,『九州學刊』2-3, 1988.4.

劉淑芬,「五至六世紀華北鄉村的佛教信仰」,『中央研究院歷史語言研究所集刊』63-3, 1993.7.

劉淑芬,「'佛頂尊勝陀羅尼經'與唐代尊勝經幢的建立—經幢研究之」,『中央研究院歷史語言研究所集刊』67-1, 1996.3.

劉苑如,「六朝志怪中的女性陰神崇拜之正當化策略初探」,『思與言』35-2, 1997.6.

劉俊文,「唐代水害史論」,『北京大學學報(哲學社會科學版)』, 1987.3

劉增貴,「天堂與地獄: 漢代的泰山信仰」,『大陸雜誌』94-5, 1997.5.

劉屹,「死後成仙:晉唐至宋明道教的"煉度"主題」,『唐研究』18, 北京: 北京大學出版社, 2012.

李健祥,「儒醫評議」,『中華醫史雜誌』39-5, 2009.9

李零,「『管子』三十時節與二十四節氣」,『管子學刊』, 1988-2.

李文潤,「六朝地域人神的形成及其政治文化背景」, 谷川道雄 編,『日中國際共同研究, 地域社會在六朝政治文化上所起的作用』, 京都: 玄文社, 1989.

李文潤,「漢唐荊楚鬼神文化的時代特徵」, 鄭學檬·冷敏述 主編,『唐文化研究』, 上海人民出版社, 1994.

李斌城,「唐代佛教之爭研究」,『世界宗教研究』第2集, 1981.

李斌城,「五代十國佛教研究」,『唐研究』1, 北京: 北京大學出版社, 1995.

李星明,「唐代護法神式鎮墓俑試析」, 石守謙·顏娟英 主編,『藝術史中的漢晉與唐宋之變』, 臺北: 石頭, 2014.

李小紅,「禁巫典範—夏竦」,『科學與無神論』60, 2002.5.

李致忠,「唐代版印實錄與文獻記錄」,『文獻季刊』, 2006.10.

李豐楙,「唐代'洞淵神呪經'寫卷與李弘—兼論神呪類道經的功德觀」,『第二屆敦煌學國際研討會論文集』, 臺北: 漢學研究中心編印, 1991.

李豐楙,「廟宇·廟會與休閒習俗—兼及道教廟·道士的信仰習俗」, 行政院 文建會,『中國休閒生活,文化學術研討會論文集』, 1992.6.

李豐楙,「行瘟與送瘟—道教與民間瘟疫官的交流和分歧」,『民間信仰與中國文化國際研討會論文集』, 臺北: 漢學研究中心, 1994.4.

李豐楙,「不死的探求—道教信仰的介紹與分析」,『敬天與親人—中國文化新論宗教禮俗篇』, 臺北: 聯經, 1991.

李豐楙,「仙道的世界—道教與中國文化」,『敬天與親人—中國文化新論宗教禮俗篇』, 臺北: 聯經, 1991.

李海波,「唐代文殊信仰興盛的政治背景」,『西北大學學報』第34卷 第1期, 2004.1.

林富士,「六朝時期民間社會所祀'女性人鬼'初探」,『新史學』7卷4期, 1996.12.

林富士,「中國古代巫覡的社會現象與社會地位」,『中央研究院叢書-中國史新論(宗教史分冊)』, 中央研究院·聯經出版公司, 2010.

林富士,「中國六朝時期的巫覡與醫療」,『歷史語言研究所集刊』70本 第1分, 1999.

林聰明,「從敦煌文書看佛教徒的造經祈福」,『第二屆敦煌學國際研討會論文集』, 臺北: 漢學研究中心編印, 1991.6.

章群,「唐代之祠廟與神廟」,『嚴耕望先生紀念論文集』, 臺北: 稻鄉出版社, 1998.10.

莊吉發,「民間祕密宗教的社會功能」,『歷史月刊』第86期, 1995.3.

蔣義斌,「中國僧侶流方傳統的建立及其改變」, 劉苑如 主編,『遊觀-作為身體技藝的中古文學與宗教』, 臺北: 中央研究院 文哲研究所, 2009.

蔣竹山,「宋至清代的國家與祠神信仰研究的回顧與討論」,『新史學』8-2, 1997.6.

蔣竹山,「湯斌禁毀五通神──清初政治菁英打擊通俗文化的個案」,『新史學』6-2, 1995.6.

張光直,「商代的巫與巫術」,『中國青銅時代(第二集)』, 聯經, 1990.

張國剛,「「佛說諸德福田經」與中古佛教的慈善事業」,『史學集刊』, 2003-2.

張弓,「唐人的釋門散文」,『唐研究(第一卷)』, 北京: 北京大學出版社, 1995.

張劍光,「略論唐五代三吳地區的宗教信仰」,『學術月刊』, 1998-9.

張培瑜,「根據新出曆日簡牘試論秦和漢初的曆法」,『中原文物』, 2007-5.

張珣,「臺灣的媽祖信仰──研究回顧」,『新史學』6-4, 1995.12.

張寅成,「鄭玄六天說之研究」,『史原』第十五期, 臺大歷史學研究所, 1986.4.

張榮明,「論殷周上帝觀」,『齊魯學刊』, 1992-4.

張澤咸,「唐代的節日」,『文史』37, 1993.2.

張澤洪,「城隍神及其信仰」,『世界宗教研究』, 1995-1.

張海鵬,「宋代士人獲取醫方的途徑」,『中華醫史雜誌』42-6, 2012.11

張惠明,「敦煌「五臺山化現圖」早期底本的圖像及其來源」,『敦煌研究』總第66期, 2000-4.

田峰,「于闐毗沙門天王信仰研究」,『西北民族大學學報』, 2013-4.

田曉菲,「失樂園與復樂園-法顯之天竺之行與早期中古時代天堂·地獄的文化敍事結構」, 劉苑如 主編,『遊觀-作為身體技藝的中古文學與宗教』, 臺北: 中央研究院文哲研究所, 2009.

全漢昇,「中古佛教寺院的慈善事業」,『食貨』1-4, 1977(이후『五十年來漢唐佛教寺院經濟研究』, 北京師大出版社, 1985에 수록됨).

程錦,「唐代醫官選任制度探微-以唐≪醫疾令≫爲中心」,『唐研究』14, 北京大學出版社, 2008.

鄭阿財,「論敦煌寫本『龍興寺毗沙門天王信仰靈驗記』與唐五代的毗沙門信仰」,『第三屆中國唐代文化學術硏討會論文集』, 1997.

鄭阿財,「從敦煌文獻論靈驗故事在唱導活動中的運用」,『敦煌硏究』總145期, 2014-3.

丁煌,「唐高祖, 太宗對符瑞的運用及其對道教的態度」,『成功大學歷史系歷史學報』2, 1975.7.

丁煌,「唐代及五代道教宗派之研究」,『成功大學歷史學系學報』第9號, 1982.9.

丁煌,「唐代道教太清宮制度考」(上‧下),『成功大學歷史學系歷史學報』6‧7, 1979.7‧1980.8.

晁福林,「戰國時期的鬼神觀念及其社會影響」,『中國史研究』, 1998-2.

趙貞,「唐代祭天禮儀中的星官神位」,『唐研究』18, 北京: 北京大學出版社, 2012.

曹家齊 外,「略探『參天台五臺山記』的史料價值」,『中韓宋遼夏金元史學術硏討會論文集』, 2005.7.

趙宏勃,「隋代的民間信仰-以巫覡的活動爲中心」,『南京師大學報』, 2010.1.

趙曉星,「吐蕃通治時期傳入敦煌的中土圖像-以五臺山圖爲例」,『文藝研究』, 2010-5.

周紹良,「隋唐以前之彌勒信仰」, 湯一介 主編,『中國宗教: 過去與現在』, 北京大學出版社, 1992.

朱溢,「論唐代的山川封爵現象」,『新史學』18-4, 2007.12.

朱溢,「論唐宋時期的武廟釋奠禮儀」, 余欣 主編,『中古時代的禮儀‧宗教與制度』, 上海古籍出版社, 2012.

曾一民,「唐代之賑恤政策」, 黃約瑟‧林天尉 主編,『唐宋史硏究-中古史硏討會論文集之二』, 香港大學亞洲研究中心, 1987.

陳國燦,「唐五代敦煌縣鄕里制的演變」,『敦煌研究』, 1989-3.

陳登武,「從≪天聖‧醫疾令≫看唐宋醫療照護與醫事法規-以"巡患制度"爲中心」,『唐研究』14, 北京大學出版社, 2008.

陳弱水,「思想史中的杜甫」,『中央研究院歷史語言研究所集刊』69-1, 1998.3.

陳寅恪,「唐代政治史述論稿」,『陳寅恪先生文集(二)』, 臺北: 里仁書局, 1982.

陳寅恪,「隋唐制度淵源略論考」,『陳寅恪先生文集(二)』, 臺北: 里仁書局, 1982.

陳寅恪,「天師道與濱海地區之關係」,『陳寅恪先生文集(二)』, 臺北: 里仁書局, 1982.

陳槃,「泰山主死亦主生說」,『中央研究院歷史語言研究所集刊』51-3, 1980.

陳榮捷,「中國宗教中的個人」,『中國人的心靈: 中國哲學與文化要義』, 臺北: 聯經, 1984.

陳艷玲,「唐代將士與佛教」,『許昌學院學報』總第110期, 2009-6.

陳華,「中國歷史上的彌勒—未來佛與救世主」,『歷史月刊』86, 1995.3.

陳昊,「'曆日'還是'具注曆日'」,『歷史研究』, 2007-2.

蔡宗憲,「中古攝山神信仰的變遷—兼論人鬼神祠的改祀與毀撤」,『唐研究』18, 北京: 北京大學出版社, 2012.

彭文峰,「唐代五臺山進香道補釋」,『中國歷史地理論叢』19-4, 2004.12.

馮巧英,「五臺山文殊道場的形成和發展」,『太原大學學報』3-1, 2002.3.

湯一介,「論道教的産生和他的特點」,『中國宗教: 過去與現在』, 北京大學出版社, 1992.

蒲慕洲,「西方近年來的生活史研究」,『新史學』三卷四期, 1992.12.

何炳棣,「原禮」,『二十一世紀』第11期, 香港中文大學中國文化研究所, 1992.6.

許絹惠,「試論唐代敦煌金剛經信仰世俗化的發展-以講經文・靈驗記爲中心」,『敦煌學輯刊』, 2007-4.

郝春文,「隋唐五代宋初佛社與寺院的關係」,『敦煌學輯刊』總17期, 1990-1.

郝春文,「中古時期儒佛文化對民間結社的影響及其變化」, 鄭學檬・冷敏述 主編,『唐文化研究』, 上海: 上海人民出版社, 1994.11.

郝春文,「唐後期五代宋初沙洲僧尼的宗教收入(一)—兼論儭司」,『潘石禪先生九秩華誕敦煌學特刊』, 臺北: 文津出版社, 1996.9.

韓毅,「北宋政府對巫醫的控制與改造」,『中國科技史雜誌』第32卷, 2011.

韓國磐,「唐代的食封制度」,『中國史研究』, 1982.4.

黃敏枝,「唐代民間的彌勒信仰及其活動」,『大陸雜誌』78-6.

黃正建,「中晚唐時期的世俗佛教研究」,『中晚唐社會與政治研究』, 北京: 中國社會科學出版社, 2006.

黃進興,「權力與信仰: 孔廟祭祀制度的形成」,『大陸雜誌』86-5, 1993.5.

黃進興,「道統與治統之間: 從明嘉靖九年孔廟改制談起」,『中央研究院歷史語言研究所集刊』61-4, 1992.12.

黃一農,「敦煌本具注曆日新探」,『新史學』3-4, 1992.12.

黃一農,「通書-中國傳統天文與社會的交融」,『漢學研究』14-2, 1996.12.

黃一農・張嘉鳳,「中國古代天文對政治的影響—以漢相翟方進自殺爲例」,『清華學報』新20-2, 1990.12.

黃永年,「說狄仁傑的奏毀淫祠」, 史念海 主編,『唐史論叢』第6輯, 西安: 陝西人民出版社, 1995.10.

黃清連,「圓仁與唐代巡檢」,『中央研究院歷史語言研究所集刊』68-4, 1997.

黃克武,「欽天監與太醫院-歷代的科學研究機構」,『中國文化新論科技篇, 格物與成器』, 聯經, 1982.

邢義田,「月令與前漢政治-從尹灣集簿中的「以春令成戶」說起」,『新史學』9-1, 1998.3.

Arthur F. Wright, 段昌國 譯,「隋代思想意識的形成」,『中國思想與制度論集』, 臺北: 聯經, 1979.

Arthur F. Wright, 陶晉生 譯,「唐太宗與佛教」,『唐史論文選集』, 臺北: 幼獅文化, 1990.

李福清(B.Riftin),「關公傳說與關帝崇拜」,『民間信仰與中國文化國際研討會論文集』, 臺北: 漢學研究中心, 1994.4.

康豹(Paul Katz),「中國近世宗教社會史的研究路徑」,『史匯』 創刊號, 中央大學歷史研究所, 1996.

Terry F. Kleeman,「由祭祀看中國宗教的分類」, 李豐楙·朱榮貴 主編,『儀式·廟會與社區-道教·民間信仰與民間文化』, 臺北: 中央研究院中國文哲研究所籌備處, 1996.

Wolfram Eberhard 著, 劉紉尼 譯,「漢代天文學與天文學家的政治功能」,『中國思想與制度論集』, 臺北: 聯經, 1979.

古林森廣,「宋代の海神廟に關する一考察」,『中國宋代の社會と經濟』, 東京: 國書刊行會, 1995.

久保田和男,「宋都開封の治安制度と都市構造」,『史學雜誌』104-7, 1995.

久保田和男,「五代北宋における複都制の研究-文化都市洛陽の形成の背景」, 上海師範大学歷史系編『中古社會文明論集』, 天津古籍出版社, 2010.9.

久保田和男,「五代宋初の洛陽と国都問題」,『東方学』96, 1998.

宮崎市定,「毗沙門天信仰の東漸について」,『京都大學文學部史學科, 紀元二千六百年記念史學論文集』, 1941.4.

金子修一,「唐代皇帝祭祀の親祭と有司攝事」,『東洋史研究』47-2, 1988.9.

金子修一,「唐後半期の郊廟親祭について-唐代における皇帝の郊廟親祭その(3)」,『東洋史研究』55-2, 1996.

金子修一,「魏晉より隋唐に至る郊祀·宗廟の制度について」,『史學雜誌』88-10, 1979.

金子修一, 「中國古代における皇帝祭祀の一考察」, 『史學雜誌』 87-2, 1978.
金子修一, 「則天武后の明堂について―その政治的性格の檢討」, 『律令制―中國・朝鮮の法と國家』, 東京: 汲古書院, 1986.
金子修一, 「國家と祭祀: 中國―郊祀と宗廟と明堂及び封禪」, 『東アジア世界における日本古代史講座』, 東京: 學生社, 1982.
金井德幸, 「宋代の村社と社神」, 『東洋史研究』 38-2, 1979.9.
金井德幸, 「宋代の村社と宗族―休寧縣と白水縣における二例」, 『歷史における民衆と文化-酒井忠夫先生古稀祝賀記念論文』, 東京: 國史刊行會, 1982.9.
金井德幸, 「南宋における社稷壇と社廟について-鬼の信仰を中心として」, 酒井忠夫 主編, 『臺灣の宗敎と中國文化』, 東京: 風響社, 1992.
金井德幸, 「南宋の祠廟と賜額について―釋文向と劉克莊の視點」, 宋代史硏究會 編, 『宋代の知識人-思想・制度・地域社會』, 東京: 汲古書院, 1992.
金井德幸, 「宋代浙西の村社と土神―宋代鄕村社會の宗敎構造」, 『宋代史硏究會硏究報告』 第二集, 東京: 汲古書院, 1986.10.
金井德幸, 「南宋の市鎭と東嶽廟」, 『立正史學』 61, 1987.
金井德行, 「唐末五代 五臺山佛敎の新異的展開-海難救濟信仰への推移と新羅の役割」, 『社會文化史學』 第11號, 1974.
金井德行, 「唐末五代鎭州(正定)に於ける臨濟禪-鎭將王鎔竝びに五臺山文殊信仰との關連を中心に」, 『社會文化史學』 第11號, 1974.
今枝二郎, 「司馬承禎について」, 秋月觀暎 編, 『道敎宗敎文化』, 東京: 平河出版社, 1987.
今枝二郎, 「玄宗治下民衆動向」, 『酒井忠夫先生古稀祝賀記念論集』, 東京: 圖書刊行會, 1982.
那波利貞, 「宋都汴京の繁華」, 『歷史と地理』 517, 1922.
那波利貞, 「支那に於ける都市の守護神に就いて(上・下)」, 『支那學』 第七卷(第三・四號), 1934・1935.
臺信祐爾, 「敦煌の四天王圖像」, 『東京國立博物館紀要』 27, 1991.
道端良秀, 「中國佛敎社會事業の一問題-養病坊について」, 『印度學佛敎學硏究』 18-2, 1970.
藤善眞澄, 「密敎の護國思想」, 立川武藏・賴富本宏 編, 『中國密敎』, 東京: 春秋社, 1999.
礪波護, 「隋の貌閱と唐初の食實封」, 『東方學報』 37, 1966.
鈴木陽一, 「浙東の神と地域文化-伍子胥, 防風, 錢鏐 素材をとして」, 『宋代人の認識-

相互性と日常空間』宋代史研究會 研究報告 第七輯, 東京: 汲古書院, 2001.

柳田節子, 「宋代の父老-宋朝專制權力の農民支配に關連して」, 『東洋學報』81-3, 1999.

妹尾達彦, 「唐代長安の盛り場(上)」, 『史流』27, 1986.

妹尾達彦, 「唐代長安の盛り場(中)」, 『史流』30, 1989.

妹尾達彦, 「唐代長安城の官人居住地」, 『東洋史研究』55-2, 1996.

妹尾達彦, 「唐代後半期の長安と傳奇小説―≪李娃傳≫の分析を中心として」, 『日野開三郎博士頌壽記念論集: 中國社會・制度・文化史の諸問題』, 福岡: 中國書店, 1987.

妹尾達彦, 「唐長安城の儀禮空間―皇帝儀禮の舞臺を中心に」, 『東洋文化』72, 1992.

妹尾達彦, 「河東鹽池的池神廟與鹽專賣制度」, 中國唐代學會 主編, 『第二屆國際唐代學術會議論文集』, 臺北: 文津出版社, 1993.6.

妹尾達彦 著, 崔宰榮 譯, 「唐代洛陽―새로운 연구동향」, 『中國歷代都市構造와 社會變化』, 서울대학교 출판부, 2003.

梅原郁, 「宋代の開封と都市制度」, 『鷹陵史學』3・4, 1977.

北進一, 「毘沙門天天像の變遷」, 『世界美術全集東洋編15(中央アジア)』, 東京: 小學館, 2002.

濱島敦俊, 「明淸江南城隍考」, 唐代史研究會 編, 『中國都市の歷史的研究』, 刀水書房, 1988.

濱島敦俊, 「明初城隍考」, 『榎博士頌壽紀念・東洋史論叢』, 汲古書院, 1988.

砂山稔, 「月光童子劉景暉の反亂と首羅比丘經」, 『東方學』51, 1976.

斯波義信, 「宋代における福建商人の活動とその社會的背景」, 『宋代商業史研究』, 東京: 風間書房, 1968.

斯波義信, 「宋都杭州の商業核」, 梅原郁 編, 『中國近世の都市と文化』, 京都大學人文科學研究所, 1984.

森克己, 「參天台五臺山記について」, 『驅澤史學』第5號, 1956.

森田憲司, 「文昌帝君の成立―地方神から科擧神へ」, 梅原郁 主編, 『中國近世の都市と文化』第九號, 1984.

西嶋定生, 「漢代における卽位儀禮―とくに帝位繼承のばあいについて」, 『榎博士還曆記念・東洋史論叢』, 東京: 山川出版社, 1975.

山崎元一, 「于闐建國傳說の一考察」, 『山本博士還曆紀念論文集』, 東京: 山川出版社, 1972.

小島毅, 「郊祀制度の變遷」, 『東洋文化硏究所紀要』第108期, 東京大學東洋文化研究所,

1989-2.

小島毅,「城隍制度の確立」,『思想』792號, 1990.

小島毅,「正祠と淫祠―福建地方志における記述と論理」,『東洋文化研究所紀要』第114期, 1991.

小林義廣,「宋代福建莆田の方氏一族について」, 中國中世史研究會 編,『中國中世史研究(續編)』, 京都大學學術出版會, 1995.

松本浩一,「中國村落における祠廟とその變遷―中國の祠廟に關する研究動向問題點1」,『社會文化史學』第31號, 1993.9.

松本浩一,「宋代の賜額・賜號について―主として'宋會要輯稿にみえる史料から」, 野口鐵郎 編,『中國史における中央政治と地方政治』, 昭和六十年度科研費報告, 1986.

松本文三郎,「兜跋毘沙門天圖」,『敦煌畫の研究』, 東京: 東方文化學院東京研究所, 1939.

松本文三郎,「兜跋毘沙門天像の起源」,『國華』40-2(482), 1930.

須江隆,「唐宋期における祠廟の廟額・封號の下賜について」, 中國社會文化學會 編,『中國―社會と文化』第九號, 1994-6.

須江隆,「徐偃王廟考―宋代の祠廟と關する一考察」,『集刊東洋學』69, 1993.

須江隆,「熙寧七年の詔」,『東北大學東洋史論集』第8輯, 2001.

守屋美都雄,「社の研究」,『史學雜誌』59-7, 東京大學文學部史學會, 1950.7.

水越知,「宋元時代の東嶽廟」,『史林』第86卷 第5號, 2003. 9.

水越知,「宋代社會と祠廟信仰の展開-地域核としての祠廟の出現」,『東洋史研究』60-4, 2002.3.

神塚淑子,「則天武后の道教」, 吉川忠夫 編,『唐代の宗教』, 京都: 朋友書店, 2000.

神塚淑子,「司馬承禎『坐忘論』について-唐代道教における修養論」,『東洋文化』62號, 1982.

伊原弘,「江南におけ都市形變の變遷-宋平江圖解析作業」,『宋代の社會と文化(宋代史研究會研究報告第1集)』, 東京: 汲古書院, 1983.

仁井田陞,「唐代の封爵及び食封制」,『東方學報』10-1, 1939.

日比野丈夫,「敦煌の五臺山圖について」,『中國歷史地理研究』(東洋史研究叢刊30), 同朋社, 1977.

井上以智爲,「唐代に於ける五臺山の佛教(上, 中, 下)」,『歷史と地理』22卷-6號・24卷-2號, 1929.

佐伯有淸,「入唐求法巡禮行記にみえる日本國使について」,『日本古代の政治と社會』, 吉川弘文館, 1986.

中村哲夫,「城隍信仰からみた舊中國の國家と社會」,『近代中國社會史研究序說』, 法律文化社, 1984.

中村治兵衛,「中國古代の王權と巫覡」,『東アジア世界における社會と習俗』四, シャーマニズム, 學生社, 1984.

池田末利,「中國における至上神儀禮の成立」,『中國古代宗敎史硏究』, 東京: 東海大學出版會, 1981.

池田溫,「沙洲圖經考略」,『榎博士還曆記念東洋史論叢』, 東京: 山川出版社, 1975.

塚本善隆,「成尋の入宋旅行記に見る日本佛敎の消長-天台山の卷」,『塚本善隆著作集』(卷六), 大東出版社, 1974.

春日井明,「中國古代的'氣'和'鬼'」,『中國史硏究』, 1989-2.

竺沙雅章,「敦煌出土'社'文書の硏究」,『東方學報』第35冊, 京都大學人文科學硏究所, 1964.3.

土肥義和,「唐・北宋間の'社'の組織形態に關る一考察—敦煌の場合を中心に」(堀敏一先生古稀記念),『中國古代の國家と民衆(下)』, 東京: 汲古書院, 1995.3.

平田茂樹,「宋代城市硏究的現況與課題」, 中村圭爾・辛德勇 編,『中日古代城市硏究』, 中國社會科學出版社, 2004.

好並隆司,「中國古代祭天思想の展開」,『秦漢帝國史硏究』, 東京: 未來社, 1984.

好並隆司,「中國古代における山川神祭祀の變貌」,『秦漢帝國史硏究』, 東京: 未來社, 1984.

Arthur P. Wolf, "God, Ghost and Ancestors." in Arthur Wolf and Emily Martin eds, *Religion and Ritual in Chinese Society*, Stanford: Stanford University Press, 1974.

David Johnson, "The City-God Cults of Tang and Sung China", *Havard Journal of Asia*, Vol.45, No.2(Dec., 1985).

Shiba Yoshinobu, "Urbanization and the Development of Markets in the Lower Yangtse Valley", John Haeger, ed., *Crisis and Prosperity in Sung China*, Tucson: University of Arizona Press. 1975.

Skinner, G. William, "Marketing and Social Structure in Rural China", *Journal of Asian Studies*, 24-3, 1993.

Stephen F. Teiser, "Popular Religion", *The Journal of Asian Studies*, Vol.54, No.2, May 1995.

Stephen F. Teiser, "The Groth of Pugatory", *Religion and Society in Tang and Sung China*, Edited by Patricia Buckley Ebrey and Peter N.Gregory, University of Hawaii Press, 1993.

Terry F. Kleeman, "The Expansion of The Wen-Chang Cult", *Religion and Society in Tang and Sung China*, Edited by Patricia Buckley Ebrey and Peter N.Gregory, University of Hawaii Press, 1993.

Zürcher, Erik, "Buddhist influence on Early Taoism", *Toung Pao*, 65(1-3), 1980.

Zürcher, Erik, "Prince Moonlight: Messianism and Eschatology in Early Medieval Chinese Buddhism", *T'oung Pao*, 68(1-3), 1982.

▷ 학위논문

金正植,「唐 玄宗朝〈禮記〉月令의 改定과 그 性格」, 성균관대학교대학원 석사논문, 2003.

李允碩,「明淸時代江南都市寺廟의 社會史的硏究」, 서울대학교대학원 박사논문, 2003.

羅彤華,「唐代民間借貸之研究」, 國立臺灣大學博士論文, 1996.3.

甘懷眞,「唐代京城社會與士大夫禮儀之研究」, 國立臺灣大學博士論文, 1993.12.

▷ **내용출처**

이 책을 구성하는 각 장의 내용은 여러 학술지에 발표했던 논문을 수정·보완하여 완성한 것이다. 장별 출처는 아래와 같다. 이 책 내용이 현재 필자의 소견임을 밝혀둔다.

● 제1부 ●

제1장 「神界에 대한 새로운 統制와 그 의의-唐 前期 祠廟에 대한 封號下賜조치를 중심으로」, 『歷史學報』 제194집, 2007.6.

제2장 「唐代 五臺山 文殊聖地와 國家權力」, 『東洋史學研究』 제119집, 2012.6.

제3장 「唐末·五代時期 具注曆日과 地方祭祀」, 『中國古中世史研究』 제29집, 2013.2.

제4장 「土牛儀禮의 法制化過程과 儀禮變化에 나타나는 時代的 含意-天聖令과 唐令의 비교를 중심으로」, 『歷史敎育』 第112輯, 2009.12.

● 제2부 ●

제1장 「關羽信仰의 초기전개와 도·불과의 만남」, 『역사문화연구』(박성래교수 정년기념특별호), 2005.2.

제2장 「戰神의 탄생-唐末五代時期 陳杲仁信仰의 전개와 그 특징」, 『전북사학』 제38호, 2011.6.

제3장 「唐代 自然災害와 民間信仰」, 『東洋史學研究』 제106집, 2009.3.

제4장 「醫術과 呪術-唐代 醫療知識의 傳播와 禁巫措置」, 『中國古中世史研究』 제31집, 2014.2.

제5장 「民間信仰의 公認과 擴散-宣和5년 國信使 일행의 해상조난과 海神에 대한 봉호 하사조치를 중심으로」, 『역사문화연구』 제35집, 2010.2.

● 제3부 ●

제1장 「唐末·五代 浙西地域의 祠廟信仰과 地域社會」, 『東洋史學研究』 제106집, 2007.12.

제2장 「宋代 福州의 祠廟信仰과 地域社會-사묘정책의 변화와 시행정황을 중심으로」, 『中國史研究』 제38집, 2005.10; 「宋代 福州 祠廟의 信仰圈과 地域民의 日常生活」, 『宋遼金元史研究』 제11호, 2006.12.

제3장 「北宋 開封의 祠廟信仰과 都城社會」, 『中國學報』 75, 2016.2.

제4장 「南宋 都城 臨安의 民間祠廟信仰-도시사적 접근」, 『中國學報』 80, 2017.5.

찾아보기

ㄱ

가회문 558
강남정권 382~383, 388, 407~408
강무례(講武禮) 163
개경 319, 334, 352
개보인왕사 534
개봉 165, 171, 305, 477~478, 480~481, 483~485, 489, 491~492, 494~497, 501, 505~509, 513~514, 518, 534~535, 538~539, 549, 552, 561~562, 566, 571
개봉부 165, 170~171, 177, 413, 479, 489~490
객주(客舟) 319, 325~326, 351
경령궁 209, 502, 534, 554, 557~559, 566, 572
경성 사묘 480, 492, 497, 504, 541, 544, 567, 571
경인(耕人) 152, 159~160, 165, 167~168, 171, 173~175, 178~179
경적례(耕籍禮) 253~254
계자(季子) 241, 379, 393
계자묘 368~369, 379, 389, 391
계찰(季札) 242, 372, 378~379, 389~390, 393, 407
고례(告禮) 499~502, 504, 506, 523, 544
고변 237~239, 244, 295
고신사(古神祠) 518~519, 529~530
고염무 436, 522
고전현(古田縣) 417~418, 448, 455, 465, 471
고정신사(묘) 270~271, 279, 431~432
고종(高宗) 38, 62~63, 77, 94~95, 302, 306, 310~311, 346, 354, 413, 422, 438, 451, 461, 524, 528, 530~531, 533, 539~541, 552~556, 571
공공성 7, 26, 498, 502, 504~505, 514
공인(公認) 7, 26, 33, 76, 79, 106, 112, 118~119, 122, 172, 184, 188, 211, 219, 222, 240, 245, 267, 274~276, 280, 315, 337, 349~350, 352~357, 367, 372, 374, 393~394, 396, 413~414, 421~422, 424, 429~431, 433, 439, 453~456, 458, 465, 480, 484, 486, 488, 490, 492, 495, 498~499, 505, 523, 525, 529~530, 537~539, 541, 549~551, 565, 571
관무 285~287
관우묘 184~185, 188, 191, 201, 207, 211, 213
관우신앙 26, 183, 185~189, 191, 197~198, 201~202, 205~208, 210, 212~216, 235
관음 110, 213, 330, 350
관항(官巷) 537, 539
광복묘(廣福廟) 529

광역신 407, 436, 458, 473
광혜묘 547~548, 568
곽산 547~548, 568
교방 511~512
교사(郊祀) 37, 63, 423, 497
구룡묘 501
구법승 83
구주(衢州) 398~399, 469, 550, 569
구주역일 25, 117, 119~122, 125, 127~
  128, 130~133, 136~137, 139~140, 143,
  145~148, 167~168, 179, 258, 260~261,
  278
국가제사 6, 20, 24, 32, 34~36, 39, 48,
  52, 54, 60~61, 63~71, 74~75, 78~79,
  119, 132~133, 140~141, 145, 147, 160,
  172, 184, 186, 188, 240, 242, 245, 248~
  252, 255, 257~261, 263~264, 272, 276~
  280, 287, 289, 314, 320, 331, 333, 340,
  343~346, 356, 384, 386, 392~393, 406,
  413, 419, 422, 424, 438~439, 441, 444,
  454, 461, 472, 485~486, 488, 497, 504,
  509, 523, 544, 546, 556, 561
국신사(國信使) 319~332, 334~335, 337,
  343~348, 350~353, 355~357, 550
굴원(屈原) 205, 230, 233
귀병(鬼病) 199, 201, 294, 310
균용직 511~512
금각사 108~111, 114~115
금군(禁軍) 483
금릉(金陵) 236, 239

금무조치 281~284, 292, 298, 305, 307~
  308, 313~314, 316
기곡(祈穀) 252, 277
기로(耆老) 229, 271, 279, 431~433, 462~
  463, 529, 569
기보례(祈報禮) 499~500, 502, 504, 523,
  544
기청제(祈晴祭) 263, 265, 278, 292
기풍(祈豊) 249~250, 252, 254~255, 277~
  278
기화우주론/기화우주관(氣化宇宙觀)
  54, 251, 277
길례(吉禮) 132, 144~145, 249~250, 263
김부식 332

ⓝ
나향 283, 307~308, 417
낙수신 35, 38, 42, 52, 77
남경(南京) 170, 196~197, 242, 324
남교 37, 69, 172, 487, 554, 558~559,
  572
남당(南唐) 219, 221, 240, 242, 245, 383,
  393, 400, 407~408, 547
남대묘(南臺廟) 450~452
남쌍묘(南雙廟) 240~241
납(臘) 120, 140
노윤적(路允迪) 319, 325, 334, 347, 355~
  356
뇌신 135, 144~145, 149

찾아보기 611

ⓒ

단웅신묘　501~502

단제(壇祭)　146, 386

당령　25, 151~153, 160, 164~166, 170~171, 173~175, 177~179

당실중흥　25, 37, 43, 45~47, 60, 69, 77

당양(當陽)　191, 196, 201~202, 210, 215

대나(大儺)　155~158, 161~162, 178

대사(大祀)　57, 68~69, 75, 79, 134, 142~143, 172, 203, 252~253, 257, 277, 468, 504, 557

대상국사　502, 534

대우례(大雩禮)　256

대운경　63

대종(代宗)　84, 106~111, 114, 265, 292, 365, 391

대홍선사　91, 111

덕감(德感)　101, 105, 113

덕선(德宣)　228~233, 235, 243

덕안공묘　501

도교　20, 24~26, 32, 36, 40, 60~61, 63~66, 68~76, 78~79, 102, 145, 185, 187, 201~202, 206~210, 212~216, 296, 331, 333, 340, 346, 356, 374, 444~445, 482, 486, 489~491, 506, 514, 517, 537~540, 548, 557

도덕지사　424~425

도선불후(道先佛後)　92, 95, 113

도안(道安)　86

동경　27, 170, 208, 324, 327, 477, 479, 482~483, 485, 491, 497, 510, 519, 532, 534~539, 541, 565~566, 568~569, 571, 573

동경구사(東京舊祠)　518, 535, 539, 554, 561, 571

동경수조사(東京隨朝祠)　519

동악묘　46, 347, 385, 442~447, 455, 463, 469, 497, 500, 502, 506, 543~545, 568, 573

동악신　21, 44~46, 218, 385~386, 436, 443, 448, 469, 506, 543~544, 551, 571~572

동악온장군(東嶽溫將軍)　543, 569

동해신사　327~328, 337, 344~346, 350, 353, 357

두목(杜牧)　273, 362

등봉단례　57

등봉례(登封禮)　38

ⓜ

마린(馬璘)　162, 265, 292

마안산신　377

마원정　63~65, 78, 102

마조(媽祖)　348, 355~356, 455~456, 458, 468, 551

마조신앙　349, 354~355, 357, 435, 449, 455~458, 473, 550~551

만능신　347~458, 492~493, 497, 504, 550

만송령　535, 566, 573

만수관(萬壽觀)　534, 555, 557

만승문 483, 493, 510, 538
말요항 495
망제 51, 55, 63, 253, 255~256
명계(冥界) 381, 493, 536
명당 40, 42, 102, 156~157, 178
명덕찬복왕묘 450, 452
명주(明州) 319, 326~328, 330, 336, 345, 347~348, 353~355, 458, 496, 531, 555
명철(明哲) 423~425
모산파 209~210
모주사전(某州祀典) 343, 488
목주 236~237, 239, 274, 361, 379~380, 524
묘액 7, 22, 25, 33, 35~36, 172, 210~211, 240, 270, 276, 280, 321, 327, 337~338, 340~344, 346~348, 350~354, 356~357, 374, 406, 412~414, 421~422, 425~426, 429~432, 434, 451~454, 461, 463~464, 472, 480, 486, 488, 495, 498~499, 509, 519, 525~531, 535, 538~539, 541, 546~547, 550, 564, 569~572
묘제(廟祭) 64, 146, 191, 386
묘회(廟會) 416, 478, 507~508, 511~515, 538, 540, 568, 574
무묘(武廟) 184, 188, 557
무성왕묘 184, 497
무의(巫醫) 297, 312, 315
무자(巫者) 265~266, 281~288, 290~293, 295~298, 305~306, 308~310, 313~315
무주혁명 25, 37, 40, 47, 54, 63~65, 77~78, 100~102, 104, 113
무축 196, 198, 205, 235, 278, 283~284, 287~289, 291~292, 294, 296~298, 308, 320~321, 371, 381, 386, 406, 411, 415, 471, 481, 492
무측천 25, 31, 34, 36~42, 44, 47~50, 52, 54, 56, 60~61, 63~64, 66, 68, 75, 77~79, 84, 94~96, 99~105, 107, 113~114, 266, 288, 294, 340
문선왕묘 184, 497
문수보살 85, 87~89, 96~97, 99~100, 102~104, 108~110, 112~115
문수성지 25, 81, 84~85, 88~90, 92, 94, 96, 98, 100~101, 105~108, 114
미즈코시 토모[水越知] 442, 531, 544
민간신앙 6~7, 20~21, 24, 26, 32~33, 76, 172, 185, 187, 191~192, 205, 214, 216, 220, 235~236, 240, 244~245, 247, 249, 257, 264, 266, 272, 277, 280, 287, 314, 320~321, 331, 333~334, 338, 347, 351, 354, 356, 363, 368, 370, 374~375, 386~388, 394, 409, 411~412, 414, 417~418, 422, 434, 436, 448~449, 463, 471, 473~474, 478, 480~481, 484~485, 489, 494~495, 499, 507, 514, 517, 519~522, 532, 537, 539, 543, 549, 551~552, 561, 567~570, 572, 574
민월왕 449~452, 454, 461
민현(閩縣) 177, 396, 410, 423, 429, 447~448, 452~453, 456, 460~461, 463~464

밀(蜜) 128
밀종 104, 107~108, 111~112, 114

ㅂ

반사정 62~64
발레리 핸슨 22, 430, 447, 472, 489, 547
방재 236, 247, 249~255, 261, 264~267, 270~272, 277~279, 291, 388, 461, 499
방책(旁磔) 155~156, 158, 161~162, 178
방풍씨 378, 407
배례(拜禮) 53~54, 78, 333
백거이 123, 262, 265, 270, 273, 279, 291, 369, 379~380, 397, 404, 483
백마삼랑 450, 452~453, 461
법문사 95~96, 113, 269
법장 89, 103~104, 113
보리유지 88, 103~104, 113
보사(報祀) 37, 73, 237, 244~245, 249, 271~273, 275~276, 279, 392, 411, 462, 546
보타관음사 350
보타원 330
복건상인 336, 348, 457, 464, 466, 468, 550
복주(福州) 26, 336, 347, 355, 384, 396, 409~412, 415~419, 421~423, 425, 429~431, 435~439, 441~453, 456, 458~459, 463~465, 471, 473~474, 497
복청현(福淸縣) 444, 466, 467
봉사단례 58

봉선례(封禪禮) 38, 41
봉호 7, 22, 25, 31, 33~52, 58~61, 68, 71~72, 74~79, 172, 184, 188, 210~212, 218~219, 221~222, 224, 238, 240~242, 245, 276, 280, 321, 327~328, 337~338, 340~347, 349~354, 356~357, 369, 374, 380, 383, 392, 395~396, 404, 406, 408, 412~414, 421~422, 425~426, 429~430, 432, 434~435, 451~455, 457~458, 460~461, 464~465, 467, 472~474, 480, 482, 486~489, 495, 498~499, 509, 519, 523~525, 529~531, 535, 538~541, 544, 546~548, 550~551, 562, 564, 570~572
부로 207, 269, 272, 276, 279, 291, 366, 392, 396, 429, 433, 463~464, 470
부묵경 319, 325, 356
북교(北郊) 255
불골영송의례 96
불공(不空) 106~111, 114~115
불도징 86
비사문천왕 297
비전양병방 247
빈두로 109~110

ㅅ

사(社) 23, 33, 128, 132, 145, 261, 290, 384, 422, 548, 568
사독신 50
사령(祠令) 52, 134, 264, 271, 279
사마승정 65~66, 68, 71, 78, 444

사묘의 전국화　552

사부(祠部)　32

사사지(祠祀志)　517~518

사산묘(祠山廟)　447~448, 547

사성관　495

사성연상관　534, 540

사술(邪術)　281~282, 285~286

사전(祀典)　32, 172, 211, 264~265, 275~276, 291, 321, 338, 362, 373, 413, 431, 479, 522

사주(沙州)　136, 141~142, 144, 146, 259~260

사직　45, 134~135, 142~144, 209, 253, 263~264, 276~277, 307, 419~420, 423, 440~441, 485, 499, 517, 544, 554, 556~557, 559~560

사천감　123, 174, 176~177

사화(社火)　469, 478, 506, 511

사회(社會)　469, 478

산천신　35, 50, 255~256, 280, 386, 390, 499, 519, 522, 526, 562

삼복(三伏)　120, 140

상립(商立)　535, 565

상서(祥瑞)　37, 74, 98~99, 114

상원관　482, 489, 502

상주(常州)　219, 361

상청파　62~63, 65~66, 71, 73, 78

서긍　319, 326, 328~329, 332~333, 336~337, 343, 351

서언왕묘(徐偃王廟)　398~400

서태을궁(西太乙宮)　534

서호(西湖)　369, 452, 520, 526, 532, 540, 554, 556, 563

석전(釋奠)　33, 132~135, 140~141, 143~144, 146, 148, 276, 307, 395, 419~420, 485

선계묘(善溪廟)　450, 452~453, 461

선현　236, 423~425, 518

설거(薛擧)　288, 294

설경회(薛曔晦)　308, 313, 417

성도(成都)　124~125, 312

성비묘　550, 569

성소(聖所)　98, 110, 446, 481, 503, 505~506, 512, 548, 560~561, 568

성수사건(聖水事件)　478~480, 482~484, 489, 491, 507

성황신　21, 217, 270, 273, 383~385, 387, 425, 436~442, 448, 473, 496, 504~506, 522~524, 544

소동파　352

소령묘(昭靈廟)　467

소리묘(昭利廟)　347~349, 355, 357, 455

소무군(昭武軍)　414~415, 451, 459, 471

소사(小祀)　134, 254~255, 257, 277, 419, 485

소절묘(昭節廟)　527, 564

소정(蕭定)　369, 379, 391, 453, 525~526, 565

소제묘　522

소주(蘇州)　236, 240~241, 244, 272, 275,

찾아보기　615

361, 367, 369, 378~380, 385, 391, 398, 401~404, 447, 464, 494, 506, 517, 524, 549, 553, 555

소흥화의 413

손사막 299, 303, 310~312

송밀 332

순례 83, 99, 105~107, 111, 115, 442, 506, 543~544, 548, 568

순례사절단 94~96

순우창 560

순제묘(順濟廟) 349, 526, 563

순제용왕묘(順濟龍王廟) 503

숭산신 35, 39, 50, 52, 54, 77

승선태자(昇仙太子) 39

시랑교항 535, 566, 573

시령 130, 153~154, 156, 158, 163, 178, 180

시바 요시노부[斯波義信] 22, 442, 520, 544

시박사(市舶司) 304, 354, 458, 551

신녀사(神女祠) 348, 357

신농씨 254, 300, 537, 565~567, 573

신묘 6, 69, 79, 275, 348, 353, 368~369, 406, 444, 499, 517, 529, 538, 546

신법당(新法黨) 322, 487

신보관 538

신사 6, 35, 68, 389, 490, 497, 503, 505, 543, 571

신사철폐 478~479, 484, 490~491, 495, 514

신앙권(信仰圈) 26, 215, 220, 237, 349, 376~377, 380, 383, 407, 409, 412, 434~436, 442, 447~449, 452, 455~458, 461, 464~465, 473, 490, 506, 524, 547, 551~552

신앙권의 중층화 375~376

신종(神宗) 210, 322~323, 332, 341~342, 453, 461, 479, 486~487, 489, 498, 509

신주(神舟) 319, 336, 356

실차난타 103, 113

심가문(沈家門) 329

심기 332

심법흥 220~221, 225~226, 229~231, 233~235, 243, 380~381, 396, 545

십국정권 23, 26, 242, 504

쌍봉(雙封) 523

◎

악비(岳飛) 528, 563

악왕묘(岳王廟) 528, 563

악진해독 50~52, 54~55, 60, 63~64, 68, 71, 75, 78~79, 134, 253, 256, 263, 271, 277

안도 322, 328, 345, 353

안진경 257, 366~367

앙산신(仰山神) 269, 543, 548, 571

약방 296, 302~303, 305, 313~314, 565

약포(藥鋪) 567, 573

양주(揚州) 124, 237, 296, 398, 555

엔닌 99, 104~105, 108, 124, 261, 263

여간(黎幹)　162, 265, 289

여산신(驪山神)　72

여술(呂述)　274~275

여정문　558

여항문　547

역병　192, 196, 215, 230, 236, 244, 275, 288, 391, 399, 439, 523~524

역보　120~121, 141, 147

역일(曆日)　119~125, 127~132, 140~141, 143, 145~149

연서신　336~337, 347~348, 355, 357

염승(厭勝)　286, 288~289

영경묘(寧境廟)　431~432, 455, 465

영덕현　384, 439, 441, 505

영선령　152~153, 155~156, 160, 164, 166, 177~179, 503

영성문(禁城門)　135, 255, 257, 262~263, 272~273, 277

영신의례　469

영험　23, 33, 90, 98, 107, 110, 114, 184, 188, 219, 221, 235~236, 238, 269~280, 327~328, 341~342, 347~348, 371, 373~374, 377, 385, 393, 396, 399, 402, 408, 429, 431, 433, 435, 439, 443, 447, 451, 453~454, 457, 459, 461~463, 474, 479, 483~484, 486, 493~494, 496~498, 506, 512, 526, 536, 538, 547, 549, 551

예성항(禮成港)　319, 325, 332~334

예의국　491

예전(禮典)　52, 118~119, 130~131, 140, 144, 148~149, 161, 238, 262, 374

예제　6, 20, 35, 42, 52, 54, 56, 75, 78~79, 117~120, 125, 132, 144, 147, 149, 249, 253, 256, 323

예종　43, 95, 319, 323~325, 334

예천관　482, 495

예천하관(醴泉下觀)　490

오기묘　501~502

오대산　25, 81, 83~96, 98~99, 101~115

오대제묘　394

오룡묘　332, 497, 500, 544

오방상제　58, 78

오산(吳山)　270, 369, 379~380, 524, 527, 535, 545, 551, 562, 564~566, 568, 573

오악신　50, 54~56, 67~68, 78

오월　240~242, 244~245, 369, 383~384, 393, 407~408, 423, 443, 504, 522~524, 546, 553, 556, 558, 561, 572

오자목　519, 521

오자서(伍子胥)　193, 240, 242, 270, 364, 372, 378, 380, 393, 407, 522, 525

오태백(吳太伯)　230, 242, 364, 372, 378, 393, 404, 407

오통(신)　403, 436, 447, 464, 473, 490, 494~495, 543, 549, 568~569, 571, 573

오흥(吳興)　198, 225, 366

옥천사　188~189, 202~205, 212, 216, 235

옥청소응궁　502

옥황상제　212

찾아보기　617

왕고(王古)　210, 342, 487

왕도　299, 303

왕선지(王仙芝)　237

왕숙(王肅)　54, 57, 78, 251, 277

왕순봉　322, 350

왕심지(王審知)　395~396, 423, 429, 437, 443, 451, 453~455, 464, 472

왕안석　430, 472, 487

왕양　323, 345

왕여　288~289

왕자진(王子晉)　39~40

왕중정　209

왕흠약(王欽若)　208, 482

외군행사(外郡行祠)　518~519, 543, 554, 561, 567~568, 570~574

용문약방　302

용왕묘　270, 276, 373, 467, 526, 531, 562~563, 570

용호산　208~210

우메하라 카오루[梅原郁]　520

우사(雨師)　35, 134, 252, 254, 485

우사(雩祀)　252, 277

우적　362, 364, 378, 416

원굉묘(袁宏廟)　399

원구단　45, 252, 497, 554, 557~558

원정교　535, 566, 573

월주(越州)　519, 531, 553, 555

유극장(劉克莊)　448, 551

유약허(劉若虛)　414, 471

유예(劉汭)　276, 280, 373

유우석　312~313

유의(儒醫)　311, 313

유종원　313

유혼강　491

육구몽　314, 369

육유　347, 384, 439~440, 455, 470, 505, 519

육지　312, 468

윤주(潤州)　236, 239, 241, 243~244, 361, 368, 370~371, 377~380, 385, 393~394, 399~402, 467

음병(陰兵)　197, 208, 221, 238, 241~242, 245

음사　7, 32~33, 197, 210, 233, 266, 306~308, 329, 338~340, 362, 364~366, 372~374, 381, 413~414, 417~420, 430~432, 434, 471~472, 481, 489~490, 492, 495

의례도시　477, 514, 521, 554, 556, 559, 561, 572, 574

의료신　537, 541, 567, 573

의방　296, 301~302, 309, 313

의술　27, 281~284, 293~294, 297~298, 305, 308~310, 312~316, 414, 481

의원(醫員)　281, 283, 293~295, 297~298, 305, 308~313, 414, 493, 530, 536~537

이감(李堪)　417, 419, 431~432, 465, 471

이극용(李克用)　237

이덕유　263, 268, 279, 283, 308, 362, 364, 372~373, 378, 388, 417, 481, 490

이랑묘(二郞廟)　483, 494, 497, 535, 538~

539, 541, 571
이상공묘(二相公廟) 496~497
이양빙(李陽氷) 273
이임보 156, 295
이필묘 369
임영소 491

ㅈ

자은사 95
자장 94
잠설우 519, 525, 550
장계선 208~210
장문종(張文琮) 307, 416
장삼(張森) 493, 536~537
장안(長安) 93, 95, 101
장열(張說) 161, 262, 264
장왕신(張王神) 21, 370, 402~403, 436, 447~448, 473, 543, 547~548, 571~572
장자문 34, 193, 196~199, 201, 234, 242
장정수 210
재계(齋戒) 257, 271, 433, 438, 461~463
재동신 21, 551
재동제군묘 459, 548, 551, 568
적유겸 266~267, 278
적인걸 233, 266, 268, 274, 291, 307, 362, 364~368, 372, 378, 382, 416, 490, 529
적전(藉田) 140~141, 143, 148, 501
전류(錢鏐) 221, 241, 245, 423, 523~524, 546, 553, 572
전륜성왕 91, 104~105, 111, 114

전신(戰神) 26, 217, 233, 236~237, 240~242, 244~245, 393, 408, 545
절서(浙西) 26, 220~221, 233, 236~237, 239~245, 270, 361~368, 370~371, 373~383, 385~389, 391, 393~396, 398~401, 405~408, 447, 467~468, 481, 490, 524, 545
정강의 변 532, 541, 561
정사(正祀) 32, 307
정사(正祠) 32, 184, 198, 222, 372, 414, 432, 480, 486, 522, 539
정체성 5, 27, 382, 454, 522, 547, 562, 569
정충묘(旌忠廟) 526, 531, 564, 570, 573
정해항 319, 330
정현(鄭玄) 54, 57, 78, 155, 251, 277
제도종교 20, 26, 76, 187, 207, 214, 333
제사묘(諸祠廟) 498, 501~502
제신사(諸神祠) 134, 148, 276, 342, 485~486, 488
조근례 45
조린(趙璘) 373
조악(朝嶽) 446, 469
조익 187~188, 219~220, 229, 384, 436, 439, 522
조진용(趙晉用) 379, 389
종묘 45, 69, 74, 134, 209, 263, 391, 423, 499, 544, 554
종사(宗祠) 188, 398~400, 464
좌도(左道) 266, 288

좌야　513
주난왕(周赧王)　274, 365~366
주성황(州城隍)　440~441
주술　24, 27, 61, 107, 114, 154, 166, 256, 265~266, 278, 281, 283, 286~291, 293, 295~298, 303~305, 308~310, 313~315, 329
주시(酒市)　539
주희(朱熹)　33, 416, 425, 434, 551
준구묘　497, 501~502
중사(中祀)　52, 63, 134, 142~143, 253, 257, 277, 328
중축선　213, 552~554, 557~562, 572
지방제사　22, 25~26, 33, 133~136, 140~146, 148~149, 255, 257~263, 266, 271~272, 276~279, 285, 419~420, 422, 435, 441, 462, 465, 474, 490
지신묘(池神廟)　403
지역성　7, 26, 148, 242, 383, 393~394, 407, 478, 514, 521~522, 530, 562, 570
지역신　191, 204, 220, 241~243, 264, 269, 278, 321, 347~348, 356~357, 375~380, 382, 387, 391, 393, 405, 407, 449, 454, 456, 458, 522~523, 525~526, 545, 548
지역유력자　7, 26~27, 243, 249, 266, 268, 271~272, 276~280, 382, 388~389, 391~393, 395~396, 400, 406, 408, 412, 421, 429, 432~433, 454, 459~464, 470, 474~475, 544
지역의식　27, 382~383, 407~408, 423, 449, 473
지역적 사묘　27, 376~377, 387
지의(智顗)　188, 202~204
진과인　26, 217, 219~223, 225~245, 378, 380~382, 392~393, 407~408, 543~546, 571
진목　322, 328
진무당　482, 489
진무신　490, 534
진부옥지관　74
진사(晉祠)　267, 278
진순(陳淳)　416, 425, 442, 457, 470, 545
진양(晉陽)　266, 268
진왕(眞王)　93, 323
진종(眞宗)　170, 209~210, 216, 281, 414, 417, 432~433, 439, 442, 444, 447, 462, 471, 482, 506, 509, 523, 539, 544
진혜전(秦蕙田)　41, 55

ㅊ

채양(蔡襄)　415, 418~421, 453~454, 461, 471
천견(天譴)　256~267
천비　21, 348
천사도　210~211
천서(天書)　209, 482
천성령　25, 123, 151~153, 155, 164~165, 169~171, 174~177, 179, 301, 315, 503
천신(祇神)　54~55, 58, 78, 142, 146, 259~260

천왕당 548

천인상응 98, 114, 256~257

천주(泉州) 352, 468

천지제사 55, 57

천후(天后) 217, 348

철종(哲宗) 207, 211, 343, 347, 369, 460, 483~484, 538

청량사 87, 100~101, 104~105, 109, 114, 394

총지원 327

최부군(崔府君) 509, 539~540

최부군묘 509~510, 513~514, 539, 571

추무제(騶無諸) 450

추영(騶郢) 450

축문(祝文) 36, 48~50, 55~56, 60, 110, 144, 249, 252~253, 255, 258, 262, 264, 268, 270, 273, 275, 278~279, 453, 455, 461

축법호 87

축판 53~55, 78

춘신군(묘) 365, 367, 385

출토우 154, 156~159, 161~163, 178

충의왕묘(忠懿王廟) 422~423, 455

충청묘 522, 524~525, 562

치병무 281

치병신 536~538, 541, 567

칙사순례단 100, 105

칙액 33~34, 36, 96, 100, 110, 344, 346, 349, 434, 457, 535, 557

친경(親耕) 45

ⓔ

타춘례 166~167, 169, 171~172, 179

태관국 511~512

태묘(太廟) 172, 255, 497, 503, 554~557, 559~560

태백묘(泰伯廟) 241, 369, 378, 393, 404~405

태복서(太卜署) 286~287

태산 38, 43~46, 50, 58~59, 62, 170, 385, 442, 444~445, 506, 544

태원(太原) 85, 93~94, 96, 101, 105, 109, 111~112, 115

태을신 67~68

태의서 300, 303, 315

태주(台州) 239, 447, 494, 531, 549, 555

태청궁(太淸宮) 68~69, 73~75, 79, 172

태평흥국사 502, 534

태평흥국전법사 534

태호(太湖) 236, 361, 384, 401

토룡 162, 256, 265, 278, 292, 433, 462

토속사 519, 522, 529~530

토속제사(土俗諸祠) 518

토우례 25, 140, 151, 154, 160~161, 164~168, 172

토지신(土地神) 142, 146, 197, 253, 259~260, 367, 376~377, 447, 490, 493, 509, 539

통진묘(通津廟) 467

투룡의식 64~65

ㅍ

편작묘　501~502
평제묘　526, 563
폐불　90, 99, 481
풍백(風伯)　35, 134~135, 140, 143, 146, 148, 261, 263
풍직(豐稷)　347, 479~480, 489
피일휴　272, 275, 369, 391
피장대왕　493, 536
피장묘(皮場廟)　459, 474, 493, 497, 535~537, 541, 565, 568, 571, 573

ㅎ

하지동(何志同)　489
한유　269, 271, 310, 362
합굴용사　333
항우(신)　193, 198, 201, 234, 291, 366, 371, 382
항주팔도　240
해상(海商)　320, 326~327, 334~345, 348, 352~355, 357, 436, 456~457, 466~467, 473, 550, 569
해상조난　26, 319~321, 325, 334, 351, 355~356
해신(海神)　321, 337, 347~351, 353, 357, 456
해신묘　335, 350, 352~353
해주　207~208, 210, 216
해주의　211
행사(行祠)　348, 353, 355, 376, 385, 402, 431, 441~442, 451, 493, 509, 535, 546, 565
행사망(行祠網)　440
행업신　356, 403~404
행회　401, 405, 511, 513
향사(香社)　506
향토신　377, 379, 407, 495, 551
향토적 사묘　26, 376
향화(香火)　99~100, 345, 445
허인(許仁)　309, 311
헌원(신)　208~210
현성황(縣城隍)　440~441
현신묘　368, 522, 531
현우묘　545~546
현원황제(玄元皇帝)　49, 69, 72~74
현장　95, 97, 258
현종　25, 31, 35~37, 42~51, 55~58, 60~61, 65, 68~70, 72~74, 77~79, 107, 129, 134, 148, 161, 254, 276, 280, 289, 295, 301~302, 328, 339~340, 367, 372, 374, 385~386, 388, 399, 444, 485, 557
협계산　332, 335
혜림사　534
혜민북국　565, 567, 573
혜원(慧遠)　86
혜응묘　459, 474, 535, 565~567
호법신　184, 188, 204~205, 212, 216, 235
호석벽(胡石壁)　434
호주(湖州)　206, 230~231, 276, 280, 361, 366, 370, 373, 383, 385, 395, 397, 401~

402, 447, 547, 560
호천상제(昊天上帝)　37~39, 45~46, 54, 57, 69, 77~78, 133, 251~252, 554, 557
화녕문　558~559, 562, 572
화산신　43, 58, 77
화악묘　43, 58, 67, 371, 385
화엄학　87~90, 112
황상(黃裳)　343, 488
황소　238~239, 244, 347
황수양(黃水洋)　331~332, 336~337, 348, 356
황제(黃帝)　209, 293, 300, 491
황지기(皇地祇)　38, 45, 54, 57, 134
회색(會賾)　96~97, 99, 106, 113
회수(會首)　469, 507, 512, 548
회응묘　455, 460
후관현(候官縣)　177
후원작　511~512
후토　40, 237
휘상　370, 447
휘종(徽宗)　209, 211, 319, 322~325, 330~331, 334, 339, 345~346, 353, 356, 413, 432, 451, 489~491, 493, 495, 498, 530, 533, 535, 537~538, 545, 547, 570
홍경궁　254, 295

〈서명〉
『가정진강지』　227
『겸명서』　153, 162, 166~167
『경정건강지』　517

『고금집험방』　313
『고청량전』　85, 87, 89~91, 96~97, 104, 112
『광제방』　301~302
『광청량전』　101
『대당개원례』　118, 134~135, 144~145, 153, 250, 255, 257~260, 263, 485
『대당교사록』　145
『동경몽화록』　165, 168~169, 171, 508, 511
『몽량록』　165, 173, 423, 446, 519, 521~522, 526, 535, 537, 539, 543, 565~567, 571
『무림구사』　165, 558
『법화경』　97, 229, 232
『보경사명지』　346
『보우경』　103~104, 113
『불조통기』　204
『사해유취방』　299
『삼국지연의』　183, 186
『선화봉사고려도경』　319, 343
『속고승전』　206, 216
『송고승전』　205~206, 216, 228
『순희삼산지』　177, 412, 415, 417, 422, 438~439, 443, 446, 448, 450, 452, 463
『신수본초』　300
『어간정예기월령』　129~131, 148, 161~162, 173
『연우사명지』　347
『오군지』　517

찾아보기　623

『외대비요』 299, 303
『월령조조』 154, 156~158
『육씨집험방』 312
『이견지』 200, 349, 355, 456~457, 460, 466~467, 494, 496, 536, 549
『인왕호국경』 108, 110, 114
『전신방』 313
『지순진강지』 517

『천금방』 299, 303, 311
『함순비릉지』 227, 233, 238, 370
『함순임안지』 274, 365, 518~519, 521~522, 526, 534~535, 539, 542~543, 545, 548, 565, 571
『해여총고』 187, 219~220, 439
『효경』 221, 232

唐宋時期的信仰與社會

〈目錄〉

第一部　國家權力・儀禮・宗教信仰
　第一章　下賜神靈世界的封號與皇帝權力－以武則天・玄宗時期爲中心
　第二章　五臺山文殊聖地的形成與國家權力
　第三章　唐末・五代時期的具注曆日與地方禮儀
　第四章　土牛禮的法制化過程與禮儀變化－以天聖令與唐令的比較爲中心

第二部　民間信仰的開展與社會功能
　第一章　關羽信仰的初期開展與道・佛的接觸
　第二章　戰神的誕生－唐末・五代時期陳果仁信仰的開展及其特徵
　第三章　唐代自然災害與民間信仰
　第四章　醫術與呪術－唐代後期醫療知識的擴散和禁巫措施
　第五章　宣和五年國信使一行海上遭難和海神信仰－高麗和北宋外交的另一種面相

第三部　民間信仰與地域社會
　第一章　唐末・五代浙西地域的民間祠廟信仰與區域社會
　第二章　宋代福州祠廟的信仰圈與居民的日常生活
　第三章　北宋東京開封的民間信仰與都城社會
　第四章　南宋都城臨安與民間信仰－都市史的觀點

〈簡要〉

迄今爲止, 中國史研究在客觀究明國家與社會的總體結構與實際運作情況的遠大目標下進行. 由此, 多方面的研究表明儒家意識形態和周密的官僚行政體系是長時間使中華帝國保持穩定的主要動力之一. 然而這樣的目標, 使得對政府和民間、中央和地方、上層和下層、正統和非正統的視角, 自然而然集中於前者. 由於傳統史料主要偏重於這方面, 也使這類研究方向得到了進一步的深化. 在正式權力的邊緣, 地方的有力者和基層民衆在非正式的社會關係基礎上引領著地方區域社會的傳統, 而這一方面卻被自然地忽略了. 在長期積累的民間和地域社會文化心態基礎上, 接受上層傳達的制度和理念, 以及有時由此而發生改變的部分, 很明顯在歷史上占有重要的一部分, 但卻沒有受到關注.

這種研究潮流同樣影響於以思想、禮儀、信仰爲主題的精神文明史領域. 自古以來積累的民間宗教傳統和信仰環境幾乎都沒有被考慮在內, 宗教信仰開展過程中受基層社會的精神土壤或地域因素影響而產生的變化和融合方面確實也被忽視. 筆者從該問題意識出發, 以與傳統中國社會中的佛寺、道觀一同成爲信仰行爲重要據點的祠廟爲中心, 對基層社會的宗教和信仰問題進行了研究. 主要以唐代爲中心, 追蹤研究了祠廟的類型和發展過程, 並對國家權力和祠廟信仰的關係進行了探討. 並考察了儒教禮制的制約性層面對於民間信仰的開展所產生的影響.

隨著研究的深入, 筆者認爲爲了更加深層次地切入, 需要在"時期"和"主題"兩方面有所突破和拓展. 首先, 是關於"時期"的設定, 唐宋兩代雖是被稱爲"唐宋變革期"的嶄新變化時期, 同時也是具有連續性面貌, 相當濃厚的時期. 從斷代史的角度來看, 將唐代限定爲研究對象, 對了解民間社會和宗教、信仰的相互關係, 以及民間祠廟信仰的發展狀況都具有一定的局限性. 其實, 宋代是民間信仰的開展過程中占有重要位置,繼承唐末、五代以來變化的同時也發生了質和量的新變化,可以說是一個"轉折期". 正是由於該原因,不少學者認爲宋代是中國民間信仰原型的完成時期. 在歐美、日本和中國學界,也注意到了這一時期"祠廟"不僅是宗教信仰的空間,而且出現成爲地區民衆社會關係和日常生活的主要據點的現象. 這種作爲民間信仰據點的祠廟與區域社會之間的緊密關系,隨著唐末、五代到宋代發生的各種社會經濟變化,進入到了新的轉換期. 自古以來,民間祠廟與基層社會的緊密關系就遇到該時期新的社會變化和流動性增强等相適應,從而進入到新的發展膨脹期. 因此,筆者認爲以長時間視角對唐末・五代時期及宋代一并進行研究是十分必要的.

其次,對於主題的拓展,在嘗試各種方法的同時,還需要通過更加具體的案例來了解各個主題之間的關聯性,進而進行能夠驗證祠廟信仰的社會性和能動性的研究. 基於以上考慮,筆者大致將研究分爲三個領域的大主題,其內容在本書中按以下順序進行闡釋.

第一部分《國家權力・儀禮・宗教信仰》中,對於唐宋政府的宗教政策和國家祭祀當中地方儀禮的變化情況進行了研究,進而探討了國家權力與宗教信仰之間的關系. 首先對唐末、五代以後作爲管轄民間信仰重要手段而確立的下賜封號於神靈世界的背景進行了深入分析. 先探討了武則天、玄宗時期得到發展的下賜封號於神靈的政策與"武周革命"和"唐室中興"等重大政治事件間有何關聯,并檢討了禮制理論中天子和諸神之間的關系如何得到調整,以及總體的宗教政策的變化與道教勢力之間存在的密切關系. 之後,從"域內聖地的出現"層面出發,觀察了中國佛教的本土化趨勢,並考察了在五台山文殊聖地的形成過程中出現的皇帝權力和佛教勢力的相互勾結與協助情況. 政府的地方禮儀與基層社會接觸面廣,以其爲中心考察了唐宋時期國家禮儀的傳播途徑和世俗化趨勢. 通過對這個時期作爲信息傳達的重要媒介而出現的"具注曆日"的分析,了解到地方祭祀的舉行日程和相關信息是如何傳達到基層社會的. 並對這一過程中, 由地方官吏主導的國家祭祀層面下地方禮儀發生了怎樣的變化, 地方的民間信仰受到了怎樣的影響, 其意義是什麼, 都進行了深入的思考. 此外, 通過對唐令和天聖令中有關"土牛禮"的條目進行比較分析, 並通過對禮儀內容和空間變化的考察, 進一步思考了國家主導地方禮儀的性質變化及其意義. 總體而言, 筆者對唐代後期開始廣泛適用的民間信仰的新政策和政府主管地方祭祀的變化, 及其兩者間的相互關系進行了深入的探討.

第二部分≪民間信仰的開展與社會功能≫中, 首先爲了探析制度宗教和民間信仰的關系, 以"關羽信仰"爲案例, 分析了唐宋時期佛教和道教對民間信仰發展的影響. 作爲象徵着"忠勇"和"義理"儒教價值的人物, 筆者擺脫了層層加工的關羽形象, 而集中關注了其信仰的初期發展形態. 在探討關羽信仰與道、佛之間的融合現象的同時, 對關羽信仰的發展所產生的影響也進行了梳理. 思考了時代環境變化與民間信仰的相互關系. 對處於戰亂時期的唐末、五代時期, 藩鎭勢力和十國政權開始廣泛崇奉的戰神陳果仁信仰的形成和變化的軌跡也進行了考察. 進而探討了民間信仰在個人的、社會的危機狀況中扮演了何種角色. 考察了在人類遭遇自然災害、疾病、海上遭難等緊急情況時, 民間信仰如何發揮宗教原本的作用, 以及地方官或儒家士人對待民間信仰的態度. 還分析了在緊急情況下一定程度上代表國家權力和基層共同體的官僚和地方有力者之間的接觸和協調, 以及事件結束後政府的祠廟政策所產生的影響. 通過這些研究, 進一步探討民間祠廟成爲具有"地域性"以及"公共性"的空間, 卽逐漸成長爲民間社會公共空間的現象及其意義.

最後, 第三部分≪民間信仰與地域社會≫中, 以唐末、五代時期時, 急速成長爲經濟中心的江南核心區域——浙西地區, 以及歷經了北宋時期的緩慢發展, 到南宋時期時迅速崛起的臨安腹地——福建路福州地區爲案例, 通過"信仰圈"這一概念探討了祠廟信仰的變化情況. 從唐末到宋代, 由於階層秩序的重組, 社會開放性的增大, 商業和城市的發展, 交易量的增加等原因, 社會流動性比任何時期增大. 地方社會的民間祠廟信仰也分爲"鄉土性祠廟"、"地域性祠廟"、"廣域性(全國性)祠廟"等, 並在發展過程中呈現出層層展開的態勢. 除了長期以來, 自上層通過多種途徑強制要求的儒家統治理念之外, 筆者還就地方社會內部迸發出的信仰環境變化對民眾的地區意識和身份認同感所產生的影響進行了探討. 還討論了政府的祠廟政策在州·縣社會如何貫徹, 這一時期前後發生的階層秩序的變化和地域有力者對祠廟的介入以及以祠廟爲中心而形成的人際關系網的運作方式等. 在宋代, 地域信仰以主要重點城市爲中心擴散的趨勢不斷增加, 初步形成了以城市爲中心接觸和共享全國各地民間信仰的信仰環境. 尤其是宋政府開放而包容的祠廟政策, 以及社會經濟流動性的增大, 人口、資源流動的同時, 也促進了地方信仰流入都城. 考慮到這種變化, 筆者以北宋都城東京和南宋行在臨安爲中心, 從城市史的視角出發, 對外郡祠廟向都城的流入, 祠廟的分布與都城社會的關系以及祠廟活動對民眾日常生活的影響等進行了考察. 由此探討了作爲政治城市, 且具有濃厚禮儀城市性質的中國都城中, 城市居民的自發性因素對於城市史的發展會產生怎麼的影響.

儒家知識分子將祠廟描寫爲: 以迎神活動爲借口, 置謀生的農事於不顧, 男女同吃共喝的"淫亂空間", 有時蒙昧的百姓比起醫術仍然更依賴於呪術, 甚至傾家蕩產的"危險場所". 但是, 民間祠廟信仰相關的文獻記錄和靈驗傳說以及碑文中僅有的零星史料卻爲我們提供了這一時期基層民眾最普遍的社會關系和日常生活的片段. 本書通過多種方法, 在宗教和信仰領域, 以象徵着"民間"、"地方"、"基層"以及"非正統"的"祠廟信仰"爲中心, 試圖復元唐宋時期充滿活力的社會文化史.

외대 역사문화 연구총서를 간행하며

　한국외국어대학교 역사문화연구소는 세계 각 지역의 제도·사상·문화를 포함한 역사 전반을 비교·연구하기 위해 1984년 3월 1일 설립되었습니다. '사학연구소'로 발족한 본 연구소는 문화에 대한 사회적 관심 증가에 부응하고 연구 영역을 더욱 다양화하려는 취지에서 1996년 3월 '역사문화연구소'로 변경했습니다.

　본 연구소는 설립 이래 지금까지 학술지 발간을 비롯해 국내외 학술회의 개최, 학술서적 출판 등을 통해 역사학과 인문학을 발전시키기 위해 많은 노력을 기울여왔습니다. 특히 본 연구소가 소속된 한국외국어대학교의 기반과 장점을 살려 한국사와 동·서양사의 비교 연구, 세계 각국의 생활문화 연구, 고려인과 조선족 등 재외한인 연구 등을 중점적으로 추진하여 많은 업적을 축적했습니다.

　이러한 노력 덕분에 본 연구소에서 간행하는 '역사문화연구'가 2005년 한국연구재단의 등재학술지로 선정되었고, 콜로퀴움을 포함하여 150회가 넘는 학술회의를 개최했으며, 30여 종의 학술서를 출판했습니다. 다만 그동안 각종 단행본을 여러 출판사에 분산해 간행했기 때문에 연구소 업적을 체계적으로 축적하고 널리 확산하는 데 많은 어려움을 겪었습니다.

이에 본 연구소는 (주)신서원과 함께 '외대 역사문화 연구총서'와 '외대 역사문화 교양총서'를 간행하기로 했습니다. 향후 연구총서는 연구소의 학문적 성과를 학계 및 전문 연구자와 공유하기 위해 학술서 중심으로 간행할 계획이며, 교양총서는 본 연구소뿐 아니라 학계의 연구 성과를 일반 대중에게 널리 보급하기 위해 다양한 교양서를 기획하여 출간하려고 합니다.

이러한 '외대 역사문화 총서' 간행이 위기에 처한 한국 역사학과 인문학의 지평을 넓히고, 우리 역사와 문화에 대한 일반 대중의 관심을 더욱 높이는 계기가 되기를 희망해 봅니다.

어려운 여건에도 본 연구소의 총서 간행 제의를 흔쾌히 수락해 주신 (주)신서원의 정용국 사장님과 직원 여러분께 감사드리며, 아울러 학계와 선학 제현의 아낌없는 성원을 부탁드리는 바입니다.

한국외국어대학교 역사문화연구소